Timo Rouget
Filmische Leseszenen

Communicatio
Kultur – Text – Medium

—

Herausgegeben von
Jürgen Fohrmann und Brigitte Weingart

Band 52

Timo Rouget

Filmische Leseszenen

Ausdruck und Wahrnehmung ästhetischer Erfahrung

DE GRUYTER

Zugleich Dissertation an der Universität Koblenz-Landau, Campus Koblenz.

Gedruckt mithilfe der freundlichen Unterstützung des campusübergreifenden
Forschungsschwerpunktes »Kulturelle Orientierung und normative Bindung« der Universität
Koblenz-Landau, gefördert durch die Landesforschungsinitiative des Landes Rheinland-Pfalz.

ISBN 978-3-11-072678-7
e-ISBN (PDF) 978-3-11-072859-0
e-ISBN (EPUB) 978-3-11-072863-7
ISSN 0941-1704

Library of Congress Control Number: 2021932033

Bibliografische Information der Deutschen Nationalbibliothek
Die Deutsche Nationalbibliothek verzeichnet diese Publikation in der Deutschen
Nationalbibliografie; detaillierte bibliografische Daten sind im Internet über
http://dnb.dnb.de abrufbar.

© 2021 Walter de Gruyter GmbH, Berlin/Boston
Einbandabbildung: Timm Rautert, New York, 1969
Satz: Integra Software Services Pvt. Ltd.
Druck und Bindung: CPI books GmbH, Leck

www.degruyter.com

Danksagung

Trotz der für mich traumhaften Tätigkeit, mich mit zwei meiner größten Leidenschaften (Literatur und Film) wissenschaftlich auseinandersetzen zu können, war es ein langwieriger und strapaziöser Weg, den diese Arbeit seit dem Jahr 2015 genommen hat. Diese Jahre wären sicherlich völlig anders verlaufen, wenn ich nicht die fachliche und freundschaftliche Hilfe zahlreicher WeggefährtInnen gehabt hätte.

Mein Dank gilt an erster Stelle meiner Doktormutter Prof. Dr. Uta Schaffers, die mich von Beginn an zu diesem Projekt ermutigte. Ihre Kritik war dabei stets konstruktiv – ungeachtet der Tatsache, dass ich ihre Geduld mit vielen noch unfertigen Texten auf die Probe stellte. Dies kommentierte sie meist geduldig mit einem lakonischen »Muss noch zu Ende gedacht werden«. Ihr fordernder Rat half mir nicht nur inhaltlich, sondern schärfte auch intensiv mein Bewusstsein für die wissenschaftliche Sprache. Mein Zweitgutachter Prof. Dr. Vinzenz Hediger beflügelte mich durch seine Rückmeldungen auf meine Kapitelentwürfe dazu, das Projekt weiterzuführen. Neben seinen thematischen Anregungen und seinem imposanten Wissen beruhigte seine gelassene Art bei unseren Treffen mich in stressigen Phasen ungemein.

Die Freundschaft und Schicksalsgemeinschaft mit meinem Bürogenossen Nicolai Glasenapp war in vielen Situationen ein großer Rückhalt. Dies gilt auch für die fachlichen und stilistischen Rückmeldungen von Eva Stubenrauch und Jihee Hong, die entscheidend zur Formung dieser Arbeit beitrugen. Dr. Tanja Gnosa, Melanie Lange, Dr. Thomas Metten, Prof. Dr. Stefan Neuhaus, Dr. Julius Reinsberg und Prof. Dr. Christiane Schönfeld haben mit ihrem Feedback zu unterschiedlichen Phasen entscheidenden Einfluss ausgeübt. Darüber hinaus sei meiner Hilfskraft Sarah Rörig gedankt, die meinen oftmals spontan vorgebrachten Wünschen zu Fernbestellungen ausnahmslos mit Verständnis und Akribie nachkam: Sie scheute keinen Aufwand, um doch noch an schwer erhältliche Bücher (Mikrofiche!) und Filmversionen zu gelangen. Eine kontinuierliche Freude waren mir zudem die Filmempfehlungen von Prof. Dr. Helmut Schmiedt und Jochen Jäger, die mich häufig schon auf dem Flur damit begrüßten, dass sie am Wochenende einen Film gesehen hatten, in dem gelesen wird.

Der größte Dank gebührt meinen Eltern Birgit und Heinz Gerhard Rouget, die mir zu jeder Zeit mit unerschütterlichem Vertrauen zur Seite standen. Es ist zudem außergewöhnlich, dass sich mein Vater die Zeit nahm, den vorliegenden Text zu lesen und mit mir produktive und anregende Auseinandersetzungen über Teile der Arbeit zu führen.

Abschließend bin ich Michael Kranz, Jasmin Brötz, Gunter Vogt, Natascha Schäfer, Sven Weber, Sebastian Reusch, Marius Simon, Marco Rouget und Yves

https://doi.org/10.1515/9783110728590-202

Gabriel für die freundschaftliche Unterstützung und Ablenkung in den Jahren der Gereiztheit und Dünnhäutigkeit dankbar. *Thank You for Giving Me Your Valuable Time!*

Koblenz, im Januar 2021

Inhaltsverzeichnis

Danksagung —— V

1 **Einleitung** —— 1
1.1 Methodentriangulation —— 8
1.2 Forschungsstand —— 13
1.3 Untersuchungskorpus —— 21

Teil I: Forschungskontexte und theoretische Grundlagen

2 **Literarisch-ästhetisches Lesen** —— 29
2.1 Begriffe der Leseforschung —— 31
2.2 Funktionen von Literatur —— 37
2.3 Eine kurze Geschichte des Lesens —— 40
2.4 Ikonografie des Lesens —— 45
2.5 Literarische Darstellungen des Lesens —— 51

3 **Ästhetische Erfahrung** —— 55
3.1 Erfahrung —— 57
3.2 Ästhetische Erfahrung —— 63
3.3 Filmphänomenologie —— 71

Teil II: Konstituenten und zentrale Funktionen des literarisch-ästhetischen Lesens im Film

4 **Kriterien einer literarisch-ästhetischen Leseszene im Film** —— 83
4.1 Leseobjekt —— 83
4.2 Lesesubjekt —— 87
4.3 Lesesituation —— 90
4.4 Lesekommunikation —— 93

5 **Leseobjekt** —— 96
5.1 Text und Buch —— 96
5.2 Inszenierungsmöglichkeiten I – Fokus: Leseobjekt —— 102
5.3 Schriftliche Vermittlung von Informationen – Lesen im Stummfilm —— 111
5.4 Der Verweischarakter einer literarisch-ästhetischen Leseszene —— 117

5.4.1   Intermedialität und -textualität —— **120**
5.4.2   ZuschauerInnen-Modell —— **127**

6   **Lesesubjekt —— 132**
6.1   Figurenforschung: Attribuierung und ›Symbolisierung‹ —— **133**
6.2   Inszenierungsmöglichkeiten II – Fokus: Leseweise und
            -position —— **142**
6.3   Lesen und Lernen: Wissen, Identifikation und Alterität —— **151**

7   **Lesesituation —— 160**
7.1   Gewöhnliche und außergewöhnliche Lesesituationen —— **160**
7.2   Inszenierungsmöglichkeiten III – Fokus: Lesesituation —— **166**
7.3   Montage —— **172**

8   **Lesekommunikation —— 184**
8.1   Inszenierungsmöglichkeiten IV – Die auditive Präsentation des
            Textes —— **186**
8.2   Hierarchisiertes Unterrichtsgespräch —— **192**
8.3   Offene Gesprächsformen —— **202**
8.3.1   Die Diskussion über Literatur in *The Jane Austen Book Club* —— **202**
8.3.2   Dialoge über die Bibellektüre —— **207**

Teil III: Topoi des literarisch-ästhetischen Lesens im Film

9   **Stille Lektüren in *Gruppo di famiglia in un interno* —— 215**
9.1   Das Stereotyp des einsamen Intellektuellen —— **215**
9.2   Die Störung des Leseakts —— **224**
9.3   Ästhetische Erfahrung: der »unheilbare Mangel des
            gegenwärtig Wirklichen« —— **230**

10   **Lesen, Liebe und Sex —— 239**
10.1   Kontexte in Literatur und Malerei —— **240**
10.2   Lesen im Rahmen von Liebesbeziehungen —— **243**
10.2.1   Lesen im Melodram —— **245**
10.2.2   Lesen und Sex —— **252**
10.3   Exkurs: Lesen im Sexfilm am Beispiel von *Barbed Wire
            Dolls* —— **256**
10.4   Die Lektüre eines Liebesgedichts in *Hannah and her Sisters* —— **262**
10.4.1   Die filmische Darstellung der Gedichtlektüre —— **265**

10.4.2   Der männliche Blick —— 268
10.4.3   Ästhetische Erfahrung: Liebe —— 272

11   Lesen und mediale Selbstreflexion —— 278
11.1   Filmische Selbstreflexion —— 279
11.1.1   Das Buch-im-Film-Motiv —— 282
11.1.2   Ästhetische Erfahrung und mediale Selbstreflexion —— 285
11.2   Autothematisches Lesen in *Ansiktet* —— 288
11.3   Automediales Lesen in *The Pillow Book* —— 292
11.4   Exkurs: Leseszenen als Vorspann —— 296

12   Lesen und Enkulturation —— 304
12.1   Kindliche Lektüre —— 306
12.1.1   Literarisches Lernen durch Vorlesen in *Heidi* —— 308
12.1.2   Prägendes Lesen in *Messner* —— 312
12.1.3   Lesen versus Fernsehen in *Matilda* —— 317
12.1.4   Ästhetische Erfahrung: die frühkindliche Lektüre in
            Kindergarten Cop —— 323
12.2   Jugendliche Lektüre und Identität —— 328
12.3   ›Erweckungserlebnis‹ im Erwachsenenalter: die
            Gefängnislektüre in *Malcolm X* —— 336
12.4   Exkurs: Analphabetismus —— 343

Teil IV: **Literarisch-ästhetisches Lesen in filmischer
            Spezifik**

13   Lesende Roboter —— 351
13.1   Science-Fiction-Genre, Lesen und Roboter —— 352
13.2   Exzeptionelle Lesegeschwindigkeit —— 359
13.3   Die Angst vor der Menschwerdung —— 364
13.4   Ästhetische Erfahrung: Identität und Erinnerung in
            Westworld —— 371
13.5   Exkurs: Der lesende Zombie in *Day of the Dead* —— 377

14   Lesen im Horrorfilm —— 383
14.1   Horrorgenre, Magie und Lesen —— 384
14.2   Die Mystifizierung des Leseobjekts: Hintergrundgeschichte und
            Paratexte —— 387

14.3   Die Performativität des Lesens: Zauberformeln und anthropomorphisierte Bücher —— **394**

14.4   Ästhetische Erfahrung in *Rosemary's Baby*: Schaudern und Erkenntnis —— **401**

15   Drei genuine Darstellungen des literarisch-ästhetischen Lesens im Film —— 409

15.1   *Nocturnal Animals*: Rahmenhandlung und Leseemotionen —— **409**

15.2   *Prospero's Books*: Filmische Adaption und Selbstreflexion —— **415**

15.3   *Die andere Heimat*: Vereinigung von außertextueller und textueller Realität —— **421**

16   Fazit —— 427

Literaturverzeichnis —— 435
      Filmquellen —— **435**
      Sekundärliteratur —— **437**

Anhang

Sachregister —— 467

Personenregister —— 477

Filmregister —— 481

Gelesene Texte in Filmen —— 485

1 Einleitung

Finalement, je crois que ce qu'il y a de plus extraordinaire à filmer, ce sont des gens qui lisent.[1]
        – Jean-Luc Godard

Filmische Darstellungen des literarisch-ästhetischen Lesens sind in der Anzahl der Phänomene überbordend und als Gegenstand in der Forschung unterrepräsentiert. Eine systematische Untersuchung von LeserInnen[2] im Film erweist sich jedoch als äußerst ergiebig, denn Leseszenen bilden nicht lediglich Lesende und Bücher ab. Durch die medial selbstreflexive Darstellung eines ästhetischen Rezeptionsprozesses vermögen sie bei Zuschauenden nicht zuletzt eine ästhetische Erfahrung und dadurch eine Selbstverständigung über das eigene Leseverhalten hervorzurufen.

Diese These speist sich aus drei Beobachtungen. Erstens: Es gibt in der Filmgeschichte unabhängig von Produktionsland, zeitlichem Kontext, Genre, der Einordnung in U- oder E-Kunst zahlreiche filmische Inszenierungen sinnlicher Lektürebegegnungen, die vornehmlich die Folge der Rezeption fiktionaler Literatur sind, ohne dass diese bisher Schwerpunkt einer Forschungsarbeit waren. Zweitens: Trotz einer in den filmischen Bildern und Tönen vorherrschenden Statik lesender Figuren, die vordergründig nur stumm auf – den ZuschauerInnen häufig weder visuell noch auditiv zugängliche – Seiten starren, handelt es sich hierbei um einen dynamischen Prozess: Der im Inneren der Figuren stattfindende Akt des Lesens figuriert sich auf verschiedenen kinematografischen Ebenen, so dass die Zuschauenden eine Reihe von visuellen und auditiven Hinweisen erhalten, die Rückschlüsse auf das innere Leseerlebnis der filmischen Figuren erlauben. Drittens: Insbesondere die ästhetische Erfahrung, einer der schillerndsten Begriffe der Philosophiegeschichte, erweist sich in Leseszenen für die ZuschauerInnen als – im Sinne der Filmphänomenologie – leiblich erfahrbar.

Lesende Figuren machen selbst eine ästhetische Erfahrung, deren filmische Darstellung wiederum bei den Zuschauenden eine ästhetische Erfahrung auszulösen im Stande ist. Die Besonderheit dieser filmischen Realisierungen liegt darin, dass in der filmischen Rezeption die Erfahrung (Filmerfahrung) einer Erfahrung (Leseerfahrung) möglich ist, die zu einer Reflexion sowohl über das Lesen (und Literatur) als auch über das Medium Film anregen kann. Die Herleitung, Explikation, Analyse und Interpretation dieser Aussagen stehen im Zentrum der vorliegenden

---

1 Godard: Godard par Godard (1985), S. 312.
2 Auf die gendergerechte Schreibweise mit einem Asterisk, der alle Geschlechter repräsentiert, wird im Folgenden zugunsten eines besseren Leseflusses verzichtet.

https://doi.org/10.1515/9783110728590-001

Arbeit, an deren Ende eine mögliche Antwort darauf gegeben wird, warum Jean-Luc Godard im Eingangszitat ohne Begründung ausgerechnet im Filmbild positionierte lesende Menschen mit einem derartigen Superlativ bedenkt.

Filmische Lesedarstellungen tauchen nicht nur in bekannten Literaturverfilmungen auf, die auf Werken basieren, in denen das Lesen ein bestimmendes Motiv ist, etwa Wolfgang Petersens *The NeverEnding Story* (D/USA/S, 1984), Jean-Jacques Annauds *Il nome della rosa* (D/F/I, 1986) oder Stephen Daldrys *The Reader* (USA/D, 2008). Darüber hinaus ist aus filmhistorischer Perspektive eine kaum zu eruierende Anzahl beiläufiger Leseszenen vorhanden, in denen ProtagonistInnen mit einem Buch im Filmbild zu sehen sind. Hierzu zählen beispielsweise die von Blanche Sweet verkörperte weibliche Hauptrolle in D. W. Griffiths *The Lonedale Operator* (USA, 1911), ein bibellesender Desperado im Kult-Western *El Topo* (MEX, 1970) oder die kurze Dostojewski-Lektüre des unter Schlaflosigkeit leidenden Protagonisten in *The Machinist* (S, 2004). Im Gegenzug dazu geht es in einigen wenigen Filmen fast ausschließlich um das Lesen; diese sind durch eine Aneinanderreihung von Leseszenen gekennzeichnet, wie Michel Devilles *La Lectrice* (F, 1987), der die kuriosen Erfahrungen einer professionellen Vorleserin behandelt, oder Peter Greenaways *Prospero's Books* (GB (u.a), 1991), eine formal experimentelle Adaption von William Shakespeares *The Tempest*. Das Lesen von Büchern stellt in diesen Filmen das dominante Thema dar, das auf vielfältige Weise filmisch in Szene gesetzt und reflektiert wird.

Weiterhin existieren mehrere Filme, in denen Leseakte als Schlüsselszenen interpretiert werden können, wie in François Truffauts *Les Quatre Cents Coups* (F, 1959), in dem ein von seinen Eltern und Lehrern zurückgewiesener Heranwachsender von einer Balzac-Lektüre tief berührt ist. Eine vergleichbare Schlüsselszene stellt auch eine Sequenz von Anders Thomas Jensens *Adams æbler* (DNK, 2005) dar, in der die Lektüre des Buchs *Hiob* einem Protagonisten Einsichten vermittelt, die ihm die Kraft geben, einen tiefgläubigen Pfarrer in eine Glaubenskrise zu stürzen. Leseszenen können jedoch auch primär als ironische Anspielung fungieren, wenn zum Beispiel Charlotte in Ingmar Bergmans *Höstsonaten* (SWE/D, 1978) als Bettlektüre einen Roman liest, auf dessen Rücken sich das Konterfei des Regisseurs befindet.

Vor allem Lyrikrezitationen in Spielfilmen erlangten teilweise größere Bekanntheit; sie sind als Ausschnitte auf YouTube oder anderen Video-Portalen zu finden, so beispielsweise Charles' Vortrag von W. H. Audens *Funeral Blues* in *Four Weddings and a Funeral* (GB, 1994). Gerade Gedichte werden aufgrund ihrer Kürze häufig vollständig in einer Filmszene deklamiert. Längere Textpassagen können jedoch ebenso als Vorleseszenen in die Handlung integriert sein, wie in Godards *Vivre sa vie* (F, 1962) die Kurzgeschichte *The Oval Portrait* von Edgar Allan Poe. Überdies erfolgen zwischen Figuren auch intensive Gespräche über Literatur, die nicht nur mögliche Leseanlässe und Lektürewirkungen behandeln, sondern dezidiert Wertungsfragen und die literarische Kultur thematisieren.

Der Film *The Jane Austen Book Club* (USA, 2007) besteht beispielsweise unter anderem aus Konversationen über Metaebenen von Lektüren. Kennen- und Liebenlernen kann eng mit einer Lektüre verknüpft sein, z. B. während eine Figur der anderen vorliest, wie in *Gösta Berlings Saga* (SWE, 1924). Selbstgeschriebene Gedichte fungieren als Liebesboten, etwa in *Mr. Deeds Goes to Town* (USA, 1936), und Verliebte lesen bewusst ein Buch, um mehr über die Kultur der oder des Geliebten zu erfahren, beispielsweise in Hark Bohms *Yasemin* (D, 1988).

Unterschiedliche Figuren lesen: Die unscheinbare, von Audrey Hepburn verkörperte Buchhändlerin Jo Stockten in *Funny Face* (USA, 1957), der weise Rabbi Löw in Paul Wegeners *Der Golem, wie er in die Welt kam* (D, 1920), Tiere wie der anthropomorphisierte Enterich Dagobert Duck in *DuckTales* (USA, 1987–1990) oder Roboter wie das maschinelle Kindermädchen Anita in der schwedischen Science-Fiction-Serie *Äkta människor* (SWE, 2012–2014). Diese Beispiele illustrieren bereits diverse stereotype Inszenierungsmuster, die sich so auch in der Kunstgeschichte wiederfinden: Während die männliche Lektüre meist mit Bildung und Weisheit verknüpft ist, steht die weibliche für Schüchternheit und Sinnlichkeit.

Figuren schweben nach der Lektüre in Lebensgefahr: Im *James Bond*-Film *Skyfall* (USA, 2012) entkommt die Geheimdienst-Chefin M nur knapp einem Mordanschlag, nachdem sie Alfred Lord Tennysons *Ulysses* bei einer öffentlichen Anhörung vorgetragen hat. In *Equilibrium* (USA, 2002) wird der Charakter Errol Partridge nach der Rezitation des W. B. Yates-Gedichts *Aedh Wishes for the Cloths of Heaven* erschossen. Kinder beruhigen sich, als der von Arnold Schwarzenegger gespielte John in *Kindergarten Cop* (USA, 1990) ein Kindergedicht vorliest, oder das Böse erwacht, wenn Ash in *The Evil Dead* (USA, 1981) aus dem *Necronomicon* vorliest.

Diese Aufzählung deutet die markante Präsenz des literarisch-ästhetischen Lesens in der Filmgeschichte lediglich an. Es stellt sich die Frage, ob all diese Beispiele tatsächlich unter das Oberthema ›filmische Lesedarstellungen‹ zu subsumieren sind. Es handelt sich sicherlich um äußerst heterogene Szenen, wenn eine Figur ein Gedicht rezitiert, über das Gelesene gesprochen wird oder Zwischentitel in einem Stummfilm erscheinen. Da bisher keine systematische Untersuchung dieses Themenkomplexes vorliegt, ist es das Anliegen der vorliegenden Studie, Ordnungsprinzipien in die unterschiedlichen Erscheinungsformen eines genuin intermedialen Phänomens, dem es bisher an Systematik fehlt, zu bringen. Giambattista de Vico hat bereits in der Renaissance zum Ausdruck gebracht, dass darin eine essenzielle Aufgabe wissenschaftlichen Arbeitens liegt: »Wissenschaftlich Arbeiten heißt, die Dinge in eine schöne Ordnung zu bringen.«[3] Im Folgenden wird durch die Erarbeitung von (Ausschluss-)Kriterien einer Leseszene, die Darlegung sich wiederholender Inszenierungsmuster sowie Bedeutungen des Lesens im Film solch eine »schöne Ordnung« angestrebt. Die strukturelle Systematisierung filmischer Darstellungen des Lesens erfolgt dabei nicht um ihrer selbst willen, sondern ihre *Funktionen*, d. h. ihre spezifische Leistung im Sinne von nachweisbaren Dispositionen, möglichen Relationen und potenziellen Wirkungen, werden erörtert.[4]

Die Grundlage für eine Systematik von Leseszenen bildet das *literarisch-ästhetische Lesen*. Dabei handelt es sich um eine *aktive* Auseinandersetzung der Lesenden mit einem Text: Inhalt und Form eines Werks interagieren mit Kompetenzen, Wissen, Erwartungen und Gefühlen der RezipientInnen.[5] Der Fokus liegt auf dem Lesen als *kreative* Tätigkeit, so dass durch literarische Texte, wie Uta Schaffers es ausdrückt, »die Lesenden Raum und Material für eigene Phantasien finden, die in der Lektüre des Textes ihren Ausgangspunkt haben«.[6] Dementsprechend sollen keine filmischen Figuren untersucht werden, die primär Buchstaben entziffern, Zeitung lesen oder investigativ juristische Akten durchforsten. Stattdessen stehen solche filmischen LeserInnen im Mittelpunkt, die eine Lektüre interpretieren, reflektieren oder bewerten. Es werden Sequenzen analysiert, in denen Figuren während oder als Folge des Leseprozesses eine alternative Welt imaginieren, andere Perspektiven einnehmen, Alterität erleben oder Wohlgefallen am Schönen, Schrecklichen oder Witzigen empfinden. Sie fühlen Angst, Freude oder Trauer, gelangen zu neuen Erkenntnissen, machen über Identifikation, Immersion und Reflexion Erfahrungen, verinnerlichen philosophische Weisheiten und Werte – oder flüchten sich in die Literatur, um kompensatorisch Wünsche auszuleben oder vergangene Erlebnisse nachzuempfinden. Neben diesen tradierten Lesegratifikationen liegt das Hauptaugenmerk auf Szenen, in denen Lesende im Film einen intensiven Augenblick erleben. Zum literarisch-ästhetischen Lesen zählen jedoch nicht nur affirmative Reaktionen; ein fiktionaler Text kann den Figuren immense Herausforderungen und Mühen abverlangen: Die Konzentration stellt sich unter Umständen beim Lesen nicht ein, Gedanken mäandern und der Leseakt wird zur Qual. Die *Beteiligung* an einem Roman gelingt nicht.

---

3 Zit. n.: Watzlawick: Kommunikations- und Systemtheorie (1985), S. 21. Watzlawick und auch Ernst von Glaserfeld bezeichnen de Vico aufgrund dieses Zitats als einen der ersten Konstruktivisten.
4 Vgl. Fricke: Funktion (1997), S. 643.
5 Vgl. Christmann u. Groeben: Psychologie des Lesens (2001), S. 146. Diese Sichtweise kann innerhalb der Lesertheorie als konstruktivistisch beschrieben werden.
6 Schaffers: Konstruktion der Fremde (2006), S. 51.

Doch es stellt eine kardinale Herausforderung nicht nur für die Produktion von filmischen Leseszenen, sondern ebenso sehr für die Untersuchung Lesender im Film dar, dass der potenziell aufwühlende Leseprozess dem lesenden Individuum in der Regel nicht anzusehen ist, nur vereinzelt sind Spuren, zum Beispiel als äußerlich gezeigte emotionale Reaktion, für die ZuschauerInnen wahrnehmbar.[7] LeserInnen sind zudem während der Lektüre überwiegend immobil, das Lesen zwingt sie – mit Hans Ulrich Gumbrecht gesprochen – zur »Insularität«.[8] Ihre Tätigkeit steht womöglich im Kontrast zu den dynamischen Inszenierungsmöglichkeiten von Zeit, Bewegung und Ton, über welche das Medium des Bewegtbilds verfügt. Frank Terpoorten stellt aus diesem Grund die – für die vorliegende Studie – provokante Frage: »[W]er will schon Menschen auf der Leinwand zuschauen, wie sie in tiefer Versenkung ein Buch lesen?«[9] Dies korreliert mit den emphatisch formulierten Anforderungen des Schweizer Lehrfilmpioniers Gottlieb Imhof an die grundsätzliche Funktion des Mediums Films, »Leben und Bewegung« zu zeigen. »Architekturen, ausgestopfte Präparate, Landschaften ohne bewegte Motive, all das ist nicht Objekt der Kinematographie«.[10] Auch laut Siegfried Kracauer grenzt sich der Film unter anderem durch den »Fluß des Lebens«[11] von anderen Künsten ab. Doch der moderne Leseakt, die individuelle stille Lektüre, widersetzt sich als abzulichtendes Sujet nicht der Grundfunktion des Films. Hierauf deutet Godard mit seinem eingangs zitierten Satz hin, lesende Figuren als *außergewöhnlichste* ›Objekte‹ zu bezeichnen, die es zu filmen gilt. Trotz einer dem Leseakt inhärenten Statik gibt es zahlreiche filmische Möglichkeiten, Prozesse darzustellen, die sich im Inneren von lesenden Figuren während des Lektüreakts ereignen.

Der reale literarisch-ästhetische Leseakt kann in zwei Ebenen aufgegliedert werden: Auf der einen Seite stehen die Perzeption und Rezeption der Buchseiten, das Erfassen und Verstehen der dort abgebildeten Buchstaben und Sätze, des Textes; auf der anderen Seite befindet sich die Genese einer anderen, zweiten ›Welt‹, die als das Ergebnis von Imaginationen, die durch die Lektüre entstehen, begriffen werden kann. Das Entstehen dieser ›zweiten Welt‹ gilt als charakteristisch für das literarisch-ästhetische Lesen: Das Entrücken von der Wirklichkeit,

---

7 Dies pointiert auch Peter Friedrich: »Den mentalen Vorgang des Lesens kann man weder sehen noch verbildlichen: Das *Wie* des Lesens bleib unsichtbar und kann nicht beobachtet werden.« Friedrich: Repräsentationen des Lesens (2018), S. 397. Die Hervorhebung entstammt dem Original.
8 Gumbrecht: Diesseits der Hermeneutik (2004), S. 122.
9 Terpoorten: Bibliothek von Babelsberg (2002), S. 124.
10 Zit. n. Gertiser: Domestizierung des bewegten Bildes (2006), S. 66. Das Zitat stammt aus den 1920er Jahren.
11 Kracauer: Theorie des Films (1960), S. 109.

die Selbstverankerung in einer prinzipiell neuen und selbst konstruierten Realität, die dadurch entsteht, dass Vorstellungen substanziiert werden. Iris Bäcker lexikalisiert diese beiden Ebenen in die zwei Größen *außertextuelle Realität* und *Textrealität*.[12] Damit knüpft sie an die Konstanzer Schule an, die in den 1960er Jahre mit der Etablierung der Wirkungsästhetik Wolfgang Isers und der Rezeptionsästhetik Hans Robert Jauß' einen Paradigmenwechsel in der Literaturwissenschaft einleitete: Nicht der Text, die Werkästhetik, steht im Fokus der Betrachtung von Literatur, sondern die »Bedingungen, Modalitäten und Ergebnisse der Begegnung von Werk und Adressat«.[13] Erst der Akt des Lesens macht Literatur zur Literatur. Diese Dichotomie von außertextueller Realität und Textrealität ist auf die filmische Lesedarstellung übertragbar. Die außertextuelle Realität kann als dasjenige bezeichnet werden, was die ZuschauerInnen sehen: Lesende mit einem Buch. Die Textrealität wiederum ist nicht auf die gleiche Weise darstellbar.

Bäcker geht davon aus, dass die Textrealität inkommensurabel mit der außertextuellen Realität ist: Lektüreimaginationen sind nur für die Lesenden selbst in irgendeiner, nicht physikalischen, Form greifbar.[14] Filmische Darstellungen des Lektüreakts stellen jedoch *Annäherungen* an die Textrealität mithilfe zahlreicher filmischer Stilmittel dar, wie im Folgenden gezeigt wird. Diese reichen von konkreten Visualisierungen des Leseprozesses bis hin zu Andeutungen, wie sich das Ergebnis des Texttransfers in das Vorstellungsbewusstsein offenbart. Diese deutlichen und weniger deutlichen Indizien können als filmische Gestaltungen der inneren Leserealität begriffen werden. Spezifische im Film zu sehende und zu hörende Zeichen ermöglichen den ZuschauerInnen, sich die Textrealität vorzustellen und sie leiblich zu erfahren.

Die Mehrzahl der Leseszenen präsentiert ein *Leseobjekt*, ein in seiner äußeren Materialität im Filmbild positioniertes Buch, das, wenn es einen Titel oder AutorInnen-Name enthält, einen stark markierten intertextuellen Verweis darstellt. Mit dem *Lesesubjekt* liegt eine Figur mit einer speziellen Leseposition (z. B. liegend) und -weise (beispielsweise konzentriert) vor. Die Figur kann zudem *Lesekommunikation* betreiben, d. h. beispielsweise einen Text laut rezitieren oder über ihre Leseerfahrung monologisieren oder mit anderen darüber sprechen. Zudem gibt es in jeder Leseszene eine *Lesesituation*, innerhalb derer das Lesesubjekt und -objekt an einem Ort und in einem abgegrenzten Zeitraum miteinander interagieren. Schließlich handelt es sich bei filmischen Leseszenen nicht um starre Abbil-

---

12 Vgl. Bäcker: Akt des Lesens (2014), S. 18.
13 Warning: Rezeptionsästhetik (1975), S. 9.
14 Vgl. Bäcker: Der Akt des Lesens (2014), S. 27–28.

dungen, sondern um ein multimediales Bewegtbild: Hören die Zuschauenden Musik, wenn gelesen wird? Welche Kameraperspektive und welche Form der Montage werden verwendet, um die Lesenden in Szene zu setzen?

Solche Aspekte und Techniken formen und gestalten nicht nur die Textrealität, sondern sie erfüllen auf einer basalen Ebene auch Funktionen wie die Charakterisierung einer Figur. Indikatoren für die Textrealität sind jedoch nicht nur im Filmbild zu sehen und zu hören. Es ist eine wesentliche Prämisse der vorliegenden Studie, dass diese ebenso zu *spüren* sind. Vivian Sobchack stellt aus filmphänomenologischer Perspektive die These auf, dass der Film immer Ausdruck einer Erfahrung ist, der wiederum seinerseits von den RezipientInnen leiblich erfahren wird: »an expression of experience by experience.«[15] Die dichte mediale Gleichzeitigkeit von Musik, Akustik, Sprache, Visualität, Montage, Lesesubjekt, -objekt usw. vermag prinzipiell alle Sinne der ZuschauerInnen anzusprechen und besitzt das Potenzial, bei den Zuschauenden eine spezifische *ästhetische Erfahrung* auszulösen. Wenn bei der Definition des kontroversen Begriffs der ästhetischen Erfahrung, der vorwiegend auf Begegnungen mit Kunstwerken Anwendung findet, die *Selbstverständigung* als Voraussetzung und Folge betrachtet wird, kann es bei der Rezeption filmisch Lesender bewusst oder unbewusst zu Selbstbefragungen oder zu Aktualisierung eigener Erfahrungen kommen: Warum beschäftige ich mich mit Büchern? Was führt dazu, dass ein Text meine Aufmerksamkeit fesselt? Kann ein literarischer Text mich verändern?

Eine Folge und Leistung der Darlegung verschiedener Funktionen des literarisch-ästhetischen Lesens im Film liegt daher nicht zuletzt auch in der Reflexion des Lesens. Mithilfe filmischer Darstellungen werden in der vorliegenden Studie Prozesse, die beim Lesen fiktionaler Texte ausgelöst werden, in unterschiedlichen Facetten ergründet. Die Untersuchung möchte dadurch nicht nur einen Beitrag zum Lesediskurs leisten, sondern sie nimmt mit ›der ästhetischen Erfahrung eine Gratifikation des Lesens in den Blick, die den ›Gipfel‹ der möglichen Prozesse beim Lesen eines fiktionalen Buchs verkörpert. So sollen im Folgenden drei zentrale Forschungsfragen beantwortet werden: Erstens: Wie ist literarisch-ästhetisches Lesen im Film darstellbar? Zweitens: Welche Funktionen erfüllen filmische Leseszenen? Drittens: Inwiefern kann eine Szene selbst eine ästhetische Erfahrung bei den ZuschauerInnen auslösen? Da die filmische Realisierung des literarisch-ästhetischen Lesens noch nicht systematisch bearbeitet wurde, sind eine Methodentriangulation und die Bildung diverser eigener Kategorisierungen und Lexikalisierungen als Fundament zielführend.

---

15 Sobchack: The Address of the Eye (1992), S. 3.

1.1 Methodentriangulation

Für die Fokussierung auf den Film als ein Medium der Reflexion ist Gilles Deleuzes Postulat in seinen Büchern *Kino 1 & 2, mit* dem Film zu denken und auf diese Weise zu Wissen zu gelangen, maßgeblich. Für Deleuze gehört das Kino der Philosophie an, da es mit seinen eigenen Mitteln über Bewegung und Zeit reflektiert. Filme sind laut ihm kein Medium der Repräsentation, sondern sie erschaffen selbst eine Welt in bewegten Bildern und Tönen. Ihm »erscheint nicht nur eine Gegenüberstellung der großen Autoren des Films mit Malern, Architekten und Musikern möglich, sondern auch mit Denkern. Statt in Begriffen, denken sie [Filme bzw. RegisseurInnen; TR] in Bewegungs- und Zeit-Bildern.«[16] Der Film entwirft ein Denken, das nur ihm aufgrund seiner multimedialen Verfasstheit eigen ist.[17] Aus filmphilosophischer Perspektive bedeutet dies, das Verhältnis von außerfilmischem und filmischem Wissen zu ›enthierarchisieren‹. Dementsprechend werden im weiteren Verlauf des vorliegenden Textes sowohl die Erkenntnisse der Leseforschung und verwandter Disziplinen als auch die Grundlage medialer Bedingungen, die der Film bereitstellt, dahingehend betrachtet, wie sie gemeinsam das Phänomen des Lesens im Film konstruieren. Dies bedarf einer medientheoretischen Begründung, denn »der Zugang zur Welt [ist] nicht vorstellbar [...] ohne die Berücksichtigung der medialen Bedingungen, die überhaupt erst die Möglichkeit bereitstellen, diese Welt wahrzunehmen, sie zu erfahren oder von ihr zu sprechen«,[18] wie Oliver Fahle schreibt.

Der Film wird im Folgenden aus zwei Perspektiven erforscht. Erstens erweist sich der Film als ein Medium der *Beobachtung*, das daraufhin untersucht wird, wie es das Lesen mit den ihm zur Verfügung stehenden Mitteln darstellt und reflektiert. Auditive Bewegtbilder verhelfen den RezipientInnen auf eine eigene Weise zur Erkenntnis, ermöglichen ihnen eine spezifische Sicht auf die Welt und lassen sie Formen der Wahrnehmung und der Existenz erproben. Damit geht ein Interesse an der Medienspezifik des Films einher, an den gerade in Abgrenzung zu ikonografischen oder literarischen Darstellungen des Lesens die grundlegende Frage gestellt wird, wie er überhaupt dazu in der Lage ist, das Lesen zu präsentieren. Die Auseinandersetzung mit filmischen Lesedarstellungen vermag so einen anderen, unter Umständen sogar neuen Blick auf Dimensionen des Lesens zu

---

16 Deleuze: Das Bewegungs-Bild (1983), S. 11. Dies hat Deleuze selbst als Anlass genommen, um auf der Grundlage der Thesen Henri Bergsons über Zeit und Bewegung anhand der Filme vor und nach dem italienischen Neorealismus zu reflektieren.
17 Vgl. Fahle: Zeitspaltung (2002), S. 97.
18 Fahle: Filmphilosophie (2017), S. 281.

eröffnen, die bisherigen empirischen und traditionellen lesehistorischen Studien weitgehend verborgen blieben.

Zweitens *erschafft* der Film durch die filmische Darstellung erst das Lesen im Film. Denn Medien unterliegen einem von Sybille Krämer konstatierten prinzipiellen *Generativismus*:»Medien sind nicht Instrumente und Überträger eines ihnen von Anderswoher aufgegebenen Zweckes, sondern Medien bringen zugleich hervor, was sie vermitteln. [...] Medien erzeugen, was sie vermitteln.«[19] Filmische Darstellungen des Lesens übermitteln nicht einfach tradierte Topoi des Lesens, sie kreieren den hier zu untersuchenden Gegenstand. Darauf verweist auch Lambert Wiesing:»Medien machen etwas sichtbar, hörbar und lesbar, was physikalisch nicht existiert.«[20] In dieser Sichtweise stellt der Film als betont aisthetisches Medium performativ Wahrnehmungen her, er *phänomenalisiert* das filmische Lesen. Jede in dieser Arbeit besprochene Filmszene ist zwar fiktional, aber durch den filmischen Ausdruck medial verkörpert und existent; der filmische Leseakt ist wahrnehmbar, sinnlich und konkret.

Der Prozess des Phänomenalisierens, des Wahrnehmbar-Machens, kann als *iterative*, bereits existente Inhalte anderer Medien betreffende, und *konstitutive*, neue Verkörperung bezeichnet werden.[21] Daher wird im Folgenden auf Ergebnisse der Leseforschung und der kulturgeschichtlichen Thematisierung des Lesens in der bildenden Kunst sowie der Literatur zurückgegriffen (Iteration) und es werden eigenständige mediale Darstellungen betrachtet (Konstitution). Ein wesentlicher Punkt ist dabei die in Anlehnung an Sobchack etablierte These, dass das im Film Phänomenalisierte von Zuschauenden erfahren werden kann. Das Medium Film ist nach Sobchack aufgrund seiner Multimedialität gerade dazu prädestiniert, über das Narrative bzw. die inhaltliche Fiktionalität hinauszugehen und leibliche Erfahrungen bei den Zuschauenden zu ermöglichen.»Our fingers, our skin and nose and lips and tongue and stomach and all the other parts of us know what we see in the film experience.«[22] Sobchack bewegt sich in ihrer Filmtheorie von einem Okularzentrismus, der die Herangehensweise an Filme immer noch dominiert, hin zu einer phänomenologischen Körpertheorie der Filmerfahrung.

Auch wenn dieser Arbeit ein primär phänomenologischer Medienbegriff zugrunde liegt, bleibt die methodische Frage offen, wie nun das Wahrnehmbar-Machen von nicht materiellen Phänomenen, wie der Textrealität und als deren Folge die ästhetische Erfahrung, analysiert und interpretiert werden kann. Es gibt keine

---

19 Krämer: Medien, Boten, Spuren (2008), S. 67.
20 Wiesing: Was sind Medien?, S. 246.
21 Vgl. Gnosa: Im Dispositiv, S. 297.
22 Sobchack: What My Fingers Knew, S. 84.

präzise Methode, mithilfe der die cineastische Darstellung der Lesewelt eines fiktiven Individuums sowie deren potenzielle Wirkung ergründet werden kann. Aber da grundsätzlich nach filmischen Hinweisen für eine verborgene Ebene im Inneren von Figuren gefragt wird, kann an die Vorgehensweise der Filmnarratologie angeschlossen werden, die filmische Mechanismen und Strukturen des filmischen Erzählens untersucht, theoretisiert und systematisiert.

Im deutschen Sprachraum existieren zahlreiche Beiträge zur Narratologie des Films, doch international betrachtet haben sich vor allem zwei Paradigmen innerhalb der Forschung herausgebildet:[23] Neben dem formal-funktionalistischen Neoformalismus um David Bordwell, der die formalen Charakteristika des Films hinsichtlich ihrer Funktion und rezeptionsästhetischen Wirkung betrachtet, zählt hierzu der zeitlich vorher entstandene, struktural-semiotisch ausgerichtete Neostrukturalismus um Christian Metz, der Filmerzählungen in binäre Oppositionen zerlegt und in Relation zueinander bringt.[24] Insbesondere die Terminologie des Neoformalismus, der auf Bordwell zurückgeht, kann das medienspezifische, erzählerische Potential der Doppelnatur des Lesens – außertextuelle Realität und Textrealität – ausloten. Die kognitiv ausgerichtete Theorie betrachtet die formalen Charakteristika des Films im Hinblick auf ihre Funktion und ihre rezeptionsästhetische Wirkung. »A film cues the spectator to execute a definable variety of operations.«[25]

Durch die Übermittlung von Hinweisen – *cues* – wird den ZuschauerInnen Anstoß zu einem Verarbeitungsprozess gegeben, der zur Bildung von Schlussfolgerungen und Hypothesen führt. Der Ausdruck *cue* erweist sich als adäquate Bezeichnung für das, was bisher als Hinweise, Anzeichen, Indizien, Kennzeichen, Spuren der Textrealität oder ästhetischen Erfahrung bezeichnet wurde. Die Kategorien des Leseobjekts, Lesesubjekts, der Lesesituation und Lesekommunikation beinhalten eine Reihe von *cues* für die Frage nach der medientheoretischen Darstellbarkeit der inneren Leseerfahrung der filmischen Figuren. Die in Leseszenen vorliegenden *cues* ermöglichen es, das ›Wahrnehmbargemachte‹ im Kontext der Leseforschung und der kulturgeschichtlichen Thematisierung des Lesens in der bildenden Kunst und der Literatur zu verorten (Iteration). Gleichzeitig nimmt die filmische Erzähltheorie die mediale Eigentypik des Films in den Blick (Konstitution) und trägt potenzielle Rückschlüsse der Zuschauenden auf die Filmbilder zusammen, die für das Erfahren einer ästhetischen Erfahrung von Belang sind.

---

23 Vgl. stellvertretend für den deutschsprachigen Raum die Arbeiten von Heiß: Erzähltheorie des Films (2011) und Kuhn: Filmnarratologie (2011).
24 Vgl. Elsaesser u. Hagener: Filmtheorie (2013), S. 58.
25 Bordwell: Narration in the Fiction Film (1995), S. 29.

Der Neoformalismus ist eine seit den 1980er Jahren etablierte kognitive Filmtheorie, zu deren bekanntesten VertreterInnen – neben Bordwell – Kristin Thompson zählt, die mit diesem gemeinsam im sogenannten »Wisconsin-Projekt« ihre methodische wie theoretische Vorgehensweise durch zahlreiche Publikationen ausgearbeitet hat. Bordwells *Narration in the Fiction Film* und das inzwischen mehrfach neu aufgelegte, gemeinsam mit Thompson geschriebene, Standard-Einführungsbuch *Film Art* können als Ursprung der kognitiven Filmtheorie gesehen werden.[26] Der Neoformalismus weist wie kaum eine andere Theorie eine starke Kohärenz und Konsistenz auf, die in diversen Arbeiten angewendet und weiterentwickelt wurde, so über die Avantgarde, den Dokumentarfilm, über Filmmusik, den Horrorfilm, einzelne FilmemacherInnen usw.[27]

Anders als in semiotischen Theorien sind es in neoformalistischer Sichtweise die ZuschauerInnen, die dem Film Sinn verleihen. Der Neoformalismus setzt sich dezidiert von Christian Metz' poststrukturalistischer Filmsemiotik ab, nach der die Zuschauenden diverse *codes* anwenden, um den Sinn eines Films zu erschließen. Stattdessen vertreten Bordwell und Thompson die These, dass die RezipientInnen sich am Film beteiligen, indem sie über die filmisch gegebenen Informationen hinausgehen.[28] Die ZuschauerInnen selbst bringen individuelles Weltwissen mit, um *cues* zu erkennen, z. B. das Wissen über die Alltagswelt, andere Kunstwerke oder den praktischen Gebrauch von Filmen. *Cues* entstehen demnach dadurch, dass FilmemacherInnen sich für ein Verfahren, Elemente, Motive oder Strukturen bei der Gestaltung von Kunstwerken entscheiden, welche die Zuschauenden zu bestimmten Wahrnehmungsaktivitäten anregen. Dadurch lenkt ein Werk die Wahrnehmung der ZuschauerInnen in eine bestimmte Richtung.

Des Weiteren lehnen Neoformalisten ein Kommunikationsmodell für Kunst ab und unterscheiden nicht zwischen niederer und hoher Kunst, sondern begreifen den Film – in Anlehnung an den russischen Formalismus – als Kunstform, die spielerisch die Alltagswahrnehmung der ZuschauerInnen verfremdet. Die Theorie ist kognitiv, da sie sich dezidiert gegen psychoanalytische Analysen und vor allem das Konzept des Unbewussten wendet.[29] Begründet wird diese Sichtweise damit, dass hier der kognitive Verstehensprozess der Zuschauenden präfiguriert sei. So schreibt Thompson zur Übertragung freudianischer Konzepte

---

26 Erprobt haben Bordwell und Thompson die historische Bedeutung des *film style* gemeinsam mit Janet Staiger in dem umfangreichen Werk zum *Classical Hollywood Cinema:* Bordwell, Staiger u. Thompson: Classical Hollywood Cinema (2002).
27 Für weitere Titel vgl. Currie: Cognitivism (2004), S. 105.
28 Vgl. Bordwell: Kognition und Verstehen (1992), S. 5–6.
29 Vgl. Thompson: Neoformalistische Filmanalyse (1995), S. 27–49.

auf den Film: »Solch reduktive Schemata sind tautologisch, da sie davon ausgehen, daß jeder Film in diese Muster passe, und diese Muster wiederum sind einfach genug, um jeden Film ›passend‹ zu machen.«[30]

Ein essenzieller Kritikpunkt am Neoformalismus, der seit seiner Genese auf beträchtlichen Widerstand stößt, lautet, dass er interpretative Aspekte weitgehend ausklammere, indem es ihm primär um die Bedeutungswahrnehmung gehe; es sei für eine Theorie, welche die Wahrnehmung derart stark gewichte, der Zusammenhang zwischen Perzeption, Kognition und affektiv-emotionalen Prozessen nicht deutlich; insbesondere da vergangene Stilformen betrachtet werden, sei die historische Stabilität und Variabilität von Verstehensaktivitäten nicht ausgearbeitet; die Heterogenität der Zuschauerschaft, etwa in Bezug auf Gender, Ethnie oder Milieu, bliebe darüber hinaus unberücksichtigt.[31] Widersprüche und Lücken klaffen – insbesondere bezüglich der Konzeption der ZuschauerInnen – auch in den vielfältigen Publikationen der AnhängerInnen des Neoformalismus, der es sich selbst zum Ziel gesetzt hat, eine eindeutig kodifizierte Methodik zu entwerfen.

Trotz der berechtigten Kritik kann diese etablierte Theorie, die in Deutschland vor allem durch die Zeitschrift *montage AV* Bekanntheit erlangte, durch das Konzept der *cues* für das vorliegende Forschungsprojekt eine adäquate Methodik liefern. Dies bedeutet jedoch nicht, dass es sich im Folgenden um eine neoformalistische Arbeit handelt. Primär soll das Modell der *cues* zur Beschreibung, Bestimmung und Einordnung der filmisch hergestellten Textrealität fruchtbar gemacht werden. Gewisse *cues* führen bei ZuschauerInnen zu Inferenzen, die angegeben werden können – dies trifft insbesondere auf *iterative* filmische Darstellungen des literarisch-ästhetischen Lesens zu. Die ZuschauerInnen-Konzeption der vorliegenden Studie geht, wie Kap. 5.4.2. zeigen wird, über den Neoformalismus hinaus und fragt, welchen Interpretationsspielraum die jeweilige Darstellungsweise den Zuschauenden lässt und welche Bedeutung die innere Textrealität der Figur für die filmische Narration hat.

Dies bedeutet, dass auf einer ersten Ebene herausgearbeitet wird, auf welche Weise der Film literarisch-ästhetisches Lesen figuriert. Dies ist ein deskriptiver Schritt, in dem das Untersuchungsmaterial nach unterschiedlichen *cues* systematisiert wird. Der zweite Schritt betrifft die Interpretation: Welche Dimensionen des literarisch-ästhetischen Lesens, mit Rekurs auf mögliche Assoziationen mit der Leseforschung und anderen disziplinären Zugängen, können anhand

---

30 Ebd., S. 35.
31 Zur Kritik vgl. Hartmann u. Wulff: Neoformalismus (2007), S. 209–212 und dies.: Vom Spezifischen des Films (1995), S. 12.

der filmischen Bilder herausgearbeitet werden? Im Zuge dessen werden Einstellungen, Haltungen, Lebensstile und Mentalitäten zum literarischen Lesen, die wiederum von der (Bildungs-)Geschichte geprägt sind, miteinbezogen. Im dritten Schritt wird gefragt, ob in der untersuchten Leseszene eine ästhetische Erfahrung der ZuschauerInnen als möglich angenommen und beschrieben werden kann.

Die Interpretationen einzelner Filmszenen liefern Deutungsangebote für die Aussagekraft des Films über das literarisch-ästhetische Lesen. So wird bei einer im Gesamtkontext des Films womöglich marginalen Szene mit Detailgenauigkeit auf das literarisch-ästhetische Lesen geblickt. Dabei entstehen Beobachtungen, die anhand des Filmmaterials einerseits und unterschiedlicher theoretischer Zugänge andererseits gewonnen werden. Dieses Vorgehen fasst Slavoj Žižek konzise zusammen, wenn er in Bezug auf Mainstream-Produktionen »mit entschiedenem Massen-Appeal« es als »Aufgabe der Interpretation« einfordert,

> darin Darstellungen der esoterischsten theoretischen Finessen von Lacan, Derrida oder Foucault zu erkennen. Wenn also die Freude der modernistischen Interpretation im Effekt einer Wiedererkennung besteht, die das Beunruhigende und Unheimliche ihres Gegenstandes plausibel und vertraut macht [...], so ist es das Ziel einer postmodernistischen Behandlung, das anfänglich Vertraute des Gegenstandes zu verfremden [...].[32]

Diese Sichtweise wird für die vorliegende Arbeit insofern nutzbar gemacht, dass das literarisch-ästhetische Lesen – auch in einer Reihe von Blockbustern – zum Anlass genommen wird, »das anfänglich Vertraute des Gegenstandes zu verfremden«, indem Gedanken aus der Film- und Medienwissenschaft, Lesesoziologie, Literaturwissenschaft und der Philosophie auf einzelne Filmszenen übertragen werden. Dieser Zugriff resultiert aus einer genuinen Interdisziplinarität des Themas. Dementsprechend kann nicht von einem originären Forschungsstand zum ›Lesen im Film‹ ausgegangen werden. Der nächste Abschnitt legt die Konvergenzen verschiedener Disziplinen und Forschungskomplexe dar, die das filmische Lesen betreffen.

1.2 Forschungsstand

Trotz der schier unüberschaubaren Vielzahl von Leseszenen im Film stellt deren Untersuchung nicht nur in der empirisch ausgerichteten Leseforschung, sondern auch in der Medien-, Film- und Literaturwissenschaft ein Forschungsdesiderat dar. Generell beschäftigen sich Arbeiten der historischen, empirischen, pädagogischen

---

32 Žižek: Alfred Hitchcock (1988), S. 11–12. Die Hervorhebungen entstammen dem Original.

und soziologischen Leseforschung mit dem Lesen. Der Spielfilm war jedoch, auch wenn er in der Soziologie immer mehr Beachtung erfährt, bisher kein Gegenstand derjenigen Wissenschaften, die sich mit dem Lesen beschäftigen. Wenn es auch keinen verbindlichen Forschungsstand in diesem Kontext gibt, stellt sich die Frage, ob nicht Anschlüsse an Diskurse der Leseforschung für die vorliegende Fragestellung ergiebig sind.

Beispielsweise gibt Heinz Bonfadelli eine Übersicht der Forschungsfragen, Ansätze und Themen rund um das literarisch-ästhetische Lesen: von der Lesefreude, über die Lesekompetenz bis hin zum Einfluss des Vorlesens.[33] Interaktionale Rezeptionsforschungen stellen Messungsmethoden bereit, physische und psychische Vorgänge beim Lesen eines Textes weiter zu explorieren.[34] Die *Cognitive Poetics* rücken den Prozess menschlicher Informationsverarbeitung in den Mittelpunkt, um die Literaturrezeption, wozu auch die *sinnliche* Lektüre-Imagination zählt, zu erforschen.[35] Sie beschäftigen sich jedoch nicht mit künstlerischen Darstellungen als Reflexionsformen. Die vorliegende Studie schlägt einen anderen Zugang vor, um sich mit der Vielfältigkeit und der Faszination dieser kulturellen Praxis auseinanderzusetzen: und zwar die filmische Realisierung und die dadurch bedingte Reflexion im Spielfilm.

Abgesehen von vereinzelten Aufsätzen zu Filmen mit entsprechenden Szenen, in denen das Lesen eine bedeutende Rolle spielt, und peripheren Erwähnungen in weitgefassten Kontexten gibt es im deutschsprachigen Raum keinen Beitrag, der sich differenziert und systematisch mit dem Lesen im Film auseinandersetzt. Die vorhandenen Arbeiten lassen sich eher als eine *beiläufige* Behandlung des Themas charakterisieren.

Als Anknüpfungspunkt können jedoch durchaus literaturwissenschaftliche Arbeiten zur Erforschung der Funktionen literarischer Darstellungen des Lesens dienen, wie diejenige von Günther Stocker, der schreibt:

> Filme wie *Notting Hill*, *E-Mail für dich* aber auch die Science-Fiction-Serie *Star Trek – The next generation* [sic] thematisieren durch das Lesen einerseits eine diffuse Sehnsucht nach einer vermeintlich besseren alten Zeit, andererseits benützen sie Bücher zur Figurencharakterisierung: Menschen, die lesen, werden als humaner, als moralisch besser dargestellt.[36]

---

33 Die Untersuchungsfragen lauten beispielsweise: Wer liest wie häufig und wie intensiv? Welchen Stellenwert hat das Buchlesen im Vergleich zu anderen Freizeitaktivitäten? Wie sprechen Menschen über das Gelesene? Vgl. Bonfadelli: Zur Konstruktion des (Buch-)Lesers, S. 163–164.
34 Vgl. hierzu allgemein: Bucher u. Schumacher (Hg.): Interaktionale Rezeptionsforschung (2012).
35 Vgl. Andringa: Cognitive Poetics (2011).
36 Stocker: Vom Bücherlesen (2007), S. 90.

Diese Erwähnung *en passant* reduziert die filmische Lesedarstellung in kontingent ausgewählten populären Werken – ohne eine systematische Einordnung – auf eine Funktion: Figuren werden durch das Lesen ›positiviert‹ (vgl. Kap. 12). Stocker begründet nicht weiter, inwiefern dies geschieht – schließlich ist der Film auch nicht Gegenstand seiner Untersuchung. Dabei generalisiert er zwar mit der Charakterisierung von Figuren eine spezifische Funktion, doch es ist nicht zu leugnen, dass eine kardinale Funktion der Leseszenen in der Vergabe von Figureninformationen liegt. Literaturwissenschaftliche Untersuchungen, wie die von Stocker, interessieren sich qua Disziplin für *literarische* Darstellungen – das Gleiche gilt für Arbeiten über ikonografischen Lesedarstellungen, die sich auf die bildende Kunst konzentrieren; der Film wird auch in diesen Beiträgen lediglich indirekt angesprochen.[37] Die Expertisen zur Darstellung des Lesens in der Literatur und auf Gemälden sind indessen vor allem für die Erarbeitung von Funktionen des literarisch-ästhetischen Lesens im Film relevant, weshalb zwei nachfolgende Unterkapitel (Kap. 2.4. u. 2.5.) den Forschungsstand dieser beiden Kontexte skizzieren.

Da der Fokus auf Leseszenen literarischer Texte liegt, erscheint der Zusammenhang von Literatur und Film als ein weiterer angemessener Forschungszugang. Die dominierende Forschungstendenz der Wechselbeziehung von Literatur und Film kann mit den Worten Carsten Strathausens folgendermaßen zusammengefasst werden:»studies that focus on narrative and plot difference between the original book and the later film version.«[38] Die Untersuchung von Stärken und Schwächen der filmischen Adaption im Abgleich mit dem literarischen Werk, auf dem sie basiert, hat sich zu einem interdisziplinären Forschungsfeld entwickelt.[39] Demgegenüber wird im Rahmen der wechselseitigen Relation der beiden Künste auch der Einfluss des Films auf die Schreibweise von SchriftstellerInnen wie Hugo von Hofmannsthal, Thomas Mann, Alfred Döblin, Franz Kafka, Bertolt Brecht, Irmgard Keun usw. untersucht.[40] Die filmische Umsetzung des Lesens ist indessen nicht in die beiden Zweige dieses Forschungskomplexes einzuordnen.

Freilich bewegen sich nicht sämtliche Arbeiten zwischen diesen beiden Polen. Beispielsweise geht Stefan Neuhaus in einem Beitrag seines Sammelbands *Litera-*

---

37 Das kann auch für Arbeiten der Literaturdidaktik konstatiert werden. So untersucht beispielsweise der folgende Beitrag unter anderem leseanimierende Verfahren in *Heidi* (CH/D, 2015), der jüngsten filmischen Adaption des gleichnamigen Romans von Johanna Spyri. Vgl. Holzwarth u. Meienberg: Schule im Film (2017).
38 Strathausen: The Relationship Between Literatur and Film (2008), S. 1.
39 Vgl. Bohnenkamp: Vorwort (2012). Dies belegt nicht zuletzt die Existenz der *Adaption Studies*. Vgl. Bruhn, Gjelsvik u. Hanssen (Hg.): Adaptation Studies (2013).
40 Vgl. Paech: Literatur und Film (1997), S. IX.

tur im Film über die angesprochenen Kernfragen hinaus. Neben den bereits genannten Paradigmen listet er fünf weitere Möglichkeiten auf, die Beziehung von Literatur und Film zu untersuchen:

- Literaturkritische Sendungen im Fernsehen, etwa »Das literarische Quartett«.
- Dokumentarische Filme über Schriftsteller, also Interviews, Reportagen usw., oft zu runden Jubiläen angefertigt und ausgestrahlt.
- Fiktionale Filme über reale Schriftsteller, also biographische oder halb biographische Filme [...].
- Mitarbeit von Schriftstellern an Filmen, evtl. auch die Mitwirkung als Darsteller.
- Die Verwendung literarischer Texte in fiktionalen Filmen.[41]

Die letzte Kategorie seiner Aufzählung betrifft das Lesen im Film, obgleich er sich nicht ausdrücklich auf die Aktivität des *Lesens* bezieht; das semantisch offene Wort »Verwendung« kann jedoch durchaus das Lesen inkludieren. Doch Neuhaus bleibt in seinem Text beim hypothetischen Durchspielen von Möglichkeiten und die Aufsätze des dem Titel nach für die hier verfolgte Forschungsfrage einschlägig klingenden Sammelbands verfolgen diesen fünften Punkt ebenfalls nicht.[42]

Die von Neuhaus angeführte »Verwendung literarischer Texte« offenbart indes in anderen Kontexten weitere Zugänge, z. B. wenn mit Lyrik eine komplette Gattung und ihre filmische Thematisierung in den Forschungsblick rückt. So schreibt Sandra Poppe im *Handbuch Lyrik* nicht nur über Lyrikverfilmungen, sondern auch über Lyrik *im* Film. Ein ausführliches Zitat verdeutlicht ihre Sichtweise:

In den meisten Fällen werden die Gedichte in voller Länge rezitiert, entweder von einem handelnden Schauspieler oder aus dem Off; in Stummfilmen durch Textinserts. Innerhalb von Spielfilmen dient dies meist der Konzentrierung von Bedeutung, teilweise auch der Vermittlung von schwer Darstell- oder Sagbarem. Zudem fordert eine Gedichtrezitation den Zuschauer zur Teilhabe und Interpretation des Geschehens und Gehörten auf. Dies wäre beispielsweise bei der Rezitation von T. S. Eliots »The hollow men« (1925) in *Apocalypse Now* (1979) oder Rainer Maria Rilkes »Der Panther« (1902) in Penny Marshalls *Awakening* (1990) der Fall. Hier ist eindeutig, dass die Inhalte der Gedichte eine semantische Verdich

---

41 Neuhaus: Literatur im Film (2008), S. 15–16. Franz-Josef Albersmeier eröffnet eine vergleichbare Trias: »Die Literatur als Stofflieferant oder die filmische Adaptation literarischer Werke; [...] die Transposition literarischer Gattungen, Erzählformen und Techniken im Film; [...] die ›Literarisierung des Films‹ oder Regisseure mit dezidiert literarischer Kultur und Ambition.« Albersmeier: Die Herausforderung des Films an die französische Literatur (1985), S. 22.
42 Ein weiteres Beispiel für dieses beliebige Durchspielen von Möglichkeiten liefert Oliver Jahraus im Kontext der intermedialen Selbstreflexion (vgl. Kap. 11.1.1.). Vgl. Jahraus: Der fatale Blick in den Spiegel (2010), S. 256.

tung der tieferen Bedeutung des Dargestellten sind. Diese Referenz findet allein auf inhaltlicher Ebene statt; die Filme weisen darüber hinaus keine formalen Bezüge zum Medium Literatur oder zur Gattung Lyrik auf. Es finden sich jedoch auch Beispiele, wie Andrej Tarkowskijs *Stalker* (1979) oder Wim Wenders' *Der Himmel über Berlin* (1987), in denen der Bezug auf ein Gedicht oder Gedichte über diese Einzelreferenz hinauszugehen scheint. In beiden Filmen zitieren die Hauptfiguren in teilweise melodischer Weise Gedichte, die einerseits auf einer abstrakten Ebene in inhaltlichem Bezug zum Erzählten stehen. Andererseits wird der lyrische Ausdruck in beiden Filmen als Gegenpol zum Rationalen und damit als adäquate Form der Vermittlung von Emotionen, Träumen, Unbewusstem, die zugleich als wahre Erkenntnis über die Welt fungieren, aufgewertet. Obwohl in beiden Fällen eine Handlung erzählt wird, scheint es gerade in *Stalker* mehr um die Filmbilder an sich zu gehen, die als Symbole und Metaphern fungieren.[43]

Dieser Eintrag nennt eine Reihe von Funktionen, die nicht nur bei der Rezitation von Gedichten, sondern allgemein beim lauten Vorlesen im Film vorliegen. Kritisch anzumerken ist, dass – sicherlich auch aufgrund der Kürze des Eintrags – vieles unpräzise bleibt. Inwiefern vermittelt ein komplettes Gedicht in einem Film schwer Darstell- oder Sagbares? Wird dadurch nicht eher noch ein weiterer Referenzrahmen geschaffen? Welche Rolle spielen intertextuelle Verweise? Außerdem werden die vier Beispiele unterschiedlich gewichtet und ohne genauere Erläuterung oder Einordnung auf gewisse Funktionen reduziert. Des Weiteren benennt Poppe die Einzelreferenzen auf die entsprechenden Gedichte in den ersten beiden Fällen konkret, in den beiden anderen nicht. In Tarkowskijs *Stalker* (SU, 1979) gibt es darüber hinaus insgesamt *zwei* Szenen, in denen Gedichte zitiert werden: einmal von Arseni Tarkowskij, dem Vater des Regisseurs, und zudem von Fjodor Tjuttschew. Es bleibt letztlich ebenfalls unklar, was es bedeutet, wenn etwas »auf einer abstrakten Ebene in inhaltlichem Bezug zum Erzählten« steht. Inwiefern ist ein konkreter Verweis auf ein Gedicht abstrakt?

Sicherlich ist ein Handbuchartikel nicht der adäquate Ort, um diesen grundlegenden Fragen Raum zu geben. Doch es fällt – wie bei den meisten Texten, die sich dem Thema widmen – auf, dass das Lesen als Aktivität selbst kaum beachtet wird. Stattdessen wird ein recht einseitiger Blickwinkel auf das Phänomen eingenommen, so wie in diesem Fall auf die Lyrik. Gleichzeitig verweisen diese Beispiele auf eine andere Problematik: Es werden aleatorisch Beispiele aneinandergefügt mit davon abgeleiteten, allgemeingültigen Aussagen, die nicht evident erscheinen. Die Zufälligkeit der Beispiele unterstreichen quantitativ ausgerichtete Filmografien, die Myriaden von Filmen versammeln, ohne dabei zu profunden

---

43 Poppe: Lyrik und Film (2016), S. 239.

Ergebnissen zu gelangen.[44] Hierzu zählen beispielsweise *Hauptrolle: Bibliothek*[45] oder *Movies with Poetry: A Partial List*.[46] Solche Arbeiten leisten zwar eine Auflistung zahlreicher Leseszenen, doch es fehlen hier sowohl der Bezug zu deren Funktionen als auch der Anspruch einer umfassenden systematischen Darstellung.

Dieser Befund bestätigt die bereits zu Beginn aufgestellte These: Es fehlt an Systematizität, sobald über das Lesen im Film geschrieben wird. Dies ist vor allem auf die spezifischen Forschungsinteressen und Fragestellungen, aber auch auf die anders gelagerten disziplinären Expertisen zurückzuführen, die sich von einer bestimmten Sichtweise her dem Lesen im Film nähern, die keine Perspektive auf das Lesen und den Film *sui generis* einnimmt. Schließlich wird deutlich, dass innerhalb dieser ›klassischen‹ Fragen nach dem Verhältnis von Literatur und Film kein Platz zu sein scheint, um die Frage nach der Funktion der filmischen Darstellung des Lesens zu behandeln.

Aufgrund der Doppelstruktur zweier miteinander gekoppelter Medien in Leseszenen bietet sich der Forschungskontext der Intermedialität an, auf den in Kap. 5.4.1. näher eingegangen werden soll. Innerhalb von Arbeiten der Film- und Medienwissenschaft existieren zwar zahlreiche Beiträge zum Thema ›Schrift im Film‹, doch das Lesen im Film lassen sie erstaunlicherweise ebenso unbehelligt.[47] Selbst in einem Sammelband mit einem derart offengehaltenen Titel wie *Motive des Films* gibt es zwar Aufsätze zu »Schreibzeug und Schreibszenen« oder »Schreibmaschinen« im Film, nicht jedoch zum Lesen.[48]

Im Handbuch *Medienreflexion im Film* findet sich der Beitrag *Lesen und Schreiben sehen. Dichtung als Motiv im Film* von Christine Mielke. Die Verfasserin weist zu Recht darauf hin, dass unterschieden werden muss zwischen der Beziehung zwischen Literatur und Film und der prinzipiellen Verwendung des Motivs *Lesen* in der Filmhandlung, die keine intermediale Relation im engeren Sinne begründet. Doch auch Mielke nähert sich dem Thema nicht von Grund auf, sondern konkludiert simplifizierend, dass Leseinszenierungen im Film in der Regel tradierten Mustern folgen:

> Bei näherer Untersuchung der Lesenden im Film zeigt sich, dass die filmische Ikonographie selten innovativ präsentiert wird, sondern ganz im Gegenteil auf klassische Stereo-

---

44 Gewichtige ›Fundgruben‹ für filmische Leseszenen waren die Sammlung von Screenshots lesender Figuren auf den beiden Websites »People reading in movies« und »Books In Movies«.
45 D'Alessandro: Hauptrolle Bibliothek (2002).
46 Harwood: Movies with Poetry (2004).
47 Ein Beispiel hierfür ist Kanzog: Über die allmähliche Verfertigung der Worte beim Lesen (2002). Vgl. für einen Forschungsüberblick zu dieser Thematik: Amann u. Wulff: Schrift im Film (2009).
48 Brinckmann, Hartmann u. Kaczmarek (Hg.): Motive des Films (2012).

typen zurückgreift [...]. Eingebettet in den narrativen Film wird deutlich, dass das gesamte traditionelle Bedeutungsspektrum filmisch meist nur angedeutet wird und im besten Falle für ›Kenner‹ eine zusätzliche Bedeutungebene neben der handlungsfunktionalen eröffnet.[49]

Die vorliegende Arbeit mit dem Ziel einer Systematik wird zeigen, dass diese These Mielkes keine Gültigkeit beanspruchen kann. Die Funktionen von Leseszenen reichen weit über ein Spiel mit Zitaten hinaus. Das Gleiche gilt für ihre Aussage, dass die »medialen Besonderheiten [...] *nicht* gezeigt und erfahrbar gemacht, sondern sie [...] nur filmisch aufgerufen«[50] werden. Die im Folgenden entwickelte Hauptthese, die von der leiblichen Erfahrbarkeit der ästhetischen Erfahrung ausgeht, führt zu Schlussfolgerungen, die über diesen Ansatz hinausgehen. Mielkes Expertisen sind dem Umstand geschuldet, dass auch sie nicht aus der Perspektive des Lesens auf entsprechende Phänomene blickt, sondern es geht ihr eher, wie es der Untertitel des Aufsatzes andeutet, um *Dichtung*. Diese Einschätzung gilt auch für viele weitere Forschungsarbeiten zum Thema ›Lesen und Film‹.

Deutlich umsichtiger ist der Handbucheintrag von Peter Friedrich, der Repräsentationen des Lesens in Filmen zusammen mit Darstellungen in der Literatur, Kunst und im Fernsehen betrachtet, wobei er einen starken Fokus auf Lesebilder legt. Er konzentriert sich in seinen Darlegungen darauf, dass das Lesen ein Fall der Medienreflexion und Intermedialität ist und vor allem in positiven aufklärerisch-humanistischen Botschaften Verwendung findet (vgl. Kap. 12). In diesem Kontext gibt er einen Überblick darüber, wie das Lesen intradiegetisch im Film vorkommen kann:

> (1) Es werden lesende Männer und Frauen gezeigt, die in beruflichen oder privaten Kontexten Zeitungen, Briefe, E-Mails oder Bücher lesen; Lesende können sitzen oder liegend, in geschlossenen oder offenen, in privaten oder öffentlichen Milieus gezeigt werden. Meistens bleibt hierbei unklar, was gelesen wird und warum. (2) Lesen kann durch das Sprechen über Bücher, durch die Verwendung des Buches als Requisit oder durch Bibliotheken und Buchhandlungen als Spielorte jeweils anders codiert werden. (3) Filmfiguren können durch ihre berufliche Tätigkeit oder durch ihren Lebensstil als lese- oder buchaffine Figuren charakterisiert werden. Dann wird die lebensweltliche Relevanz von Lektüre stillschweigend vorausgesetzt und die Zuschauenden müssen das sinnlich Ausgesparte konkretisieren.[51]

Friedrich führt eine Reihe von Funktionen des Lesens an, die in dieser Arbeit eine eingehende Betrachtung erfahren: Lesepositionen, das Sprechen über

---

49 Mielke: Lesen und Schreiben sehen (2014), S. 230.
50 Ebd., S. 228. Die Hervorhebung entstammt dem Original.
51 Friedrich: Repräsentationen des Lesens (2018), S. 408–409.

Bücher, Leseorte oder Figurencharakterisierung. Mit der Aussage, dass die Zuschauenden »das sinnlich Ausgesparte konkretisieren« müssen, verweist Friedrich auf die Funktion der *cues*, die den ZuschauerInnen Anlass geben, die im Filmbild nicht explizit vorkommende Leseerfahrung zu erschließen.

Schließlich sind Leseszenen vereinzelt Gegenstand von kürzeren Forschungsarbeiten; mehrere Aufsätze widmen sich beispielsweise der Präsentation des Lesens in David Finchers *Se7en* (USA, 1995). Matthias Bickenbach nähert sich der Lesedarstellung in dem populären Thriller durch ein assoziatives *close reading* einzelner Filmszenen, in denen gelesen wird, und kommt zu folgendem Urteil:

> Das Besondere an *Sieben* ist [...], daß die Kategorie Text explizit seine Referenz bildet. [...] *Sieben* repräsentiert Literatur nicht, sondern was der Film bietet, ist eine Mimesis literarischer Operationen, die in Spannung zum Objekt Buch gesetzt ist. Das ist mehr als Thematik, Motiv oder Symbolik. [...] Der Film zeigt, in ungewöhnlicher Breite, die buchstäblichen und sprichwörtlichen Arbeiten am Text: lesen und schreiben, heraussuchen, anstreichen, exzerpieren. Spurensuche oder Lektüre als Sichten, Sammeln, Nachlesen.[52]

Unbestritten ist dies bei *Se7en* der Fall; der Aufsatz, der verschiedene Facetten des Lektüreakts herausarbeitet, erweist sich als ergiebige Darlegung der Funktion des Lesens in Finchers Film. Dies trifft insbesondere auf die Feststellung zu, dass die komplexe Darstellung des Lesens hier nicht mit der Rubrizierung unter gängige Forschungsbegriffe wie Thema, Motiv oder Symbol zu fassen ist. Dennoch fehlt auch hier Systematik: Wo handelt es sich um eine eigenständige Inszenierung des Lesens in *Se7en*, wo um sich wiederholende Grundmuster der filmischen Darstellung des Lesens?[53]

Weitere Einzelarbeiten zum Lesen in ausgewählten Filmen sind die Aufsätze von Dirk Verdicchio über die Funktion des Lesens in George A. Romeros *Day of the Dead* (USA, 1985) und von Andreas Blödorn über Greenaways *The Pillow Book* (GB, 1996).[54] Derartige Auseinandersetzungen sind meist in größeren Forschungskontexten verortet, die sich in der Regel mit intermedialen Phänomenen beschäftigen, wie auch der Beitrag von Mielke. Ausgangspunkt solcher Studien ist nicht das Lesen, es herrscht kein übergreifendes Interesse an möglichen Variationen des filmischen Lesens vor.[55]

---

52 Bickenbach: Voll im Bild? (1998), S. 529.
53 Dies gilt auch für zwei weitere Aufsätze zu *Se7en*: Böhnke: Handarbeit (2003) und Bronfen: Einleitung (1999).
54 Verdicchio: Monströse Lektüren (2011) und Blödorn: Transformation und Archivierung (2007).
55 Nicht erwähnt wurden bisher überblickshafte Arbeiten, in denen filmische Lesedarstellungen fehlen, beispielsweise in Handbüchern zum Lesen. Hier sind vor allem zwei Beiträge im deutschsprachigen Raum zu nennen: Rautenberg u. Schneider (Hg.): Lesen (2016) und Franzmann (Hg.): Handbuch Lesen (2001).

So kann resümiert werden, dass niemand bislang dezidiert das Lesen im Film in den Mittelpunkt einer größeren Betrachtung gestellt hat. Die bisherigen Beschäftigungen mit dem literarisch-ästhetischen Lesen im Film erweisen sich erstens als hypothetisches Durchspielen von Variationsmöglichkeiten spezieller Themen; zweitens sind sie von dem spezifischen Kontext der Untersuchung geprägt, in dem das Lesen nicht den Schwerpunkt bildet; und drittens geht die Faszination häufig von einem einzelnen Film als Untersuchungsgegenstand aus. Die Wahl der Filmbeispiele zur Untermauerung entsprechender Thesen wirkt dabei stets willkürlich.

Das literarisch-ästhetische Lesen im Film stellt sich damit *per se* als interdisziplinäres Thema heraus, denn unterschiedliche Disziplinen treten bei der möglichen Erforschung des Phänomens miteinander in Kontakt. Dies liegt auch am Gegenstand *Lesen* selbst, das eine vielgestaltige Kulturtechnik darstellt und dessen Exploration weite Teile der Kulturgeschichte betrifft. Bei der Frage nach dem literarisch-ästhetischen Lesen werden zudem essenzielle Funktionen von Literatur mitverhandelt. Da bei der filmischen Präsentation des Lesens ein Medium (Buch oder Literatur) in einem anderen auftaucht (Film), sind ebenso eine Fülle von medientheoretischen Ergebnissen zur Intertextualität, Intermedialität und Selbstreflexivität von Bedeutung.[56] Sobald gefragt wird, inwiefern durch das Lesen eine Figur charakterisiert wird, stehen Arbeiten der Figurenforschung und Narratologie im Vordergrund; wenn das filmische Lesen von Robotern untersucht wird, ist es hilfreich, die Bedeutung der Lesedarstellung im Science-Fiction-Film genretheoretisch zu verorten. Zudem sind damit verbundene Fragen nach anthropologischen Grundkonstanten zu reflektieren. Aus diesen Gründen wird je nach Kapitel vereinzelt ein Abriss über Forschungsergebnisse erfolgen, die für das jeweilige Thema von Bedeutung sind. Mit dem Lesen und der ästhetischen Erfahrung werden die beiden Kernaspekte dieser Arbeit in den nächsten beiden Kapiteln erläutert (Kap. 2 und 3).

1.3 Untersuchungskorpus

Unter einer *literarisch-ästhetischen Leseszene im Film* wird – wie in Kap. 4 ausgearbeitet wird – jede filmische Einstellung verstanden, in der mindestens eine Figur zu sehen ist, die ein Buch in einer Weise rezipiert, die als literarisch-ästhetisch klassifiziert werden kann. Ohne hier bereits vollumfänglich auszuführen, wann

---

56 Vgl. zur Frage, ob Literatur oder das Buch ein Medium darstellt, Jahraus: Literatur als Medium (2003).

eine Leseweise literarisch-ästhetisch ist, und welche Komponenten noch zu der Definition gehören, handelt es sich dabei um eine offene Definition, die figuren-zentrierende Darstellungen, Inszenierungen emotionaler Reaktionen auf das Lesen oder auch die verschiedenen Formen der Visualisierung kognitiver Lektürepro-zesse umfasst. Auf der Basis solch einer weiten Begriffsbestimmung lässt sich ab-leiten, dass eine Figur, ein Buch und der Akt des Lesens die *conditio sine qua non* dieser Arbeit sind. Dies hat zur Folge, dass Filmszenen, in denen beispielsweise ein Protagonist aus einem bekannten literarischen Werk zitiert, ohne dass ein Le-seobjekt zu sehen ist, nicht zum Untersuchungskorpus zählen. Das Gleiche gilt für Fälle, in denen allgemein über das Lesen bzw. Literatur gesprochen wird.

Durch die Beschränkung auf das *Buch*, und der damit verbundenen Nicht-Berücksichtigung des Lesens von Grabinschriften, beschrifteten Wänden oder digitalen Darbietungsformen, fallen weitere potenzielle Szenen aus dem Unter-suchungskorpus heraus. Da es gegeben sein muss, dass *Figuren* lesen, erklärt sich auch, dass das Lesen von Zwischentiteln – insofern es keine Darstellung eines Lektüreakts ist –, ebenfalls keine Bedeutung für diese Arbeit hat. Dem dezidiert medientheoretischen Ansatz folgend, der nach der prinzipiellen Mög-lichkeit der Visualisierung der Textrealität und der ästhetischen Erfahrung fragt, besteht außerdem kein historisches Interesse. Aus diesem Grund erscheint eine zeitliche oder kulturelle Beschränkung der zu untersuchenden Filme nicht sinn-voll.[57] Da die Erforschung von Leseszenen dem Ansatz des Neoformalismus folgt, wird sich auch nicht auf Wertungsfragen bei der Filmanalyse und -interpreta-tion kapriziert. Die Eigentypik von Leseszenen steht nicht mit der formalen oder ästhetischen Qualität des gesamten Films im Zusammenhang. Für die me-diale Konstituierung des Lesens im Film sind künstlerisch gelungene *Arthouse*-Film ebenso relevant wie ausgewählte Horror- und Science-Fiction-Filme, die nicht unbedingt autonome ästhetische Qualität beanspruchen können. Für die grundlegende medientheoretische Fragestellung nach den Inszenierungs-möglichkeiten des Lesens liefern auch Mainstream-Produktionen aufschluss-reiche Darstellungsformen.

Die Herausforderung der hier aufgestellten Forschungsfrage liegt in der Über-proportionalität und nicht etwa im Mangel an Leseszenen, weshalb eine Eingren-zung sich aus dem wissenschaftlichen Interesse selbst ergibt. Damit die Validität der Ergebnisse gewahrt wird, leiten sich – zusammengefasst – die potenziellen

---

[57] Zweifelsohne gibt es kulturspezifische Unterschiede der filmischen Lesedarstellungen, so wie eben das Lesen und die Literatur in jeder Gesellschaft und Kultur einen eigenen Stellen-wert haben. Dies ist jedoch nicht der Schwerpunkt dieser Arbeit.

Szenen für den Untersuchungskorpus aus folgenden Prämissen ab, die teilweise bereits dargelegt wurden:

1. Ausgangspunkt ist das literarisch-ästhetische Lesen von Büchern, d. h. das filmische Lesen von Zeitungen, juristischen Akten oder Karten zählt nicht zum Untersuchungskorpus.
2. Eine Figur muss auf eine solche Weise lesen, dass eine ästhetische Begegnung mit Literatur konstatiert werden kann.
3. Nur Spielfilme und fiktionale Serien sind Gegenstand der Untersuchung – keine Dokumentar-, Kurz- oder Gebrauchsfilme; keine Webvideos, Werbeclips oder Musikvideos. Experimentalfilme oder Videoinstallationskunst werden ebenfalls nicht berücksichtigt.
4. Es gibt keine zeitlichen, nationalen, personalen oder genretheoretischen Ausschlusskriterien.
5. Die Qualität eines Films hat keinen Einfluss für seinen Einbezug in den Korpus.
6. Es werden populäre oder einigermaßen bekannte Filme herangezogen, die zumindest problemlos per Stream oder DVD bzw. Blu-ray-Disc zur Verfügung stehen. Deshalb dominieren auch Filme aus dem westlichen Kulturkreis, vor allem aus den USA, Frankreich, Italien, Deutschland und Schweden.[58] Dies führt weiterhin zu einer Nichtbeachtung von Spielfilmen, die keinen Verleih gefunden haben und beispielsweise nur auf Festivals liefen.
7. Oberstes Kriterium stellt die Repräsentativität dar. Dies hat zur Folge, dass im Fließtext oder in den Fußnoten auf weitere Beispiele als Beleg für eine Aussage verwiesen wird.

Diese Eingrenzungen grundieren die angestrebte Systematik. Jeder hier analysierte Film hat vertretenden Charakter für wiederkehrende Funktionen. So hält Vinzenz Hediger in Rekurs auf Vladimir Propp fest: »Repräsentativ ist die Auswahl dann, wenn man [...] sagen kann, dass sich an den Ergebnissen nichts Wesentliches ändert, wenn man noch einige Beispiele hinzugibt oder wegnimmt«.[59] Daher liegt das Hauptaugenmerk der vorliegenden Studie auf den Funktionen der Leseszenen, nicht aber auf den Filmbeispielen. Der Blick in die Forschungsergebnisse hier relevanter Disziplinen, die sich mit verwandten Fragestellungen und Gegen-

---

58 Es werden auch Filme außerhalb Europas und den USA in den Blick genommen, doch filmische Werke aus anderen Ländern und Kontinenten sind unterrepräsentiert. Eine supranationale Sichtweise auf das Lesen im Film kann – und sollte – ein Anliegen zukünftiger Arbeiten sein.
59 Hediger: Verführung zum Film (2001), S. 32.

ständen befassen, half bei der Auswahl von Filmbeispielen.[60] Dazu zählen die im Forschungsüberblick bereits angesprochenen Filmografien zur Lyrik oder zu Bibliotheken im Film, ebenso Forschungsarbeiten zur filmischen Präsenz von Schriftlichkeit oder der Bibel im Film. Beiträge zur Intermedialität oder zu anderen hier ergiebigen Themengebieten behandeln exemplarisch Filme, die vereinzelt auch wesentlich für die hier verfolgte Forschungsfrage sind. Filme über SchriftstellerInnen oder solche, die an einer Schule oder Universität spielen, bieten sich thematisch an. Leseszenen gehören ebenfalls zum Inventarium von RegisseurInnen mit literarischer Affinität, man denke an die *Nouvelle Vague*-Regisseure wie Truffaut, Chabrol oder Godard sowie an amerikanische Regisseure wie Woody Allen oder Wes Anderson. Und schließlich existiert eine Reihe von Filmen, in denen es quasi *zufällig* Leseszenen mit großem Potenzial gibt.[61] Zufälligkeit oder Kontingenz ist – bei allem Bemühen um systematische und kategoriengeleitete Auswahl des Untersuchungskorpus – hier wie auch in anderen Bereichen eine nicht zu leugnende, manchmal überaus produktive Hilfe bei der wissenschaftlichen Arbeit.

Der Aufbau der vorliegenden Studie besteht aus einer Trias: Im ersten Teil werden – noch ohne Hauptaugenmerk auf das Medium Film – die theoretischen Grundlagen gelegt, die sich mit der Forschung zum Lesen (Kap. 2.) und zur ästhetischen Erfahrung (Kap. 3.) beschäftigen. Im zweiten Kapitel wird das Lesen umfassend diskutiert, flankiert von der Hinwendung zur Terminologie der Leseforschung und der Erörterung von prinzipiellen Funktionen literarischer Texte. Zusätzlich erfolgt auch eine Zusammenfassung des Forschungsstandes ikonografischer und literarischer Darstellungen des Lesens. Welche Gratifikationen grundlegend für das *literarisch-ästhetische* Lesen sind und wie in dieser Arbeit die *ästhetische Erfahrung* verstanden wird, verdeutlicht das dritte Kapitel. Es mündet in einer Einbettung in die Filmphänomenologie.

Der zweite Teil beginnt mit der Erarbeitung der vier Kriterien einer literarisch-ästhetischen Leseszene: Leseobjekt, Lesesubjekt, Lesesituation und Lesekommunikation (Kap. 4). Dies sind jene *cues*, welche die Aufmerksamkeit auf eine bestimmte Facette des Lesens richten und die in den darauffolgenden Kapiteln im Fokus stehen. Es gilt das Primat des Leseobjekts vor dem -subjekt: Den gelesenen Text und die damit verbundene intertextuelle Anspielung gilt es – wie

---

60 *Nolens volens* ist es nur bedingt proaktiv möglich, auf Leseszenen zu stoßen, so dass manche/r LeserIn unter Umstände eine prominente Leseszene vermisst. Dies ist aufgrund des Umfangs des untersuchten Materials nicht zu vermeiden.
61 Gerade bei diesem Punkt ist Subjektivität bei der Filmauswahl nicht abzustreiten. Persönlich favorisierte Regisseure wie Ingmar Bergman oder Werner Herzog werden eher herangezogen als Michelangelo Antonioni oder Wim Wenders.

zu zeigen sein wird – zu priorisieren. In diesen Abschnitten werden die verschiedenen Darbietungsvariationen des Leseobjekts verhandelt (Kap. 5), die Möglichkeiten der Figurencharakterisierung durch das Lesen entwickelt (Kap. 6), die Bedeutung der Montage für Lesesequenzen diskutiert (Kap. 7) und das in Anschlusskommunikationen forcierte literarische Gespräch dargelegt (Kap. 8). Im Zuge dessen werden die geläufigsten Funktionen des Lesens im Film erörtert: Intertextualität, der Gewinn einer Erkenntnis oder das Erhalten einer *life lesson*, die Verbalisierung von Leseanlässen oder das literarische Gespräch. Dabei wird auf entsprechende Forschungskontexte, wie Intermedialität, Figurenforschung oder den Zusammenhang von Sprache und Film, verwiesen.

Im dritten Teil werden Funktionen des Lesens im Film in den Blickpunkt gerückt, die filmspezifische Topoi bilden: *Stille Lektüren* (Kap. 9), *Lesen, Liebe und Sex* (Kap. 10), *Lesen und mediale Selbstreflexion* (Kap. 11), und *Lesen und Enkulturation* (Kap. 12). Daraufhin folgt der vierte und letzte Teil, in dem zwei Sonderformen des Lesens betrachtet werden, die exemplarische Genreausprägungen der Phantastik darstellen: *Lesende Roboter* in Science-Fiction-Filmen (Kap. 13) und das *Lesen im Horrorfilm* (Kap. 14). Das finale Analysekapitel (Kap. 15) besteht aus drei detaillierten Einzelanalysen von Filmen, in denen aus medienphänomenologischer Perspektive filmische Darstellungen von ästhetischen Erfahrungen analysiert werden, die das Potenzial haben, den RezipientInnen selbst eine ästhetische Erfahrung zu ermöglichen. Die Struktur der Kapitel folgt unterschiedlichen Mustern. So besteht etwa das neunte Kapitel aus einer ausführlichen Analyse eines Films, während im elften und zwölften Kapitel mit vielen unterschiedlichen Beispielen gearbeitet wird. Damit wird der Dynamik des Themas Rechnung getragen.

Teil I: **Forschungskontexte und theoretische Grundlagen**

2 Literarisch-ästhetisches Lesen

Lesen stellt eine im Verhältnis zur Menschheitsgeschichte junge Kulturtechnik dar, die eng mit der Entwicklung von Sprache und Schrift verknüpft ist.[1] Etymologisch ist das Wort auf das althochdeutsche *lesan* zurückzuführen: sammeln, aufheben, an sich nehmen, wahrnehmen oder erblicken. Die heutige Bedeutung beruht auf dem lateinischen *legere*: Geschriebenes verstehen. Dies meint nicht nur den Prozess, die Inhaltsebene von Schriftzeichen zu erfassen, sondern auch die Wiedergabe von Schrift durch Sprechen, also *vorlesen*. Je nach Kontext kann der Sinngehalt außerdem auf *berichten* oder *erzählen* ausgedehnt werden.[2] Julia Kristeva führt darüber hinaus weitere Bedeutungen des Wortes in der Antike an, wie »pflücken, erspähen, aufspüren, greifen, stehlen«.[3] Diese teils heterogene Semantik findet sich heute immer noch in sprachlichen Wendungen, die in keinem direkten Zusammenhang mit Textlektüren stehen, beispielsweise wenn das Pflücken und Sammeln von Trauben als *Weinlese* bezeichnet wird.[4]

Lesen ist dementsprechend im heutigen Sprachgebrauch nicht auf die Rezeption von Texten beschränkt, das Wort expandierte in seiner Bedeutungsvielfalt, so dass am Computer Daten, beim Pokern Gesichter, im Fußball ein Spiel oder im Alpinismus Berge ›gelesen‹ werden – in Hans Blumenbergs einflussreicher Schrift metaphorisch sogar die Welt.[5] Diese verschiedenen Beispiele eint, dass nicht *nur* ein Akt der Perzeption stattfindet, sondern das Wahrgenommene auch mit Sinn versehen wird: Ein geschriebener Text ist ebenso zu *entschlüsseln* wie die Mimik von PokerspielerInnen oder eine Fußball-Taktik. Sowohl Augen als auch Verstand *erfassen* ein Phänomen.

Eine linguistisch-kognitive Definition beschreibt Lesen »als Fähigkeit, visuelle Informationen aus graphischen Zeichenfolgen zu entnehmen und deren

---

1 Der Begriff *Kulturtechnik* stammt aus den Agrar- und Geowissenschaften und wird dort definiert als »Praktiken und Verfahren der Erzeugung von Kultur, die [...] als Bedingung der Möglichkeit von Kultur überhaupt begriffen werden.« Dazu zählen beispielsweise ebenso Schreiben, Rechnen, Kochen, Malen oder Musizieren. Vgl. Maye (2010): Was ist eine Kulturtechnik?, S. 121. Einen der wenigen Beiträge, die sich umfassend mit dem Begriff der Kulturtechnik auseinandersetzen, liefert Siegert: Kulturtechnik (2011). Zudem sei auf das *Hermann von Helmholtz-Zentrum für Kulturtechnik* in Berlin hingewiesen.
2 Vgl. Grimm u. Grimm: Deutsches Wörterbuch (1885), Band 12, Sp. 774–786.
3 Kristeva: Semiologie der Programme (1972), S. 171.
4 Das Wort stammt von *Auslese* ab: aussuchen, als untauglich aussondern.
5 Hans Blumenbergs *Die Lesbarkeit der Welt* erschien im Jahr 1979.

https://doi.org/10.1515/9783110728590-002

Bedeutung zu verstehen«.[6] Diese Fähigkeit wird in lesespezifische Fertigkeiten aufgeschlüsselt, z. B. die Schnelligkeit des lexikalischen Zugriffs, die Geschwindigkeit der phonologischen Aufnahme, inhaltliches Vorwissen oder die Arbeitsgedächtniskapazität. Die physischen und psychischen Voraussetzungen, um überhaupt lesen zu können, werden als *Lesekompetenz* bezeichnet.[7] Der hier zugrunde gelegte Begriff des *literarisch-ästhetischen* Lesens bezieht sich jedoch auf Anlässe, Prozesse und Wirkungen, die für den Umgang mit fiktionaler Literatur spezifisch sind und sich nicht allgemein auf die Kulturtechnik beziehen. Hierfür ist die Art und Weise der Leseakte entscheidend, nicht das gelesene Werk. Ein Text, der nicht als fiktionale Literatur gilt, also etwa weder die Kriterien der Fiktionalität noch der Poetizität erfüllt, kann literarisch-ästhetisch gelesen werden – wie noch zu zeigen sein wird.[8] Die Besonderheit des literarisch-ästhetischen Lesens lässt sich anhand von Sybille Krämers Unterscheidung von Kunst und Kulturtechnik illustrieren:

> ›Kunst‹ steht hier für das Unerhörte, für Überraschung, Ereignis, Phantasie, Einzigartigkeit, Komplexität, faszinierte Aufmerksamkeit, für den Bruch mit dem Vertrauten, kurz: für *Innovation*. ›Kulturtechnik‹ meint dagegen Veralltäglichung, Routinisierung, Ritualisierung, Gewohnheitsbildung, Dispensierung der Aufmerksamkeit, kurz: *Wiederholung*.[9]

Die Kontrastierung von *Innovation* und *Wiederholung* stellt die Spezifik der ästhetischen Leseweise heraus. Während die Kulturtechnik des Lesens allgemein für die Bewältigung pragmatischer Alltagssituationen notwendig ist – Wiederholung –, umschreibt das literarisch-ästhetische Lesen *sinnliche* Begegnungen mit Literatur, wofür *Überraschung, Phantasie* und *Bruch* adäquate Beschreibungen darstellen: Im Akt des Lesens liegt etwas Besonderes und Einzigartiges, eine Innovation. Seit der Rezeptions- und Wirkungsästhetik stellt Lesen dabei keinen passiven Vor-

---

6 Christmann: Lesepsychologie (2010), S. 148.

7 Ein Beispiel hierfür ist die Definition der PISA-Studie: Die »Fähigkeit, geschriebene Texte unterschiedlicher Art in ihren Aussagen, ihren Absichten und ihrer formalen Struktur zu verstehen und sie in einen größeren sinnstiftenden Zusammenhang einzuordnen, sowie in der Lage zu sein, Texte für verschiedene Zwecke sachgerecht zu nutzen.« Baumert, Stanat u. Demmrich: PISA 2000 (2001), S. 22.

8 *Fiktionalität* bezieht sich auf den Darstellungsmodus literarischer Texte im Verhältnis zur außersprachlichen Wirklichkeit. *Poetizität*, oder auch *Literarizität*, umfasst eine spezifisch literarische Sprachverwendung, die unterschiedlich definiert werden kann, z. B. als eine schöne und wohlgeformte Sprache, als funktionstragende Verletzung sprachlicher Normen oder als Texteigenschaften, die als auf Konventionen basierende, variable Zuschreibungen aufgefasst werden. Vgl. Jannidis, Lauer u. Winko: Radikal historisiert (2009), S. 18–21.

9 Krämer: Erfüllen Medien eine Konstitutionsleistung (2003)?, S. 86. Hervorhebungen entstammen dem Original.

gang mehr dar, sondern ein aktives ›Einverleiben‹ des Gelesenen: das Eintauchen in Möglichkeitswelten.[10] Wie bereits in der Einleitung dargelegt, entsteht in den Worten Iris Bäckers während solch einer Erfahrung die *Textrealität*. Um solche Leseereignisse im Folgenden von anderen Lesepraktiken trennscharf abgrenzen zu können, helfen Terminologien aus der Lesesozialisationsforschung, die Funktionen, Bedeutungen und Entwicklungsformen der Lesekompetenz von der Kindheit bis ins hohe Alter untersucht.[11] Ebenso gilt es, die literarische Sozialisationsforschung hinzuziehen, die den Untersuchungsschwerpunkt auf die literarische Kultur legt, also nicht nur Printmedien, sondern auch Adaptionen bzw. Thematisierungen von fiktionalen Texten im Fernsehen, in Hörspielen, Computerspielen oder Filmen in den Blick nimmt.[12]

2.1 Begriffe der Leseforschung

Ein Blick in die Forschungsliteratur offenbart eine Vielzahl von Komposita, die mit dem Erstglied *Lese* gebildet werden:

Lesealter, Leseanimation, Leseanlass, Leseart, Lesebedeutsamkeit, Lesebewusstheit, Lesedisposition, Leseengagement, Leseemotion, Leseentwicklung, Leseereignis, Leseerfahrung, Leseerlebnis, Lesefähigkeit, Lesefertigkeit, Leseförderung, Lesefreude, Lesegeläufigkeit, Lesegratifikation, Lesehandlung, Leseintensität, Leseintention, Leseinteresse, Lesekompetenz, Lesekonstruktion, Lesekultur, Leselust, Lesemodalität, Lesemodus/i, Lesemöbel, Lesemotivation, Lesemotive, Lesepraxis, Leseraum, Lesestrategie, Lesestufe, Lesevergnügen, Leseverhalten, Lesevorgang, Leseweise, Lesezeremonie usw.[13]

Die Leseforschung hat sich umfassend und grundlegend mit den unterschiedlichen Facetten und Aspekten des Lesens auseinandergesetzt. Die meisten dieser Komposita werden in der Forschung voneinander abweichend definiert, so dass nicht von einer konsistenten Begriffsverwendung gesprochen werden kann.[14]

---

10 Vgl. Koch: Erzählung als Eigenwert von Literatur (2017), S. 284.

11 Bettina Hurrelmann definiert Lesesozialisation als »Aneignung der Kompetenz zum Umgang mit Schriftlichkeit in Medienangeboten [...]. Dabei geht es nicht nur um den Erwerb der Fähigkeit zur Dekodierung schriftlicher Texte, sondern zugleich um den Erwerb von Kommunikationsinteressen und kulturellen Haltungen.« Hurrelmann: Sozialisation (1999), S. 112.

12 Vgl. Pieper: Lese- und literarische Sozialisation (2010), S. 95–97.

13 Diese Liste ließe sich, mit Blick in das Register zahlreicher Publikationen, noch erweitern.

14 Vgl. Rautenberg u. Schneider: Historisch-hermeneutische Ansätze (2016), S. 96.

Ausgangspunkt für die Beschäftigung mit dem Lesen ist die Lesekompetenz, die z. B. Andrea Bertschi-Kaufmann folgendermaßen definiert:

> Lesekompetenz ist zum einen die Fähigkeit zum Entziffern von Wörtern und Sätzen, von ikonografischen Elementen und Satzverknüpfungen („Dekodierung"), zum anderen aber – sehr viel umfassender – die Fähigkeit, aufgrund von Geschriebenem Sinn zu konstruieren und damit zum Leseverstehen zu gelangen.[15]

Der erste Teil der Definition, die Praktik des Lesens, wird auch Lese*fertigkeit* genannt: die Beherrschung des Schriftsystems. AnalphabetInnen leiden folglich unter fehlender Lesefertigkeit.[16] Die zweite in der Definition angesprochene Fähigkeit zur Sinnkonstruktion und zum Leseverstehen wird – in Abgrenzung zur Lesefertigkeit – häufig ausschließlich als Lese*kompetenz* bezeichnet. Sie bezieht sich darauf, dass bestimmte Lesetechniken zur Texterschließung angewendet werden, z. B. um die Struktur eines Textes nachzuvollziehen, Erzählmuster zu identifizieren oder Metaphern zu erkennen.[17] Wenn ein Kind Mühe hat, einen Text zu verstehen, obwohl es prinzipiell die Wörter lesen kann, hat es eine niedrige Lesekompetenz. Die Lese*fähigkeit* kann so eine Kombination aus Lesefertigkeit und -kompetenz darstellen.[18] Der historisch und kulturell determinierte Terminus, der aus einer physiologischen Perspektive verschiedene Zugänge zum und Probleme beim Lesen vereint, bezieht sich jedoch nicht auf den spezifischen Umgang mit *literarischen* Texten.

Die Lesefähigkeit wird als eine Grundlage für eine gelungene gesellschaftliche Partizipation angesehen, weshalb sie in den Bildungsstandards verankert ist.[19] In zahlreichen Projekten zur Leseförderung steht jedoch vor allem der Umgang mit literarischen Texten im Zentrum des Förderinteresses. Die *Stiftung Lesen* beispielsweise engagiert sich nicht nur für die Steigerung der *Lesekompetenz*, wie etwa

---

15 Vgl. Bertschi-Kaufmann: Lesekompetenz (2010), S. 12.
16 Die seit dem Jahr 2010 durchgeführte »Level-One-Studie« (leo) gilt es eine der ersten ernstzunehmenden empirischen Erhebung in Deutschland, welche die Literalität von Erwachsenen auf den unteren Kompetenzniveaus erfasst. Vgl. Grotlüschen (u. a.): LEO 2018 (2019).
17 Beispiele für Kompetenzstufen beim Lesen lauten: Informationen ermitteln, Reflektieren und Bewerten, textbezogenes Interpretieren, oberflächliches Verständnis einfacher Texte, Herstellung einfacher Verknüpfungen, Integration von Textelementen und Schlussfolgerungen, detailliertes Verständnis komplexer Texte, flexible Nutzung unvertrauter, komplexer Texte. Vgl. Gailberger u. Holle: Modellierung von Lesekompetenz (2010), S. 293.
18 Es existiert eine Vielzahl an Arbeiten, die versuchen, einen eigenen Zugang und ein eigenes Modell zur Lesekompetenz zu entwerfen, z. B. Rosebrock u. Nix: Grundlagen der Lesedidaktik (2011).
19 Zur gesellschaftlichen Bedeutung des Lesens und deren Thematisierung im Film vgl. Kap. 12.

dem kognitiven Prozess der Buchstabenerfassung und wie er durch explizites Üben gezielt verbessert werden kann, sondern setzt sich überdies »dafür ein, dass jedes Kind und jeder Erwachsene in Deutschland [...] Lesefreude entwickelt.«[20] Lesefreude bedeutet, dass Lesen zum zentralen Bestandteil der Alltagskultur wird und keinen Pflichtakt darstellt. Dies bestätigen empirische Studien: So stellt für die Mehrheit der Eltern nicht nur die Lesekompetenz ein Erziehungsziel dar; 61 % der Befragten geben an, es sei wichtig für sie, dass ihre Kinder *gerne* lesen – und dies *vor* mathematischem Grundverständnis, Freude an körperlicher Bewegung oder Interesse an Musik.[21] Lesefreude und »gerne lesen« gehen über die rein physiologischen Aspekte des Lesens hinaus; es soll ein produktiver Umgang mit Texten erfolgen, der die bloße Lesefähigkeit übersteigt. Dies verweist auf das Konzept der *literarischen Rezeptionskompetenz*, die z. B. Volker Frederking folgendermaßen definiert:

> Während mit Lesekompetenz »schriftsprachliche Rezeptionsfähigkeit im weiten Sinn« [...] gemeint ist und folglich nicht »zwischen dem Lesen literarischer und nicht-literarischer Texte« [...] differenziert wird, bezieht sich literarische Rezeptionskompetenz auf fiktionale Texte und eine damit zusammenhängende kulturelle Praxis [...].[22]

Die literarische Rezeptionskompetenz – alternativ wird von *poetischer* Rezeptionskompetenz als Teil von ästhetischen Kompetenzen gesprochen – betrifft demnach sinnliche Lektürebegegnungen und die Fähigkeit zur adäquaten Rezeption fiktionaler Texte. Beides sind *erlernbare* Fähigkeiten.[23] Es existieren mehrere theoretische Modellierungen, wie sich dieser Akt der adäquaten Lektüre gestalten kann: textbezogenes Interpretieren, das Erfassen von sprachlich-literarischer Bildlichkeit, Inferenzbildung, Füllen von Unbestimmtheitsstellen, Reflektieren, Bewerten, Imaginationskraft, Perspektivübernahme, Flow-Erlebnis usw. Hartmut Eggert und Christine Garbe sprechen noch engmaschiger von einer *literarästhetischen* Rezeptionskompetenz, wozu Momente wie Genussfähigkeit, Anschlusskommunikation oder Lesemotivation zählen.[24] Nach Ulf Abraham um-

---

20 Stiftung Lesen: Porträt (o. J.).

21 Vgl. Zeit, Deutsche Bahn u. Stiftung Lesen: Vorlesen – aber wann? (2017), S. 9.

22 Frederking: Modellierung literarischer Rezeptionskompetenz (2010), S. 325.

23 Interpretation ist kein Akt der Willkürlichkeit und Beliebigkeit: Es gibt Grenzen und Gültigkeiten von Sinn-(Re)Konstruktionen, die von einem literarischen Werk gedeckt sein müssen. Dies bezeichnet beispielsweise Umberto Eco als *intentio operis*, die er von der *intentio auctoris* und der *intentio lectoris* trennt. Eco: Grenzen der Interpretation (1995), S. 37.

24 Vgl. Eggert u. Garbe: Literarische Sozialisation (2003), S. 9–10. Alternative Konzepte attestieren *literale Fähigkeit* oder *Lesebewusstheit*, wenn LeserInnen Dimensionen und Prozesse des Lesens in unterschiedlichen Settings methodisch operationalisieren. Vgl. Pieper: Lese- und literarische Sozialisation (2010), S. 138.

fasst die literarästhetische Rezeptionskompetenz die Fähigkeit zur Identifikation, Imagination, Besetzung eines fiktionalen Übergangsraumes zwischen Innen- und Außenwelt, zum Fremdverstehen, intensiven Erleben oder zum literarischen Fantasieren.[25] Diese didaktischen Konzepte sowie die Fähigkeiten, die sie den RezipientInnen abfordern und zuschreiben, bilden die Grundlage für das, was in der vorliegenden Studie als *literarisch-ästhetisches Lesen* verstanden wird. Dabei handelt es sich jedoch nicht ausschließlich um eine Kompetenz oder Fähigkeit; das literarisch-ästhetische Lesen zeichnet sich ebenso durch Anlässe, Prozesse, Wirkungen und Folgen aus, die mit dem Lesen von fiktionaler Literatur verbunden sind. Hierfür finden sich unterschiedliche Begrifflichkeiten: Leseanlässe, -emotionen, -gratifikationen und -modi. Mithilfe dieser Termini können bei der Analyse und Interpretation von literarisch-ästhetischen Leseszenen im Film *cues* herausgearbeitet werden, die Rückschlüsse auf die ästhetische Erfahrung während des Leseakts von Figuren erlauben.

Der *Leseanlass* meint den konkreten und individuellen Auslöser, zu einem Buch zu greifen. Ihm liegen Lesemotive und -motivationen zugrunde. Das *Lesemotiv* – oder die *Leseintention* – ist »einfach de[r] Wunsch einer Person, einen bestimmten Text oder ein Buch zu lesen.«[26] Die *Lesemotivation* schließt wiederum Faktoren des sozialen Leseumfelds ebenso ein wie individuelle Überzeugungen, Werthaltungen und Interessen. Werner Graf unterscheidet im Wesentlichen zwei Motivationsebenen:[27] freiwilliges und verpflichtendes Lesen.[28] Davon abzugrenzen ist das *Leseinteresse*: die persönliche Affinität, Zeit mit dem Lesen von Literatur zu verbringen, Lesen als wichtig aufzufassen und mit positiven Gefühlen zu verbinden.[29] VielleserInnen haben ein prinzipielles Leseinteresse, das Lesen ist für sie *habituell*, während das Lesemotiv für einen bestimmten Roman spezifische Ursprünge haben kann und somit *situativ* ist.

Ein *informatorisches* Lesemotiv, wie die Recherche für einen Zeitungsartikel, kann genauso zu literarisch-ästhetischem Lesen führen. Dies liegt nicht nur daran, dass pragmatische Textgattungen ebenfalls auf ästhetische Verfahren

---

25 Vgl. Abraham: Lesekompetenz (2005), S. 19–20.

26 Christmann: Lesepsychologie (2010), S. 179.

27 Matthis Kepser und Ulf Abraham wiederum differenzieren den primären, identifikatorischen Lesegenuss, und den sekundären, z. B. Teilhabe an der Lesekultur, vgl. Kepser u. Abraham: Literaturdidaktik Deutsch (2016), S. 104–105. Die Trennung in primären und sekundären Lesegenuss ist für filmische Figuren wenig ergiebig, da eine Priorisierung von unterschiedlichen Rezeptionsprozessen nur in Ausnahmefällen notwendig ist.

28 Vgl. Graf: Sinn des Lesens (2004), S. 31.

29 Ebenso kann die Auffassung vertreten werden, dass die Lesemotivation eher den quantitativen Lesefaktor beschreibt, Ausdauer und Tiefe, während beim Leseinteresse die qualitative Größe der Lektüreauswahl eine Rolle spielt. Vgl. Groeben u. Vorderer: Leserpsychologie (1988), S. 14.

zurückgreifen, sondern auch am prinzipiellen Akt der Rezeption. Erich Schön legt dar, dass Leseanlässe, deren vermeintliches Ziel es ist, Faktenwissen zu erlangen, keineswegs lustvolles Lesen ausschließen, da »der Leseakt sich eben nicht im Zur-Kenntnis-Nehmen des Textes erschöpft, sondern [...] (literarisches) Lesen eine vom Text ausgehende Phantasietätigkeit ist, für die der Text dem Bewußtsein nur das Material liefert.«[30] Die Bezeichnung eines Leseanlasses als informatorisch verkennt, dass hinter dem Wunsch nach Information ein kreatives oder lustvolles Interesse stecken kann.[31] Auch ein Eintrag in einem Atlas, einer pragmatischen Textgattung, kann je nach Wissen und/oder Vorlieben der RezipientInnen lustvoll gelesen werden. Aus diesem Grund ist eine Werkzentrierung für die Bestimmung des literarisch-ästhetischen Lesens kaum geeignet.

Stattdessen bietet es sich an, *Leseemotionen* genauer zu betrachten. Diese liegen dann vor, wenn es LeserInnen gelingt, sich affektiv und involviert beim Lesen oder Lesen-Lernen zu engagieren, so dass sie lesend genießen und genießend lesen.[32] Hierunter können andere Bezeichnungen subsumiert werden, die im Kopfglied der Komposita Emotionen implizieren: Lesefreude, Leselust oder Lesevergnügen. Dazu zählen ebenso negative Gefühle wie Bedrängnis, Sorge oder Angst. Thomas Anz diskutiert in seiner Monografie *Literatur und Lust* – mit dem programmatischen Untertitel *Glück und Unglück beim Lesen* – zahlreiche solcher Genussmomente im Umgang mit Literatur: das Spielerische, das Wohlgefallen am Schönen, die Faszination am Schrecklichen, Spannungskunst, Lachlust sowie die Anziehungskraft des Erotischen und Pornografischen. »Literatur kann uns zum Weinen bringen, schockieren, auf die Folter spannen, mit schwer erträglichen Ungewißheiten konfrontieren.«[33] Diese Kategorien sind konstitutiv für die Rezeption fiktionaler Literatur und können im Film häufig festgestellt werden. Sie manifestieren sich dabei nicht immer in extremen Reaktionen der Figuren wie Lachen oder Weinen: So präsentiert die Kamera in *Das Leben der Anderen* (D, 2006) in einer Großaufnahme die ausdruckslose Mimik des lesenden Stasi-Hauptmanns Wiesler (Ulrich Mühe) über einen längeren Zeitraum und

---

30 Schön: Lesen zur Information (1999), S. 192. Schön ordnet seine These selbst als Folge der konstruktivistischen Leseauffassung ein: »Lesen wird heute nicht mehr – wie man dies in älteren Definitionen lesen konnte – als ›Sinnentnahme aus einem Text‹ verstanden, sondern im Sinne einer konstruktivistischen Theorie des Lesens als Sinnbildung aus dem Text unter Anschluß des Gelesenen an die Realität des Rezipienten, an seine Erfahrung und sein Weltwissen.« Ebd., S. 196.
31 Auch wenn die Formulierung »nur das Material liefert«, arg konstruktivistisch anmutet und der *intentio operis* zu widersprechen scheint, muss zwischen Interpretation und ästhetischer Lektüre geschieden werden.
32 Vgl. Gailberger: Leseförderung durch Hörbücher (2008), S. 404.
33 Anz: Literatur und Lust (1998), S. 7.

zeigt damit, wie dessen Aufmerksamkeit völlig von der Lektüre des Brecht-Gedichts *Erinnerung an die Marie A.* absorbiert wird.

Innerhalb der Literaturdidaktik hat sich in Anlehnung an die Medienforschung die Bezeichnung *Lesegratifikation* als psychologische und soziologische Begründung für Lesemotive durchgesetzt: Belohnungs- und Nutzungserwartungen an die Lektüre.[34] Matthis Kepser und Ulf Abraham sprechen von der *Lesebedeutsamkeit*, die sie in individuelle, soziale und kulturelle Bereiche gliedern. Darunter fallen z. B. die Förderung der Identitätsbildung, Fremdverstehen, Durchspielen verschiedener Problemlösungsstrategien für persönliche, soziale oder politische Konflikte, Faktenwissen, Alltagskommunikation in der Familie oder unter Freunden, Small-Talk-Fähigkeit, kulturelles Kapital, ästhetischer Genuss, usw.[35] Diese Gratifikationen können weitgehend unbewusst erfolgen, aber auch intentional angestrebt werden. Es gibt hier sicherlich Überschneidungen zum Begriff des Leseanlasses. Wenn Lesende beispielsweise in eine Fantasy-Welt ›flüchten‹, um ihren als stressig empfundenen Alltag zu vergessen, handelt es sich dann um einen Leseanlass oder eine Gratifikation des Lesens? Es ist für die Analyse und Interpretation filmischer Leseszenen nicht von Bedeutung, trennscharf zwischen Lesemotiv und -gratifikation – oder anderen Begriffen – zu unterscheiden, sondern mithilfe der Terminologien *cues* herauszuarbeiten, um das literarisch-ästhetische Lesen in einer Filmszene einzuordnen.

Hierfür hilft auch das Konstrukt der *Lesemodi*, unter denen Werner Graf verschiedene Konzepte der Leseforschung zusammenführt. Graf definiert sie als »erworbene Handlungsdispositionen, die spezifische Rezeptionsweisen ermöglichen, um Texte subjektbezogen zu nutzen«[36], also um z. B. eigene Bedürfnisse zu befriedigen, persönliche Interessen zu realisieren, an der literarischen Öffentlichkeit zu partizipieren oder ästhetische Erfahrungen zu machen. Graf unterscheidet auf der Basis empirischer Untersuchungen sieben Lesemodi, die er umfassend erläutert: Pflichtlektüre, instrumentelles Lesen, intimer Lesemodus, Lesen als Partizipation, Lesen zur Realisierung von Interessen, diskursive Erkenntnis und ästhetisches Lesen.[37] Damit versammelt er diverse Dimensionen des Lesens unter einer eigenwilligen Terminologie: Die Pflichtlektüre bezieht sich etwa auf einen konkret *erzwungenen* Leseanlass, während der ästhetische

---

34 Ein vergleichbarer Terminus ist die *Lesefunktion.* Vgl. Pette: Psychologie des Romanlesens (2001), S. 41–46.
35 Vgl. Kepser u. Abraham: Literaturdidaktik Deutsch (2016), S. 20–25.
36 Graf: Der Sinn des Lesens (2004), S. 120.
37 Vgl. zur Diskussion der Begriffe: Pieper: Lese- und literarische Sozialisation (2010), S. 99.

Lesemodus eine spezielle Fokussierung des Lesens – auf die Form des Textes – beschreibt.[38]

Wie bereits dargelegt, kann ein Pflichtanlass durchaus zu einer genusshaften und auf die Ästhetik des Textes gerichteten Lektüre führen. Grafs systematisches Konstrukt überzeugt mithin nur bedingt, aber er erarbeitet viele Faktoren, die konstitutiv für den Umgang mit fiktionaler Literatur sind. So führe z. B. der *intime* Lesemodus zu einer inneren Verstrickung des Lesers und einem deutlichen Erlebnischarakter der Lektüre: Spannung wird geschaffen, Fantasie- und Traumwelten entstehen und Wünsche des Lesers werden erfüllt.[39] Wenngleich die vorliegende Arbeit sich im Folgenden nicht *expressis verbis* auf den Begriff der Lesemodi stützt, werden Grafs Expertisen zurate gezogen, insbesondere wenn es um lesebiografische Schilderungen geht.

Literarisch-ästhetisches Lesen kann als Schlussfolgerung der bisherigen Analyse als Summe der Elemente von Leseanlässen, -emotionen und -gratifikationen beschrieben werden, also als Inferenzbildung, textbezogenes Interpretieren, Reflektieren, Bewerten, Alteritätserfahrung, intensiven Erleben usw. Unberücksichtigt blieb bisher die Frage nach allgemeinen Funktionen von fiktionaler Literatur, die für das Lesen ebenso zentral sind. Im Lektüreakt aktualisieren LeserInnen in dieser Sichtweise ein Potenzial, das literarischen Texten inhärent ist. Es erscheint an dieser Stelle fruchtbar, einen Blick auf eine Debatte zu richten, deren Ursprung historisch weit zurückliegt und die außerhalb der Leseforschung geführt wird.

2.2 Funktionen von Literatur

Nach Funktionen von Literatur zu fragen, mag irritieren, denn die Kunst der Moderne generiert ihr Selbstverständnis insbesondere daraus, keinen äußeren Zwecken zu dienen. Das Primat der Form und der Vorrang kunstimmanenter Prozesse, zugespitzt in der Maxime *l'art pour l'art*, verweigern sich gesellschaftlichen Nützlichkeitspostulaten, auch weil KünstlerInnen so ideologische Vereinnahmungen verhindern. Doch in dieser Auffassung steht die Produktionsperspektive im Vordergrund. Für die vorliegende Arbeit sind hingegen lebensweltliche Funktionen von Literatur von Bedeutung, die im Kontext der Autonomieästhetik nicht erfasst werden.

---

38 Beispielsweise bezieht sich der intime Lesemodus einerseits auf den Kontrast zur Pflichtlektüre und zum instrumentellen Lesen, andererseits bildet er die Voraussetzung für die vier weiteren Modi. Auch ein ästhetischer Lesemodus ist ein intimer Lesemodus.
39 Vgl. Graf: Der Sinn des Lesens (2004), S. 24.

Reinold Schmücker fasst konzise zahlreiche Funktionen von Kunst zusammen und unterscheidet zwischen kunstinternen und -externen Zwecken.[40] Kunstinterne Zwecke tragen zur kontinuierlichen Weiterentwicklung von Themen, Problemstellungen, Formen, Gestaltungs- und Verfahrensweisen bei. Er schreibt der Traditionsbildungs-, Innovations-, Reflexions- und Überlieferungsfunktion die höchste Priorität zu. Als externe Kunstfunktionen nennt er kommunikative, dispositive, soziale, kognitive, mimetisch-mnestische und dekorative Funktionen, die sich teilweise überschneiden.[41] Vor allem die externen Kunstfunktionen korrelieren mit bereits dargelegten Lesegratifikationen.

Funktionen von Literatur betreffen die Frage, welche Dispositionen literarische Texte enthalten, die potenziell im Akt des Lesens abgerufen werden können. Im Gegensatz dazu beziehen sich Gratifikationen des Lesens darauf, was LeserInnen von einem literarischen Text erwarten und wie sie auf einen literarischen Text reagieren. Beispielsweise hat Abenteuerliteratur das Potenzial zur Darstellung fremder Welten, welches die Lesenden im Akt der Lektüre als Alteritätserfahrung erleben können. Vereinfacht ausgedrückt folgen Funktionen von Literatur einer Werkzentrierung, während Gratifikationen des Lesens die RezipientInnen in den Blick nehmen. Aufgrund der *Entfernung* vom Text sind literaturpsychologische Untersuchungen zum tatsächlichen Leseverhalten aus der Disziplin der Literaturwissenschaft in angrenzende Fächer wie die Bildungswissenschaften und die Psychologie ›ausgewandert‹.[42] Aber auch literaturwissenschaftliche Ergebnisse zu Funktionen der Literatur erweisen sich als zielführend, das literarisch-ästhetische Lesen zu bestimmen.[43] Da dies eine äußerst komplexe

---

40 Schmücker beginnt mit dem Urteil: Es scheint »eine Funktion aller Kunstwerke zu sein, eine bestimmte Art der Wahrnehmung zu ermöglichen, die heute im Allgemeinen als ästhetische Erfahrung bezeichnet wird.« Schmücker: Funktionen der Kunst (2001), S. 21. Die ästhetische Erfahrung steht im dritten Kapitel der vorliegenden Studie im Mittelpunkt.
41 Die dispositive Funktion bezieht sich beispielsweise sowohl auf die unterhaltende Funktion als auch auf therapeutische Wirkungen von Kunst. Die individuelle Identitätskonstruktion innerhalb der Kunstrezeption spielt bei der sozialen, kognitiven und mimetisch-mnestische Funktion eine Rolle. Sämtliche Kunstfunktionen, die Schmücker unter die sechs kunstexternen Funktionen subsumiert, lauten: expressive, appellative, konstative, emotive, motivierende, distanzierende, therapeutische, unterhaltende, identitätsbildende, distinguierende, Status indizierende, kultische, ethisch-explorative, politische, religiöse, weltanschauliche, gesellinkeits-konstitutive, ökonomische, illustrative, Erkenntnis generierende, Erinnerung bewahrende, dokumentarische und schmückende. Ebd., S. 26–28.
42 Vgl. Jannidis, Lauer u. Winko: Radikal historisiert (2009), S. 25.
43 Dies trifft nicht auf jedes Konzept zu: Jost Schneider beschreibt Funktionen von Literatur beispielsweise milieuspezifisch. Erstens: die Kompensationsliteratur der Unterschichten; zweitens: die Unterhaltungsliteratur der Mittelschichten; drittens: die gelehrte, intellektuell an-

und breit diskutierte Thematik ist, sollen an dieser Stelle vier grundlegende Bereiche angesprochen werden, die in späteren Kapiteln der Arbeit eine zentrale Rolle einnehmen: Wissensvermittlung, Unterhaltung, politische Relevanz und Identitätsstiftung.[44]

Eine der ältesten Funktionsbestimmung ist die Vorstellung von der kathartischen Wirkung der Literatur, die auf Aristoteles' Definition der Tragödie in seiner *Poetik* zurückgeht: Seelische wie körperliche Reinigung durch die erregende Wirkung der Tragödie; Jammer/Rührung und Schrecken/Schaudern.[45] Der dadurch erreichte Zustand sei die *eudaimonia*: gesellschaftliche Glückseligkeit. Ca. 300 Jahre später schließt sich das, die Kunstauffassung der nächsten Jahrhunderte bestimmende, Diktum des römischen Dichters Horaz in seinem Brief an die Pisonen, besser bekannt als *Ars Poetica*, an: »Aut prodesse aut delectare volunt poetae / aut simul et iucunda et idonea dicere vitae«;[46] entweder belehren oder unterhalten wollen die Dichter oder Erfreuliches und Nützliches über das Leben sagen. Pragmatisches Wissen oder Erkenntnis stehen auf der einen, Unterhaltung, Erbauung oder Freude auf der anderen Seite. Diese bereits in der Antike herausgearbeiteten Aufgaben von Literatur leben als individuelle Funktionszuschreibungen bis heute in kognitiven, moralischen, emotiven, therapeutischen und unterhaltenden Dimensionen der Rezeption von Literatur weiter. Die didaktische Funktion der Wissens- und Erkenntnisvermittlung, *prodesse*, ist im Literaturunterricht bis heute vorhanden. Diese Funktion von Literatur weist eine lange Tradition auf: Literatur als Weg zur Erkenntnis, als pädagogisches und politisches Instrument oder Mittel zur Identitätsstiftung.[47]

Im politischen Kontext ermöglicht Literatur, Bereiche der Existenz zu erfassen, bei denen die systematischen Mittel der Wissenschaften an ihre Grenzen kommen.[48] Hier ist die *Simulations*funktion von Literatur zu nennen: Sie kann Alternativen zur gegenwärtigen Realität der LeserInnen anschaulich durchspielen – dies

---

spruchsvolle Literatur der Bildungseliten; sowie viertens: die Repräsentationsliteratur der gesellschaftlichen Machteliten. Diese fragwürdigen Zuweisungen von Funktionen zu bestimmten – obsolet wirkenden – Milieus verkennen durch die Schematisierung den facettenreichen Akt des Lesens. Vgl. Schneider: Literatur und Text (2013), S. 17–20.

44 Für eine ausführliche Auseinandersetzung mit dieser Frage vgl. Bartl u. Famula (Hg.): Eigenwert der Literatur (2017).

45 Aristoteles: Poetik (335 v. Chr.), S. 18–19. (Kap. 6). Bekanntermaßen hat Lessing in seiner Dramentheorie *éleos* und *phóbos* mit Mitleid und Furcht übersetzt. Vgl. Lessing: Hamburgische Dramaturgie (1769), S. 399 (Kap. 78).

46 Horaz: Ars Poetica (13 v. Chr), S. 24 (V. 333–334).

47 Vgl. Bartl u. Famula: Einleitung (2017), S. 14.

48 Man denke an Pierre Bourdieus Lektüre von Flauberts *La sentimentale cordiale*, innerhalb derer er schreibt, dass »das literarische Werk manchmal sogar mehr über die soziale Welt aus-

gilt nicht nur für utopische Literatur. Literatur kann sich sämtlichen Verpflichtungen, Verantwortungen und Gesetzen aufgrund ihrer Fiktionalität entziehen. Jacques Derrida formuliert pointiert, dass es durch Literatur »dem Schreiber erlaubt ist, alles zu sagen, was er will oder kann, wobei er geschützt bleibt, sicher vor aller Zensur, sei sie religiös oder politisch.«[49] Damit ist das kritische und subversive Potenzial von Literatur angesprochen, das vor allem im Zentrum ideologiekritischer Analysen von literarischen Texten steht. Jean-Paul Sartre verpflichtet Literatur in seinem Essay *Qu'est-ce que la littérature?* auf eine Praxis des Engagements gegen die Unverbindlichkeit des Ästhetizismus und Surrealismus.[50] Literatur wird einerseits in gesellschaftlichen Verhältnissen verfasst und hat andererseits das Potenzial, ›falsches‹ Bewusstsein zu entlarven, soziale und kulturelle Identitäten zu bilden oder herrschende Ordnungen zu kritisieren.

Eine letzte rezeptionsorientierte Funktion, die insbesondere in didaktischen Arbeiten eine große Rolle einnimmt, ist die Verhandlung der eigenen Identität.

> Literarische Texte liefern den Identitätskonstrukteuren ständig neuen Erzählstoff und schlagen dem Ego Drehbücher vor, »die auf die neuen Fragen seiner Zeit reagieren«. Sie unterstützen die LeserInnen mit neuen narrativen Formen in der Erkundung von Identitätsentwürfen und in der (mehr bewussten) Entwicklung ihrer Identitätsprojekte.[51]

So kann das Potenzial von Literatur auf fünf Funktionen reduziert werden: ästhetischer Eigenwert, Wissensvermittlung, Unterhaltung, politische Relevanz und Identitätsstiftung.[52] Diese freilich weitgefassten Kategorien helfen in der Analyse und Interpretation der filmischen Leseszenen dabei, Reaktionen der LeserInnen zu erfassen. Dies gilt ebenso für die historische Dimension des Lesens, die im nächsten Kapitel im Fokus steht.

2.3 Eine kurze Geschichte des Lesens

Ein historischer Blick auf das Lesen fördert ebenfalls *cues* zutage, die für die Analyse filmischer Darstellung des literarisch-ästhetischen Lesens relevant

---

sagen kann als so manche vorgeblich wissenschaftliche Schrift.« Bourdieu: Regeln der Kunst (1992), S. 66.
49 Derrida: Diese merkwürdige Institution namens Literatur (1989), S. 1.
50 »Schreiben ist eine bestimme Art, die Freiheit zu wollen; wenn man einmal angefangen hat, ist man wohl oder übel engagiert.« Sartre: Was ist Literatur? (1947), S. 55.
51 Huber: Durch Lesen sich selbst verstehen (2008), S. 49. Zitat im Zitat: Kaufmann: Die Erfindung des Ich (2005), S. 158.
52 Vgl. Bartl u. Famula: Einleitung (2017), S. 19–20.

sind.[53] Spuren vergangener Epochen sind auch noch gegenwärtig in der Praktik des Lesens vorhanden. Wie Bruno Latour im Rahmen seiner Akteur-Netzwerk-Theorie argumentiert, sind in *Techniken* Zeit, Raum und Typen von AkteurInnen »gefaltet«:[54] Dies erläutert er am Beispiel eines Hammers:

> The hammer that I find on my workbench is not contemporary to my action today: It keeps folded heterogeneous temporalities, one of which has the antiquity of the planet, because of the mineral from which it has been moulded, while another has that of the age of the oak which provided the handle, while still another has the age of the 10 years since it came out of the German factory which produced it for the market.[55]

So wie ein Hammer die urzeitliche Vergangenheit des Materials und den Herstellungsprozess *enthält*, sind in jedem Leseakt Entwicklungen der letzten 10 000 Jahren *gefaltet*. Beispielsweise verzierten Buchmaler und Illuminatoren im Mittelalter Bücher mit mannigfaltigen Bildern, komplexen Ornamenten und Schmuckeinbänden aus Edelsteinen, Elfenbein oder Gold. Diese kostspielige Herstellung lebt in Sonder- sowie Jubiläumsdrucken weiter und findet ebenso Einzug in den Film, wenn ein aufwendig gestaltetes Buch – z. B. in Roman Polańskis *The Ninth Gate* (F/S, 1999) – in einer Nahaufnahme zu sehen ist. Die Vergangenheit ist jedoch nicht nur gegenständlich, sondern auch im Leseverhalten präsent.[56] Das laute oder stumme Lesen, die Lektüre an verschiedenen Orten und in unterschiedlichen Positionen unterliegen ebenfalls historischen Entwicklungen; der Akt des Lesens enthält inkorporierte Geschichte, die unbewusst beim Lesen (re)aktiviert werden kann. Daher werden folgend aus historischer Perspektive Schlaglichter auf das Lesen in der westlichen Kulturgeschichte geworfen, die für den Hauptteil der vorliegenden Arbeit relevant sind, also vor allem Funktionen des Lesens, Leseweisen und -positionen.

---

53 Die weitläufige Sozial-, Kultur- und Technikgeschichte des Lesens erforschen PapyrologInnen, PhilologInnen, ArchäologInnen und HistorikerInnen. Von den zahlreichen Arbeiten zur Lesegeschichte geben vor allem Chartier u. Cavallo (Hg.): Die Welt des Lesens (1999) u. Manguel: Geschichte des Lesens (1996) einen umfassenden Überblick.

54 Diesen Gedanken entnimmt Latour aus Gilles Deleuzes *Le Pli* aus dem Jahr 1988.

55 Latour: Morality and Technology (2002), S. 249.

56 Dies verdeutlicht ebenso ein Gedanke von Pierre Bourdieu. Nach ihm ist »die Geschichte im objektivierten Zustand, d. h. die im Laufe der Zeit in den Dingen (Maschinen, Gebäuden, Monumenten, Büchern, Theorien, Sitten, dem Recht usf.) akkumulierte Geschichte und die Geschichte im inkorporierten Zustand, die Habitus gewordene Geschichte. Wer zum Gruß den Hut zieht, der *reaktiviert*, ohne es zu wissen, ein vom Mittelalter ererbtes konventionelles Zeichen. [...] Diese Aktualisierung der Geschichte ist das Werk des Habitus, des Produkts eines geschichtlichen Erwerbs, das die Aneignung des geschichtlich Erworbenen erlaubt.« Bourdieu: Der Tote packt den Lebenden (1997), S. 26–27. Die Hervorhebung entstammt dem Original.

Die Entwicklung des Lesens ist eng verbunden mit der Erfindung und Evolution der Schrift.[57] Bis zum Ende der Frühen Neuzeit stellte Lesen die Kulturpraktik einer Minorität dar; das in Büchern enthaltene Wissen galt als Spezialwissen.[58] Frühe Dichtung und Prosaliteratur standen vor allem in politisch-religiösen Kontexten, so dass das Lesen *ab ovo* den Status einer sinnstiftenden Kulturpraxis besaß. Bereits in der griechischen Antike kam es zu einer Blüte der literarischen Kultur.[59] Die reiche epische, lyrische und dramatische Dichtung in archaischer und klassischer Zeit – Homer, Hesiod, Sappho, Aischylos, Sophokles, Euripides usw. – wurde jedoch nur in Ausnahmefällen *gelesen*; sie war Teil eines musischen Vortrages, der gehört und erlebt wurde. Niederschreiben und stummes Lesen fand zum Zweck der Gedächtnisstütze statt, denn in der Regel wurde *laut* gelesen.[60] Lautes Lesen stellte eine Technik dar, die nicht nur kommunikativ an andere gerichtet war, sondern zur individuellen Steigerung des literarischen Rezeptionserlebnisses führte und die sinnliche Kraft des Leseeindrucks erhöhte.

Auch moderne Lesepositionen, beispielsweise sitzend an einem Tisch, waren in der Antike Ausnahmefälle; das Lesen war prinzipiell nicht ortsgebunden. Einen tiefgreifenden Einschnitt in der Leseweise stellt im Mittelalter das Aufkommen des *intensiven* Lesens dar, welches das *extensive* ablöste. Während in der Antike in der Regel viele Texte einmalig gelesen wurden, erfolgt nun eine wiederholte und genaue Lektüre der heiligen Texte, insbesondere der Bibel und weiterer Schriften der Kirchenväter.[61] Das Lesen wurde zu einem Prozess des Sich-Versenkens in das Wort, zum ›Eins-Werden mit

---

57 Die am weitesten zurückliegenden Fundstücke sind die im letzten Viertel des vierten Jahrtausends v. Chr. datierte sumerisch-akkadischen Keilschrift in Mesopotamien und die Hieroglyphenschrift in Ägypten. Es handelt sich vornehmlich um Verwaltungsdokumente zur wirtschaftlichen Organisation des Gemeinwesens, die häufig in Tempeln gesammelt wurden. Vgl. Rau: Kommunikative und ästhetische Funktionen des antiken Buchs (1999), S. 526–527.
58 Bezüglich quantitativer Aussagen zur Lesekompetenz in speziellen Gebieten und Epochen konfligieren unterschiedliche Positionen miteinander. Aufgrund der quasi nicht vorhandenen Quellenlage fehlen evidente Daten zu Aussagen über die Lese- und Schreibkompetenz in der Antike. Die höchste geschätzte Alphabetisierungsquote liegt im alten Rom bei bis zu 16 %. Vgl. hierzu: Schneider: Forschungsgeschichte des Lesers (1999), S. 585–586.
59 Die Buchkultur im griechischen und im römischen Raum zeichnete sich durch Bibliotheken, Stiftungen und Büchereien aus. Vgl. Schön: Verlust der Sinnlichkeit (1993), S. 31–32.
60 Die individuelle und stumme Lektüre war jedoch keineswegs völlig unbekannt, wie es in manchen Darstellungen heißt. Dennoch ist das stille Lesen für sich eine vergleichsweise moderne Erscheinung, denn bis ins 18. Jahrhundert galt Lesen noch als Aktivität, der man eher in Gesellschaft anderer als allein nachging. Vgl. zur Problematik gesicherter Aussagen über stumme Lektüren in der Antike: Johnson: Reading and reading culture (2010), S. 4–9.
61 Insbesondere Mönche lasen auf diese Weise: Das Memorieren von Texten und die kontemplative Verankerung waren das Ziel der Lektüre, wozu auch die eigenhändige Glossierung und

Gott‹.[62] Diese Facette des Lesens lebt im Film in häufig vorkommenden kontemplativen und einsamen Leseakten weiter (vgl. Kap. 9).

Einen wesentlichen Einfluss auf die Lesemodalitäten hatte in der Neuzeit die technische Innovation des Gutenberg'schen Buchdrucks, der die Massenverbreitung von Büchern ermöglichte und damit ein neues Lesepublikum erschloss. Durch die Verbreitung des Buchs stieg auch die Lesefähigkeit an und gegen Ende des 18. Jahrhunderts stellte es eine allgemeine Erwartung dar, dass Erwachsene, unabhängig von Stand und Schicht, lesen und schreiben können.[63] Die Aufklärung stärkte die Bedeutung von Literatur, da die literarische Vermittlung von Wissen und Weisheiten ein Bildungspolitikum wurde: Lehre oder Moral als anwendbare Lebenspraxis für LeserInnen, Vermittlung nützlicher Kenntnisse, praktischer Lebensklugheit, Erbauung, Belehrung und handlungslenkender Nutzanwendung.

Um 1800 kommt es zu einem fundamentalen Einschnitt in der Lesegeschichte: Das stille Lesen etabliert sich als gängige Lektüreform. Lesen wird zunehmend ein Akt der Individualität, eine intime Beschäftigung in einsamen Stunden und ein Rückzug aus der Gesellschaft, wodurch sich die Lesenden auch einer möglichen sozialen – vor allem familiären – Kontrolle entzogen.[64] Der mentalitätsgeschichtliche Hintergrund dieser Veränderung ist ein vielschichtiger Prozess, der seine Genese in der Industrialisierung, den pädagogischen Folgen der Aufklärung und der Entstehung des modernen Bürgertums hat.[65] Erich Schön hebt bezüglich des Übergangs vom lauten zum stillen Lesen die sich wandelnde Bedeutung des Körperlichen im Leseakt hervor. Der Körper wird durch das stille Lesen aus dem Lektüreakt ›eliminiert‹: Die Lesenden erstarren und wer-

---

Abschrift der Texte zählte. Vgl. zu diesem Themenkomplex allgemein: Parkes: Klösterliche Lektürepraktiken (1999).

62 Dies hängt auch mit der Autorität des Buchs als Medium zusammen. Als Buchreligion beruft sich das Christentum auf kodifizierte heilige Texte, deren ›Reinhaltung‹ – vor allem gegenüber häretischen Bestrebungen – durch die *materielle* Festschreibung kanonischer Texte garantiert werden soll. Die Autorität des Buchs zeigt sich ebenso im Ausstattungsniveau biblischer und liturgischer Prachthandschiften, bezüglich Einbandgestaltung, Malerei und Kalligrafie. Vgl. Rautenberg u. Wenzel: Buch (2001), S. 52.

63 Analphabetismus beginnt zu dieser Zeit ein Makel zu werden (vgl. Kap. 12.4.).

64 Dies galt vor allem für Frauen, die mithilfe der Lektüre sozialer Unterdrückung, räumlicher Begrenzung und emotionaler Abhängigkeit entkommen konnten, indem das Lesen als Kompensation nicht möglichen Handelns genutzt wurde. Vgl. Messerli: Gebildet, nicht gelehrt (2009), S. 309.

65 Technisch bestanden nun die Voraussetzungen, dass der Erwerb günstiger und damit für eine breitere Bevölkerungsschicht zugänglich wurde. Die Alphabetisierungsrate erfährt einen enormen Anstieg und Lesen entwickelt sich zum Habitus des Bürgertums (vgl. Kap. 9.1.). Vgl. Schön: Geschichte des Lesens (2001), S. 24.

den immobil. Diese Eliminierung von Körperbewegungen hat einen Dominanzgewinn des Kognitiven zur Folge.[66] Das laute Lesen wird durch ein geistiges Lesen ersetzt, die *Subvokalisation*: »das innere Sprechen, angefangen bei hörbaren Lauten beim Flüstern über Bewegungen der Sprechmuskulatur.«[67] Während der Körper nach außen hin still ist, bewegt sich der Geist, durch den die Wörter ›hindurchströmen‹.[68] An die Stelle einer zuvor vor allem somatisch situierten Leseerfahrung tritt eine innere geistige Leseerfahrung.

Im 19. Jahrhundert entstand als Folge der technischen und mentalitätshistorischen Entwicklungen ein Massenmarkt für Bücher und eine Blütezeit für den Buchhandel.[69] Lesen und Buchbesitz wuchsen im Bürgertum zum Lebensstil heran; literarische Bildung wurde ein wichtiger Teil der kulturellen Bildung.[70] Gleichzeitig bildete sich zunehmend ein breiter Diskurs über *Lesesucht* bzw. *Lesewut* heraus: Die starke ›Reizung‹ durch das Lesen führe dazu, dass der Blick für die Realität abhandenkommt, exzessive LeserInnen sich in der fiktionalen Welt verlieren und untauglich für den Alltag werden würden.[71] Diese pathologische Dimension des Lesens lebt heute noch im Ausdruck der *eskapistischen* Lektüre weiter.

Das Lesen entwickelte sich im 20. Jahrhundert, begünstigt durch die Durchsetzung kürzerer Arbeitszeiten in vielen Berufsbereichen, zur konstanten Freizeitaktivität für eine breitere Bevölkerungsschicht: Entspannung, erotische Anregung oder ›Flucht‹ aus dem Alltag werden zentrale Gratifikationen.[72] Weiterhin sind in der ersten Hälfte des letzten Jahrhunderts die mediale Konkurrenz sowie der wechselseitige Einfluss des Radios und des Films auf das Lesen zu verzeichnen. Zensur literarischer Texte, Bücherverbote und -verbrennungen in diktatorischen Regimen zeugen trotz ihrer katastrophalen Auswirkungen davon, dass Lesen und Literatur eine hohe gesellschaftliche Bedeutung zuerkannt wurden. Die gesteigerte mediale

---

66 Der moderne Leseakt ist laut Schön durch »Visualisierung« gekennzeichnet, im Sinne einer Dominanz der Augen gegenüber der Stimme. Außerdem spricht er von einer »Möblierung« des Lesens, Bücher werden zunehmend in Innenräumen am Tisch gelesen, und der damit verbundenen »Immobilität« des Leseakts. Vgl. Schön: Der Verlust der Sinnlichkeit (1993), S. 113–118.

67 Ebd., S. 113.

68 Vgl. Manguel: Eine Geschichte des Lesens (1996), S. 84.

69 Vgl. Schneider: Moderne (2016), S. 766–769.

70 Die Lektürepraxis diente im Bürgertum der (Persönlichkeits-)Bildung, war nationalidentitätsstiftend, sollte den Lektüregeschmack verbessern und fungierte als soziale Distinktion gegenüber anderen Schichten. Sie galt als Ersatz für fehlenden Wohlstand und wurde aus diesem Grund zum Statussymbol. Auch das Buch wurde symbolisch überhöht und wurde ein repräsentativer Ausdruck von Bildung. Vgl. Schneider: Moderne (2016), S. 773.

71 Vgl. zur Lesesucht allgemein: Künast: Lesen macht krank und kann tödlich sein (2013).

72 Vgl. Schneider: Moderne (2016), S. 781.

Rivalität von Fernsehen, Computer und Internet stellt diese Signifikanz des literarischen Lesens und der Literatur in der zweiten Hälfte des 20. Jahrhunderts in Frage (vgl. Kap. 12.1.3.). Gegenstand gegenwärtiger lesesoziologischer Studien ist neben der vielfältigen Mediennutzung vor allem der Einfluss von Familie, Schule sowie Bildung auf das Leseverhalten.[73]

So ist für diese knappe Geschichte des Lesens vor allem die Veränderung vom lauten zum stillen Lesen, vom kollektiven zum individuellen Leseakt und von extensiver zur intensiven Lektüre festzuhalten. Die *Sattelzeit* um 1800 erweist sich dabei als einschneidender Umbruch, in welcher der moderne Leseakt – und damit unsere heutige Vorstellung des Lesens – entsteht. Persistente Funktionen des Lesens über die Jahrhunderte beziehen sich auf Wissenszuwachs, die Bewältigung des lebensweltlichen Alltags, Partizipation am politischen und literarischen Diskurs, Herausbildung einer kulturellen und politischen Identität, Erlangen eines bürgerlichen Habitus und Ausdruck des Lebensstils.[74] Nach dieser historischen Perspektive wird in den nächsten beiden Kapiteln ein Blick auf bildnerische und literarische Lesedarstellungen geworfen, um weitere im Filmbild vorliegende *cues* für das literarisch-ästhetische Lesen zu bestimmen.

2.4 Ikonografie des Lesens

Bildliche Darstellungen des Lesens sind – wie filmische Lesescenen – *visuelle* Präsentationen von Leseakten.[75] Die historisch ausgerichtete Leseforschung arbeitet nicht nur auf der Basis von Umfragen, Auflage- bzw. Verkaufszahlen, Ausleihstatistiken oder Besitz- und Nachlassverzeichnissen, sondern gewinnt auch Erkenntnisse anhand bildlicher Quellen. Darauf basierend werden Typologien von LeserInnen, Lesesituationen, gelesenen Texten, Lektürepraktiken und Leitvorstellungen der KünstlerInnen vom Lesen herausgearbeitet; es handelt sich also in der Regel um eine Sozial- und Kulturgeschichte der Literaturrezeption.[76] Die wichtigsten Quellenkategorien stellen Holzschnitte, Kupferstiche, Porträts, Karikaturen, Fotografien, Plakate, Postkarten, Postwertzeichen und Werbe-

---

73 Vgl. Kübler: Lesen und Medien in der zweiten Hälfte des 20. Jahrhunderts (2016), S. 808.
74 Vgl. Schneider: Wozu lesen? (2014), S. 270.
75 Die Leseforschung hat ihren Platz in der Literatur-, Geschichts-, Erziehungs- und Buchwissenschaft sowie in der Archäologie, Kunstgeschichte und Volkskunde.
76 Zahlreiche historische Arbeiten, so auch die von Erich Schön oder Alberto Manguel, arbeiten mit Bildquellen. Hier, so schreibt Schön, sei oft bewahrt, was sich zeitgenössischer Versprachlichung entzog. Vgl. Schön: Verlust der Sinnlichkeit (1993), S. 313.

medien dar.[77] Aufgeführt sind derartige Abbildungen von LeserInnen in einer Reihe von Bildbänden, die sich meist auf die Illustration der entsprechenden Werke beschränken.[78] Weiterhin gibt es Kataloge, die sich mit Ausstellungen zu dieser Thematik beschäftigen.[79] Neben einzelnen Aufsätzen sind für diesen Forschungskomplex vor allem Fritz Nies' Monografie *Bahn und Bett und Blütenduft*, der umsichtige Artikel *Zur Ikonographie des Lesens* von Jutta Assel und Georg Jäger und der Forschungsüberblick *Lesen im Bild* von Alfred Messerli zu nennen.[80] Für die vorliegende Studie sind Leseszenen in der bildenden Kunst insbesondere deswegen von Bedeutung, da die Praktik des Lesens, die stets in Gesten und Räumen verkörpert ist, auf bildlichen Darstellungen – analog zum filmischen Medium – zu *sehen* ist.

Bereits in der Antike, als sich das Buch als eigenständiges Medium etablierte, entstehen die ersten Abbildungen von lesenden Personen auf Keramik. Damit geht die Herausbildung bestimmter LeserInnen-Typen einher – beispielsweise der Gelehrte Aristoteles als passionierter Leser, der selbst nachts und beim Licht der Öllampe seiner Leidenschaft nachgeht.[81] Unter anderem leiten sich daraus bis heute mit dem Lesen korrelierende Attribuierungen ab, etwa dass die Passion zum Lesen ein positives ›Wesensmerkmal‹ darstellt. Im Mittelalter wurden auf Kupferstichen, teils in ganzen Serien, Lesesituationen abgebildet, die anregend wirken sollen. Die mediale Verflechtung von häufig konsumierten Lesestoffen und Bildern von beliebten Leseorten hatten den Effekt, Nachahmung zu stimulieren und als Multiplikator gängiger Moden zu fungieren.[82] Mitte des 19. Jahrhunderts entstand durch die neuen Reproduktionstechniken, wie unter anderem die Lithografie, eine Flut von Lesebildern. Zeitungen, Zeitschriften, Kunstvereine, Postkarten etc. verbreiten die Bilder in allen Gesellschaftsschichten.[83]

Assel und Jäger unterscheiden bei der Analyse von Lesebildern die Funktion, die Kommunikationssituation und den künstlerischen Stil bzw. die ästhetische Qualität, wobei die Bedeutung vergangener Bildnisse ohne historischen Referenz-

---

77 Vgl. Nies: Bahn und Bett und Blütenduft (1991), S. 10–25. Die Quellen existieren in verschiedenen materiellen Formen: Holz, Stein, Elfenbein, Metall, Porzellan, Wachs oder Ton.

78 Ein Beispiel hierfür ist: McCurry: Lesen (2016).

79 Beispielsweise zählt hierzu: Klingsöhr-Leroy (Hg.): Lektüre. Bilder vom Lesen (2018).

80 Stellvertretend für weitere Aufsätze steht: Estermann: Leserin und Kavalier (2016). Eine rein quantitative Auflistung ohne Reproduktion der Bildquellen und Analysen oder Interpretationen bieten: Nies u. Wodsak: Ikonographisches Repertorium zur Europäischen Lesergeschichte (2000).

81 Vgl. Hartmann: Antike und Spätantike (2016), S. 708–709.

82 Vgl. Schneider: Frühe Neuzeit (2016), S. 755.

83 Aus sozialgeschichtlicher Perspektive erreicht die Verbreitung von Leserbildern im 19. Jahrhundert bis zum Ersten Weltkrieg ihren Höhepunkt. Vgl. Assel u. Jäger: Ikonographie des Lesens (2001), S. 639.

rahmen nicht mehr zu bestimmen sei. Dabei kontextualisieren sie drei Bezugsfelder. Erstens: die christliche Heilsgeschichte; vor allem Darstellungen von Jesu, Propheten, Evangelisten, Aposteln, Kirchenvätern, Heiligen, Mönchen, Eremiten, Ordensangehörigen oder speziellen Figuren, wie Maria und/oder ihre Mutter Anna. Zweitens: Bildung und Wissen. Es gibt eine Reihe von Abbildungen von Gelehrten, WissenschaftlerInnen, SchülerInnen, KünstlerInnen, Kaufmännern oder lesenden Privatpersonen. Dies wird durchaus mit dem Christentum verbunden, so ist beispielsweise der Heilige Hieronymus als Kirchenvater und Gelehrter auf zahlreichen Gemälden lesend abgebildet. In diesem Rahmen existiert zugleich eine hohe Zahl an Unterrichtsszenen. Drittens: Sinnesgenuss und Sexualität. Es handelt sich um ein breites Spektrum von sinnlich anregenden Lesesituationen, in denen Bücher vor allem »Frauen Anreiz zu erotischen Träumereien geben und zu verbotenen Genüssen verlockt.«[84]

Im Christentum, das wie das Judentum eine Buchreligion ist, wird das Buch mit Heilswissen und Schriftgläubigkeit assoziiert, wodurch Bücher mit einem dogmatischen Gehalt versehen werden. Gleichzeitig stellen sie ein zentrales Medium der Selbsterkenntnis dar: »Der Spiegel der Schrift führt dem Leser vor Augen, wie seine Seele eigentlich beschaffen sein sollte; er zeigt ihm aber zugleich auch auf, wie es tatsächlich um sie bestellt ist.«[85] Bilder können aus diesem Grund ebenso als Lesepropädeutiken verstanden werden. Bücher kommen in der Malerei auch vor, ohne dass sie von Figuren in ihren Händen gehalten werden; Sabine Schwarz bezeichnet dies als »Bücherstillleben«. Das Buch fungiert hier als religiöses Symbol, das die Weissagungen Gottes repräsentiert (»Am Anfang war das Wort«), als Metapher für Weisheit und Gelehrsamkeit, als Attribut für verschiedene Berufe, als Vanitas-Symbol und Sinnbild für die irdische Existenz sowie als Sinnestäuschung realer Gegenständlichkeit: *Trompe-l'œil.*[86]

Weiterhin ist eine Differenzierung in weibliche und männliche Lektüreakte festzustellen.[87] Es gibt signifikant mehr Bilder von lesenden Frauen.[88] Während

---

84 Ebd.

85 Moser: Buchgestützte Subjektivität (2006), S. 1.

86 Vgl. Schwarz: Bücherstilleben in der Malerei (1987), S. 3–5. Mit den symbolischen Bedeutungen des Buchs beschäftigt sich Kap. 5.1.

87 Die *Gender Studies* begannen in den 1980er Jahren damit, den Zusammenhang von Geschlecht und Lesen zu erforschen. Als einer der ersten Texte gilt: Bell: Medieval Women Book Owners (1982). Das Thema Geschlecht und Lesen generierte in Deutschland großes Forschungsinteresse, als die PISA-Studie im Jahr 2000 zutage förderte, dass Schülerinnen wesentlich besser lesen können als Schüler.

88 So gibt es zahlreiche Bildbände, die sich ausschließlich auf weibliche Lektüreakte konzentrieren. Ein Beispiel hierfür ist: Bollmann: Frauen, die lesen, sind gefährlich (2005). Unter sechs

das Lesen bei Männern für Berufsausübung, Wissen und Gelehrsamkeit steht, wird die Darstellung von Frauen oft mit Alltäglichkeit und Frömmigkeit, aber auch Leidenschaft und Verführung assoziiert. Zugespitzt formuliert, ist die lesende Frau meist entweder Inbegriff einer bücherhungrigen und gesitteten Gestalt oder sexuelles Schauobjekt.[89] Die Häufigkeit von bildnerischen Darstellungen lesender Frauen korreliert mit dem literarisch-ästhetischen Lesen, denn auf Bildern lesen Männer in der Regel Zeitung und Sachtexte, Frauen hingegen belletristische Literatur.

Eine gängige Erklärung für dieses Ungleichgewicht lautet, dass die persönliche Intimität der stillen Romanlektüre Freiheit und mögliche Emanzipation der Frau bedeutete: Die Bilder verhandeln die Angst der Männer davor, dass Frauen sich durch die Lektüre aus der patriarchalischen Vormundschaft befreien. Dies hängt mit weiteren Ergebnissen der historischen Leseforschung zusammen: Als die Romanliteratur im 18. Jahrhundert expandierte, gehörten bürgerliche Frauen zur zentralen Zielgruppe. Das Romanlesen bot ihnen Handlungsmöglichkeiten, die ihnen aufgrund damaliger Gesellschaftsverhältnisse verwehrt blieben.[90] In der Leseforschung besteht nach wie vor Forschungsbedarf, um geschlechterspezifische Gemeinsamkeiten und Unterschiede hinsichtlich habitueller Lesemotivation, thematischer Lektürepräferenzen und literarischer Rezeptionsweisen herauszuarbeiten.[91]

Nies zeigt diverse sich wiederholende Arten von Lesedarstellungen auf, etwa die Sinnlichkeit des Lesens, Lesen als Muße oder die Abbildung bestimmter LeserInnen-Typen, wie Verliebte, Politiker, Malermodelle, Soldaten oder Eremiten.[92] Im Folgenden verdeutlichen vier knappe Beispielanalysen das Potenzial der Betrachtung bildlicher Darstellungen für filmische Repräsentationen der Lektüre. Es soll dabei aufgezeigt werden, inwiefern Abbildungen von LeserInnen dafür sensibilisieren, beim filmischen Lesen spezielle LeserInnen-Typen, Lesestoffe, -situationen und -haltungen zu erkennen.

Eine Marginalie aus dem Jahr 770 n. Chr. zeigt den Evangelisten Matthäus bei der Lektüre; sie lässt sich mit einem Bild aus dem 19. Jahrhundert vergleichen, das den bürgerlichen Leser im Zimmer bei Nacht darstellt: Georg Friedrich Kerstings

---

Kategorien – begnadete, verzauberte, selbstbewusste, empfindsame, passionierte und einsame Leserinnen – werden einzelne Gemälde vorgestellt und interpretiert.

89 Vgl. Assel u. Jäger: Ikonographie des Lesens (2001), S. 645–652.
90 Vgl. Schneider: Frühe Neuzeit (2016), S. 752.
91 Vgl. hierzu: Philipp: Geschlecht und Lesen (2016).
92 Vgl. Nies: Bahn und Bett und Blütenduft (1991), S. 85–116.

Leser bei Lampenlicht.[93] Die Attribuierung Matthäus' mit einem Buch bewegt sich in christlicher Tradition: Evangelisten werden auf zahlreichen Gemälden als Schreibende an einem Pult, mit Schreibfeder, Buch oder Buchrolle abgebildet. Wenngleich über 1000 Jahre zwischen den beiden Bildquellen liegen und das Gemälde von Kersting keinen expliziten religiösen Bezug hat, sind die beiden Abbildungen – trotz der Weiterentwicklung perspektivischer Darstellung – inhaltlich vergleichbar: Beide Leser sind allein und kontemplativ in die Lektüre vertieft. Matthäus ist bei der Exegese des Alten Testaments abgebildet, Kerstings Leser ist bei starkem Lampenschein in die Lektüre versunken – womöglich als Folge intensiver Wissensaneignung einer ihn nicht ›loslassenden‹ Lektüre.

Diese bildlichen Darstellungen liefern *cues*, auf die es bei Filmszenen zu achten gilt. So sind Mimik und Gestik der beiden Figuren auffallend. Der Akt der Kontemplation wird bei Matthäus durch aufgerissene Augen und der zur Mund geführten Hand dargestellt, bei Kerstings Gemälde stützt der Leser mit der Hand den Kopf, die Mimik ist konzentriert und regungslos. Zudem gilt es die Umgebung, den Leseort, zu beachten: Beide sitzen und haben ein Buch vor sich liegen; Möbel und andere Utensilien wie die Lampe, die das Lesen unterstützt und einen Schein auf die grüne Wand wirft, sind markante Objekte. Gerade im Bild von Kersting wird durch die Lichtgestaltung eine atmosphärische Lesesituation geschaffen: Der passionierte Leser liest dank Elektrizität auch nachts weiter. Dies sind visuelle *cues* für das literarisch-ästhetische Lesen der Figur, das sich durch eine völlige Absorption der Aufmerksamkeit auszeichnet.

Bei der einsam lesenden Frau auf dem Gemälde Georg Schrimpfs *Lesende am Fenster* (1925) liegen hingegen andere Implikationen vor als beim männlichen Lektüreakt. Ihre Lesesituation enthält keine Hinweise auf Gelehrsamkeit und Wissen. Ihr Körper, der nicht vollständig zu sehen ist, nimmt das ganze Bild ein; der nach unten geneigte Kopf offenbart keine ausdrucksstarke Mimik. Das Fenster über dem Buch kann als eine zweite Welt respektive Textrealität, die sich beim literarisch-ästhetischen Lesen entfaltet, interpretiert werden. Im Vergleich zur Darstellung der Männer dominiert die sinnliche Dimension des Lesens. Während Haltung und Kleidung auf Schrimpfs Gemälde als ›bieder‹ bezeichnet werden können, ist die sich im Bett räkelnden Frau in Antoine Wiertz Gemälde *La liseuse de romans* (1853) nackt.[94] Sie ist dabei nicht allein, der Pan oder der Teufel, dessen Hörner im unteren linken Bildrand zu erkennen sind,

---

93 Die Abbildungen der vier hier behandelten Gemälde finden sich bei: Assel u. Jäger: Ikonographie des Lesens (2001), S. [4]–[14].

94 In diesem Kontext sei auf die Fotopostkarte *La dernière page du roman* von Ernest Martens, Thédore Roussels *Jeune fille lisant* und Félix Vallotons *La lecture abandonnée* hingewiesen.

reicht ihr Bücher. Es sind intertextuelle Verweise festzustellen, sechs unordent-
lich nebeneinander liegende Bücher sind zu sehen, darunter Alexandre Dumas'
Amaury. Durch die verborgene Übergabe der Bücher wird die Lektüre *diaboli-
siert*: Die Leseobjekte sind verderblich oder gefährlich für die Frau. Auffällig ist
zudem der Spiegel, in dem in unscharfen Umrissen die Vulva der Leserin zu
sehen ist, die durch die Pose der angewinkelten Knie im Vordergrund verborgen
wird. Die BildbetrachterInnen werden so zu VoyeurInnen.[95]

Wenngleich die beiden Gemälde auf den ersten Blick divergent erscheinen,
charakterisieren beide die weibliche Lektüre mit Sinnlichkeit und forcieren Facetten des literarisch-ästhetischen Lesens. Bemerkenswerte *cues* sind in diesem Gemälde die Lesehaltung (sitzend und nackt liegend) sowie der Leseort (geöffnetes
Fenster und Bett sowie Spiegel). Die unterschiedlichen Perspektiven, in denen
die Lesesubjekte zu sehen sind, erinnern an verschiedene Einstellungsgrößen,
die Lesende im Film einfangen. Dies steht in Kap. 5.2. im Zentrum. Die vier Beispielanalysen illustrieren den Beitrag, den bildliche Darstellungen für die filmische Visualisierung haben können. Bildliche Darstellungen unterliegen eigenen
medialen Bedingungen und sensibilisieren für *cues,* da sie mehrere Facetten des
Lektüreakts visualisieren: Mimik, Gestik, Kleidung, Leseorte, Lesemöbel usw. Alfred Messerli fasst dies wie folgt zusammen:

> Zum einen sollte versucht werden, über Bilder Aufschluss über Sachverhalte zu erhalten.
> Wann wird gelesen (Tageszeit), welche Haltung nimmt der Lesende oder die Lesende ein,
> um welchen Lesestoff (Medium, Genre, Format, Titel, Ausgabe) handelt es sich? Usw. Zum
> anderen möchte man durch die Bilder etwas über mentale Projektionen erfahren (Inszenie-
> rungen von Rezeptionsprozessen), über historische Wahrnehmungsweisen und Darstel-
> lungskonventionen (Codes, Traditionen), über die verschiedenen Sinnebenen schließlich,
> die einer Kulturtechnik wie dem Lesen zuwachsen (metaphorische, allegorische, emblema-
> tische oder symbolische Bedeutungen).[96]

Für die Analyse filmischer Darstellung ist demnach weniger der historische Quel-
lenwert von Bedeutung, sondern stattdessen die Fokussierung auf visuelle
Elemente: LeserInnen-Typen, die Modalitäten des Leseakts und die mediale
Perspektivierung der Figur. Leseszenen in der bildenden Kunst enthalten *cues*,
die ebenso in Filmen zu finden sind. Weitere Bedeutungen des Lesens, die
ebenfalls für die filmischen Leseszenen relevant sind, können in der Darstellung des Lesens in der Literatur gefunden werden.

---

95 Vgl. Signori: Einführung (2009), S. 12. Der explizite nackte Körper schafft durchaus einen
Nexus zur Pornografie. Vgl. hierzu allgemein: Goulemot: Gefährliche Bücher (1993).
96 Messerli: Lesen im Bild (2014), S. 237.

2.5 Literarische Darstellungen des Lesens

Es gibt eine Reihe von literarischen Texten, die das literarisch-ästhetische Lesen explizit thematisieren: beispielsweise *Don Quijote, Die Leiden des jungen Werthers, Anton Reiser, Heinrich von Ofterdingen, Madame Bovary, Die Blendung, Sansibar oder der letzte Grund, Zettel's Traum* oder *Se una notte d'inverno un viaggiatore*. Eine Vielzahl von Kinder- und Jugendbüchern behandelt das Lesen selbstreflexiv, da sich die Welt der Fiktion mit der der Realität der Figuren vermischt: Michael Endes *Die unendliche Geschichte*, Cornelia Funkes *Tintenherz* oder Mechthild Gläsers *Die Buchspringer*. Mitte des 18. Jahrhunderts wurde das Lesen verstärkt zum Thema literarischer Texte; LeserInnen rückten als HeldInnen in den Mittelpunkt von Romanen und Erzählungen.[97] Gründe hierfür liegen darin, dass das Bürgertum die neue identitätsstiftende Kommunikationsform der Lektüre literarisch verhandelte: Es wurde ein Raum für Reflexion des Lesens bzw. Kritik am Lesen frei. Es ist bezeichnend, dass gerade im 18. Jahrhundert, an dessen Ende die bereits skizzierte Leserevolution stand, das Lesen gesteigerte literarische Aufmerksamkeit erhielt. Seit den 1980er Jahren kann eine intensivere Erforschung literarischer Darstellungen des Lesens beobachtet werden; eine verspätete Reaktion auf die Etablierung der Rezeptions- und Wirkungsästhetik im vorangegangenen Jahrzehnt.[98]

Günther Stocker listet folgende Kategorien auf, wie literarischen Lesedarstellungen abgesehen von einer empirischen Widerspiegelung des zeitgenössischen Leseverhaltens eingeordnet werden können.[99] Erstens: Es handelt sich um literarische Stellungnahmen der inner- und außerhalb der fiktionalen Literatur geführten Lesedebatte, in die Befürchtungen, Normvorstellungen und Wunschbilder der AutorInnen ebenso einfließen wie die Sozial- und Kulturgeschichte der Literaturrezeption. Zweitens: Es gibt Bilder vom ›idealen‹ und vom ›falschen‹ Lesen, die als Leseanweisungen bzw. gar fiktionale Lesepropädeutiken verstanden werden können.[100] Drittens: In motivgeschichtlicher Tradition befin-

---

97 Vgl. grundsätzlich: Bracht: Der Leser im Roman des 18. Jahrhunderts (1987).

98 Als eine der ersten Auseinandersetzungen gilt: Japp: Das Buch im Buch (1975). An dieser Stelle sind zum einen wissenschaftliche Arbeiten über das *Lesen* in der Literatur zu erwähnen, zum anderen über das *Buch* oder die *Bibliothek* als Motivkomplex. Vgl. hierzu etwa: Nelles: Bücher über Bücher (2002) oder Rieger: Imaginäre Bibliotheken (2002).

99 Vgl. zu einem Forschungsüberblick: Stocker: Lesen als Thema der deutschsprachigen Literatur (2002).

100 Hierfür gilt z. B. Alfred Anderschs Lesereflexion in *Sansibar oder der letzte Grund* anhand der Skulptur des *Lesenden Klosterschülers* exemplarisch. Die Beschreibung der Wahrnehmung des Kunstwerks durch eine Figur kann als Stellungnahme innerhalb der politischen Debatte gelesen werden, dass nach der Katastrophe des Zweiten Weltkriegs anders mit Literatur umge-

den sich Lesedarstellungen in der Linie intertextueller Bezüge, die insbesondere seit der Postmoderne quasi ›explodieren‹. Ein Beispiel hierfür ist Christoph Ransmayrs Roman *Die letzte Welt*, für den Ovids *Metamorphosen* die Bezugsfolie darstellt. Viertens: Es müssen die speziellen Funktionen des Lesens im jeweiligen Werk genauer betrachtet werden.[101] Für filmische Darstellungen des Lesens kann vor allem an die beiden letztgenannten Kategorien der Intertextualität (vgl. Kap. 5.4.1.) und die herausgearbeiteten Funktionen in einzelnen Werken angeknüpft werden.[102]

Eine sich wiederholende Bedeutung des Lesens in literarischen Texten bezieht sich auf die Dichotomie von Fiktionalität und Faktualität. In selbstreflexiven literarischen Thematisierungen fungiert das Lesen als eine Möglichkeit, Grenzen der Realität wahrzunehmen und zu überschreiten. Ein beliebtes Verfahren hierfür ist das Buch-im-Buch-Motiv.[103] Meist wird in solchen Texten, beispielsweise in Peter Stamms *Agnes*, mit mehreren Fiktionsebenen gespielt. Damit kann eine oft als gefährlich identifizierte Verkennung der Gegenwart einhergehen, ein Überhandnehmen der Einbildungskraft und ein damit verbundener Realitätsverlust, wofür *Don Quijote* paradigmatisch steht. Aufgrund der Lektüre von Abenteuergeschichten hält dieser bekanntermaßen Windmühlen für Ungeheuer. Thomas Wolpers beschreibt solche Fälle als *Gelebte Literatur in der Literatur*: Begegnungen von literarischen Figuren mit Literatur, die in einer Literaturnachahmung kulminiert.[104] Häufig gefährden fiktive RomanleserInnen ihr Ansehen und ihre moralische Identität, indem sie ihren literarischen Vorbildern folgen.[105] Walter Pabst nennt durch die Lektüre verführte LeserInnen, wie Madame Bovary, »*victimes du livre*«.[106]

---

gangen werden soll: »Er las ganz einfach. Er las aufmerksam. Er las genau. Er las sogar in höchster Konzentration. Aber er las kritisch. Er sah aus, als wisse er in jedem Moment, was er da lese.« Andersch: Sansibar oder der letzte Grund (1957), S. 53.

101 Vgl. Stocker: Vom Bücherlesen (2007), S. 77–78.

102 Auch Filme können Stellungnahmen zur Lesedebatte und fiktionale Lesepropädeutika sein. Doch in der fiktionalen Literatur findet ein spezieller poetischer Diskurs um das Lesen statt, in dem SchriftstellerInnen sich mit ihrer eigenen medialen Ausdrucksform auseinandersetzen.

103 Uwe Japp schreibt, dass die empirisch Lesenden die merkwürdige Erfahrung machen, dass ihre lesende Tätigkeit im Buch verdoppelt wird. Vgl. Japp: Das Buch im Buch (1975), S. 658. Vgl. außerdem: Siebeck: Das Buch im Buch (2009) und Bayer-Schur: Das Buch im Buch (2011).

104 Wolpers: Gelebte Literatur in der Literatur (1986), S. 11.

105 Dies ist der Fokus einer Reihe weiterer Forschungsarbeiten wie Wuthenow: Im Buch der Bücher (1980) oder Marx: Erlesene Helden (1995).

106 Vgl. Pabst: Victimes du Livre (1975).

Martin Neubauer unterscheidet zwischen *indikatorischem* und *katalytischem* Lesen von literarischen Figuren.[107] Indikatorisches Lesen bedeutet, dass das von der Figur Gelesene auf ihren Charakter, ihr Seelenleben und ihre momentane Situation verweist. Katalytisches Lesen hingegen wird von Neubauer als aktiver Prozess verstanden, durch den die lesenden Figuren sich verändern. Uwe Japp konstatiert, dass sich im 20. Jahrhundert eine neue Funktion von Lesedarstellungen in der sich zuspitzenden Isolation der intellektuellen und literarischen Kultur vom praktischen Leben ausbildet, so dass bizarre manische Buchmenschen wie in Elias Canettis *Die Blendung* oder Arno Schmidts *Das steinerne Herz* im Fokus stehen. Japp verankert den Grund für die gesteigerte literarische Thematisierung von Büchern in der Antike, als Bücher noch sakral verehrt wurden.[108]

Analog zur Problematik der prinzipiellen *Darstellbarkeit* des Lesens in Filmen steht auch Literatur vor dem Problem, dass sich die Aktivität des Lesens erzählerisch nur schwer umsetzen lässt, da das wesentliche Geschehen im Inneren der Figur stattfindet. Stocker listet in Rekurs auf Paul Goetsch mehrere Möglichkeiten der Lesedarstellungen auf: die eingelagerte Erzählung, die Beschreibung des mündlichen Vorlesens, Zitate und literarische Anspielungen, die Wiedergabe der Reaktion der LeserInnen, die Diskussion der Lektüre mit anderen Figuren und die Thematisierung langfristiger Auswirkungen des Leseakts auf die fiktionalen LeserInnen.[109] Ein Textauszug aus Karl Philipp Moritz' *Anton Reiser* verdeutlicht das Potenzial literarischer Lektüreschilderungen. Der Entwicklungsroman schildert die Erlebnisse des gleichnamigen jugendlichen Protagonisten von seiner Loslösung vom kleinbürgerlichen Elternhaus bis hin zur erfolglosen Karriere als Theaterschauspieler.

> Er [Anton Reiser; TR] ging zu einem Antiquarius und holte sich einen Roman, eine Komödie nach der andern und fing nun mit einer Art von Wut an zu lesen. – Alles Geld, was er sich vom Munde absparen konnte, wandte er an, um Bücher zum Lesen dafür zu leihen; [...] Das Lesen war ihm nun einmal so zum Bedürfnis geworden, wie es den Morgenländern das Opium sein mag, wodurch sie ihre Sinne in eine angenehme Betäubung bringen. [...] und dann wurde auch alle das Geld, was die Wäscherin und der Schneider hätten bekommen sollen, dem Bücherantiquarius hingebracht – denn das Bedürfnis zu lesen ging bei ihm Essen und Trinken und Kleidung vor, [...] seine Denkkraft war vollkommen wie berauscht – er vergaß sich und die Welt.[110]

An diesem Beispiel wird zunächst deutlich, dass für literarische Darstellungen des Lesens keine intertextuellen Verweise notwendig sind. Das Leseverhalten

---

107 Neubauer: Indikation und Katalyse (1991), S. 53–62.
108 Vgl. Japp: Das Buch im Buch (1975), S. 652.
109 Vgl. Stocker: Lesen als Thema der deutschsprachigen Literatur (2002), S. 214.
110 Moritz: Anton Reiser (1785–1790), S. 201–202.

wird als exzessiv beschrieben und durch den Vergleich mit dem Opium werden an dieser Stelle Assoziationen zum Drogenkonsum geweckt. Der Bücherantiquar erscheint in moderner Terminologie als ›Dealer‹. Dies ist nicht nur die Thematisierung der zeitgenössisch verstärkt diskutierten Lesesucht, sondern es liegt ebenso die eingängige Schilderung eines Immersionseffekts vor: »seine Denkkraft war vollkommen wie berauscht – er vergaß sich und die Welt«. Lesen ist Anton Reiser wichtiger als zu essen oder zu trinken. In die Kategorien von Goetsch würde dies am ehesten unter eine langfristige Auswirkung auf die Lektüregestalt fallen. Mithilfe von Beschreibungen und Vergleichen wirkt das Leseverhalten so einerseits abstrakt, da der konkrete Verweis auf Lesesituation oder -stoff fehlt, durch die Wahl der Stilmittel andererseits aber auch anschaulich.

Bezüglich der filmischen Darstellung sind literarische Repräsentationen des Lesens für folgende Fragestellungen von Bedeutung: Welche Typen von Lesenden gibt es? Wie wird ein intertextueller Verweis markiert? Auf welche Weise wird der Lektüreakt sprachlich inszeniert? Es fällt auf, dass im Gegensatz zu bildlichen Darstellungen der Leseort häufig nicht einmal genannt wird bzw. nicht zu identifizieren ist: Literarische Darstellungen benötigen unter Umständen nur wenige Worte, um eine atmosphärische Räumlichkeit für das Lesen zu schaffen. Durch die Kontrastierung mit literarischen Darstellungen können *cues* in filmischen Leseszenen bestimmt werden, die vor allem die Funktion der Lesedarstellung und die mediale Darstellbarkeit des filmischen Lesens betreffen.

Trotz der vorhanden ergiebigen Forschungslage listet Stocker einige Punkte auf, die es langfristig in der Exploration des Lesens in der Literatur noch aufzuarbeiten gilt. So vermisst er übergreifende Untersuchungen, qualifiziert die Untersuchungsgegenstände als zu heterogen und sieht die tiefgreifenden Veränderungen in der Lesegeschichte nicht berücksichtigt. Sein letzter Kritikpunkt besteht darin, dass zu wenig auf das literarische Lesen geachtet wird, bei dem andere Implikationen vorliegen als beim Lesen von Sachliteratur.[111] Im folgenden Kapitel gilt es in diesem Sinne nun die ästhetische Erfahrung zu bestimmen, die ein Kernelement der Auseinandersetzung der LeserInnen mit ihrer Lektüre ist.

---

111 Vgl. Stocker: Vom Bücherlesen (2007), S. 85–89.

3 Ästhetische Erfahrung

Mithilfe des Begriffs der *ästhetischen Erfahrung* lassen sich *cues* für das literarisch-ästhetische Lesen im Film herausarbeiten, die über die zuvor behandelten Gratifikationen des Lesens und Funktionen von Literatur hinausweisen. Im Gegensatz zu den Facetten dieser beiden Bereiche lässt sich die hier gemeinte und im weiteren Verlauf herausgearbeitete Form ästhetischer Erfahrung nicht in jeder Leseszene eruieren: Die ästhetische Erfahrung stellt sozusagen einen ›Kulminationspunkt‹ der filmischen Darstellungen sinnlicher Begegnungen mit Literatur dar. In der ästhetischen Erfahrung vereint sich die mediale Vermittlung einer intensiven Leseerfahrung der Figur mit dem gleichzeitigen *Miterleben* dieser Erfahrung durch die ZuschauerInnen: Die Darstellung einer literarisch-ästhetischen Erfahrung kann zu einer filmisch-ästhetischen Erfahrung der Zuschauenden führen.

Nur wenige Leseszenen verfügen über das Potenzial zur Realisierung dieser speziellen Evokationsform der Leseerfahrung. Aus diesem Grund wird vor allem im dritten Teil dieser Arbeit, die Topoi des literarisch-ästhetischen Lesens im Film präsentiert, auf die Frage eingegangen, wie die ästhetische Erfahrung in ausgewählten Filmbeispielen figuriert werden kann. Das folgende Kapitel zeichnet zunächst Stationen der kulturgeschichtlichen Debatte um die ästhetische Erfahrung nach, um die vorliegende Studie im zeitgenössischen Diskurs um Kunsterfahrung und mediale Vermittlungsformen zu verorten. Die ästhetische Erfahrung wird dabei vornehmlich anhand des literarisch-ästhetischen Lesens exemplifiziert; erst das dritte Unterkapitel beschäftigt sich mit Fragen nach der filmischen Darstellbarkeit solcher Erfahrungen.

In der philosophischen Ästhetik bezeichnet die ästhetische Erfahrung im weitesten Sinne die Rezeption von Kunstwerken. Im 20. Jahrhundert avancierte der Terminus zu einem Leit- bzw. Grundbegriff der Ästhetik und ist nicht nur zentraler Gegenstand der Philosophie, sondern auch zahlreicher Arbeiten der Kunst-, Literatur-, Film- sowie Medienwissenschaft.[1] Der Begriff vergegenwärtigt, dass Objekte der Kunst sich der Subsumtion unter ein logisches Urteil entziehen und die sinnliche gegenüber der diskursiven Erkenntnis Eigenständigkeit

---

1 Ein Kompendium maßgeblicher Texte des 20. Jahrhunderts zur ästhetischen Erfahrung liefern: Küpper u. Menke (Hg.): Dimensionen ästhetischer Erfahrung (2003). Folgender Sammelband versammelt einen umsichtigen Überblick aktueller Debatten um die ästhetische Erfahrung: Deines, Liptow u. Seel (Hg.): Kunst und Erfahrung (2013). Eine fundierte Monografie, die Diskurse um die ästhetische Erfahrung mit literarischen Lesen verbindet, ist: Brune: Literarästhetische Literalität (2020).

https://doi.org/10.1515/9783110728590-003

beansprucht.[2] Eine Definition der ästhetischen Erfahrung erweist sich jedoch als fundamentale Herausforderung, wie es Rüdiger Bubner formuliert:

> Dennoch muß jede Bemühung scheitern, klar und in einem Wort auszusprechen, was es in Wahrheit ist, was die ästhetische Erfahrung erfährt. Die begriffliche Aussage verfremdet die Lebendigkeit der Begegnung mit Kunst, so daß die Reflexion der Leere des abstrakten Begriffs wieder zur Unmittelbarkeit der Anschauung zurückstrebt.[3]

Die hier akzentuierte *Zirkularität* einer semantischen Bestimmung hat ihren Ursprung in einer vielgestaltigen Begriffsgeschichte.[4] Die Spannweite des Begriffes umfasste Produktions- ebenso wie Rezeptionsvorgänge, sinnliche wie reflektorische Momente, bewusste, unbewusste, materielle und imaginäre Prozesse. Selbst die eingangs exponierte Einschränkung, dass sich der Terminus auf Begegnungen mit Kunstwerken bezieht, kann relativiert werden, da allgemeine sinnliche Wahrnehmungsprozesse ebenfalls als ästhetische Erfahrungen bezeichnet werden.[5] Trotz der Polysemie des Begriffs ist es für die folgende Untersuchung grundlegend, wesentliche Dimensionen der ästhetischen Erfahrung zu konturieren. Eine Auffächerung diverser Gesichtspunkte der ästhetischen Erfahrung ermöglicht es, für die Analyse und Interpretation von filmischen Leseszenen im Hauptteil der Arbeit eine Sensibilität für bisher unbeachtete *cues* zu etablieren.

Die komplexe Bedeutung der ästhetischen Erfahrung wird anhand einer schrittweisen Verengung der Perspektive dargelegt. In einem ersten Schritt steht die Erfahrung noch – größtenteils – unabhängig vom Ästhetischen im Mittelpunkt; danach erfolgt ein kurzer historischer Überblick über zentrale Definitionen der ästhetischen Erfahrung. Ein Brückenschlag zur Filmphänomenologie mündet darin, dass im Anschluss an die Thesen Vivian Sobchacks die für diese Arbeit maßgebliche Bedeutung des Begriffs erörtert wird: Filmisches Lesen erweist sich als filmischer Ausdruck einer literarisch-ästhetischen

---

2 Es gibt durchaus konkurrierende Begriffe, z. B. ästhetische Lust, ästhetisches Erleben, ästhetisches Vergnügen, ästhetisches Empfinden, ästhetische Bildung, ästhetische Wirkung, ästhetische Eigenschaften, ästhetisches Erlebnis oder ästhetisches Ereignis.
3 Bubner: Ästhetische Erfahrung (1959), S. 65.
4 Nicht zuletzt wurde der Begriff auch wiederholt Gegenstand von Kritik. George Dickie behauptet beispielsweise, dass es sich bei Phänomenen der ästhetischen Erfahrung, bzw. Einstellung, lediglich um Mythen bzw. Phantome handelt, von denen die Theorie der Kunst befreit werden sollte. Vgl. Dickie: The Myth of the Aesthetic Attitude (1964). Auch Jens Kulenkampff äußert sich kritisch; vgl. Kulenkampff: Ästhetische Erfahrung (1996).
5 So plädiert Wolfgang Welsch für eine *Aisthetik* statt einer Ästhetik: »Ich möchte Ästhetik genereller als *Aisthetik* verstehen: als Thematisierung von Wahrnehmungen *aller* Art, sinnhaften ebenso wie geistigen, alltäglichen wie sublimen, lebensweltlichen wie künstlerischen.« Welsch: Ästhetisches Denken (1990), S. 9–10.

Erfahrung, die wiederum von den ZuschauerInnen filmisch-ästhetisch, d. h. vor allem *leiblich*, erfahren werden kann.

3.1 Erfahrung

Erfahrung ist ein konstitutiver Terminus der Philosophie, der seinen Ursprung bereits bei Platon hat.[6] Sie nimmt als Bezeichnung für Wahrnehmen und Beobachten, aber auch für das Verarbeiten des Wahrgenommenen, vor allem in der Erkenntnistheorie und damit verbunden in der Wissenschaftstheorie eine Schlüsselposition ein. Zwei namhafte Beispiele des deutschen Idealismus verdeutlichen dies stellvertretend: Immanuel Kants *Kritik der reinen Vernunft* hinterfragt die apriorischen Bedingungen der Erfahrung;[7] Georg Friedrich Wilhelm Hegels *Phänomenologie des Geistes* diskutiert unterschiedlich figurierte Erscheinungsweisen des Geistes, wofür sein Verständnis der Erfahrung leitend ist.[8] Der Erfahrungsbegriff kursiert zudem in den Sozialwissenschaften, der Theologie und der Geschichtswissenschaft.

Dementsprechend gibt es eine Fülle von Komposita und attribuierten Substantiven, die außerhalb des Ästhetik-Kontextes mit der Erfahrung in Verbindung stehen: Lebenserfahrung, Welterfahrung, religiöse, innere, äußere, individuelle, kollektive, emotionale, geschichtliche, distanzierende, künstlerische, destruktive, nivellierende, absurde Erfahrung etc. Diese überaus heterogenen Verwendungsweisen des Erfahrungsbegriffs betont auch John Erpenbeck, der im Jahr 1990 dreizehn unterschiedliche Definitionen der Erfahrung auflistet – nahezu 30 Jahre später könnten, nicht zuletzt wegen Debatten in der Medienwissenschaft um Themen wie Immersion, *virtual reality* oder Transhumanität, sicherlich noch

---

6 Im Dialog *Gorgias* deklassiert Sokrates die Erfahrung gegenüber theoretischem Wissen, da man durch sie keinen Einblick in das Wesen der Dinge erhält: »Ich behaupte, dass sie [die Schmeichelei – TR] nicht Kunst ist, sondern Erfahrung, weil sie demjenigen, dem sie etwas zuführt, nicht sagen kann, wie das, was sie zuführt, seiner Natur nach ist, und so den Grund für jedes Einzelne nicht angeben kann.« Platon: Gorgias (387 v. Chr.), S. 32 (465a).

7 Kant begreift den Erfahrungsbegriff vor allem empirisch, auch wenn er andere Erfahrungsdimensionen mitberücksichtigt: »Erfahrung ist ein[e] empirische[] Erkenntnis; d. i. ein[e] Erkenntnis, [die] durch Wahrnehmungen ein Objekt bestimmt.« Kant: Kritik der reinen Vernunft (1781/87), S. 216 (B 219).

8 So konstatiert Hegel in der Einleitung zur *Phänomenologie des Geistes*: »Diese dialektische Bewegung, welche das Bewußtsein an ihm selbst, sowohl an seinem Wissen als an seinem Gegenstande ausübt, *insofern ihm der neue wahre Gegenstand* daraus *entspringt*, ist eigentlich dasjenige, was *Erfahrung* genannt wird.« Hegel: Phänomenologie des Geistes (1807), S. 75. Hervorhebungen entstammen dem Original.

weitere hinzugefügt werden.[9] Ein Blick auf die Wortherkunft ist förderlich, um fundamentale Aspekte der Erfahrung herauszuarbeiten. Etymologisch hat die Erfahrung vor allem drei Ursprünge: das altgriechische *empeiría*, das lateinische *experientia* und das mittelhochdeutsche *ervarunge*.

Empeiría bedeutet das Erfassen der Wirklichkeit, das auf der sinnlichen Wahrnehmung, dem Erleben und der Begegnung beruhen kann.[10] Der Gewinn an Erfahrung führt zu einer unmittelbaren Erkenntnis und einem Wissen von der Welt, die häufig das Ergebnis selbst durchgeführter Tätigkeiten bzw. Untersuchungen sind. Diese Begriffsdimension findet sich im Wort *Empirie* wieder, das Prozesse des Akquirierens wissenschaftlicher Erkenntnis durch unmittelbare Sinneswahrnehmung bezeichnet. Die Erfahrung umfasst einerseits einen *Prozess* – Wahrnehmung – und andererseits ein *Resultat*, die daraus resultierende Erkenntnis.[11] So stellt sich für das literarisch-ästhetische Lesen in diesem Kontext die Frage: Was erkennen oder lernen LeserInnen durch literarische Texte?[12]

Der zweite etymologische Ursprung im lateinischen *experientia* bezieht sich vorrangig auf gedanklich vorbereitete *Versuche* zum Zwecke von Erfahrungsbeweisen und daraus abgeleitetem Wissen.[13] Mit dem *Experiment* etablierte sich seit dem 17. Jahrhundert eine sprachliche Bezeichnung für die wissenschaftliche Methode, die unsere Vorstellung von Wissenschaft, vor allem Naturwissenschaft, bis heute prägt.[14] Bei einem Experiment muss eine spezielle räumliche oder gedankliche Anordnung geschaffen werden, um an Erkenntnis zu gelangen. Auch die *ästhetische* Erfahrung ist von speziellen Voraussetzungen abhängig. Ausdrücke wie Leserituale, -strategien oder -zeremonien verweisen

---

9 Die Definitionen beziehen sich verkürzend auf 1. einen Prozess; 2. ein Resultat; 3. die Dialektik von Einzelnem, Besonderem und Allgemeinem; 4. die Dialektik von Sinnlichkeit und Rationalem; 5. den wissenschaftlichen Erkenntnisprozess, der sich auf die Dialektik von Empirischem und Theorie bezieht; 6. eine Tätigkeit, Arbeit und Praxis; 7. eine individuelle unmittelbare und erlebnisbetonte Erfahrung; 8. eine gesellschaftliche Erfahrung im Sinne kollektiver und historischer Prozesse; 9. Erkenntnis im weitesten Sinne; 10. eine Offenbarung; 11. eine innere Erfahrung; 12. einen Informationsverarbeitungsprozess im menschlichen Gehirn und 13. einen biotischen Prozess im Rahmen der Evolutionsentwicklung. Vgl. Erpenbeck: Erfahrung (1990), S. 768.
10 Vgl. Grimm u. Grimm: Deutsches Wörterbuch (1862), Band 3, Sp. 788.
11 Stefan Deines, Jasper Liptow und Martin Seel sprechen dementsprechend von einem *epistemischen* Erfahrungsbegriff. Vgl. dies.: Kunst und Erfahrung. Eine theoretische Landkarte (2013), S. 13–14.
12 Der Erkenntnisgewinn ist eine zentrale Konstituente literarisch-ästhetischer Leseszenen, die in Kap. 6.3. behandelt wird.
13 Vgl. Grimm u. Grimm: Deutsches Wörterbuch (1862), Band 3, Sp. 788.
14 Vgl. Hampe u. Holzhey: Erfahrung (2011), S. 655–657.

darauf, dass auch für das Lesen dezidiert Modalitäten geschaffen werden können, die den LeserInnen eine spezifische Leseerfahrung ermöglichen.

Die dritte semantische ›Wurzel‹ liegt im mittelhochdeutschen *ervarunge*: fahren, er-fahren, landfahren.[15] In dieser Begriffsdimension wird die mögliche *Passivität* der Erfahrung hervorgehoben: Es ist kein intentionales Bemühen erforderlich, um zu einer Erfahrung zu gelangen, denn auf einer Reise können einem unwillkürlich Widerfahrnisse und Gefahren begegnen.[16] Nach einer Fahrt haben sich die Reisenden unter Umständen verändert. Für Hans-Georg Gadamer stellt die Negativität oder Nichtigkeit in Bezug auf die Erfahrung eine wesentliche Komponente dar: »Diese, die eigentliche Erfahrung, ist immer eine negative. Wenn wir an einem Gegenstand eine Erfahrung machen, so heißt das, daß wir die Dinge bisher nicht richtig gesehen haben und nun besser wissen, wie es damit steht.«[17] Wer eine Erfahrung erlebt, der gewinnt nicht nur eine neue Einstellung: Vielmehr negiert er die vormalige Einstellung, modifiziert oder transformiert sie sogar.[18] Diese Auffassung korreliert mit Axiomen der Entwicklungspsychologie wie dem Begriff der *Akkommodation* nach Jean Piaget: Kognitive Strukturen eines Kindes müssen sich an eine neue Situation anpassen, da die bisherigen Strukturen für eine Bewältigung nicht ausreichen.[19] Dies schließt an die im letzten Kapitel angerissenen Identitätskonstruktionen an, eine wesentliche Funktion von Literatur: Löst die Lektüre eines literarischen Textes Veränderungen bei den LeserInnen aus? Die mittelhochdeutsche Wortherkunft führt außerdem zu der Frage, wie sich an das Erlebte erinnert – und darüber verständigt – wird. Wie kann der eigene Erkenntnisgewinn *übersetzt*, d. h. versprachlicht respektive medialisiert werden, um ihn anderen zugänglich zu machen?[20]

---

15 Vgl. Grimm u. Grimm: Deutsches Wörterbuch (1862), Band 3, Sp. 788.

16 Gewisse Metaphern, die sich auf das Lesen beziehen, illustrieren diesen Aspekt. So wird von *Leseräumen* gesprochen oder von dem Lesen selbst als einer ›Reise in eine andere Welt‹.

17 Gadamer: Wahrheit und Methode (1960), S. 335–336.

18 Martin Seel exponiert diesen Aspekt ebenfalls: »Eine Erfahrung machen heißt nicht einfach, eine Ansicht und Absicht revidieren und gewinnen, sondern bedeutet, einen veränderten praktischen Bezug erhalten zu dem neu oder erstmals Angesehenen und Vorgenommenen.« Seel: Die Kunst der Entzweiung (1997), S. 79.

19 Piaget betrachtete die kognitive Entwicklung als ständiges Wechselspiel von *Assimilation* und *Akkommodation*. Die Assimilation bewahrt und erweitert das Bestehende und verbindet so die Gegenwart mit der Vergangenheit, während die Akkommodation aus Problemen entsteht, die die Umwelt stellt. Vgl. Piaget: Nachahmung, Spiel und Traum (1959), S. 21–22.

20 Vgl. Kessler, Schöpf u. Wild: Erfahrung (1973), S. 375.

Eine letzte semantische Facette der Erfahrung findet sich in der Alltagssprache.[21] Hier gilt Erfahrung als Basis für soziale oder technische Kompetenz und den Besitz von Fähigkeiten. Den über Erfahrung Verfügenden umgibt eine entsprechende Autorität, die sich vor allem in der Dichotomie von Jugend (unerfahren) und Alter (erfahren) wiederfindet.[22] Die erworbene Fähigkeit sichert Orientierung, ohne dass auf ein hiervon unabhängiges theoretisches Wissen rekurriert werden muss. So wird aus lesesoziologischer Perspektive auch von ›erfahrenen LeserInnen‹ gesprochen, die beispielsweise den ›unerfahrenen LeserInnen‹ Leseanweisungen geben können.[23] Demgegenüber steht die Besonderheit der individuellen Erfahrung, die unwiederholbar und damit einmalig ist. Eine singuläre und unvergleichbare Lektüre eines Textes, die weder von anderen nachvollzogen noch wiederholt werden kann. Diese markante persönliche Erfahrung führt dazu, eine terminologische Abgrenzung zu den Begriffen *Ereignis* und *Erlebnis* vorzunehmen, da diese je nach Kontext auch synonym mit *Erfahrung* verwendet werden.[24] Beide Ausdrücke sind wesentlich für die graduelle Beschreibung der Lektüreerfahrung einer Figur.

Erleben betont die subjektive Komponente, die Intensität, die einem Individuum bei der Verarbeitung von Wirklichkeit widerfährt.[25] In *Das Erlebnis und die Dichtung* bestimmt Wilhelm Dilthey das Erleben aus produktionsästhetischer Perspektive als unmittelbares Dabeisein in der Lebenswirklichkeit, das zur Grundlage der künstlerischen Produktion wird.[26] *Erlebnislyrik* steht paradigmatisch für eine subjektive Lyrik, die auf der Darstellung eines zeitlich abgegrenzten individuellen Erlebnisses beruht und dieses ins Zentrum stellt.[27] Gerhard Schulze nutzte

---

21 Weitere Dimensionen des Begriffs, beispielsweise innere und äußere Erfahrungen, wurden außen vor gelassen, da sie für die folgenden Überlegungen nicht relevant sind.
22 Vgl. Kessler, Schöpf u. Wild: Erfahrung (1974), S. 374.
23 Ein bedenkliches Beispiel für diese Hierarchie liefert die Korrespondenz zwischen Goethe und seiner Schwester: »Du bist über die Kinderjahre, du mußt also nicht nur zum Vergnügen, sondern zur Besserung deines Verstandes und deines Willens lesen. [...] Nimm ein Stück nach dem andern, in der Reihe, ließ es aufmercksam durch, und wenn es dir auch nicht gefällt, ließ es doch. Du must dir Gewalt antuhn«. Von Goethe: Brief an seine Schwester Cornelia (1765), S. 26–27.
24 Dies findet sich beispielsweise bei: Allesch: Einführung in die psychologische Ästhetik (2006).
25 Im Grimm'schen Wörterbuch wird das Erleben als ein miterlebtes Geschehnis bzw. ein Ereignis von nachhaltiger Wirkung bezeichnet. Vgl. Grimm u. Grimm: Deutsches Wörterbuch (1862), Band 3, Sp. 894–895.
26 »Der Ausgangspunkt des poetischen Schaffens ist immer die Lebenserfahrung, als persönliches Erlebnis oder als Verstehen anderer Menschen, gegenwärtiger wie vergangener, und der Geschehnisse, in denen sie zusammenwirken.« Dilthey: Das Erlebnis und die Dichtung (1906), S. 168.
27 Vgl. hierzu: Feldt: Lyrik als Erlebnislyrik (1990).

den Erlebnis-Begriff in den 1980er Jahren als soziologischen Terminus zur Beschreibung der gegenwärtigen Kultur. So spricht er von einer *Erlebnisgesellschaft*, die »relativ stark durch innenorientierte Lebensauffassungen geprägt ist«.[28] Temporäres Lustempfinden, neue Erfahrungen und Glückempfindungen stehen über langfristig verfolgten Zielen.[29] Sowohl bei Dilthey als auch bei Schulze betont der Erlebnis-Begriff die individuelle Bedeutung einer Begegnung oder die Intensität, die einer Wahrnehmung beigemessen wird.[30] Der Begriff *Leseerlebnis* wird daher im Folgenden genutzt, um die Intensität der ästhetischen Erfahrung zu betonen.[31]

Analog zur Erfahrung und zum Erlebnis ist auch das *Ereignis* begrifflich in unterschiedlichen Disziplinen vertreten.[32] Gerhard Richter umreißt die heutige Bedeutung des Ereignisses emphatisch:

> Es bezeichnet das Neue oder Andere schlechthin, das Unbekannte, das plötzliche Hervorbrechende oder Unvorhersehbare. Das Ereignis ist unableitbar aus allem Bisherigen, sein Verständnis erfordert das Erfinden von Maßstäben, die noch keinem anderen Begriff und keiner anderen Erfahrung gedient haben. Ästhetisch betrachtet, verheißt es eine Besonderheit, die durch keinerlei Begriffsarbeit in bereits bestehende Kategorien zu übertragen wäre.[33]

---

28 Schulze: Die Erlebnisgesellschaft (1992), S. 54.

29 Dabei bestimmt er drei Elemente einer Erlebnistheorie der Verarbeitung. Erlebnisse charakterisieren sich durch 1. Subjektbestimmtheit – Verarbeitung der Wahrnehmung führt zu singulären Erlebnissen –, 2. Reflexion – das Subjekt verarbeitet die Erlebnisse selbst – und 3. Unmittelbarkeit, d. h. durch Reflexion entsteht ohne intendierte Einflussnahme etwas Neues. Vgl. ebd., S. 45.

30 Auch Jan Urbich definiert das Erlebnis folgendermaßen: »›Erlebnis‹ meint das besondere, qualitativ erhöhte Begegnen von Subjekt und Wirklichkeit, in welchem sich dem Subjekt Bedeutsames an sich selbst und/oder der Wirklichkeit auftut (diese Bedeutsamkeit kann dann wieder in verschiedenen Theoriesets je unterschiedlich gefasst werden).« Urbich: Literarische Ästhetik (2011), S. 176.

31 So kann bei der Hauptfigur Pat (Bradley Cooper) aus *Silver Linings Playbook* (USA, 2012) von einem Leseerlebnis gesprochen werden: Erzürnt über seine Lektüre von Hemingways *A Farewell to Arms* wirft er das Buch aus dem Fenster und stürmt in das Schlafzimmer seiner Eltern, um sich mitten in der Nacht über das ausbleibende Happy End des Romans zu echauffieren.

32 Jacques Derridas Reflexion über das Ereignis in Bezug zur Sprache in *Une certaine possibilité impossible de dire l'événement* ist an dieser Stelle hervorzuheben. Das Sprechen von der Singularität ist unmöglich, da die Sprache immer »zu spät kommt« und das Ereignis dadurch seine Singularität in der Generalität verliert. Vgl. Derrida: Eine gewisse unmögliche Möglichkeit, vom Ereignis zu sprechen (1997).

33 Richter: Ästhetik des Ereignisses (2005), S. 9. Bezogen auf die Kunst schreibt Richter: »Ein Kunstwerk kann als ein ästhetisches Ereignis betrachtet werden, welches mit den Konventionen und Erwartungshaltungen der ästhetischen Rezeptionsformen bricht und Perspektiven eröffnet, die sich in ihrer jeweiligen singulären Form so noch nicht präsentiert haben.« Ebd.

In der Unterhaltungsbranche verweist der Begriff dementsprechend auf eine Fetischisierung des Neuen – Veranstaltungen werden zu *events* –, politologisch beschreibt er einen Ausnahmezustand.[34] In der Geschichtswissenschaft wird von einem *Ereignis* gesprochen, wenn etwas geschehen ist, so dass die Welt in ein *Vorher* und *Nachher* eingeteilt wird, beispielsweise die Französische Revolution oder die beiden Weltkriege des 20. Jahrhunderts.[35] Für die Geschichtswissenschaft ist die nicht vollständig zu erklärende und nicht voraussagbare singuläre Qualität von historischen Geschehnissen und langfristigen Entwicklungen von Bedeutung, da so aus der Geschichte ein grundsätzlich offener Prozess wird.[36] Das Ereignis kennzeichnen also vor allem die Veränderung, die es mit sich bringt, und die damit verbundene Einmaligkeit.[37] Wenn dies bei der Begegnung mit Literatur geschieht, wird in der vorliegenden Arbeit von einem *Leseereignis* gesprochen.[38]

Es wurde in diesem Unterkapitel aufgezeigt, dass dem Erfahrungsbegriff vor allem fünf Dimensionen inhärent sind. Erstens: Erfahrung kann epistemisch Wissen *a priori*, Erkenntnisgewinn *a posteriori* oder auch den individuellen Moment der Wissensgenerierung selbst bezeichnen. Zweitens: Das Erlangen einer Erfahrung ist von speziellen Bedingungen abhängig, die durch Rituale oder Zeremonien hergestellt werden können. Drittens: Erfahrungen können sowohl willentlich herbeigeführt als auch unintentional ›erlitten‹ werden. Viertens: Erfahrungen haben das Potenzial zur Veränderung, Individuen modifizieren unter Umständen vorherige Ansichten oder Einstellungen. Fünftens: Die Vermittlung von Erfahrungen ist eine Herausforderung, da individuelle Erfahrungen eines Subjekts übersetzt werden müssen, damit andere, welche diese Erfahrung nicht kennen, sie nachvollziehen können. Das Leser*erlebnis* betont die Intensität einer Erfahrung für das Lesesubjekt, das Lese*ereignis* die damit einhergehende Veränderung und Singularität des Leseakts. Es gilt nun, das *Ästhetische* der Erfahrung zu bestimmen,

---

34 Nach Carl Schmitt entscheidet der Ausnahmezustand, und somit ein Ereignis, darüber, wer unter den jeweils gegebenen politischen Umständen die vorherrschen Gesetze eigenmächtig und damit souverän außer Kraft setzen kann. Vgl. Schmitt: Politische Theologie (1922/1970).
35 Vgl. hierzu Koselleck u. Stempel (Hg.): Geschichte – Ereignis und Erzählung (1973).
36 Vgl. Suter u. Hettling: Struktur und Ereignis (2001), S. 9.
37 Diese Facetten macht auch Alain Badiou stark. Für ihn erzeugt das Ereignis etwas fundamental Neues, das in der Ursprungssituation noch unmöglich erschien. Vgl. Badiou: Das Sein und das Ereignis (2016).
38 Solche ›Zäsuren‹ aufgrund der Leseerfahrung ereignen sich im Film z. B., wenn Lee in Woody Allens *Hannah and her Sisters* (USA, 1986) nach der Lektüre von E. E. Cummings *somewhere i have never travelled* eine Affäre beginnt, ihren Ehemann verlässt und wieder zu studieren beginnt (vgl. Kap. 10.4.).

wie es Noël Carroll akzentuiert: »Assuming that we have some inkling of what comprises an experience, the pressing issue for us is what to make of ›the aesthetic.‹«[39]

3.2 Ästhetische Erfahrung

Alexander Gottlieb Baumgarten gilt als Begründer der Ästhetik als philosophische Disziplin, die er in seiner richtungsweisenden Schrift *Aesthetica* (1758) als »die Wissenschaft der sinnlichen Erkenntnis«[40] beschreibt. Die Leistung von Baumgarten besteht darin, den Bereich der Ästhetik als eigenes normatives Feld von Erkenntnis-, Wahrnehmungs- und Subjekttheorie jenseits der Logiken und Regeln der theoretischen und praktischen Philosophie etabliert zu haben. Bis ins 19. Jahrhundert erfolgte in diesem Feld vor allem eine Beschäftigung mit der Lehre von Schönheit und Harmonie in der Kunst.[41]

Der Begriff der *ästhetischen Erfahrung* entstand im Kontext der psychologischen – oder auch experimentellen bzw. empirischen – Ästhetik und etablierte sich nach dem Ersten Weltkrieg schrittweise im pragmatischen, phänomenologischen und schließlich rezeptionsästhetischen Umfeld.[42] *Avant la lettre* gibt es eine Reihe von Auseinandersetzungen darüber, was bei der Begegnung der RezipientInnen mit einem Kunstwerk geschieht. Die Frage nach der Wirkung von künstlerischen Werken begleitet die Kunst und die Kunstphilosophie seit ihren Anfängen. Von der Antike bis in das 19. Jahrhundert galten am Kunstobjekt fundierte Merkmale als Inbegriff des Ästhetischen: das Gute, Schönheit, Harmonie, Ganzheit oder Echtheit.[43] Im Rahmen von Schönheitsurteilen beschäftigen sich beispielsweise viele Arbeiten mit der ästhetischen Erfahrung, ohne sie dabei zu benennen. Eine häufig zitierte These dazu, was die ästhetische Erfahrung ausmache, ist Immanuel Kants »interesseloses Wohlgefallen«.

Kant grenzt in *Kritik der Urteilskraft* Schönheitsurteile von anderen sinnlichen Urteilen ab; sie sind insbesondere von logischen, d. h. nicht-wertenden kognitiven Urteilen, zu unterscheiden. Voraussetzung für Schönheitsurteile sind das

---

39 Carroll: Aesthetic Experience (2005), S. 70.
40 Baumgarten: Theoretische Ästhetik (1750/58), S. 79.
41 Vgl. zur Begriffsgeschichte der ästhetischen Erfahrung: Maag: Erfahrung (2000).
42 Gustav Theodor Fechners *Vorschule der Ästhetik* von 1876 gilt als einer der ersten Texte, in dem der Ausdruck »das ästhetische Erfahrungsgebiet« genutzt wird. Fechner: Vorschule der Aesthetik (1876), S. 1.
43 Vgl. hierzu: Eco (Hg.): Die Geschichte der Schönheit (2004).

Wohlgefallen oder die Lust »ohne alles Interesse«[44] am Gegenstand. Dies charakterisiert Kant zweifach: Ein Wohlgefallen heißt interesselos, wenn es nicht mit einer Vorstellung der *Existenz* des Gegenstands verbunden ist und es keine Beziehung zum Begehrungsvermögen hat. Kant erläutert dies exemplarisch am Beispiel eines Palastes: Ob er beispielsweise von Nutzen ist, spiele für die Frage nach seiner Schönheit keine Rolle. Hierfür sei allein wichtig, ob die bloße Vorstellung des Gegenstandes mit Wohlgefallen begleitet ist.

> Nun will man aber, wenn die Frage ist, ob etwas schön sei, nicht wissen, ob uns, oder irgend jemand, an der Existenz der Sache irgend etwas gelegen sei, oder auch nur gelegen sein könne; sondern, wie wir sie in der bloßen Betrachtung (Anschauung oder Reflexion) beurteilen.[45]

Im Unterschied zu sinnlichen Wahrnehmungserfahrungen im Alltag wären ästhetische Erfahrungen damit frei von einer primären Bindung an äußere Aufgaben, Funktionen und Ziele.[46]

Kants Gedanken sind von einem Werkzentrismus getragen, denn es darf kein Begehren gegenüber dem *Kunstwerk* eingenommen werden. In der zweiten Hälfte des 19. Jahrhunderts leitete die experimentelle Ästhetik an dieser Stelle einen Paradigmenwechsel innerhalb der Kunsterforschung ein. Gustav Theodor Fechner etablierte mit der psychologischen Ästhetik eine Methode, das individuelle Erleben und die Konfrontation mit Kunst empirisch nachzuweisen.[47] Traditionelle Auffassungen von Kunst nennt er »Ästhetik von oben«, »indem man von allgemeinsten Ideen und Begriffen ausgehend zum Einzelnen absteigt«.[48] Das Kunstwerk wird auf konventionalisierte Merkmale hin überprüft. Dieser von ihm als »philosophische Spekulation« bezeichneten Art setzt Fechner die »Ästhetik von *unten*« entgegen:

> Hier geht man von Erfahrungen über das, was gefällt und mißfällt, aus, stützt hierauf alle Begriffe und Gesetze, die in der Ästhetik Platz zu greifen haben, sucht sie unter Mitrücksicht auf die allgemeinen Gesetze des Sollens, denen die des Gefallens immer untergeord-

---

44 Kant: Kritik der Urteilskraft (1790), S. 116 (1/1/1, § 2; B 5/A 5).
45 Ebd.
46 So differenziert Kant zwischen drei Arten des Wohlgefallens: das Angenehme, das Schöne und das Gute: »Angenehm heißt jemandem das, was ihn vergnügt; schön, was ihm bloß gefällt; gut, was geschätzt, *gebilligt*, d. i. worin von ihm ein objektiver Wert gesetzt wird.« Ebd., S. 123 (1/1/1, § 5, B 15/A15). Die Hervorhebung entstammt dem Original. Fragen nach moralischen Rechtfertigungen eines Kunstwerks würden nach Kant somit Urteile über das Gute – und nicht über das Schöne – betreffen.
47 Vgl. für einen historischen Überblick: Allesch: Einführung in die psychologische Ästhetik (2006), S. 23–91.
48 Fechner: Vorschule der Aesthetik (1876), S. 1.

net bleiben müssen, mehr und mehr zu verallgemeinern und dadurch zu einem System möglichst allgemeinster Begriffe und Gesetze zu gelangen.[49]

Fechner plädiert für exakte Untersuchungen nach der experimentellen Methode. Damit wird die Ästhetik subjektiviert, d. h. das Schöne als Gegenstand wird vom Objekt abgelöst und in dessen ästhetische Wirkung verlegt: in die Reaktion des Subjekts auf Kunst.[50] Vergleichbar mit der späteren Wende durch die »Konstanzer Schule« in der Literaturwissenschaft verliert in der Ästhetik so das Kunstwerk seine Stellung an den Begriff der ästhetischen Erfahrung. Diese psychologische Perspektive auf die ästhetische Erfahrung wurde bereits im vorangegangenen Kapitel bei der Spezifizierung des literarisch-ästhetischen Lesens gestreift, beispielsweise bei emotionalen Begegnungen mit Literatur. Auch lesesoziologische Arbeiten, die auf Ergebnissen der Rezeptionsforschung aufbauen, zählen zu diesem Kontext. Fechner sieht im Schönheitserleben ein alltägliches psychologisches Phänomen, das auch – abgesehen vom Umgang mit Kunst – anhand von Landschaften oder Alltagsgegenständen erfahren werden kann.[51] So expandierte der Begriff semantisch auf alle sinnlichen Begegnungen – und bezieht sich dementsprechend heute nicht mehr ausschließlich auf die Kunstrezeption.

Neben diesen zwei Wegen, die ästhetische Erfahrung zum einen *deduktiv* (philosophisch) und zum anderen *induktiv* (psychologisch) zu betrachten, beschreitet die *phänomenologische* Ästhetik in der Nachfolge Edmund Husserls einen dritten Weg.[52] Die Phänomenologie untersucht die Wahrnehmung als solche. Der Wesensgehalt einer Sache kann erkannt werden, indem mithilfe *transzendentaler Reduktion* und *eidetischer Variation* ein vorurteilsfreier Blick auf die Phänomene des Lebens geworfen wird – befreit von allen nicht unmittelbar zu ihnen gehörenden Gesichtspunkten.[53] Auf der Grundlage des phänomenologischen Modells, wonach das Bewusstsein stets intentional auf einen Gegenstand gerichtet ist, erweist sich die ästhetische Erfahrung als dynamischer Prozess, in

---

49 Ebd.

50 Vgl. Rother: Hedonismus und Ästhetik (2010), S. 86.

51 Vgl. Fechner: Vorschule der Aesthetik (1876), S. 4.

52 Die phänomenologische Ästhetik kann als Anwendung der phänomenologischen Methode zur Beantwortung typischer Fragen der Ästhetik bezeichnet werden, etwa: Was ist Kunst? Was ist Schönheit? Was ist Wahrnehmung? Vgl. Wiesing: Phänomenologische und experimentelle Ästhetik (2012).

53 *Transzendentale Reduktion* meint das Zurückführen von Gegenständen und Erfahrungen auf intentionale Akte. Dies geschieht mithilfe der *epoché*, d. h. das Einklammern und Suspendieren des allgemein und unreflektiert hingenommenen Glaubens an die Existenz der Welt. *Eidetische Variation* bedeutet, den Gegenstand gedanklich zu verändern und seine Konstituenten zu variieren, um so sein Wesen zu ergründen. Vgl. grundlegend zur Phänomenologie: Waldenfels: Einführung in die Phänomenologie (1992).

dessen Verlauf das Kunstwerk dadurch zum ästhetischen Objekt heranreift, dass das rezipierende Subjekt auf es gerichtet ist.

Voraussetzung für diese Betrachtung ist Husserls Unterscheidung von *Noema* und *Noesis*, die beiden Grundmomente der Gegenstandskonstitution. Noema ist der gegenständliche Sinn eines Phänomens (z. B. die Auffassung von einem Baum); Noesen sind sinngebende Momente des Bewusstseins, die auf den gegenständlichen Sinn gerichtet sind (z. B. der Akt der Wahrnehmung und Empfindung eines Baums). So erklärt Husserl die Trennung an folgendem Beispiel: »Angenommen, wir blicken mit Wohlgefallen in einen Garten auf einen blühenden Apfelbaum, auf das jugendfrische Grün des Rasens usw. Offenbar ist die Wahrnehmung und das begleitende Wohlgefallen nicht das zugleich Wahrgenommene und Gefällige.«[54] Das Noema ist das Resultat mehrerer Noesen bzw. das Noema wird erst durch die Noesis als Gegenstand konstituiert. »Das in dieser Blickstellung Gegebene ist nun zwar selbst, logisch gesprochen, ein Gegenstand, aber ein durchaus *unselbständiger*. Seine *esse* besteht ausschließlich in seinem *percipi*«.[55] Diese phänomenologische Betrachtungsweise hat für die Bestimmung der ästhetischen Erfahrung zur Folge, dass weder Eigenschaften der Kunstobjekte noch individuelle Reaktionen der RezipientInnen, die einerseits von der philosophischen und andererseits von der psychologischen Ästhetik untersucht werden, in den Mittelpunkt rücken, sondern die Noesen. So wird eine objektive Beschreibung der Bewusstseinsakte bei der Kunstwahrnehmung angestrebt. Das ästhetische Objekt ist auf diese Weise Gegenstand eines sich ästhetisch entwickelnden Bewusstseins. Georg Bensch umschreibt in seiner bemerkenswerten Geschichte der phänomenologischen Ästhetik *Vom Kunstwerk zum ästhetischen Objekt* das Anliegen der phänomenologischen Ästhetik, zu der er u. a. die Arbeiten von Moritz Geiger, Georg Lukács und Roman Ingarden zählt, folgendermaßen:

> Ein Kunstwerk ästhetisch wahrnehmen heißt an ihm gespannt jene Regungen zu auskultieren, mit denen wir es selbst beleben, sich aber zugleich von diesen Regungen überrascht zu zeigen, als brächte sie das Kunstwerk eigenständig aus sich hervor. Was allein im Kunstwerk vorgegeben ist, ist also seine Belebbarkeit. Sinn ergibt sich erst dadurch, daß ein wahrnehmendes Subjekt sich dieser Belebbarkeit bedient und sie ästhetisch aktualisiert. So ist ein jeder, der ästhetisch wahrnimmt, unterwegs vom Kunstwerk zum ästhetischen Objekt. Und seine Erfahrung dabei ist die einer kreativen Rezeptivität.[56]

Das Neue des phänomenologischen Ansatzes liegt darin, die ästhetische Erfahrung nicht mehr allein vom Kunstwerk oder dem inneren Erleben der RezipientInnen

---

54 Husserl: Ideen zu einer reinen Phänomenologie (1913), S. 182 (§ 88).
55 Ebd., S. 206 (§ 93). Hervorhebungen entstammen dem Original. Vgl. zu den beiden Begriffen Neoma und Noesis vor allem: ebd., S. 174–184 (§ 85–89).
56 Bensch: Vom Kunstwerk zum ästhetischen Objekt (1994), S. 172.

ausgehend zu beschreiben, sondern diese beiden Ansätze in ihrer Reziprozität zu vereinen und sich auf die ästhetische Erfahrung als – noch zu erörterndes – *leibliches* Phänomen selbst zu konzentrieren. Das Kunstwerk entsteht erst, wenn an ihm eine ästhetische Erfahrung gemacht wird: Das Phänomen der ästhetischen Erfahrung fundiert das Kunstwerk.[57] Verschiedene Arbeiten beschreiben mithilfe der phänomenologischen Methode die ästhetische Erfahrung selbst als Bewusstseinsakt.[58] Diese Gedanken sind anschlussfähig für die Erforschung des literarisch-ästhetischen Lesens im Film, denn der Hauptteil der vorliegenden Untersuchung konzentriert sich weder ausschließlich auf das Leseobjekt noch auf das Lesesubjekt. Die ästhetische Wahrnehmung der filmischen Figuren selbst steht bei literarisch-ästhetischen Leseszenen im Fokus. Sie ist dabei nicht lediglich an der Gestik oder Mimik der Lesesubjekte abzulesen, sondern entsteht – wie zu zeigen sein wird – durch das Zusammen- und Wechselspiel unterschiedlicher *cues*. Die vier, im nächsten Teil der vorliegenden Abhandlung detailliert ausgeführten, Kategorien Leseobjekt, -subjekt, -situation und -kommunikation erschaffen erst die spezifische ästhetische Erfahrung in einer filmischen Sequenz.

Bevor diese These jedoch ausgeführt wird, ist es notwendig, den Akt der *Wahrnehmung* in literarisch-ästhetischen Leseszenen näher zu bestimmen.[59] Dadurch wird der Kern der ästhetischen Erfahrung herausgearbeitet, der sie von anderen Erfahrungen, Natur- Alltags- und Lebenserfahrungen, kognitiven, religiösen oder moralischen Formen der Erfahrung, abgrenzt. Es wird demnach zuerst nach der Eigentypik des ästhetischen Bewusstseinsaktes beim Lesen gefragt, ehe die Frage nach der Darstellbarkeit im Medium Film im Mittelpunkt steht. Leitender Gedanke für die Beantwortung dieser Frage ist, dass Kunstrezeption die Erfahrung einer Erfahrung ist, wobei sich auf die Theoreme von John Dewey, Hans Robert Jauß und Georg W. Bertram gestützt wird. Diese drei Namen werden nicht der Phänomenologie im engeren Sinn zugerechnet, doch ihre Erkenntnisse spezifizieren wesentliche Merkmale der ästhetischen Erfahrung und verdeutlichen, dass der Gegenstand in dieser Arbeit nicht ausschließlich unter phänomenologischen Prämissen betrachtet wird.

---

57 Vgl. ebd., S. 8–9.

58 Moritz Geiger gilt als einer der ersten, der die ästhetische Erfahrung phänomenologisch beschreibt. Er konstatiert fünf verschiedene Phasen des ästhetischen Empfindens und stellt die These auf, dass sich das ästhetische Erlebnis in der Betrachtung der Fülle konstituiert: »Das ist überall und in allen Fällen das Wesen der ästhetischen Betrachtung: daß sie die Fülle des Gegenstandes aufnimmt«. Geiger: Phänomenologie des ästhetischen Genusses (1913), S. 645.

59 Zwangsläufig bleiben so Diskussionspunkte um die ästhetische Erfahrung außen vor. Carroll diskutiert mehrere relevante Fragen gegenwärtiger ästhetischer Theorien, etwa ob die ästhetische Erfahrung emotional ist oder ob sie ausschließlich positiv besetzt ist. Vgl. Carroll: Neuere Theorien (2013), S. 61–90.

John Dewey entwickelt in *Art as Experience* den Ansatz, dass es eine Kontinuität zwischen Alltags- und Kunsterfahrung gibt.[60] Die ästhetische Erfahrung ist für ihn jedoch eine erhöhte Verdichtung und Neuordnung einzelner Momente der Alltagserfahrung. Kunst ist Ausdruck der Bedeutung, die in einem Material verkörpert ist – wer das Kunstwerk rezipiert, für den wird diese Erfahrung wirksam. Kunst ist also in der Lage, »Stoffe, die stammeln oder in der gewöhnlichen Erfahrung gar sprachlos sind, in beredte Medien zu verwandeln«.[61] Übertragen auf die Literatur bedeutet dies, dass Bücher »beredte Medien« sind. Die bereits im ersten Unterkapitel angesprochene ›Übersetzungsproblematik‹ der Erfahrung wird in diesem Gedanken aufgegriffen: Erfahrungen werden in ein Medium – Literatur – *übertragen*; sie werden in Kunst *verwandelt*, da sie womöglich auf eine andere Weise nicht zu artikulieren sind.[62] So schreibt Dewey pointiert, in welchen medialen Formen ästhetische Erfahrungen zu finden sind:

> Weder in den Eintragungen ins Hauptbuch, noch in volkswirtschaftlichen, soziologischen oder individualpsychologischen Abhandlungen, sondern im Drama oder in der Prosaliteratur. Ihr Wesen und ihre Bedeutung kann nur die Kunst zum Ausdruck bringen, denn es gibt eine Einheit der Erfahrung, die sich nur als Erfahrung darstellen lässt.[63]

Das Kunstwerk stellt nach Dewey eine abgerundete und intensive Erfahrung dar, es hält die Kraft lebendig, die gewöhnliche Welt »in ihrer Fülle« zu erfassen. Ein Kunstwerk wird so zur ästhetischen Erfahrung, wenn – und das ist die Essenz von Deweys Ausführungen für das hiesige Anliegen – es bei den RezipientInnen eine Erfahrung auslöst. »Kurz, Kunst vereinigt in ihrer Form eben jene Beziehung von aktivem Tun und passivem Erleben, von abgegebener und aufgenommener Energie, die eine Erfahrung zur Erfahrung macht.«[64] Da ein Kunstwerk ein Gegenstand erhöhter und intensiver Erfahrungen ist, kann es als die

---

60 Dewey setzt den Pragmatismus als philosophisches Verfahren ein, um im Anschluss an seine methodisch und thematisch grundlegende Arbeit *Experience and Nature* (1925) die komplexe Leistungsfähigkeit von Erfahrung als Kultur auf dem Gebiet der Ästhetischen zur Geltung zu bringen.

61 Dewey: Kunst als Erfahrung (1943), S. 267.

62 »In Kunstwerken werden Möglichkeiten gestaltet, die anderswo nicht realisiert werden; diese *Verkörperung* ist der beste Beweis, den man für die wahre Natur der Imagination finden kann.« Ebd., S. 315. Die Hervorhebung entstammt dem Original. Deweys Gedanken sind durchaus noch stark von der Annahme einer AutorInnen-Intention geprägt, die es spätestens seit dem Poststrukturalismus zu relativieren gilt.

63 Ebd., S. 56.

64 Ebd., S. 62.

Bildung einer Erfahrung als eine Erfahrung begriffen werden.[65] LeserInnen erfahren literarisch die in Büchern niedergeschriebenen Erfahrungen.[66]

Hans Robert Jauß setzt in seinem Werk *Ästhetische Erfahrung und literarische Hermeneutik* die LeserInnen in den Mittelpunkt, um die ästhetische Erfahrung, primär für die Rezeption von Literatur, zu eruieren.[67] Jauß' Arbeit wird mit der 1972 erscheinenden *Apologie der ästhetischen Erfahrung* eingeleitet und fünf Jahre später deutlich umfassender unter dem obigen Titel publiziert.[68] Laut seiner programmatischen These vollzieht sich das ästhetische Genießen stets in der dialektischen Beziehung von »Selbstgenuss im Fremdgenuss«:

> Im ästhetischen Verhalten genießt das Subjekt immer schon mehr als nur sich selbst: es erfährt sich in der Aneignung einer Erfahrung des Sinns von Welt, den ihm sowohl seine eigene hervorbringende Tätigkeit als auch das Aufnehmen der Erfahrung des anderen erschließen und die Beipflichtung dritter bestätigen kann. Ästhetischer Genuß [...] ist eine Weise der Erfahrung seiner selbst in der Erfahrung des anderen.[69]

»Selbstgenuss im Fremdgenuss« bedeutet dementsprechend die Erfahrung seiner selbst im ›Anders-Sein-Können‹ – die Sphäre eigenständiger Erkenntnis. Auf Deweys Gedanken aufbauend, ist die ästhetische Erfahrung somit Erfahrung *seiner selbst* in der Erfahrung des anderen. Die Erfahrung *des anderen* sollte dabei nicht in einem engen Verständnis als Erfahrung der Kunst-SchöpferInnen verstanden werden. Dies können auch Erfahrungen von Figuren oder nicht personengebundener Gefühle oder Mentalitäten sein, die sich in dem Kunstwerk manifestieren. Sie korrelieren mit bereits dargelegten Funktionen von Literatur im letzten Kapitel: Empathie, Alterität oder Simulation waren Begriffe, die hier zur Anwendung kamen. Die entscheidende Konturierung der ästhetischen Erfahrung als Bewusstseinsakt ist dabei jedoch die Erfahrung *seiner selbst*: Kunsterfahrung ist Selbsterfahrung.

---

65 Vgl. Musik: Pragmatische Ästhetik (1983), S. 50.

66 Dies geschieht dabei nicht unwillkürlich: »Auf seiten des Betrachters wie des Künstlers wird Arbeit geleistet. Wer zu faul und untätig oder wer zu sehr in Konventionen erstarrt ist, um diese Arbeit zu bewerkstelligen, der wird weder sehen noch hören.« Dewey: Kunst als Erfahrung (1943), S. 69.

67 Jauß entwickelte bereits in den 1960er Jahren unter Einfluss Harald Weinrichs in seiner *Literaturgeschichte als Provokation* eine Geschichte der Literatur, welche die LeserInnen in den Fokus rückt.

68 Er baut dabei auf den Theoremen von Gadamers *Philosophischer Hermeneutik* und Theodor W. Adornos hinterlassener *Ästhetischer Theorie* auf. Beide lösen dabei das Werk aus seiner zeitlosen Autonomie heraus und beziehen es in den Kommunikationsprozess zwischen AutorInnen und LeserInnen ein.

69 Jauß: Ästhetische Erfahrung (1982), S. 84.

Georg W. Bertrams Ausführungen zum Kunstbegriff konkretisieren diese Selbsterfahrung. Für ihn ist insbesondere der Akt der *Selbstverständigung* eine *conditio sine qua non* der ästhetischen Erfahrung. Kunstwerke involvieren ihre RezipientInnen in ein ästhetisches Geschehen und rufen somit die Erfahrung, die sie mit ihnen machen, hervor:

> Der Wert der Kunst besteht darin, dass sie für uns besondere Aspekte der Welt, in der wir leben, und unserer selbst, verständlich macht. [...] Ästhetische Erfahrungen sind in dem Sinne wert, als solche gemacht zu werden, als sie uns mit uns selbst konfrontieren. [...] Wir erfahren in der Kunst nicht die Verfasstheit dessen, was wir tun, sondern die Verfasstheit dessen, was wir tun könnten. Kunst vermittelt uns eine Perspektive auf Verständniswelten, in denen wir alternativ leben könnten. [...] Diese Selbstverständigung lässt sich [...] so charakterisieren, dass wir uns in der Auseinandersetzung mit Kunstwerken über die Welt und uns selbst verständigen. [...] Will man den Erfahrungsbegriff in der Kunst prominent machen, kann man also gut die ästhetische Erfahrung als eine Erfahrung mit Erfahrungen, genauer gesagt: als Erfahrungen der Form von Erfahrungen explizieren.[70]

Diese Sätze können als konzise Zusammenfassung der Gedanken dieses Unterkapitels gelten. Die spezifische Funktion von Kunst im Kontext der Erfahrung ist das Schaffen eines reflexiven *Selbstverständigungsgeschehens*. Kunstwerke geben ihren RezipientInnen etwas über sie selbst zu verstehen, wobei die Form die Art und Weise vermittelt, wie sie es zu verstehen geben.[71] Dadurch, dass LeserInnen quasi die Welt durch die Augen figuraler Rollenmodelle betrachten, gewinnen sie eine Außenperspektive auf sich selbst. Vereinfacht formuliert, können so Träume, Ängste und unverarbeitete Konflikte deutlich werden, aber auch Ansichten und Haltungen verändert oder zementiert werden. Je nach sprachästhetischer Gestaltung versetzen literarische Werke die LeserInnen in eine bisher unbekannte Überblicksposition und rufen durch die Darbietungsweise sensible Beobachtungen hervor. Literatur kann Lesenden im Durchspielen von Realitätsalternativen und etwa im Einreißen von Tabus – bisher womöglich von den LeserInnen noch nicht beachtete – Handlungsoptionen aufzeigen. Demnach enthält der Akt der Selbstverständigung auch eine politische Dimension: Durch die Konfrontation mit Alternativen können sich Lesende ihrer eigenen Handlungsmacht bewusst werden, die sie in entsprechendes gesellschaftliches Engagement umsetzen.

Damit ist Literatur ein paradigmatischer Gegenstand der ästhetischen Erfahrung: Sie bewahrt als Kunstobjekt Erfahrung und RezipientInnen erfahren eben diese medialisierte Erfahrung, wodurch sie sich über sich selbst verständigen

---

70 Bertram: Kunst (2011), S. 45, 146, 170 u. 196.
71 Vgl. Feige: Kunst als Selbstverständigung (2012), S. 9.

können. Doch es blieb bisher unberücksichtigt, wie die ästhetische Erfahrung filmisch in Szene gesetzt wird. An die in der Einleitung geäußerten Gedanken zur Medienphänomenologie anschließend, schreibt Sybille Krämer:

> *Medien phänomenalisieren und machen also Bezugnahme möglich.* Doch indem Medien »erscheinen lassen«, wird das, was dabei erscheint, zugleich transformiert, manchmal auch unterminiert. Kraft seiner Medialität birgt ein Vollzug immer auch einen Überschuss gegenüber dem, was vollzogen wird.[72]

Die filmische Inszenierung des Lesens phänomenalisiert das (filmische) Lesen. Dadurch wird eine Bezugnahme – beim Medium Film durch die ZuschauerInnen – möglich. Krämers Zitat verdeutlicht weiterhin, dass bei einer medialen Darstellung ein *Überschuss* entsteht. Medien können Sinn-Überschüsse erzeugen, deutbare Inhalte, aber auch sinnlich-ästhetische Überschüsse, die etwas darstellen, das sich nicht hermeneutisch fassen lässt. Dies kann am besten als *affektive* Reaktionen beschrieben werden, die sich kaum in Bedeutungskategorien beschreiben lassen.[73] *Cues* für die beim Lesen entstehende Textrealität sind somit nicht ausschließlich visueller Natur. Gertrud Koch schreibt diesbezüglich: »Wenn ›erfahren‹ ›erblicken‹ heißt, dann wäre die Massenvernichtung nur erfahrbar, soweit sie visualisierbar wäre. Visualisierbar ist nur, [...] was der Welt physischer Dinge zugehört.«[74] Die Textrealität, die beim Lesen entsteht, ist nicht physisch fassbar; sie kann von den Zuschauenden in der Regel weder *gesehen* noch *gehört* werden. Das folgende Kapitel zur Filmphänomenologie wird aufzeigen, dass sie aber durch die ZuschauerInnen *leiblich* erfahren werden kann. Durch die filmische Darstellung des Lektüreprozesses kommt die Erfahrungsebene aufseiten der Zuschauenden ins Spiel: Wie gestaltet sich die filmische Erfahrung einer medial verkörperten literarisch-ästhetischen Erfahrung?

3.3 Filmphänomenologie

Der Film nimmt Erfahrung auf und ist gleichzeitig Objekt der Erfahrung.[75] Die Filmphänomenologie interessiert sich vor allem dafür, wie der Film selbst von den ZuschauerInnen erfahren wird. In einem weiten Verständnis sind Arbeiten filmphänomenologisch, in denen ein Nexus zwischen Filmtheorie und Phänomenologie

---

72 Krämer: Erfüllen Medien eine Konstitutionsleistung? (2003), S. 83. Die Hervorhebung entstammt dem Original.

73 Vgl. Gnosa: Im Dispositiv (2018), S. 298.

74 Koch: Kracauer zur Einführung (2012), S. 148.

75 Vgl. Sorfa: Phenomenology and Film (2015), S. 353.

besteht; beispielsweise wenn ein Film wie Michelangelo Antonionis *Blow Up* (GB, 1966) als filmische Realisierung der Husserl'schen transzendentalen Reduktion interpretiert wird.[76] Eine enge Definition bezieht hingegen nur Ansätze mit ein, welche die Strukturen der Wahrnehmung von Filmzuschauenden beschreiben. Dazu zählt die Filmerfahrung als solche ebenso wie die verkörperte, räumliche, zeitliche, kollektive oder eben ästhetische Erfahrung.[77] Eine Untersuchung der affektiven Reaktionen auf das im Film Dargestellte, die sich auf die medialen Überschüsse von Leseszenen beziehen, hat zur Folge, die *Leiblichkeit* der Erfahrung zu eruieren.[78] Somit wird im Folgenden eine enge Auffassung von Filmphänomenologie vertreten.

Eine entscheidende Prämisse für das Verständnis der Leiblichkeit ist die Leib-Körper-Differenz. Bei aller deskriptiven Ausdrucksvielfalt für diese beiden Bezeichnungen betont der *Körper* die objektive und anatomische Seite des menschlichen Körpers, während der *Leib* die gelebte und gespürte Seite kennzeichnet – was freilich zusammenhängt.[79] Helmuth Plessner hat diese Unterscheidung in der bekannten Sentenz »Körper haben und Leib sein« zusammengefasst.[80] Leib kann in phänomenologischer Tradition als Angelpunkt der *Perspektiven* begriffen werden, mit denen die reale Welt und ihre Gegenstände wahrgenommen werden: Die leibliche Perspektive ermöglicht und begrenzt zugleich Erkenntnis.[81] Diese Begrifflichkeit beinhaltet vor allem die *sinnliche* Wahrnehmung. Dies bedeutet für die Filmerfahrung, dass nicht nur visuelles und auditives Wahrnehmen für die Rezeption entscheidend sind, sondern ebenso die haptische, olfaktorische und gustatorische Perzeption. Mithilfe der leiblichen Erfahrung können sinnlich-affektive

---

76 So verfährt folgender Radiobeitrag des Deutschlandfunks: Reitz: Edmund Husserl (2010).

77 Vgl. für einen Forschungsüberblick: Ferencz-Flatz u. Hanich: What is Film Phenomenology? (2016), S. 13–14.

78 Die vermehrte wissenschaftliche Fokussierung auf den Leib und auf den Körper, der in einem in der Forschungsliteratur häufig verwendeten Ausdruck wie *body turn* seinen Widerhall findet, kann als Gegenentwurf zu einer artikulierten, codierten Sinnhaftigkeit begriffen werden. Vgl. zur prinzipiellen Einführung in die Thematik: Johnson: What Makes a Body? (2008).

79 Die Unterscheidung in Leib und Körper ist vor allem im Deutschen geläufig. In anderen Sprachen wird die *Leiblichkeit* adjektivisch ausgedrückt, so heißt Leib im Englischen *lived body* und im Französischen *corps propre* oder *corps vivant*.

80 Vgl. Plessner: Lachen und Weinen (1941), S. 43. Je nach Sichtweise wird das Zitat auch Gabriel Marcel zugeschrieben. Vgl Alloa u. Depraz: Edmund Husserl (2012), S. 12. Der Sammelband Alloa (u. a.) (Hg.): Leiblichkeit (2012) bietet eine umfassende Einführung in die Thematik.

81 Während Gegenstände in einem bestimmten Blickwinkel erscheinen, kann der Mensch aufgrund seiner Beweglichkeit um den Gegenstand herumgehen, die Blickwinkel variieren usw. Sein Leib selbst zeigt sich ihm dagegen immer nur aus derselben Perspektive: »Als die Welt sehender oder berührender Leib ist so mein Leib niemals imstande, selber gesehen oder berührt zu werden.« Merleau-Ponty: Phänomenologie der Wahrnehmung (1945), S. 117.

Facetten der Filmwahrnehmung von primär kognitiven bzw. hermeneutischen Prozessen unterschieden werden.[82]

Für die leibliche Dimension der Filmerfahrung ist – wie bereits in der Einleitung angeklungen – Vivian Sobchacks *The Address of the Eye. A Phenomenology of Film Experience* aus dem Jahr 1992 maßgeblich.[83] Sobchacks Buch kann als Geburtsstunde der modernen Filmphänomenologie gelten, denn sie fügte der Filmtheorie mit der Leiblichkeit der Filmerfahrung einen bisher unberücksichtigten Gesichtspunkt hinzu: Filme werden nicht allein visuell-kognitiv, sondern unter der Beteiligung des ganzen Leibes wahrgenommen. Ihre These gilt als Abkehr vom okularzentrischen Paradigma, da das *Sehen* und der hermeneutische Rezeptionsprozess den Kern nahezu sämtlicher Filmtheorien bilden: Semiotische, psychologische und kognitive Modelle eint bei aller Heterogenität, dass sie sich auf die Visualität des Filmgeschehens stützen. Sobchack distanziert sich von der Hegemonie der Erzählung im Prozess filmischer Sinnstiftung und etabliert die Hinwendung zur synästhetischen und intermodalen Wahrnehmung durch die ZuschauerInnen.[84] Freilich gibt es im Rahmen der filmischen Körpertheorien Vordenker wie Albert Michotte van den Berck[85] oder Siegfried Kracauer,[86] doch *The Address of the Eye* enthält zahlreiche anschlussfähige Gedanken für die vorliegende Untersuchung.

In Rekurs auf Maurice Merleau-Pontys phänomenologische Wahrnehmungstheorie entwirft Sobchack eine Filmtheorie, nach der Film immer Ausdruck einer Erfahrung ist; dieser Ausdruck wird seinerseits leiblich erfahren – und wird somit

---

82 Auch wenn die leibliche Erfahrung ebenso körperlich grundiert ist, wird im Folgenden *nicht* der Ausdruck körperlich-leibliche Erfahrung verwendet, da die Existenz einer rein *körperlichen* Erfahrung bei den Filmzuschauenden durchaus bestritten werden kann.

83 Auch in anderen Texten setzt sie sich mit Leiblichkeit auseinander, z. B. Sobchack: Being on the Screen (2012).

84 Vgl. Robnik: Körper-Erfahrung und Film-Phänomenologie (2014), S. 248.

85 Michotte van den Berck, ein belgischer Experimentalpsychologe, setzt sich mit der Empathie von FilmzuschauerInnen auseinander, wobei er verschiedene Formen der Wahrnehmung beschreibt und einen phänomenalen vom physischen Körper unterscheidet. So schreibt er, dass die Zuschauenden notwendigerweise den Eindruck haben werden, »im ›Darsteller‹ zu handeln, den Eindruck, dass der Körper des Darstellers zu seinem Körper geworden ist, weil er ›spürt‹, wie er diesen Körper bewegt, den er sieht, und dass das Spüren seiner Bewegungen dem Spüren seines Körpers in Aktion gleichkommt«. Michotte van den Berck: Die emotionale Teilnahme des Zuschauers (1948), S. 133. Vgl. hierzu außerdem: Hediger: La science de l'image (2003), S. 69.

86 So schreibt Siegfried Kracauer:»Ich gehe von der Annahme aus, dass Filmbilder ungleich anderen Arten von Bildern vorwiegend die Sinne des Zuschauers affizieren und ihn so zunächst physiologisch beanspruchen, bevor er in der Lage ist, seinen Intellekt einzusetzen.« Kracauer: Theorie des Films (1960), S. 216.

wiederum zur Erfahrung eines Ausdrucks: »an expression of experience by experience«.[87] Damit bewegt sie sich in der im Unterkapitel zuvor eröffneten Linie der Bestimmung der ästhetischen Erfahrung als *Erfahrung einer Erfahrung*, die auf John Dewey zurückgeht. Sobchack positioniert sich durch die Pointierung des *Ausdrucks* einer Erfahrung innerhalb der Medienphänomenologie. Der Film ist hier nicht ›lediglich‹ ein Medium des *Zeigens*, sondern stellt performativ Wahrnehmungen her.[88] Zwei Thesen Sobchacks sind im weiteren Verlauf von Bedeutung. Erstens: ZuschauerInnen nehmen Filme mit dem Leib wahr, d. h., die Zuschauenden werden von multimedialen Bewegtbildern auf mehreren Ebenen sinnlich affiziert – und dies bevor sie kognitiv angesprochen werden.[89] Zweitens: Der Film hat einen wahrnehmenden und ausdrückenden eigenen Körper, der nicht menschlich ist.[90] Dem *Leib* der Zuschauenden steht der *Körper* des Films gegenüber.

Die erste These akzentuiert, dass Filmzuschauende keine körperlosen Augen und Ohren sind, sondern den Film mit ihrem ganzen Leib wahrnehmen: »The act of seeing is an incarnate activity. It presents a world (any possible world imaged or imagined) whose horizons exceed its immediate visibility.«[91] Die FilmrezipientInnen sind als wahrnehmende und spürende Organismen Produktivkräfte eines ästhetischen Prozesses. Damit wird der Blick auf präreflexive, vorkognitive und affektive Potenziale der Filmerfahrung geworfen: *fleischliches* Verstehen und somatische Wahrnehmung. Dieses anti-semiotische und anti-repräsentationale Konzept kann anhand des leiblichen Miterlebens einer Filmszene illustriert werden: In der Schwindel-Szene in Alfred Hitchcocks *Vertigo* (USA, 1958) kann die physische Kamerafahrt vorwärts mit einem optischen Zoom rückwärts bei den Zuschauenden eine leibliche Reaktion hervorrufen, die mit der von Scottie Ferguson (James Stewart) vergleichbar ist.[92]

Sobchacks zweite These lautet, dass auch der Film – und dies meint sie nicht metaphorisch – einen eigenen Körper hat: »[T]he film is visible solely as the intentional ›terminus‹ of an embodied and seeing subject, as an intentional

87 Sobchack: The Address of the Eye (1992), S. 3.
88 Die Medienphänomenologie interessiert weniger das Medium, sondern die *Medialität* des Mediums. Dies bedeutet, dass nicht die *vermittelte* Bedeutung, sondern die Erscheinungshaftigkeit, Besonderheit oder Regelmäßigkeit der medialen Darbietung untersucht werden. Vgl. Güntzel: Phänomenologische Medientheorien (2014), S. 62.
89 Vgl. Elsaesser u. Hagener: Filmtheorie (2013), S. 148–149.
90 Insbesondere die These, dass der Film selbst einen Körper habe, stieß vielfach auf Kritik. So schreibt z. B. Kevin W. Sweeney: »Films can only simulate human perceptual life; they do not embody perception except as an effect of the technical process of filmmaking and projection.« Sweeney: The Persistence of Vision (1994), S. 35.
91 Sobchack: The Address of the Eye (1992), S. 133.
92 Vgl. Morsch: Medienästhetik des Films (2011), S. 164–170.

activity irreducibly correlated with an intentional object.«[93] Der Film *nimmt* als sozusagen ›sensorische Entität‹ über die Aufnahmetechnologie der Kamera *wahr*, er sieht, hört und bewegt sich in einer Welt – und über den Projektor oder den Fernseher drückt er Wahrnehmung aus. Die filmische Kamera macht in ihrer Bewegung die Prozessualität der Wahrnehmung selbst sichtbar, so dass die Zuschauenden im filmischen Bild nicht nur etwas Wahrgenommenes (Noema), sondern zugleich die Wahrnehmung selbst (Noesis) im performativen Vollzug wahrnehmen. Die Kamerabewegung ist die Form und das sichtbare Zeichen der *Intentionalität* des filmisches Körpers, also der Grundeigenschaft Bewusstsein von etwas zu sein:»Thus, for both the film and ourselves, motility is the basic bodily manifestation of intentionality, the existential basis for visible signification.«[94] Der Film macht das Sehen *sehbar*, auch wenn sein Körper nicht zu sehen ist.[95] Insofern Raum und Bewegung für die ZuschauerInnen zu sehen sind, sind sie sichtbarer und verkörperter Ausdruck der Intentionalität des filmischen Körpers.[96] Im Kino, oder an einem anderen Ort der Filmrezeption, stehen der Leib der Zuschauenden und der Körper des Films in einem intersubjektiven bzw. *interkorporalen* Verhältnis zueinander – erst so entsteht die Filmerfahrung.[97]

Diese Prämissen führen für die vorliegende Arbeit zu folgender Schlussfolgerung: Eine filmische Lesezene stellt medial verdichtet einen literarisch-ästhetischen Rezeptionsakt dar. Die Lesezene hat in Sobchacks Terminologie einen eigenen Körper, denn sie sieht und beobachtet Lesende. Dieser filmische Körper nimmt wiederum weitere Körper wahr, die er den FilmzuschauerInnen im Filmbild präsentiert: die Körper des Leseobjekts und des Lesesubjekts. Das Buch besitzt jedoch keinen eigenen Körper in Analogie zum filmischen Körper. Es bietet zwar auch medial Erfahrungen dar, doch kann Literatur nicht auf gleiche Weise wie der Film Bewegung beobachten und ausstellen.[98] Daher ist der Ausdruck *Objekt* für das Buch adäquater als *Körper*. Aufgrund des vielschichtigen ontologischen

---

93 Sobchack: The Address of the Eye (1992), S. 204.
94 Ebd., S. 277.
95 Vgl. Ferencz-Flatz u. Hanich: What is Film Phenomenology? (2016), S. 40–41.
96 Vgl. Morsch: Medienästhetik des Films (2011), S. 176–178.
97 Merleau-Ponty entwickelte den Begriff bzw. das Konzept der ›Interkorporalität‹, um das leibliche Sein mit der Intersubjektivität zu verbinden:»[I]ch bin all das, was ich sehe, ich bin ein intersubjektives Feld, nicht trotz meiner Leiblichkeit und geschichtlichen Situation, sondern durch mein leibliches Sein und meine Situation und dadurch, daß ich durch sie auch alles andere erst bin.« Merleau-Ponty: Phänomenologie der Wahrnehmung (1945), S. 513.
98 Auch Literatur kann Bewegung medial transformiert darbieten. Doch die Möglichkeiten der Schriftsprache, Bewegung darzustellen, sind im Rahmen einer eigenen literarischen Medienspezifik derart zu verorten, dass sie nicht wie der Film mit der Sinneswahrnehmung des Menschen zu vergleichen sind. Sobchacks These des Filmkörpers beruht gerade auf der Vergleichbarkeit

Status von filmischen *Figuren* – insbesondere wegen ihrer Fiktionalität – steht es bei ihnen zur Debatte, ob sie überhaupt über einen Leib im phänomenologischen Sinn verfügen; doch davon unabhängig gibt es *cues*, die mögliche leibliche Erfahrungen von Figuren indizieren, z. B. wenn ein Filmcharakter eine leibliche Erfahrung kommuniziert.

Die filmische Darstellung eines Objekts (Buch) sowie eines Körpers (Figur), das filmisch phänomenalisierte Lesen, kann wiederum von den ZuschauerInnen im Akt der Filmrezeption kognitiv wahrgenommen, verstanden und eingeordnet werden, indem sie beispielsweise *cues* aus ihrer eigenen literarischen Sozialisation oder Analogien auf die Ikonografie des Lesens erkennen. Der Filmkörper hat aber auch das Potenzial, von den ZuschauerInnen *leiblich* erfahren zu werden – und dies betrifft vor allem mediale Überschüsse, die nicht mit Bedeutung versehen werden können. Der Film ist als Körper dazu in der Lage, leibliche Erfahrbarkeit hervorzurufen.

Dies schlägt eine Brücke zum bereits diskutierten Erfahrungsbegriff in Kap. 3.1. und Deweys Auffassung der ästhetischen Erfahrung in Kap. 3.2.: Figuren machen während des Leseakts *sekundäre* Erfahrungen, da ein literarischer Text bereits medialisierte *primäre* Erfahrung enthält.[99] Literatur ist in den Worten Deweys eine Kunst, »die eine Erfahrung zur Erfahrung macht.«[100] Der Film selbst verkörpert diese beiden Erfahrungen als *tertiäre* Erfahrung, indem er beobachtet, wie eine Figur wiederum Literatur beobachtet, die selbst die Welt beobachtet.[101] Sobald die FilmzuschauerInnen diese Szene, und damit den Filmkörper, betrachten, erleben sie sozusagen eine *quartäre* Erfahrung. Wohlbemerkt wird keine Rezeptionsforschung betrieben, um die tatsächlichen Reaktionen von Zuschauenden auf Leseszenen zu eruieren, sondern vom Filmkörper, der *tertiären* Erfahrung, ausgehend das Potenzial für eine *quartäre* Erfahrung bestimmt. Diese Verstrickung mehrerer Ebenen zeigt die Besonderheit der filmischen Darstellung des Lesens

---

der filmischen Wahrnehmung mit der menschlichen *okularen* Wahrnehmung, weshalb sie nicht auf Literatur oder das Buch übertragen werden kann.

99 Diese Auffassung soll nicht die Annahme suggerieren, dass literarische Text stets das Ergebnis von primärer Erfahrung sind, im Sinne von realen Erlebnissen. Denn wie Uta Schaffers im Kontext der Reiseliteratur schreibt: »Nun muss aber das, was man *erlebt*, nicht immer das sein, wovon man *erzählt*.« Schaffers: Konstruktion der Fremde (2006), S. 41.

100 Dewey: Kunst als Erfahrung (1943), S. 62.

101 Diese Gedanken erinnern an Niklas Luhmanns Beobachtungssystem. So schreibt Luhmann: »Die vorgeschlagene Beschreibung der Operationen des Kunstsystems operiert selbst auf einer Ebene der Beobachtung zweiter Ordnung. Sie beobachtet Beobachter, sei es den Künstler bei der Herstellung seines Werkes, sei es den Betrachter bei Versuchen, das Werk in seinen Formentscheidungen angemessen zu verstehen. [...] Die primäre Freude am Kunstwerk, der Kunst›genuß‹, ist dann nur noch gebrochen wirksam.« Luhmann: Kunst der Gesellschaft (1997), S. 434.

gegenüber anderen filmischen Phänomenen – beispielsweise kulinarischen oder sexuellen Vorgängen im Film, die wiederum anderen Implikationen folgen.

Sobchack präzisiert die leibliche Filmwahrnehmung: »Watching a film, we can see the seeing as well as the seen, hear the hearing as well as the heard, and feel the movement as well as the moved.«[102] Sie überträgt Husserls bereits im Vorkapitel angesprochene Unterscheidung des *noematischen* und *noesischen* Bewusstseinsakts, der Inhalt eines Gedankens und der Denkvorgang, auf die Filmwahrnehmung der Zuschauenden. Sie unterscheidet die *viewing-view*, den Akt des Sehens durch den Film (Noesis), und die *viewed-view*, das Wahrgenommene der »gesehenen Sicht« des Films (Noema).[103] Dieser Gedanke abstrahiert die ZuschauerInnen nicht vom Akt des Sehens, sondern forciert im Gegenteil gerade den Rezeptionsakt. Denn das Noema, das die Film-RezipientInnen erblicken, ist die Noesis des Filmkörpers.

Die Noesis der Zuschauenden beschreibt Sobchack als synästhetische und vorreflexive sinnlich-emphatische Reaktionen auf das Filmmedium; dies ist für sie die eigentlich primäre und bedeutungsstiftende Umgangsweise mit diesem Medium. Insbesondere die somatische Rezeption eines Films – und nicht die kognitiven Reflexionsbemühungen angesichts des Filmgeschehens – führt dazu, dass Filme als besonders ›wahr‹ bzw. ›wirklich‹ empfunden werden. So schreibt Christiane Voss treffend, dass Sobchack »die physisch-somatische Existenz und Verstehbarkeit von einem Film gegenüber einer semantisch-narratologischen Filmhermeneutik ins Zentrum stellt und die metaphorische Beschreibung vom ›anregenden‹, ›berührenden‹ Film wörtlich nimmt.«[104] Diese Anregung und Berührung kann sich vornehmlich vorreflexiv-sinnlich gestalten, da die FilmrezipientInnen durch die fil-

---

102 Sobchack: The Address of the Eye (1992), S. 10.

103 Am Beispiel einer filmischen Einstellung, wie eine Postkutsche das Monument Valley durchquert, illustriert sie ihr Anliegen. »The film's visual organ, the camera, is intentionally and bodily *directed toward* the stagecoach as the *intentional object* of the films perception. [...] [I]n this example, the stagecoach is the *noematic terminus* of the film's perception. [...] Functioning as a film critic [...] I may intentionally direct my interest and my vision [...] toward the *mode* of the film's perception of the stagecoach, that is, towards its *intentional act* of perception and expression. I am no longer perceiving its perceptions (its viewed view). Rather, I am intending and perceiving its expressive activity (its viewing view). Although the film's intentional object is the stagecoach, my intentional object is the film's intentional act. My noematic terminus is the film's *noetic activity*.« Ebd., S. 279–280.

104 Christiane Voss bezeichnet den Gegensatz von Interpretation und Erfahrung von Filmen als »Spaltungsthese«, worunter sie im Rahmen der ästhetischen Erfahrung »die Aufspaltung in eine verstehens- und eine affekttheoretische Seite« begreift. Voss: Der Leihkörper (2013), S. 137, FN 13. Ihre Apparatus-Theorie des »Leihkörpers« ist für die vorliegende Studie nur bedingt brauchbar, da sie die ästhetische Erfahrung auf die räumliche Filmrezeption im Kino bezieht (vgl. Kap. 11.1.2.).

mische Darbietung etwas *spüren* können, bevor es sich in der Szene entfaltet. Dieses präfigurierende Zusammenspiel der Sinne formuliert Sobchack folgendermaßen:

> [M]y fingers *comprehended* that image, *grasped* it with a nearly imperceptible tingle of attention and anticipation and, off-screen, »felt themselves« as a potentiality in the subjective situation figured on-screen. And this before I *re-cognized* my carnal comprehension into the conscious thought. [...] Our fingers, our skin and nose and lips and tongue and stomach and all the other parts of us know what we see in the film experience.[105]

Die leibliche Erfahrung sorgt dafür, dass die ZuschauerInnen eine Filmszene *fühlen* können, bevor sie sie *grosso modo* sehen. Diese These ist insbesondere für die Eruierung der Textrealität, die in einer literarisch-ästhetischen Leseszene nicht gesehen respektive gehört werden kann, von zentraler Bedeutung. Was die filmischen LeserInnen während der Lektüre erleben, ist nicht ausschließlich über die visuellen und auditiven Kanäle des Films zu erfassen. Lektüreimaginationen und andere Reaktionen, eben auch mögliche Überschüsse, die bei der Medialisierung entstehen, können die Zuschauenden je nach Filmszene haptisch, olfaktorisch oder gustatorisch wahrnehmen. Wenn die von Meryl Streep gemimte Karen Blixen in Sydney Pollacks *Out of Africa* (USA, 1985) zur Beerdigung ihres Geliebten Deny das Gedicht *To an Athlete Dying Young* von A. E. Housman laut vorliest, kann die elegische Atmosphäre mit allen Sinnen gespürt werden. Laura U. Marks entwickelt diesen Gedanken weiter, indem sie die Leiblichkeit der Filmbetrachtung als *haptische* Visualität von der *optischen* Visualität abgrenzt:

> Haptic visuality is distinguished from optical visuality, which sees things from enough distance to perceive them as distinct forms in deep space: in other words, how we usually conceive of vision. [...] Haptic looking tends to move over the surface of its object rather than to plunge into illusionistic depth, not to distinguish form so much as to discern texture. It is more inclined to move than to focus, more inclined to graze than to gaze. [...] The haptic image forces the viewer to contemplate the image itself instead of being pulled into narrativ. [...] Optical visuality, by contrast, assumes that all the resources the viewers requires are available in the image.[106]

Die Konzentration auf die leiblichen Facetten der Filmwahrnehmung hat nicht zur Folge, dass eine rein aisthetische Wahrnehmung fokussiert wird und dadurch formale Elemente des Films in den Hintergrund geraten. Wie Marks schreibt, verhindert die haptische Wahrnehmung stattdessen, dass man ausschließlich von der Narration angezogen wird: Die Aufmerksamkeit wird auf den Mikrokosmos des filmischen Zeichensystems gelenkt.

---

105 Sobchack: What My Fingers Knew (2004), S. 63. Hervorhebungen entstammen dem Original.
106 Marks: The Skin of the Film (2000), S. 162–163.

So rückt durch einen körpertheoretischen Zugang die Medienspezifik des Films selbst in den Mittelpunkt. Das Medium Film ist aufgrund seiner Multimodalität gerade dazu prädestiniert, über das Narrative bzw. die inhaltliche Fiktionalität hinauszugehen und ebenso leibliche Erfahrungen bei den Zuschauenden zu ermöglichen. Dies ist das Besondere und Einzigartige des Films gegenüber anderen Künsten und Medien wie Literatur, Malerei oder Fotografie. Die dichte mediale Gleichzeitigkeit von Musik, Akustik, Sprache, visuellen Überblendungen und anderen filmischen Stilmitteln machen Wahrnehmung im auditiven Bewegtbild wahrnehmbar und können bei den FilmrezipientInnen selbst zu einer leiblichen Erfahrung führen. Die filmische Wahrnehmung wird durch inszenatorische, räumliche und zeitliche Verdichtung im Film selbst und durch die Bedingungen während der Filmrezeption, etwa die Verdunkelung des Kinosaals oder eine Surround-Tonanlage, intensiviert.[107]

Für die Analyse und Interpretation der filmischen Darstellung des literarisch-ästhetischen Lesens ist dies das notwendige Fundament. In zahlreichen Filmen nehmen die ZuschauerInnen Lesende wahr, die selbst womöglich eine ästhetische Erfahrung machen. So kann nach der leiblichen Erfahrung ein eher kognitiv-reflexiver Akt folgen, der sich nicht primär auf die Handlung des Films, sondern das Lesen *per se* bezieht. Die hat – im Anschluss an den Aspekt der Selbstverständigung im vorangegangenen Unterkapitel – zur Folge, dass die FilmrezipientInnen das Lesen dann als ästhetisch erleben, wenn sie sich dadurch über ihr eigenes Lesen selbstverständigen können: Aus welchem Grund lese ich Bücher? Wann und warum bin ich von der Textrealität derart gefangen? Was führt bei mir zur Störung des Leseaktes? Inwiefern hinterlässt das Lesen Spuren bei mir? Die audiovisuelle Inszenierung einer Leseszene liefert viele *cues* für diese und weitere Selbstverständigungen, die in den folgenden Kapiteln ausgeführt werden.

Weder die Textrealität noch die ästhetische Erfahrung sind rein über das Visuelle oder Auditive des Films ›greifbar‹. Daher erweist es sich als folgerichtiger Gedanke, dass die literarisch-ästhetische Erfahrung der Figuren von den Zuschauenden auch leiblich erfahren werden kann, insbesondere um mediale Überschüsse zu erfassen. In Bezug auf die somatische Komponente der Filmwahrnehmung wurde die These konkretisiert, dass literarisch-ästhetisches Lesen im Film von den Zuschauenden selbst ästhetisch und *leiblich* wahrgenommen werden kann. Im Bewusstsein dieser These betrachtet der folgende zweite Teil der Arbeit das filmische Material: Was konstituiert eine literarisch-ästhetische Leseszene im Film?

---

107 Vgl. Morsch: Medienästhetik des Films (2011), S. 163.

Teil II: **Konstituenten und zentrale Funktionen des literarisch-ästhetischen Lesens im Film**

4 Kriterien einer literarisch-ästhetischen Leseszene im Film

Dieses Kapitel legt dar, wie sich eine Leseszene im Film figuriert. Als zentrale Bedingung wurde in Kap. 1.3. formuliert, dass eine Figur in einem Spielfilm – bzw. einer fiktionalen Serie – *literarisch-ästhetisch* liest. Diese Einschränkung wird im Folgenden amplifiziert, indem Ausschlusskriterien für Filmszenen aufgeführt werden, die keinen Gegenstand der vorliegenden Studie darstellen. Dieser präskriptive Schritt ist dabei von dem Bestreben geleitet, die Expansion des Untersuchungsmaterials ins Unermessliche zu verhindern. Basis hierfür ist die folgende Definition:

Als *Darstellungen des literarisch-ästhetischen Lesens im Film* gelten solche Szenen, in denen ein Buch (Leseobjekt) von einer Figur (Lesesubjekt) in einer filmisch sicht- und/oder hörbaren sowie zeitlich begrenzten Interaktion (Lesesituation) gelesen wird, wobei das – und/oder über das – Gelesene kommuniziert wird (Lesekommunikation).

Leseobjekt und Lesesubjekt, die ersten beiden in dieser Definition enthaltenen Komponenten, bilden naheliegende Bestandteile einer filmischen Lesedarstellung. Die Kategorie Lesesituation bezieht sich auf die Interaktion zwischen Leseobjekt und -subjekt: Durch welche *cues* können die ZuschauerInnen von der Manifestation eines Leseakts ausgehen? Dazu zählen zum einen die *Lokalität* des Lesens, im Sinne eines sinnlich fassbaren und räumlichen beschreibbaren Leseorts; und zum anderen die *Temporalität* des Leseakts, d. h. die messbare Dauer der Bezugnahme des Lesesubjekts auf das -objekt. Die letzte Rubrik der Lesekommunikation umfasst sowohl das Sprechen der Figuren *über* das Gelesene als auch die auditive Präsentation des Textes: Liest die filmische Figur laut vor oder still für sich?

4.1 Leseobjekt

Basales Element einer Leseszene ist im Kontext der vorliegenden Arbeit das Leseobjekt, das von einer Figur literarisch-ästhetisch rezipiert wird. Da – wie im vorangegangenen Kapitel dargelegt – ästhetische Erfahrungen nicht nur in der Auseinandersetzung mit Literatur möglich sind, wird vom *Primat* des Leseobjektes vor dem Lesesubjekt ausgegangen: Erst ein Leseobjekt im Filmbild macht aus Figuren LeserInnen, die ansonsten anderen Beschäftigungen nachgehen. Für die Bestimmung des Leseobjekts ist die Differenz zwischen *Text*, dem geistigen Erzeugnis, und dem *materiellen Artefakt*, das den Text medial darbietet,

https://doi.org/10.1515/9783110728590-004

entscheidend. Von allen möglichen Lesemedien, wie Zeitungen, Zeitschriften oder Computer, beschränkt sich die vorliegende Abhandlung auf die mediale Präsenz des Textes als *Buch*.

Ursula Rautenberg definiert das Buch als »ein handwerklich oder maschinell hergestelltes physisches Objekt [...], das Schrift- und Bildzeichen dauerhaft speichert und überliefert.«[1] Ein wesentlicher Grund für die Konzentration auf dieses Medium ist – neben einer ›Handbarmachung‹ des Untersuchungskorpus – die Etablierung des Buchs als favorisiertes und nach wie vor ikonisches Lesemedium für fiktionale Literatur. Im Alltagsgebrauch wird der Begriff Buch häufig mit den Bezeichnungen Text, Literatur oder Roman gleichgesetzt. Das Buch gehört zu den ältesten an die Schrift gebundenen Medien und wurde in der zweiten Hälfte des 19. Jahrhunderts im Zuge der Industriellen Revolution zum Massenmedium.[2] Der *Text* meint im Folgenden den Inhalt des geistigen Erzeugnisses, während das *Buch* sich auf die materielle Darbietung bezieht. Diese Einschränkung hat zur Folge, dass einige potenzielle Leseszenen für die vorliegende Studie wegfallen. Gemäß der Prämisse, dass das Leseobjekt als Buch visuell im Filmbild präsent sein muss, gehören andere mediale Darbietungen eines literarischen Textes nicht in den Untersuchungskorpus, z. B. Adaptionen von Romanen als Theaterstücke, Filme oder Hörbücher.[3]

Dies hat zur Folge, dass Zitate bzw. auswendig vorgetragene Passagen aus literarischen Texten keine Leseszene konstituieren, wenn zu den vorgetragenen Zeilen kein materielles Äquivalent in Buch-Form im Filmbild vorliegt. Ein Beispiel hierfür findet sich in *Blade Runner* (USA, 1982), als der Android Roy Batty auf der Suche nach seinem Schöpfer dem Wissenschaftler Hannibal Chew entgegnet: »Fiery the angels fell; deep thunder rolled around their shores; burning with the fires of Orc.«[4] Diese Sätze gehen auf William Blakes Gedicht *America: A Prophecy* zurück, wobei die Verse leicht abgeändert wurden.[5] Die filmische Integration des lyrischen Textes erfüllt eine vergleichbare Funktion wie ein vorgelesenes Gedicht in einer Leseszene: Die Prosodie, bzw. die gesamte *Performance*,

---

1 Rautenberg: Buch, S. 63.
2 Vorläufer waren die Buchrolle in der Antike, mit dem Trägermaterial Papyrus, und das Pergament ab der Mitte des 14. Jahrhunderts. Vgl. den historischen Überblick in Kap. 2.3.
3 Beispielsweise arbeitet die Illustratorin Isi in dem Film *Einmal bitte alles* (D, 2017) an einer Graphic Novel zu F. Scott Fitzgeralds Roman *The Beautiful and Damned*. Doch für ihre Adaption verwendet sie nicht die textliche Vorlage, sondern die ZuschauerInnen sehen, wie sie einem – fiktiven – Hörbuch lauscht und ihre Skizzen anfertigt.
4 Blade Runner: Final Cut (1982), 00:27:28–00:27:39.
5 Die Verse lauten bei Blake: »Fiery the angels rose, and as they rose deep thunder roll'd. Around their shores: indignant burning with the fires of Orc.« Blake: Amerika (1793), S. 298.

schafft Atmosphäre und die lyrischen Verse verdichten Bedeutung für die Handlung.[6] Dennoch ist diese Szene für die vorliegende Arbeit nicht relevant, da kein Buch in den Händen des Androiden oder auf einem Möbelstück im Raum vorhanden ist (vgl. Abb. 1).

Zudem expliziert die von Rutger Hauer gespielte Figur nicht, dass seine gesprochenen Worte aus Blakes Gedicht stammen. Doch auch wenn im Film verbal oder auf eine andere Weise *markiert* wird, dass es sich um ein Zitat aus einem bestimmten Text handelt, instituiert dies keine Leseszene im Sinne der vorliegenden Abhandlung. Im *James Bond*-Film *Skyfall* rezitiert die Geheimdienstchefin M (Judi Dench) Teile des Gedichts *Ulysses* von Alfred Lord Tennyson während einer öffentlichen Befragung durch die Innenministerin und den Geheimdienstausschuss.[7] Zwar ordnet M ihre Lyrik-Deklamation mit einem »I think from Tennyson«[8] einem Autor zu; doch da sie größtenteils frei spricht und nur einen kurzen Blick auf ihre Unterlagen, lose Blätter, wirft (Abb. 1), fehlt in dieser Szene ebenso ein Buch als Leseobjekt.

Diese Beschränkung auf das Buch ist eine notwendige Einschränkung, denn ohne diese Setzung wäre eine Literaturverfilmung wie Laurence Oliviers *Hamlet* (GB, 1948) eine 150-minütige Leseszene, da hier *de facto* Shakespeare filmisch vorgetragen wird. Eine Öffnung des Szenenmaterials für solche filmischen Momente hätte zur Folge, dass jegliche Allusion auf Literatur erkannt und entsprechend eingeordnet werden müsste. Dies wäre nicht erst im Zuge der Postmoderne, in der ausgeprägte Zitationen sowie Anspielungen auf vorangegangene Werke ubiquitär vorkommen, ein kaum handhabbares Unterfangen – abgesehen davon, dass Bezugnahme auf Drehbücher sowie zufällige Übereinstimmungen zwischen filmischen Dialogen und literarischen Texten den Untersuchungskorpus grenzenlos ›aufblähen‹ würden.

---

6 Orks sind in Blakes Mythologie als eine revolutionäre und wiedergeborene Kraft zu interpretieren – nicht vergleichbar mit der späteren Umdeutung von J. R. R. Tolkien in *Lord of the Rings*. Auch die Replikanten revoltieren gegen ihre Schöpfer. Die ›falsche‹ bzw. bewusst abgeänderte Zitation kann sowohl ein Hinweis auf die Fehlbarkeit und das letztendliche Scheitern der Androiden als auch ein Verweis auf ihren sukzessiven Kräfteverfall sein. Vgl. zur Interpretation den kurzen Essay: Worra: William Blake, Orc and Blade Runner (2009). Der Zusammenhang von revoltierenden Robotern und Lesen wird in Kap. 13 besprochen.

7 M mahnt mithilfe von Tennysons Worten zum Zusammenhalt angesichts von Krisenzeiten. Kurz danach dringt der Cyberterrorist Raoul Silva in den Saal ein und es entwickelt sich ein Schusswechsel, dem die ProtagonistInnen nur knapp entkommen können.

8 James Bond 007 – Skyfall (2012), 01:40:15–01:40:17.

Abb. 1: Der Replikant Roy Batty zitiert in *Blade Runner* (00:27:37) Blake und Geheimdienstchefin M in *Skyfall* (01:40:28) ein Gedicht von Tennyson: Beide Situationen stellen keine Leseszenen dar, weil das Leseobjekt in Buchform fehlt. Calvin Candie verlangt von Dr. King Schultz in *Django Unchained* (02:10:54) einen Handschlag, wobei seine Privatbibliothek präsentiert wird; der zurückgezogen lebende Schriftsteller Jakob Windisch hortet in *Rossini* (00:20:49) massenhaft Fassungen seines Bestellers *Die Loreley*. Auch wenn in *Matrix* eine stark markierte intertextuelle Anspielung auf *Simulacres et Simulation* von Jean Baudrillard festzustellen ist, entsteht in dieser Situation keine Lesesituation, da das Buch nicht literarisch-ästhetisch gelesen wird, sondern als Versteck für einen Datenträger genutzt wird. In *Le Prénom* (00:17:36) und *Breaking Bad* (5. Staffel, 8. Episode, 00:46:07) kann aufgrund der Lesekommunikation von keiner literarisch-ästhetischen Leseszene ausgegangen werden.

Aus der Perspektive der Filmproduktion ist das Leseobjekt eine *Requisite*, welche die Handlung in Gang bringen oder eine Figur attribuieren kann. Solche Objekte, die in der Theatersprache *props* (Requisiten) genannt werden, unterliegen einer *Affordanz*, d. h. sie haben eine Handlungsanregung aufgrund ihrer Eigenschaften und Bestandteile inne, die ein bestimmtes Verhalten möglich machen.[9] Die kardinale Handlungsfunktion des Buchs ist im Sinne der vorliegenden Arbeit das Lesen. Dies ist keineswegs selbstverständlich, denn – auch wenn das Buch nicht im *Wörterbuch kinematografischer Objekte* erwähnt wird –, fungiert es in Filmen häufig als Requisite, die *nicht* gelesen wird:[10] Die Bibel dient beispielsweise in *5 Card Stud* (USA, 1968) als Versteck für einen Revolver und in *The Apostle* (USA, 1997) wird sie vor einen Bagger gelegt, um den Abriss einer Kirche zu verhindern. Godards *La Chinoise* (F, 1967) zeigt in einer Szene, wie sich eine ›Rotarmistin‹ hinter einem blutroten Bücherbollwerk verschanzt; in *The Cook, the Thief, His Wife & Her Lover* (GB u. a.), 1989) wird der Protagonist getötet, indem er mit Buchseiten erstickt wird.[11] Häufig dient die Suche nach einem Buch als *MacGuffin*:[12] die Jagd nach dem Gralstagebuch von Indiana Jones' Vater in *Indiana Jones and the Last Crusade* (USA, 1989) oder nach dem Almanach aus der Zukunft in *Back to the Future Part II* (USA, 1989). All dies sind Beispiele für Szenen, in denen kein literarisch-ästhetisches Lesen vorliegt. Das nächste Unterkapitel beschäftigt sich mit vergleichbaren Einschränkungen für LeserInnen im Filmbild.

4.2 Lesesubjekt

Die Kategorie Lesesubjekt bezeichnet filmische Figuren, die lesend im Filmbild zu sehen sind. Jens Eder bestimmt die Figur im Film ontologisch als »*wiedererkennbare fiktive Wesen mit einem Innenleben* [...], die als *kommunikativ konstruierte Artefakte* existieren«.[13] Er benutzt die Formulierung »fiktive Wesen«,

---

9 Vgl. Vale: Die Technik des Drehbuchschreibens (1982), S. 31. Der Begriff »Affordanz« geht auf den Wahrnehmungspsychologen James J. Gibson zurück und kann als »latentes Handlungsangebot eines unmittelbar verfügbaren Objektes« definiert werden. Zillien: Affordanz (2019), S. 226.
10 Vgl. Böttcher, Göttel u. Horstmann (Hg.): Wörterbuch Kinematografischer Objekte (2014).
11 In dem Actionfilm *John Wick: Chapter 3 – Parabellum* (USA, 2019) findet sich eine besonders hyperbolische Verwendung, denn die Hauptfigur nutzt ein Buch als Tatwaffe, um einen Mord zu begehen.
12 Als *MacGuffin* wird eine rein dramaturgische Funktion von Objekten – oder Objektverwendungen – bezeichnet. Es handelt sich dabei um ein *leer* gesetztes Handlungsziel, das über den Antrieb der Handlung hinaus keine Bedeutung hat, sondern ›lediglich‹ die Motivation der Figuren begründet. Ein bekanntes Beispiel hierfür stellt der Koffer in *Pulp Fiction* (USA, 1994) dar, den zahlreiche Figuren in ihren Besitz bringen wollen, doch dessen Inhalt bis zum Ende des Films offen bleibt.
13 Eder: Die Figur im Film (2008), S. 708. Hervorhebungen entstammen dem Original. Semiotische Theorien halten Figuren für Zeichen oder Strukturen fiktionaler Texte, während kognitive Ansätze die Genese und Existenz der Figur im Kopf der ZuschauerInnen verorten. Vgl. für einen Forschungsüberblick zur Figur: ebd., S. 39–60.

da Figuren nicht nur imaginäre Menschen sind; auch Tiere, Pflanzen, belebte Maschinen, phantastische Kreaturen oder abstrakte Gestalten können als AktantInnen im Film auftauchen. Figuren grenzen sich durch eine eigene Psyche von anderen fiktionalen Elementen im Film ab, die keine Figuren sind. Eders Ausdruck »kommunikativ konstruiert« bedeutet, dass Figuren ästhetisch gestaltet sind und von den ZuschauerInnen auf unterschiedliche Weise *wahrgenommen* werden: Dies reicht von Empathie über Interpretationen als Metaphern bis hin zur Erhebung zu Vorbildern. Eder trägt diesen Dimensionen der Figur Rechnung, indem er die Figurenanalysen in ein Uhrenmodell gliedert: Die Figur kann als fiktives Wesen, als Symbol, als Artefakt oder als Symptom untersucht werden (vgl. Kap. 6.1.).

Übertragen auf lesende Figuren bedeutet diese Zuschreibung, dass ein im Film erkennbares Wesen dann als Lesesubjekt gilt, wenn es – mit mentaler Intentionalität ausgestattet – seine Augen auf ein Buch richtet. Beispiele hierfür sind demnach nicht nur *Menschen* wie die beiden Lesenden in *Love Story* (USA, 1970), sondern auch *Tiere* wie der Erpel Dagobert Duck aus der Zeichentrickserie *DuckTales*, der *Androide* Andrew aus *Bicentennial Man* (USA/D, 1999) oder der *Zombie* Bub aus *Day of the Dead*. Bei filmischen Figuren spielt es zudem eine Rolle, welche SchauspielerInnen sie verkörpern. Das Image der SchauspielerInnen sendet ebenfalls *cues* in Leseszenen, die es bei der Analyse und Interpretation von literarisch-ästhetischen Leseszenen zu berücksichtigen gilt. So entstehen zusätzliche Bedeutungsebenen, wenn ausgerechnet der Bodybuilder und Actionstar Arnold Schwarzenegger als Erzieher in *Kindergarten Cop* das Kindergedicht *Spring Morning* vorliest (vgl. Kap. 12.1.4.). An dieser Szene wird außerdem deutlich, dass häufig nicht nur ein einzelnes Lesesubjekt vorhanden ist: Die dem Vorleser zuhörende Kinder gelten in dieser Szene ebenso als Lesesubjekte, also alle am Lesevorgang beteiligte Figuren; dabei wird zwischen *VorleserInnen* und *ZuhörerInnen* unterschieden. Die konstitutiven Momente für die Aufnahme von Literatur sind bei beiden Rezeptionsarten möglich, wobei es eine unabdingbare Voraussetzung bleibt, dass mindestens eine der Figuren (vor-)liest.

Eine weitere Einschränkung des Untersuchungsmaterials bezüglich der Bestimmung des Lesesubjekts ergibt sich hinsichtlich der Rolle der ZuschauerInnen. Aus rezeptionstheoretischer Sicht stellt sich die Frage, ob es nicht Filme gibt, in denen ZuschauerInnen selbst Lesesubjekte darstellen. Zahlreiche Filmszenen fordern beispielsweise über Zwischen- oder Untertitel zum Lesen auf. Und dieses Lesen kann je nach filmischem Kontext durchaus literarisch-ästhetischer Natur sein. Da die ZuschauerInnen keine Figur innerhalb des Films sind, können sie *qua definitionem* keine Lesesubjekte sein. Somit gehört eine Vielzahl potenzieller Leseszenen nicht zum Untersuchungsmaterial.[14] Dies hat zur Folge, dass Sequenzen mit aufgeschlagenen Büchern, die von keiner Figur gelesen werden, keine Leseszenen darstellen.[15]

Sonderfälle sind Filme mit einem Vorspann oder einer Rahmenerzählung, die wie das Vorlesen aus einem Buch arrangiert sind, z. B. *The Ballad of Buster Scruggs* (USA, 2018) von den Coen-Brüdern. Der Anthologie-Film umfasst sechs in sich abgeschlossene, im Wilden Westen angesiedelte Episoden, die durch ein fiktives Buch mit dem gleichen Titel wie der Film verbunden sind. Ein/e Erzähler-In schlägt den Band zu Beginn des Films auf und am Ende zu; außerdem wird jedes Kapitel durch eine Illustration und einen Textauszug eingeleitet. In solchen Beispielen lesen ErzählerInnen, die von einem narratologischen Standpunkt aus betrachtet auch Figuren sind – obwohl die ErzählerIn-Figur in *The Ballad of Buster Scruggs* nicht spricht und nur durch die im Filmbild zu sehenden Hände körperlich erscheint. Bordwell und Thompson unterscheiden die filmischen ErzählerInnen in »character narrator« und »non-character narrator«.[16] Ein diegetischer *narratress/or* ist eine Figur innerhalb der Diegese, während sich die/der extradiegetische *narratress/or* nicht als solch eine Figur zu erkennen gibt.[17] Es sind zwar unterschiedliche Erzählinstanzen, aber dennoch beides Figuren, die lesend in Erscheinung treten. Aus diesem Grund handelt es sich in dem Coen-

---

14 Ebenfalls nicht zum Untersuchungsmaterial zählt eine Fernsehshow wie Hans-Joachim Kulenkampffs auf der ARD ausgestrahlte Show *Nachtgedanken* (D, 1985–1990). Zum Sendeschluss las der populäre Entertainer etwa zweitausendmal in unter fünf Minuten kurze Texte der Weltliteratur vor, »um die Zuseher/-hörer mit guten und inhaltsschweren Gedanken in die Nacht zu entlassen«. Friedrich: Repräsentationen des Lesens (2018), S. 414. Obwohl sowohl Lesesubjekt als auch -objekt gegeben sind, wird die Sendung nicht untersucht, da sie kein fiktionales Filmbeispiel ist.

15 Ein Beispiel für solche Sonderformen ist *Poetic Justice* (USA, 1972) von Hollis Frampton. In dem avantgardistischen Film werden während 30 Minuten nacheinander 240 Seiten eines Drehbuchs gezeigt, die sich auf einem Tisch befinden, links davon ein Topfkaktus, rechts eine Tasse Kaffee. Der Film enthält keinen Ton und auf den Seiten steht die Nummer der jeweiligen Szene, eine Angabe über die Einstellungsgröße und eine Beschreibung der Szene. Es gibt keine Bewegung, alle sechs Sekunden erfolgt ein Schnitt und die neue Seite liegt auf der vorherigen. Jede Montage wird von einem kurzen Blitzen begleitet. Vgl. Krautkrämer: Schrift im Film (2013), S. 239–241.

16 Vgl. Bordwell u. Thompson: Film Art (2016), S. 93 u. 96.

17 »Either sort of narrator may give us any range or depth of knowledge. A character narrator is not necessarily restricted and very often tells of events that she or he did not witness. [...] A character narrator might be highly subjective, telling us details of his or her inner life, or might objective, confining the information strictly to externals. A non-character narrator might give us access to subjective depths [...] or might stick simply to surface events«. Ebd., S. 96.

Brüder-Film um eine literarisch-ästhetische Leseszene. Kap. 11 widmet sich diesem Phänomen ausführlich.

Ein weiterer Sonderfall ist der ausschließlich über ein Tonbandgerät hörbare Vorleser in *The Evil Dead*. In diesem Horrorfilm unternehmen fünf Jugendliche einen Ausflug in eine Waldhütte. Im Tiefgeschoß der Behausung stößt die Hauptfigur Ash auf ein mysteriöses Buch, dessen Hintergrundgeschichte die Stimme eines Professors auf einem *tape recorder* offenbart. Als über das Abspielgerät ein Beschwörungstext erklingt, erwacht im Wald, der die Hütte umgibt, das Böse, das nach und nach die Jugendlichen infiziert. Bei dem Professor handelt es sich zwar um eine Figur innerhalb der Diegese des Films, aber sein Körper ist im Film nicht zu sehen. Es gibt jedoch mehrere am Leseprozess beteiligte Figuren, die ihm zuhören und somit Lesesubjekte darstellen.[18] Und auch das Leseobjekt ist im Filmbild präsent. Somit handelt es sich um einen außergewöhnlichen Fall von medial bedingter, örtlicher und zeitlicher, Distanzkommunikation, die alle aufgestellten Kriterien einer literarisch-ästhetischen Leseszene erfüllt. Obwohl lediglich seine Stimme zu hören ist, stellt der Professor somit ein Lesesubjekt dar.[19] Nach diesen Erörterungen von Facetten des Lesesubjekts stehen nun die *Lokalität* und *Temporalität* des Leseakts im Mittelpunkt.

4.3 Lesesituation

Die Lesesituation bezeichnet die im multimedialen Bewegtbild arrangierte, zeitlich begrenzte Interaktion zwischen Lesesubjekt und -objekt: die audiovisuelle Manifestation des Leseakts. Dies meint in erster Linie den Leseort, d. h. die räumliche Umgebung der Lesenden, beispielsweise die freie Natur, das Büro, zu Hause im Bett, auf einer Bank, am Strand, in der Hängematte, im Schaukelstuhl usw.[20] Der Raum gibt dem Buch eine physische Umgebung, die mit dem Text in Verbindung stehen kann, z. B. wenn die Leseumgebung einen Kontrast zum literarischen

---

18 Der Professor tritt im zweiten Teil der Reihe, *Evil Dead II: Dead by Dawn* (USA, 1987), auch körperlich in Erscheinung.

19 Kap. 14 legt dar, warum es sich bei der Lektüre des *Buch der Toten* um literarisch-ästhetisches Lesen handelt.

20 Die Begriffe Leseorte und -räume werden meist im Kontext von Förderinitiativen zum Lesen verwendet, die angehenden LeserInnen ein anregendes Ambiente für ihre Lektüre bieten wollen, z. B. entsprechende Leseecken in Bibliotheken. In der vorliegenden Studie wird der Begriff *Leseraum* nicht verwendet, da dieser auch als Bezeichnung für den metaphorischen Ort der Imagination, also ein mögliches Synonym für die Textrealität, oder Lesestrategien verwendet wird. Vgl. z. B. Brenner: Leseräume (2000).

Ort des Textes bildet.[21] Die zeitliche Komponente einer Lesesequenz, der Lesevorgang, ist ebenfalls für die Bestimmung der Lesesituation relevant, sprich die Lesedauer bzw. die Prozesshaftigkeit des Lesens.

Für die Bestimmung des Leseorts ist festzuhalten, dass filmwissenschaftlich die *mise-en-scène* die Gestaltung und Komposition dessen, was im Filmbild erscheint, bezeichnet. Bordwell und Thompson differenzieren die *mise-en-scène* in vier Gruppen: die Ausstattung des Raums (*setting*), Kostüme und Makeup, Belichtung und die Bewegung sowie das Schauspiel der DarstellerInnen (*staging*).[22] Davon abzugrenzen ist die *kinematografische* Inszenierung, die darüber entscheidet, was sich vor der Kamera abspielt. Dazu zählt das Erzeugen von Bewegung durch montierte Bilder, die Belichtung durch die Wahl der Kameralinse, Farbkontraste in der Nachbearbeitung, *CGI*, Kameraperspektiven und Einstellungsgrößen. Zusammen mit Montage (vgl. Kap. 7.3.) und Ton bzw. Sound (vgl. Kap. 8) ergeben sich so vier Ebenen, über die der Film *cues* für die Bestimmung der Textrealität der lesenden Figuren sendet.

Die Untersuchung von Leseorten ist in der ikonografischen Forschung unterrepräsentiert.[23] Im Gegensatz zur Literatur ist der Film quasi gezwungen – von experimentellen Werken abgesehen – den Ort visuell zu gestalten. So können häufig vorkommende Leseorte – in der Bibliothek oder auf der Toilette – und eher ungewöhnliche – wie auf einem Raumschiff oder in einer verlassenen Tempelanlage – unterschieden werden (vgl. Kap. 7.1.). Zudem lässt die Umgebung als *cue* auch Rückschlüsse auf die Figur zu, z. B. wenn ein gelesenes Buch einen Kontrast zu einer gleichsam ›buchlosen‹ Umgebung bildet. Die Fokussierung auf den Lesevorgang sensibilisiert für Momente, die sich vor (*ante festum*) oder nach (*post festum*) der Lektüre ereignen – und Unterbrechungen oder gleichzeitige (*inter festum*) Reaktionen auf das Gelesene. In *A Single Man* (USA, 2009) liest die Hauptfigur Professor Falconer auf der Toilette *After Many A Summer* von Aldous Huxley; die Zuordnung wird aber erst ermöglicht, als er den Text in seiner Vorlesung bespricht. Der Leseort und der Ort, der *cues* zur Identifizierung des Leseobjekts liefert, sind voneinander getrennt. Insbesondere das Gespräch über Literatur findet in der Regel *post festum* statt.

So gilt es Szenen auszuschließen, die zwar Leseobjekt, -subjekt und ein hypothetisches Lesesetting bieten, aber keine lesende Figur abbilden, die mit ihren

---

21 Vgl. Manguel: Geschichte des Lesens (2012), S. 235.
22 Vgl. Bordwell u. Thompson: Film Art (2016), S. 115.
23 Weder Fritz Nies noch Jutta Assel u. Georg Jäger verzeichnen beispielsweise einen Eintrag zum Thema Leseort, wenngleich sie bei der speziellen Analyse von Lesebildern auf die Bedeutung des Ortes eingehen. Vgl. Nies: Bahn und Bett und Blütenduft (1991) und Assel u. Jäger: Ikonographie des Lesens (2001).

Augen einen Text betrachtet. Es gibt zahlreiche Einstellungen, in denen Bücher als Inneneinrichtung eines Zimmers zu sehen sind, z. B. das Arbeitszimmer-Interieur auf dem Anwesen des Sklavenhändlers Calvin Candie in Quentin Tarantinos *Django Unchained* (USA, 2012). Auch wenn Candies reich ausgestattete Privatbibliothek im Hintergrund des Filmbildes deutlich sichtbar ist, kommt es zu keiner sichtbaren Interaktion zwischen Buch und Leser (Abb. 1). In dieser Szene werden zwar symbolische Funktionen von Büchern im Film relevant, da der beträchtliche Buchbesitz im Kontrast zur fehlenden Bildung und Humanität Candies steht, doch es *entsteht* an dieser Stelle kein Leseort.

Helmut Dietls *Rossini – oder die mörderische Frage, wer mit wem schlief* (D, 1997) ist eine Komödie über Angehörige der Filmszene, die den überaus erfolgreichen (fiktiven) Roman *Die Loreley* des menschenscheuen Schriftstellers Jakob Windisch verfilmen wollen – angelehnt an die Auseinandersetzung um die Verfilmungsrechte von Patrick Süskinds *Das Parfum*. Der neurotische Autor Windisch wird dadurch karikiert, dass er hyperbolisch hunderte verschiedensprachige Ausgaben des von ihm geschriebenen Bestellers in seiner privaten Bibliothek stehen hat (Abb. 1). Die Einstellung ist bemerkenswert, da die in Schrägsicht gehaltene Inszenierung eine bildliche Analogie zu Carl Spitzwegs Gemälde *Der Bücherwurm* ist (vgl. Kap. 7.2.). Doch auch wenn sich die Inszenierung in der Tradition der Ikonografie des Lesens befindet und Windischs Manierismen, seine Introvertiertheit und Egozentrik dadurch zum Ausdruck kommen, handelt es sich um keine literarisch-ästhetische Leseszene, da die Figur in dieser Szene das Buch nur aus seinem Bücherregal herauszieht.

Ein kurzer Blick einer Filmfigur auf das Buch, oder auf einen Titel oder den Namen der/des Autorin/s des Leseobjekts, genügt nicht für die *Genese* einer Lesesituation. Eine derartige Interaktion kann nicht als *Lesen* im Sinne der vorliegenden Studie bezeichnet werden, denn hier geht es um *literarisch-ästhetisches* Lesen: Das bloße Entziffern eines Titels stellt keinen sensuellen Begegnungsmoment mit Literatur dar. Dasselbe gilt für ›Zweckentfremdungen‹ von Büchern wie in *The Matrix* (USA/AUS, 1999). Zu Beginn des Films verkauft der Hacker Neo einen Datenträger an einen Bekannten und zieht dabei Jean Baudrillards *Simulacres et Simulation* aus dem Bücherregal hervor (Abb. 1).

In diesem Beispiel liegt keine Leseszene vor, weil das Buch als Versteck für verbotene Ware fungiert (Abb. 1). Das Buch wird mit seiner Kardinalfunktion des Lesens zweckentfremdet. Dabei ist die Szene eine aufschlussreiche intertextuelle Anspielung auf den französischen Poststrukturalisten, denn Neo bemerkt im Laufe des Films, dass die Welt, in der er lebt, nur simuliert und künstlich ist. Mit dem Verweis auf Baudrillards Theorie des Virtuellen und des Realen, wonach Zeichen eine künstliche Realität als Hyperrealität anstatt einer wirklichen Welt abbilden, gibt der Film womöglich seine akademische Inspirationsquelle zu erkennen.[24] Das In-den-Händen-Halten eines Buchs oder ein Blick der Filmfigur auf den Einband genügt dennoch nicht, um von einem literarisch-ästhetischen Lesen zu sprechen. In diesem Beispiel erfüllt das Buch die bereits im ersten Unterkapitel angesprochene Funktion als *Requisite*. Stattdessen figuriert sich die Lesesituation in der Regel dadurch, dass in einem räumlichen Kontext Augen einer Figur länger auf einem Leseobjekt verweilen.

Die unspektakulär anmutende Inszenierung einer Lesesituation, in der eine Figur quasi nur auf ein Buch starrt, kann einen Grund dafür sein, dass das Lesen im Film bisher aus filmwissenschaftlicher Perspektive nicht umfassender untersucht wurde. Wenn unter ›Lesen im Film‹ nur der filmisch dargebotene Moment der Perzeption fallen würde, wäre ein möglicher intertextueller Verweis das ergiebigste Element für eine Untersuchung. Doch zahlreiche *cues*, die sich vor und nach dem Leseakt manifestieren, offenbaren reichhaltige Forschungsgegenstände. Vor allem Leseerlebnisse, -ereignisse und -erfahrungen konkretisieren sich auf den unterschiedlichen filmästhetischen Ebenen, wobei die sprachliche Dimension bisher noch nicht angesprochen wurde.

4.4 Lesekommunikation

Die Lesekommunikation ist das vierte und letzte Kriterium einer literarisch-ästhetischen Leseszene: Sie umfasst sowohl das laute Lesen des Textes als auch Dialoge und Monologe über bzw. im Kontext der Lektüre. Sobald textliche Passagen vorgetragen werden, spielt es einerseits eine Rolle, wie dieser Text auditiv den RezipientInnen zugänglich wird, etwa durch das Vorlesen des Lesesubjekts *on-screen* oder *off-screen*. Andererseits sind hier Facetten der Leseweise zu berücksichtigen, beispielsweise die Prosodie beim Lesen und die das Lesen begleitende Mimik wie Gestik. Als ästhetische Objekte unterliegen literarische Werke kulturgeschichtlich auch einer *Mitteilung*saufforderung:»Mitteilung ist in diesem Sinn Mit-Teilung: Es geht darum, anderen mitzuteilen und mit ihnen zu teilen, was ich an einem Text als bedeutsam, interessant oder wichtig wahrgenommen habe.«[25] Bei Gesprächen über den Text gilt es, hierarchisierte und freie Dialoge zu unterscheiden (vgl. Kap. 8.2. u. 8.3.). Die häufigste unmittelbare Reaktion auf den Konsum eines literarischen Texts im Film ist jedoch das Schweigen: Wenn die verbale Sprache absent bleibt, übernimmt quasi die kinematografische Inszenierung, insbesondere der körperlichen Reaktionen der Figur, das Reden und

---

24 Vgl. Baudrillard: Simulacres et Simulation (1981).
25 Abraham: Die Wahrheit schweigt grundsätzlich (2011), S. 49.

liefert eine Fülle von *cues*, welche die RezipientInnen zum Sprechen bringen müssen.

Ein Dialog ereignet sich in der Regel *post festum*; *ante festum* bildet die Ausnahme, meist wird hier das Lesemotiv dargelegt oder es werden Informationen gegeben, die den ZuschauerInnen eine Identifizierung des Leseobjekts ermöglichen. *Inter festum* ereignen sich häufig Nachfragen und Kommentierungen, die den vorgelesenen Text betreffen oder den Leseakt unterbrechen. Ebenso oft handelt es sich hier um Prolepsen, die späteres Geschehen ankündigen. Außerdem ist zu beachten, ob es sich um Nähe- oder Distanzkommunikation handelt, die bereits bei *The Evil Dead* angesprochen wurde: Befinden sich die Personen örtlich und zeitlich in einem Raum? Die Möglichkeiten, sich mit anderen über das Gelesene verbal zu verständigen, können aufgrund der vielfältigen Inszenierungsmöglichkeiten kaum kategorisiert werden.

Die Kommunikation über Literatur kann entscheidend dafür sein, ob eine literarisch-ästhetische Leseszene gegeben ist oder nicht. Diesen Aspekt illustriert Claude Chabrols *Les Biches* (F/I, 1968). Der Film erzählt von der Annäherung der beiden Frauen Frédérique und ›Why‹, die am Ende in einem Mord kulminiert. Sie leben kurze Zeit mit zwei eigentümlichen Freunden von Frédérique zusammen: Riais und Robèque. An einem Abend liest Riais in einer kollektiven Lesesituation Aphorismen aus einem Buch vor, die Robèque im Hintergrund vor dem Kaminfeuer sitzend kommentiert (Abb. 1):

> Riais: Si tu vois un animal au loin approche-toi, c'est peut-être un homme. Un proverbe finlandais. Toutes les filles sont bonnes. D'où viennent donc les mauvaises femmes?
>
> Robèque: Qu'est-ce que ça veut dire?
>
> Riais: Ne sois pas boulanger si ta tête est en beurre.
>
> Robèque: Comprenez-vous quelque chose, ce proverbe – vous?
>
> Riais: Le diable n'avait pas de chèvres et il vendait cependant du fromage blanc bleu rouge.[26]

Die Verständnisfragen mit den Signalwörtern »veut dire« und »comprenez« stellen *cues* für einen Interpretationsversuch dar, der eine Zuordnung als literarisch-ästhetisches Lesen erlaubt – selbst wenn mit den Sprichwörtern kein eindeutig zu identifizierender literarischer Text vorliegt, der einem/r AutorIn zugeordnet werden kann.

In der französischen Komödie *Le Prénom* (F, 2012) überrascht der Immobilienmakler Vincent seine kunstaffinen Freunde bei einem Abendessen mit der Nachricht, er würde seinen Sohn *Adolphe* nennen – die Parallele zu Adolf Hitler

---

26 Les Biches (1968), 00:56:50–00:57:00.

erzürnt alle Anwesenden. Vincent behauptet, dies wäre eine Hommage an den gleichnamigen Roman von Benjamin Constant: *Adolphe*. Zwar blättert Vincent kurz in dem Buch mit Constants Text (Abb. 1), doch die Kommunikation bezieht sich nicht auf den Roman aus dem 19. Jahrhundert. Die zahlreichen Dispute während des Kammerspiels drehen sich stattdessen um die Frage, wie man ein Kind mit solch einem Namen belasten kann, wobei nach und nach persönliche Konflikte zum Vorschein kommen. Die ausbleibende Auseinandersetzung mit dem literarischen Text ist hier der Grund dafür, diese Filmszene nicht als Beispiel für eine literarisch-ästhetische Leseszene zu berücksichtigen.

Vergleichbares trifft auf eine Schlüsselszene in der US-amerikanischen Serie *Breaking Bad* (USA, 2008–2013) zu, in welcher der Polizist Hank auf der Toilette den Gedichtband *Leaves of Grass* des amerikanischen Lyrikers Walt Whitman findet, wie es der Peritext des graublauen Buchs den ZuschauerInnen suggeriert. Diese Szene scheint alle Kriterien einer Leseszene zu erfüllen: Es gibt ein Lesesubjekt (Hank), ein Leseobjekt in Buchform (Whitmans *Leaves of Grass*) und es kommt zu einer eindeutigen Interaktion zwischen Text und Leser in einer kulturell tradierten Umgebung (Toilette). Als Hank das Buch aufschlägt, erkennt er aufgrund einer Widmung auf dem Titelblatt (Abb. 1) – sie stammt von einem ihm aus seinen Ermittlungen bekannten Methamphetamin-Koch – die Doppelidentität seines Schwagers Walter White, der ein gesuchter Gangster und sein ihm unbekannter, jahrelanger Gegenspieler ist. Während in Chabrols *Les Biches* die Figuren sich an einer Interpretation des Gelesenen versuchen, gelangt der Protagonist Hank zu einer Erkenntnis, die nichts mit dem Inhalt oder der Form des literarischen Textes zu tun hat: Er liest nicht literarisch-ästhetisch.

Durch das Aufzeigen von Ausschlusskriterien an konkreten Filmbeispielen, die nicht Teil des Untersuchungskorpus sind, wurden die vier Kategorien für eine literarisch-ästhetische Leseszene herausgearbeitet. Die folgenden Kapitel legen Funktionen und formale Variationen der vier Bestandteile einer Leseszene dar.

5 Leseobjekt

Das Leseobjekt erfüllt in literarisch-ästhetischen Leseszenen divergierende Funktionen, die durch formale Elemente, wie die Wahl der Einstellungsgrößen oder Kameraperspektiven, unterstrichen werden. Da Leseobjekte nicht nur intertextuelle Verweise darstellen, legt das erste Unterkapitel die symbolische Bedeutung des Buchs unabhängig von möglichen Einzeltextreferenzen dar. Es sei dafür an die begriffliche Unterscheidung aus dem letzten Kapitel zwischen *Text* (geistiges Erzeugnis) und *Buch* (materielles Artefakt, das den Text medial verkörpert) erinnert. Danach wird der Stellenwert verschiedener Inszenierungsmöglichkeiten des Textes und des Buches im Film untersucht. Im dritten Unterkapitel geht es um eine zentrale Funktion des Leseobjekts, die vor allem in Stummfilmen vorkommt: die Vermittlung von Informationen an die ZuschauerInnen. Im letzten Abschnitt wird die intertextuelle Referenz im Kontext der Forschungsdebatten um Intertextualität sowie -medialität verortet und die Frage nach der Rolle der potenziellen Zuschauerschaft für die Wahrnehmung von literarisch-ästhetischen Leseszenen gestellt.

5.1 Text und Buch

Ein grundlegendes unterscheidendes Merkmal in literarisch-ästhetischen Leseszenen ist die *Identifizierung* des Leseobjekts, d. h. die ZuschauerInnen können Titel, den Namen einer/s Autorin/s oder Passagen eines Textes erkennen. Ist diese gegeben, stellt sich die Frage, ob der gelesene Text nicht nur intra-, sondern auch extradiegetisch existiert. Die folgenden drei Filmbeispiele illustrieren diese unterschiedlichen Ausprägungen der *Bestimmbarkeit* des Leseobjekts.

Der Teenager Dwayne (Paul Dano) aus *Little Miss Sunshine* (USA, 2006) liest *Also sprach Zarathustra* von Friedrich Nietzsche (Abb. 2). Der Text ist durch das Cover des Buchs deutlich zu erkennen – das populäre Konterfei des Autors unter dem Titel ermöglicht die Zuschreibung der Autorenschaft. In der Filmhandlung verweigert Dwayne im Rekurs auf die sprachreflexive Dimension des Nietzsche-Textes und das darin enthaltenen Plädoyer für Selbstbestimmung das Sprechen, bis er sein berufliches Ziel verwirklicht hat, Pilot zu werden. Formal handelt es sich dabei um eine typische Leseinszenierung: Die Figur hält ein aufgeschlagenes Buch in ihren Händen, dessen Einband sowohl über schriftliche als auch über bildliche Elemente eine Identifizierung des Textes ermöglicht.

Ein weiterer Screenshot stammt aus Wes Andersons *Moonrise Kingdom* (USA, 2012), in dem die Protagonistin Suzy (Kara Hayward) das Buch *The Girl from Jupiter* liest (Abb. 2). Dieses Werk existiert nur in der Diegese des Films.

https://doi.org/10.1515/9783110728590-005

Abb. 2: In *Little Miss Sunshine* (00:06:55) ist das Leseobjekt als *Also sprach Zarathustra* von Friedrich Nietzsche zu identifizieren. Suzy hält in *Moonrise Kingdom* (00:40:32) ein fiktives Buch in ihren Händen. In *Dracula* (00:28:12) bleibt den ZuschauerInnen verborgen, was Lucy liest.

Das Cover mit einer extraterrestrischen Lebensform mit blauer Haut, die weinend auf dem Buchdeckel abgebildet ist, weckt Assoziationen an typische Werke der phantastischen Jugendliteratur. Suzy nimmt auf ihr gemeinsames Abenteuer mit dem zwölfjährigen Sam unter anderem mehrere Bücher mit, die sie aus der örtlichen Bücherei gestohlen hat. All diese Bücher sind laut Aussage des Regisseurs fiktiv; die entsprechenden Einbände wurden eigens von einem Grafiker gestaltet.[1]

Die Zuschauenden können in solch einer Szene das Leseobjekt zwar identifizieren, da es einen Titel und mit dem Namen Isaac Clarke sogar einen fiktiven Autor aufweist, doch sie können es mit keinem Vorwissen verbinden.[2] Solche Fälle werden im Folgenden als *Pseudointertextualität* bezeichnet. Die Erkennbarkeit eines Leseobjekts im Filmbild und das gleichzeitige Fehlen eines Äqui-

---

1 Die von Suzy innerhalb des Films an mehreren Stellen vorgetragenen Passagen schrieb Anderson selbst. Vgl. Vary: Moonrise Kingdom (2012). Es existiert sogar ein Webvideo, in dem eine Figur aus dem Film die einzelnen Bücher vor einem Bücherregal mit dem Habitus eines stereotypisierten Literaturprofessors rezensiert. Vgl. Moonrise Kingdom – Animated Book Short (2012).
2 Eine Ausnahme bildet hier z. B. das fiktive Werk *Fantastic Beasts and Where to Find Them* aus den *Harry-Potter*-Büchern, das eine Reihe intermedialer Bearbeitungen außerhalb ihrer innerfiktionalen Thematisierung erfahren hat.

valents in der Realität erfüllt unterschiedliche Funktionen: Es kann ein eigenes kohärentes Universum geschaffen werden, eine selbstreflexive Konstruktion vorliegen oder die potenziellen ZuschauerInnen zur Beschäftigung mit dem Film über den Moment der Rezeption hinaus anregen, indem sie z. B. recherchieren, ob es das Buch wirklich gibt.

Das dritte Beispiel zeigt eine Szene aus der filmischen Romanadaption *Dracula* (USA, 1931): Lucy (Frances Dade), die Freundin der weiblichen Hauptfigur Minna, liegt lesend im Bett (Abb. 2), bevor sie eine Fledermaus am Fenster erblickt. Als sie kurze Zeit später einschläft, kommt es zur ikonischen Szene, in der sich ihr der Graf (Bela Lugosi) zum erotisch aufgeladenen ›Biss-Kuss‹ nähert.[3] Für die ZuschauerInnen bleibt es unklar, was für einen Text Lucy liest; es könnte sich um einen Roman, ein Tagebuch, eine philosophische Abhandlung oder ein Lexikon handeln. Ein wesentlicher Unterschied zu den ersten beiden Beispielen liegt darin, dass bei einem zu identifizierenden Leseobjekt die Aufmerksamkeit der Zuschauenden vor allem auf den Titel, das Cover oder den AutorInnen-Namen gelenkt wird: Die ZuschauerInnen fragen sich in der Regel, ob ihnen der gelesene Text bekannt ist. Im dritten Fall liegt der Fokus auf dem Lesesubjekt und der -situation. Es werden hier *cues* unabhängig vom Leseobjekt gesendet, die Rückschlüsse auf ein mögliches literarisch-ästhetisches Lesen zulassen. In der Szene aus *Dracula* sind die liegende Lesehaltung Lucys sowie der Leseort, das Schlafzimmer und der Nachttisch, auf dem das Buch in der Szene davor lag, zentral, um von einer typischen *Bettlektüre* zu sprechen. Sobald ein Leseobjekt ohne weitere Spezifikationen in den Händen einer Filmfigur gehalten wird, gerät zudem die symbolische Bedeutung des Buchs in den Fokus.

Ein im Filmbild zu sehender Bucheinband kann bei den ZuschauerInnen divergente Assoziationen wecken, die auf den gesellschaftlichen Status des Buchs, dem kulturhistorische Entwicklungen zugrunde liegen, zurückzuführen sind.[4] So beschreibt Monika Schmitz-Emans es im *Metzler Lexikon literarischer Symbole* als »Symbol der Schöpfung und der Natur, der Geschichte, des Lebens, der Jurisdiktion, des gelehrten Wissens, der Seele sowie der Sphäre literarischer Fiktion.«[5] Grob vereinfacht, kann das metaphorische Bedeutungsspektrums des Buchs in ›positive‹ und ›negative‹ sinnbildliche Verknüpfungen aufgeteilt werden. Die affir-

---

3 Nachdem auf die Fledermaus geschnitten wird, liegt Lucy ohne Buch im Bett. Da das Leseobjekt in den nächsten Einstellungen nicht mehr im Filmbild zu sehen ist, kann von einem *Anschlussfehler* ausgegangen werden.
4 Dies bezieht sieht nicht nur auf den Status in zeitgenössischen literalen Industriegesellschaften, sondern reicht bis in die Antike zurück, in der die *Buchrolle* einen vergleichbaren Stellenwert hatte (vgl. Kap. 2.3.).
5 Schmitz-Emans: Buch (2008), S. 65.

mativen Verbindungen finden sich in einem *intellektuellen, religiösen, juristischen* und *politischen* Kontext, die pejorativen betreffen vor allem Attribuierungen wie *lebensfern, asozial* und *mystisch.* Diese übertragenen Bedeutungen beziehen sich primär auf das Medium *Buch*, können aber nicht isoliert betrachtet werden, sondern hängen mit bereits dargelegten Gratifikationen des ästhetischen Lesens oder Funktionen von Literatur (vgl. Kap. 2.1. u. 2.2.) zusammen.

Wenn im Folgenden von einem *intellektuellen* Kontext die Rede ist, dann meint dies, dass das Buch in zahlreichen Zivilisationen als Kultur-, Ideen- und Wissensspeicher fungiert. Folglich ist es ein Sinnbild für Kompetenz, Intelligenz, Scharfsinn, Erkenntnis, Bildung, Gelehrsamkeit oder Weisheit: Das Buch steht für die ›Welt des Geistes‹. In der antiken Ikonografie wurden Apoll, der Gott der Künste, Athena, die Göttin der Weisheit, sowie Klio, die Muse der Geschichtsschreibung, mit Büchern abgebildet.[6] In dieser Traditionslinie stehen auch massenmediale Inszenierungen von WissenschaftlerInnen, PolitikerInnen oder KünstlerInnen, die bei Interviews vor ihren privaten Bücherwänden fotografiert oder gefilmt werden.[7] Dementsprechend sind filmische LeserInnen häufig *weise* Figuren. Die zweite Bedeutungsebene, der *religiöse* Kontext, verweist auf die tragende Funktion ›heiliger‹ Bücher in verschiedenen Kulturen, z. B. das *Totenbuch* in Ägypten oder Tibet, die *Thora* im Judentum oder der *Koran* im Islam. Im Christentum steht das Buch als ein Zeichen von Frömmigkeit, ein Symbol für die Offenbarung Gottes, die göttlichen Gesetze und die Glaubenslehre (vgl. Kap. 2.4.).[8] Es ist in der Ikonografie das Attribut von Evangelisten, Propheten, Aposteln, denen Briefe zugeschrieben werden, Kirchenlehrern und Diakonen.[9]

Eine weitere metaphorische Dimension des Buchs, die *juristische*, lässt sich als ›Gewähr rechtlicher Verbindlichkeit‹ umreißen. In Rechtsstaaten werden Normen und Rechte, die für die Bevölkerung gelten, in Verfassungen und Gesetzestexten festgehalten. Die Durchsetzung dieser juristischen Regelungen beruft sich auf deren schriftliche Kodifizierung; ihre Geltung entsteht – unter anderem – durch die materielle Festschreibung und Veröffentlichung in einem Buch.[10] Diese Bedeutungszuschreibung äußert sich ebenso in Ritualen. Bei der Vereidigung als BundeskanzlerIn ist es beispielsweise üblich, dass das Grundgesetz als Buch bei dem Schwur präsent ist. Eine weitere Facette ist die *politische* Bedeutung von Bü-

---

6 Vgl. Kretschmer: Symbole und Attribute in der Kunst (2008), S. 72–74.
7 Beispielsweise zeigten zahlreiche Nachrufe auf den Tod Hellmuth Karaseks das Konterfei des Intellektuellen vor einer Bücherwand. Vgl. z. B. Höbel: Geliebter Luftikus (2015).
8 Vgl. Assel u. Jäger: Ikonographie des Lesens (2001), S. 640–642.
9 Bekannte Beispiele sind der Heilige Hieronymus, Antonius von Padua, Bernhard von Clairvaux, Thomas von Aquin oder Katharina von Siena.
10 Vgl. Schmitz-Emans: Buch (2008), S. 66.

chern: Ihnen wird die Fähigkeit zugeschrieben, gesellschaftliche Veränderung herbeizuführen. LeserInnen werden aufgrund eines Leseereignisses in ihren Werten derart bestärkt oder erleben eine fundamentale Änderung der Einstellung bzw. Haltung, dass sie sich – durch die Lektüre ausgelöst – für das allgemeine Wohl engagieren.[11] Dieses Potenzial literarischer Texte belegen Bücherverbote und -verbrennungen durch Staat und Kirche:[12] Die mögliche politische ›Sprengkraft‹ eines Buchs soll verhindert werden.[13]

Eine weitere Assoziation in Verbindung mit Büchern, die eher negativer Natur ist, bezieht sich darauf, dass ›lebensferne‹ Buchmenschen über ›totes‹ Wissen aus zweiter Hand verfügen würden. Dabei wird das Angelesene gegenüber primären Erfahrungen herabgestuft, denen in dieser Sichtweise ein ›lebendigerer‹ Charakter zugeschrieben wird. So kann der Inhalt von Büchern als rein theoretisches Wissen ohne praktischen Wert angesehen werden. Hierzu zählt auch die verbreitete Annahme, dass primäre Erfahrungen von Individuen aus deren Aktivitäten resultieren, während LeserInnen beim Akt der Lektüre immobil sind. Da der moderne Leseakt zudem mehrheitlich in Zurückgezogenheit ausgeübt wird, kann das Buch als Zeichen für soziale Isolation angesehen werden. Diejenigen, die sich gerne mit Büchern beschäftigen, sind menschenscheu und einsam. Dafür steht das Klischee des *Bibliomanen* repräsentativ, der Bücher hortet und kaum mehr lebensfähig ist.[14] In dieser Sichtweise wird das Buch mit Ungeselligkeit, Einsiedlertum oder – in jüngster Zeit – ›Nerdtum‹ ver-

---

11 An dieser Stelle ist vor allem Jean-Paul Sartres Konzept des *literarischen Engagements* zu nennen (vgl. Kap. 12.2.); vgl. Sartre: Was ist Literatur (1947). Ein Beispiel für die gesellschaftsverändernde Wirksamkeit von fiktionaler Literatur stellt Harriet Beecher Stowes Roman *Uncle Tom's Cabin* aus dem Jahr 1852 dar, dem der Status zugeschrieben wird, in den USA Bewusstsein für die Ungerechtigkeit der Rassendiskriminierung geschaffen zu haben. Dadurch wurde der literarische Text ein Antriebsfaktor für den amerikanischen Bürgerkrieg und die damit verbundene Sklavenbefreiung. So soll Abraham Lincoln bei einer Ehrung von Stowe angeblich gesagt haben: »Sie sind also die kleine Frau, die diesen großen Krieg verursacht hat«. Brandenbusch: Die kleine Frau (2011). Stowes Roman spielt auch in der populären Mini-Serie und Literaturadaption *North and South* (USA, 1985–1994) explizit eine Rolle.
12 Verbrannt wurden z. B. in China die Schriften von Konfuzius, im Mittelalter ketzerische Literatur und im Dritten Reich die Bücher von jüdischen, pazifistischen oder marxistischen – bzw. ›entarteten‹ – AutorInnen.
13 François Truffauts *Fahrenheit 451* (GB, 1966), eine filmische Adaption von Ray Bradburys gleichnamigem Roman, thematisiert die *politische* Bedeutung des Buchs explizit: Zum Schutze des gesellschaftlichen Glücks sind Bücher verboten, da sie die LeserInnen innerlich aufwühlen und in Depressionen stürzen können. Aus diesem Grund spürt die Feuerwehr Bücher auf und hat die Aufgabe, sie zu verbrennen.
14 Vgl. Dickhaut: Verkehrte Bücherwelten (2004), S. 119.

bunden. Somit kann das Buch als negatives Pendant zur weisen Figur je nach Kontext ebenso ›gesellschaftsuntaugliche‹ Charaktere kennzeichnen.[15]

Die letzte sinnbildliche Bedeutungsfacette steht im Kontext von Mystik, Hexen und Zauberern. Magische, verbotene und gefährliche Bücher durchziehen Mythen und Märchen, aber ebenso die moderne Fantasy- und Science-Fiction-Literatur. Insbesondere Schriften, die sich mit schwarzer Magie beschäftigen, sollten nicht von jedermann gelesen werden, da sie möglicherweise fatale Konsequenzen nach sich ziehen: Dämonen können beschworen werden, Tote wieder auferstehen oder Portale in andere Dimensionen geöffnet werden. Damit sie nicht von ungeübten MagierInnen gelesen werden, gelten sie häufig als *arkan*, sind in Geheimschriften verfasst oder in nicht für alle zugänglichen Abteilungen von Bibliotheken weggesperrt.[16] Büchern wird dadurch eine enorme Macht zugeschrieben, sie verkörpern in dieser Bedeutungszuschreibung das Böse, das bekämpft werden muss. Kap. 14 beschäftigt sich ausführlicher mit dieser Verbindung.

Der in einem mittelalterlichen Kloster spielende Film *Il nome della rosa*, der auf Umberto Ecos gleichnamigen Bestseller beruht, vereint nahezu alle Aspekte der symbolischen Bedeutungen des Buchs. Der äußerst belesene und mit messerscharfer Logik agierende William von Baskerville (Intellektualität) sucht das fiktive (oder womöglich verschollene) *Zweite Buch der Poetik* von Aristoteles, in der es um die Komödie gehen soll. Jorge de Burgos, der zurückgezogen lebende, blinde Hüter der Bibliothek (Asozialität), glaubt, dass das Lachen den kirchlichen Doktrinen widerspreche (juristische Bedeutung), da es zur Abkehr von der Gottesfürchtigkeit führe (Religiosität). Er versteckt es in der klösterlichen Bibliothek und bestreicht den Seitenrand mit Gift, so dass jeder, der es liest und beim Umblättern die Finger mit dem Mund befeuchtet, stirbt (Mystik). Am Ende verbrennt er das Buch, damit es nicht verbreitet wird (politische Bedeutung), und findet selbst beim dadurch ausgelösten Brand der Bibliothek den Tod. Der Film verdeutlicht die Palette *sekundärer*, nicht an einen spezifischen Text gebundener, metaphorischer Funktionen des Mediums Buch.[17] Im Anschluss werden nun formale

---

15 Die stereotypisierte Darstellung von BibliothekarInnen in Filmen, z. B. der von Anthony Stewart Head gemimte Giles in der Horrorfernsehserie *Buffy the Vampire Slayer* (USA, 1997–2003), vereint mehrere Facetten dieser *Stagnation*.

16 H. P. Lovecrafts *Necronomicon* ist ein Beispiel für solch ein Buch, das auch außerhalb seiner Texte in Rollenspielen und Filmen, wie z. B. in der *The Evil Dead*-Trilogie (1981–1992) und der darauf basierenden Serie *Ash vs Evil Dead* ((USA, 2015–2018), eine tragende Funktion einnimmt.

17 Auf die metaphorischen Bedeutungen des Buchs wird auch in Formen der Buchkunst angespielt, wenn mit dem Buchkörper künstlerisch experimentiert wird: Seiten werden wie Fächer gefaltet, übereinander liegende Bücher ergeben Formen oder werden anthropomorphisiert. Dies findet auch im Bereich des Designs zur Anwendung, wenn beispielsweise aufgeschlagene Bücher als Lampen fungieren.

Möglichkeiten vorgestellt, wie das Leseobjekt kinematografisch in Szene gesetzt werden kann.

5.2 Inszenierungsmöglichkeiten I – Fokus: Leseobjekt

Die filmischen Gestaltungsformen des Leseobjekts können anhand der kinemato-grafischen *Perspektivierung* strukturiert werden, d. h. die räumlichen Beziehungen, die um einen Sichtpunkt, abgebildete Figuren und Gegenstände, organisiert sind.[18] Das Leseobjekt bildet in diesem Kapitel den zentralen Sichtpunkt, an dem sich die *Einstellungsgröße*, die Distanz zum Sichtobjekt,[19] und die *Kameraperspektive*, der Betrachtungswinkel im Verhältnis zur Kameraposition, orientiert.[20] Die filmstilistische Funktion des Kameraeinsatzes sollte nicht auf wiederholende Bedeutungen reduziert werden oder zu schematischen Überinterpretationen führen, sondern formale Elemente müssen in den Kontext des einzelnen Films eingebettet werden. Der Text kann – sofern er nicht auditiv den Zuschauenden zugänglich wird – visuell im Filmbild erscheinen.[21] Wenn nur der Einband eines Buchs zu sehen ist, wie in *Dracula*, bleibt den ZuschauerInnen ein Blick in den Text verwehrt. Mithilfe der Terminologien aus der Buchwissenschaft lassen sich die Komponenten eines Buchs, das den Text darbietet, wie folgt aufschlüsseln.

Die äußeren Bestandteile des Buchs werden von dem *Buchblock* umschlossen, worunter die Gesamtheit der einzelnen Papierblätter, der bestehende, fadengeheftete oder klebegebundene Buchkörper ohne Einbanddeckel verstanden wird. Hiervon treten als erstes Buch*deckel* und Buch*rücken* in Erscheinung, die unter Umständen von einem Schutzumschlag umgeben sind. An drei Flächen des Buchblockes, dem *Buchschnitt*, ist der Bogen nicht zusammengeheftet, sondern beschnitten, so dass man das Buch öffnen kann. Der Buchblock wird in *Kopf*- oder *Ober*schnitt, – der Schnitt an der oberen Kante des Buchblockes –, *Sei*-

---

18 Hierfür sind die Wahl des Objektivs, die Weite und Tiefe des Bildes, Spezial-Effekte wie Überlagerungen von Bildern, Vor- oder Rückprojektionen und die Rahmung des Bildes zentrale kinematografische Techniken. Die Wahl des Filmformats kann die Breite und Höhe des ›Rechtecks‹ beeinflussen: 1.33:1, 1:85:1, 2,35:1, *widescreen* etc. Vgl. Bordwell u. Thompson: Film Art (2016), S. 169–178.
19 Die übliche Typisierung der Einstellungsgrößen lautet: Panorama (*extreme long shot*), Totale (*long shot*), Halbtotale (*medium long shot*), Halbnah (*medium shot*), Amerikanisch, Nah (*medium close up*), Groß (*close up*) und Detail (*extreme close up*).
20 Die Kameraperspektiven werden in der Regel unterschieden in: Normalsicht (*straight on angle*), Aufsicht (*high angle*), Untersicht (*low angle*) und Schrägsicht (*canted framing*).
21 Die unterschiedlichen Möglichkeiten der auditiven in Verbindung mit der visuellen Wiedergabe des Textes werden in Kap. 8.1. vorgestellt.

ten- oder *Vorder*schnitt – der Buchschnitt, der dem Buchrücken gegenüberliegt – und *Fuß*- oder *Unter*schnitt – an der unteren Kante des Buchblockes – unterteilt. Diese Begrifflichkeiten ermöglichen eine präzise Beschreibung des Erscheinungsbildes des Leseobjekts. Die Groß- und Detailaufnahmen des Buchs können so mit *termini technici* versehen werden, wie Buchseite, Seitenränder – Kopf-, Bund-, Außen- und Fußsteg –, Satzspiegel – die Fläche, die von dem Text auf einer Buchseite eingenommen wird – oder Überschrift.[22] In Leseszenen sehen die ZuschauerInnen in der Regel den Einband des Leseobjekts, je nach Lesehaltung des Lesesubjekts den Buchrücken sowie den Buchdeckel, und damit verbunden den Titel eines Werkes. Abhängig von der Einstellungsgröße sind aber auch Teile des Buchschnitts sichtbar.

Der Text kann prinzipiell für die Zuschauenden nur in einem *extreme close up* oder *close up* lesbar sein. In kleinerer Einstellungsgrößen herrscht eine derartige Distanz der Kamera zum Leseobjekt vor, dass der Text zwar als Element zu erkennen ist, ein Lesen aber nur möglich ist, wenn man an den Text heranzoomt. *Vice versa* ist das Buch nicht komplett im Filmbild zu sehen, wenn der Text in einer Nah- oder Detailaufnahme im Bild erscheint. In solchen Fällen sind abgesehen von der Buchseite keine anderen Teile des Buchkörpers zu erkennen. Der Inhalt des Textes und sein Design rücken in den Fokus: die visuelle Gestaltung der schriftlichen Kommunikation durch Handschrift, Kalligrafie, Typografie, die Begleitung durch Bilder etc. Zudem ist in Detailaufnahme das Lesesubjekt typischerweise keine Komponente des Filmbilds – in Groß- und Nahaufnahmen unter Umständen Teile der Finger. Die Kameraperspektive ist dabei generell in einer Auf- oder Normalsicht gehalten, wie die folgenden drei Beispiele illustrieren, die ebenso aufzeigen, wie Textpassagen von unterschiedlichem Ausmaß und Umfang filmisch ins Bild gesetzt werden und welche Wirkungen dies im Kontext der Filme erzeugen kann.

So rückt in dem Science-Fiction-Film *Oblivion* (USA, 2013) die komplette Strophe des Gedichts *Lays of Ancient Rome* von Thomas Babington Macaulay, das die von Tom Cruise verkörperte Hauptfigur Jack Harper liest, in einer Detaileinstellung ins Filmbild. In dem postapokalyptischen Szenario des Films ist die Erde aufgrund der Zerstörung des Mondes durch Außerirdische nicht mehr bewohnbar. Der Drohnenmonteur Jack, dessen Erinnerungen gelöscht wurden, unternimmt von einer Raumstation aus immer wieder kurze Expeditionen auf den dem Untergang geweihten Planeten, um Pflanzen oder Bücher – gegen die Vorschrift – zu bergen und zu bewahren. In den Ruinen der öffentlichen Bibliothek New Yorks findet er Macaulays Werk. Die ZuschauerInnen können jeden

---

22 Zu den hier genannten Fachbegriffen vgl. Hiller u. Füssel: Wörterbuch des Buches (2006), S. 62–63, 74, 283, 285, 313 u. 352–353.

Vers der 27. Strophe in der Einstellung lesen (Abb. 3) und den Inhalt dieses Gedichts mit der Handlung in Verbindung bringen: Die Verse helfen Harper dabei, einerseits seine Erinnerung wiederzufinden und andererseits für den Erhalt der Erde zu kämpfen – und dabei notfalls den Heldentod zu erleiden: »How can man die better, than facing fearful odds«. Die Abb. 3 zeigt dabei exemplarisch auf, dass häufig nur kurze Texte oder Textausschnitte, wie in diesem Beispiel *eine* Strophe der historischen Dichtung Macaulays, komplett im Filmbild darzustellen sind. Für die Filmhandlung ist in diesen Fällen nur ein Satz oder Abschnitt eines Textes, und nicht das komplette Werk, von Bedeutung.

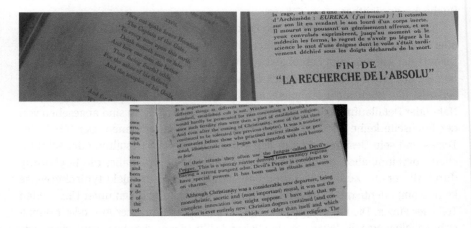

Abb. 3: Drei Detailaufnahmen eines Buchseitenausschnitts aus *Oblivion* (00:22:28), *Les Quatre Cents Coups* (00:45:55) und *Rosemary's Baby* (01:24:15).

Detail- und Nah-Einstellungen präsentieren des Weiteren häufig Textausschnitte, die sie mit verschiedenen Techniken hervorheben können – wie in François Truffauts *Les Quatre Cents Coups* und Roman Polańkis *Rosemary's Baby* (USA, 1968). In Truffauts Film bleibt Antoine Doinel (Jean-Pierre Léaud), ein als ›unbequem‹ empfundener, vierzehnjähriger Junge, häufig der Schule fern und belügt sowohl seine Eltern als auch seine Lehrer. Seine Mutter verspricht ihm 1000 Franc, falls sein Schulaufsatz mit einer sehr guten Note bewertet wird. In einer Szene liegt Antoine eine Zigarette rauchend auf dem Sofa und lässt sich von Honoré de Balzacs *La Recherche de l'absolu* inspirieren.[23] Die Identifizierung des Leseobjekts wird dadurch ermöglicht, dass Antoines Subvokalisation aus dem Off zu hören ist und ein Seitenausschnitt ins Filmbild rückt; in vom Rest des Textes abgesetzter Typografie

---

23 Kap. 12.2. widmet sich dieser Szene ausführlicher.

steht »Fin de ›La Recherche de l'absolu‹« auf der Seite, die in einem *extreme close up* dargeboten ist (Abb. 3).

Das in der Einstellung festgehaltenen Ende von Balzacs Roman enthält die Sterbeszene der Hauptfigur Balthazar Claës. Antoines Lektüre, mit dem Schlüsselwort »Eurêka«, führt dazu, dass er den zündenden Einfall hat, die ihm gestellte Schulaufgabe zu lösen: Er schreibt einen Schulaufsatz über den Tod seines Großvaters. Trotz seines aufrichtigen Engagements und seiner eigenständigen Arbeit bezichtigt der Lehrer ihn, von Balzac abgeschrieben zu haben. Antoine wird bestraft und gerät kurze Zeit später auf die schiefe Bahn. Das in Druckbuchstaben geschriebene »Fin« kann so auch als Prolepse auf das Ende der Schulkarriere Antoines gelesen werden. Die Detaileinstellung liefert demnach spezielle *cues*, insbesondere die vieldeutigen Chiffren »Eurêka« und »Fin«, wodurch Aspekte des Textes in Beziehung zum Filminhalt gesetzt werden, wie der Verweis auf einen in Gang gesetzten Erkenntnisprozess der lesenden Hauptfigur und eine Vorausschau auf das Ende seiner Schulzeit.

In dem Horrorfilm *Rosemary's Baby* findet eine dramatische Lesesszene statt, in der die junge Rosemary (Mia Farrow) voller Schrecken erkennt, dass sie das auserkorene Opfer eines Teufelskults ist.[24] Durch die Lektüre eines Buchs über Hexen, das ihr ein Freund kurz vor seinem Tod übergab, erhält sie die Bestätigung, dass sie Satans Sohn zur Welt bringen wird.[25] Die formale Darbietung des Leseobjekts in einer Detailaufnahme akzentuiert die Bedeutung dieses Leseereignisses. Nicht nur der Text ist lesbar, sondern auch die Unterstreichung einzelner Wörter ist zu sehen »the fungus called Devil's Pepper« (Abb. 3). Sowohl die Figur als auch die ZuschauerInnen wissen in diesem Moment, dass die bisherigen Merkwürdigkeiten übernatürlichen Ursprungs sind, denn das »Devil's Pepper« hängt um Rosemarys Hals und wurde ihr von ihrem eigentümlichen Gynäkologen verschrieben. Die markierte Stelle ist ein *cue* dafür, dass der Text einerseits von einer anderen Figur *gelesen* wurde und andererseits wichtiges und entscheidendes Wissen für die Zuschauenden enthält. Die Gestaltung und Begleitung der Schrift ist ein visuelles Exponieren von relevanten Informationen für die Handlung, eine filmische Technik, den Blick der ZuschauerInnen durch die *mise-en-scène* auf ein Element einer Einstellung zu lenken.

Die Typografie der Wörter in *Les Quatre Cents Coups* und die Unterstreichung von Wörtern in *Rosemary's Baby* veranschaulichen zwei verbreitete Techniken, bei der Repräsentation von Texten in Filmbildern bestimmte Passagen hervorzu-

---

24 Kap. 14.4. zeigt mehrere Facetten des literarisch-ästhetischen Lesens in diesem Horrorfilm auf.

25 Bei dem Buch *All about them Witches* handelt es sich erneut um Pseudointertextualität.

heben. Filmisch fungieren die Textstellen in diesen Beispielen als *Eyecatcher*: Der Blick der Zuschauenden wird bewusst auf ein Element der Einstellungen gelenkt, das direkt ins Auge fallen soll; weitere Segmente des Filmbildes geraten in den Hintergrund und werden erst sukzessive wahrgenommen. Bei einem Film muss in der Regel davon ausgegangen werden, dass durch die zeitliche Begrenzung von Einstellungen ZuschauerInnen gar nicht dazu in der Lage sind, einen gezeigten Text vollumfänglich zu entziffern. Wenn wiederum zwei komplette Buchseiten in den Blickwinkel rücken, verringert sich die Distanz zum Leseobjekt und es liegen – wie in den folgenden Beispielen – Groß- oder Nahaufnahme des Buchs vor.

Shrek (USA, 2001) beginnt mit einem *close up*, in dem ein *non-character-narrator* die postmoderne Märchenparodie um den gleichnamigen grünen Oger zu Beginn des Films lesend einleitet. Die in der Einstellung deutlich sichtbaren Peritexte des Buchs (Pseudointertextualität) sind an die Gestaltung eines Märchenbuchs angelehnt, wie die Kalligrafie, die Verzierungen an der oberen und unteren Buchseite sowie die Illustration der schlafenden Prinzessin und des werbenden Ritters (Abb. 4).[26] Die beiden Buchseiten enthalten derart viele visuelle Elemente, dass kaum von einem Eyecatcher gesprochen werden kann, wenngleich die Bilder der Prinzessin und des Ritters aufgrund ihrer Größe ins Auge stechen. Die Abbildungen zweier typischer Märchenfiguren und die Gestaltung des Buches bilden die selbstreflexive Exposition im Stil eines vorgelesenen Märchens, das den Auftakt für die zahlreichen Genreparodien innerhalb des Animationsfilms verkörpert.[27]

Auch in dem Independent-Film *Princess Cyd* (USA, 2017) von Stephen Cone sind zwei Buchseiten im Filmbild zu sehen – jedoch ohne Verzierungen oder Illustrationen.[28] Der Liebesfilm erzählt von der 16-jährigen Cyd, die ihre Sommerferien bei ihrer Tante Miranda, einer Schriftstellerin, verbringt und dort ihre ersten sexuellen Erfahrungen mit einer Frau macht. So blättert Cyd kurz vor dem Einschlafen in einem der Bücher ihrer Tante und die Kamera hält für wenige Sekunden den Blick auf die Buchseiten fest (Abb. 4): Das Filmbild präsentiert die Seite mit Sätzen, welche die ZuschauerInnen theoretisch lesen können;

---

26 Peritexte des Buchs, Initialen, Ranken, Bordüren, Rahmen, typografische Figuren, Signets, Vignetten und Schlussstücke, begleiten den Text und stellen den ästhetischen Gesamteindruck des Buchs heraus. Handgemalter figürlicher und ornamentaler Buchschmuck waren bis zur Erfindung des Buchdrucks ein fester Bestandteil jedes Buchs. Schon die Totenbücher des ägyptischen Neuen Reichs im zweiten Jahrtausend v. Chr. enthielten auf Papyrusrollen Bilder zu den rituellen Texten. Vgl. Möbius: Buchmalerei (1988), S. 101.

27 Vgl. Kap. 11 zur selbstreflexiven Bedeutung von Vorleseszenen als Rahmenhandlung und Vorspann.

28 Dabei handelt es sich um einen Fall von Pseudointertextualität.

Abb. 4: Großaufnahmen in *Shrek* (00:01:47) und *Princess Cyd* (00:21:32); Nahaufnahme in *The Tree of Life* (00:45:11).

die typografische abgehobene Kapitelüberschrift »Jane« stellt einen Eyecatcher dar. Die ›weitere‹ Einstellungsgröße der Großaufnahme erlaubt es, andere Elemente ins Blickfeld zu rücken; hier den Buchkörper als Ganzes und den Daumen der lesenden Protagonistin auf eine der Seiten. Die Leseszene zeigt, dass die Jugendliche Faszination für die Bücher ihrer Tante entwickelt, was durch *shot-reverse-shots* zwischen der Großaufnahme von Cyds Gesicht und der Buchseite verdeutlicht wird. Die literarische Neugierde lässt sich in diesem Film mit der sexuellen Neugier engführen; der hervorgehobene Frauenname »Jane« in der Überschrift kann so dahingehend interpretiert werden, dass Cyd immense Leidenschaft für eine Frau empfinden wird. Der durch den *close up* im Film erscheinende Daumen unterstreicht die sinnliche Komponente der Szene.

In einer noch weiter vom Sichtobjekt distanzierten Einstellungsgröße erscheint das Buch in Terrence Malicks *The Tree of Life* (USA, 2011). Der Film erzählt fragmentarisch eine Familiengeschichte auf mehreren Zeitebenen, wobei in längeren Monologen und Handlungssträngen, die bis auf den Urknall zurückgehen, existenzielle Fragen verhandelt werden. So müssen Mrs. (Jessica Chastain) und Mr. O'Brien (Brad Pitt) den Tod ihres Sohnes verarbeiten. In einer Montage-Sequenz, in der das Heranwachsen ihrer Kinder gezeigt wird, liest Mrs. O'Brien ihren Kindern in einer Szene Beatrix Potters *Peter Rabbit* vor (Abb. 4). Der Text des Buchs und eine typische Illustration, die das Kinderbuch begleiten, sind in einer Nahaufnahme dargeboten. Der Text ist aufgrund des *medium close up* und der dadurch bedingten Distanz der Kamera zum Leseobjekt für die ZuschauerInnen nicht deutlich zu erkennen. Es ist jedoch auch nicht der Text, der in dieser Szene im Mittelpunkt steht. Durch die Wahl der kinematografischen Perspektivierung können beide Hände und weitere Teile des Körpers von Mrs. O'Brien wahrgenommen werden: So ist in der Lesesequenz durch die formal-ästhetische Inszenierung das Lesesubjekt wesentlich, denn die Vorleseszene steht im Film als Chiffre für eine intensive Erinnerung an die positive Beziehung zwischen der Mutter und ihren Kindern (vgl. Kap. 12.1.1.). Die Kameradistanz verstärkt demnach, dass der Fokus nicht auf den Textinhalten, sondern auf dem Leseakt liegt.

In den nun folgenden Beispielen soll es um weitere Annäherung der Kamera an Bücher in den Einstellungsgrößen *extreme* oder *medium close up* gehen, durch welche die Distanz zum Leseobjekt nochmals größer wird und textbegleitende Elemente zunehmend ins Blickfeld geraten. In Nahaufnahmen des Leseobjekts, bei denen die Lektüre des Textes kaum noch möglich ist, stellt sich die Frage, was das Zeigen des Leseobjekts in dieser Distanz bewirkt, wenn weder der Text zu lesen noch Peritexte zu erkennen sind.

Der Screenshot aus der Folge *Sentimental Education* der Mafia-Serie *The Sopranos* (USA, 1999–2007) zeigt zwar den Text eines Buchs, doch dieser ist in der Nahaufnahme kaum zu lesen; stattdessen sind die gelben Markierungen auf den beiden Seiten auffällig ins Bild gerückt (Abb. 5). Carmela Soprano (Edie Falco) hat sich vorübergehend von ihrem Mann Tony getrennt und lässt sich auf eine Affäre mit Robert Wegler (David Strathairn) ein, dem Englischlehrer ihres Sohns. Nachdem sie mit Wegler geschlafen hat, findet sie auf seiner Toilette ein Buchexemplar der *Lettres d'Abaelard et d'Héloïse*, in denen der Englischlehrer Markierungen und Kommentierungen vorgenommen hat. Die seitliche und distanzierte Perspektive auf das Leseobjekt verhindert, dass der Text für die ZuschauerInnen lesbar ist; in dem *medium shot* steht das Buch im Vordergrund. Die Einstellung verdeutlicht, dass der literarische Text bereits *gelesen* wurde.

Carmela fühlt sich zu Wegler hingezogen, einem feinsinnigen Literaturliebhaber, der einen Gegentyp zu ihrem machohaften Ehegatten Tony darstellt. Abaelard und Héloïse zählen zudem zu den tragischsten Liebespaaren der Kulturgeschichte, deren literarische Verewigung in ihren Briefen mit der temporären Leidenschaft zwischen Carmela und Wegler kontrastiert wird.[29] Die beiden erfahren nicht solch eine intensive Liebe wie das französische Liebespaar. Schließlich werden an dieser Stelle unabhängig von der intertextuellen Referenz die – im Kapitel zuvor erläuterten – symbolischen Bedeutungen

---

[29] Abaelard verliebte sich in seine deutlich jüngere Schülerin Héloïse. Als Héloïse schwanger wurde, ließ ihr Onkel aus Wut über die gesellschaftlich nicht angemessene Liaison Abaelard kastrieren. Eine Existenz als Mönch fristend, sah Abaelard Héloïse nicht wieder, doch sie schrieben sich weiter Briefe.

Abb. 5: Nahaufnahmen des Leseobjekts in *The Sopranos* (5. Staffel, 6. Episode, 00:21:47) und *Pleasantville* (01:07:57), eine halbnahe Aufnahme in *The Talented Mr. Ripley* (00:41:27) und zwei Lesesubjekte in einer halbnahen Einstellung in *John Carpenter's They Live* (00:08:29).

des Buchs relevant; insbesondere da kein lesbarer Text im Mittelpunkt steht. Es handelt sich um eine typische Attribuierungsfunktion des Buchs im *intellektuellen* Kontext: Der Englischlehrer Wegler wird durch das Buch und die dort vorgenommenen Markierungen, die durch die Einstellungsgröße hervorgehoben sind, als klug und intellektuell charakterisiert.

In *Pleasantville* (USA, 1998) übernehmen die beiden Geschwister Jennifer (Reese Witherspoon) und David Wagner auf phantastische Weise den Platz zweier Figuren in einer fiktiven 1950er Jahre Schwarz-Weiß-Serie ein. Jennifer bringt die biedere Ordnung der idyllischen Fernsehwelt durcheinander. Durch Sex, Rock n' Roll, Literatur und bildende Kunst wird die ›tote‹ Schwarz-Weiß-Welt plötzlich ›lebendiger‹ – und buchstäblich farbiger.[30] Während alle BewohnerInnen von *Pleasantville* sich mehr zu ihren Gefühlen bekennen, macht Jennifer quasi eine umgekehrte Transformation durch und beginnt sich zu dem braven Seriencharakter zu entwickeln, dessen Platz sie eingenommen hat. In der Leseszene trägt sie auf einmal eine Lesebrille und liest D. H. Lawrences Skandalwerk *Lady Chatterley's Lover*. Der Roman gilt als eines der ersten Werke der Weltliteratur,

---

30 So sind auch die Seiten der Bücher in der Bibliothek von Pleasantville unbeschrieben und werden mit Inhalt gefüllt, sobald Jennifer den BewohnerInnen die entsprechenden Geschichten erzählt.

das Sexualität detailliert darstellte. Die Lektüre spielt somit auf Jennifers Freizügigkeit an: Was sie vorher selbst ausgelebt hat, erlebt sie nun im Leseakt.

Es sind zwar Wörter und Sätze auf den beiden Buchseiten in einem *canted framing* zu erkennen, doch weder ist der Text zu lesen noch fallen Peritexte ins Auge (Abb. 5). Mit der Schrägsicht der Kamera wird die ›Konsistenz‹ von Jennifers Identität in Frage gestellt: Der zuvor eher als oberflächlich eingeführte Teenager findet plötzlich Gefallen an Literatur. Im Kontext des Films erhält diese Inszenierung des Buchs mit der Hinwendung der Hauptfigur zum Lesen eine weitere Bedeutungsebene hinsichtlich ihrer Charakterisierung. Es ist hier der Aspekt der Asozialität, der mit Lesen und Büchern verbunden sein kann: Die ursprünglich lebensfrohe Jennifer zieht sich lesend alleine zuhause in die Lektüre zurück und verzichtet darauf, auszugehen.

Im dritten Beispiel aus *The Talented Mr. Ripley* (USA/I, 1999), eine filmische Adaption des gleichnamigen Kriminalromans von Patricia Highsmith, handelt es sich um die Darstellung des Buchs in einer halbnahen Einstellung (Abb. 5): Der Text des Leseobjekts wäre selbst bei einem Zoom für die ZuschauerInnen nur schwer zu lesen. Stattdessen wird vor allem der Leseort sichtbar, ein Boot auf dem Meer. Schriftzeichen sind nur aus der Ferne zu erkennen, wenn die ZuschauerInnen in einem *over-the-shoulder-shot* Tom Ripley (Matt Damon) beim Lesen betrachten. In dem Thriller, in dessen Verlauf Ripley mehrere Morde begehen wird, hat dieser in der Szene gerade eine für ihn niederschmetternde Nachricht erhalten und liest dennoch unerschüttert und voller Konzentration in einem Buch.

Ripley, ein intelligenter junger Mann, wird im Film häufiger lesend dargestellt. So wird das Buch hier einerseits in seiner symbolischen Bedeutung als Hinweis auf den Intellekt der Figur wirksam; andererseits steht diese Leseszene aber auch stellvertretend dafür, dass Ripley seine Gefühle zu kontrollieren weiß. Seine Kaltblütigkeit, die bei den späteren Morden hervortreten wird, ist in dieser Szene bereits angelegt. Die bloße Sichtbarkeit des Buchkörpers in dem *medium shot* genügt, um das Lesesubjekt zu charakterisieren. Sobald der Text nicht mehr zu erkennen ist, liegt der Fokus demnach verstärkt auf dem Lesesubjekt und der Lesesituation, wodurch die sinnbildliche Bedeutung des Buchs, insbesondere wenn keine Identifizierung des Textes erfolgt, an Relevanz gewinnt. In vielen Filmszenen ist der Text überhaupt nicht zu sehen: Aufgrund der Lesehaltung und der Perspektivierung erscheinen lediglich Buchdeckel und/oder -rücken im Filmbild. Eine hierfür typische Leseszene findet sich in *John Carpenter's They Live* (USA, 1988).

In einem *medium shot* und einem *straight on angle* sind die beiden Lesefiguren und das Leseobjekt dominant (Abb. 5). In dem Screenshot ist neben dem Buchrücken auch der -schnitt zu sehen, der wie der Einband Rückschlüsse auf die materielle Qualität des Buchs zulässt. Die Einstellung vermittelt den Eindruck eines nicht besonders hochwertigen und bereits mehrfach gelesenen Buchs, denn der Kopfschnitt zeigt deutliche Lesespuren. In *John Carpenter's They Live* erkennt der Gelegenheitsarbeiter John, dass die Welt von Außerirdischen infiltriert ist.[31] Bei einem temporären Job nimmt ihn ein befreundeter Arbeitskollege mit in ein Camp, wo er äußerst freundlich empfangen wird. Die dort herrschende Offenheit und Toleranz werden in einer kurzen Montage-Sequenz dargestellt, in der die oben abgebildete ältere Vorleserin zu finden ist.

Es ist nicht zu identifizieren, um welches Werk es sich handelt; stattdessen indiziert das mehrfach gelesene Buch die Armut der Camp-BewohnerInnen, denn in der halbnahen Einstellung tritt – wie bei *The Talented Mr. Ripley* – der Leseort ins Blickfeld, hier das Camp und die Wiese. Im Hintergrund sind Zelte sowie Utensilien von provisorischen Schlafplätzen und Wohnstätten zu sehen. Das Lächeln der Frau und der fasziniert auf das Buch blickende Junge – die eng aneinander geschmiegte Lesehaltung verrät Vertrautheit – schaffen eine idyllische Leseatmosphäre. Das Lesen fungiert hier als Chiffre: In dieser sich vom Buch entfernenden Aufnahme der Lesesituation kommen verdichtet die humanistischen Werte des Camps zum Ausdruck.

Die Beispiele sollten das Potenzial einer halbnahen Einstellung im Vergleich zur Detail-, Groß- und Nahaufnahme aufzeigen: Je weiter die Distanz zwischen Sichtpunkt, Buch, und Kamera ist, desto weniger liegt der Fokus auf dem Text. Auch in einem *medium shot*, der mit großem Abstand zur Kamera einen Bucheinband zeigt, können durch die Optik des Buchkörpers relevante Informationen vermittelt werden. In Kap. 6.2. und Kap. 7.2. werden diese und weitere Einstellungsgrößen und Kameraperspektiven mit Fokus auf Lesesubjekt und -ort weiter durchdekliniert. Im nächsten Unterkapitel wird das bereits angeklungene Potenzial des Leseobjekts dargelegt, wesentliche Informationen für die Handlung zu vermitteln.

5.3 Schriftliche Vermittlung von Informationen – Lesen im Stummfilm

Durch das Lesen können Informationen gegeben werden, welche die Einführung in Ort und Zeit des Geschehens, Eigenschaften und Verhaltensweisen von

---

31 Laut Slavoj Žižeks *The Pervert's Guide to Ideology* (GB/IRL, 2012) handelt es sich um einen herausstechenden Hollywood-Film; an einer Schlüsselszene verdeutlicht er die Funktionsweise von Ideologien.

Figuren oder Konflikte und deren Lösung betreffen. Im Kontext der Handlung offenbart jede Einstellung den Zuschauenden Informationen, die beispielsweise zur Verständnisbildung des Films beitragen – sie können aber auch Irritationen auslösen. Das Leseobjekt vermittelt *schriftlich* gesendete Informationen, wodurch die Schrift neben Bild und Ton als eine dritte Möglichkeit der filmischen Informationsvergabe betrachtet werden kann.[32] Harald Pulch schreibt, dass im Medium Film die Verwendung von Schriften

> seit den Anfängen als wesentlicher Bestandteil der Informationsvermittlung dazu[gehört]. Die Verwendung von Schriftinserts als Titel oder Überleitung zwischen zwei Szenen, die illustrierenden oder erklärenden Charakter hatten, war in der Stummfilmzeit üblich. Filme, die ganz ohne Schrifttitel auskamen, waren die Ausnahme.[33]

Der Stummfilm eignet sich daher besonders dazu, diese Eigenschaft des Leseobjektes zu verdeutlichen. In der Stummfilm-Ära war der Ort der Schrift im Film noch nicht der untere Bildrand, wo auch in zeitgenössischen Filmen Schrift-Inserts oder Untertitel Informationen liefern, sondern bildfüllende Schrifttafeln zwischen den einzelnen Einstellungen dienten als Mittel der Informationsvergabe.[34] Die Verwendung von Leseobjekten war in Stummfilmen neben Schrifttafeln eine eigenständige Form, Informationen schriftlich darzubieten.

In *Hell's Hinges* (USA, 1916) verliebt sich der gefürchtete Desperado Blaze Tracy in Faith, die Schwester eines Pfarrers. Der von William S. Hart gespielte *Outlaw* erhält von der religiösen Faith eine Bibel. In einer zentralen Szene des Films liest er in der Heiligen Schrift, mit einer Zigarette im Mund und einer Whiskey-Flasche neben sich (Abb. 6). Die in der Einstellung abgebildete Passage stammt aus *Markus 11:24*. Die Bibelstelle ist dabei nicht nur in einem *extreme close up* dargestellt, sondern auch aufgehellt: So wird suggeriert, Tracys Blick würde genau auf diese Stelle fallen. »And all things, whatsoever ye shall ask in prayer, believing, ye shall receive.« Dies kann derart interpretiert werden, dass Gläubigkeit eine Voraussetzung dafür ist, den göttlichen Segen zu empfangen.

Diese Einsicht führt bei Tracy zu einem Umdenken: Nach der Detaileinstellung des Bibelverses steht er auf und beschließt, dem dort formulierten Glaubenssatz zu folgen und Faith aufzusuchen. Er vertreibt kurz darauf eine Gruppe

---

32 Dementsprechend widmen sich einer Reihe von Arbeiten dem Phänomen Schrift im Film, wie z. B. Krautkrämer: Schrift im Film (2013) oder Böhn u. Schrey: Intermedialität und Medienreflexion (2014).

33 Pulch: *type in motion* (2012), S. 13.

34 Im heutigen Film hat die Schrift auch noch in den ›zeitlichen Rändern‹ eine wesentliche Bedeutung, wenn im Vor- und Abspann die Namen der am Produktionsprozess Beteiligten genannt werden.

Abb. 6: In *Hell's Hinges* (00:29:05–00:29:13) und *The Ten Commandments* (00:48: 13–00:48:22) wird die Bibel gelesen, wobei der Text den ZuschauerInnen auf unterschiedliche Art und Weise zugänglich wird. In *Das Cabinet des Dr. Caligari* (00:58:08–00:58:44) finden Franzis und die Ärzte im Zimmer von Dr. Caligari ein Werk über Somnambulismus.

von Randalierern aus der Kirche. Tracys Entwicklung ist auf die Lektüre von *Markus 11:24* zurückzuführen, so dass der Lichtkegel auf die Bibelverse auch sakral, d. h. im Sinne einer Anspielung auf den Heiligenschein, verstanden werden kann: Der ehemalige ›Sünder‹ erhält in diesem Moment den göttlichen Segen. So wird in der Szene durch die kinematografische Darbietung des Leseobjekts nicht nur die entscheidende Information übermittelt, dass Tracy die entsprechende Stelle des Markus-Evangeliums liest, sondern auf visueller Ebene wird ebenso sein Wandel angekündigt.

In Cecil B. DeMilles Monumentalfilm *The Ten Commandments* (USA, 1923) liegt eine vergleichbare Szene vor. Der Spielfilm besteht aus zwei Teilen: Der erste erzählt vom *Exodus* der Juden aus Ägypten; der zweite handelt von den ungleichen Brüdern John (Richard Dix) und Dan McTavish (Rod La Rocque) in den 1920er Jahren. John befolgt treu die christlichen Gebote, während Dan ein Atheist ist. Zu Beginn des zweiten Teils liest die Mutter ihren Söhnen aus der Bibel vor (Abb. 6) – und zwar jene Stelle, welche die ZuschauerInnen zuvor als Film gesehen haben. Hier erscheinen die Zitate aus ebenjenem Buch als Zwischentitel, ohne dass sie von einem Buchkörper umschlossen sind (Abb. 6). Die Leseszene schafft eine Verbindung zwischen dem ersten und dem zweiten Filmteil. Der ca. 45-minütige erste Part kann als Visualisierung der Lektürevorstellung der vorlesenden Mutter begriffen werden – oder als Imagination des konzentriert zuhörenden Johns.

Der Text in Abb. 6 hat dabei den Tod von etwa 3000 Israeli zum Inhalt, der in den vorangegangenen Filmszenen zu sehen war: »And there fell off the Children of Israel that day, about three thousand men.« Die Mutter liest hier – im Gegensatz zu Tracy in *Hell's Hinges* – laut vor: Aus diesem Grund bietet eine Zwischentafel den Text dar. Das Vorlesen der Bibelpassage wird durch die Anführungszeichen auf der Zwischentafel indiziert, die den Bibelvers rahmen. Die ZuschauerInnen sollen den Text nicht als Subvokalisation – wie bei Tracy – auffassen, sondern sich der *Mündlichkeit* des Vorleseakts bewusst sein, da diese auditiv nicht dargeboten werden kann.[35] Der Text kann also schriftlich sowohl im Leseobjekt als auch als Schrifttafel präsentiert werden; das nächste Beispiel eines Stummfilmklassikers des deutschen Kinos zeigt, dass die Materialität des Buchs dabei noch deutlicher herausgestellt werden kann.

Das Cabinet des Dr. Caligari (D, 1920) von Robert Wiene handelt von dem Schausteller Dr. Caligari, der einen Somnambulen dazu instrumentalisiert, nachts Verbrechen zu begehen. Im fünften Akt des Films findet Franzis, der Erzähler und die Hauptfigur des Films, Dr. Caligari in einer Irrenanstalt – Caligari ist jedoch kein Patient, sondern der Direktor der Klinik. Die vermutete Doppelidentität wird bestätigt, als Franzis zusammen mit den Ärzten im Büro des Anstaltsdirektors ein – verstecktes – Buch über Somnambulismus der Universität Uppsala aus dem Jahr 1726 findet (Abb. 6). Der Text, erneut ein Fall von Pseudointertextualität, wird nicht in der ikonischen Schriftart des expressionistischen Stummfilms abgebildet, sondern in Frakturschrift auf Buchseiten (Abb. 6).[36] Die

---

35 Auf der Zwischentafel wird jedoch die Herkunft des Bibelverses verortet: *Exodus 32:28*. Diese schriftliche Zitatangabe unterläuft die Mündlichkeit, ermöglich aber eine Zuordnung des Zitats.
36 In alternativen Versionen des Films wird der Text als Zwischentitel dargeboten, was als ein Beleg dafür angesehen werden kann, dass RestauratorInnen sich der Bedeutung des Lesens im Film nicht bewusst sind.

Schrift und die Bordüre am Kopfsteg suggerieren, dass das Buch aus dem 18. Jahrhundert stammt.

Der in einer Großaufnahme dargebotene Text gibt die Information, dass Caligari eine mystische Figur war und Anfang des 18. Jahrhunderts eben jene Verbrechen begangen hat, die man in den vorangegangenen Akten des Films gesehen hat. Am Ende des Films bleibt es offen, ob Franzis wahnsinnig ist und sich die Geschehnisse eingebildet hat – oder Caligari alle überlistet hat. Die bloße Informationsvermittlung über die Identität von Caligari hätte auch als Zwischentitel gegeben werden können. Aufgrund des Endes ist es aber nicht irrelevant, dass die Information, dass eine mythische Person namens Caligari existiert habe, in Buchform dargeboten ist. Einerseits repräsentiert das Buch hier die *Gewichtigkeit* einer Information: In einem alten Buch ist altes Wissen tradiert. Andererseits wird dadurch die Ambiguität des Endes unterstrichen: Ein schriftlich in einem Buch niedergeschriebener Text ist bedeutungsoffen und muss nicht der Wahrheit entsprechen; diese vielfältigen Facetten würden bei einer Präsentation des Textes als Schrifttafel entfallen.

Diese Visualisierung des Textes erinnert an Carl Theodor Dreyers *Vampyr – Der Traum des Allan Gray* (D, 1932). In vermutlich kaum einem anderen Film können die ZuschauerInnen derart viele Nahaufnahmen eines Textes sehen. Der Film basiert lose auf der Novelle *Camilla* von Sheridan Le Fanu und konfrontiert die im Filmuntertitel genannte Figur zu Beginn des 20. Jahrhunderts in einer französischen Ortschaft mit dem Vampirismus. Gray, unsicher ob die merkwürdigen Geschehnisse übernatürlichen Ursprungs sind, erhält das Buch *Die seltsame Geschichte der Vampyre*, das einen Fall von Pseudointertextualität darstellt. Ein Blick auf das Cover verrät Verlagsort, Entstehungsjahr und Autor des Buchs. Nicht nur Allan Gray, sondern auch ein älterer Schlossdiener lesen über mehrere Minuten aus dem Buch: Es enthält Informationen über die Entstehung und mögliche Bekämpfung des Vampirismus – die konkret im Film auftretende Vampirin Margerite Chopin wird hier ebenfalls beschrieben. Die folgende Auflistung von mehreren aneinandergefügten Screenshots illustriert die bemerkenswerte Quantität der Texteinblicke.

Die Kamera schwenkt von oben nach unten und präsentiert den ZuschauerInnen den Text über die Vorgeschichte Margerite Chopins (Abb. 7). Lediglich beim Titelblatt, das eine Vampirin zeigt, fährt die Kamera umgekehrt von unten nach oben, da das Bildnis der monströsen Figur als Eyecatcher im Mittelpunkt steht und Bilder nicht wie Schrift von links oben nach rechts unten gelesen werden. Die den beiden lesenden Figuren so auffällig dargebotenen Textseiten sind nicht nur Informationen über den Vampirismus, sondern stellen auch eine direkte Handlungsanweisung für die Figur dar – und eine Prolepse für die Zuschauenden: Wie in dem Buch beschrieben, tötet Gray die Vampirin gegen Ende des Films.

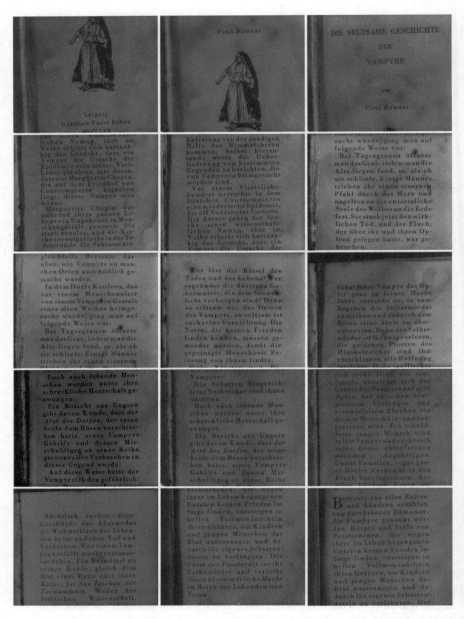

Abb. 7: Im Film *Vampyr – Der Traum des Allan Gray* (00:28:20–00:48:21) finden sich diverse Nahaufnahmen des Textes *Die seltsame Geschichte der Vampyre*.

Die Buchseiten sind im Gegensatz zu den vorhergehenden Beispielen visuell unauffällig gestaltet. Die ZuschauerInnen sollen nicht abgelenkt werden, sondern sie sollen den Text lesen. Die Dauer der gezeigten Einstellungen macht es möglich, dass der Leseakt der ZuschauerInnen deckungsgleich mit dem Leseakt der Filmfigur ist. Dies ist ebenso der Entstehungszeit des Films, Anfang der 1930er Jahre, geschuldet. Dreyers Film ist zwar ein Tonfilm, enthält aber noch zahlreiche strukturelle Momente des Stummfilms. Dies konstatiert Gerald Bär treffend, indem er *Vampyr* »stilistisch zu den Stummfilmen« zählt, denn der Film wurde »technisch unvollkommen nachsynchronisiert und mit Musik versehen.«[37] Die Buchseiten fungieren hier als Zwischentitel, so dass sie unabhängig von Leseszenen in Stummfilmen als schriftlich visualisierte Erzählerkommentare oder Dialoge ihren Platz haben.[38] Die statische Präsentation von umfangreichen Textseiten erklärt sich aus dem filmhistorischen Zwischenstadium des Films im Übergang vom Stumm- zum Tonfilm.

Nach dieser Betrachtung von Einzelbeispielen zur Informationsvergabe durch das Leseobjekt, die deutlich machten, dass die Präsentationsform als Buch einen entscheidenden Einfluss auf die Bedeutung der Informationen hat, folgt nun eine Auseinandersetzung mit dem *Verweischarakter* des Leseobjekts im literatur- und medienwissenschaftlichen Forschungskontext. Es geht um Fragen der *Intermedialität* und *Intertextualität*, wenn in einem Medium (Film) Elemente aus einem anderen Medium (Literatur) verwendet werden.

5.4 Der Verweischarakter einer literarisch-ästhetischen Leseszene

Wenn Sätze, Titel, AutorInnen-Name oder andere Segmente eines literarischen Textes im Filmbild gezeigt werden, liegt im Medium Film eine Bezugnahme zu einem literarischen Text vor. Ein solcher Bezug ist auch dann gegeben, wenn in einer Filmszene Lesekommunikation erfolgt, also allgemein über Figuren, Inhalt oder mögliche Interpretationen gesprochen wird. Für Fälle wie in *Oblivion*, in denen die Strophe eines Gedichts vollständig repräsentiert wird, bietet es sich an, diese Form des Referenzierens als *Zitieren* zu bezeichnen.[39] Das *Reallexikon der*

---

37 Vgl. Bär: Motiv des Doppelgängers (2005), S. 623.

38 In der englischen Synchronfassung des Films werden zahlreiche Buchseiten nicht im Filmbild arrangiert, sondern durch Zwischentafeln ersetzt.

39 Der Begriff *Zitat* wird in der Literaturwissenschaft äußerst heterogen verwendet. Vgl. zur Entwicklung und Unterscheidung der beiden Begriffe: Stocker: Theorie der intertextuellen Lektüre (1998), S. 28–33. In Anlehnung an Aristoteles und Horaz verortet Peter Stocker die Debatte in die Unterscheidung von *mimesis* und *imitatio*: Mimesis bezeichnet die literarische Nachah-

deutschen Literaturgeschichte definiert das Zitat in einer engen semantischen Auffassung als »der wörtlich wiederholte Text B (Bezugstext) [...] in einem Text A (Aufnahmetext) [...].«[40] Hierzu würden demgemäß nur exakte wörtliche Wiederholungen aus anderen literarischen Texten zählen. In *Pleasantville*, der im zweiten Unterkapitel schon angesprochen wurde, findet folgender kurzer Dialog zwischen Jennifer und David statt, als dieser sieht, wie seine Schwester *Lady Chatterley's Lover* liest.

> Jennifer: D. H. Lawrence. You ever heard of him?
>
> David: Yeah.
>
> Jennifer: I read a couple of pages. Seemed kinda sexy.[41]

In diesem Dialogausschnitt findet keine wörtliche Übernahme aus *Lady Chatterley* statt, doch es fallen im Gespräch sowohl der Name des Autors, D. H. Lawrence, als auch eine Bewertung: »Seemed kinda sexy«. Ergo muss beim Zitat zwischen einer *direkten* Übernahme und einer *indirekten* Anspielung unterschieden werden.[42] Eine weiter gefasste Definition des Zitats subsumiert also ebenso weniger konkrete Verweise – d. h. *Anspielungen* in unterschiedlicher Ausformung – auf Textpassagen, den gesamten Inhalt, Figuren oder die/den AutorIn als Zitat. Zahlreiche Forschungsarbeiten setzen sich mit den divergenten Zitationsmöglichkeiten auseinander, doch beziehen sie sich dabei stets auf Schriftsprache und nicht auf den Film.[43] Arbeiten über Formen des Zitierens im Film hingegen beschäftigen sich primär mit Verweisen innerhalb des Mediums Film.[44] Der Verweis eines Films auf einen anderen Film ist jedoch ein gesondertes Phä-

---

mung der empirischen Wirklichkeit, der Welt, der Natur und des Realen, *imitatio* den Bezug von Texten auf andere Autoren und deren Texte. Das Zitat gehört also binnen der Fiktionstheorie zum Bereich der *imitatio*.

40 Simon: Zitat (1984), S. 1052.

41 Pleasantville (1998), 01:02:22–01:02:12.

42 Hermann Meyer spricht hier auch von einem *kryptischen* Zitat, wenn keine direkte Erkennbarkeit gegeben ist: »Zwischen dem offenbaren und dem kryptischen Zitat gibt es daher keinen kategorialen, sondern nur einen graduellen Unterschied.« Meyer: Das Zitat in der Erzählkunst (1961), S. 12–13.

43 Heinrich Plett schlägt beispielsweise eine eigene Grammatik der Zitation vor. Er differenziert die Möglichkeiten in Quantität, Qualität (Addition, Subtraktion, Substitution, Permutation, Repetition), Distribution, Interferenz und Markierung (explizit, implizit, inexistent, pseudo-markiert). Vgl. Plett: Intertextualities (1991), S. 8–12.

44 So z. B. Withalm: Von Duschen, Kinderwagen und Lüftungsschächten (1992). Gloria Withalm zählt hierzu das Zitat im engeren Sinne – Remakes, Übernahme von Montagemustern, Dekorationen oder Kostümen –, verbale sowie musikalische Zitate, Anspielungen auf Dialog-

nomen der Filmgeschichte und ein anderer Fall als die filmische Bezugnahme auf Literatur. Andreas Böhn schreibt hierzu:

> Formale Bestimmungen des Zitierens, die in erster Linie auf das Kriterium der Identität zwischen Zitiertem und Zitat setzen, werden als unzureichend eingeschätzt, da sie nur in Bezug auf die Lautsprache und die Schrift, nicht aber auf andere Medien eine gewisse Plausibilität beanspruchen können und auch in diesem Falle gravierende Probleme in sich bergen.[45]

Mit Böhn argumentiert, kann die obige Definition des *Reallexikons der deutschen Literaturgeschichte* im Sinne der vorliegenden Studie abgewandelt werden: In einer literarisch-ästhetischen Leseszene wird ein Element eines Mediums A (Literatur) in dem Medium B (Film) wiederholt. Für Phänomene, in denen nicht Elemente des eigenen medialen Systems zitiert werden, ergo nicht Literatur Literatur oder ein Film einen anderen Film zitiert, kursiert der Begriff des *Kunstzitats*.

Das *Handbuch der Kunstzitate* enthält literarische Verweise auf die Malerei, Skulpturen sowie Fotografie und definiert das Kunstzitat »als poetische ›Umcodierung‹ von nicht-literarischer Kunst.«[46] Eine filmische Referenz auf ein Werk der Literatur ist nach dieser Definition ein Kunstzitat, nur in dem Sinne, dass die »Umcodierung« im Medium Film erfolgt.[47] Aus semiotischer Perspektive stellen die umcodierten Elemente anderer medialer Künste somit Zeichen dar, die »Teile eines [C]odes sind, in dem jedes Zeichen klar gegen jedes abgrenzbar […] ist und in dem sich von jedem Zeichen sagen läßt, welchen Ausdruck es wiedergibt«.[48] Jeder Kunstform liegt also ein eigenständiger Code zugrunde: Der Literatur steht primär Schriftsprache zur Verfügung, der Film erzählt multimedial. Heide Eilert nennt Beispiele dafür, wie die Literatur bei einem Codewechsel verfahren kann: »Deskription, Reminiszenzen, Paraphrasen, Referate, Inhaltsangaben oder metaphorische Klangsuggestionen«.[49] Doch wie gestaltet sich ein

---

zeilen oder Motive einer Filmmusik und die visuelle Präsenz von Filmplakaten. Vgl. hierzu grundlegend: Felix: Nach-Bilder (2001).

45 Böhn: Das Formzitat (2001), S. 21.

46 Fliedl, Rauchenbacher u. Wolf: Einleitung (2011), S. IX.

47 Der Begriff *Kunstzitat* hat sich allerdings in der literaturwissenschaftlichen Forschung kaum durchgesetzt und nach wie vor mangelt es an systematischen Beschreibungen der verschiedenen Verweismöglichkeiten. Andere Texte verwenden den Begriff für Einzelfallanalysen in Aufsätzen, siehe z. B. Kafitz: Die Kunstzitate in Frank Wedekinds »Frühlings Erwachen« (2001).

48 Posner: Zitat und Zitieren (1992), S. 9.

49 Eilert: Das Kunstzitat in der erzählenden Dichtung (1991), S. 19.

Codewechsel im Film?[50] Der Begriff *Intermedialität* erfasst die reichhaltigen
Möglichkeiten des Films, andere Kunstwerke zu integrieren.

5.4.1 Intermedialität und -textualität

Im literaturwissenschaftlichen Diskurs etablierte sich ab Mitte der 1990er Jahre
für das Zusammenspiel verschiedener Medien und Codewechsel, die vorher unter
Begriffen wie *Literaturverfilmung* oder *filmische Schreibweise* diskutiert wurden,[51]
die Bezeichnung *Intermedialität*.[52] Je nach Forschungsinteresse kam es seither
zur Subsumption derart vieler Phänomene unter diesen Terminus, dass die Kritik
im Sinne eines *one concept fits all* laut wurde: plurale Beliebigkeit und eine verwirrende Vielfalt von Ansätzen.[53] Irina Rajewsky hat 2002 mit ihrer Monografie
Intermedialität eine systematische Arbeit vorgelegt, auf die im Folgenden zurückgegriffen wird, da sie ein heuristisches Rubrizieren von literarisch-ästhetischen
Leseszenen im Film innerhalb der Intermedialitäts-Debatte ermöglicht.

Rajewsky grenzt Intermedialität zunächst von Trans- und Intramedialität
ab. Unter *Trans*medialität versteht sie eine Hyperkategorie, die medienunspezi-
fische Phänomene bezeichnet, ohne dass in diesem Zusammenhang von einem
ursprünglichen Medium gesprochen werden kann, das einen Themenkomplex
verarbeitet. Dies stellen z. B. Mythen, Stoffe und Diskurse dar, die medienüber-
greifend in allen Künsten präsent sind, beispielsweise mündliche, schriftliche,
musikalische oder filmische Produkte über die Entstehung der Erde.[54] *Intra*medialität liegt dann vor, wenn nicht zwei verschiedene mediale Formate betroffen
sind, sondern sich binnen eines Mediums auf Elemente und Strukturen desselben
Mediums bezogen wird, so z. B. das Lesen fiktionaler Literatur in der Literatur
selbst.[55] *Inter*medialität bezeichnet hingegen spezifische Phänomene, die mindes-

---

50 Eilert widmet sich in ihrer Monografie – wie der Titel schon indiziert – unterschiedlichen
Erscheinungen des Kunstzitats in der Literatur und geht nicht auf den Film ein.
51 Horst Zander schreibt in seinem Beitrag zu Intertextualität und Medienwechsel Mitte der
1980er Jahre über die Intertextualität zwischen Texten in verschiedenen Medien: »gelegentlich
Intermedialität genannt«. Zander: Intertextualität und Medienwechsel (1985), S. 178.
52 Vgl. Paech: Intermedialität (1998), S. 15.
53 Zur Forschungsgeschichte des Begriffs vgl. Rajewsky: Intermedialität (2002), S. 8–11.
54 Nicole Mahne behauptet daran anlehnend in ihrem Werk *Transmediale Erzähltheorie*, dass
es eine Tiefenstruktur sämtlichen Erzählens in allen Medien gibt. Vgl. Mahne: Transmediale
Erzähltheorie (2007).
55 Vgl. hierzu Kap. 2.5. Die enge Definition des *Zitats*, die Wiederholung eines Text-Elements
in einem anderen, ist demnach intramedial.

tens zwei unterschiedliche Medien involvieren: ein Ausgangs- und ein Zielmedium.[56] Jede literarisch-ästhetische Leseszene im Film ist infolgedessen ein intermediales Phänomen, da es zwei verschiedene Medien vereint: Das Leseobjekt mit dem *Ausgangs*medium Literatur wird im *Ziel*medium des Films verarbeitet.

Rajewsky trägt diesen verschiedenen Phänomenen Rechnung, indem sie drei verschiedene Bereiche segmentiert, die den Gegenstandsbereich intermedialer Forschung abgrenzen. Erstens: *Medienkombinationen*, welche die Addition mindestens zweier konventionell als distinkt wahrgenommener medialer Systeme erfordern, z. B. das Lied als Verbindung von Verbalsprache und Musik oder der Film als Polymedium *per se*. Zweitens: *Medienwechsel*. Dabei handelt es sich um die spezifische Transformation aus einem semiotischen System in ein anderes, beispielsweise die Theateraufführung eines Dramentextes oder eine Literaturverfilmung. Drittens: *Intermediale Bezüge*. Ein mediales Werk nimmt auf das Produkt eines anderen Mediums Bezug. Dies sind Fälle von *Ekphrasen*, der literarischen Beschreibungen von Werken der bildenden Kunst, oder von filmischen Schreibweisen, diese finden sich z. B. in Irmgard Keuns *Das kunstseidene Mädchen*.[57] Literarisch-ästhetische Leseszenen können also in der Terminologie der Intermedialitätsforschung als *intermediale Bezüge* bezeichnet werden.[58]

Intermediale Bezüge sind für Rajewsky von einem *Medienwechsel* abzugrenzen, da bei intermedialen Bezügen ein mediales Produkt ›lediglich‹ auf Teile eines anderen medialen Produkts rekurriert und keine vollumfängliche Transformation stattfindet. In Anlehnung an die Ergebnisse der Intertextualitätsforschung unterscheidet sie das intermediale Rekurrieren in *Einzelreferenz* und *Systemreferenz*.[59] Bei der Einzelreferenz wird auf ein konkret fassbares

---

56 Vgl. Rajewsky: Intermedialität (2002), S. 12–13.
57 Vgl. ebd., S. 15–17.
58 Rajewskys Trichotomie fand jedoch keine ungeteilte Zustimmung in der Forschung und es existieren ebenso andere Kategorisierungen. Für Jürgen Müller stellt beispielsweise der Medienwechsel kein intermediales Phänomen dar, sondern er bezeichnet ihn als ein »multi-mediales Nebeneinander«, weil keine für die Intermedialität notwendige Kopplung unterschiedlicher medialer Verkörperungs- und Inszenierungsformen vorliegt. Vgl. Müller: Intermedialität als poetologisches und medientheoretisches Konzept (1998), S. 31–32. Laut Uwe Wirths Skalierung wäre das Thematisieren eines Mediums in einem anderen Medium die Nullstufe der Intermedialität, da keine konkrete mediale Modulation der Konfigurationen des Zeichenverbundsystems besteht. Vgl. Wirth: Intermedialität (2013), S. 264.
59 Gérard Genette etablierte diese Unterscheidung und begrenzt intertextuelle Verweise nicht nur auf Prätexte, sondern schließt ebenso Textsysteme wie die der Gattung mit ein. Er versteht Intertextualität als eine Form der *Trans*textualität, ein Ensemble fünf verschiedener pointierter Bezüge zwischen literarischen Texten. In seiner Monografie setzt er sich jedoch fast ausschließlich mit der *Hyper*textualität auseinander. Dies sind Palimpseste, in denen ein Text einen anderen zur Folie macht. Vgl. Genette: Palimpseste (1982), S. 10–15.

einzelnes Produkt Bezug genommen, so dass von der Relation zwischen einem medialen Produkt und einem anderen konkreten – realen oder fiktiven – Medienprodukt gesprochen werden kann. Eine *Systemreferenz* besteht im Gegensatz dazu, sobald eine Relation zwischen einem konkreten medialen Produkt und einem oder mehreren, als distinkt wahrgenommenen, semiotischen Systemen, Codes und Konventionen eines anderen Mediums vorliegt, z. B. Thomas Manns musikalische Konstruktion seines Romans *Doktor Faustus*. Dies kann ein Verweis auf Gattungen, Inszenierungsmöglichen, symbolische Funktionen oder andere Bestandteile eines Mediums sein.

Bei Jennifer Wagners Lektüre von D. H. Lawrences *Lady Chatterley* in *Pleasantville* handelt es sich um eine Einzelreferenz. Wenn in einer Leseszene der Titel eines Buchs den ZuschauerInnen weder visuell noch auditiv mitgeteilt wird, wie in *Dracula, The Talented Mr. Ripley* oder *John Carpenter's They Live*, kann von einer Systemreferenz gesprochen werden: Die filmische Repräsentation des Lesens nimmt Bezug auf das System Literatur. Dadurch rekurriert der Film auf die symbolische Bedeutung des Buchs und auf das Potenzial, auf Funktionen, Gattungen, Eigenheiten, Wissensbestände u. v. m., von Literatur *sui generis*.

Bezüglich dieser binären Unterscheidung gilt es festzuhalten, dass die Thematisierung einer Einzelreferenz, gleich welcher Art, ebenso eine Thematisierung des medialen Systems des Produktes ist.[60] Jede Einzelreferenz auf einen literarischen Text im Film ist zugleich ein Verweis auf das System Literatur. Jennifers Lektüreakt ist nicht nur eine Bezugnahme auf *Lady Chatterley*, sondern er eröffnet auch Assoziationen zum Lesen und zur Literatur auf allgemeiner Ebene: Ihr aufkeimendes Interesse an Literatur, die Tatsache, dass sie die Zeit lieber mit dem Lesen verbringt als auszugehen, die Verbindung von Weiblichkeit und Lesen etc. rücken ebenso in den Fokus.[61] Die Pole intermedialer Bezugnahmen bewegen sich zwischen *Thematisierung*, einem Zeigen, Darüber-Reden oder Reflektieren, und der *Realisierung*, das andere Medium wird imitiert, simuliert oder evoziert.[62]

---

60 Vgl. Rajewsky: Intermedialität (2002), S. 72–73.
61 Andreas Böhn hat sich zu Systemreferenzen mit mehreren Publikationen positioniert und spricht in diesem Fall von *Form*zitaten. Darunter fasst er den Verweis auf einen Code, sobald »Nachbildungen von Stilen, Traditionen, Gattungselementen, Formen und Gattungen« auszumachen sind. Böhn: Das Formzitat (2001), S. 9–10. Ein solches Codezitat bildet Strukturen und formale Muster nach, indem es auf die Regeln in der Verwendung der Ausdrücke in Äußerungssituationen verweist. Für das intermediale Formzitat hält er fest: »Intermediale Formzitate sind Strategien ästhetischer Selbstreflexivität, eine Art ›Offenlegung des Verfahrens‹, der ›Poiesis‹«. Böhn: Einleitung (2003), S. 8.
62 Vgl. Eicher: Erzählte Visualität (1993), S. 25.

Die Gestaltung einer Einzelreferenz in literarisch-ästhetischen Leseszenen reicht vom kurzen Erscheinen eines Buch-Titels im Filmbild bis zur Verwendung eines Leseobjekts als thematischer Grundlage eines gesamten Films. Bezüglich der Einzelreferenz listet Rajewsky lediglich in einem Absatz mögliche Funktionen auf: Ähnlichkeits- und/oder Differenzverhältnis zum Ausgangstext, Metafiktionalität, Wirklichkeitsstiftung, Authentizität und ironische Distanz.[63] Der Grund für diese nur kurze Erfassung der Bedeutung von Einzeltextreferenzen liegt darin, dass sie die Funktionen solcher Einzelreferenzen bereits im Rahmen der *Intertextualität* als ausreichend erforscht betrachtet, die nach ihrer Einteilung eine intramediale Erscheinung ist. Sie schreibt daher für Fälle von Einzelreferenzen, in denen der Systembezug keine große Relevanz hat:

> [S]o hat man es mit einer einzelreferentiellen Bezugnahme zu tun, die zwar de facto intermedialer Natur, hinsichtlich ihrer Form und ihrer möglichen Funktionsweisen aber mit intramedialen Einzelreferenzen, im Falle von Text-Text-Bezügen also mit intertextuellen Verweisen vergleichbar ist.[64]

Das literarisch-ästhetische Lesen kann demnach als ein Phänomen der Intermedialität eingeordnet werden, jedoch helfen bei der Bestimmung des Bedeutungsspektrums von konkreten Einzelreferenzen die Expertisen der Intertextualitätsforschung.[65] Gegen Ende der 1970er Jahre etablierte sich der Forschungsterminus *Intertextualität* für Phänomene, die vorher unter den Schlagwörtern Quelle, Einfluss, Zitat, Anspielung, Parodie, Travestie, Imitation, Übersetzung oder Adaption untersucht wurden.[66] Julia Kristeva führte den Begriff *Intertextualität* in Auseinandersetzung mit Michael Bachtins Dialogizitätskonzept im Jahr 1967 in den Forschungsdiskurs ein.[67]

---

63 Vgl. Rajewsky: Intermedialität (2002), S. 153. Rajewsky befasst sich wie Böhn nicht primär mit der Einzelreferenz, sondern stattdessen intensiv mit der Systemreferenz, da »das aus intermedialer Sicht interessante Moment dieses Rekurstyps [der intermedialen Bezugnahme; Anm. TR] weniger in seiner einzel- als vielmehr in der systemreferentiellen Dimension zu suchen ist, die mit der intermedialen Einzelreferenz einhergeht.« Ebd., S. 149. Sie legt fünf verschiedene Möglichkeiten dar, wie eine Systemreferenz in der Literatur auftreten kann: evozierende, simulierende, (teil)reproduzierende Systemerwähnungen sowie Systemkontaminationen, die qua Translation oder teilaktualisierend erfolgen. Vgl. ebd., S. 79–149.
64 Ebd., S. 150.
65 Vgl. für einen Forschungsüberblick: Böhn: Intertextualitätsanalyse (2013), S. 204–206.
66 Vgl. Pfister: Konzepte der Intertextualität (1985), S. 15.
67 Die Passage lautet auf Deutsch: »[...] das Wort (der Text) ist eine Überschneidung von Wörtern (von Texten), in der sich zumindest ein anderes Wort (ein anderer Text) lesen läßt. [...] Jeder Text baut sich als ein Mosaik von Zitaten auf, jeder Text ist Absorption und Transformation eines anderen Textes. An die Stelle der Intersubjektivität tritt der Begriff der *Intertextualität* und die

Kristeva widmet sich in ihrem Aufsatz *Bakhtine, le mot, le dialogue et le roman* allerdings nicht der konkreten Beziehung zwischen zwei Texten, sondern plädiert für einen entgrenzenden Textbegriff im Sinne einer allgemeinen Kultursemiotik, nach der prinzipiell jedes kulturelle System und jede Struktur als Text bezeichnet werden kann.[68] Hieraus haben sich zwei weitläufige Forschungsstränge entwickelt: Einerseits besteht ein offenes, poststrukturalistisches bzw. dekonstruktivistisches Konzept von Intertextualität in Anlehnung an Kristeva, nach der ein alles umfassendes Textuniversum existiert, in dem Einzeltexte nur noch Knotenpunkte vielfältiger Bezugslinien von *kulturellen* Texten im weitesten Sinn sind. Andererseits wird der Begriff der Intertextualität eingeengt, um ihn handhabbarer zu machen, indem prägnantere hermeneutische oder strukturalistische Modelle intendierte und markierte Bezüge zwischen einem Text und anderen Texten oder Textgruppen herausarbeiten.[69]

Die auf Kristeva basierende Auffassung von Intertextualität ist für die vorliegende Studie wenig praktikabel, da sich hieraus keine Analysekonzepte für die Untersuchung literarisch-ästhetischer Leseszenen ableiten lassen. Ihre These gab in den 1960er Jahren – auf dem Höhepunkt des Poststrukturalismus – der These der Subjektlosigkeit literarischer Produktion eine entsprechende Basis.[70] Im Rahmen des zweiten Forschungsstranges erschienen seit den 1980er Jahren einige Werke, die den Fachbegriff *Intertextualität* enger fassen und dadurch operationalisierbar machen. Forschungsarbeiten hierzu bewegen sich im Rahmen dreier Ebenen: Textstruktur, AutorIn und LeserIn. Wie sind die intertextuellen Verweise textuell strukturiert, markiert bzw. signalisiert?[71] Welchen literarischen Einflüssen unterliegt die/der AutorIn und wie gibt sie/er diese – ob bewusst oder unbewusst – zu erkennen?[72] Wie können intertextuelle Bezugnahmen von den LeserInnen erkannt und nachvollzogen werden?[73] Manfred Pfister liefert in seinem Aufsatz *Konzepte der Intertextualität* ein Analysemodell, das diese drei Ebenen verbindet, indem er die Intensität einer intertextuellen Anspielung in qualitative und quantitative Kriterien unterscheidet.

Die qualitativen Skalierungsebenen gliedert Pfister in sechs Kategorien. Erstens: *Referentialität*. Wie stark wird ein Prätext thematisiert? Hat ein Zitat nur bei-

---

poetische Sprache läßt sich zumindest als eine *doppelte* lesen«. Kristeva: Bachtin, das Wort, der Dialog und der Roman (1967), S. 347–348.

68 Vgl. Pfister: Konzepte der Intertextualität (1985), S. 7.

69 Vgl. ebd., S. 24.

70 Vgl. Stierle: Werk und Intertextualität (1983), S. 12.

71 Vgl. hierzu: Helbig: Intertextualität und Markierung (1996).

72 Vgl. exemplarisch für eine Arbeit mit solch einem Fokus: Dudzik: Intertextualität (2017).

73 Vgl. zu diesem Themenkomplex: Holthuis: Intertextualität (1993).

läufigen Charakter oder wird durch ein Zitat der Bezugstext selbst kritisiert und dazu Stellung genommen? Zweitens: *Kommunikativität*. Wie ausgeprägt ist die Bewusstheit des intertextuellen Bezugs bei den AutorInnen und RezipientInnen? Ist die Anspielung deutlich markiert oder benötigt es umfassendes Wissen, um die zitierte Stelle zu erkennen? Drittens: *Autorreflexivität*. Inwiefern erfolgt eine Metakommunikation über den intertextuellen Verweis? Wird die intertextuelle Bezugnahme nicht nur markiert, sondern auch thematisiert, gerechtfertigt oder problematisiert? Viertens: *Strukturalität*. In welcher funktionalen Intensität verhält sich die intertextuelle Anspielung zu dem vorliegenden Text? Handelt es sich lediglich um eine postmoderne Referenz oder ist die Anspielung zentral für das gesamte Verständnis des Textes – wie z. B. bei James Joyces *Ulysses* der Rekurs auf Homers Odyssee? Fünftens: *Selektivität*. Wie pointiert ist der intertextuelle Verweis? Wird nur auf die Figur aus einem Roman angespielt oder wird eine gesamte Passage zitiert? Sechstens: *Dialogizität*. Wie stark stehen der ursprüngliche und der neue Zusammenhang der intertextuellen Anspielung in semantischer und ideologischer Spannung zueinander? Wird das Zitat lediglich aus dem Prätext entnommen oder erfährt das zitierte Werk eine ironische Relativierung, Distanzierung oder gar Unterminierung? Die beiden quantitativen Kriterien sind die *Dichte* und *Häufigkeit* der intertextuellen Bezüge und die *Zahl* und *Streubreite* der ins Spiel gebrachten Prätexte.[74]

Pfisters Modell kann zwar – wie prinzipiell Entwürfen von Typologien – reduktionistische Schematisierung vorgeworfen werden, doch sensibilisiert seine Skalierung für die Einordnung von Formen der intermedialen Bezugnahme des Films auf einen literarischen Text. So können Pfisters Rubriken für das Anliegen der vorliegenden Studie auf die drei Bereiche *Identifizierung*, *Referenzialität* und *Relation* zugeschnitten werden.

Mithilfe des bereits eingeführten Begriffs der *Identifizierung* kann ermittelt werden, ob die ZuschauerInnen aufgrund von visuellen und/oder auditiven *cues* einen literarischen Text, auf den das Leseobjekt verweist, erkennen können; Informationen zu Titel, AutorIn, Figuren oder Inhaltssegmente sind hierfür prädestiniert. Elemente, die eine Identifizierung ermöglichen, können durch die Lesesituation gegeben werden, aber auch in Filmszenen, die sich davor oder danach ereignen. Die Zuschauenden können einen Text häufig aufgrund der Lesekommunikation bestimmen. So verbalisiert Jennifer in *Pleasantville* gegenüber ihrem Bruder, dass sie *Lady Chatterley* liest. Ist der Text nicht zu identifizieren, dann handelt es sich um die von Rajewsky beschriebene Systemreferenz: Das Leseobjekt verweist prinzipiell auf das Lesen, das System Literatur, den

---

74 Vgl. Pfister: Konzepte der Intertextualität (1985), S. 26–30.

schriftsprachlichen Code, Funktionen von Literatur sowie den metaphorischen Gehalt von Büchern. Wenn der Text des Leseobjekts zu identifizieren ist, jedoch nur in der Diegese des Films existiert, liegt *Pseudointertextualität* vor, deren Funktion von dem Kontext der Filmhandlung abhängig ist.[75]

Der Komplex der *Referenzialität* bezeichnet die Formen der strukturellen Integration eines literarischen Textes in der Leseszene. Es können grundsätzlich drei Referenz-Möglichkeiten auf einen literarischen Text im Film bestehen: Zitat, Allusion und Thematisierung. *Zitat* bezeichnet die wörtliche auditive oder visuelle Präsentation von Textsegmenten. Solche ›1:1-Übernahmen‹ sind Abbildungen des Textes, wie die Detailaufnahmen in *Oblivion* oder *Les Quatre Cents Coups*. Als *Allusion* werden Filmsequenzen bezeichnet, in denen der Titel eines Textes oder das AutorInnen-Konterfei gezeigt oder genannt wird, ohne dass hierzu in irgendeiner Form eine Spezifikation erfolgt.[76] Sprechen Figuren über den Inhalt eines Textes, d. h. sie paraphrasieren oder reflektieren ihn, dann liegt eine *Thematisierung* vor.

Bei der im ersten Unterkapitel vorgestellten Leseszene aus der Folge *Sentimental Education* der US-Serie *The Sopranos* kommen eine Allusion und eine Thematisierung vor, aber kein Zitat, denn die Seiten aus *Lettres d'Abaelard et Héloïse* in der Naheinstellung sind nicht lesbar und es wird nicht aus dem Text vorgelesen. In Malicks *The Tree of Life* liegt ein Zitat vor, aber keine Allusion und keine Thematisierung, da lediglich die Sätze und die Illustration aus Beatrix Potters *Peter Rabbit* für die ZuschauerInnen erkennbar sind. Ein Zitat ist demnach nur dann auch eine Allusion, wenn konkret der Titel oder der AutorInnen-Name des Textes zu hören oder zu sehen sind.[77] Diese drei Grade der Referenzialität können ebenso gleichzeitig auftreten: Ein Zitat kann eine Thematisierung inkludieren, die ebenso eine Allusion ist.

Unter Zuhilfenahme der Kategorie der Relation kann sich mit der *Signifikanz* des literarischen Texts für den Film beschäftigt werden, d. h. der Bedeutung der intertextuellen Referenz für die Filmhandlung. Dies stellt quasi die *qualitative* Seite des intermedialen Kunstzitats dar, in der nach dessen *Gewicht* respektive

---

[75] Dorea Dauner schreibt zu diesem Konzept: »Bei der Realintertextualität liegt eine nachprüfbare, nachlesbare Verzahnung mit anderen Texten vor. Im Fall der Pseudointertextualität entzieht sich der Eigentext mit Nennung von solchen Pseudo-Fremdtexten zugleich einer Untersuchung auf intertextuelle Bezüge. Hier ist dann die Frage zu stellen, welche Funktion die fiktionalen Fremdtexte für den Eigentext haben.« Dauner: Literarische Selbstreflexivität (2009), S. 240.

[76] Der Begriff wurde für die vorliegende Studie in Abgrenzung zu *Anspielung* gewählt, da hierunter theoretisch jedes indirekte Zitieren fallen würde.

[77] Die Nennung des Namens einer Figur oder eines charakteristischen Ortes, wie z. B. die *Baker Street 221b* als Wohnort von Sherlock Holmes, sind Grenzfälle, die als Allusion, und nicht als Zitat, aufgefasst werden.

Relevanz für den Film gefragt wird. In Anne Fontaines *Gemma Bovary* (F/GB, 2014) – in dem Film stellt der Restaurateur Martin Joubert fest, dass das Leben seiner neu eingezogenen Nachbarin erstaunliche Parallelen zur Hauptfigur aus Gustave Flauberts *Madame Bovary* hat, – ist die Relation zwischen dem intertextuellen Bezug und den Leseszenen immens hoch, da der Roman von Flaubert einen Spiegeltext zu den im Film geschilderten Erlebnissen darstellt; *Emma Bovary* bildet den *Architext* für *Gemma Bovary*.

So sind Konzepte der Identifizierung, Referenzialität und Relation intertextueller Verweise in literarisch-ästhetischen Leseszenen hilfreiche Erkenntnisse der Intertextualitätsforschung, mit denen im Folgenden gearbeitet wird. Entscheidend ist für den Hauptteil keine distinktive Begriffsverwendung, denn die Kategorien bilden auch kein methodisches ›Korsett‹, das stets bei der Analyse und Interpretation einzelner filmischer Sequenzen zur Anwendung kommt, sondern diese Trias stellt eine Heuristik dar, mit deren Hilfe die Integration eines literarischen Textes in die Filmszene bestimmt werden kann. Für diese Frage blieb bisher noch eine letzte Kernfrage in diesem Kontext unbeachtet: Von welchen Kenntnissen für intertextuelle Bezüge kann bei Filmrezipientinnen für die vorliegende Studie ausgegangen werden?[78]

5.4.2 ZuschauerInnen-Modell

Intertextuelle Bedeutungen werden zwar vom Film motiviert, vollziehen sich jedoch erst in der Interaktion zwischen Film und den BetrachterInnen: Gibt es einen ›Horizont‹ bzw. Kenntnisstand und Rezeptionserwartungen der Zuschauenden, die als Ausgangspunkt der Untersuchung dienen? So besitzen einige Film-RezipientInnen freilich keine Textkenntnis von Balzacs *La Recherche de l'absolu* und können ihn dementsprechend nicht identifizieren, wenn die Hauptfigur in Truffauts *Les Quatre Cents Coups* den Roman liest. Für wissenschaftliche Studien ist ein ZuschauerInnen-Konzept zentral, das dem Problem einer potenziellen, auch kulturell heterogenen und historisch wandelbaren, Zuschauerschaft entgegentritt und spekulative Zuschreibungen, z. B. über den Bekanntheitsgrad eines literarischen Werks, verhindert. Vinzenz Hediger umreißt die Rolle der ZuschauerInnen emphatisch:

---

78 Susanne Holthuis' Monografie *Intertextualität. Aspekte einer rezeptionsorientierten Konzeption* ragt aus der unübersichtlich gewordenen Vielzahl an Forschungsarbeiten zur Intertextualität heraus, da sie sich spezifisch der Rolle der LeserInnen bei der Erfassung und Verarbeitung intertextueller Bezüge widmet. Vgl. Holthuis: Intertextualität (1993), S. 228–234.

The spectator whose existence we all agree on is simultaneously everyone and nobody in particular. Anyone can be a spectator, and many people have been spectators throughout history, but to be a spectator is to assume a position that appears to have no history of its own. The position of the spectator is always there. It is available for anyone but it appears to have neither an ontological substance nor any kind of historical specificity.[79]

Mit diesem zwiespältigen Status der/s ZuschauerIn, »whose existence we all agree on«, beschäftigen sich insbesondere zwei Stränge innerhalb der Filmtheorie: sämtliche poststrukturalistische Theorien, die auf semiotische, psychoanalytische und ideologiekritische Ansätze zurückzuführen sind, und der kognitiv ausgerichtete Neoformalismus.[80] Der Neoformalismus rückt die ZuschauerInnen in den Mittelpunkt seiner Methode, wie bereits Kap. 1.1. darlegte. Bezogen auf die Zuschauerschaft vertritt er dabei ein Modell, nach dem grundlegende perzeptuelle und kognitive Dimensionen der Filmrezeption berücksichtigt werden, wie die konstruktive Tätigkeit der Filmwahrnehmung und des Filmverstehensprozesses. Die kognitive Theorie fragt danach, wie ZuschauerInnen einen Film verstehen bzw. auf welche Weise der Film strukturiert ist, damit er verstanden werden kann. Wie in der Einleitung erörtert, geht die vorliegende Studie jedoch nicht von einem reinen neoformalistischen Ansatz aus, sondern beruht auch auf Erkenntnissen der Filmphänomenologie, im Besonderen auf Vivian Sobchacks Körpertheorie, die einen zentralen Baustein dieser Arbeit bildet (vgl. Kap. 3.3.).

Sobchacks Filmtheorie, die methodisch mithilfe philosophischer Reflexion und der eidetischen Reduktion operiert, geht von einem weniger stark konturierten Modell der Zuschauerschaft aus, als es im Neoformalismus der Fall ist.[81] Ein Brückenschlag zu drei RezipientInnen-Konzepten, die innerhalb der Literaturwissenschaft kursieren, hilft an dieser Stelle, um die filmwissenschaftlichen ZuschauerInnen-Modelle einzuordnen: die/der empirische, implizite und ideale LeserIn.[82]

Empirische oder *historische* LeserInnen sind vor allem aus soziologischer Perspektive von Bedeutung, da hier anhand von Verkaufszahlen, Äußerungen in Quellen oder Befragungen geklärt wird, wie ein literarisches Werk rezipiert wird bzw. wurde. So hat beispielsweise Rudolf Schenda in *Volk ohne Buch* herausgearbeitet,

---

79 Hediger: The Existence of the Spectator (2015), S. 316.

80 Vgl. grundlegend: Lowry: Film – Wahrnehmung – Subjekt (1992).

81 So schreibt Sobchack: »[B]oth the philosophical reflection and eidetic method of existential phenomenology best provide me the basis and means to develop an existentially grounded and radical semiotics and hermeneutics capable of describing the origins of cinematic intelligibility and the signifying activity of embodied vision.« Sobchack: The Address of the Eye (1992), S. XVII.

82 Es existieren noch andere Typen wie die/der *fiktive* LeserIn, *naive* LeserIn, *Archi*leserIn, *informierte* LeserIn oder *intendierte* LeserIn. Vgl. zu einem Überblick: Willand: Lesermodelle & Lesertheorien (2014).

welche Lesestoffe in unterschiedlichen Schichten Frankreichs und Deutschlands von 1770 bis 1910 populär waren. Die/der *implizite* LeserIn – bzw. *implied reader* bei Wayne Booth – geht auf Wolfgang Iser zurück, dessen Modellierung auf der »Gesamtheit der Vororientierungen, die ein fiktionaler Text seinen möglichen Lesern als Rezeptionsbedingungen anbietet«, basiert. Die/der LeserIn ist »in der Struktur der Texte selbst fundiert.«[83] Fiktionale Texte enthalten Wirkungsstrukturen, durch die quasi eine potenzielle Leserschaft mitgedacht wird. In den 1960er und 1970er Jahren war dieses Konzept eine bedeutende Komponente der bereits mehrfach skizzierten Hinwendung zur Rezeptionsästhetik und dadurch bedingten Abkehr von hermeneutischen und strukturalistischen Interpretationen. Die/den *ideale/n* LeserIn hingegen definiert beispielsweise Umberto Eco in seiner einflussreichen Konzeption des »Modell-Lesers«: Es handelt sich um

> einen idealen Leser, der sehr viel Zeit zur Verfügung hat, mit großem Assoziationsvermögen ausgestattet ist, dessen Enzyklopädie fließende Grenzen hat – keineswegs also irgendeinen Leser. [...] Der Modell-Leser [...] ist jener Operator, der in der Lage ist die, die größtmögliche Anzahl dieser sich überlagernden Lektüren zur gleichen Zeit zu erfassen.[84]

In diesem Konstrukt erfassen die RezipientInnen jede von den AutorInnen angelegte Struktur vollständig – und sind in der Lage darüber hinauszugehen. So ist es möglich, diese drei LeserInnen-Modelle auf die filmische Zuschauerschaft zu übertragen. Sobchack analysiert mögliche Erfahrungen, die ZuschauerInnen potenziell bei der Filmerfahrung haben können; dementsprechend geht sie von *idealen* Zuschauenden aus, die sozusagen mit maximalen kognitiven und sensorischen *Fähigkeiten* ausgestattet sind. Kristin Thompson wendet sich in dem Aufsatz *Neoformalistische Filmanalyse*, in dem sie das Anliegen der kognitiven Filmtheorie darlegt, dezidiert gegen das Konzept der empirischen,[85] impliziten[86]

---

83 Iser: Der Akt des Lesens (1976), S. 60. Dies differenziert Iser in *Textstruktur*, Signale, die ein Text durch Erzähler, Figuren und Handlung für die Lesenden setzt, und *Aktstruktur*, die Realisation dieser Anhaltspunkte durch die LeserInnen.

84 Eco: Lector in fabula (1979), S. 72.

85 »Es ist zum Beispiel unnötig, auf Zuschauerbefragungen zurückzugreifen, um herauszufinden, wie Filme gesehen werden, noch braucht man sich auf einen totalen Subjektivismus zurückzuziehen, der die jeweils eigenen Reaktionen als die einzig zugänglich ansieht.« Thompson: Neoformalistische Filmanalyse (1995), S. 45.

86 »Diese Sichtweisen verankert den Zuschauer nicht völlig ›im Text‹, da sich auch dahinter eine statische Auffassung verbirgt. Hintergründe, die sich im Lauf der Zeit verändern, können unser Verstehen eines Films nicht mehr verändern, wenn wir als Zuschauer ausschließlich von der inneren Form des Werks bestimmt wären.« Ebd., S. 44.

und idealen[87] ZuschauerInnen. Das kognitive Modell des Neoformalismus setzt sich von bisher etablierten ZuschauerInnen-Typen ab, vereint diese jedoch auch ebenso. Denn sobald danach gefragt wird, wie ZuschauerInnen zu früheren Zeiten historisch originelle Abweichung des *Classical Hollywood Cinema* wahrgenommen haben, wird auf die/den empirische/n ZuschauerIn Bezug genommen.[88] Wenn hypothetische Antworten von Zuschauenden auf den Film formuliert werden, können Parallelen zu einer/m idealen ZuschauerIn nicht abgestritten werden.

Es liegt auf der Hand, dass die neoformalistische Konzeption der Zuschauerschaft nicht auf ungeteilte Zustimmung stößt, weil sie sich einerseits von gängigen Konzepten abgegrenzt und diese andererseits dennoch verwendet. Britta Hartmann und Hans J. Wulff ziehen die Summe der Kritik:

> Erstens erscheint in dieser Theoriebildung das Verhältnis zwischen perzeptiven, kognitiven und affektiv-emotionalen Prozessen ungeklärt. [...] Zweitens stellt sich die Frage nach der historischen Stabilität von Verstehensaktivitäten, da von der gesellschaftlich-symptomatischen Seite der Verstehensprozesse abgesehen wird. Drittens ist unklar, ob die Schichtung von Verstehenstätigkeiten so haltbar ist oder ob »Voreinstellungen« von Zuschauern (bedingt durch ihre Zugehörigkeit zu sozialen Formationen wie Klasse, Rasse, Sexus, Gender, sexuelle Orientierung etc.) nicht bereits die elementaren Aneignungsleistungen beeinflussen. Viertens wird der Zuschauer von Bordwell und Thompson zwar als aktives und rationales Subjekt ausgewiesen, doch bleibt die Frage unbeantwortet, welcher Rang seinen spezifischen historischen, kulturellen und sozialen Verortungen in der Ausprägung der Zuschauerrolle bzw. tatsächlicher Rezeptionen zukommt.[89]

In Anbetracht dieser zutreffenden Kritikpunkte wird in der vorliegenden Arbeit das ZuschauerInnen-Konzept des Neoformalismus ausgeschlossen. Dennoch wird dessen methodische Prämisse übernommen, wonach die ZuschauerInnen als fähig angenommen werden, wesentliche Informationen, *cues*, aus der Vielzahl von Bildern, Handlungen und Dingen herauszufiltern und aus den Informationen induktive Schlüsse zu ziehen, Hypothesen aufzustellen und diese zu überprüfen. Denn durch diese Perspektive rückt die *Form* des Films in den Fokus: Sie steuert die Interpretation der Erzählungen und bricht, bestätigt

---

87 »Der Zuschauer ist jedoch auch kein idealer, denn diese traditionelle Sichtweise impliziert ebenfalls, dass es zwischen Werk und Betrachter eine konstante, von der Geschichte unberührte Beziehung geht.« Ebd., S. 44.

88 So schreiben Bordwell, Staiger und Thompson über die Wahrnehmung von Filmen in der ersten Dekade des 20. Jahrhunderts: »Many primitive films did use expository titles at the beginnings of scenes to summarize what would happen in the upcoming action. But often other things happened as well, and the spectator was left to notice those unaided.« Bordwell, Staiger u. Thompson: The Classical Hollywood Cinema (1985), S. 177.

89 Hartmann u. Wulff: Neoformalismus (2007), S. 209–210.

oder revidiert Erwartungen der Zuschauenden.[90] Die Explikation potenzieller Verstehensprozesse aufgrund der Filmform kann am adäquatesten gelingen, wenn die/der *ideale* ZuschauerIn als Ausgangspunkt fungiert. Durch die Annahme von ZuschauerInnen mit größtmöglichen Fähigkeiten kann das Ziel erreicht werden, das *Potenzial* von Leseszenen, also die Bandbreite von möglichen Funktionen, Wirkungen und Bedeutungen, herauszuarbeiten.

Dies hat zur Folge, dass heterogenes Vorwissen zur Identifizierung eines Leseobjekts auf Seiten der Zuschauerschaft nicht berücksichtigt wird. Ob bei Nietzsches *Also sprach Zarathustra*, Macaulays *Lays of Ancient Rome*, Balzacs *La Recherche de l'absolu*, Potters *Peter Rabbit*, den *Lettres d'Abaelard et d'Héloïse* oder Lawrences *Lady Chatterley's Lover*: Es wäre nicht zielführend, die mögliche Unkenntnis eines Textes je nach ZuschauerIn in zahlreichen Filmszenen zur Diskussion zu stellen. Wenn die ZuschauerInnen nicht über notwendiges Vorwissen verfügen, kann eine Gratifikation der filmischen Erfahrung literarisch-ästhetischer Leseszenen auch darin liegen, zur Lektüre des thematisierten Buchs anzuregen. So können Leseszenen unter Umständen das Wissen der Zuschauenden erweitern oder zu dem Wunsch führen, ein Werk erneut zu lesen. Das Konzept der *idealen* ZuschauerInnen inkorporiert diese Facetten der Rezeption, obwohl diese möglichen Gratifikationen bei den einzelnen Interpretationen nicht mehr thematisiert werden.

Nach diesen zentralen Punkten zum Leseobjekt, den symbolischen Bedeutungen des Buchs, unterschiedlichen Formen der Inszenierungen eines Textes, der Art der Informationsvermittlung und den Forschungskontexten zum Verweischarakter, wird der Lichtkegel im nächsten Kapitel auf das *Lesesubjekt* gerückt.

---

90 Vgl. Lowry: Film – Wahrnehmung – Subjekt (1992), S. 115.

6 Lesesubjekt

Mimik, Gestik und Haltung lesender Figuren im Film offenbaren zentrale Facetten der literarisch-ästhetischen Erfahrung. Insbesondere am Gesicht des Lesesubjekts lässt sich erkennen, ob die Figuren während des Lesens beispielsweise verblüfft sind oder lediglich bereits Bekanntes erfahren. Wenn filmische LeserInnen gekrümmt am Schreibtisch sitzen und sich während des Lesens Notizen machen, spricht dies für einen akribischen und unter Umständen mühevollen Lektüreakt, der primär nicht mit Genuss assoziiert wird. Lesende Figuren in Liegepositionen, zum Beispiel in einer Hängematte, indizieren hingegen, dass es sich um eine vergnügliche Freizeitlektüre handelt. Sobald ZuschauerInnen die Mimik oder Haltung der Lesenden im Filmbild sehen, kann dies zu Inferenzen führen, die vor allem mit der Kulturgeschichte und Ikonografie des Lesens sowie der symbolischen Bedeutung des Buchs zusammenhängen. Aber auch historisch tradierte LeserInnen-Typen und damit verbundene Klischees und Stereotype, die von Kleidung über Alter bis hin zum Geschlecht reichen, spielen bei der Wahrnehmung von lesenden Figuren eine Rolle: Ein alter, bebrillter und bärtiger Mann, der in einer Bibliothek liest, wird in der Regel mit Weisheit attribuiert; ein junges lesendes Mädchen in der Wiese mit Sinnlichkeit.[1]

Dieses Kapitel beschäftigt sich mit dem Lesesubjekt und verortet zunächst den Status der Figur im Kontext der Figurenforschung: Inwiefern weisen ZuschauerInnen lesenden Figuren Eigenschaften zu? Die ZuschauerInnen können aufgrund der unter Umständen nur wenige Sekunden im Filmbild zu sehenden Handlung des Lesens schablonenartig eine Charakterisierung der filmischen ProtagonistInnen vornehmen: Wissbegierige, introvertierte Persönlichkeiten, Intellektuelle usw. Das zweite Unterkapitel amplifiziert in Anschluss an Kap. 5.2. weitere Inszenierungsmöglichkeiten des Lesens, wobei diesmal das Lesesubjekt, und nicht das Leseobjekt, den Sichtpunkt der Kamera bildet. Es stehen dabei halbnahe und halbtotale Einstellungsgrößen im Fokus, die Gesichtsausdrücke und Lesehaltungen der Figuren zum Vorschein bringen. Schließlich wird im dritten Unterkapitel eine zentrale Funktion des Lesens für das Lesesubjekt dargelegt: LeserInnen wollen etwas *lernen*; sie akquirieren Wissen und/oder erhalten Einblicke in das ihnen Fremde.

---

1 Diese Zuordnungen von Persönlichkeitsmerkmalen aufgrund des Lesens sind kulturell und historisch bedingt: Die Vorstellungen der beiden oben beschriebenen LeserInnen-Typen sind in anderen Kulturen auf diese Weise nicht kollektiv verankert.

https://doi.org/10.1515/9783110728590-006

6.1 Figurenforschung: Attribuierung und ›Symbolisierung‹

Was geschieht, wenn man eine Person auf der Leinwand sieht – sie handelt, interagiert und träumt, gehört einem Milieu an, hat ein Problem, ist mit den einen befreundet, mit den anderen verfeindet? Am Ende der Rezeption eines Films hat sich das Charakterprofil herausgebildet, über das der Zuschauer Auskunft geben kann. Das, was dazwischen geschieht, ist ein komplizierter Prozess, der das Verhalten der Person mit dem Wissen des Zuschauers vermittelt, indem dieser an einem hypothetischen Entwurf einer Person arbeitet. Der Zuschauer attribuiert – indem er aus dem, was er sieht, Schlüsse auf die Person zieht, mit der er es zu tun hat. Er macht sich ein Bild, aber er tut es nicht ohne Grund. Es sind mächtige formale Vorausannahmen, derer er sich bedienen kann.[2]

Hans J. Wulff skizziert in diesem Zitat den komplexen Prozess der Wahrnehmung einer Figur auf der Leinwand und kommt zu dem Schluss, dass die Zuschauenden auf der Grundlage des Materials, das sie sehen und hören, den Figuren Charaktereigenschaften zuordnen.[3] Jens Eder, der sich grundlegend mit einer theoretischen Konzeptualisierung der Figur im Film auseinandersetzt, unterscheidet ebenfalls zwischen der *Darstellung* der Figur durch den Film und der *Charakterisierung* der Figur durch die RezipientInnen: »So ist unter Charakterisierung einer Figur die Vermittlung von Informationen zu verstehen, die zur Bildung eines mentalen Figurenmodells führen und der Figur stabile körperliche, mentale und soziale Eigenschaften zuschreiben.«[4] Dabei ist nicht nur relevant, welche Informationen zu diesem Inferenzprozess führen, sondern auch in welcher Reihenfolge die Informationen zu einer Figur im Film auftreten. Aufgrund des *primacy effects* haben zu Beginn der Filmhandlung gestreute Informationen häufig eine hervorgehobene Bedeutung, da sie eine Vorstellung der zentralen Charakteristika einer Persönlichkeit darstellen, während später erfolgende Informationen meist das Indiz für den Wandel der Figur sind. Zur Figurendarstellung zählen dabei sämtliche Informationen (vgl. Kap. 5.3.), die wesentlich zum – historisch bedingten –

---

2 Wulff: Attribution, Konsistenz, Charakter (2006), S. 57.
3 Die meisten Forschungsarbeiten in diesem Kontext setzen sich aus semiotischer, psychoanalytischer oder kognitiver Perspektive mit einzelnen Aspekten der Figur auseinander und legen jeweils einen speziellen Schwerpunkt, etwa zum Starphänomen, der sozialen Wahrnehmung von Figuren oder Stereotypenbildung. Vgl. Vernet: Die Figur im Film (2006), S. 11–12.
4 Eder: Die Figur im Film (2008), S. 327. Eder baut dabei unter anderem auf Fotis Jannidis auf, der eine Theorie der Figur aus literaturwissenschaftlicher Perspektive entwirft und schreibt: »Unter Charakterisierung wird also der Prozeß verstanden, bei dem einer Figur Informationen zugeschrieben werden, was entweder sofort oder am Ende eines angeschlossenen Inferenzprozesses in einer figurenbezogenen Tatsache in der erzählten Welt resultiert.« Jannidis: Figur und Person (2004), S. 209.

Prozess der Figurenrezeption beitragen, indem sie Figurenvorstellungen hervor-bringen oder beeinflussen.[5]

Hierzu gehören einerseits Name, Gestalt, Physiognomie, Stimme und Klei-dung der Figur sowie das Image der/s Schauspielerin/s, andererseits Selbst- und/oder Fremdcharakterisierung durch Sprache, Handlungen oder die filmische In-szenierung im weitesten Sinn, z. B. eine Aufsicht, welche die scheinbare Überle-genheit einer Figur suggeriert. So verdichtet bereits eine kurze Filmszene eine Vielzahl an Informationen zu einer Figur, wofür – im Vergleich – einem literari-schen Text mehrere Sätze zur Verfügung stehen. »Der Film ist weniger ein Me-dium des abstrakt-sprachlichen Beschreibens und Erzählens als vielmehr eines des konkreten, anschaulichen und unmittelbar-präsentischen Zeigens«.[6] Wenn der von Humphrey Bogart verkörperte Rick in *Casablanca* (USA, 1942) zu Beginn des Films rauchend gegen sich selbst Schach spielt, sind hier bereits Indizien für seine Intelligenz, seine Antizipationsgabe, seine Selbstbeherrschung und seine emotionale Isolation gegeben. Die ZuschauerInnen schließen folglich vom Äu-ßeren auf das Innere (vom Schachspielen auf Intelligenz), vom Konkreten auf das Abstrakte (von dem Schachbrett auf Ricks Antizipationsgabe), vom Ver-halten auf Innenleben und Persönlichkeit (vom konzentrierten Schachspielen auf Selbstbeherrschung).[7]

Für die Filmanalyse ist es dabei kaum hilfreich, die mediale Darstellung des Films und den Akt der Wahrnehmung durch die Zuschauenden zu unterschei-den, wie es beispielsweise Erwin Panofsky zur Beschreibung und Deutung von bildender Kunst fordert: »Jede Deskription wird – gewissermaßen noch ehe sie überhaupt anfängt – die rein formalen Darstellungsfaktoren bereits zu Symbolen von etwas Dargestelltem umgedeutet haben müssen«.[8] Stattdessen sollte der Akt der *Rezeption* ins Zentrum der Betrachtung rücken: Die sich an die filmisch mitge-teilten Figureninformationen anschließenden Inferenzen der ZuschauerInnen können sowohl die Psyche der Figur (Innenleben, Persönlichkeit, Gefühle) als auch die Sozialität (Beziehungen, Gruppenzugehörigkeiten, Rollen) betreffen. Zudem spielt es eine Rolle, ob die Zuschauenden an der Figur emotional Anteil

5 Vgl. Eder: Die Figur im Film (2008), S. 67. Eder liefert in seiner Monografie einen umfassen-den Forschungsüberblick zur Figur. Vgl. ebd., S. 39–60.
6 Ebd., S. 325.
7 Vgl. ebd., S. 328.
8 Panofsky: Problem der Beschreibung und Inhaltsdeutung (1932), S. 187. Panofsky vertritt eine dreischrittige Methode der Bildanalyse, die er in vorikonografische Beschreibung (formale Darstellung), ikonografische Analyse (Einordnung in Motivgeschichte und der Bedeutungsho-rizont) und ikonologische Interpretation (Geschichte kultureller Symptome und synthetische Intuition) unterscheidet. Vgl. ders.: Ikonographie und Ikonologie (1939), S. 214–222.

nehmen und wie sie die Figur interpretieren.[9] Eder liefert an dieser Stelle eine Systematik, wie diese unterschiedlichen Ebenen der Wahrnehmung einer Figur aufgegliedert werden können: Figuren können als fiktive Wesen, Symptome, Symbole und/oder Artefakte betrachtet werden.

Die Untersuchungskategorie *fiktive Wesen* bedeutet, dass Figuren analog zu realen Menschen – oder anderen Lebewesen – mit sämtlichen physischen, psychischen und sozialen Merkmalen erfasst und analysiert werden können. So erscheint beispielsweise Hannibal Lecter (Anthony Hopkins), die männliche Hauptfigur in *The Silence of the Lambs* (USA, 1991), als selbstsicherer, hochintelligenter und äußerst bedrohlicher Psychiater und Mörder. ZuschauerInnen können sein Äußeres und seine Persönlichkeit wie die eines realen Menschen beschreiben: Er ist eloquent, höflich, gepflegt, weit gereist und musikalisch sowie kunstgeschichtlich bewandert – und er ist belesen. Die Zuschauenden erhalten auch unzweideutige Informationen über Lecters grausame kannibalische Taten und seine Kaltblütigkeit. So beschreibt der Gefängnisdirektor Lecters Gefühlslage, als dieser einer Krankenschwester die Zunge herausgebissen hat: »His pulse never got over 85, even when he ate her tongue.«[10] So entsteht das ambivalente Bild einer bestialischen und gleichzeitig charmanten Persönlichkeit.

In der Sichtweise auf Figuren als *fiktive Wesen* wird nicht nach der *übertragenen* Bedeutung von filmischen ProtagonistInnen gefragt. Solche Perspektiven eröffnen sich stattdessen auf der Betrachtungsebene der Figur als *Symbol*: Hier erscheinen Figuren als komplexe, polyvalente und bedeutungsoffene Zeichen, die als Thementräger, Metaphern, Personisifikationen oder Exempla fungieren können.[11] So kann Lecter sinnbildlich als personisifizierter Teufel gelesen werden, mit dem die junge Polizistin Starling (Jodie Foster) einen Pakt eingeht, um einen anderen Mörder zu verhaften.[12] Als Preis für das Fassen des Serienkillers

---

9 Die emotionale Anteilnahme der ZuschauerInnen an einer Figur ist eine der häufigsten Perspektiven, die Forschungsarbeiten zur Figur einnehmen. Vgl. zu einem Forschungsüberblick: Bartsch, Eder u. Fahlenbach (Hg.): Audiovisuelle Emotionen (2007) sowie Wulff: Moral und Empathie im Kino (2005).

10 The Silence of the Lambs (1991), 00:10:03–00:10:08.

11 Eder vertritt an dieser Stelle keine linguistische Auffassung des Symbols im Sinne Charles Sanders Peirces, nach der das Symbol neben Index und Ikon ein *Zeichen* ist, das ausschließlich auf Konventionen beruht. Für Eder meint Symbol, dass die Figur ein Bedeutungsträger für einen Inhalt ist, der außerhalb der Bedeutung der Figur selbst liegt. Dieser Sichtweise wird sich trotz der Polysemie des Symbolbegriffs angeschlossen.

12 In diesem Zusammenhang sei Sergeij Eisenstein erwähnt, der in seinem Essay über Disney die Dichotomie von fiktiven Wesen und Symbolen in Bezug auf tierische Figuren pointiert herausstellt: »Tiere stehen im Unterwasserzirkus für Tiere: und zwar für Fische und Säuger. In Disneys Gesamtwerk stehen Tiere für Menschen.« Eisenstein: Disney (1941), S. 29.

Buffalo Bill muss sie sich seelisch vor Lecter entblößen – und seine Flucht am Ende des Films akzeptieren: Während sie das ›Böse‹ besiegen kann (Buffalo Bill), lässt sie zu, dass es ebenso wieder in die Welt gelangt (Flucht von Lecter am Ende des Films).[13]

Wenn Eder hingegen von der Figur als *Symptom* spricht, bezieht er sich damit auf das Verhältnis zwischen Fiktion und Wirklichkeit, d. h. es wird untersucht, wie Figuren einerseits als Kulturphänomene über den Film hinaus zur Geltung kommen und andererseits als Anzeichen für gesellschaftliche Entwicklungen interpretiert werden können. Hierzu zählt die Popularität einer Figur, die bei Hannibal Lecter dadurch zum Ausdruck kommt, dass der Schauspieler Anthony Hopkins für seine Rolle mit dem Oscar als bester männlicher Hauptdarsteller ausgezeichnet wurde – und von Lecter eine Reihe von Merchandisingprodukten auf dem Markt sind, von Postern über Kostüme bis hin zu Actionfiguren. Außerdem gibt es unzählige Parodien ikonischer Szenen mit ihm und weitere Filme wie Serien, welche die Figur Lecter in den Mittelpunkt stellen, etwa *Hannibal* (USA, 2013–2015). Zudem wurde er vom *American Film Institute* auf den ersten Platz der Filmbösewichte auf der »list of the 100 greatest heroes and villains« gewählt.[14] Die Beliebtheit der Figur kann dabei als ein Indiz dafür gelesen werden, dass vielschichtige Schurken in den 1990er Jahren eher Anklang beim Publikum fanden als eindimensionale Figuren.

Eine Untersuchung der Figur als *Artefakt* führt zur Frage, wie Figuren ästhetisch konstruiert sind und welche Rolle sie in der Narration einnehmen. So wird in *The Silence of the Lambs* bereits ausführlich über Lecter gesprochen, bevor dieser in einer Einstellung in Erscheinung tritt: Er wird auf diese Weise vor seinem ersten Auftritt *mystifiziert*. Lecter tritt zudem in 26 Minuten Filmzeit in gemeinsamen Gesprächen mit Starling auf und wird z. B. vornehmlich durch zahlreiche Nahaufnahmen seines Gesichts als entschlossene und willensstarke Person inszeniert: »Der Brite Hopkins [...] verzieht keine Miene, erlaubt sich noch nicht mal ein Blinzeln.«[15] Das Parallelisieren des belesenen Lecters mit dem ungebildeten Serienkiller Buffalo Bill führt zudem zu einer *Aufwertung* der Figur. Es wäre nicht ungewöhnlich, wenn die ZuschauerInnen aufgrund seines charmanten Auftretens mit Lecter sympathisieren – dies wird bei Buffalo Bill eher verhindert. Zur ästhetischen Konstruktion zählt des Weiteren

---

13 Klaus Theweleit interpretiert den Thriller als Beziehungsgeschichte zwischen Lecter und Starling, wobei der Psychotherapeut Lecter seiner Patientin Starling eine ›Entpuppung‹ ermöglicht. Er hilft ihr nicht nur, den gesuchten Serienmörder Buffalo Bill zu finden, sondern therapiert sie dabei auch von einer traumatischen Kindheitserfahrung. Vgl. Theweleit: Sirenenschweigen (1996), S. 330.
14 Vgl. American Film Institute: 100 Heroes & Villains (2005).
15 Krützen: Väter, Engel, Kannibalen (2007), S. 200.

auch die Namensgebung: Der Vorname der Figur erinnert nicht nur an den karthagischen Strategen und Heeresführer aus der Antike, der beinahe das Römische Reich zu Fall brachte, sondern reimt sich auch auf *cannibal*. Lecters Vorname verweist sowohl auf seine Intelligenz und Macht als auch auf seine ›Leidenschaft‹ zur Anthropophagie. Zudem stellt ihn sein Nachname, im Englischen ist die Parallele zu *lecture* noch deutlicher, bewusst als Leser heraus: Lecter kann metaphorisch als empathischer Therapeut seine Mitmenschen ›lesen‹ und seine Belesenheit lässt ihn aufgrund des damit verbundenen Wissens und Kalküls noch bedrohlicher erscheinen.

Im Anschluss an diese Vorstellung des Kategorien-Quartetts ist es im Folgenden grundsätzlich hilfreich, bei der Analyse von lesenden Figuren zu trennen, ob die Figur als *fiktives Wesen* oder als *Symbol* betrachtet wird. Die zwei weiteren Kategorien von Eder stehen weniger im Vordergrund: Die *ästhetische* Konstruktion einer Figur ist bei der Filmanalyse *per se* präsent: Sie spielt bei der Interpretation immer eine Rolle und wird deshalb nicht als eigene Untersuchungskategorie begriffen. Die Frage nach der *symptomatischen* Wirkung lesender Figuren, beispielsweise in dem Sinne, wie Lesedebatten im Film widergespiegelt werden, entspricht nicht der Forschungsfrage der vorliegenden Studie.[16]

Wenn lesende Figuren als fiktive Wesen aufgefasst werden, bringen ZuschauerInnen ihr Wissen über Menschen bei der Wahrnehmung filmischer Figuren mit ein: Sie versehen die SchauspielerInnen im Filmbild aufgrund ihres Aussehens und Handelns mit Attributen, die mit der symbolischen Bedeutung des Buchs zusammenhängen: Weisheit, Wissen, Intelligenz, Bildung, Kreativität, soziale Isolation, Untauglichkeit für lebensweltliche Probleme, Arroganz oder elitäres Verhalten können abhängig vom Handlungskontext mit der lesenden Figur assoziiert werden. Rezipierende fühlen zudem mit den Figuren mit und können sich womöglich mit LeserInnen auf der Leinwand identifizieren. Lesemodelle aus der Soziologie, Psychologie und Philosophie, die in Kap. 2 erläutert wurden, können auf filmische Figuren übertragen werden: Auch filmische Figuren können mit einer Lesekompetenz ausgestattet sein oder über ein Leseverhalten verfügen. Dies korreliert mit der theoretischen Prämisse aus Kap. 3, nach der Figuren dazu in der Lage sind, eine ästhetische Erfahrung zu durchleben. Figuren haben ein – zumindest rudimentäres – Innenleben und die Fähigkeit, sich mit ihrem Bewusstsein auf Gegenstände zu beziehen, beispielsweise indem sie etwas wahrnehmen, fühlen oder wollen.[17] Sie verfügen in der Husserl'schen Ter-

---

16 Ein Beispiel für ein in diesem Bereich relevantes Phänomen ist die Ausstellung *Reading a book? Hollywood liest* im Deutschen Buch- und Schriftmuseum in Leipzig, die Fotografien lesender Hollywoodstars präsentierte. Vgl. Orbeck: Fotos aus Hollywood (2015).
17 Vgl. Eder: Die Figur im Film (2008), S. 63–64.

minologie über *Intentionalität* und können somit auch selbst einen literarischen Text rezipieren.

Sobald die *symbolische* Ebene in den Blickpunkt rückt, wird von körperlichen, psychischen oder sozialen Eigenschaften abstrahiert und es stellt sich die Frage, was metaphorische oder allegorische Bedeutungen von Figuren in einem Film sein können, die mit dem Lesen verknüpft sind. So könnte man z. B. zu dem Schluss kommen, dass die in Kap. 5.2. angesprochene weibliche Figur Jennifer Wagner aus *Pleasantville* für einen neuen Konservatismus unter der jugendlichen Generation steht. Sie erscheint zwar einerseits durch ihre Unangepasstheit und sexuelle Aufgeschlossenheit wie eine Revoluzzerin, doch andererseits hält sie am Ende des Films an traditionellen gesellschaftlichen Werten fest, da sie beschließt, in der idyllischen 1950er-Jahre-Diegese der Fernsehserie zu bleiben. Diese Interpretation wird durch Jennifers Transformation während der Lektüre unterstrichen, als sie plötzlich eine Brille trägt und das Daheimbleiben und Lesen dem Ausgehen bevorzugt. Entscheidend ist an dieser Stelle, dass eine Verbindung zwischen dem Akt des Lesens und der symbolischen Bedeutung der Figur vorliegt. Drei Beispiele führen im Folgenden vor, wie sich die Charakterisierung von fiktiven Wesen und die Interpretation von Figuren als Symbole gestalten können.

Die Komödie *Fast Times at Ridgemont High* (USA, 1982) schildert die Erlebnisse einer Clique während ihres letzten Schuljahres an der Ridgemont High School in Kalifornien. In einer Szene sieht man die Nebenfigur Arnold (Scott Thomson) während eines Heimspiels des schulischen Basketballspielteams als einzige Person in der Menschenmenge konzentriert ein Buch lesen, das nicht zu identifizieren ist (Abb. 8). Der einfältige Jeff Spicoli (Sean Penn) schläft hingegen, den ganzen Körper über mehrere Mitschüler ausgestreckt, seinen Rausch vom Vortag aus. Eine Sporthalle ist kein typischer Leseort und der demonstrative Leseakt Arnolds zeigt sein Desinteresse gegenüber der Sportveranstaltung. Die Leseszene liefert auf klischeehafte Weise *cues*, indem die Welt des *Geistes* (Lesen) ostentativ der Welt des *Körpers* (Bewegung und Wettkampf sowie das Kurieren der Auswirkungen des Alkoholexzesses) gegenübergestellt wird.

So vergibt der Film Informationen zu einer Figur, welche die Zuschauenden als markante Charaktereigenschaften eines fiktiven Wesens wahrnehmen sollen: Arnold ist derart an Büchern interessiert, dass er keine Begeisterung für eine Sportveranstaltung aufbringen kann: Er wirkt dadurch einerseits intelligent und andererseits durch die Kontrastierung mit der Sportszene lebensfern, da er nicht dem Basketballspiel folgt. Arnold stellt eine Nebenfigur dar, die ein Arbeitskollege der Hauptfigur Brad Hamilton ist; Brad verbalisiert Arnold gegenüber häufiger seine Gedanken und Gefühle. So liegt die Funktion der Nebenfigur vor allem darin, dass er anwesend ist, damit die Hauptfigur ihm gegenüber sein

Abb. 8: ZuschauerInnen nehmen die lesenden Figuren in *Fast Times at Ridgemont High* (00:33:43) und *Cosmopolis* (00:28:15) als fiktive Wesen wahr, in *Teorema* (00:09:43) hingegen dominiert der symbolische Gehalt der Figur.

Innenleben offenbaren kann. In der Filmkomödie um verschiedene Teenager gibt es spezielle Typen, die mit stereotypem Aussehen und Verhaltensweisen versehen sind: der/die SportlerIn, die Schüchterne, der Coole, der Chaot usw. Arnold, der nicht viel *screen-time* einnimmt, verkörpert in diesem Klischee-Kabinett eine introvertierte und intellektuelle Nebenfigur, die nicht im Zentrum der Erlebnisse der Jugendlichen rund um Sex und Schulprobleme steht. Eine dicke Brille und das Lesen von Büchern stellen dabei zwei Möglichkeiten dar, einen entsprechenden Charakter zu attribuieren, ohne dass er viele intensive Szenen benötigen würde. Hier wird das Potenzial des Films im Vergleich zur Literatur deutlich, in verkürzter Erzählzeit bzw. durch schlaglichtartige Einstellungen Eigenschaften der Persönlichkeit in Szene setzen zu können.

Anders erfolgt die Attribuierung einer Figur durch das Lesen in David Cronenbergs *Cosmopolis* (CAN (u. a.), 2012). Der Film spielt größtenteils im Inneren einer Stretch-Limousine, in der Eric Packer, ein als Vermögensverwalter tätiger Milliardär, quer durch Manhattan fährt und dabei auf diverse ihm privat oder beruflich nahestehende Personen trifft. In einer Szene verlässt er seinen Wagen, um seine Frau Elise (Sarah Gadon) in einem Antiquariat aufzusuchen. Als sie ihn erkennt, wendet sie ihre Augen von der Lektüre ab und blickt Packer an (Abb. 8). Elise liest einen nicht zu identifizierenden Text, daher handelt es sich um eine Systemreferenz, die mit der imposanten Ansammlung von Büchern in den Regalen, vor denen sie steht, in Verbindung steht. Da Elise als bibliophil inszeniert wird und sich in einem Buchgeschäft aufhält, kann sie analog zu Arnold in dem Filmbeispiel zuvor als intelligent und gebildet charakterisiert werden.

Den gesamten Film über begegnet die Hauptfigur Packer hauptsächlich geistlosen und materiell orientierten Personen aus der Finanzwelt, mit denen er auf einer Autofahrt in Interaktion tritt. Aus dieser Gruppe ragt Elise heraus: Packer muss für sie sein Automobil verlassen und sie konfrontiert ihren Mann ganz offen mit der Feststellung, dass er nach Sex riechen würde – die ZuschauerInnen haben in vorangegangenen Szenen gesehen, wie er sie betrogen hat. Während Packer materialistisch und wortkarg erscheint, verleiht Elise das Buch in der Hand, kombiniert mit dem Leseort, eine Autorität von geistiger Überlegenheit gegenüber ihrem Mann: Empathie, Sinnlichkeit und ästhetische Freude sind Facetten des Lesens, die Packer selbst nicht zugänglich sind. Gleichzeitig wird im weiteren Verlauf der Szene jedoch deutlich, dass sie Packer nicht verlassen kann, trotz ihrer Überlegenheit und ihrer richtigen Vermutung, dass er fremdgeht. Analog zur ›negativen‹ metaphorischen Bedeutung des Buchs wird sie so als eine passive Person charakterisiert, die entgegen ihrer Superiorität und ihres Intellekts nicht dazu in der Lage ist, sich von ihrem Ehemann zu lösen. Sowohl in *Cosmopolis* als auch in *Fast Times at Ridgemont High* werden also Facetten der – auch diskurgeschichtlichen – Bedeutung des Lesens und des Buchs von den ZuschauerInnen auf die Persönlichkeit der Figuren übertragen.

Die offenkundig *symbolische* Bedeutung einer lesenden Figur illustriert Pier Paolo Pasolinis *Teorema* (I, 1968). Ein namenlos bleibender, unbekannter Gast hat nacheinander sexuellen Verkehr mit allen Mitgliedern einer wohlhabenden Familie: dem Industriellen Paolo, seiner gewissenhaften Frau Lucia, ihren beiden Kindern Odetta und Pietro und schließlich der Haushälterin Emilia. Diese merkwürdige Begegnung mit dem Fremden leitet für alle fünf ProtagonistInnen gegen Ende des Films eine fundamentale Wende in ihrem Leben ein. Es wird an der Handlung bereits deutlich, dass Plausibilität kein Kriterium in Pasolinis Film ist. Entsprechend ergibt es auch wenig Sinn, den mysteriösen Fremden wie einen Menschen zu betrachten. Entscheidend für den Fokus auf die symbolische Ebene einer Figur ist hier die offensichtliche Konstruiertheit und fehlende Logik der Handlung: Die Geschichte eines Fremden, der mit allen Mitgliedern einer Familie nacheinander Sex hat, ist eine Parabel und die Figur ist eine bedeutungsoffene *Leerformel* ohne individuelle Eigenschaften.

Der von Terence Stamp gespielte, attraktive und introvertierte Unbekannte wird eingeführt, indem er sich von einer Familien-Party entfernt, sich auf einen Stuhl im Garten setzt und rauchend in einen Band mit Gedichten von Arthur Rimbaud vertieft ist (Abb. 8). Die ostentativ gelassene Haltung des Fremden, den eine abbrennende Zigarette nicht aus der Fassung bringt, zeigt, dass er sich von ›weltlichen Problemen‹, wie den Party-Gästen oder Emilias Gartenarbeit, nicht ablenken lässt. Neben der stoischen Leseweise fällt der Lesestoff auf: Es erfolgt keine konkrete Einzeltextreferenz, sondern es wird visuell lediglich der Name »Arthur Rimbaud« gezeigt. Bei einem Autor wie Rimbaud reicht die Nennung seines Namens, da hierdurch – im Gegensatz zur Thematik eines ausgewählten Gedichts – auf sein in der Hauptsache lyrisches Gesamtwerk sowie seine Biografie Bezug genommen wird und damit seine Autorfunktion als Diskursstifter zum Tragen kommt. Mit einer neuen provokativen und unzeitgemäßen Sprache wollte Rimbaud das Unbewusste erschließen.[18] Der Symbolist brach mit gängigen Konventionen, sein jugendliches, ungestümes Temperament und seine ästhetische Kompromisslosigkeit hatten eine ungeheure Wirkung: Bis heute gilt er als literarischer Revolutionär, Wegbereiter der surrealistischen Dichtung und als einer der meistgelesenen Lyriker Frankreichs. Außerdem lebte Rimbaud ein durch und durch anti-bürgerliches Leben: seine Homosexualität, die *l'amour fou* mit Paul Verlaine, seine dekadente Lebensweise, das ständige Reisen, der frühe Abbruch seines literarischen Schaffens oder sein langjähriger Aufenthalt in Afrika bezeugen dies.

Rimbaud verweigerte sich literarisch und biografisch gesellschaftlichen Konventionen. Dies erklärt, warum der Unbekannte in Pasolinis Film ausgerechnet ein Werk Rimbauds liest: Die von Stamp gemimte Figur zeigt der bürgerlichen Familie ihre Begrenzungen auf, bringt diese durcheinander und zerstört sie am Ende quasi völlig.[19] Paolo überlässt den Arbeitern seine Fabrik und begibt sich nackt in die Wüste, Lucia lässt sich mit fremden jungen Männern ein, die junge Odetta endet im Irrenhaus, Pietro beginnt mit abstrakter Malerei und Emilia kehrt aufs Land zurück, wo sie zur meditierenden Heiligen wird. Der Unbekannte ist ein *Trickster*, der durch das Aufbrechen sicher geglaubter Werte, Prinzipien und Haltungen, worunter auch scheinbar eindeutige sexuelle Orientierungen wie Hetero- oder Homosexualität fallen, den Konstruktcharakter eben dieser Überzeugungen herausstellt. Symbolisch ist diese Wahrnehmung der Figur insofern, als dass sie als Stellvertreter für jemanden oder etwas gesehen wird, der oder das die bürgerlichen Konventionen in Frage stellen kann: KünstlerInnen, Erotik oder Literatur. Die Lesescene leistet für diese Interpretation der Figur einen entscheidenden Beitrag und zeigt auf, wie – schlaglichtartig – nur durch die Nennung des Namens Rimbaud mannigfaltige Bedeutungsräume eröffnet werden können.

Die Betrachtung der Figur als *fiktives Wesen* oder als *Symbol* soll nicht als schematische, binäre Überinterpretation aufgefasst werden. Es handelt sich hierbei um

---

18 Vgl. Eichhorn: Nachwort (2016), S. 412–413.
19 Somit handelt es sich bei dem gelesenen Werk um eine *autothematische* Lektüre, deren Bedeutung Kap. 11.2. darlegt.

ein Hilfskonstrukt, um die verschiedenen Ebenen der Figurenwahrnehmung für die Analyse und Interpretation fruchtbar zu machen. Das literarisch-ästhetische Lesen verleiht den Lesesubjekten Charaktereigenschaften, die mit der Kulturgeschichte des Lesens und des Buchs verknüpft sind, und/oder eröffnet einen Interpretationsrahmen für den Film. Das Lesen einer Figur sollte zudem, wie die Beispiele gezeigt haben, nicht isoliert betrachtet werden. Es gilt sowohl den Leseort (Sporthalle, Buchladen und Garten) als auch die Kinematografie miteinzubeziehen. Um der formalen Darbietung der lesenden Figur Rechnung zu tragen, lenkt das folgende Unterkapitel die Aufmerksamkeit auf Inszenierungsmöglichkeiten des Lesens, in denen das Lesesubjekt im Fokus der Kamera steht.

6.2 Inszenierungsmöglichkeiten II – Fokus: Leseweise und -position

Im Anschluss an Kap. 5.1. werden im Folgenden kinematografische Variationen der Lesedarstellung vorgestellt, die sich am Lesesubjekt als Sichtpunkt der Kamera orientieren: vor allem halbnahe und halbtotale Einstellungen von Lesenden, die in einer Normalsicht dargeboten sind. Dadurch gerät entweder das Gesicht oder der ganze Körper der/s Lesenden ins Blickzentrum.

Die Lese*weise* bezeichnet das Zusammenspiel von Mimik, Gestik und Emotionen des Lesesubjektes: Liest die Figur akribisch, wenn sie die Augen starr auf das Leseobjekt gerichtet hat? Sind die Lippen aufeinandergepresst oder die Augenbrauen nach oben gezogen, was auf einem möglichen Unverständnis des Textes beruhen kann? Kommen der Figur Tränen in die Augen, was auf eine mögliche Erinnerung zurückzuführen ist, die mit dem Text in Verbindung steht? Die Leseforschung versteht unter der Leseweise, häufig auch synonym mit Lese*art* gebraucht, Techniken, mit denen sich LeserInnen Lesemedien aneignen, d. h. alle habituellen Formen der stimmlichen oder nicht-stimmlichen Rezeption von Texten, aber auch Intensität und Schnelligkeit bei langsamem, einmaligem oder selektivem Lesen.[20] Für die vorliegende Studie sind darunter vor allem *cues* des Gesichts eines Lesesubjekts zu verstehen, durch die Aussagen über die Intensität eines Leseerlebnisses getroffen werden können.

Die Lese*position* meint die körperliche Haltung der/s Lesenden und kann in Rekurs auf Georges Perec auf sechs Möglichkeiten reduziert werden: Stehend lesen, sitzend lesen, liegend lesen, kniend lesen, kauernd lesen und beim Gehen

---

20 Vgl. Rautenberg u. Schneider: Historisch-hermeneutische Ansätze (2016), S. 97.

lesen.[21] Diese sechs Optionen könnten nochmals untergliedert werden, etwa hinsichtlich der Variationen des Sitzens: Der Körper ist nach hinten zurückgelegt, die Ellbogen sind auf den Tisch aufgestützt, die Füße berühren den Boden etc.[22] Im Film ist das Lesen im Sitzen oder im Liegen prinzipiell verbreiteter als eine kauernde oder kniende Leseposition.[23] Die Lesehaltung lässt Schlussfolgerungen über den Leseprozess zu: Wer liegend liest, liest in der Regel entspannter und vergisst unter Umständen die ihn umgebende Realität für die Dauer des Leseprozesses. Sitzende LeserInnen in einer Bibliothek, ausgestattet mit Arbeitsmaterialien, legen die Vermutung nahe, dass sie sich intensiv mit einem Text auseinandersetzen und nicht zur Entspannung lesen. In den nun folgenden Beispielen liegt der Schwerpunkt zunächst auf der Leseweise, bevor Variationen der Lesehaltung durchgespielt werden. Zu Beginn steht die *freudige* Leseweise im Vordergrund.

Die Horrorserie *Chilling Adventures of Sabrina* (USA, seit 2018) erzählt die Geschichte der Halbhexe Sabrina Spellman, die als verwaiste Tochter eines Hexenmeisters und einer sterblichen Mutter häufig in Situationen gerät, in denen die Regeln der magischen oder der normalen Welt miteinander konfligieren.[24] Sabrina lebt bei ihren beiden Tanten: der freundlichen Hilda und der strengen Zelda. In der der Episode *Dreams in a Witch Academy* ist Hilda (Lucy Davis) in einer halbnahen Einstellung zu sehen, die gerade den Roman *The Turncoat* von Dionna Thorland liest (Abb. 9): eine abenteuerliche Liebesgeschichte zu Zeiten der amerikanischen Revolution im 18. Jahrhundert.[25] Mimik, ein freudig-verzerrter Gesichtsausdruck, sowie Gestik, ›Gickeln‹ und das wilde Bewegen ihrer Füße, offenbaren eine große Lesebegeisterung.

Hilda verbalisiert ihr intensives Leseerlebnis auch gegenüber ihrer Schwester Zelda: »That's nasty. [...] It's just it's rather good. Saucy.«[26] Während die lie-

---

21 Vgl. Perec: Lesen (2011), S. 24.
22 Vgl. ebd.
23 Die selten vorkommende *gehende* Lesehaltung findet sich z. B. zu Beginn des Films *Liberal Arts* (USA, 2012), als die Hauptfigur Jesse Fischer mit seiner Wäsche auf den Schultern durch die Straßen von New York geht und dabei *The God of Small Things* von Arundhati Roy liest. Dadurch wird früh deutlich gemacht, dass Literatur ein zentraler Bestandteil seiner Freizeit darstellt; es ist für ihn eine Tätigkeit, der er in jeder freien Sekunde nachgeht. Zudem ist er von der Lektüre derart aufgesogen, dass er sich in einem Flow-Zustand befindet, nicht mehr auf den Gehweg achten muss und sich gleichzeitig auf das Buch konzentrieren kann.
24 Die Serie beruht auf der gleichnamigen Comicbuchreihe, die Mitte der 1990er als Vorlage für eine Sitcom diente: *Sabrina, the Teenage Witch* (USA, 1996–2003).
25 Es handelt sich hierbei um eine selbstreflexive Anspielung, da die Autorin des Romans, Dionna Thorland, auch am Drehbuch zu der Serie mitgearbeitet hat.
26 Chilling Adventures of Sabrina (seit 2018), 1. Staffel, 5. Episode, 00:01:58–00:02:12.

Abb. 9: Die beiden LeserInnen aus *Chilling Adventures of Sabrina* (1. Staffel, 5. Episode, 00:01:58) und *A Life Less Ordinary* (00:22:08) sind während des Lektüreakts vergnügt. Unterschiedliche Mimik der LeserInnen bieten *Star Trek: The Next Generation* (3. Staffel, 19. Episode, 00:12:03) und *Alphaville, une étrange aventure de Lemmy Caution* (01:05:59). Aufschlussreiche Lesepositionen liegen in *10 Things I Hate About You* (00:12:32) und *Monsieur Lazhar* (00:45:22) vor.

gende Lesehaltung im Bett häufiger in Leseszenen vorkommt, sind das fast schon groteske Lachen und die zappelnden Füße bemerkenswert. Zelda quittiert Hildas außergewöhnliche Lesefreude jedoch negativ: Sie sollte etwas anderes, Ernsteres lesen, da sie schließlich gerade aus dem Hexenrat verbannt wurde. Diese Lese-szene charakterisiert die beiden Schwestern: Hilda ist leicht zu begeistern und gutmütig; Zelda zeigt sich durch ihre drastische Lesewertung hingegen als extrem pflichtbewusst und wenig empfänglich für alltägliche Freuden. Wenn ihre *symbolischen* Bedeutungen untersucht werden, erinnert die Szene an Um-berto Ecos bereits im letzten Kapitel angesprochenen Roman *Il nome della rosa*, in dem der Bibliothekar de Burgos das zweite Buch der *Poetik über die Komödie* von Aristoteles vor der Öffentlichkeit geheim halten will, da das Lachen den kirchlichen Doktrinen widersprechen würde. Wenn die gesamte magische Welt in *Chilling Adventures of Sabrina* mit einer Glaubensgemeinschaft vergleichbar ist, vertritt Zelda eine äußerst konservative sowie dogmatische Auffassung und möchte Hilda, welche die Zauber-Gesetze äußerst locker handhabt, weltliche Genüsse verbieten. Der Teenager Sabrina fühlt sich zwischen diesen beiden Seiten hin- und hergezogen. Diese Dichotomie der Lebensauffassung kommt paradigmatisch in der Leseszene zum Ausdruck.

Die Leseweise ist nicht nur in halbnahen Einstellungen aussagekräftig, sondern auch in Halbtotalen, wie ein Screenshot aus Danny Boyles *A Life Less Ordinary* (GB/USA, 1997) verdeutlicht. In der Komödie entführt der entlassene Putzmann Robert Lewis (Ewan McGregor) in einer Kurzschlussreaktion zur Rettung seines Jobs Celina Naville (Cameron Diaz), die Tochter seines Chefs. Celina beschließt, sich als vermeintliches Opfer auszugeben, um ihren Vater zu erpressen. Während der Flucht vor der Polizei, die von den beiden Engeln O'Reily und Jackson begleitet wird, verlieben sich Celina und Robert ineinander. Als sie die Zeit in einem gemeinsamen Unterschlupf verbringen, liest Celina zum Zeitvertreib ein Buch: »It's a romance. This girl meets this guy. They fall in love. It's bullshit.«[27] Die ZuschauerInnen sehen auch das Cover des Buchs: *Perfect Love* von Jennifer Hodge. Es handelt sich dabei um einen Fall von Pseudointertextualität.[28] Diese kurze Inhaltszusammenfassung des literarischen Texts kann auf das Schicksal der beiden Hauptfiguren übertragen werden, denn die beiden sind am Ende des Films ein Paar.[29] Nach einem Streit zwischen ihnen über Roberts Ambitionen, Schriftsteller zu werden, reißt er ihr das Buch aus den Händen und setzt sich auf die Veranda, um zu lesen, wohingegen Celina Holz hackt. Der Engel O'Riley liest die Sätze aus dem Off vor, während Robert in einem *medium close up* auf der Veranda im Schneidersitz das Buch in seinen Händen hält (Abb. 9): »She heard his breathing become shallow and a flicker of a smile chased across her lips as she mediated on the power she now held over him. Are you sure you want to catch that flight, she asked.«[30]

Roberts Mimik, die aus entsprechender Distanz zur Kamera sichtbar wird, kann hier wie in dem Beispiel zuvor als Ausdruck von Leselust interpretiert werden: Der Roman gefällt ihm. Die Anzeichen lassen aber auch den Schluss zu, dass das Lächeln das Ergebnis einer identifikatorischen Lektüre ist, wodurch er die gelesenen Sätze auf sich überträgt: »the power she now held over him«. Er lächelt, weil er verliebt ist. In diesem Fall wird durch eine Information weniger

---

27 A Life Less Ordinary (1997), 00:21:13–00:21:19.
28 Dies ist eine filminterne Anspielung: Jennifer Hodge ist die Ehefrau von John Hodge, dem Drehbuchautor des Films.
29 Erneut handelt es sich um eine *autothematische* Lektüre (vgl. Kap. 11.2.).
30 A Life Less Ordinary (1997), 00:21:53–00:22:06.

die Charaktereigenschaft einer Figur hervorgehoben, sondern stattdessen die Beziehung zu einer anderen als Ausdruck von *Sozialität*: sein Verliebt-Sein. Die Szene ist zudem als ein auffälliger Bruch mit Gender-Konventionen inszeniert. Robert wird als ein sensibler Mann dargestellt, der – wie bereits sein Kleidungsstil indiziert – kein typischer Vertreter männlichen Selbstbewusstseins ist. Er empfindet die Liebesgeschichte, die Celina wiederum als »bullshit« bezeichnet hat, als schön. Parallel zu Roberts Lektüreakt geht Celina mit dem Holzhacken außerdem einer klischeehaft männlichen Tätigkeit nach. Entgegen verbreiteter Geschlechterstereotypen ist die Szene derart gestaltet, dass der Mann gerne eine Love-Story liest und die Frau körperliche Arbeit bevorzugt. Die beiden Beispiele eint, dass die Verarbeitung des Gelesenen ein positiver Moment ist: Es kann Wohlgefallen an der Lektüre sein (*Chilling Adventures of Sabrina*) oder auch durch das Lesen ausgelöste Reflexion, die zu einer affirmativen Einschätzung der eigenen Lebenssituation führt (*A Life Less Ordinary*). Die Leseweise ist jedoch nicht immer als eine freudige auszumachen, wie folgende Beispiele beweisen.

Abbildung 9 zeigt Jean-Luc Picard (Patrick Stewart), den Kapitän des Raumschiffs Enterprise, aus der Serie *Star Trek: The Next Generation* (1987–1994). In der Folge *Captain's Holiday* wird Picard aus gesundheitlichen Gründen zu einem Urlaub auf dem Planeten Risa überredet, der den BesucherInnen ein reichhaltiges touristisches Erholungsangebot zur Verfügung stellt. Picard begibt sich dort auf eine Liege, um James Joyces *Ulysses* zu lesen. Der Leseakt steht dabei der Atmosphäre der Wellness-Oase entgegen, denn die anderen Gäste spielen oder trinken und das Buch wird von badenden Gästen nassgespritzt: Der Intellektuelle wirkt an diesem Ort deplatziert; das Lesen erscheint als *exklusive* Tätigkeit.[31] Die hochgeistige Lektüre als Urlaubsbeschäftigung ist durchaus typisch für den literaturbewanderten Franzosen, der in vielen Folgen Shakespeare zitiert und eine umfassende Kenntnis der Hochkultur beweist.[32] Die zusammengepressten Lippen und die eingeengten Augen, die ein *medium close up* in Szene setzt, suggerieren dabei in erster Linie Aufmerksamkeit und Ernsthaftigkeit, weniger Entspannung oder Freude. Dies ist bezeichnend für den Workaholic Picard, der mit Joyces Werk versucht, bei einem der anspruchsvollsten und sperrigsten Texte der Weltliteratur Entspannung zu finden. Dies thematisiert auch ein Dialog vor dieser Szene über das Buch mit seinem ersten Offizier Riker:

---

31 Picard erweckt auch den Eindruck, in Risa fehl am Platz zu sein, da er mit dem Buch auf ein veraltetes Medium in diesem Universum zurückgreift. Texte werden im 24. Jahrhundert allesamt elektronisch gelesen. Das Nassspritzen und die Schädigung eines kostbaren Buchs verweisen dabei auf eine grundsätzliche ›Schwäche‹ der Materialität des Mediums.
32 Die Kreation eines intellektuellen Raumschiff-Kapitäns stellte einen Gegenentwurf zum draufgängerischen und machohaften James T. Kirk der ersten Serie Ende der 1960er Jahre dar.

Picard: I thought I'd take along some light reading ... in case I got bored.

Riker: *Ulysses* by James Joyce? [...] You call this light reading?

Picard: To each his own, Number One.[33]

Angesichts des angespannten Gesichtsausdrucks von Picard stellt sich die Frage, ob *Ulysses* wirklich »light reading« für den Kommandanten der Enterprise darstellt. So attribuiert die konzentrierte Leseweise ihn an dieser Stelle nicht nur als belesen, sondern führt den ZuschauerInnen auch seine momentane Unfähigkeit vor, geistig abschalten zu können. Die in diesem Moment ausbleibende Regeneration wird auch inhaltlich im weiteren Verlauf der Episode aufgegriffen: Statt den Urlaub mit Lesen zu verbringen, gerät er in eine gefahrenträchtige Schatzsuche, die das Gegenteil zur Lektüre von Joyces Roman darstellt. Anstatt eines möglicherweise intensiven Leseerlebnisses ereignet sich ein ereignisreiches Abenteuer mit einer Liebesgeschichte, durch das er letztendlich die notwendige Entspannung erhält. Das Lesen eines anspruchsvollen Textes wird an dieser Stelle humoristisch, im Sinne der metaphorischen Verbindung des Buchs mit *Stagnation*, mit Action und Spannung kontrastiert.

Ein anderer Gesichtsausdruck während der Lektüre, der weder lächelnd noch konzentriert erscheint, stammt aus *Alphaville, une étrange aventure de Lemmy Caution* (F/I, 1965) von Jean-Luc Godard. Der Science-Fiction-Film handelt von einem totalitären Überwachungsstaat, in dem ein Computer namens Alpha 60 die Unterordnung der Gesellschaftsmitglieder unter die Logik verlangt: Wer zu emotional ist, wird getötet. Um dies zu gewährleisten, gibt es verbotene Wörter wie z. B. Liebe, die Lektüre bestimmter Bücher ist untersagt und KünstlerInnen werden in ein Elendsviertel verbannt. Der Privatdetektiv Lemmy Caution (Eddie Constantine) wurde damit beauftragt, Natascha (Anna Karina), die Tochter Professors von Brauns, zu finden.[34] Caution trägt dabei auch poetische Texte mit sich und bittet Natascha, nachdem er sie gefunden hat, das Leseobjekt *Capitale de la douleur* des surrealistischen Dichters Paul Éluard vorzulesen (Abb. 9): »Nous vivons dans l'oubli de nos metamorphoses. Mais cet écho qui roule tout le long du jour. Cet écho hors du temps d'angoisse ou de caresses. Sommes-nous près ou loin

---

33 Star Trek: The Next Generation (1987–1994), 3. Staffel, 19. Episode, 00:09:00–00:09:09.

34 Lemmy Caution ist die Hauptfigur aus einer Pulp-Romanreihe von Peter Cheyney, die in den 1930er und 1940er Jahren veröffentlicht wurde. Der Film ist dementsprechend voller Anspielungen und vermischt verschiedene Genres miteinander. Die Verkörperung Cautions durch den Schauspieler Eddie Constantine ist ein intramediales Zitat, da Constantine die Agentenfigur schon zwölf Jahre zuvor in *La môme vert-de-gris* (F, 1953) spielte und damit den Grundstein für seine Schauspielerkarriere legte.

de notre conscience.«[35] Nachdem Natascha die Zeilen vorgelesen hat, blickt sie Lemmy an: »Il y a des mots que je ne comprends pas ... conscience.«[36]

Nataschas ausdruckslose Mimik deutet bereits während der Lektüre auf ihre Unfähigkeit hin, gewisse Wörter zu verstehen. Dies unterstreicht auch die Aufnahme ihres Gesichts in einem *close up*. Ihre Leseweise ist weder von einem Lächeln noch von einem konzentrierten Blick bestimmt, wie z. B. bei Picard, da Natascha aufgrund ihrer beschränkten Lexik bestimmte Lesevoraussetzungen fehlen. Mögliche Gratifikationen von Literatur können bei ihr infolge der zurückentwickelten Lesekompetenz nicht eintreten: Eine ästhetische Erfahrung ist nicht möglich. Éluards Gedicht akzentuiert dabei die Auswirkungen des totalitären Staates auf die BewohnerInnen (»Nous vivons dans l'oubli de nos metamorphoses«) und es entspricht dem Ausdruck der fatalen Folgen, dass Natascha ausgerechnet das Wort »Bewusstsein« nicht kennt. Die Rolle von Lemmy Caution ist in dem Film vergleichbar mit Prometheus, der den Menschen das Feuer brachte: Er will, dass Natascha realisiert, dass Poesie einst einen Platz in der Gesellschaft hatte, die Emotionalität wieder an Kraft gewinnt und dadurch ein Aufstand gegen die Unterdrückung entsteht.[37] Die Bedeutung des Lesens in dieser Dystopie ist als ein Fall der im letzten Kapitel dargelegten politischen Symbolik des Buchs zu bezeichnen (vgl. Kap. 5.1.). So ist die Leseszene der Beginn davon, dass Anna sich sukzessive als ein Individuum mit Träumen und Begehren wiedererkennt und am Ende des Films den Computer *Alpha 60* zerstört. Die teilnahmslose Leseweise charakterisiert einerseits ein *fiktives Wesen*, dem es an einer entscheidenden Lesekompetenz mangelt, und verkörpert andererseits ein *Symbol* für die Bedeutung von fiktionaler Literatur zur Emergenz eines eigenverantwortlich denkenden und handelnden Menschen.

Das Blicken weg vom Text oder ein leicht geöffneter Mund als Indiz für Erstaunen, Überraschung oder Erkenntnis sollten nicht nur als Unterbrechung des Lesens interpretiert werden, sondern ebenso als entscheidender Moment der Reflexion. Das neunte Kapitel über das stille und einsame Lesen wird diesen Aspekt weiter vertiefen. Die zwei hier diskutierten Halbnahaufnahmen der Gesichter zeigen, dass die Leseweise unterschiedliche Interpretationen zulässt. Insbesondere Konzentration und mögliches Unverständnis sind Assoziationen, die in den jeweiligen Kontext des Films eingeordnet werden müssen. Zum Abschluss des Unterkapitels folgt nun eine Betrachtung von zwei unterschiedlichen Lesehaltungen.

---

35 Alphaville, une étrange aventure de Lemmy Caution (1965), 01:05:32–01:05:51.
36 Ebd., 01:05:56–01:05:59.
37 Zentrale Gedanken dieser Interpretation sind von der Internetseite: »Les Caves du Majestic« entnommen.

Im Gegensatz zu Jesse Fischer präsentiert Kat Stratford (Julia Stiles) aus *10 Things I Hate About You* (USA, 1999) eine übliche Leseposition: Ein *medium long shot* zeigt, wie sie mit angewinkelten Beinen auf einem Sessel liest (Abb. 9). In der High School-Komödie und freien Adaption von Shakespeares *The Taming of the Shrew* ist der Teenager Cameron in Kats Schwester Bianca verliebt – doch er kann wegen ihres Vaters nur mit Bianca ein Rendezvous haben, wenn Kat ebenfalls ein Date hat. Daher bezahlt Cameron den als *bad boy* geltenden Patrick (Heath Ledger) dafür, mit Kat auszugehen. Die Leseszene ereignet sich nach zwölf Minuten Spielzeit, so dass die Etablierung der Charaktere noch im Vordergrund steht. Kat wird im Gegensatz zu ihren oberflächlichen Klassenkameraden als eine intelligente und selbstbewusste, aber auch unbequeme Querdenkerin eingeführt. So beschimpfte sie eine Mitschülerin, weil diese Ernest Hemingways *Fiesta* als romantisch empfindet. Kats Ruf unterstreicht die obere Leseszene, in der sie Sylvia Plaths *The Bell Jar* liest: Der Roman thematisiert den existenziellen Kampf einer Schülerin mit Depressionen. Die Einzeltextreferenz attribuiert Kat zunächst insofern, dass Lesen zu ihrem Habitus gehört. Sie verbringt ihre Freizeit mit der Lektüre eines unter Umständen belastenden Stoffs; das Thema Depressionen scheint sie angesichts ihrer Lesehaltung und der stoischen Leseweise nicht aufzuwühlen. Dies zeigt, dass die Beschäftigung mit solchen Themen für sie nichts Außergewöhnliches ist.

Gleichzeitig kennzeichnet die Leseposition aber auch ihren Status als Einzelgängerin. Die Einstellung stellt das Ende einer Kamerafahrt dar, die von einer Außenaufnahme des Hauses durch das Fenster in das Wohnzimmer auf Kat reicht – begleitet von dem Rock-Song »Calypso« der Band Spiderbait. Das Lied hat rhythmisch ruhigere sowie schnellere Passagen und drückt textlich die typische emotionale Bipolarität von Teenagern aus: »Sunshine on my window makes me happy like I should be. Outside all around me really sleazy«.[38] Dies korreliert mit Kats Lesehaltung, bei der insbesondere ihre angewinkelten Beine auffallen. Die Leseposition kann in viele Richtungen interpretiert werden: Einerseits bedeutet das Beugen der Beine, dass Kat keine Offenheit ausstrahlt, sondern Ablehnung demonstriert. Andererseits suggeriert ihr aufgerichteter Torso keine völlige Geschlossenheit, so dass das Sitzen im Sessel durchaus auch entspannten Charakter hat. Durch ihre Lesehaltung kommt sowohl ihre soziale Isolation als auch ihre Bereitschaft, sich auf jemand Neues einzulassen, zum Ausdruck.[39] So wird es auch Patrick gegen Ende des Films gelingen, Kits ›widerspenstiges‹ Herz zu gewinnen.

---

38 10 Things I Hate About You (1999), 00:12:11–00:12:27.
39 In der Szene spielen erneut die beiden Pole der *Intelligenz* und *Stagnation* eine Rolle, die im letzten Kapitel zur metaphorischen Bedeutung des Buchs herausgearbeitet wurden.

Anhand der Leseposition lassen sich demnach die entscheidenden Charakter-Konstituenten der Figur ableiten.

Das letzte Beispiel liefert erneut eine außergewöhnliche Leseposition: In dem kanadischen Film *Monsieur Lazhar* (CAN, 2011) wird der Algerier Bachir Lazhar (Mohamed Fellag) trotz fehlender Qualifikation ein engagierter Grundschullehrer in Montréal und verarbeitet hierbei den Tod seiner Frau und seiner Töchter, die bei einem Anschlag in Algerien ums Leben gekommen sind. Infolgedessen führt er ein zurückgezogenes und einsames Leben. In einer Szene nimmt er sich nach dem Aufhängen der Wäsche Zeit für eine Lektüre in ungewohnter Position: Er liegt auf dem Boden auf seinem Rücken (Abb. 9). Vom Leseobjekt kann der Zuschauer nur die Buchseiten und Teile des Buchdeckels erkennen, aber durch eine vorangegangene Einstellung wurde der Titel sichtbar: Dany Laferrières *L'énigme du retour*. In dem literarischen Text versucht die Hauptfigur analog zu Lazhar in einem fremden Land Trauer zu bewältigen.[40]

Die Mimik Lazhars ist in der halbtotalen Einstellung nur teilweise zu erkennen, denn der Eyecatcher ist die Leseposition. Stattdessen fällt der Leseort durch die Wahl der Einstellung ins Auge: Der Wäschekorb und -ständer sowie ein Tisch voller Bücher verweisen auf die Enge seines Wohnraums und seine literarische Affinität. Beim liegenden Lesen kommen häufig Gelassenheit und Entspannung zum Ausdruck, doch Lazhar bewegt auf dem Rücken liegend seine Beine nach vorne, wieder zurück und zur Seite – wie bei einer physiotherapeutischen Maßnahme zur Behandlung von Rückenproblemen. Einerseits kann diese Lesegestik ein Zeichen für einen gedrängten Zeitplan sein, da er sportliche Betätigung mit der Muße für eine Lektüre verbindet; andererseits verschönert er sich diese Pflichtübung auch durch das Lesen. Musikalisch wird die Szene vom Beginn der *Piano Sonata No. 11 in A-major* von Mozart untermalt, die melancholisch die Sehnsucht und Verbindung zu seiner algerischen Heimat, aber auch den kontemplativen Akt unterstreicht. Diese besondere Leseposition charakterisiert die Figur weniger grundsätzlich als es in dem Filmbeispiel zuvor der Fall war, sondern sorgt stattdessen für eine intensive Leseszene. Es ist das Beispiel für eine medial verdichtete Sequenz, in der Leseweise und -position des Lesesubjekts, die intertextuelle Bedeutung des Leseobjekts und die kinematografische Inszenierung des Leseorts zusammen mit der Musik eine literarisch-ästhetische Leseszene erschaffen, die aufgrund der multimodalen Inszenierung dazu in der Lage ist, bei den

---

[40] In dem Roman aus dem Jahr 2009, bei dem es sich abermals um einen *autothematischen* Spiegeltext (vgl. Kap. 11.2.) handelt, erzählt der haitianische Autor Dany Laferrière autobiografisch ›angehaucht‹ die Geschichte eines Journalisten, der von Haiti nach Montréal auswandert und nach einigen Jahren durch die existenzerschütternde Nachricht, dass sein Vater gestorben sei, über sein Leben im Exil und seine Heimat zu reflektieren beginnt.

ZuschauerInnen selbst eine ästhetische Erfahrung auszulösen. Der dritte Teil der vorliegenden Studie beschäftigt sich intensiver mit solchen Leseszenen.

Zusammenfassend zeigen die diversen Beispiele, dass die Lesehaltung ebenso wie die Leseweise grundsätzliche Attribute des Lesesubjekts verraten. Durch die Distanz der Kamera zur Figur in einer Halbtotalen wird zudem neben dem Leseobjekt vor allem der Leseort hervorgehoben. Bevor das nächste Kapitel sich intensiver mit dem Leseort auseinandersetzt, sei mit dem Akquirieren von Wissen noch eine grundsätzliche Funktion des Lesens dargelegt, die häufig mit dem Lesesubjekt in Verbindung steht.[41]

6.3 Lesen und Lernen: Wissen, Identifikation und Alterität

In zahlreichen Filmen lesen Figuren, weil sie etwas wissen wollen; es gibt einen konkreten Leseanlass, der auf dem Motiv basiert, spezielle Informationen zu erlangen. Dies ist ein diskursgeschichtlich weit zurückreichendes Potenzial von literarischen Texten: In Horaz' berühmtem Diktum bildet *prodesse* (belehren) neben *delectare* (unterhalten) eine Hauptfunktion von Literatur. In der Aufklärung verstärkte sich die Bildungsaufgabe literarischer Werke, die im Besonderen moralische Grundsätze vermitteln sollen (vgl. Kap. 2.3). Das *Lernen* der LeserInnen durch die Begegnung mit Literatur reicht von der Ansammlung von Weltwissen über die Aufnahme von Werten und gesellschaftlich-sozialen Normen bis hin zu Einsichten in fremde Kulturen im Sinne einer literarischen *Alterität*serfahrung.[42]

Die Verbindung von Lesen und Lernen ist kontrovers: Auf der einen Seite lautet ein häufiger Vorwurf, dass fiktionale Texte in einer Reduzierung auf ihren Lern-Effekt nicht als *literatur*-funktional angesehen werden, sondern *sach*-funkti-

---

41 Die lesende Aneignung von Wissen kann durchaus auch als eigenständiger Topos angesehen werden und könnte damit auch im dritten Teil der vorliegenden Studie im Fokus stehen. Doch diese Funktion von Leseszenen kommt derartig häufig zur Anwendung, dass die Zuordnung als eine Konstituente des Lesesubjekts angemessener erscheint. Kap. 12 beschäftigt sich zudem ausführlicher mit verschiedenen Ausprägungen des Lernens im Zusammenhang mit dem Lesen.

42 Andrea Albrecht unterscheidet folgende Formen des Wissens: deklaratives, propositionales Wissen, Unterscheidungswissen (diskriminatorische Fähigkeiten), Erfahrungswissen, episodisches Wissen, praktisches Gebrauchswissen (technisches, handwerkliches Wissen, Herstellungswissen) und praktische Fähigkeiten und Fertigkeiten, prozedurales Wissen, strategisch-heuristisches Wissen und Methodenwissen. Vgl. Albrecht: Zur textuellen Repräsentation von Wissen (2011), S. 142. Eine trennscharfe Anwendung dieser Wissensbegriffe in der Filmanalyse wäre ein eigenständiges Anliegen, das sich vom Lesen loslösen und stattdessen Wissensakquirierungen in den Mittelpunkt der Untersuchung stellen müsste.

onal erscheinen: Sie werden zu Wissensvermittlern ›degradiert‹.[43] Daher gilt die *informatorische* Lektüre häufig als das Gegenstück zur ästhetischen Erfahrung.[44] Auf der anderen Seite formulieren Ulf Abraham und Christoph Launer im Rahmen der Literaturdidaktik das Diktum: »Lesen heißt [...] grundsätzlich auch immer Lernen.«[45] Wissen ist in Literatur – ästhetisch geformt – eingeschrieben und erweitert durch das Ausloten von Zwischenräumen sowie die Thematisierung von zuvor nicht sag- und benennbaren Handlungsräumen.[46] Nicht nur diese politische Komponente, sondern auch der Gewinn von Sachwissen kann eine Konstituente des literarisch-ästhetischen Lesens darstellen, insofern er sich als Folge eines besonderen Leseereignisses erweist. Eine gängige Definition des *Lernens* aus der Sicht der Psychologie zeigt, dass außerdem auch ein Zusammenhang zur ästhetischen Erfahrung besteht: »Lernen ist die Veränderung von Verhaltensmöglichkeiten, die aus Erfahrung resultiert.«[47] Dies korreliert mit der Facette des Erfahrungsbegriffs, die in Kap. 3.1. mit Gadamers Auffassung der *Negativität* der Erfahrung hervorgehoben wurde: Eine vormalige Einstellung wird negiert, modifiziert oder transformiert. In entsprechender Terminologie kann dieser Vorgang als *Lernprozess* bezeichnet werden.

Das Lernen filmischer Figuren anhand von literarischen Texten kann sich äußerst vielfältig gestalten. Dabei gilt es einerseits zu differenzieren, ob Fakten durch die Lektüre akquiriert werden, die in erster Linie für den Fortgang der Handlung notwendig sind oder als wesentliche Erklärungen für die ZuschauerInnen fungieren. Oder die Figur durchlebt andererseits eine Erkenntnis, die unmittelbare Auswirkungen auf ihre Entwicklung und einen möglichen Einstellungswandel hat. Die erste Kategorie wird im Folgenden als *plotrelevantes* Lesen bezeichnet, da die Leseszene hier zentral für die Darbietung der Story ist. Die zweite Kategorie hingegen verweist auf spezielle Formen des literarisch-ästhetischen Lesens, die aufgrund einer Lektüreerfahrung zu einer *Veränderung* der Figur führen. Diese Veränderung kann in Lesen und *Identifikation* – es kommt zu einem *bestätigenden* Abgleich der eigenen Identität mit einer fremden – und *Alterität* – die Erfahrung des Anderen als (anfängliches) Gefühl der Fremdheit –, aufgeteilt

43 Vgl. Leubner: Literatur als Vermittlerin von Weltwissen (2005), S. 141.
44 So wird argumentiert, dass eine Beschäftigung unabhängig vom Gegenstand zu einem Lerneffekt führen kann und die Frage nach dem Verhältnis von Wissen und Literatur prinzipiell neu verhandelt werden muss: »Die Tatsache, dass man aus dem Umgang mit Eiskristallen eine Menge lernen kann, lässt eben keinen Schluss darauf zu, dass Eiskristalle eine Menge oder überhaupt irgendein Wissen enthalten.« Dannenberg u. Spoerhase: Wissen in der Literatur (2001), S. 31.
45 Abraham u. Launer: Weltwissen erlesen (2002), S. 18.
46 Vgl. Koch: Erzählung als Eigenwert von Literatur (2017), S. 284.
47 Lachnit: Elementare Lernprozesse (2006), S. 161.

werden. Sowohl das plotrelevante Lesen als auch die beiden Konstituenten der ästhetischen Erfahrung können in einer Filmszene gemeinsam vorliegen.

Das plotrelevante Lesen findet sich vor allem in Kriminalfilmen, Thrillern oder Fantasyfilmen, in denen eine *Recherche* vorkommt: Informationen, die die Handlung in Gang treiben oder zur Lösung eines Problems beitragen, erlangen die Figuren durch das Lesen (vgl. Kap. 5.3.). Bücher sind namentlich in Filmen, deren Handlungszeit vor der digitalen Revolution liegt, eine authentische Weise, um an Wissen zu gelangen. Typische Beispiele für Leseszenen dieser Art finden sich in den bereits erwähnten Filmen *Il nome della rosa* und *Se7en*.[48] Ein weiteres Beispiel wäre Roman Polańskis *The Ghost Writer* (F/D/GB, 2010), in dem der von Ewan McGregor verkörperte, namenlose Ghostwriter die Autobiografie des – fiktiven – ehemaligen britischen Premierministers Adam Lang überarbeiten soll und durch das Lesen letztendlich eine im Text verschlüsselte Botschaft entdeckt: Lang wurde über seine Frau von der CIA angeworben und stand demnach während seiner Amtszeit unter dem Einfluss der USA. Nicht das literarisch-ästhetische Lesen steht in solchen Szenen im Vordergrund, sondern zentrale Hinweise für die Handlung – oder in diesem Fall sogar eine überraschende Auflösung.[49]

Davon zu unterscheiden sind für die Handlung weniger zentrale Szenen, in denen Figuren Bücher lesen, um etwas nachzuschlagen, zu verstehen oder zu lernen.[50] Gerade Komödien spielen gerne mit diesem Topos, dass sich eine, meist ungeschickte, Person durch die Lektüre ein gewisses Wissen bzw. eine gewisse Kompetenz aneignen kann. So liest Buster Keatons tollpatschiger Filmvorführer in *Sherlock, Jr.* (USA, 1924) das Buch *How To Be a Detective* mit einer Lupe in der Hand, um ein Meisterdetektiv zu werden – obwohl er sichtlich nicht

---

48 Diese Funktion gilt nicht nur für fiktionale Bücher, sondern ebenso für Zeitungen, juristische Akten, Tagebücher, Krankenakten, Gebrauchs- und Bedienungsanleitungen, Lexika oder Karten. Ein Beispiel findet sich in der ersten und zweiten Staffel der US-Serie *Twin Peaks* (USA, 1989–1990, 2017), die sich um die Aufklärung des Mordes an dem Teenager Laura Palmer drehen. Lauras Tagebuch ist dabei ein zentraler Gegenstand, dessen Lektüre die Figuren immer wieder mit neuen Hinweisen versorgt, welche die Handlung vorantreiben.
49 Dies ist vergleichbar mit der Lektüre von Briefen in Dramen oder in der Oper. Vgl. hierzu: Rupp: Der Brief im Drama (2016).
50 Es gibt zahlreiche solcher Leseszenen, in denen jedoch keine ästhetische Lektüre ausgemacht werden kann: In *Mr. Smith Goes to Washington* (USA, 1939) zeigt ein kleiner Junge dem erstmals gewählten Abgeordneten Jefferson Smith (James Stewart) anhand eines Handbuchs, wer wo im US-Senat sitzt und welche Regeln es bei Abstimmungen gibt; die von Michelle Pfeiffer gespielte Louanne Johnson liest in *Dangerous Minds* (USA, 1995) in einem Pädagogik-Ratgeber nach, wie sie eine schwierige Klasse in den Griff bekommen kann; Brian Flanagan (Tom Cruise) liest in *Cocktail* (USA, 1988), um zu lernen, wie er spezielle Longdrinks mixt.

über die entsprechenden Fähigkeiten verfügt.[51] Während bei einem Ratgeber die ästhetische Komponente der Lektüre zur Diskussion steht, ist dies bei der Lektüre eines literarischen Werks weniger kontrovers. Solch ein Beispiel findet sich in der Folge *The Friendship Algorithm* der US-Sitcom *The Big Bang Theory* (USA, 2007–2019).

Der neurotische Computer-Geek Sheldon Cooper, dessen intellektuelle Verschrobenheit und Asozialität die Zielscheibe zahlreicher Gags sind, will in dieser Episode neue Freunde finden, da er sich hiervon einige Vorteile verspricht. So entschließt er sich auch, ein Buch mit den gängigen Theorien zum Schließen von Freundschaften zu besorgen und begibt sich in eine Buchhandlung. Dort wird Sheldon in die Kinderabteilung verwiesen und er liest darauf die Titel einiger möglicherweise für ihn relevanter Bücher durch. »*Jerry the Gerbil and the Bullies on the Bus*. Read it, not helpful. Oh! Here we go. *Stu the Cockatoo is New at the Zoo.*«[52] Als Folge der sich daran anschließenden Lektüre begreift Sheldon, warum seine bisherigen Versuche, seinen Arbeitskollegen Kripke als möglichen neuen Freund zu gewinnen, gescheitert sind: »See, my initial approach to Kripke had the same deficiencies as those that plagued Stu the Cockatoo, when he was new at the zoo.«[53] Dieser Abgleich mit der anthropomorphisierten Figur führt Sheldon dazu, einen komplexen Freundschaftsalgorithmus zu entwerfen – eine weitere Bestrebung, ein alltägliches soziales Problem auf komplizierte Weise mit seinem Intellekt zu lösen.

Wenn Sheldon verbal zugibt, dass er bereits ein Buch über Raufbolde im Bus gelesen hat und dies nicht von Nutzen für ihn war, behauptet er damit, dass Literatur eine Veränderung, d. h. eine Einsicht bzw. einen Wandel im weitesten Sinn herbeiführen kann – und dies bei ihm nicht eingetreten ist: »Read it, not helpful.« Weiterhin führt das Parallelisieren seines Handelns mit dem der Hauptfigur eines Kinderbuchs zu dem Schluss, dass bei ihm »the same deficiencies as those that plagued Stu the Cockatoo« vorlagen. Damit wird auf die identitätsstiftende Funktion von Literatur verwiesen, in der durch die Identifikation mit fiktionalen ProtagonistInnen eine *Stellvertretererfahrung* für die LeserInnen eintreten kann. Die Lesenden fühlen sich in literarische Charaktere ein und können deren Erlebnisse empathisch nachvollziehen. Diese Erfahrung einer Erfahrung (vgl. Kap. 3.2.) sichert den LeserInnen Orientierung und erweitert ihr

---

51 Ein vergleichbares Beispiel findet sich in *Otto – Der Film* (D, 1985): Die von Otto Waalkes gespielte tollpatschige Figur möchte ein Unternehmen gründen und schlägt in einem Buch nach, wie man hierfür vorgehen muss.
52 The Big Bang Theory (2007–2019), 2. Staffel, 13. Episode, 00:10:24–00:10:36.
53 Ebd. 00:12:06–00:12:12.

Hintergrundwissen.[54] Die Darstellung dieser Facette des literarisch-ästhetischen Lesens ist in *The Big Bang Theory* humoristisch, da für Sheldon die Erfahrung des animalischen Protagonisten eines Kinderbuchs als Abgleichpunkt fungiert und er die offensichtlichen didaktischen Zwecke solcher Werke nicht hinterfragt. Die Karikatur eines Intellektuellen zeigt sich zudem darin, dass er dem literarischen Text solch eine Bedeutung beimisst, dass er einen Algorithmus für das Schließen von Freundschaften daraus ableitet. Er betrachtet das Handeln von Stu the Cockatoo als ein sozialtheoretisches Axiom.[55] Unabhängig von der komödiantischen Darbietung kann diese literarische Stellvertretererfahrung zu unterschiedlichen Momenten der Erkenntnis, Einsicht oder gar einer *life lesson* führen.[56]

Eine weitere Facette des literarisch-ästhetischen Lernens, die der Stellvertretererfahrung gleicht, ist die Alteritätserfahrung: »die Eröffnung einer anderen Welt jenseits der Alltagswirklichkeit«[57] und die damit verbundene Fähigkeit zum Fremdverstehen.[58] Dies bezieht sich vornehmlich auf den Kontakt mit anderen Kulturen als der eigenen.[59] Durch Literatur erlangen LeserInnen Einblick in ihnen fremde Kulturkreise, was zu einer Zunahme von Wissen und einem besser Verständnis ihrer gesellschaftlichen Systeme führen kann – ohne dass sie konkret mit Angehörigen der anderen Kultur in Kontakt kommen.[60] Doch eine Alteritätserfahrung ist nicht nur durch den literarischen Kontakt mit einer anderen Kultur möglich, sondern kann sich auch auf das Kennenlernen anderer Begehrensstrukturen oder geschlechtliche Identitäten, die sich nicht auf ein starres binäres Konstrukt reduzieren lassen, beziehen. Literarische Texte können somit Alternativen zur als unveränderlich erachteten Realität aufzeigen.

---

54 Vgl. Koch: Erzählung als Eigenwert von Literatur (2017), S. 285.

55 Sheldons Verhalten aufgrund einer Leseerfahrung kann mit der symbolischen Bedeutung des Buchs als *Stagnation* in Verbindung gebracht werden. Anstatt in alltäglichen Situationen Freunde zu suchen, liest er ein Buch darüber, wie man es tut – und scheitert bei dem Versuch.

56 Ein bildungspolitisch idealtypischer Leserverlauf im Sinne des ideologischen Lernens findet sich in *American History X* (USA, 1998): Der rassistische Derek Vinyard erfährt während seines Gefängnisaufenthalts eine ›180-Grad-Läuterung‹: Er verurteilt seine ehemalige rechtsradikale Haltung aufs Schärfste und steigt aus der Neonazi-Szene aus. Zum Wandel seiner Einstellung trägt auch aufklärerische Literatur bei, die er von seinem ehemaligen Englischlehrer ins Gefängnis geschickt bekommt.

57 Jauß: Ästhetische Erfahrung (1997), S. 33.

58 Vgl. Abraham: Lesekompetenz (2005), S. 19–20.

59 Insbesondere im Kontext von Liebesgeschichten (vgl. Kap. 10.2.) gibt es die häufige Konstellation, dass sich der Verliebte über die Kultur der/des anderen lesend informiert. So kauft z. B. in Hark Bohms *Yasemin* der in die titelgebende Hauptfigur verliebte Jan in einem Buchgeschäft ein Türkischbuch, das er seiner Angebeteten auch als Liebesbeweis demonstrativ während einer Busfahrt vor die Fensterscheibe hält.

60 Vgl. Schaffers: Konstruktion der Fremde (2006), S. 45.

Diese Aspekte verdeutlicht eine Leseszene aus dem australischen Spielfilm *The Last Wave* (AUS, 1977) von Peter Weir, in dem der Rechtsanwalt David Burton (Richard Chamberlain) in Sydney die Verteidigung in einem ominösen Mordfall an einem Aborigine vertreten soll: Eine Gruppe von Aborigines soll den Mann auf offener Straße ohne Gegenwehr getötet haben. Die Autopsie ergibt, dass seine Lunge mit Wasser gefüllt ist, als ob er ertrunken wäre. Je mehr Burton sich mit dem Verbrechen beschäftigt, desto häufiger plagen ihn unheimliche Träume mit mysteriösen Eingeborenen – und unerklärliche Naturphänomene, die an die Apokalypse erinnern, mehren sich. Bevor sich die Leseszene ereignet, hat Burton die Angeklagten über die eigentümlichen Umstände des Todes befragt, jedoch keine hilfreichen Antworten erhalten. So äußert er in einem Gespräch mit seiner Frau Annie (Olivia Hamnett) Zweifel an der Authentizität der Aussagen der Aborigines. Während dieses Dialogs blättert seine Frau in zwei Büchern über Aborigines, deren Texte auch in mehreren Einstellungen zu sehen sind; aus einem liest sie sogar vor.

David: They're keeping something from me.

Annie: Why should they do that?

David: I don't know. It's just a feeling. Little things. One of them says they knew Billy only slightly. Another one says they were old friends. Things like that.

Annie: »Latest evidence suggests that the Aboriginal people have been here for over 50 000 years«

David: A few blacks ... get drunk, have a fight, kill a man. It seems simple. They get three or four years.

Annie: Perhaps they're tribal Aborigines.

David: Don says there aren't any tribal people in the city.

Annie: Maybe he's wrong.

David: Darling, he works with these people.[61]

Annies Leseanlass ist darauf zurückzuführen, dass sie in einer Familie aufwuchs, in der es keine Beziehung zu Aborigines gab: Das indigene Volk Australiens ist ihr fremd. Ein späteres gemeinsames Abendessen mit den Aborigines Chris Lee und Charlie stellt für sie eine besondere Herausforderung dar, denn sie fürchtet sich gar vor den beiden. Aus diesem Grund informiert sie sich lesend über die ihr unbekannte Kultur, denn sie möchte ihr Unwissen sozusagen abbauen (Abb. 10). In den 1970er Jahren, der Handlungszeit des Films, war das Lesen der einfachste Weg, um an Informationen über eine Kultur zu gelangen.

---

61 The Last Wave (1977), 00:28:05–00:29:10.

Abb. 10: Annie Burton liest ein Buch über die Aborigines in *The Last Wave* (00:28:15–00:29:53).

Bildliche Darstellungen in den beiden Büchern unterstreichen ihre Fremdheitserfahrung. Die Einblicke in den Text präsentieren eine fast nackte weibliche Aborigine in einem Feld; lediglich ihre Scham ist durch einen Stoff bedeckt (Abb. 10). Sie steht in der freien Natur und die Nacktheit soll ihre Natürlichkeit betonen. Bewusst wird die Frau außerhalb der Zivilisation gezeigt, wodurch die Fotografie Fremdheit akzentuiert: Explizit dargestellte Nacktheit wie der bar liegende Busen und die wilden Haare verdeutlichen eine Natur-Kultur-Differenz.

Weitere Bilder auf zwei Seiten in einer Großaufnahme bestehen in einer ›Damals-heute‹-Gegenüberstellung, in der die gegenwärtige Pauperisierung der Aborigines im Zentrum steht (Abb. 10). Nicht nur Annie betrachtet diese Kontrastierung, sondern auch David wirft einen längeren Blick darauf, als Annie bereits zu Bett gegangen ist. Das visuelle Zeigen eines vergangenen und aktuellen, heutigen Zustandes ist ein direkterer Weg, Informationen zur prekären Situation der Aborigines zu vergeben, als wenn dies über einen Text geschieht: Das indigene Volk Australien hat eine gesellschaftliche Ausgrenzung erlebt, die zur Verarmung und gesellschaftlichen Marginalisierung geführt hat. Die Szene charakterisiert Annie, die ihr Wissen um die Kultur der Aborigines aktualisiert, und liefert gleichzeitig den ZuschauerInnen basale Informationen, die Rolle des indigenen Volks in Sydney nachvollziehen zu können.

Neben diesen ›Fakten‹ zum gegenwärtigen Status der Aborigines ist der Satz, den Annie aus dem Buch vorliest, bedeutsam: »Latest evidence suggests that the Aboriginal people have been here for over 50 000 years.« Diese Worte schaffen die Verbindung zwischen der Jetzt-Zeit und dem Ursprung der Menschheit: Die Aborigines existieren schon bedeutend länger als die ›weißen‹ AustralierInnen. Der Film handelt vom Aufeinandertreffen dieser beiden Bevölkerungsgruppen, denn es stellt sich heraus, dass die vier Aborigines das Opfer nach den Gesetzen ihrer Kultur zum Tode verurteilt haben. Diese Normen des indigenen Volks erkennt das australische Rechtssystem nicht an; die angeklagte Gruppe wird wegen Selbstjustiz verurteilt. Charakteristika einer Kultur, die in der Sicht einer anderen kein Existenzrecht haben, werden so exponiert. Verdichtet an dem Einzelfall, ein Verbrechen zu strafen, wird die Problematik verdeutlicht, mit dem »Fremden« umzugehen. Der von den Aborigines häufig geäußerte Satz »The law is more important than just man«[62] führt bei allen ›Weißen‹ zu Unverständnis.

Das Lesen stellt nun, wie bereits dargelegt, eine Form dar, die Normen und Werte einer fremden Kultur zu verstehen. Doch Annie liest allem Anschein nach keinen fiktionalen Text, sondern einen Sachtext. Im weitesten Sinne kann solch ein Einführungsbuch in eine *fremde* Kultur als Reiseliteratur bezeichnet werden, die sich vor allem über das Kriterium der »Welthaltigkeit« definiert.[63] Während der Reisebericht beispielsweise mithilfe der Fiktion Fremdes, aus der eigenen Erfahrung von Wirklichkeit Ausgegrenztes, zugänglich macht, dominiert hier die Kommunikationsfunktion der Wissensvermittlung.[64] Dies ist auch Annies Leseanlass, doch *cues* in dem Dialog mit ihrem Mann verweisen darauf, dass sie auch eine ästhetische Erfahrung erlebt. Sie äußert ihrem Mann gegenüber eine Vermutung »Perhaps they're tribal Aborigines«, die sich letztlich als richtig erweist. Der Film endet damit, dass David durch die Abwasserkanäle Sydneys zu den Kultstätten der Vorfahren der Aborigines geführt wird, wo die Stammes-Aborigines eine Art mystische Parallelgesellschaft errichtet haben.[65] Ein dort in Stein gemeißelten Kalender bestätigt den Satz, den Annie aus dem Text vorgelesen hat: Schon vor 50.000 Jahren gab es Eingeborene, welche die apokalyptischen Auswirkungen in der Jetztzeit vorausgesehen haben.

---

62 Ebd., 00:43:11–00:43:15.

63 Vgl. Brenner: Erfahrung der Fremde (1989), S. 15. »Welthaltigkeit« meint in diesem Kontext, dass eine Auseinandersetzung mit der gegenwärtig gegebenen Welt stattfindet.

64 Der Begriff *Reiseliteratur* kann als jede schriftliche Äußerung begriffen werden, welche die Beziehung zwischen Ich und Welt über die Erfahrung und Verarbeitung des Fremden artikuliert. Vgl. Fuchs: Reiseliteratur (2009), S. 593. Reiseliteratur ist ein Oberbegriff für praktische Reiseführer, wissenschaftliche Entdeckungs- und Forschungsberichte, subjektive Reisetagebücher, ästhetisch ausgestaltete Reiseberichte und fiktionale Reiseromane bzw. der Reisenovellen. Damit verwandt sind der Abenteuerroman und die utopische Literatur.

65 Die mythische Parallelgesellschaft korreliert mit der phantastischen Handlung des Films, nach der David das ›Zweite Gesicht‹ hat. Er sieht in die apokalyptische Zukunft, die sich letztendlich auch in einer Naturkatastrophe als Flut ereignet und – worauf der Titel anspielt – zum Untergang führt.

Annie gelangt im Zuge des Leseprozesses zu einer These und relativiert die Bedenken ihres Mannes, als dieser auf die Erfahrung seines Kollegen verweist: »Maybe he's wrong.« Während des später erfolgenden Abendessens konfrontiert sie die beiden Aborigines direkt mit der Frage, ob sie Stammes-Aborigines sind. So lernt sie Unbekanntes durch das Lesen kennen und wendet das Erlernte situativ an – auch wenn sie bei der realen Begegnung mit den Fremden von Angst erfüllt ist und der Kulturkontakt nicht gelingt. Der Simulationsraum der Literatur ist ihr nicht mehr gegeben. So gewinnt Annie eine Erkenntnis durch die Lektüre, die einerseits als Prolepse für den weiteren Handlungsverlauf fungiert und andererseits eine innere Entwicklung von Annie vorantreibt. Sie lernt die Kultur der Aborigines derart zu verstehen, dass sie kombiniert, dass solch ein Mord von Stammes-Aborigines begangen werden musste.

Letztlich führt die Leseszene in *The Last Wave* nicht nur das plotrelevante Lesen und die Entwicklung einer Figur aufgrund einer Alteritätserfahrung durch die Lektüre vor Augen, sondern sie illustriert auch das Potenzial des Leseobjekts, Informationen zu vermitteln und gleichzeitig deren Evidenz herauszustellen. Die Bilder in den beiden Büchern leiten in die prekäre Situation einer Bevölkerungsgruppe ein; der vorgelesene Satz beweist, dass Elemente und Spuren des ›Ursprungs der Menschheit‹ überlebt haben und sich noch in der Gegenwart finden. Dies lässt sich mit der symbolischen *juristischen* Bedeutung des Buchs in Verbindung bringen, das Verbindlichkeit garantiert. Lesen und Lernen ist so auf facettenreiche Weise in dem Beispiel einer Alteritätserfahrung miteinander verknüpft.

Zusammenfassend hat dieses Kapitel vorgeführt, dass die Betrachtung von Figuren als fiktive Wesen und/oder *Symbole* für das Anliegen der vorliegenden Studie eine hilfreiche Unterscheidung darstellt. Eine häufige Funktion von Leseszenen liegt darin, die Figur durch das Lesen schlaglichtartig zu charakterisieren: Filmische LeserInnen können je nach Kontext durch eine einzige Einstellung, in der sie lesend abgebildet sind, als besonders intelligent, introvertiert, sinnlich, weltfremd usw. erscheinen. Nach dem Durchspielen unterschiedlicher Inszenierungsmöglichkeiten des Lesesubjekts und der Darlegung der Verbindung von Lesen und Wissen betrachtet das nächste Kapitel nun die *Lesesituation* genauer, d. h. den Leseort und -akt.

7 Lesesituation

Die Lesesituation umfasst als Kategorie einerseits die *Lokalität* des Lesens im Film, d. h. sowohl die Umgebung des Lesens, wie einen Garten, eine Bibliothek oder die heimische Wohnung, als auch einzelne in der Leseszene präsente Einrichtungsgegenstände, beispielshalber einen Stuhl, eine Couch oder ein Bett. Andererseits inkludiert die Lesesituation aber auch die *Temporalität* des Leseakts, ergo die zeitlich begrenzte Interaktion zwischen Leseobjekt und -subjekt. Es gilt also nicht nur auf die *mise-en-scène* zu achten, sondern für das auditive Bewegtbild medienspezifische Elemente wie die Montage in den Blick zu nehmen. Die Untersuchung dieses *raumzeitlichen Zusammenspiels* von Leseobjekt und -subjekt fördert vielzählige *cues* auf unterschiedlichen Ebenen zutage: Orte und Möbel befinden sich in einem diskursgeschichtlichen Kontext, so dass an kulturell tradierte Lesedarstellungen angeknüpft wird (iterativ); darüber hinaus setzt insbesondere die Montage medienspezifisch unterschiedliche Elemente im Filmbild miteinander in Verbindung und schafft so eigene und neue Bedeutungsebenen des Lesens (konstitutiv).

Den unterschiedlichen Facetten innerhalb dieser prinzipiell reichhaltigen Kategorie wird Rechnung getragen, indem das erste Unterkapitel in tradierte und außergewöhnliche Leseorte einführt. In Kap. 7.2. stehen im Anschluss an die vorangegangenen Kapitel unterschiedliche Einstellungsgrößen im Zentrum, wobei diesmal der Leseort den fokussierten Sichtpunkt der Kamera bildet und dementsprechend die Funktion von Totalen in den Blick genommen wird. Das abschließende Unterkapitel widmet sich der Zeitlichkeit des Leseaktes, weshalb die Rolle der Montage als formale Technik innerhalb der filmischen Konstruktion des literarisch-ästhetischen Lesens den Schwerpunkt darstellt.[1] Für die folgende Darlegung gilt dabei die Prämisse, dass die Bedeutung des Leseorts vom Kontext des jeweiligen Films abhängt – dies gilt freilich grundsätzlich für die Interpretation aller filmsprachlichen Elemente.

7.1 Gewöhnliche und außergewöhnliche Lesesituationen

Der *Börsenverein des Deutschen Buchhandels* befragte im Jahr 2013 zum *Welttag des Buchs* 5 000 Deutsche nach bevorzugten Leseorten. Die Liste umfasst: Sofa, Sessel, Bett, Garten, Balkon, Park, Zug, S-Bahn, Flugzeug, Schwimmbad, Badesee,

---

1 Die Sonderform des speziellen *extradiegetischen* Leseorts des Vorspanns wird an anderer Stelle verhandelt (vgl. Kap. 11.4.).

https://doi.org/10.1515/9783110728590-007

Strand, Wartezimmer des Arztes, Badewanne, Toilette, Friseur, Café, Gaststätte oder Restaurant.[2] Die Bedeutsamkeit einiger dieser konventionalisierten Leseorte wurde in den vorhergehenden Kapiteln bereits dargelegt: das Bett in *Dracula*, die Couch in *Les Quatre Cents Coups* oder ein Stuhl im Garten in *Teorema*. Und es kamen auch bereits außergewöhnliche Leseorte zum Vorschein, z. B. die Ruinen der New Yorker Bibliothek in *Oblivion* oder das Büro des Direktors einer Irrenanstalt in *Das Cabinet des Dr. Caligari*. Anhand der folgenden Filmbeispiele wird untersucht, auf welch vielfältige Weise die Bedeutung von bisher noch nicht analysierten Leseorten im Wechselspiel zur Handlung des Films steht.

Breathe In (USA, 2013) erzählt von der Affäre des Familienvaters und Musiklehrers Keith Reynold (Guy Pearce) mit der siebzehnjährigen Sophie (Felicity Jones), einer britischen Austauschschülerin und ambitionierten Pianistin.[3] Ein zentrales Motiv des Melodrams ist die ›Seelenverwandtschaft‹ der Liebenden, die durch die gemeinsame Begeisterung für Musik und einer nicht ausgelebten Sehnsucht nach dem Leben in der Metropole New York zum Ausdruck kommt. Bevor sich die Liebesbeziehung zwischen Sophie und dem deutlich älteren Keith anbahnt, ist die Jugendliche zusammen mit Keiths Familie bei einem befreundeten Paar zu Besuch. Während die Erwachsenen sich unterhalten und ihre Kinder im Pool spielen, liegt Sophie auf einer Liege am Wasser und liest Charlotte Brontës *Jane Eyre* (Abb. 11).[4] Liegestühle an einem Pool mit einer lesenden Person wecken Assoziationen zu einer entspannten Leseatmosphäre.

Der *long shot* in *Breathe In* rückt sowohl Sophies Körper als auch die Umgebung der Lesenden ins Filmbild. Die Szene hebt durch die Fokussierung auf die nackten Beine der jungen Protagonistin deren sinnliche Ausstrahlung hervor: Sie ist kein Kind mehr und kann für einen älteren Mann begehrenswert sein. Neben dem Lesesubjekt, dem Pool und dem Liegestuhl werden ein Steg und ein See sichtbar, die durch eine begrünte Mauer abgetrennt sind. Der Leseort indiziert das Wohnumfeld einer materiell begüterten sozialen Klasse. Darüber hinaus verweist die Lesesituation auf die Motive und Emotionen der Protagonistin. Die Weite des Sees im Hintergrund, dem Sophie den Rücken zuwendet und von dem sie räumlich getrennt ist, in Verbindung mit zwei leeren Liegestühlen und

---

2 Vgl. Börsenverein des Deutschen Buchhandels: Buch-Lese-Orte (2013), S. 6.
3 Sophie ist als Vollwaise bei ihrer Tante und ihrem Onkel aufgewachsen. Da ihr Onkel jedoch vor kurzem verstorben ist, leidet sie derartig unter dem Verlust, dass sie kein Klavier mehr spielen möchte.
4 Die intertextuelle Titelanspielung ist an dieser Stelle ebenso von Bedeutung, denn Jane Eyre ist wie Sophie eine Vollwaise und verliebt sich mit Mr. Rochester in einen deutlich älteren Mann. Es handelt sich somit um einen autothematischen Spiegeltext (vgl. Kap. 11.2.).

Abb. 11: Die Liege am Pool in *Breathe In* (00:25:18) und die Badewanne in *Pierrot le fou*
(00:02:57) sind zwei tradierte Leseorte. Das stehende gemeinsame Lesen auf der Schaukel in
The Color Purple (00:21:05) ist ebenso exzeptionell wie das Hochsicherheitsgefängnis aus
Kunststoff in der Comicverfilmung *X2* (00:18:08).

dem roten Handtuch, auf dem sie ihren Kopf bettet, ist eine vieldeutige Meta-
pher für die Einsamkeit der Protagonistin: Ihr Leiden am Landleben sowie ihre
Sehnsucht nach Evasion und Liebe werden so akzentuiert. Die Analyse dieser
Einstellung zeigt, wie ein bekannter Leseort im Kontext der ihn umgebenden
Elemente eine filmbezogene Bedeutung erhält, die über die kulturellen Topoi
hinausgeht.

Diese *Kontextabhängigkeit* wird auch in Jean-Luc Godards *Pierrot le fou* (F/I,
1965) deutlich, in dem Ferdinand Griffon (Jean-Paul Belmondo) zusammen mit
seiner Ex-Freundin Marianne Renoir (Anna Karina) aus seiner bürgerlichen
Welt ausbricht: Er verlässt seine Ehefrau sowie sein Kind und begibt sich mit
Marianne in den Süden Frankreichs, wobei beide schließlich in einen Mordfall
verwickelt werden. Zu Beginn des Films rezitiert Griffon, der von Marianne ›Pierrot‹
genannt wird, rauchend in der Badewanne über mehrere Minuten eine Passage
aus Élie Faures monumentalem Werk *Histoire de l'art*, die den spanischen Maler
Diego Vélazquez behandelt. Parallel zu dem aus dem Off hörbaren Text sind zunächst Frauen zu sehen, die Tennis spielen, und Pierrot, der an einem Kiosk eine
Zeitung kauft. Dann folgt erst die Einstellung in der Badewanne: Mit einer Zigarette
im Mund liest er in flapsigem Ton seiner Tochter den dichten kunsthistorischen
Text vor, den diese aufgrund ihres Alters kaum zu verstehen vermag (Abb. 11). Der
vorgetragene Abschnitt bezieht sich auf das Umfeld des Malers, in dem dieser am
Königshof im 17. Jahrhundert lebte:

Le monde où il vivait était triste. Un roi dégénéré, des enfants malades, des idiots, des nains, des infirmes, quelques pitres monstrueux vêtus en princes qui avaient pour fonction de rire d'eux-mêmes et d'en faire rire des êtres hors la loi vivante, étreints par l'étiquette, le complot, le mensonge, liés par la confession et le remords. Aux portes, l'Autodafé, le silence.[5]

Dieses Umfeld des Malers scheint auf den ersten Blick weit entfernt von Pierrots Lebenslage zu sein, der in vermögenden Verhältnissen ein müßiggängerisches Leben führt. Pierrot liest die Zeilen in der Badewanne geradezu enthusiastisch vor. Die Begeisterung, die er angesichts dieses dekadenten Milieus empfindet, lässt erkennen, dass er Parallelen zu seiner eigenen Lebenssituation sieht. Mit der im Mundwinkel hängenden Zigarette hat der Protagonist eine ›coole‹ bzw. arrogante Leseweise, wodurch er unterstreicht, dass er etliche seiner Zeitgenossen als »idiots« oder »infirmes« in abschätziger Weise treffend charakterisiert sieht. Die Verbindung der Leseweise und des Leseobjekts mit dem Leseort ist demnach Teil der in der Exposition erfolgenden Charakterisierung der Hauptfigur.

In seiner Selbstbezogenheit ist dem Vorleser zudem, der ja zugleich Vater ist, nicht daran gelegen, in einer pädagogischen Funktion seiner Tochter den Text auf irgendeine Weise zu erklären oder zu erläutern – er inszeniert sich selbst sozusagen ostentativ als ›anti-bourgeois‹.[6] Die räumliche Beschränktheit des Leseorts Badewanne ist ein *cue* für die bürgerliche Enge der Welt, in der sich die Hauptfigur gefangen sieht und aus der er kurze Zeit später ausbricht. Auch hier wird deutlich, wie der Leseort im spezifischen Kontext des Films Bedeutung erhält und nicht auf festgelegte Bedeutungen reduziert werden kann. Dies unterstreichen die folgenden, eher ungewöhnlichen Leseorte.

The Color Purple (USA, 1985), die filmische Adaption von Alice Walkers gleichnamigem, mit dem Pulitzer-Preis gekröntem Roman, spielt im ländlichen Georgia in der ersten Hälfte des 20. Jahrhunderts. Der Film behandelt die prekäre gesellschaftliche Situation afroamerikanischer Frauen in den Südstaaten und hat Rassismus, Misshandlungen und Inzest zum Thema. Die vierzehnjährige Celie, die von ihrem Vater mehrfach missbrauchte wurde, muss den äußerst gewaltbereiten Farmer Albert heiraten. Als auch ihre Schwester Nettie von ihrem Vater zum Sex gezwungen wird, flieht diese zu Celie und Albert. Zwischen den beiden Schwestern keimt eine innige Beziehung auf und Celie bringt Nettie mit großer Freude Lesen und Schreiben bei. Sie heftet überall Papierzettel mit der korrekten Schreibweise von Wörtern an einzelne Gegenstände, Möbel etc.

---

5 Pierrot le fou (1965), 00:02:15–00:02:48.
6 Darüber hinaus ist die Tochter eine Vorausdeutung auf die kindlichen Impulse von Marianne, mit denen Pierrot im weiteren Verlauf des Films in Berührung kommt.

und lässt dabei keine Gelegenheit aus, Netties Lernprozess voranzubringen. So stehen sie in einer Szene auch gemeinsam auf einer Schaukel und lesen *Oliver Twist* von Charles Dickens (Abb. 11).[7]

Die Schwestern sind stehend und eng aneinander gelehnt auf dem an zwei Seilen befestigten Brett im Außenbereich der Südstaaten-Farm zu sehen. Dieser *long shot* liefert eine Reihe relevanter *cues:* Celie liest Nettie vor und zeigt damit ihren unermüdlichen Eifer, die Lesefähigkeit ihrer Schwester zu verbessern. Sie verbinden das Lesen-Lernen mit dem Spiel in ihrer arbeitsfreien Zeit. Gleichzeitig birgt die Szene eine ungewöhnliche Leichtigkeit angesichts eines beschwerlichen Alltags voller psychischer und körperlicher Erniedrigungen. Die Holzzäune im Hintergrund verweisen auf die Begrenzung der Lebenswelt der beiden Schwestern: Sie sind buchstäblich eingesperrt. Doch die Abtrennung vom Gebäude der Farm, das nicht im Blickfeld zu sehen ist, führen auch vor Augen, dass das Lesen für Celie und Nettie einen abgeschlossenen Rückzugsort bildet, der die beiden Schwestern aneinander bindet – und im Bild zu zweit auf der kleinen Schaukel vereint ihre Solidarität und Gemeinschaft betont. Die Lektüre erweist sich als ein Ort, zu dem sie aus der grausamen Realität fliehen können. Hier handelt es sich um eine Lesesituation als filmischer Ausdruck einer eskapistischen Funktion des Lesens: Die Schaukel ist für den Moment des Lesens ein temporär begrenzter Schutzraum.[8]

Auch im nächsten Filmbeispiel handelt es sich um einen ungewöhnlichen Leseort: eine Gefängniszelle mit Gitterstäben aus *Kunststoff*. *X2* (USA/CAN, 2003), der zweite Film innerhalb der mehrteiligen *X-Men*-Saga, erzählt von MutantInnen, die übermenschliche Fähigkeiten besitzen und deshalb gesellschaftlich ausgegrenzt werden.[9] Die Führungskräfte der MutantInnen teilen sich in den besonnenen Pro-

---

7 Die Einzeltextreferenz kann als autothematische Prolepse aufgefasst werden: Auch Oliver Twist wächst – als Waisenkind in einem herrisch und grausam geführten Armenhaus – unter katastrophalen Bedingungen auf, doch ihm gelingt der Ausstieg aus der prekären Lage. So kann die hoffnungsvolle Botschaft des Textes auf die beiden Schwestern übertragen werden: Auch das Schicksal von Celie und Nettie wird gut ausgehen. Am Ende des Films können sie sich aus der patriarchalischen Gewalt befreien.

8 Gleichzeitig handelt es sich um einen letzten gemeinsamen idyllischen Moment, denn nachdem Alberts Versuch, Nettie zu vergewaltigen, scheitert, jagt er sie vom Hof.

9 Sie basiert auf der gleichnamigen Comic-Buch-Reihe von Marvel und umfasst Anfang des Jahres 2020 zwölf Filme mit alternativen Timelines. Die Comic-Serie gilt als bemerkenswerte populärkulturelle Verhandlung von Themen wie Rassismus, Toleranz, Sexismus oder Homophobie, die alle in den Konflikten zwischen mutierten und nicht-mutierten Menschen virulent werden. Übertragen auf die Entstehungszeit des Comics in den 1960er Jahren fungiert vor allem die gesellschaftliche Ausgrenzung von AfroamerikanerInnen als Bezugsfolie der Konflikte: Professor Xavier steht in dieser Sichtweise symbolisch für Martin Luther King, Magneto für Malcolm X.

fessor Charles Xavier, der eine Schule für Mutierte gründete und die *X-Men* als Kampfeinheit für den Friedenserhalt ins Leben rief, und seinen Gegenspieler Magneto (Ian McKellen), der über die Fähigkeit verfügt, Magnetfelder zu erzeugen und, von der Überlegenheit der MutantenInnen überzeugt, für deren Erhalt zu töten bereit ist. Nachdem er im ersten Teil der Filmreihe diese Fähigkeit für Mordtaten missbrauchte, befindet er sich zu Beginn der Fortsetzung in einem Hochsicherheitsgefängnis aus Kunststoff, aus dem er auch mithilfe seiner Kräfte nicht entfliehen kann, und liest T. H. Whites *The Once and Future King* (Abb. 11).

Das Gefängnis ragt aufgrund seines ungewöhnlichen Materials als Leseort aus dem Untersuchungskorpus der vorliegenden Studie heraus: Die extraordinäre Beschaffenheit aus Kunststoff ist auf die Genrespezifik der Comicverfilmung zurückzuführen. Doch für die Leseszene ist nicht die Substanz relevant, sondern die mit dem Gefängnis *per se* verbundenen Topoi. Magneto wird so als gefährlicher Antagonist eingeführt, dessen Intelligenz durch die Leseszene hervorhoben wird. Er ist geistig aktiv und nutzt die Inhaftierung, um seinen Verstand weiterzuentwickeln.[10] Die Einzeltextreferenz schafft eine zusätzliche Bedeutung.[11] Die Titel-Allusion in Verbindung mit dem Leseort und dem Lesesubjekt lassen schlussfolgern, dass Magneto seinen Ausbruch vorbereitet. Der »ehemalige und zukünftige König« ist Magneto selbst, der sich wieder zum Anführer erheben wird, sobald er aus seiner Sicherheitsverwahrung entkommen kann. Hier wird erneut deutlich, dass die Räumlichkeit des Lesens nicht als solche besondere Bedeutung schafft, sondern dass diese erst in Verbindung mit dem Lesesubjekt und/oder -objekt sowie dem Kontext des Films entsteht. Der *medium close up* hebt Magnetos konzentrierte Leseweise hervor, die intertextuelle Anspielung und die den Raum begrenzenden Gitterstäbe verweisen auf die potenzielle Aggressivität und Bedrohung, die von ihm ausgeht, und den Willen seiner Gegenspieler, diese zu beherrschen. Nachdem diese Funktion einer Einstellungsgröße bereits hervorgehoben wurde, stehen sie im nächsten Kapitel im Zentrum.

---

10 Er erinnert an Hannibal Lecter aus *The Silence of the Lambs* (vgl. Kap. 6.1.), der ebenfalls von der Außenwelt abgeriegelt in einer abgeschlossenen Gefängniszelle seine Zeit mit Lesen verbringt.
11 Whites Romanreihe handelt von dem Zauberer Merlin und seiner Beziehung zu dem – im ersten Band noch jungen – König Artus. Auch Professor Xavier leitet wie der weise Merlin Jugendliche an. So kann die Szene ebenso derart interpretiert werden, dass Magneto sich mit seinem Gegenspieler beschäftigt, dem er noch mal entgegenzutreten hofft. In den *X-Men*-Comics spielt Whites *The Once and Future King* bereits eine größere Rolle, da es eins der Lieblingsbücher von Professor Xavier ist.

7.2 Inszenierungsmöglichkeiten III – Fokus: Lesesituation

Der *long shot*, der bereits in *Breathe In* und *The Color Purple* zur Sprache kam, erfüllt wie der *medium long shot* grundsätzlich zwei Funktionen: Entweder rücken mehrere Personen als Lesesubjekte in das Bildzentrum oder das Lesesubjekt tritt zugunsten des Leseortes fast vollständig zurück. Dies illustrieren die folgenden zwei Beispiele:

Ted Brownings *Freaks* (USA, 1932) erzählt von einer Kuriositätenshow, in der körperlich ›Missgebildete‹ als Sensation vorgeführt werden. Die Trapezkünstlerin Cleopatra versucht auf betrügerische Art und Weise, das Vermögen des kleinwüchsigen Hans zu erschleichen. Der Horrorfilm, in dem tatsächlich körperlich deformierte SchauspielerInnen mitwirkten, führt den ZuschauerInnen den Alltag der gesellschaftlichen AußenseiterInnen vor Augen. Dazu zählen auch die siamesischen Zwillinge, die von Daisy Hilton und Violet Hilton gespielt werden. Bei den beiden Frauen wird vor allem ihr Umgang mit Männern thematisiert, denn sie haben verschiedene Liebhaber und die Tatsache, dass sie körperlich miteinander verbunden sind, führt zu – teils humoristischen – Konflikten. In einer Szene umwirbt ein Mann eine der Schwestern in ihrem Wohnwagen; die andere sitzt scheinbar teilnahmslos dabei und liest ein nicht näher bezeichnetes Buch (Abb. 12).

In der mobilen Behausung eines Kuriositätenkabinetts, die durchaus einen besonderen Leseort bildet, ist es bemerkenswert, dass eine siamesische Zwillingsschwester liest, während die andere ein Rendezvous hat. Die halbtotale Einstellungsgröße unterstreicht dabei deren körperliche Verbundenheit: Außer den drei Figuren ist für die Zuschauenden kaum etwas von der Umgebung zu erkennen. Diese Leseszene bezieht ihre Wirkung aus der Selbstverständlichkeit, mit der die Protagonistinnen mit ihrem scheinbaren ›Handicap‹, der körperlichen Verbundenheit und damit zusammenhängenden extremen gegenseitigen Abhängigkeit, umgehen. Das Anbahnen einer Romanze ist ein intimer Moment, an dem in der Regel schwerlich andere Personen partizipieren sollten. Eigentlich können weder die erotische Annäherung noch die Textimmersion in der Szene erfolgreich verlaufen, doch die Bilder suggerieren das Gegenteil: Die Schwester wirkt in die Lektüre versunken und das Paar glaubhaft verliebt. Diese in einer Halbtotalen aufgenommene ungewöhnliche Lesesituation verdeutlicht das Grundthema dieses Films: Die durch ihre geringe Körpergröße oder andere Fehlbildungen als gesellschaftliche Außenseiter geltenden ›Freaks‹ erleben Situationen als völlig normal, die für viele ZuschauerInnen Brüche mit ihnen bekannten Konventionen darstellen.

Der südkoreanische Film *Agassi* (SK, 2016), der den internationalen Titel *The Handmaiden* trägt, handelt von der Liebe zwischen der reichen Erbin Hideko

Abb. 12: In *Freaks* (00:30:49) und *Agassi* (01:09:44) rücken durch die Kameraeinstellung mehrere Personen ins Filmbild; *Long shots* zeigen eine Lesesituation in der Natur (*Young Mr. Lincoln* (00:21:11)) und in einer Bibliothek (*Se7en* (00:27:42)). Edward Hoppers Gemälde *Chair Car* dient als Vorlage für die direkte Verfilmung einer bildnerischen Leseszene in *Shirley – Visions of Reality* (00:01:44).

Izumi (Min-hee Kim) und ihrem Dienstmädchen Sook-hee (Tae-ri Kim).[12] Hideko obliegt dabei die verstörende Aufgabe, vermögenden Besuchern ihres Onkels Kouziuki aus pornografischen Werken japanischer Autoren vorzulesen. Hideko wurde bereits als Kind auf die leidvolle Tätigkeit vorbereitet. In einer Szene wird Hideko im Kindesalter von Kouziuki – im Beisein ihrer Tante – im Vorlesen instruiert (Abb. 12). Die Totale erfüllt auch hier die Funktion, mehrere am Lese-

---

12 Der Film ist in drei Teile gegliedert, wobei der erste aus der Sicht Sook-hees und der zweite aus Hidekos Perspektive dargeboten wird. So entstehen für die ZuschauerInnen mehrere Überraschungseffekte, da sowohl Sook-hee als auch Hideko ihre wahren Absichten verschleiern, bevor sie am Ende des Films zusammenkommen.

prozess Beteiligte in Beziehung zu setzen. Bei Vorleseszenen ist dies insofern von Bedeutung, als hier nicht nur das Vortragen eines Textes, sondern auch dessen Wirkung auf die anderen Figuren gezeigt wird. Hideko lernt in dieser Szene japanische Begriffe für Geschlechtsteile und sexuelle Vorgänge kennen, die sie aufgrund ihres Alters noch nicht verstehen kann und als witzig empfindet – was zu einem Lachanfall bei den beiden Frauen führt, der von ihrem Onkel augenblicklich gewaltsam sanktioniert wird.

Der *long shot* erzeugt in diesem Beispiel eine starke Opposition: Durch den langen Tisch besteht eine enorme Distanz zwischen Hideko und ihrer Tante auf der einen Seite und ihrem Onkel auf der anderen Seite. Das *widescreen*-Format unterstützt – in Kontrast zum Screenshot aus *Freaks* – den Abstand zwischen den Personen, der auch durch die ›weitgezogene‹ Länge des Tischs zum Ausdruck kommt.[13] Hideko und ihre Tante, die das gleiche Schicksal des erzwungenen Vorlesens teilen, befinden sich gemeinsam auf der einen Tischseite; der gesenkte Kopf ihrer Tante indiziert bereits deren Unterwürfigkeit und die metaphorische ›Last auf ihren Schultern‹ – eine Vorausdeutung darauf, dass sie sich nur wenige Filmminuten später erhängen wird. Mithilfe eines Lesepults wird das Leseobjekt in ihrer Hälfte visuell exponiert, wodurch einerseits dessen fatale Bedeutung und die Bürde für die beiden Frauen hervorgehoben werden. Andererseits fällt auf, dass sich auf ihrer Tischseite ausschließlich das Buch befindet – vor Kouziuki liegen hingegen mehrere Utensilien: Dies akzentuiert die Macht des Onkels und seinen dominanten patriarchalischen Anspruch, die Frauen darauf zu reduzieren, ihre Funktion als Vorleserinnen zu erfüllen. Es ist die *long-shot*-Kameraeinstellung, die eine Inszenierung derart dynamischer Beziehungen ermöglicht.

Die Totale hat in den beiden Beispielen demnach die Funktion, das Verhältnis der Figuren untereinander darzustellen, das sowohl aus Enge (*Freaks*) als auch Distanz (*Agassi*) bestehen kann. Es ist nicht der Leseort selbst, der in den Beispielen im Vordergrund steht, sondern die an ihm generierte Lesesituation, in der die Aufmerksamkeit auf die Figuren und deren Interaktion gelegt wird. Eine andere Wirkung entfaltet sich, wenn das Lesesubjekt in einer Totalen nicht mit anderen Figuren, sondern allein im Filmbild zu sehen ist – wie in den folgenden Beispielen.

In John Fords *Young Mr. Lincoln* (USA, 1939) verkörpert Henry Fonda den späteren amerikanischen Präsidenten Abraham Lincoln, der mit 23 Jahren für das Staatsparlament kandidiert und an seinem ersten juristischen Fall arbeitet:

---

13 Das Seitenverhältnis in *Freaks* ist 1.37:1; das 2.35:1-Seitenverhältnis in *Agassi* gilt als *anamorphotisches* Verfahren, wodurch ein besonders breites Bild entsteht. Vgl. Bordwell u. Thompson: Film Art (2016), S. 182–184.

Er vertritt die Verteidigung in einem Mordfall. Nach einer Wahlansprache verkauft er zu Beginn des Films an eine Siedlerfamilie Lebensmittel und erhält dafür ein Gesetzbuch. An einem Fluss studiert Lincoln das Buch ausgiebig (Abb. 12). Lesesubjekt und -objekt erscheinen winzig im Vergleich zur dargestellten Natur, von der ein Fluss, Bäume, ein Zaun und Waldgebiete mit vorgelagerter Wiesenlandschaft zu sehen sind.

Im Stil des ikonischen Postkartenmotivs *Lesen im Freien* ist die Lesehaltung von Lincoln markant: Er hat lässig die Beine an den Baumstamm gelegt. Einerseits demonstriert diese Leseszene seine Begabung, sich mühelos Wissen anzueignen. Die ZuschauerInnen würden den angehenden Anwalt in einer seiner üblichen Arbeitssituationen wohl eher am Schreibtisch erwarten, doch der körperliche Habitus des entspannten Lesens ist nicht an die Textform gebunden. Andererseits ist Lincolns Mimik für die ZuschauerInnen durch die Entfernung im *long shot* nicht einsehbar. Stattdessen bildet der imposante Baum den Eyecatcher. Die vom Stamm abgehenden dicken Äste weisen vom lesenden Lincoln weg: Sie können als eine Metapher für die kreative und gedankliche Entwicklung des jungen Mannes begriffen werden, in dessen Kopf sich sozusagen neue synaptische Stränge bilden. Die nach oben verlaufende Verästelung verweist außerdem darauf, dass Lincoln zu ›Höherem‹ berufen ist und einst Präsident werden wird. So tritt durch die Inszenierung des Leseorts mithilfe einer Totalen und ausschließlich mit der lesenden Figur im Filmbild die metaphorische Bedeutung eines Landschaftsobjekts in den Vordergrund, die mit dem Lesesubjekt enggeführt werden kann.

In *Se7en* begeben sich zwei Polizisten, gespielt von Morgan Freeman und Brad Pitt, auf die Spur eines Mörders, der seine Opfer nach dem Schema der sieben katholischen Todsünden ermordet. In einer Filmsequenz sucht der ältere der beiden Ermittler, William Sumerset, die Bibliothek auf, um mehr über die Motive des Serienkillers zu erfahren. Der Mörder hat ein Zitat aus Miltons *Paradise Lost* in der Wohnung eines zu Tode gemästeten Opfers hinterlassen.[14] Um den ikonografischen Bezugspunkt für die als Bedeutungsträger inszenierten Leichen zu entschlüsseln, nimmt er in einer vorangegangenen Einstellung unter anderem Chaucers *Canterbury Tales*, Dantes *Divina Commedia* und die *Enzyklopädie des Katholizismus* aus einem Regal. Der Leseort, der Lesesaal einer Bibliothek, ermöglicht dem Detektiv eine konzentrierte Recherche. Zwischen den dunklen Tischen und abgedunkelten Lampen ragt Sumerset an einem der Lesetische heraus (Abb. 12).

---

14 »Long is the way, and hard, that out of hell leads up to light.« Se7en (1995), 00:20:01.

Sumersets einsamer Lektüreakt wird mit zwei Momenten kontrastiert: die Recherche seines Kollegen David Mills in dessen Wohnung und den pokerspielenden Nachtwächter in der Bibliothek. Parallel wird die von Brad Pitt verkörperte, jüngere Figur gezeigt, wie sie zuhause, mit einem Bier und während der Ausstrahlung eines Basketballspiels, das er im Fernsehen verfolgt, den Fall zu lösen versucht – dies ist ein konträrer Bezugspunkt zum kontemplativen Lektüreakt in der Bibliothek. Die vielschichtige Metaphorik der Bibliothek, der beispielsweise Günther Stocker eine Monografie gewidmet hat, kann an dieser Stelle vor allem mit Ordnung und einem Zufluchtsort in Verbindung gebracht werden: In der Bibliothek kann »angesichts des Verschwimmens aller Dinge noch Festigkeit und Sicherheit gefunden werden [...]. In der Bibliothek herrscht nicht der allgegenwärtige Zufall, sondern alles ist kontrolliert, organisiert und geordnet.«[15]

Ein Gegengewicht zur systematischen und kontemplativen Recherchesituation in der Bibliothek bildet das Lachen der Nachwächter, die auf einem Tisch der Zwischenetage sitzen, Poker spielen und Pizza essen. Sumerset erinnert seine Kollegen daran, dass sie sich hier in einer intellektuellen Umgebung befinden: »All these books, gentlemen, a world of knowledge at your disposal, and you play poker all night.«[16] Darauf entgegnet ihm einer der Aufpasser ironisch, dass sie durchaus Kultur besäßen, und spielt den zweiten Satz aus Johann Sebastian Bachs *Air* über einen Radiorekorder ab, der die folgende Leseszene untermalt. Die Recherche bereitet dem Polizisten keine Mühe, sondern er wirkt gelassen in die Lektüre altvertrauter Bücher versenkt und fühlt sich in der von ihnen aufgerufenen imaginären Landschaft sichtlich wohl.[17] Alle anderen Tische und Leseplätze sind leer, nur Sumerset hält sich dort alleine mit seinen Büchern auf. Die in grellem Schein auffällig leuchtenden grünen Lampen, die als Platzhalter für mögliche andere potenzielle LeserInnen stehen können, verstärken den Eindruck, dass Sumerset ein *echter* bzw. *wahrhaftiger* Leser ist. Für diese Inszenierung ist aufgrund der Kontrastierung mit den Aufpassern auch die Montage verantwortlich, der sich das nächste Unterkapitel widmet.

Als weitere Facette der Inszenierungsoptionen sei zuvor noch auf die Möglichkeit hingewiesen, bildnerische Darstellungen quasi ›konkret‹ in den Film zu integrieren. Viele Leseorte und -haltungen orientieren sich an der Ikonografie des Lesens (vgl. Kap. 2.4.). Mit Gustav Deutschs *Shirley – Visions of Reality* (Ö, 2013) findet sich jedoch ein außergewöhnliches Beispiel für eine bildnerische Anspie-

---

15 Stocker: Schrift, Wissen und Gedächtnis (1997), S. 291.
16 Se7en (1995), 00:28:12–00:28:16.
17 Vgl. Bronfen: Einleitung (1999), S. 13–14.

lung, die über eine Orientierung hinausgeht, denn der Film *überträgt* die Gemälde von Edward Hopper auf das Bewegtbild. Der Film begleitet anhand von dreizehn Kunstwerken des amerikanischen Malers die Lebensgeschichte von Shirley (Stephanie Cumming) von den 1930er bis in die 1960er Jahren des 20. Jahrhunderts. Es gibt wenig Bewegung und kaum Dialoge in dem Film – vor allem Farben und Komposition dominieren. Dementsprechend ist Shirley auch in mehreren Szenen lesend abgebildet, so auch in einem Screenshot, der an das Gemälde *Chair Car* (Abb. 12) angelehnt ist.

Das aus der Spätphase Hoppers stammende Werk setzt stilistisch vor allem Kontrastelemente und Perspektivierung ein – die Fensterflächen, die in der Bildtiefe perspektivisch aufeinander zulaufen, stellen die Bildaußenseiten dar. Formal wird so der Eindruck einer abgeschlossenen Innenwelt erzeugt: Von der Außenwelt ist lediglich das durchs Fenster hereinfallende Licht sichtbar; es ist kein Blick aus dem Fenster hinaus möglich. Das Lesen der Frau wird auf diese Weise zum Zeichen der Abgrenzung, ist Rückzug auf sich selbst und Konzentration auf das Buch.[18] An dieser Stelle bestätigt sich, dass Hoppers Bildästhetik dem Filmischen entlehnt ist, wie Brian O'Doherty schreibt:

> Seine Technik des Bildausschnitts beschreitet Wege, die Aufmerksamkeit erweckt und enttäuscht, manchmal suggeriert sie Bewegung und Wechsel, während sie zur gleichen Zeit das Subjekt so erstarren läßt, daß seine besten Werke wie gefrorene Bildausschnitte aus einem lebenslangen Film erscheinen. Hoppers Blickwinkel, seine Technik des Ausschnitts und seine Verfahren der Lichtgebung nähern sich häufig Konventionen des Kinos und des Theaters.[19]

Dadurch dass Hopper sich selbst derart am Kino orientiert, ist die filmische Adaption der Gemälde ein merkwürdiger Bezug, denn wie soll das *Filmhafte* des statischen Gemäldes im Film ›zurückverwandelt‹ werden, wenn dabei größtenteils auf Bewegung verzichtet wird?[20] Die Gegenüberstellung des Gemäldes mit der Filmszene (Abb. 12) offenbart eine enorme Ähnlichkeit. In der Filmszene sind die Formen der Objekte im Zugabteil Polygone und erscheinen dadurch künstlich. Auch wenn der Ansatz von *Shirley – Visions of Reality* sicherlich originell ist, muss in Bezug auf die Lesedarstellung aus medientheoretischer Perspektive konstatiert werden, dass die Filmszene keine eigenständige Qualität hat, die nicht bereits in der bildnerischen Darstellung zu finden ist. Da das Lesen an sich

---

18 Vgl. Renner: Edward Hopper (2012), S. 72.
19 Zit. n. ebd., S. 66.
20 Die Filmgeschichte wimmelt von Werken, deren Einstellungskompositionen sich an Werken der bildenden Kunst orientieren, wie bei Stanley Kubricks *Barry Lyndon* (GB/USA, 1975) oder Peter Greenaways *The Belly of an Architect* (IT/GB, 1987).

bereits eine eher statische Tätigkeit ist, eröffnet eine statische Verfilmung eines statischen Gemäldes in diesem Beispiel kaum eine neue Bedeutungsebene. Die Leistung der Szene ist in der besonderen Art der intermedialen Kunstzitation zu sehen, die für die Kenner von Hoppers Werk eine Gratifikation darstellen kann.

Nach dieser Analyse von Leseorten in bestimmten Einstellungen bezüglich der Funktion unterschiedlicher Einstellungsgrößen wird im folgenden Kapitel die Raumdarstellung hinsichtlich der Funktion von *Montagen* untersucht.

7.3 Montage

Das Zusammenschneiden verschiedener Einstellungen erzeugt die charakteristische filmische Erzählweise und erfüllt eine Schlüsselfunktion in der Medienspezifik des Films. Godard bringt dies in poetischer Sprache zum Ausdruck: »Wenn Inszenieren ein Blick ist, dann ist Schneiden ein Herzschlag.«[21] Bordwell und Thompson unterscheiden vier Dimensionen der Montage: Zwischen zwei und/oder mehreren Einstellungen können grafische, rhythmische, räumliche und zeitliche Relationen hergestellt werden.[22] Folgende Bezeichnungen haben sich für Schnittformen etabliert: *match cut* – zeitlich und räumliche getrennte Handlungseinheiten werden zusammengefügt –, *jump cut* – ein unvorbereiteter, deutlich erkennbarer Schnitt, der hinsichtlich Kameradistanz und Bildausschnitt unter Umständen keine Veränderungen bewirkt, und *cross cut* – parallel verlaufende Handlungsstränge werden zusammengeschnitten.[23] Insbesondere der sowjetische Regisseur Sergej Eisenstein hat in zahlreichen kürzeren Texten über die Möglichkeiten der Filmmontage hinsichtlich der Lenkung der ZuschauerInnen reflektiert und das Potenzial des Films herausgearbeitet, durch Anordnung von Einstellungen und Szenen bei den ZuschauerInnen kalkulierbare Wirkungen hervorzurufen, was mit den Begriffen *Assoziationsmontage* oder *intellektuelle Montage* verbunden wird: »Die Bearbeitung dieses Zuschauers [erfolgt] in einer gewünschten Richtung mittels einer Folge vorausberechneter Druckausübungen auf seine Psyche.«[24] Die möglichen Funktionen von Schnitten in Leseszenen sollen im Folgenden an drei Filmbeispielen durchgespielt werden.

---

21 Godard: Schnitt, meine schöne Sorge (1956), S. 14.
22 Vgl. Bordwell u. Thompson: Film Art (2016), S. 221.
23 Vgl. Kamp u. Rüsel: Vom Umgang mit Film (1998), S. 23–29.
24 Eisenstein: Montage der Filmattraktionen (1924). S. 15. Eisenstein definiert fünf Montagetypen, die genau festlegen, welche Gefühle beim Kinobesucher geweckt werden sollen. Dazu zählen die intellektuelle, metrische, rhythmische und tonale Montage sowie die Obertonmontage.

Die drei genannten Montageformen lassen sich anhand Tom Fords filmischer Adaption von Christopher Isherwoods Roman *A Single Man* illustrieren. Der Film aus dem Jahr 2009 schildert die Geschichte des homosexuellen Literaturprofessors George Falconer, der den Tod seines Lebensgefährten nicht verarbeiten kann. In einer Szene zu Beginn des Films liest die von Colin Firth verkörperte Hauptfigur ein Buch beim morgendlichen Toilettengang. Seine Gedanken schweifen ab und er beobachtet durch ein Fenster die kinderreiche Nachbarsfamilie.

Eine amerikanische Einstellung präsentiert Falconer, der auf der Toilette sitzt und das Buch in der Weise vor sich in den Händen hält, dass vor allem Buchdeckel, -rücken und Kopfschnitt im Filmbild zu sehen sind (Abb. 13). Der Titel wird in einer späteren Einstellung und einem sich anschließenden literarischen Gespräch an der Universität identifizierbar: Aldous Huxleys *After Many a Summer*. In diesem Roman versucht ein Multimillionär u. a. die Tatsache seines herannahenden Todes und sein schlechtes Gewissen über ein verfehltes Leben zu verschleiern. Falconer unterbricht seinen Leseprozess und wirft einen Blick aus dem Fenster seines Klosetts, was auch zusätzlich aus der Perspektive von außen deutlich wird, so dass nur sein durch den Zaun gerahmter Kopf sichtbar ist. Es findet demnach ein *match cut* statt, der dieselbe Situation aus zwei unterschiedlichen Blickwinkeln präsentiert. Darauf folgen mehrere *jump cuts*, welche

Abb. 13: Die Hauptfigur in Tom Fords *A Single Man* (00:11:35–00:12:40) sitzt lesend auf der Toilette und beobachtet die Aktivitäten der NachbarInnen.

die Aktivitäten der Familie zu Tagesbeginn in zahlreichen Nahaufnahmen vorführen: Ein Mädchen zerschlägt mit dem Hammer eine Waage und ein Mann
entdeckt mit einem Metalldetektor etwas im Rasen, woraufhin alle Kinder und
die Mutter eine Münze ausgraben, was in einer Nahaufnahme als unübersichtli-
ches Wühlen in Szene gesetzt wird. Diese Filmbilder werden teils in gedehnter
Zeit dargeboten und von Shigeru Umebayashis schwermütiger instrumenteller
Komposition *George's Waltz* begleitet.

Danach führt ein *close up* vor Auge, wie ein Mädchen als ›Indianerin‹ verklei-
det einen Schmetterling fängt und in ihren Händen zerreibt – und zudem werden
Ehemann und Ehefrau in einem Streitgespräch miteinander gezeigt. Zwischen all
diesen Einstellungen wird immer wieder zum beobachtenden Falconer geschnitten. Es liegt hier ein *cross cut* vor, da das Geschehen in den Szenen parallel zu
seinem Lektüreakt einmontiert wird. Durch einen gleichsam ›dezenten‹ Zoom
entsteht des Weiteren Dynamik und Reziprozität zwischen dem Beobachtenden
und dem Beobachteten. Die Szene endet damit, dass die Frau Falconers Beobach-
tungsakt entdeckt und ihm zuwinkt: Daraufhin stoppt die gedehnte Erzählung
und die Musik verstummt – ein Schnitt auf die Perspektive der ersten Einstellung
erfolgt, in der Falconer sich ›wegduckt‹, um nicht von der Nachbarin erkannt zu
werden.

Die Leseszene enthält mit der Toilette einen durchaus verbreiteten Leseort.
Doch die Darstellung von Ausscheidungsvorgängen auf dem Abtritt ist weitgehend
tabuisiert, sie stellt keinen konventionalisierten Teil der visuellen Kultur dar. Die
ZuschauerInnen beobachten den lesenden Protagonisten in einem äußerst intimen
Moment. Selbst wenn weder entblößte Geschlechtsteile noch Körperflüssigkeiten
auditiv oder visuell präsentiert werden, ist beides im Bewusstsein der Zuschauenden präsent. Die *Fäkalisierung* des kontemplativen Leseakts ist ikonografisch nicht
tradiert, vor allem, da mit Falconer als Literaturprofessor ein ›Gelehrter‹ als Leser
auf dem Abort dargestellt wird. Der profane Gang zum Klosett steht der Charakterisierung von Lesenden als Teil der geistigen ›Elite‹, der Falconer als Literaturprofessor zugezählt werden kann, entgegen (vgl. Kap. 2.4.). Diese filmische Darstellung
des Lesens setzt sich also durchaus von Darstellungstraditionen ab und entwirft
eine besondere Form des kontemplativen und intellektuellen Leseakts.[25]

Die *jump cuts* während der Interaktion der Familienmitglieder spiegeln Falconers Wahrnehmung wider, die nicht linear verläuft, insofern als er auf das
Geschehen in der Nachbarschaft wie auf ein Mosaik blickt und jeweils unterschiedliche Momente in den Fokus nimmt. In Anlehnung an Eisenstein gilt es

---

[25] Vgl. zu dieser Interpretation Schaffers u. Rouget: Die Arbeit an der Verbindlichkeit (2019),
S. 168–170.

zu fragen, welche Assoziationen die Parallelmontage bei den ZuschauerInnen hervorruft. Aus Falconers trübsinnigem Blick sprechen Bedauern und möglicherweise ein Anflug von Neid im Bewusstsein, dass er aufgrund seiner Homosexualität solch ein bürgerliches Familienleben niemals würde führen können, denn in den 1960er Jahren waren Heirat und Kinderadoption für Homosexuelle in den USA juristisch noch nicht möglich. Zeitgleich verweist die Szene aber auch auf Gefühle der Regression, da er vorrangig das Treiben der Kinder länger beobachtet.

Zudem kann das parallele Geschehen auch mit der Einzeltextreferenz auf *After Many a Summer* in Verbindung gebracht werden. Wie Huxleys Hauptfigur stuft auch der Professor sein aktuelles Leben als unglücklich ein. Die Unterbrechung des Leseprozesses deutet auf seine aufkommenden Gedanken und die Parallelisierung seiner Lebenswelt mit derjenigen des Protagonisten seiner Lektüre hin. Darüber hinaus wird in einer späteren Szene an der Universität eine Stelle des Romans besprochen, in der es um Angst vor Minderheiten geht – auch dieser Gedanke mag Falconer beim Lesen des Textes und dem Betrachten der konservativen Familienform begleitet haben: die Furcht vor der Offenlegung seiner sexuellen Orientierung. Dies ist eine weitere Bedeutungsebene und erklärt die Einstellung, in der Falconer in dem Moment, als seine Nachbarin ihn entdeckt, den Kopf einzieht.

Der *cross cut* fügt sowohl Falconer als Subjekt und die Familie als Objekt der Beobachtung zusammen. Falconer ist in diesem Moment ein Voyeur, der aus einer scheinbar versteckten Position heraus beobachtet. Bemerkenswert innerhalb der formalen Darbietung ist, dass Falconer durchgehend beobachtet und als ein Beobachter inszeniert wird. Die ZuschauerInnen beobachten also einen Beobachter und den Akt einer Beobachtung, wie es schon in Rekurs auf Niklas Luhmann in Kap. 3.3. angeklungen ist: Die Zuschauenden sehen Falconer während des intimen Moments des Toilettengangs und werden mit seiner Wahrnehmung konfrontiert. Diese Doppelstruktur unterstreicht die Ambiguität der Bilder: Die mögliche Sehnsucht nach der Kindheit wird konterkariert, als das Mädchen einfach einen Schmetterling tötet, der als Inbegriff des Schönen bzw. Kostbaren gilt. Vergleichbares kann über die Sehnsucht des Protagonisten nach einer glücklichen Beziehung konstatiert werden. Durch den angedeuteten Streit des Ehepaars wird die scheinbare Idylle ungetrübten bürgerlichen Familienglücks relativiert. Wünsche und Realität vermischen sich, wodurch die Konstruktivität von Wahrnehmung hervorgehoben wird. Erst die montierte Aufeinanderfolge von Einstellungen versetzt die Lesesituation in den aufgezeigten komplexen Zusammenhang des Lesesubjekts mit dem -objekt und verweist auf die analysierten Verbindungen von textlicher und außertextlicher Realität.

Parallel zum Leseprozess verlaufende Lektüreimaginationen können auch in einer eigenen Diegese visualisiert werden, wie das folgende Beispiel zeigt. In der japanischen Komödie *Tampopo* (JAP, 1985) helfen die Fernfahrer Goro und Gun der Besitzerin eines kleinen Restaurants dabei, ein Rezept für die beste Nudelsuppe zu entwickeln. Gleich zu Beginn des Films liest der jüngere Trucker Gun dem älteren und erfahreneren Goro aus einem Roman vor.

Die ZuschauerInnen sehen in einem *medium shot* Gun, der auf der linken Seite ans Fenster des LKWs angelehnt ein Buch liest (Abb. 14). Sichtbar sind der Einband und der Kopf- sowie der Seitenschnitt des Buches, für das es visuell keinen Hinweis auf Titel oder AutorIn gibt. Auf der Tonebene ist Gun zu vernehmen, der langsam und stockend aus dem Buch vorliest und dabei den Eindruck vermittelt, ein ungeübter Leser zu sein. Diese Leseweise schließt an die bis dahin vermittelte Charakterisierung an, die Gun als in vielen Dingen unerfahre-

Abb. 14: Die Geschichte über einen weisen Lehrer, der seinen Schüler darin instruiert, wie man auf perfekte Weise eine Nudelsuppe isst, wird in Jūzō Itamis *Tampopo* (00:02:41–00:06:46) als Leseszene dargeboten.

nen Protagonisten kennzeichnet, dem sein Mentor Goro ständig Sachverhalte erklären muss und Ratschläge erteilt.

Der erste aus dem fiktiven Roman vorgetragene Satz lautet:»An einem wunderschönen Tag war ich in Begleitung eines alten Herren in die Stadt gegangen.«[26] Doch die ZuschauerInnen sehen den jungen Beifahrer nun nicht mehr im Leseprozess, sondern in zeitlicher Übereinstimmung mit dem ersten vorgelesenen Satz erscheint das Panorama-Abbild einer Großstadt. Der *match cut* von einer LKW-Fahrt in einer verregneten Nacht hin zu einer Aufsicht auf eine Stadt an einem sonnigen Tag verdeutlicht, dass es sich um eine Lektüreimagination handelt, wobei offen bleibt, ob es diejenige des Lesers Gun oder die des Zuhörers Goro ist.[27]

Aus dem Off liest Gun weiter vor.»Dieser Herr hatte seit 40 Jahren Nudelsuppen studiert. Jetzt wollte der mir beibringen, wie man so eine Nudelsuppe richtig zu essen hat, sagte er.«[28] Simultan zu diesem Satz erscheint der Ich-Erzähler der vorgelesenen Geschichte mit dem betagten Herren in einer halbnahen Einstellung, der ihm minutiös darlegt, wie eine hervorragende Nudelsuppe zubereitet und gegessen werden sollte. Gun exponiert einerseits das Vorgelesene durch die Markierung indirekter Rede (»sagte er«) als Teil einer Erzählung, bei der es sich um eine fiktionale Geschichte handelt. Andererseits ist Gun in der Imagination mit dem Ich-Erzähler identisch, denn der namenlosen Schüler des Meisters wird von demselben Schauspieler wie Gun gespielt: Ken Watanabe. Dies spricht aufgrund einer möglichen identifikatorischen Lektüre eher für eine Lektüreimagination Guns als Goros, wenngleich der Zuhörende sich auch den Vorleser als Teil der Diegese vorstellen kann.

Die aufgrund ihres hyperbolischen Detailreichtums humoristische Suppenkonsum-Anleitung des Meisters wird von Gun selbst unterbrochen, als der Meister seinen Schüler instruiert, er solle die Nudelsuppe um Verzeihung bitten und »Bis bald!« sagen. Die Szene wechselt daraufhin wieder zur Autofahrt:»Bis bald? Was soll denn das wieder heißen? Blöder Schmöker. Nicht zu fassen, jetzt habe ich richtig Hunger auf eine Nudelsuppe.«[29] Der Vorleser selbst artikuliert hier sowohl Verstehensprobleme als auch eine unmittelbare Wirkung der Lektüre, denn sein Appetit wurde angeregt. Doch der Fahrer beschwichtigt ihn, sein Verlangen zu zügeln und bittet ihn, weiterzulesen – was er auch tut. Während auf der Tonebene im Wechsel die Vorlese- und Figurenstimmen hörbar sind, werden die Figuren des vorgetragenen Textes in einer Essenssituation ge-

---

26 Tampopo (1985), 00:03:07–00:03:13.
27 Dies betont auch der Wechsel von einer Schwarz-Weiß-Einstellung in eine farbige.
28 Tampopo (1985), 00:03:14–00:03:22.
29 Ebd., 00:04:57–00:05:03.

zeigt. Es handelt sich demnach um einen *cross cut*, in dem die Vorstellungen des Protagonisten beim Leseprozess parallel zur Autofahrt dargeboten werden. Der Erzähler gibt im Vorlesemodus eine längere Beschreibung einer Situation, in welcher der Meister eine Suppe zu essen pflegt, während auf der Bildebene der Inhalt des Textes szenisch zu sehen ist:

> Danach nahm der ältere Herr ein Stückchen von den chinesischen Bambussprossen, steckte es behutsam in den Mund und aß es voller Genuss. Nachdem er es heruntergeschluckt hatte, nahm er eine kleine Menge Nudeln und während er diese kaute, nahm er dazu noch eine chinesische Bambussprosse. Erst dann hat er die Suppe zum ersten Mal geschlürft. Und das dreimal hintereinander. Dann hat er seinen Körper aufgerichtet, tief durchgeatmet und danach mit großer Entschlossenheit eine Scheibe von dem gebratenen Schweinefleisch mit seinen Stäbchen hochgenommen und damit dreimal zärtlich auf den Rand der Suppenschale geklopft.[30]

Hier liegt eine mediale Doppelung vor. Ein literarischer Textausschnitt ist sowohl auf der Ton- als auch auf der Bildebene repräsentiert. Während aus dem Off zu hören ist, dass ein Stück Schweinefleisch hochgenommen und gegen die Suppenschale geklopft wird, ist zu sehen, wie der Meister genau dies tut. Die Szene endet schließlich mit einem letzten Rat des Suppenmeisters und diesmal unterbricht Goro den Vorleseprozess, indem er den LKW anhält: »Nur weil du so ein blödes Buch vorliest, habe ich jetzt furchtbaren Hunger bekommen.«[31] So steigen die beiden aus dem Wagen, die Lesezene ist damit beendet und sie kehren in das Restaurant ein, dem sie im weiteren Verlauf der Handlung zu Ruhm verhelfen werden.

Die audiovisuelle *Vergegenwärtigung* eines literarischen Textes ist eine Besonderheit, die durch das filmsprachliche Mittel der Montage erreicht wird. Diese Form der filmischen Phänomenalisierung der Leseerfahrung ist selten im vorliegenden Untersuchungskorpus zu finden. Es gilt aber auch, die inszenatorische ›Tautologie‹ zu beachten: Die ZuschauerInnen hören die literarische Beschreibung einer Szene, die genauso auf dem Filmbild zu sehen ist. *Tampopo* stellt eine ›Hymne‹ auf das Essen dar, was durch die bewusste Verdopplung bereits in dieser Szene erreicht wird: Das Essen eines Fleischstücks wird wahrhaftig filmisch *zelebriert*, indem der eigentlich profane Vorgang sowohl auditiv als auch visuell umgesetzt wird.[32]

Des Weiteren besteht *Tampopo* aus mehreren narrativen Haupt- und Nebensträngen, in denen kulinarische Genüsse zentrale Wendepunkte im Leben di-

---

30 Ebd., 00:05:23–00:06:13.
31 Ebd., 00:06:36–00:06:39.
32 Die Kochkunst kann als eine Metapher auf die Lebenskunst interpretiert werden. Wie der alte Meister die Nudel isst, steht stellvertretend für seine Beherrschung des Lebens.

verser Figuren bilden. Der Film führt die ZuschauerInnen so direkt darin ein, dass es im weiteren Verlauf mehrere Narrationsebenen geben wird. Die assoziative Montage etabliert auf diese Weise die erzählerische Struktur des Films: »Itami hat mit Tampopo weniger eine Komödie produziert als vielmehr einen Essay-Film, der Variationen auf das Thema Essen zu einem Porträt der modernen japanischen Gesellschaft verdichtet.«[33] Die *opening sequence* des Films ist als Leseszene gestaltet, um die ZuschauerInnen an die kaleidoskopartige filmische Erzählung heranzuführen. Der Einsatz der Montage bedingt diesen Erzählstil, in dem heterogene Handlungssequenzen wie in einem Roman durch die Narration selbst zusammengehalten werden, aber nicht unbedingt Teil einer gemeinsamen Diegese sind und kausal aufeinanderfolgen.[34] Die formale Inszenierung der Leseszene durch variationsreiche Montagen etabliert demnach die gesamte Machart des Films.

Ein drittes – und letztes – Beispiel für die Funktion der Montage für das Bedeutungsspektrum einer Lesesituation liefert Francis Ford Coppolas monumentaler Antikriegsfilm *Apocalypse Now* (USA, 1979), der als einer der einflussreichsten Filme des 20. Jahrhunderts gilt.[35] Der Film basiert auf Joseph Conrads *Heart of Darkness* aus dem Jahr 1899, jedoch werden Zeit und Ort von kolonialistischen Auseinandersetzungen in Belgisch-Kongo im ausgehenden 19. Jahrhundert zum Vietnamkrieg im Jahr 1969 verlagert. Captain Benjamin L. Willard (Martin Sheen) erhält den Auftrag, Colonel Walter E. Kurtz (Marlon Brando) zu finden und zu liquidieren, da dieser sich in Kambodscha der US-Führung entzogen hat und dort nicht mehr zu kontrollieren ist. Die Flussreise von Willard und seinen Begleitern mit einem Patrouillenboot auf dem fiktiven Nung-River, der deutlich an den Mekong erinnert, führt dabei in verschiedenen Stadien die Absurdität eines sinnentleerten Kriegs eindrucksvoll vor Augen. Dabei stehen weniger dramaturgische Elemente im Vordergrund als die kinematografisch opulente Inszenierung einer militärischen Katastrophe.[36]

Als Willard im letzten Teil des Films auf Kurtz stößt, findet er einen gebieterisch in einer verfallenen Tempelanlage über desertierte US-Soldaten und Einheimische herrschenden Mann; auf dem Gelände liegen zahlreiche Leichen und abgetrennte Menschenköpfe. Ein amerikanischer Fotojournalist (Dennis Hop-

---

33 Nitsche: Tampopo (2005), S. 417.

34 Damit handelt es sich auch um eine automediale Leseszene (vgl. Kap. 11.3.).

35 So bezeichnet beispielsweise Michael Meyns den Film als »eines der großen Meisterwerke der Filmgeschichte«. Meyns: Ein meisterlicher Exzess (2019).

36 Regisseur Coppola äußerte folgende passende Zusammenfassung des Films: »The movie is not about vietnam. It is vietnam.« Zit. n. Stiglegger: Apocalypse Now (2006), S. 257.

per), der die Überlebenden um Willard begrüßt, beschreibt Kurtz folgendermaßen: »The man's enlarged my mind. He's a poet-warrior in a classic sense.«[37] In
den darauffolgenden Sequenzen führen der »poet-warrior« Kurtz und Willard
mehrere Gespräche miteinander, nach denen Willard beginnt, Kurtz zu verstehen und sogar überlegt, sich diesem anzuschließen. Noch bevor es zu Kurtz'
Schlussmonolog kommt, der mit den berühmt gewordenen Worten »the horror ...
the horror ... «[38] endet, rezitiert Kurtz die beiden ersten Strophen aus T. S. Eliots
The Hollow Men (Abb. 15):

> We are the hollow men
> We are the stuffed men
> Leaning together
> Headpiece filled with straw. Alas!
> Our dried voices, when
> We whisper together
> Are quiet and meaningless
> As wind in dry grass
> Or rats' feet over broken glass
> In our dry cellar.
>
> Shape without form, shade without colour,
> Paralysed force, gesture without motion.[39]

Eliots Gedicht schuf mit den »hollow men«, und weiteren Metaphern (»stuffed«,
»dried voices« oder »paralysed force«), ein Bild für das desillusionierte und
traumatisierte kollektive Empfinden der Menschen nach dem Ersten Weltkrieg.
Kurtz bezieht diese Zuschreibung in der Leseszene einerseits auf die amerikanischen und asiatischen Soldaten, die durch die Kampfhandlungen in Vietnam
längst ihren eigenen Willen verloren haben, und andererseits auf die US-Bevöl-
kerung, die über ihre Familienmitglieder und die Fernsehbilder mit dem Kriegs-
schrecken konfrontiert sind. Außerdem handelt es sich bei der Rezitation auch
um Selbstcharakterisierungen, denn sowohl Kurtz als auch Willard können als
»hollow men« gelten. Auch sie leiden aufgrund der dauerhaft erlebten Waffen-
gewalt unter dem Gefühl der Verzweiflung und Sinnlosigkeit.

Bisher vorliegende Analysen und Interpretationen dieser Szene konzentrierten sich vor allem auf die Bedeutung der Einzeltextreferenz. Marcus Stiglegger
nennt beispielsweise die intertextuelle Zitation des Gedichts einen »irritierenden

---

37 Apocalypse Now (1979), 02:25:03–02:25:09.
38 Ebd., 03:01:31–03:01:38.
39 Ebd., 02:48:35–02:49:10.

Abb. 15: In *Apocalypse Now* (02:48:24–02:48:54) liest Colonel Kurtz aus T. S. Eliots Gedicht *The Hollow Men* vor, während einzelne Einstellungen die Tempelanlage, in der Kurtz einen eigenen Herrschaftsbereich errichtet hat, und einzelne Statuen zeigen. Darüber hinaus hat Kurtz mit Willard, dem Fotojournalisten und einem seiner Anhänger ein in Filmbild sichtbares Publikum, das ihm zuhört.

Schlüssel«,[40] denn im Film verzichtet Kurtz darauf, das Motto zu Beginn des Textes vorzulesen: »Mistah Kurtz – he dead.«[41] Eliot verweist mit diesem Motto intertextuell auf *Heart of Darkness*, die literarische Vorlage von *Apocalypse Now*. Die filmische Zitation des Gedichts deutet in dieser Weise verschachtelt auf den Einfluss von Conrads Novelle hin. Darüber hinaus handelt es sich um eine selbstreflexive Szene:[42] Wenn die Filmfigur Kurtz dieses Gedicht kennt, dann weiß er sozusagen auch um seine eigene Fiktionalität und damit um seinen eigenen bevorstehenden Tod – denn der ist das Schicksal der gleichnamigen Figur in Conrads Text. In dieser selbstreflexiven Szene verbinden sich Fiktion und Realität. Durch die Zitation wird mit Eliot auf den Ersten Weltkrieg und mit Conrad auf die Auseinandersetzungen in Belgisch-Kongo angespielt – und dadurch die historische Universalität kriegerischer Schrecken betont. Doch neben der Funktion der

---

40 Stiglegger: Apocalypse Now (2006), S. 260.
41 Eliot: The Hollow Men (1925), S. 81. Es fehlt zudem ebenfalls der Motto-Satz: »A penny for the Old Guy«, eine Anspielung auf den *Guy Fawkes Day* und Charon aus der griechischen Mythologie.
42 Es liegt demnach auch eine automediale Leseszene (vgl. Kap. 11.3.) vor.

Einzeltextreferenz eröffnet die formalästhetische Inszenierung des Lesens einen weiteren Zugang.

Kurtz befindet sich in sitzender Lesehaltung und fängt dabei eine Fliege. In der Einstellung vor dem Beginn seiner Rezitation sehen die ZuschauerInnen die Säulen der verlassenen Tempelanlage.[43] Zwei weitere Einstellungen zeigen in unterschiedlicher Perspektive jeweils eine Statue. Parallel zum Schnitt von der ersten Statue setzt auf der Tonebene das Vorlesen ein. Dies ist bemerkenswert, da bei dem Anblick lebloser Statuen die Worte »the hollow men« erklingen: Auch die Steinfiguren sind quasi »hollow« sowie »stuffed« und stellen eine metaphorische Parallelisierung für die Gefühllosigkeit der Menschen angesichts der Brutalität des Krieges dar. Nach der Präsentation einer weiteren Statue wird bei dem Vers »Our dried voices« Kurtz' Zuhörerschaft sichtbar: ein namenlos bleibender Einheimischer, Willard und der von Dennis Hopper gemimte Journalist. Die Parallelmontage akzentuiert demnach die Bedeutung der Verse noch einmal. Für ein sprachliches Bild wird zudem ein filmisches Bild gefunden: Die Statuen symbolisieren in ihrer imposanten Wirkung auch die göttliche Verehrung, die Kurtz von seinen Anhängern entgegengebracht wird. Bei dem Wort »our« erfolgt ein Schnitt und der Einheimische und Willard rücken ins Bild. Die Komposition der Einstellung, in welcher der Amerikaner Willard und der namenlose Asiate durch eine Mauer getrennt sind, demonstriert, dass beide trotz ihrer Opposition Kurtz zuhören und sich von ihm angezogen fühlen. Nicht nur die Amerikaner sind »hollow men«, sondern auch die Vietnamesen und alle in den Krieg involvierten Länder sind der Konfusion ausgesetzt; sie fühlen sich gleichsam hart und leblos wie Statuen.

Kurtz trägt die Verse mit nahezu monotoner Stimme vor, er überbetont keine Stelle und rezitiert in gleichmäßigem Tempo die Verse – nur äußerst dezent begleiten Musik und Geräusch die Bilder. Seine Leseweise wirkt apathisch und da er im Dunkeln sitzt, wird seine Mimik kaum sichtbar: Die eintönige Sprechweise verdeutlicht seine Hoffnungslosigkeit. Es ist nicht Kurtz selbst, der hier im Mittelpunkt steht, sondern es ist sein elegischer Vortragsstil, auf den die Inszenierung die Aufmerksamkeit lenkt. Letztlich gehen die weiteren Verse in einem Redeschwall des Fotojournalisten unter.

> This is dialectics. It's very simple dialectics. It's one through nine, no maybes, no supposes, no fractions. You can't travel in space. You can't go out into space, you know, without like, you know, with fractions. What are you gonna land on? One quarter? Three-eighths? What

---

43 Der Titel des Films ist vor dieser Szene als Aufschrift auf einer Tempelwand zu lesen.

are you gonna do when you go from here to Venus? That's dialectic physics, okay? Dialectic logic is, there's only love and hate. You either love somebody, or you hate them.[44]

Dieses auf den ersten Blick wirr erscheinende ›Geschwafel‹ der von Dennis Hopper gespielten Figur, seine Reaktion auf den Vortrag des literarischen Textes, kann als persönliche Interpretation von Kurtz' Gedichtvortrag angesehen werden. Schließlich beginnt sein Kommentar parallel zu Kurtz' Rezitation mit »This is.« Seine Gedanken zu klaren Binaritäten »no maybes, no supposes, no fractions [...] there's only love and hate« können jedoch nur schwer mit der bedeutungsoffenen lyrischen Sprache in Verbindung gebracht werden. Es wirkt inhaltlich und formal stattdessen wie eine Umkehrung von Kurtz' Rezitation, denn der obere Monolog hat im Gegensatz zu Eliots Gedicht keine Rhythmik und keine Polyvalenz: Der Journalist plädiert für Gewissheiten und Eindeutigkeit. Kurtz jagt den Journalisten daraufhin weg, indem er ihn beschimpft (»mutt«) und eine Banane nach ihm wirft; er lehnt damit auch die Sichtweise des Reporters ab. Es kann innerhalb des Kriegswahnsinns keine klaren Seiten der Weltauffassung geben (»You either love somebody, or you hate them«). Infolgedessen will auch Willard weder Kurtz töten noch ihn am Leben lassen.

Der Journalist fordert Kategorien wie Ablehnung oder Befürwortung ein, die – übertragen auf den Vietnamkrieg selbst – aus der Sicht von Kurtz keine Rolle spielen. Mit der Leseszene und den unterschiedlichen Reaktionen der Beteiligten entfaltet der Film durchaus Kritik an dem offenen Bedeutungsspektrum zwischen Gräueltaten, pragmatischem Überleben und der Absurdität des Krieges. In Anbetracht dessen, dass die Kritik an diesem Film derart ausfiel, dass das Fehlen einer klaren politischen oder moralischen Stellungnahme bemängelt wurde, erweist sich die Leseszene als impliziter Aufruf zur Positionierung.[45] Der intertextuelle Verweis auf Eliot und Conrad, die Leseweise, die Montage mit Einstellungen des Tempels, der Statuen, der Zuhörer sowie die Rolle der Anschlusskommunikation des Fotografen führen zu einer Sequenz, die am Ende in einer selbstreflexiven Bewertung von Kunst und des Vietnamkriegs mündet.

Dieses letzte Beispiel stellt den Abschluss der Betrachtung der Montage dar. In vielen in diesem Unterkapitel analysierten Szenen wurde dabei deutlich, wie das Vorlesen oder Dialoge, welche die Leseszenen begleiten, zentrale *cues* liefern. Das nächste Kapitel widmet sich dementsprechend mit der *Lesekommunikation* der vierten und letzten Konstituente einer literarisch-ästhetischen Leseszene.

---

44 Apocalypse Now (1979), 02:49:14–02:49:37.
45 Vgl. Kiefer: Francis Ford Coppola (2008), S. 151.

8 Lesekommunikation

Die Rubrik *Lesekommunikation* umschließt sowohl das Vorlesen eines Textes als auch jegliches Sprechen *über* den Text und/oder die Leseerfahrung – wobei auch ein Schweigen nach Beendigung der Lektüre einen kommunikativen Akt darstellt. Wenn die verbale Sprache bei einer Figur nicht zum Ausdruck kommt, lenkt die filmische Inszenierung die Wahrnehmung der RezipientInnen auf deren Körper: »So vermag auch in der Abwesenheit des Verbalen durchaus der Körper bzw. der Leib das Reden zu übernehmen: auszuplaudern, was als Geheimnis gelten oder gedeutet werden könnte, zu verraten, was im Verborgenen bleiben sollte.«[1] *Cues* werden in solchen Fällen innerhalb der Kategorie des Lesesubjekts untersucht, denn mit der *Lesekommunikation* soll primär nicht nur der Affordanz ästhetischer Objekte zur unmittelbaren Rezeption, sondern vor allem dem ›Darüber-Sprechen‹ Rechnung getragen werden: »[Ä]sthetische Phänomene [regen] zum kommunikativen Austausch an und oft verschafft erst ein Gespräch den Zugang zu einem Kunstwerk, das einem zunächst nur befremdlich vorkommt.«[2]

Obwohl der Film aus medientheoretischer Perspektive als primär visuelles Medium gilt, bildet verbale Sprache vom Beginn der Filmgeschichte an einen zentralen Baustein innerhalb des filmischen Erzählinventars.[3] Selbst Stummfilme beziehen Verbalisierungen der Figuren durch Zwischentafeln mit ein. Zur Bedeutung des Dialogs formuliert Eugen Vale folgende Regel für das Drehbuchschreiben, die das Primat des Visuellen in der Medienspezifik des Films betont: »Dialog sollte verwendet werden, wenn alle anderen Ausdrucksmöglichkeiten voll ausgeschöpft sind und keinen weiteren Beitrag mehr leisten können.«[4] Sarah Kozloff, die eine der wenigen grundlegenden Arbeiten zur Sprache im Film verfasst hat, legt diverse Funktionen des Dialogs im Spielfilm dar, die auf das Lesen übertragen werden können.[5]

---

1 Magyar-Haas: Schweigen des Körpers (2015), S. 171.
2 Kirschenmann, Richter u. Spinner: Reden über Kunst (2011), S. 11.
3 Einige Filmgenres, wie z. B. die *Screwball*-Komödie, leben von Wortgefechten und zahlreiche Sätze wurden als berühmte Filmzitate Teil der Populärkultur.
4 Vale: Technik des Drehbuchschreibens (1987), S. 34–35.
5 Kozloffs Arbeit ist dabei weniger theoretisch, sondern funktionsanalytisch auf das Phänomen des Dialogs im Spielfilm ausgerichtet. So zählt sie zu den Funktionen des Dialogs in Spielfilmen: die Verankerung der Diegese und der Figuren, das Offenlegen narrativer Kausalität, das Eintreten narrativer Ereignisse, Selbstcharakterisierungen von Figuren, Plausibilität, Einflussnahme auf die Wahrnehmung und Emotionalität der ZuschauerInnen, Sprachspiele, Vermittlung von thematischen ›Botschaften‹, das meint Kommentare, Interpretationen oder Allegorien, und eine ›Spielbühne‹ für prominente SchauspielerInnen. Vgl. Kozloff: Overhearing Film Dialogue (2000), S. 33–34. Zur Bedeutung der Sprache im Film existiert sowohl im

https://doi.org/10.1515/9783110728590-008

Eine basale Aufgabe der Lesekommunikation liegt darin, Informationen zu vergeben, die den Leseakt spezifizieren.[6] Diese können sich einerseits auf das Leseobjekt beziehen (Was liest Du?), insbesondere durch die Nennung eines Titels oder einer/m AutorIn, Zitation und Handlungszusammenfassung. Informationen rekurrieren aber auch andererseits häufig auf das Lesesubjekt oder auf eine andere Figur und explizieren deren Lesemotivation (Warum liest Du das?), münden in ästhetischen Urteilen (Wie gefällt Dir das Gelesene?) oder Interpretationen (Wie verstehst Du den Text?). Außerdem ist zu beachten, *wie* der Dialog filmisch in Szene gesetzt ist: Auf welche Weise fängt die Kamera DialogpartnerInnen beim Sprechen ein, welche Rolle spielen Mimik und Gestik der Figuren?

Monologe und Dialoge senden demnach eine Reihe von *cues*, die für die filmische Lesedarstellung relevant sind – und die im Folgenden nicht alle schematisch abgedeckt werden können: Neben der Charakterisierung von Figuren und der Erzeugung von erzählerischer Logik ist hier auch zu nennen, dass durch das Vorlesen eines Textes SchauspielerInnen im Rampenlicht stehen können – wie die im letzten Kapitel angesprochene Performance von Marlon Brando als Rezitator eines T. S. Eliot-Gedichts. Die ästhetische Bandbreite der Dialoge, von Wortspielen bis hin zur verdichteten sprachlichen Metaphorik, ist kaum zu bemessen. Philip Brophy pointiert humoristisch, was das Fehlen von Monologen und Dialogen für die fiktionale Literatur bedeuten würde – und dies gilt ebenso für den Film: »[A]n English Literature Professor's nightmare: no developmental plot structure, no character motivation, [...] no constructed themes, no embedded subtexts, no poetic symbolism, no dramatic rhythm.«[7]

Die nachstehenden Unterkapitel legen drei zentrale Funktionen der Lesekommunikation dar. Zunächst wird die auditive Präsentation des Textes in den Fokus gerückt, wobei die Rezitation einer Romanpassage das Potenzial des lauten Lesens veranschaulicht. Das darauffolgende Kapitel erörtert hierarchisierte Formen des Gesprächs über Literatur, die vor allem in Unterrichtsszenen relevant sind. Die im Vergleich hierzu *offenen* Formen, in denen über Literatur gesprochen werden kann, illustriert eine Szene aus *The Jane Austen Book Club*. Zum Abschluss steht die Bibellektüre im Fokus, die eine Sonderstellung innerhalb des Lesens im Film einnimmt.

---

deutsch- als auch im englischsprachigen Raum kaum Forschungsliteratur; die Sekundärliteratur konzentriert sich eher auf Sound-Technologien, Filmmusik und sonische Theorien – kaum auf den Dialog. Eine Ausnahme bildet Rauh: Sprache im Film (1987).

6 Todd Berliner drückt es folgendermaßen aus: »Dialogue in American movies either advances the plot or supplies pertinent background information.« Berliner: Hollywood Movie Dialogue (1999), S. 5.

7 Brophy: Read my Lips (1992).

8.1 Inszenierungsmöglichkeiten IV – Die auditive Präsentation des Textes

Analog zu den letzten drei Kapiteln werden an dieser Stelle unterschiedliche Möglichkeiten der audiovisuellen Inszenierung des literarisch-ästhetischen Lesens durchspielt, wobei diesmal die auditive Darbietung des Textes im Vordergrund steht. Die diversen Kombinationen von visuellen und klanglichen Textzugängen können tabellarisch aufgegliedert werden (Tab. 1). Das folgende Schema unterscheidet dabei auf horizontaler Ebene, ob eine Figur einen Text *laut* oder *still* für sich liest. Hinsichtlich des lauten Lesens kann differenziert werden, ob die Figur sichtbar im Filmbild liest, ihre Lippen sich nicht bewegen oder das Lesen aus dem Off zu hören ist. Zudem besteht die Möglichkeit, dass nicht nur die lesende Figur den Text laut *off-screen* oder *on-screen* vorträgt, sondern eine andere Figur oder der/die ErzählerIn. Dies kann, wie in den letzten beiden Zellen der Kopfzeile ablesbar, mit visuellen Darstellungsformen des Textes kombiniert werden: Der Text ist *diegetisch* in der Einstellung zu sehen, z. B. in einer Detail- oder Großaufnahme, oder *non-diegetisch*, d. h. beispielsweise durch Schrift-Inserts wie Untertitelungen, die insbesondere bei Synchronisationen vorkommen.

Tab. 1: Kombinationsmöglichkeiten der Präsentationsform des Textes.

	Lesesubjekt liest *on-screen* laut	Lesesubjekt liest *on-screen* still	Lesesubjekt liest *off-screen* laut	Figur ≠ Lesesubjekt liest *off-screen* laut	Text ist diegetisch im Filmbild zu sehen	Text ist non-diegetisch im Filmbild zu sehen
A	X					
B	X				X	
C	X					X
D	X				X	X
E		X				
F		X			X	
G		X				X
H		X			X	X
I		X	X			
J		X	X		X	

Tab. 1 (fortgesetzt)

	Lesesubjekt liest *on-screen* laut	Lesesubjekt liest *on-screen* still	Lesesubjekt liest *off-screen* laut	Figur ≠ Lesesubjekt liest *off-screen* laut	Text ist diegetisch im Filmbild zu sehen	Text ist non-diegetisch im Filmbild zu sehen
K	X	X				X
L	X	X			X	X
M	X			X		
N	X			X	X	
O	X			X		X
P	X			X	X	X

Die Konstellation der Kategorie **A** ist in den vorangegangenen Beispielen bereits häufig konstatiert worden. Darunter fällt jede Leseszene, in welcher der Text nicht im Filmbild für die ZuschauerInnen zu sehen ist, aber eine Figur aus dem Leseobjekt vorliest, z. B. im vorherigen Kapitel bei Godards *Pierrot le fou*, *Tampopo* oder *Apocalypse Now*. Rubrik **F** findet sich überwiegen in Stummfilmen wie in *Hell's Hinges* oder *Das Cabinet des Dr. Caligari*: Die Figur liest für sich und der Text selbst wird sichtbar, da er nicht hörbar gemacht werden kann. Es gibt diese Konstellation, wenn auch weniger häufig, ebenso in Tonfilmen wie *Oblivion*. Die zahlreichen Systemreferenzen, in denen nur eine Figur mit einem Leseobjekt zu sehen ist, ohne dass das Gelesene identifiziert wird, wie in *Freaks*, *Breathe In* oder *X2* fallen unter das Muster **E**. Andere Kategorien finden sich hingegen seltener, z. B. Kategorie **M** in *A Life Less Ordinary*. Dort liest der von Ewan McGregor verkörperte Robert auf der Veranda für sich und für die ZuschauerInnen wird der vorgetragene Text über die Stimme des Engels O'Riley hörbar. Diese formale Auffächerung deckt nicht alle Aspekte der Inszenierung des Textes ab, beispielsweise ist durch das Muster **A** nicht aufbereitet, wie sich die Vortragsweise gestaltet. Die heuristischen Rubriken helfen jedoch dabei, in den Leseszenen vorliegende *cues* zu decodieren.

An dieser Stelle werden nicht alle Kombinationsmöglichkeiten der oberen Tabelle durchgespielt, sondern diese dient als Raster für die Einordnung der in den kommenden Kapiteln behandelten filmischen Lesesequenzen. Stattdessen wird nun an einer literarisch-ästhetischen Leseszene exemplarisch aufgezeigt, wie facettenreich sich die rein auditive Präsentation des Textes nach Kategorie **A** gestalten kann. In *A Passion for Justice*, der zweiten Episode der fünften Staffel der Western-Serie *Bonanza* (USA, 1959–1973) trifft der britische Schriftsteller

Charles Dickens (Jonathan Harris) in Virginia City ein und erfährt, dass seine Werke unerlaubt in Amerika gedruckt werden. Er gerät darauf mit dem Verleger Walker in Streit, dessen Druckerei kurze Zeit später verwüstet wird. Der Verdacht fällt zunächst auf Dickens, doch in einer Gerichtsverhandlung überzeugt dieser die Anwesenden von seiner Unschuld und hält ein Plädoyer auf das Urheberrecht. Zu Beginn der Folge führt Dickens eine öffentliche Lesung durch und trägt das Ende des zweiten Kapitels seines Romans *Oliver Twist* vor.

> Dickens: A council was held, lots were cast who should walk up to the master after supper that evening, and ask for more; and it fell to Oliver Twist. Child as he was, Oliver Twist was desperate with hunger, and reckless with misery. He rose from the table; and advancing to the master, basin and spoon in hand, said: »Please, Sir, I want some more.« The master was a fat, healthy man; but he turned very pale. »What!« said the master in a faint voice. »Please, Sir,« said Oliver, »I want some more.« The master aimed a blow at Oliver's head, pinioned him in his arms; and shrieked aloud for Mr. Bumble, the beadle.
>
> [*Das Publikum lacht.*]
>
> Dickens: The whole board were sitting in solemn conclave, when Mr. Bumble rushed into the room in great excitement, and addressing the gentleman in the high chair: »Mr. Limbkins, I beg your pardon, sir! Oliver Twist has asked for more!« »For more!« said Mr. Limbkins. »Answer me distinctly, Bumble. Do I understand that he asked for more, after he had eaten the supper allotted by the dietary?« »He did, sir« replied Bumble. »That boy will be hung« said the gentleman in the white waistcoat.
>
> ZuhörerInnen: I know that boy will be hung.
>
> Dickens: I know that boy will be ...
>
> [*Alle lachen und applaudieren.*]
>
> Dickens: Wait ... a great number of you are more than familiar with my work.[8]

Zunächst liest Dickens stehend und dem Publikum zugewandt vor, doch im Laufe der Lesung verlässt er sein Lesepult, bewegt sich ohne das Buch im Raum und trägt den Text auswendig vor (Abb. 16). Er verleiht den Figuren unterschiedliche Stimmen, die er als passend zu den Charakteren seines Werks erachtet: So spricht er das Kind Oliver Twist mit ängstlicher Stimme, Bumble mit unterwürfiger Gestik und Mr. Limbkins voller Kontrolle und Ehrfurcht. Die Anwesenden – primär Frauen, aber auch einige Westmänner an der Bar – reagieren auf die *Performance* des Schriftstellers und amüsieren sich über die eigentlich dramatische Szene des Romans. Dies zeigt, dass Dickens' Vortrag und sein Schauspiel eine direkte Lesewirkung haben, weshalb auch immer wieder auf die vergnügten Gesichter des Publikums, darunter die Cartwrights, geschnitten wird. Außerdem sind die Zuhörenden bereits derart mit

---

8 Ebd., 00:05:18–00:07:15.

Abb. 16: Charles Dickens unterstützt in *Bonanza* (5. Staffel, 2. Episode, 00:05:31–00:06:28) seine Autorenlesung aus *Oliver Twist* mit einer schauspielerischen Performance, bei der er sich vom Text wegbewegt. Die autoritäre Lehrperson und die verschüchterte Schülerin in *Splendor in the Grass* (00:59:23–01:01:31).

dem vorgelesenen Text vertraut, dass sie ihn gegen Ende von Dickens' Performance sogar ergänzen. Dies ist der Ausgangspunkt für die weitere Handlung: Dickens erfährt, dass Raubdrucke seines Werks existieren und beschließt, den Kampf hiergegen aufzunehmen.[9]

Das Beispiel illustriert mehrere Funktionen von VorleserInnen: Sie geben quasi die Stimme der AutorInnen wieder und legen gleichzeitig durch die Betonung einen eigenen Interpretationsfokus. In der *Bonanza*-Folge liegt die Sondersituation vor, dass es innerhalb der Filmhandlung der Autor des Werks selbst ist, der vorträgt. RezitatorInnen können sich mittels eigener Imagination und Stilgefühl intensiv auf einen Text einlassen und zugleich Bezug zu den Zuhörenden herstellen. Es gilt, Vorlesetempo, Lautstärke und Tonhöhe zu variieren, damit der Text lebendig bleibt. Je nach Temperament des Vorlesenden findet eine schauspielerisch-dramatisierende Vorleseweise statt, bei der die Körpersprache von Belang ist.[10] Dickens hält seine Lesung mit Verve; sein Vortragsstil ist von seiner Ernsthaftigkeit und seinem Rollenspiel geprägt. Die längere Inszenierung des durchchoreografierten Vortrags ist auch darauf zurückzuführen, dass die Episode das Berufsethos von SchriftstellerInnen

---

9 Die Folge ist ein Genre-Hybrid aus Kriminal- und Gerichtsfilm, wobei bereits zur damaligen Zeit eine Reflexion über das Urheberrecht angestoßen wird – erst gegen Ende des 20. Jahrhunderts sollte diese Frage virulent diskutiert werden. Andererseits ist die Episode auch eine Milieustudie, da gezeigt wird, wie die BewohnerInnen Virginia Citys auf den berühmten Schriftsteller reagieren, der während seines Kampfs gegen die Raubdrucke starrköpfig und arrogant vorgeht.
10 Dem Vorlesen in einer Eltern-Kind-Situation widmet sich Kap. 12.1.1.

thematisiert. Die Lesung, für die zahlreiche Bewohner Virginia Citys Eintritt bezahlen, führt eine Haupteinnahmequelle von AutorInnen vor. Zusammen mit Dickens' starker Identifikation mit seinem Werk, für dessen *Copyright* er die Folge über kämpft, wird so ein Bewusstsein für die Profession einer/s Schriftstellerin/s geschaffen.[11]

Außerdem ist es innerhalb dieser Leseszene aussagekräftig, dass Dickens sich, während er die Worte »He rose from the table« spricht, vom Lesepult wegbewegt und einen freien Vortrag beginnt, für den er das Buch nicht benötigt. Dickens *verkörpert* damit den Text buchstäblich, indem er ihn von der Schrift loslöst und ihm durch die Performance einen neuen Körper gibt. Diese physische Entfernung von seinem Buch hat zur Folge, dass Dickens den Originaltext nicht wortgetreu vorliest, sondern Teile des Textes verändert. Ein Vergleich mit dem Romantext zeigt: Passagen wurden weggelassen, Personalpronomen durch Eigennamen ersetzt oder Adjektive ausgetauscht.[12] Die in freier mündlicher Rede erfolgende Abweichung seines vorgetragenen Textes von der schriftlichen Fixierung ist in der Handlungslogik des Films plausibel: Es kann angenommen werden, dass einem Autor der eigene Text so geläufig ist, dass er sich zwar ohne Probleme von seiner Gedächtnisstütze entfernen kann, ihm dabei aber geringfügige Modifizierungen seines Textes unterlaufen. Über diese filmimmanente Logik hinaus, welche die Loslösung der Dickens-Figur vom Leseobjekt erklärt, verweist diese Szene auf ein

---

11 In einer späteren Szene legt Dickens die Bedeutung des eigenen literarischen Werks gegenüber Hoss Cartwright dar und erklärt ihm, dass Hoss doch auch sein Land verteidigen würde, wenn es ihm jemand zu rauben droht.

12 Die Stelle lautet im Roman: »A council was held; lots were cast who should walk up to the master after supper that evening, and ask for more; and it fell to Oliver Twist. The evening arrived; the boys took their places. The master, in his cook's uniform, stationed himself at the copper; his pauper assistants ranged themselves behind him; the gruel was served out; and a long grace was said over the short commons. The gruel disappeared; the boys whispered each other, and winked at Oliver; while his next neighbors nudged him. Child as he was, he was desperate with hunger, and reckless with misery. He rose from the table; and advancing to the master, basin and spoon in hand, said: somewhat alarmed at his own temerity: ›Please, sir, I want some more.‹ The master was a fat, healthy man; but he turned very pale. He gazed in stupefied astonishment on the small rebel for some seconds, and then clung for support to the copper. The assistants were paralysed with wonder; the boys with fear. ›What!‹ said the master at length, in a faint voice. ›Please, sir,‹ replied Oliver, ›I want some more.‹The master aimed a blow at Oliver's head with the ladle; pinioned him in his arm; and shrieked aloud for the beadle. The board were sitting in solemn conclave, when Mr. Bumble rushed into the room in great excitement, and addressing the gentleman in the high chair, said, ›Mr. Limbkins, I beg your pardon, sir! Oliver Twist has asked for more!‹ There was a general start. Horror was depicted on every countenance. ›For more!‹ said Mr. Limbkins. ›Compose yourself, Bumble, and answer me distinctly. Do I understand that he asked for more, after he had eaten the supper allotted by the dietary?‹ ›He did, sir,‹ replied Bumble. ›That boy will be hung,‹ said the gentleman in the white waistcoat. ›I know that boy will be hung.‹« Dickens: Oliver Twist (1838), S. 15–16.

poststrukturalistisches Paradigma: die prägnante Frage nach der ursprünglichen, originalen Bedeutung eines Textes. So schreibt Jacques Derrida:

> Diese wesentliche Führungslosigkeit, die der Schrift als iterative Struktur anhaftet, da sie von jeder absoluten Verantwortung, von dem *Bewußtsein* als Autorität in letzter Instanz abgeschnitten ist, verwaist und seit ihrer Geburt vom Beistand ihres Vaters getrennt [...]. [Dies führt zum; TR] Ablösen jeder Schrift vom semantischen oder hermeneutischen Horizont, der, als Horizont des Sinns zumindest, sich von der Schrift durchbrechen läßt.[13]

Dieses Zitat verdeutlicht Derridas Grundgedanken seiner *Dekonstruktion*, nach welcher der Kontext die Semantik von Worten bedingt: Das Wechselspiel der Bezüge zwischen den Begriffen konstruiert immer wieder neue Bedeutungen.[14] Der Sinngehalt bleibt so stets *prekär* und ist nie *starr* bzw. eindeutig zu bestimmen. Damit wendet sich Derrida gegen die binäre zeichentheoretische Opposition von *signifiant* und *signifé*. Zu Beginn des Zitats bezeichnet Derrida die Schrift zudem als »führungslos«, weil die VerfasserInnen jeweils abwesend sind. Das Geschriebene kann Derrida zufolge seinen UrheberInnen – bei Literatur den SchriftstellerInnen – nicht zugerechnet werden, denn die Schrift existiert eigenständig. Die Szene der *Bonanza*-Folge ›verbildlicht‹ Derridas These: Die Figur des Autors selbst, Charles Dickens, trennt die physische Verbindung zu seinem Werk und tritt durch die Vortragssituation in einen neuen Kontext, in dem der Text eine neue Bedeutung erhält. Dies ist eine zentrale Funktion der Lesekommunikation *per se*: Sie löst die Texte aus bisher tradierten Kontexten und schafft neue Bezüge, durch die sich neue Sinnzusammenhänge ergeben. Im vorangegangenen Kapitel konnte dies schon in *Apocalypse Now* konstatiert werden, in dem T. S. Eliots *The Hollow Men* im Bezugsrahmen des geisterhaften Reichs von Cornel Kurtz eine neue Bedeutung erhält: Die Szene dort überträgt den Inhalt des kurz nach dem Ende des Ersten Weltkriegs verfassten Gedichts auf den Vietnamkrieg.

Auch in der *Bonanza*-Folge entsteht eine neue Bedeutung der Romanpassage. Inhaltlich geht es darum, dass der hungrige Oliver Twist um einen weiteren Teller Suppe bittet, woraufhin Mr. Limbkins ihm den Tod durch Erhängen androht. Die existenzielle Bedeutsamkeit des Tellers Suppe wird durch Dickens Vortrag dieser Textpassage mit seinen Auseinandersetzungen um die Urheberrechte an seinem Werk parallelisiert: Auch Dickens beginnt – wie Oliver Twist – einen Kampf, der sich zwischenzeitlich fatal für ihn gestaltet. Dickens leidet zudem daran, dass er die Autorität über seinen Text verliert. Später ist er erzürnt darüber, dass andere sein Werk rezitieren, wiederholen, drucken usw. Die filmische Inszenierung der Wegbewegung vom Leseobjekt ist eine filmische Vorausdeutung auf seinen Konflikt, eben-

---

13 Derrida: Signatur Ereignis Kontext (1972), S. 334. Hervorhebung entstammt dem Original.
14 Auf Derridas Verfahren der Dekonstruktion wird in Kap. 12.3. erneut Bezug genommen.

jene Zugehörigkeit des Textes juristisch ›zurückzuerobern‹. Und diesem Bemühen misst er durch die Verbindung mit der *Oliver Twist*-Passage existenzielle Bedeutung bei. Dies ist der neue Kontext, in den der literarische Text durch die Darbietung in der literarisch-ästhetischen Leseszene gestellt wird.

So lässt sich konkludieren, dass dem Text in literarisch-ästhetischen Leseszenen durch die auditive Präsentation ein neuer, filmischer *Körper* verliehen wird, der die Bedeutung des Textes in neue Kontexte setzt. Die ZuschauerInnen erinnern sich an die filmspezifisch vorgetragenen Worte aufgrund der Performance der Figur im Film womöglich eher als an ihr eigenes Leseereignis während der Textlektüre. Doch die Kategorie Lesekommunikation umfasst nicht nur das laute Lesen bzw. das Vorlesen, sondern ebenso das Sprechen *über* Literatur.[15] In diesen Fällen steht weniger das Leseobjekt oder der Körper der Lesenden im Vordergrund, sondern der Dialog und dessen mediale Inszenierung. Diese Thematik ist Gegenstand des nächsten Unterkapitels.

8.2 Hierarchisiertes Unterrichtsgespräch

Hierarchisierte Gespräche finden sich häufig in Schul-, Internats- oder High-School-Filmen, die als ein eigenes Genre angesehen werden können.[16] Filmische Werke, in denen die Bildungsanstalt ein primärer Handlungsort ist, können je nach thematischem Schwerpunkt verschiedene Genreelemente von *Coming of Age*-Filmen, Thrillern, Komödien oder pädagogischen Filmen vereinen.[17] Typische Themen sind die verbotene, oder die Tragik einer unerfüllten, Liebe zwischen LehrerIn und SchülerIn, die schwierigen Bedingungen in einem Internat oder die pädagogischen Herausforderungen für eine Lehrperson. Im Folgenden sind weniger solche für den Schulfilm charakteristischen Konflikte von Belang, sondern das *Gespräch* über Literatur. In den letzten beiden Jahrzehnten haben sich Literaturgespräche im Schulunterricht zu einem eigenen Themenschwerpunkt in der literaturdidaktischen Forschungsdiskussion entwickelt.[18] Das literarische Gespräch

15 Dies kann sich freilich vermischen, z. B. in der grotesken dänischen Komödie *Men and Chicken* (DK, 2015). In einer kollektiven Vorleseszene der Bibel wechselt sich das Vortragen mit Kommentierungen und Interpretationen der einzelnen Passagen ab.
16 Der Forschungsstand diesbezüglich ist überschaubar. Schulfilme werden meist im Kontext von Kinder- und Jugendfilmen diskutiert. Vgl. stellvertretend Driscoll: Teen Film (2011) u. Schumacher: Jugendfilm (2013).
17 So zählen derart heterogene Filme wie *Mädchen in Uniform* (D, 1931), *Class of 1984* (USA, 1982), *Les Choristes* (F, 2004) oder *Fack ju Göhte* (D, 2013) zum Genre des Schulfilms.
18 Vgl. dazu exemplarisch: Schmidt: Ästhetische Erfahrung in Gesprächen über Kunst (2016).

hat einen eigenständigen Stellenwert als Interpretationsmethode inne: SchülerInnen setzen sich mit der Lektüre auseinander, entwickeln Vorstellungsbilder und lernen Symbole zu verstehen.[19] Der didaktische Diskurs verhandelt dabei mögliche Vorgaben, Regeln, Gesprächsrituale und Lenkungsimpulse während des hierarchisierten Unterrichtsgesprächs. Der Lehrperson hat qua ihrer Rolle innerhalb der Infrastruktur einer Lehr-Lern-Situation eine höhere Machtposition inne, d. h. sie entscheidet, wer spricht, liefert Kontexte und lenkt die Interpretation. Im Gegensatz zur juristischen oder theologischen Auslegung geht es der literarischen Auslegungspraxis jedoch nicht um Eindeutigkeit: »Unabschließbare Sinndeutungen können am besten im offenen Gespräch entwickelt werden«,[20] schreibt Kaspar H. Spinner.

Die Einordnung des literarischen Gesprächs in die literaturdidaktische Debatte erschafft einen Horizont für die Interpretation von Dialogen über die Lektüre in Schulfilmen. Die drei nachstehenden Filmbeispiele dienen dabei nicht als Widerspiegelung der didaktischen Paradigmen, sondern veranschaulichen die Bedeutung des Sprechens über das Gelesene. In Elia Kazans *Splendor in the Grass* (USA, 1961) findet ein schulisches Gespräch über William Wordsworths *Ode Intimations of Immortality from Recollections of Early Childhood* statt. Der Film spielt in einer Kleinstadt in Kansas Ende der 1920er Jahre und handelt von der Tragik einer unerfüllten Liebe zweier Teenager aus unterschiedlichen Milieus. Die ProtagonistInnen Deane (Nathalie Wood) und Bud (Warren Beatty) zerbrechen an dem Zwiespalt, den Forderungen ihrer Familien zu genügen oder ihren eigenen starken Gefühlen zu folgen.[21] Nachdem die Liebenden unter dem Druck von Buds Vater ihre Beziehung beendet haben, kommt es zu einer Unterrichtsszene, in der die Lehrerin Miss Metcalf sechs Verse der letzten Strophe aus *Intimations of Immortality* vorträgt.

> Metcalf: »What though the radiance which was once so bright
> is now for ever taken from my sight
> though nothing can bring back the hour
> of splendor in the grass of glory in the flower
> we will grieve not, rather find
> strength in what remains behind.«

---

19 Vgl. Werner: Schulisches Interpretieren (2004), S. 191.
20 Spinner: Literarisches Lernen (2006), S. 12.
21 Deanes Mutter ist vor allem um die Jungfräulichkeit ihrer Tochter besorgt, während Buds Vater Ace sich eher eine Schwiegertochter aus besseren Kreisen wünscht.

Now … what do you suppose the poet means by these lines? Deane Loomis!

Deane: I'm sorry, Miss Metcalf. I … I didn't hear the question.

Metcalf: I know it's spring but I must ask you to pay more attention.

Deane: I'm sorry.

Metcalf: I quoted some line from Wordsworth's *Ode on Intimations of Immortality*, Deane. Did you hear them?

Deane: I'm afraid not, Miss Metcalf.

Metcalf: Then I must ask you to turn your text to page 380.

Deane: Yes, I …

Metcalf: You read the lines to me.

Deane: Yes.

Metcalf: Stand, please!

Deane: »Though nothing can bring back the hour
of splendor in the grass of glory in the flower.
We will grieve not, rather find
strength in what remains behind.«

Metcalf: Perhaps you can tell me exactly what the poet means by such expressions as »splendor in the grass» and »glory in the flower«.

Deane: Well … I think it has some …

Metcalf: Yes?

Deane: Well, when we're young we look at things very idealistically, I guess. And I think Wordsworth means that when we grow up that we have to forget the ideals of youth and find strength. Miss Metcalf, may I please be …

[*Deane rennt weinend aus dem Raum.*]

Metcalf: Children. I'll go see what's the matter.[22]

Dieses Beispiel offenbart eine Lehr-Lern-Situation, die typische Rahmenbedingungen für ein literarisches Gespräch aufweist. Miss Metcalf steht, von der Kamera in einer halbnahen Einstellung erfasst, mit dem Rücken zu einer Tafel, auf der die Lebensdaten des Lyrikers Wordsworth geschrieben stehen, und trägt enthusiastisch die poetischen Verse vor (Abb. 16). Die Lehrerin erwartet offensichtlich, dass die SchülerInnen ihre Begeisterung nachvollziehen können. Helmut Korte bezeichnet es aus heutiger Perspektive als »obsolete« und »fragwürdige«

---

22 Splendor in the Grass (1961), 00:58:31–01:02:06.

Praxis, wenn ein »erlebnispsychologisches Einstimmen auf einen kollektiven Nachvollzug lyrischer ›Botschaften‹« stattfindet.[23] Miss Metcalf stellt im Anschluss an ihre Rezitation paradigmatische Fragen und Aufforderungen, die ein Textverständnis befördern sollen. Ihre Autorität akzentuiert ein *over-the-shoulder*-Blick, in dem sie in einer leichten Aufsicht auf die SchülerInnen herunterblickt (Abb. 16). Die Einstellung zeigt zudem, wie alle Blicke sich auf Deane zentrieren – ein Gedicht vor einer Schulklasse vorzutragen, stellt für viele Kinder und Jugendliche eine gefürchtete Situation dar.

Die in ihrer Unaufmerksamkeit entlarvte Schülerin ist aufgefordert, das Gedicht vor der Klasse zu deklamieren. Deanes Leseweise ist langsam und zitternd; viele Pausen in ihrem unsicheren Vortrag zeugen von ihrer Angst, aber auch von der persönlichen Ergriffenheit angesichts der Worte. Doch sie muss das Gedicht nicht nur vortragen, sondern auch interpretieren. Deane ist aufgrund ihrer gescheiterten Liebe zu Bud geistig abwesend. Trotz ihrer emotionalen Niedergeschlagenheit unternimmt sie einen Interpretationsversuch: »I think Wordsworth means that when we grow up that we have to forget the ideals of youth and find strength.« Die Empfindung von intensiven schönen Momenten, die in Wordsworths Gedicht durch die Metaphern »splendor in the grass« und »glory in the flower« beschrieben werden, überträgt Deane auf das intensive Erleben in der Jugend, das im Alter einem Gefühl von Verlust weicht. Sie findet darauf mit dem Begriff »idealistically« ein eigenes Wort für die Aussage in Wordsworths Gedicht, über diesen Verlust nicht in Trauer und Kummer zu versinken, sondern stattdessen eine emotionale Stärke zu entwickeln.

Deane erfasst also die Thematik des literarischen Textes; ihre verzweifelte Mimik (Abb. 16) ist nicht auf die Verständnisschwierigkeit zurückzuführen, sondern auf ihre Trauer um den Verlust von Bud bzw. über die Unerfülltheit ihrer Liebe – und auf einer allgemeineren Ebene über die Vergänglichkeit *per se*. Sie empfindet also jenen Schmerz, dem laut Wordsworths Gedicht mit »strength« begegnet werden sollte. Diese emotionale Ergriffenheit führt dazu, dass sie weinend aus der Schulklasse rennt. In einer kurz darauffolgenden Szene schneidet sie sich in ihrer Verzweiflung die Haare ab.

Deane überträgt den Inhalt der Verse auf ihr eigenes Schicksal. Was Miss Metcalf souverän vorträgt, wirkt bei Deane zwar dilettantischer – dadurch aber auch authentisch: Die Worte haben für die Schülerin Gewicht. Deanes Antwort verweist zudem indirekt auf das Unverständnis von Erwachsenen für das adoleszente Empfinden. Aus der Sicht Deanes sollen die intensiven Gefühle des Verliebt-Seins ernst genommen und nicht als eine naive Schwärmerei oder ein vorüberziehender Kummer abgetan werden. Dies stellt eine Grundaussage des Films dar, was durch die

---

23 Korte: Lyrik im Unterricht (2010), S. 207.

literarisch-ästhetische Leseszene unterstrichen wird, denn die zentrale Metapher des Gedichts bildet den Titel des filmischen Werks: *Splendor in the Grass*.[24]

In dieser Unterrichtsszene wird deutlich, dass die Lesende trotz eines erzwungenen Leseanlasses durch die autoritäre Lehrerin ein ästhetisches Leseerlebnis hat. Miss. Metcalf stellt die aus heutiger literaturtheoretischer und -didaktischer Perspektive obsolete Frage »Was will uns der Autor damit sagen?«, welche die bedeutungsoffene Textebene und die potenzielle ästhetische Wirkung eines Werks auf die Intention der/s Autorin/s reduziert. Deanes Reaktion zeigt aber, dass sie nicht nur zu einer evidenten Interpretation der poetischen Zeilen imstande, sondern auch von den lyrisch evozierten Bildern berührt ist – und damit eine veritable ästhetische Erfahrung erlebt. Sie vermag jedoch nicht die von den Gedichtzeilen eingeforderte Disziplinierung und Stärke zu zeigen, sondern überlässt sich ihrer Trauer und ihrem Kummer über die verlorene Liebe.

Ein Gegenbeispiel zu einem autoritär geprägten Literaturunterricht scheint auf den ersten Blick in einem Film vorzuliegen, der vom American Film Institute auf den 52. Platz der »100 most inspiring films of all time« gewählt wurde:[25] *Dead Poets Society* (USA, 1989) von Peter Weir. Der Film spielt Ende der 1950er Jahre in dem fiktiven konservativen Jungen-Internat »Welton Academy« in Vermont. John Keating, gespielt von Robin Williams, ist der neue Englischlehrer einer Schulklasse, die zuvor von einem Lehrer unterrichtet wurde, der die Qualität eines Gedichts auf einer Skala quantifizieren ließ. Keating bricht bei seinem Erstkontakt mit den Schülern mit solchen Unterrichtskonventionen: Er betritt den Raum pfeifend und fordert die Jugendlichen auf, den Ort des Klassenzimmers zu verlassen und ihm zu folgen (Abb. 17). Im Flur der Schule entspinnt sich folgendes Unterrichtsgespräch:

> Keating: Mr. Pitts, would you open your hymnal to page 542 and read the first stanza of the poem you find there?
>
> Pitts: »To the virgins, to make much of time«?
>
> Keating: Yes, that's the one. Somewhat appropriate, isn't it.
>
> Pitts: »Gather ye rosebuds while ye may,
> old time is still a flying,
> and this same flower that smiles today,
> tomorrow will be dying.«

---

24 Der deutsche Titel *Fieber im Blut* beschreibt zwar ebenfalls metaphorisch die Intensität des unglücklichen Verliebt-Seins, doch ist dies ein Beispiel dafür, wie der Verweis auf einen literarischen Text durch einen anderen Titel vollständig getilgt wird.

25 American Film Institute: The 100 Most Inspiring Films Of All Time (2006).

Keating: Thank you Mr. Pitts. »Gather ye rosebuds while ye may.« The Latin term for that sentiment is *Carpe Diem*. Now who knows what that means?

[*Meeks hebt augenblicklich die Hand.*]

Meeks: Carpe Diem. That's »seize the day.«

[...]

Keating: Seize the day. »Gather ye rosebuds while ye may.« Why does the writer use these lines?

Charlie: Because he's in a hurry.

Keating: No, ding!

[*Keating schlägt die Hand wie auf einen imaginären Buzzer herunter.*]

Keating: Thank you for playing anyway. Because we are food for worms lads. Because, believe it or not, each and every one of us in this room is one day going to stop breathing, turn cold, and die.[26]

Im Vergleich zu *Splendor in the Grass* ist die Inszenierung des Unterrichtsge-sprächs *antiautoritär*: Keating verlässt den Klassensaal und diskutiert auf Augen-höhe mit den Schülern, was auch in der Totalen sichtbar wird (Abb. 17). Wenn der Schüler Pitts das Gedicht vorträgt, wirkt er nicht bloßgestellt wie Deane Loo-mis. Sein Gesicht in der Nahaufnahme zeigt ihn weder exponiert noch isoliert in Relation zu seinen Klassenkameraden (Abb. 17). Auch Keating selbst erscheint in solch einer Nahaufnahme, was erneut das gleichberechtigte Diskutieren akzentu-iert. Keating ist als Klassenleiter zwar ebenfalls in einer hierarchisierten Rolle und lenkt bewusst das literarische Gespräch, doch er benutzt im Gegensatz zu Miss Metcalf keine Aufforderungen, sondern ausschließlich Fragen (»Would you open and read the first stanza«, »Who knows what that means?«, »Why does the writer use these lines?«) – und er bedankt sich für das Vorlesen. Keating ordnet Robert Herricks *To Virgins, to make Much of Time* zeitlich nicht ein – er nennt nicht einmal den Namen des Autors. Stattdessen betont er auf humoristische Weise den Lebensbezug des Titels für die Pubertierenden, die noch Jungfrauen sind und so bald wie möglich ihre ersten sexuellen Erfahrungen machen wollen.

Neben diesen strukturellen Facetten des literarischen Gesprächs erklärt Mr. Keating seinen Schülern eindrücklich das *Vanitas*-Motiv des Gedichts: Er stellt drastisch heraus, dass alle im Raum Befindlichen eines Tages sterben werden, und findet selbst einen metaphorischen Ausdruck für die Vergänglichkeit und Sterblichkeit (»we are food for worms lads«). Mit der Sentenz *Carpe Diem* setzt er den lyrischen Text zudem in einen fachlichen und motivgeschichtlichen Kon-

---

26 Dead Poets Society (1989), 00:13:38–00:14:53.

Abb. 17: Die Unterrichtssituation außerhalb des Klassensaals in *Dead Poets Society* (00:11:51–00:13:58*)*. In *Captain Fantastic* (00:31:41–00:32:43) findet ein literarisches Gespräch im Autobus statt.

text – dies unterließ Miss Metcalf in *Splendor in the Grass*. Doch während in diesem Film die Schülerin Deane eine eigene Interpretation liefert, werden die Schüler in *Dead Poets Society* – bis auf eine Ausnahme – nicht selbst deutend aktiv: Mr. Keating leistet die Interpretation; die einzige Aufgabe der Schüler liegt im Vorlesen und im Übersetzen von *Carpe Diem*. Einen Interpretationsvorschlag, der von einem Schüler kommt (»Because he's in a hurry«), lehnt Mr. Keating ab und klassifiziert ihn – wie in einer Quizshow – ohne weitere Begründung als falsch, wodurch die Lehrperson – zwar durchaus ironisiert – deutlich macht, dass es eine ›richtige‹ Antwort gibt, die sie hören möchte.

Mr. Keating wendet sich gegen eine damals etablierte Lyrikbetrachtung, die in einem ›Abklappern‹ des Textes nach Merkmalen und daraus bedingter Qualität besteht, und bringt stattdessen die ästhetische Wirkung von Literatur zur Geltung. So werden in dem Film zahlreiche Gedichte und literarische Texte vorgetragen, die jedoch meistens unkommentiert und ohne Diskussion bleiben, da der junge Englischlehrer auf emotionale Einfühlung setzt.[27] Er versteht sich nicht als reaktionärer Pädagoge, sondern als unterstützender Lehrer, welcher die Emanzipation seiner Schüler fördert, indem er sie dazu anregt, die bestehende Ordnung in Frage zu stellen. So lässt er sie beispielsweise auf Tischen stehen oder verbindet auf kreative Weise Sport und Lyrikunterricht.[28] Seine progressive Didaktik trägt Früchte, als eine Gruppe von Schülern eigenmächtig die titelgebende *Dead*

---

27 So fallen in dem Film auch Zeilen aus Henry David Thoreau *Walden; or, Life in the Woods*, Walt Whitmans *Leaves of Grass*, Robert Frosts *The Road Not Taken* oder E. E. Cummings *dive for dreams*.

28 Bevor die Schüler beim Fußballtraining einen Schuss aufs Tor abgeben, müssen sie beispielsweise mit Emphase lyrische Verse vortragen.

Poets Society gründet. Dort tragen die Mitglieder Gedichte – darunter auch selbst-geschriebene – vor. Diese Intensivierung der emotionalen Seite hat jedoch auch negative Konsequenzen: Ein Schüler begeht am Ende des Films Selbstmord, nachdem sein Vater ihm verboten hat, seine künstlerische Affinität als Schau-spieler umzusetzen, und ihn von der Schule zu nehmen drohte.

Doch die Szene wirkt in Bezug auf Literaturbetrachtung aus heutiger Sicht durchaus autoritär. Ausschließlich die Lehrperson Mr. Keating ist in dem zitier-ten Dialog der aktive Part; die Schüler geben ihm passiv Antworten auf seine Fragen, die er ohne weitere Erklärung als ›falsch‹ brandmarkt. Ein Vergleich mit der Lehrperson und der Leseszene aus dem vorangegangenen Beispiel zeigt Folgendes: Mr. Keating mag in *Dead Poets Society* im eigenen Selbstverständnis und im Habitus gegenüber den Schülern zwar eine progressive Lehrperson sein, dennoch ermöglicht die direkte Art von Miss Metcalf in *Splendor in the Grass* der Schülerin eine freiere und offenere Interpretation eines Gedichts als es Mr. Kea-ting gegenüber seinen Schülern vermag. Die Rezeption der poetischen Verse fin-det in dieser Szene aus *Dead Poets Society* keine filmische Verkörperung, weil das Charisma der Lehrperson im Mittelpunkt steht: Der Pädagoge verändert die Infrastruktur des Literaturunterrichts, indem er den einengenden Klassensaal verlässt und Humor sowie Anschaulichkeit in einem zuvor starren Lyrikunterricht einen Platz einräumt.

Das dritte und letzte Beispiel in diesem Kapitel stammt aus Matt Ross' *Captain Fantastic* (USA, 2016). Ben, dargestellt von Viggo Mortensen, ist ein Zivilisations-aussteiger, der mit seinen sechs Kindern in den Wäldern der USA lebt. Er bringt ihnen ein Leben als Selbstversorger bei, dekonstruiert religiösen Glauben und ver-mittelt ihnen als ihr Privatlehrer eine breite Bildung. Die siebenköpfige Familie begibt sich auf eine längere Busfahrt zur Beerdigung ihrer Mutter und Bens Frau Leslie, die Selbstmord begangen hat. Auf der Fahrt ereignet sich ein literarisches Gespräch: Der Teenager Kielyr (Samantha Isler) liest Vladimir Nabokovs Roman *Lolita*, der von der pädophilen Liebesbeziehung des Literaturwissenschaftlers Humbert Humbert mit der zwölfjährigen Dolores »Lolita« Haze handelt. Die Toch-ter stellt ihrem Vater die Frage nach einem Wort, das sie nicht versteht.

Kielyr: What's a bordello?

Ben: A whorehouse.

Kielyr: Oh.

Ben: What are you reading?

[*Kielyr zeigt Ben das Buch, das dieser durch den Rückspiegel erkennt.*]

Ben: *Lolita*? I didn't assign that book.

Kielyr: I'm skipping ahead.

Ben: And?

Kielyr: It's interesting.

[*Ihre Geschwister rufen durcheinander*: Interesting! Illegal word! Dad, Kielyr said »interesting«!]

Ben: Interesting is a non-word. You know you're supposed to avoid it. Be specific!

Kielyr: It's disturbing.

Ben: More specific.

Kielyr: Can I just read?

Ben: After you give us your analysis thus far.

Kielyr: There's this old man who loves this girl, and she's only 12 years old.

Ben: That's the plot.

Kielyr: Because it's written from his perspective you sort of understand and sympathize with him, which is kind of amazing because he's essentially a child molester. But his love for her is beautiful. But it's also sort of a trick because it's so wrong. You know, he's old, and he basically rapes her. So it makes me feel ... I hate him. And somehow I feel sorry for him at the same time.

Ben: Well done.[29]

Dieses Gespräch ist ebenso hierarchisiert, auch wenn es im Vergleich zu den zuvor analysierten Beispielen außerhalb eines Schulgebäudes stattfindet und andere Rahmenbedingungen aufweist. Der Leseort ist ein Bus, der Vater ist keine offizielle Lehrperson und der Impuls für den Dialog ist auf eine Frage von Kielyr zurückzuführen – und somit intrinsisch motiviert. Während sie nur eine Antwort von ihrem Vater bezüglich einer Wortbedeutung möchte, verwickelt dieser sie jedoch in ein literarisches Gespräch. Die unkonventionellen Lehrmethoden des Vaters werden daran ersichtlich, dass er seiner Tochter ohne jegliche Scham das Wort »Bordell« erklärt und sich auch nicht daran stört, dass sie ein von ihm nicht verordnetes Buch liest. Die Eigenmotivation der Tochter wird nicht sanktioniert und es wird nicht thematisiert, dass Kielyr womöglich noch zu jung für dieses Buch sein könnte. Zwar sitzt Ben vorne im Bus, doch die Inszenierung des Dialogs durch den Rückspiegel und einer Großaufnahme von Kielyrs Gesicht wirkt alles andere als hierarchisiert (Abb. 17). Der Vater steuert das Gespräch insofern, dass er Kielyr zu einer präziseren Sprachverwendung verhilft: »Interesting« ist für ihn ein ›leeres Wort‹, das sie nicht benutzen darf. Dabei handelt es sich um ein Verbot, das auch ihre Geschwister internalisiert

---

29 Captain Fantastic (2016), 00:31:36–00:33:03.

haben, die ihre Schwester augenblicklich für die Verwendung des Wortes anprangern, denn innerhalb der Familie existieren Regeln zur Gesprächsführung.

Als Kielyr den Inhalt zusammenfasst, ermahnt der Vater sie erneut zu mehr Präzision und bringt sie dazu, ihre eigene Leseerfahrung zu schildern. Diese lenkende Gesprächsführung passt zu Bens autoritärem Gestus, mit dem er das scheinbar ›freie Leben‹ in der Wildnis dominiert. Doch Ben lenkt nicht Kielyrs Interpretation oder gibt ihr gar eine solche vor, sondern er führt sie durch seine Anweisungen und Relativierungen (»Be specific!« und »That's the plot«) zur Konkretisierung ihres Leseeindrucks.

Am Ende dieses literarischen Gesprächs steht Kielyrs differenzierte Schilderung ihrer Leseerfahrung, wobei sie die Erzählperspektive einordnet (»It's written from his perspective«) und die dadurch bedingte Lenkung der LeserInnen reflektiert (»sympathize with him«). Die Ambiguität von Nabokovs Roman, der auf der Rezeptionsebene zwischen der Sympathie für einen tragisch Liebenden und der Abscheu vor einem »child molester« oszilliert, bringt der Teenager zum Ausdruck: »but his love for her is beautiful«. Kielyr thematisiert ebenso die emotionale Wirkung des literarischen Textes: Die Bipolarität ihrer Gefühle führt zur Konfusion, die sich auch an ihrer mit den Gedanken und Emotionen kämpfenden Mimik zeigt (Abb. 17). Der Vater akzeptiert diese Antwort und kommentiert sie auch nicht weiter, denn er erhält von seiner Tochter eine differenzierte Beschreibung einer Leseerfahrung, die seinen Ansprüchen entspricht.

Diese Leseszene mit der hier analysierten Lesekommunikation erweist sich im Vergleich mit den beiden anderen in diesem Zusammenhang besprochenen Sequenzen als Verbindung von Emotionalität und fachlicher Interpretation. Deane in *Splendor in the Grass* liest stark identifikatorisch und in *Dead Poets Society* liefert der Lehrer selbst die Interpretation. Kielyr ist noch jung und hat noch keine Erfahrungen in der Liebe erlebt, doch die verstörende Wirkung des Romans, die Alteritätserfahrung im Moment der Lektüre, wird von ihr eloquent wiedergegeben. In allen drei Szenen fanden Lenkungen und Anweisungen statt, die typisch für eine Lehr-Lern-Situation sind.[30] Für eine ästhetische Erfahrung ist die Hierarchie des schulischen Geschehens nicht ausschlaggebend. Im nachstehenden Kapitel geht es um Lesekommunikation in Situationen, die nicht institutionalisiert sind.

---

30 Es wurden an dieser Stelle Gespräche an der Universität ausgeklammert, obwohl diese ebenso aufschlussreich sind. In dem bereits im letzten Kapitel erwähnten *A Single Man* findet beispielsweise ein längeres Gespräch über Aldeous Huxleys *After Many a Summer* statt.

8.3 Offene Gesprächsformen

In nicht-hierarchisierten Dialogen liegt zwar kein offizieller Rahmen für den verbalen Austausch über Literatur vor, dennoch können die GesprächsteilnehmerInnen spezielle Rollen einnehmen, beispielsweise dominante oder devote DiskutantInnen, ExpertInnen, Laien usw. Es handelt es sich in diesem Kapitel um Gesprächsformen mit sozusagen ›unscharfen Rändern‹, da sämtliche Dialoge über das Gelesene außerhalb eines pädagogischen Kontextes hierunter fallen. Da diese in ihrer Fülle nicht abgedeckt werden können, wird das Potenzial der Konversation über Literatur an einem Beispiel dargelegt: In kaum einem anderen Film wird so viel gelesen und über das Gelesene gesprochen wie in Robin Swicords romantischer Komödie *The Jane Austen Book Club*. Anhand einer Szene aus diesem Film veranschaulicht das nächste Unterkapitel diverse *cues*, auf die es bei Unterhaltungen über eine Lektüre zu achten gilt. Danach folgt eine Analyse von Dialogen über die Lektüre von Texten aus der Bibel, die zu den häufigsten Gegenständen von Konversationen über Bücher zählt.

8.3.1 Die Diskussion über Literatur in *The Jane Austen Book Club*

In *The Jane Austen Book Club* aus dem Jahr 2007 treffen sich sechs Personen, um über das Werk einer einzigen Autorin zu sprechen: Jane Austen. Anlass ist die gescheiterte Ehe von Sylvia, deren Freundinnen den Buchclub mit dem Ziel gründen, durch Gespräche über die sechs Austen-Romane Sylvia über diese Enttäuschung hinwegzuhelfen. Im Verlauf des Films wird deutlich, dass jedes Mitglied des Buchclubs in Liebesbeziehungen verwickelt ist, die Parallelen mit den Romanzen und Konflikten der literarischen Figuren in Austens Werk aufweisen. Bernadette, Jocelyn, Sylvia, Prudie, Allegra und – der einzige Mann in der Runde – Hugh treffen sich so an sechs Abenden, um über *Emma, Mansfield Park, Northanger Abbey, Pride and Prejudice, Sense and Sensibility* und *Persuasion* zu diskutieren.[31] Leseszenen finden sich in diesem Film von Robin Swicord infolgedessen zuhauf.

Die Figuren sprechen nicht nur über den Inhalt der Romane, sondern auch über das Lesen selbst, beispielsweise über Unterschiede im Leseverhalten der Geschlechter oder Ausprägungen der Lesefreude.[32] Auch die Materialität des Le-

---

31 Der Film ist damit zweifelsohne eine Hommage an Jane Austen und, wie Roger Ebert urteilt, unabhängig von den zahlreichen intertextuellen Anspielungen »a celebration of reading«. Ebert: Jane Austen Book Club (2007).
32 Verschiedene Lesesituationen spiegeln des Weiteren jeweils die inneren Konflikte der filmischen Charaktere wider: Sylvia liest meistens alleine und wirkt dabei traurig, weil sie die Tren-

seobjekts ist ein Thema, insofern alle sechs ProtagonistInnen jeweils eine andere Ausgabe des zu lesenden Romans in ihren Händen halten. Dies wirkt etwa bei Hugh humorvoll, weil dieser vorher noch keinen Austen-Roman gelesen hat und sich eine unhandlich große Anthologie aller sechs Bände kauft: In seiner völligen Unkenntnis der Autorin Austen und ihres literarischen Werkes – und als Liebhaber von Science-Fiction-Literatur – glaubt Hugh, dass es sich beim Œuvre der britischen Schriftstellerin um eine fortlaufende Geschichte handelt.

Bei dem folgenden längeren Dialog der sechs DiskutantInnen handelt es sich um das zweite Treffen des Buchclubs, in dem die Besprechung von *Mansfield Park* geplant ist. In diesem Roman steht die aus ärmlichen Verhältnissen stammende Fanny Price im Mittelpunkt, die zur Schwester ihrer Mutter, Lady Bertram, und ihrem Mann, dem vermögenden Sir Thomas Bertram, in das titelgebende Anwesen »Mansfield Park« zieht. Hier entfalten sich – typisch für Austen – Verheiratungsintrigen und Liebesverwicklungen, innerhalb derer Fanny die Annäherungsversuche des notorischen Herzensbrechers Henry Crawford abwehrt, da die heimliche Liebe ihrem Cousin Edmund Bertram gilt. Prudie obliegt die Eröffnung der Diskussion.

> Prudie: My topic is the long-suffering daughter. One can't help but see the parallels between the long-suffering Fanny Price in *Mansfield Park* and the long-suffering Anne Eliot in *Persuasion*.
>
> Allegra: I hate Fanny Price.
>
> Prudie: Excuse me, we're not electing the homecoming queen, okay? I mean, yes, if this were high school, yes, we all know Elisabeth Bennet would be most popular and that Fanny would be least.
>
> Hugh: Who's Elisabeth Benett?
>
> Sylvia: Of *Pride and Prejudice*.
>
> Hugh: Don't give away too much, 'cause I haven't read that one yet.
>
> Bernadette: You don't know *Pride and Prejudice*?
>
> Hugh: No.
>
> [*Prudie rollt mit den Augen.*]
>
> Jocelyn: I think I read somewhere that Fanny Price was Austen's favorite.
>
> Allegra: Fanny's boring.

---

nung von ihrem Ehemann noch nicht verarbeitet hat; ihre Tochter Allegra ist meistens neben ihrer Freundin im Bett abgebildet, versunken in die Lektüre. Prudie liest meistens alleine, mit strengem Blick, und je mehr sie sich emotional von ihrem Ehemann entfernt, desto häufiger liest sie an anderen Orten als der gemeinsamen Wohnung, z. B. im Auto.

Sylvia: She's faithful. She's Horton Hatches the Egg. She sits on that nest and she never, ever wavers.

Bernadette: Well, she'd probably be easier to like if she would just allow some weakness in others.

Sylvia: She doesn't allow it in herself.

Bernadette: True.

Hugh: I didn't see what was so bad about Henry Crawford.

Sylvia: Oh.

Bernadette: Yes. Thank you, Grigg.

Jocelyn: Well, Austen, she's always suspicious of people who are too charming.

Bernadette: Just once I'd like to pick up *Mansfield Park* and seen Fanny end up in the sack with Henry Crawford.

[*Alle stimmen lächelnd zu:* Yes! Yes!]

Jocelyn: You can't read these novels without wondering if she doesn't have a little thing for the naughty boys.

Bernadette: Well, who doesn't?

Allegra: Except for Fanny Price.

Sylvia: Okay, look. I love Fanny. She works hard. She puts her family's needs above her own.

Allegra: Mom, it's okay.

Sylvia: And she never, ever stops loving Edmund, ever. Even when he's stupid enough to do something like take up with Mary Crawford.

[*Sylvia räumt wütend das Geschirr ab und geht in die Küche.*]

Bernadette: Oh, dear.

[*Jocelyn pfeift.*]

Bernadette: I thought Mansfield Park would be safe, didn't you?

Allegra: I don't think we're gonna get through all six books.

Jocelyn: Reading Jane Austen is a freaking minefield.

Bernadette: You're awfully quiet, Grigg. Any thoughts?

Hugh: Yeah.

[*Hugh zieht mehrere Karteikarten heraus, wobei er offensichtlich nach einer bestimmten sucht. Alle wirken leicht genervt.*]

Hugh: Yeah. Yes! The relationship between Edmund and Fanny. They seemed like brother and sister. But then in the end, it's like *The Empire Strikes Back*, but it's in reverse. You know? 'Cause in *Jedi* Luke Skywalker, he gets over Princess Leia when she turns out to be his sister. Edmund gets over Miss Crawford and gets it on with Fanny, who's his first cousin, so ... Did that bother anybody else?[33]

Appetitlich angerichtete Speisen im Filmbild, das Beieinandersitzen und die warme Farbgebung betonen die positive Stimmung, die Lust am gemeinsamen Treffen und das Zusammengehörigkeitsgefühl innerhalb der Gruppe. Die zu Beginn entspannte Atmosphäre ist auch – im Gegensatz zu den hierarchisierten Gesprächsformen im vorangegangenen Unterkapitel – darauf zurückzuführen, dass alle freiwillig an dem Buchclub teilnehmen und in diesem Kreis sich jemand nur äußert, wenn er dies auch möchte. Inszenatorisch besteht die Szene aus einem Wechsel von Nahaufnahmen der Gesichter und Aufnahmen in der Halbtotalen, durch welche die gesamte Gesprächsrunde in den Blick rückt.

In dem Dialog offenbaren die Figuren nicht nur ihre Charaktereigenschaften, sondern sie lassen auch Rückschlüsse darüber zu, welche LeserInnen-Typen sie sind. Denn es zeigen sich Unterschiede zwischen professionell-distanziertem und laienhaft-emotionalem Sprechen über *Mansfield Park*. Prudie und Jocelyn stehen vor allem für die distanziertere Seite, indem sie Querverweise herstellen bzw. prinzipielle Affinitäten der Autorin thematisieren. Auf der anderen Seite befinden sich Allegra und Sylvie, die sich emotional stark mit den Figuren identifizieren.[34] Bei beiden dominieren Halbnah- und Nahaufnahmen, die ihr Gesicht und ihre aussagekräftige Mimik ins Blickfeld rücken. Allegra fällt in kurzen Sätzen negative Urteile über Fanny Price, während Sylvie die Hauptfigur aus *Mansfield Park* als aufopferungsvolle und kämpferische Mutterfigur verteidigt. Die Etablierung zweier Positionen, wie Literatur betrachtet werden kann, verortet die Zuschauenden in eine Rezeptionssituation zwischen fachlicher Perspektive und emotionaler ›Berührtheit‹.

Aufschlussreich ist der Moment, als Bernadettes Vorstellung auf Konsens stößt, dass Fanny dem Charme Henry Crawfords erliegen würde. Diese Sichtweise entspannt alle Beteiligten, selbst Prudie lächelt entsprechend, die zuvor über die Entwicklung des Gesprächs genervt erschien. An dieser Stelle des Dialogs manifestiert sich im dynamischen Wechsel der Redeanteile die Kontroversität inner-

---

33 The Jane Austen Book Club (2007), 00:47:09–00:49:51.

34 Prudie leitet das Gespräch in einer Art und Weise ein, als fände es in schulischem oder universitärem Kontext statt, indem sie das Motiv der leidgeprüften Tochter anspricht. Dabei legt sie ein Strukturelement dar, das in mehreren Werken Austens zu finden ist. Dies indiziert, dass Prudie sich als Französischlehrerin auch professionell mit Literatur beschäftigt und daher einen ›Meta-Blick‹ auf den literarischen Text einnimmt – entsprechend stellt sie auch eine Querverbindung zu den in der Runde erst später zu besprechenden Texten *Persuasion* und *Pride and Prejudice* her. Allegra triff hingegen ein subjektives und emotionales Urteil: »I hate Fanny Price.« Somit stehen zu Beginn des Gesprächs sozusagen Objektivität gegen Subjektivität.

halb des Buchclubs und gleichzeitig ein Empfinden, das alle ProtagonstInnen eint: Sie nehmen sich die Freiheit, auf der Grundlage des Buches ein Eigenleben literarischer Figuren zu entwerfen und alternative Handlungen zu erproben.

Doch das positive Gemeinschaftsgefühl wird aufgebrochen, als Allegra sich erneut negativ zu Fanny Price äußert, während Sylvia mit neuen Argumenten die Hauptfigur aus *Mansfield Park* schützt: »She works hard. She puts her family's needs above her own. And she never, ever stops loving Edmund, ever.« Sylvias stark identifikatorische Leseart erreicht in diesem Moment ihren Höhepunkt und führt dazu, dass sie in dieser Szene nicht nur das Verhalten Fanny Prices rechtfertigt, sondern ebenso eine Apologie auf ihren eigenen Lebensentwurf hält. Dies wird in der Handlung vor der Szene deutlich: Austens Edmund steht dabei stellvertretend für ihren Mann Daniel, der sie für eine andere Frau verlassen hat. Ihre starke persönliche Involviertheit zeigt sich auch darin, dass sie aufgewühlt die Gesprächsrunde verlässt. Der Prozess identifikatorischer Lektüre wird durch Bernadettes Aussage bestätigt: »Reading Jane Austen is a freaking minefield.« Der Film suggeriert, dass die Konflikte und Charaktere der Romane Jane Austens eine überzeitliche emotionale Wirkung auf die LeserInnen ausüben.

Letztlich ist noch auffällig, dass der gefühlvolle Hugh in der Gesprächsrunde nicht nur durch seine eigenartige Optik in Fahrradkluft als Außenseiter visualisiert wird.[35] Die innere Distanz zu den Figuren und Konflikten der Austen-Romane ist eine logische Folge seiner Unkenntnis der Werke – schließlich ist seine Partizipation an dem Buchclub auch auf sein ›außerliterarisches Interesse‹ an Jocelyn zurückzuführen.[36] Dadurch, dass Hugh den Querverweis auf *Pride and Prejudice* nicht erkennt, bekennt er sich schon zu Beginn des transkribierten Dialogs freimütig als Austen-Unwissender: Er hat den für ein späteres Treffen des Buchclubs vorgesehenen Roman noch nicht gelesen und kann dementsprechend Prudies Vergleich nicht nachvollziehen. Hugh wird des Weiteren durch diesen Vorzug von Spannungselementen und der damit verbundenen ›Spoiler‹-Angst (»Don't give away too much«) als Rezipient populärer Bücher gekennzeichnet.

Der für die Beteiligten intensive Dialog endet, als Hugh einen ungewöhnlichen Vergleich anstellt: Er stellt Parallelen zwischen der Figurenkonstellation

---

35 Nicht nur Hugh steht zwischen den beiden aufgezeigten Polen der Darstellung des Leseverhaltens, sondern auch Bernadette. Sie wird durchgehend strickend bei den Besprechungen inszeniert. Die zusätzliche Beschäftigung während der sechs Treffen stellt einen auffallenden *cue* dar, der als ausbleibende Involvierung und dadurch bedingte Distanzierung interpretiert werden kann.

36 Das Ende, wenn Jocelyn sich in Hugh verliebt und für ihn endlich einen Science-Fiction-Roman liest, steht paradigmatisch dafür, dass auch ihr nun eine entsprechend ›neue Welt‹ eröffnet wurde.

in *Mansfield Park* und dem letzten Teil der ursprünglichen *Star-Wars*-Trilogie, *Return of the Jedi* (USA, 1983), her. Diesen kürzt er salopp als »*Jedi*« ab, wodurch er sich selbst als Spezialist in diesem Kontext zu erkennen gibt.[37] Auch wenn seine Interpretation durchaus originell und zutreffend ist, zeigen die restlichen Diskussionsteilnehmerinnen mit ihren Blicken, dass sie den Vergleich zwischen einem popkulturellen Science-Fiction-Klassiker und einem Jane-Austen-Roman nicht ernst nehmen. Die Herrschaftsverhältnisse in der Gesprächsrunde kehren sich nun um. Die fünf Damen kennen den Film nicht und finden sich von ihrem Wissensstatus her in einer vergleichbaren Rolle wie Hugh zuvor.

Die Szene aus *The Jane Austen Book Club* zeigt erstens die Bedeutung der Gesprächsdynamik und zweitens die Funktion, dass durch die Konversation über Literatur Charaktereigenschaften und Konflikte der filmischen Figuren widergespiegelt werden. In diesem außergewöhnlichen Beispiel für die filmische Konversation über Literatur können darüber hinaus unterschiedliche LeserInnen-Typen und Lesarten identifiziert werden. Der Film zelebriert durchweg das Lesen und kann dadurch prinzipielle Leselust bei den FilmrezipientInnen evozieren. Es kann hingegen von einer eigenen Gesprächslogik ausgegangen werden, sobald filmische Figuren über die Bibel sprechen.

8.3.2 Dialoge über die Bibellektüre

Die Bibel zählt zu den häufigsten erwähnten und zitierten Büchern der Filmgeschichte. Die darin enthaltenen Parabeln gehören aus literaturwissenschaftlicher Perspektive zum westlich-europäischen Literaturkanon. So hält auch die filmische Thematisierung die Sammlung von verschiedenen Büchern, die über einen Zeitraum von 1500 Jahren von unzähligen AutorInnen aus drei verschiedenen Kontinenten in unterschiedlichen Sprachen geschrieben wurden, im Gedächtnis. Die vielfältige Beziehung zwischen der Bibel und dem Film reicht von Zitationen als Mottos zu Beginn von Filmen[38] zu konkreten filmischen Adaptio-

---

37 Im Gegensatz hierzu wird sein Status als Laie in Bezug auf Austen dadurch unterstrichen, dass er als einziger der Buchclub-Mitglieder Karteikarten vorbereitet hat, um an dem Gespräch teilnehmen zu können.

38 Ein Beispiel hierfür findet sich in *True Grit* (USA, 2010), der mit einem Zitat aus dem *Buch der Sprüche* beginnt: »The wicked flee when none pursueth« (Spr 28:1). Einzeltextreferenzen auf die Bibel können unterschiedlich ausfallen: von Froschregen in *Magnolia* (USA, 1999), eine Anspielung auf *Exodus 8:2*, bis hin zu Titeln wie in dem Film *Babel* (USA (u. a.), 2006), der keinen direkten Bezug zum Turmbau zu Babel (*Gen 11,1–9*) aufweist.

nen von Bibel-Geschichten.[39] Adele Reinhartz fächert auf, wie unterschiedlich sich die Verwendung der Bibel als Leseobjekt gestalten kann:

> Characters read Bibles (*Bigger Than Life*, 1956), buy and sell them (*O Brother, Where Art Thou?*, 2000), and carry them around (*Sling Blade*, 1996). Bibles appear in hotel rooms (*Coneheads*, 1993), bedrooms (*Evan Almighty*, 2007), backpacks (*The Book of Eli*, 2010), synagogues (*A Serious Man*, 2009), and churches (*Gran Torino*, 2008). These on-screen Bibles serve numerous roles. [...] Not only Bibles but also pages of printed biblical texts appear on the screen for the viewer to read.[40]

Es würde an dieser Stelle den Rahmen der vorliegenden Studie sprengen, die Bedeutung der Bibel für den Film herauszuarbeiten. Filme greifen wie andere Künste auf die zahlreichen Geschichten, Ereignisse, Symbole, Motive und Ideen zurück, wozu die Bibel ein ›Hauptlieferant‹ ist. Im Kontext der filmischen Darstellung des literarischen Gesprächs soll erörtert werden, dass bei literarisch-ästhetischen Lesescenen von der wiederkehrenden Struktur ausgegangen werden kann, die Bibel als Quelle zur Diskussion um moralische Fragen zu verwenden. Reinhartz schreibt, dass die Bibel drei Funktionen für – vor allem ethische – Debatten erfüllt: Die Bibel wird von den DiskutantInnen dazu genutzt, dass sie sie bei einer Position unterstützt. Weiterhin kann die Bibel auch dazu gebraucht werden, entgegenbrachte Argumente zu relativieren. Außerdem besteht die Möglichkeit, unethisches Verhalten mit Verweis auf die Bibel zu rechtfertigen.[41]

In den vorausgegangenen Kapiteln wurden schon verschiedene Funktionen der Verwendung der Bibel in Dialogen konstatiert: In *Hell's Hinges* hat die Hauptfigur bei der Lektüre der Heiligen Schrift eine zentrale Erkenntnis und in Cecil B. DeMilles Monumentalfilm *The Ten Commandments* strukturiert das Vorlesen aus er Bibel die Rahmenerzählung. In David Finchers *Se7en*, aber auch in seiner Stieg-Larsson-Verfilmung *The Girl with the Dragon Tattoo* (USA, 2011), führt die Lektüre und Diskussion von Bibelstellen zur Auflösung eines Mordfalls.[42] Des

---

39 Es seien nur ein paar repräsentative Beispiele genannt: *The Greatest Story Ever Told* (USA, 1965), *The Last Temptation of Christ* (USA, 1988) oder *Noah* (USA, 2014). Hierzu zählen auch Werke wie Darren Arronofskys *Mother!* (USA, 2017), das als allegorische Darstellung der *Genesis* interpretiert werden kann.

40 Reinhartz: Bible and Cinema (2013), S. 132–133. Reinhartz unterscheidet neben den zahlreichen Bibelverfilmungen das filmische ›Nutzen‹ der Bibel in drei Kategorien: »they portray Bibles or biblical passages on the screen; they quote from the Bible and they use biblical paradigms of plot and character«. Ebd., S. 132.

41 Vgl. ebd., S. 134. Ein Beispiel für die Instrumentalisierung der Bibel als Rechtfertigung für amoralisches Verhalten findet sich in *The Apostle*, in dem die von Robert Duvall verkörperte Hauptfigur, ein Prediger, sogar einen Mord mit Rekurs auf die Heilige Schrift legitimiert.

42 Dies ist die Verfilmung des ersten Teils der posthum veröffentlichten *Millennium*-Trilogie von Stieg Larsson. Im Mittelpunkt des in der Tradition von Hardboiled-Krimis stehenden Films befin-

Weiteren endet Ingmar Bergmans *Nattvardsgästerna* (SWE, 1962) mit der tiefsinnigen Interpretation der Passion Christi durch eine Nebenfigur, die den vom Glauben abgefallenen Pfarrer Ericsson wieder zurück zu Gott führt. In *Inherit the Wind* (USA, 1960) findet im Gerichtssaal eine öffentliche Debatte zwischen den Kontrahenten Henry Drummond (Spencer Tracy) und Matthew Harrison Brady (Frederic March) darüber statt, ob mithilfe einer Bibelexegese die Evidenz der Evolutionstheorie bestritten werden kann.

Unter diesen mannigfaltigen Thematisierungen der Bibel ragt die Referenz auf das Buch *Hiob* heraus. Die schweren Schicksalsschläge, die Hiob als Glaubensprüfung erdulden muss, erweisen sich als beliebte filmische Referenz, da leidgeprüften Figuren auf diese Weise ihre eigene Situation gespiegelt wird, sie womöglich Trost schöpfen oder ihr Fatum akzeptieren. Stellvertretend seien drei Beispiele genannt: Der bereits erwähnte *The Tree of Life*, in dem Vater und Mutter den Verlust ihres Sohnes verarbeiten müssen, beginnt mit einem Zitat aus *Hiob*; in *Mission: Impossible* (USA, 1996) erhält die Hauptfigur Ethan Hunt einen Auftrag mit einem Hinweis auf *Job 3.14*; und in Martin Scorseses *Cape Fear* (USA, 1991) rechtfertig der Verbrecher Max Cady seine Rache nicht nur mit einem Verweis auf das Buch *Hiob*, sondern benutzt es sogar als Drohung. Eine Schlüsselszene aus Anders Thomas Jensens *Adams æbler* verdeutlicht an dieser Stelle das Potenzial der Diskussion über dieses Buch des Tanach.

Adams æbler erzählt von dem gutherzigen und äußerst optimistischen Pfarrer Ivan, der Straftäter auf Bewährung zu resozialisieren versucht. Eines Tages nimmt er den renitenten Neonazi Adam als neuen ›Insassen‹ auf, der registriert, dass Ivan in seiner grenzenlosen Zuversicht die Realität seiner eigenen Vergangenheit verleugnet: Ivan wurde als Kind vergewaltigt, hat einen körperlich und geistig stark beeinträchtigten Sohn und seine Frau hat sich umgebracht. All dies bestreitet er, was der Arzt des Dorfes als einen psychologischen Verdrängungsmechanismus diagnostiziert. Sobald sich etwas Negatives ereignet, behauptet Ivan, der Teufel würde ihn prüfen. Der Arzt informiert Adam außerdem darüber, dass Ivan einen Gehirntumor hat, der sich nur dann bemerkbar macht,

det sich der Journalist Mikael Blomkvist (Daniel Craig), der bei der Suche nach einer verschwundenen Person immer tiefer in einen Sumpf von Vergewaltigung und Mord gerät. Ein Schlüssel zur Aufdeckung des Mordfalls sind eine Reihe von Bibelzitaten, die das Opfer in ihrer Bibel vermerkt hat. Als Mikael diese Bibelstellen liest, werden die Bibelstellen aus dem Off von der – scheinbar – Verstorbenen vorgetragen. Das Erklingen der Stimme aus dem Off während der Leseinszenierung ist ein proleptischer Hinweis darauf, dass die Gesuchte nicht verstorben ist. Auch wenn es sich um eine seltene audiovisuelle Präsentation des Textes nach der Kategorie **N** handelt, ist die Leseszene nicht literarisch-ästhetisch, sondern in erster Linie ein Rätsel, dessen Lösung der Schlüssel zur Klärung des Mordfalls ist – damit kann ein plotrelevantes Lesen konstatiert werden.

wenn seine Illusion aufgedeckt zu werden drohe: Dann würden seine Ohren anfangen zu bluten. Adam, der sich zunehmend von der Naivität des Pfarrers provoziert fühlt, befindet sich in seinem Zimmer, als plötzlich die Bibel wie durch Gotteseinwirkung auf den Boden fällt. Die Heilige Schrift schlägt von selbst das Buch *Hiob* auf. Nach der mehrfachen Wiederholung dieses unwirklichen Vorgangs setzt Adam sich hin und beginnt die Geschichte von Hiob zu lesen. Der Leseakt wird ›ausgedehnt‹ inszeniert: Rauchend und in verschiedenen Lesepositionen wird Adam in der Lektüre versunken gezeigt. Kurze Zeit später bittet er Ivan um ein Gespräch über seine Leseerfahrung, in dem er ihn mit dem Gedanken konfrontiert, dass nicht der Teufel ihn prüfe, sondern Gott.

Adam: Ich möchte mit Dir sprechen.

[...]

Ivan: Tja, was ist los? Was hast Du? [...]

Adam: Und wenn es nicht der Teufel ist, der Dich prüft?

Ivan: Wie meinst Du das?

Adam: Wenn nicht er Dich gepiesackt hat all' die Jahre?

Ivan: Tja, ach, sind wir wieder am Fabulieren, Adam? Na dann, wenn's nicht der Teufel ist, wer ist es dann? Der Klabautermann vielleicht? Und die ... all die Vögel plötzlich, der Herd und dann die Würmer, das sollen Zufälle sein? Ist es das, was Du überall rumerzählst? Adam, ist es das?

Adam: Gott.

Ivan: Wie bitte?

Adam: Gott.

Ivan: Ich verstehe nicht. Was willst Du sagen?

Adam: Was ist denn, wenn Gott Dich geprüft hat und nicht der Teufel?

Ivan: Wieso um alles in der Welt sollte er das tun?

Adam: Weil er Dich so hasst, Ivan. Ich habe dieses Buch gelesen. Das Buch *Hiob*.

Ivan: Ja.

Adam: Kennst Du doch, oder?

[*Adam hält es ihm hin, wirft es auf den Boden und wie von Geisterhand schlägt es die Anfangsseite mit dem Buch Hiob auf. Ivan ist darauf eingeschüchtert.*]

Ivan: Nein, das habe ich leider nie geschafft, es handelt von 'nem kleinen Krokodil. Tja, zumindest habe ich das gehört.

Adam: Über 'n Krokodil steht viel drin. Aber auch noch andere Dinge. Weißt Du, Gott hat Hiobs Vieh getötet, seine sieben Kamele und zehn Kinder, hä? Er nimmt ihm alles und dann schenkt er ihm Lepra. Läuten bei Dir die Glocken, Ivan?

Ivan: Ich hatte noch nie 'n Kamel.

Adam: Sieh' mich an. Sieh' mich an, Ivan. [*Ivan beginnt stark aus dem Ohr zu bluten.*] Du weißt genau, dass Gott diesen ganzen Zirkus hier veranstaltet. Gott ist nicht auf Deiner Seite, habe ich Recht?

Ivan: Doch, das ist er.

Adam: Weißt Du was, ich glaube nicht ein Wort von diesem Scheiß. In Deinem kranken Hirn [*Adam zeigt auf Ivans Kopf.*] sollte Dir klar sein, dass es Gott ist. Der Teufel denkt gar nicht dran, auch nur eine Sekunde an Dich zu verschwenden. Gott will Dir nicht helfen, Ivan. Er will Dich töten. Aber Du bist einfach ein bisschen begriffsstutzig.

Ivan: Warum tust Du mir das bloß an?

Adam: Weil ich schlecht bin. Und Du kannst nichts dagegen machen.

[*Ivan bricht zusammen. Adam lässt ihn liegen, wirft seine Zigarette auf ihn und macht das Licht aus. Darauf donnert es.*][43]

Adam verfolgt das Ziel, Ivan zur Einsicht zu bringen, dass seine bisherigen Überzeugungen falsch sind: »Ich muss den knacken, diesen Himmelsboten mit seiner Barmherzigkeitspisse.«[44] Durch die Referenz auf die Bibel hat er eine Autorität, die Ivan nicht umgehen kann. Sein Leseanlass ist dabei nur bedingt als freiwillig zu bezeichnen, da die Bibel auf phantastische Weise immer wieder auf derselben Seite aufgeschlagen wird. Adams daraus entstehende Leseerfahrung ist der Schlüssel für seinen Gesprächsanlass: Er bezieht die Geschichte Hiobs direkt auf Ivan. Ivans häufige Verwendung von Füllwörtern indiziert dabei seine Unsicherheit in dieser Situation; außerdem benutzt er Formulierungen, die ihn in Bezug auf die Bibel als wenig kompetent erscheinen lassen – und witzig wirken (»Der Klabautermann vielleicht?«, »es handelt von 'nem kleinen Krokodil« oder »Ich hatte noch nie 'n Kamel.«).

Ganz im Gegensatz zu Adam, der durch einen Satz wie »Gott hat Hiobs Vieh getötet, seine sieben Kamele und zehn Kinder« beweist, dass er das Buch *Hiob* gründlich und genau gelesen hat: Er nennt aus dem Gedächtnis die exakte Zahl der von Gott getöteten Kamele und Kinder. Adam ist der dominierende Part innerhalb der Konversation. Analog zu den Filmbeispielen im Kapitel zu hierarchisierten Unterrichtsgesprächen nutzt Adam dabei Fragen, um das Gespräch zu lenken: »Kennst Du doch, oder?«, »Läuten bei Dir die Glocken, Ivan?« oder »Gott ist nicht auf Deiner Seite, habe ich Recht?« Da eine derartige Unkenntnis der Bibel bei

---

43 Adams æbler (2005), 00:58:12–01:00:00.
44 Ebd., 00:27:02–00:27:06.

einem Pfarrer unwahrscheinlich ist, liegt der Schluss nahe, dass Ivan die Geschichte Hiobs verdrängt, eben weil es sozusagen seine ›eigene Geschichte‹ ist.

Die kinematografische Inszenierung betont Adams Dominanz. Der Dialog besteht zunächst aus *shot-reverse-shot*-Aufnahmen der Gesichter der beiden Kontrahenten in einer Nahaufnahme, bevor eine Totale die beiden im Kirchengang in konfrontativer Gegenüberstellung exponiert. Nachdem Adam die Bibel mit den Worten »Kennst du doch?« vor Ivans Füße wirft, rückt er näher zu ihm und die Kameraeinstellung zeigt die Gesichter der beiden in einem *over-the-shoulder-shot*, und verstärkt damit den Eindruck von Ivans Bedrängnis, als Adam auf ihn einredet. Adam konfrontiert den Pfarrer offen und schonungslos mit der Wirklichkeit. Dabei zeigt der Unterlegene durch das Ohrbluten auch eine körperliche Reaktion. Analog zu einem Wettkampf oder einem Duell – die Inszenierung erinnert an einen klassischen Western-Showdown wie in Sergio Leones *C'era una volta il West* (I/USA, 1968) – endet die Szene mit einem Sieg für Adam: Ivan liegt ›ausgeknockt‹ am Boden. Ostentativ donnert es auch in diesem Moment und die Kirche wird abgedunkelt, was die dramatische Bedeutung dieser Begegnung unterstreicht.

Der Pfarrer fällt nach diesem hitzigen Wortgefecht kurzzeitig vom Glauben ab, doch letztendlich findet er zu seinem für ihn überlebenswichtigen Optimismus zurück. Adam erkennt, dass Ivans Realitätsverkennung zwar Selbstbetrug ist, aber auch seinen Mitmenschen hilft. Der egoistische Kriminelle beginnt, Empathie für andere Personen zu empfinden: Am Ende des Films ist er Ivans Assistent und hilft ihm bei der Resozialisierung ehemaliger Strafinsassen. Während Adams Verhalten zunächst grausam und vernichtend erscheint, ist die Leseszene so auch ein Moment, in dem er sich auf die Welt Ivans einlässt. Er liest die Bibel, setzt sich mit ihr auseinander und ist so auch in der Lage, Ivan theologisch die Stirn zu bieten. Die Lektüreerfahrung und der Dialog verändern ihn langfristig, da er bemerkt, wie überlebenswichtig Ivans Zuversicht für die gesamte Gemeinde ist. Das Lesen des Buchs *Hiob* stellt für Adam eine Grenzüberschreitung dar, die letztendlich zu einer ›180-Grad-Wende‹ innerhalb seiner Persönlichkeit führt: vom Neonazi zum gläubigen Christen.[45]

Die Szene verdeutlicht, welches Potenzial der Bibellektüre insbesondere in der Lesekommunikation zukommen kann. Die Bedeutungsoffenheit von biblischen Parabeln, die bereits seit Jahrhunderten zur Reflexion von moralischen und existenziellen Fragen dienen, stellt auch für das Medium Film eine reichhaltige Bezugsquelle dar. Eine Thematisierung der in den letzten Kapiteln randständig behandelten Frage nach möglichen ästhetischen Erfahrungen der Figuren steht im nun folgenden Hauptteil im Mittelpunkt.

---

45 Eine ›180-Grad-Wende‹ durch die Lektüre findet sich auch in dem Film *Malcolm X* (USA, 1992), der in Kap. 12.3. analysiert und interpretiert wird.

Teil III: **Topoi des literarisch-ästhetischen Lesens im Film**

Teil III: Topoi des literarisch-ästhetischen Lesens
im Film

9 Stille Lektüren in *Gruppo di famiglia in un interno*

Eine weitverbreitete filmische Darstellung des literarisch-ästhetischen Lesens besteht aus der Inszenierung einer lesenden Figur, ohne dass Einblicke in den Text erfolgen oder aus dem Text vorgelesen wird – also weder der Titel eines Werks noch der Name einer/s Autorin/s sicht- oder hörbar sind. Dieses Kapitel untersucht solche auf den ersten Blick wenig aussagekräftigen Leseszenen nach der Kategorie **E**: Hier findet kein intertextueller Verweis durch das Leseobjekt statt, sondern es handelt sich um eine Systemreferenz, so dass zentrale *cues* zur Bestimmung der ästhetischen Erfahrung vor allem auf der Ebene von Lesesubjekt und Lesesituation liegen. Die primäre Funktion ist hier die Vergabe von Figureninformationen. Im Folgenden konzentrieren sich Analyse und Interpretation auf ein einziges Filmbeispiel, anhand dessen sich die reichhaltigen Assoziationen bestimmen lassen, die dieser Lesedarstellung inhärent sind.

Mehrere Leseszenen aus Luchino Viscontis *Gruppo di famiglia in un interno* (I, 1974) eignen sich zu diesem Zweck, weil in diesem Film mit dem von Burt Lancaster verkörperten Professor eine einzelne Person im Fokus der Handlung steht, die mehrfach still lesend abgebildet ist und dadurch auf vielfältige Weise charakterisiert wird. Die Leseobjekte werden den ganzen Film hindurch nicht identifiziert und der Professor verbalisiert in keiner Szene explizit, welche Lektüreerfahrungen er erlebt. So erarbeitet das erste Unterkapitel, welche Informationen das stille Lesen über die Hauptfigur des Films liefert. Der darauffolgende Abschnitt über die *Störung des Leseakts* behandelt eine einzelne Szene, in welcher der Professor durch Einfluss von außen von seiner Lektüre abgehalten wird. Dieses *Innehalten* ist wesentlich für den weiteren Fortgang der Handlung und seine Charakterentwicklung. Im dritten und letzten Unterkapitel wird die ästhetische Erfahrung der Hauptfigur thematisiert, die sich über mehrere Szenen außerhalb der Lesesituation filmisch manifestiert.

9.1 Das Stereotyp des einsamen Intellektuellen

Die Hauptfigur in *Gruppo di famiglia in un interno* ist ein den ganzen Film über namenlos bleibender sechzigjähriger amerikanischer Kunstprofessor. Der Intellektuelle befindet sich im Ruhestand und lebt zurückgezogen in seinem Palazzo in Rom. Dies ändert sich, als er das Obergeschoss seiner Stadtvilla an die burschikose Gräfin Brumonti, ihren deutlich jüngeren Liebhaber Konrad, ihre Tochter Lietta und deren Verlobten Stefano vermietet. Der Professor kommt in Kontakt

https://doi.org/10.1515/9783110728590-009

mit dem ausschweifenden Leben seiner UntermieterInnen, wodurch er sukzessive mit schmerzhaften Erinnerungen konfrontiert wird, die er bis zu der Begegnung diszipliniert und unterdrückt hat. Er fühlt sich insbesondere zu Konrad hingezogen, der als politischer Aktivist der 68er-Bewegung durch sein rebellisches Verhalten und seine aufbrausende Art das Gegenteil des bürgerlichen Kunstliebhabers darstellt.[1] Der Gelehrte lebt sichtlich auf, als seine soziale Isolation nach und nach aufgehoben wird, und empfindet die Gemeinschaft mit den MieterInnen wie eine Ersatzfamilie. Als Konrad am Ende des Films vermutlich Selbstmord begeht, erlebt der Professor ebenso den desaströsen Schmerz, den eine emotionale Anteilnahme am Schicksal anderer in sich birgt.

Die erste Leseszene des Films zeigt den Professor, wie er in seinem Apartment zurückgezogen in die Lektüre versunken ist (Abb. 18). Ein *long shot* ermöglicht den Blick auf einen opulent eingerichteten Wohnraum: Gemälde, Statuen und anderen Kunstwerke, darunter insbesondere zahlreiche – auf allen Möbeln verstreut liegende – Bücher, schmücken die Inneneinrichtung. Die durch die Einstellung hervorgerufene Distanz der Kamera zur lesenden Figur verhindert die Identifikation des Leseobjekts; auch Varietäten im mimischen Ausdruck des Lesesubjekts können in dieser Totalen nicht erkannt werden.

Der Leseort vermittelt den ZuschauerInnen auf diese Weise zwei Informationen über die Figur, die auf ihre Sozialität und Psyche schließen lassen, die bereits vor dieser Einstellung durch sein Verhalten und durch Dialoge offenbar wurden. Erstens gehört der Professor einem bildungsbürgerlichen Milieu an; dies repräsentieren auch die wertvollen Kunststücke, die sein Zuhause zieren.[2] Das luxuriöse Apartment lässt auf seinen hohen materiellen Wohlstand schließen. Zweitens unterstreicht der kontemplative Leseakt – zusammen mit der distinguierten Ausdrucksweise des Professors – seine Weisheit, Bildung und Intelligenz auf der Ebene der Persönlichkeit. Gleichzeitig verkörpert er aufgrund seines Alleinseins, seiner Reizbarkeit, Arroganz und Misanthropie das Stereotyp eines zurückgezogenen und weltfremden Intellektuellen, der in seiner Isolation durch das Lesen den Verlust sozialer Beziehungen zu kompensieren sucht. Die Einstellung ruft das in der Kulturgeschichte weitverbreitete Bild des eremitisch lebenden bibliophilen Intellektuellen auf.

Die Milieuzugehörigkeit des Professors ist ein Leitthema des Films, denn im weiteren Verlauf der Handlung kommt es durch die Annäherung zu seinen Un-

---

1 Konrad, den Helmut Berger verkörpert, hat zudem eine Vergangenheit als Gigolo und war drogenabhängig.
2 Der Professor sammelt vor allem teure Konversationsstücke, die der englische Titel des Films – *Conversation Pieces* – in den Mittelpunkt stellt. Der italienische Originaltitel, *Gruppo di famiglia in un interno*, verbindet die Gemäldeform mit dem Zusammenprall zweier Milieus.

termieterInnen zum Aufeinanderprallen unterschiedlicher Milieus.[3] In der Typologie sozialer Schichten Pierre Bourdieus kann die Figur des Professors aufgrund seines ökonomischen und kulturellen Kapitals, den beiden zentralen Distinktionslinien des französischen Soziologen, als Angehöriger einer finanziell potenten und sich durch einen differenzierten und hohen Kunstgeschmack auszeichnenden Schicht eingeordnet werden.[4] Im Gegensatz zum bildungsbürgerlichen Professor gehören seine UntermieterInnen einer gesellschaftlichen Oberschicht an, die auf der Grundlage ihres finanziellen Vermögens und Arbeitsfreiheit einen ausschweifenden Lebensstil führt und häufig auf Partys verkehrt. Die Angehörigen dieses *Jet-Set*-Milieus verfügen zwar über ein hohes ökonomisches *Kapital*, besitzen aber keinen vergleichbaren kulturellen *Geschmack*.[5]

Kunstkonsum und der damit verbundene Geschmack eignen sich aus soziologischer Perspektive als Distinktionsmerkmal für die Differenzierung der Bevölkerung in unterschiedliche Milieus. Bourdieu nennt als Beispiele für dieses kulturelle Kapital in objektiviertem Zustand Güter in Form von »Bildern, Büchern, Lexika, Instrumenten oder Maschinen, in denen bestimmte Theorien und deren Kritiken, Problematiken usw. Spuren hinterlassen oder sich verwirklicht haben.«[6] Die pompöse Sammlung von Büchern, Bildern und Statuen des Professors ist eine Visualisierung seines kulturellen Kapitals. Die Lesedarstellung in *Gruppo di famiglia in un interno* attribuiert Bücher und die Lektüre als Teil seines Habitus.

Diese Form der Vermittlung von Figureninformationen ist kein filmeigener Topos, sondern findet sich bereits in zahlreichen Porträtdarstellungen seit dem Mittelalter. Es wurde bereits in Kap. 2.4. dargelegt, dass Bücher in den Händen von Porträtierten deren Berufsstand charakterisieren, in der Regel die Zugehörig-

---

3 Das Aufeinanderprallen der Milieus formuliert der Professor selbst sprachlich, als er mit seinen UntermieterInnen mögliche gemeinsame Umbauten des Appartements bespricht. Er lacht verzweifelt und sagt zu Lietta: »Es gibt keine Verständigung zwischen uns. Es ist, als redeten wir in zwei verschiedenen Sprachen. Es gibt keine Verständigungsmöglichkeit zwischen uns.« *Gruppo di famiglia in un interno* (1974), 00:32:49–00:32:55.
4 Der Professor hat einen »legitimen Geschmack [...], dessen Auftreten [...] mit steigender Bildung [wächst], um bei den Kreisen der herrschenden Klasse mit den größten schulischen Kapitalien zu kulminieren.« Bourdieu unterscheidet neben dem »legitimen Geschmack« den »mittleren Geschmack« und den »populären Geschmack«. Bourdieu: Die feinen Unterschiede (1979), S. 36–38. In späteren Texten ergänzte Bourdieu noch das soziale und das symbolische Kapital.
5 Der Begriff Jet-Set leitet sich von dem ausschweifenden Lebensstil ab, bei dem mit dem Flugzeug in schneller Folge zwischen angesagten und exotischen Plätzen auf der ganzen Welt gewechselt wird.
6 Bourdieu: Ökonomisches Kapital (1983), S. 185.

keit zur geistigen Elite.[7] Dies stellt eine Erklärung dafür dar, dass der Professor keinen Eigennamen trägt: Seine Charaktereigenschaften sind keine ›einzigartigen Eckpfeiler‹ seiner Persönlichkeit, sondern eng mit standardisierten Vorstellungen über den Beruf und das Stereotyp eines zurückgezogen lebenden Intellektuellen verknüpft.

So kann das einsame Lesen als ein eigenständiger Topos in der Ikonografie des Lesens aufgefasst werden. Erst im Ausgang des Mittelalters mehren sich auf einigen bildlichen Darstellungen Lesende, die den Eindruck vermitteln, allein in einem Raum zu sein. Lange Zeit war es üblich, in Gesellschaft zu lesen, und das einsame Lesen war ein Privileg, das vor allem Könige und Adlige innehatten.[8] In Analogie zum Übergang vom lauten zum stillen Lesen kam es also erst zu einer Emergenz des einsamen Lesens, das vor allem pejorativ konnotiert ist, wie Nies schreibt: »Den ›Grübler‹ halten die Bücher ab von einer Teilnahme am tätigen Leben« oder es wird von einer »lektürebedingte Untauglichkeit für die Lebenswelt«[9] gesprochen. Im 17. Jahrhundert steigt die Zahl zweier LeserInnen-Typen an, für die Lektüre und Alleinsein zusammengehören: »der alte Mensch und insbesondere die alte Frau, die mit Lesen eine durch den Tod des Lebensgefährten oder den Auszug der Kinder entstandene Lücke füllen.«[10] Durch den Verlust eines geliebten Lebenspartners entsteht das einsame Lesen also aus einer Mangelsituation heraus, wovon die frei gewählte Leseeinsamkeit abzugrenzen ist. Erich Schön unterscheidet dementsprechend zwischen »absichtsvoller oder erzwungener einsamer Lektüre«.[11]

Darüber hinaus steht die bewusste Abkehr des Professors von der Gesellschaft in der Tradition von literarischen Figuren, die sich in der Gesellschaft von Büchern wohler fühlen als unter Menschen. Günther Stocker illustriert diesen Topos der einsamen Lektüre am Beispiel der Prosa Arno Schmidts. In zahlreichen Schmidt-Texten, vor allen in *Aus dem Leben eines Fauns*, *Das steinerne*

---

7 Vgl. Nies: Bett und Bahn und Blütenduft (1991), S. 62.

8 Vgl. ebd., 112–113. Einsame Leser benötigten ein eigenes Zimmer, z. B. eine Studierstube, die ihnen die Möglichkeit zum Rückzug gab. Zeitgleich gibt es ebenso Darstellungen von Kirchenvätern, vor allem des Heilige Hieronymus', die in ihrer Zelle alleine lesend gezeigt werden.

9 Ebd., S. 68–69.

10 Ebd., S. 114–115.

11 Schön: Vom Verlust der Sinnlichkeit (1974), S. 225. Das einsame Lesen ist nicht *per se* gleichzusetzen mit einsiedlerischem oder monadischem Lesen, das ein völliges Sich-Absondern von der Gesellschaft zur Folge hat. Das einsam-introvertierte Lesen kann auch einen temporären Rückzugsmoment darstellen, den Schön vor allem auf entwicklungspsychologische Aspekte zurückführt: »Jünglinge« sondern sich durch die Lese-Einsamkeit von der sozialen Umwelt ab und steigern ihr Selbstwertgefühl durch das daraus resultierende Leseerlebnis. Vgl. ebd., S. 226–227.

Herz und *Brand's Haide*, finden sich zurückgezogene und einsame Leser, die sich auf der einen Seite durch eine überaus reiche Bildung und einen ausgeprägten literarischen Geschmack auszeichnen – auf der anderen Seite aber auch durch Arroganz und Verschrobenheit. Diese Figuren isolieren sich bewusst sozial und ›ergötzen‹ sich an der Einsamkeit des Bücherlesens.

Solch ein – vornehmlich männlicher – Lesertypus »will mit der Mehrheit der Menschen nichts zu tun haben, da er sie für ungebildet, geistlos und nur an der Unterhaltung interessiert hält. Dagegen setzt er seine Vorstellung von Bildung, Kultur und wahre Literatur.«[12] In literarischen Darstellungen spielen die Bücher demnach auch als »kulturelles Kapital in objektiviertem Zustand« eine Rolle. Am Beispiel der Figur Peter Kien in Elias Canettis Roman *Die Blendung* zeigt Stocker, was die Privatbibliothek für die Hauptfigur bedeutet – sie ist »ein idealer, vergeistigter, geordneter Gegen-Ort zur missratenen, von Körperlichkeit geprägten« und chaotischen Welt.«[13] Für Kien stellt das Lesen eine Technik zur Weltflucht dar.[14] Solch eine Figur liest eskapistisch, um das Glück in Büchern zu finden, das ihr im Leben verweigert wird.

In *Gruppo di famiglia in un interno* scheint es zunächst so, als ob die einsame Lektüre des Professors Folge seiner Verluste ist: Seine Ehe ist gescheitert und seine Eltern bzw. andere Verwandte sind bereits verstorben. Doch im weiteren Verlauf des Films zeigt sich, dass der gesellschaftliche Rückzug und die soziale Isolation des Professors, die durch das stille und einsame Lesen ihren Ausdruck finden, nicht nur durch die Lebensumstände erzwungen, sondern durchaus selbstgewählt sind: Er hat seinen Beruf als Naturwissenschaftler – die genaue Disziplin wird nicht näher spezifiziert – aufgegeben, um sich ohne ökonomische Zwänge mit bildnerischen Kunstwerken zu beschäftigen. In der Konversation mit seinem ›Antipoden‹ Konrad erklärt er seinen beruflichen Ausstieg damit, dass er von einer sozialistischen Sichtweise geprägt der Meinung ist, die Naturforschung trage nicht zur Emanzipation des Individuums bei.[15] Es ist also seine moralische Überzeugung, die neben der gescheiterten ehelichen Verbin-

---

12 Stocker: Vom Bücherlesen (2007), S. 149.

13 Ebd., S. 151.

14 *Anton Reiser* von Karl Philipp Moritz gilt als einer der ersten deutschsprachigen Romane, der ausführlich thematisiert, wie jemand aus einer als feindlich und unzureichend erlebten Welt bewusst mittels Lektüre in Phantasiewelten entflieht. Vgl. ebd., S. 163 u. 176.

15 Der Professor begründet diese Einstellung gegenüber Konrad: »Ich bin Wissenschaftler gewesen. [...] Der Preis des Fortschritts ist die Zerstörung. Ich begann mir darüber klar zu werden, dass die moderne Naturwissenschaft nicht mehr neutral sein kann. Dass sie im Dienst der Wirtschaft nicht mehr zur Befreiung des Individuums genützt wird, sondern zur Versklavung führt.« Gruppo di famiglia in un interno (1974), 00:57:23–00:57:48.

dung und der nicht mehr lebenden Familie zu seiner (Lese)Einsamkeit führte. Trotz seinem Bekenntnis zu einer linksorientierten Grundüberzeugung setzt der Professor seine Haltung jedoch nicht in politisches Engagement um, sondern zieht diesem eine Beschäftigung mit Büchern vor. Dabei hat er sich auch bewusst von allen sozialen Verpflichtungen – und damit auch möglichen emotionalen Verstrickungen – abgeschottet. Das stille Lesen zeigt demnach seinen Rückzug auf mehreren Ebenen: sozial, beruflich, politisch und emotional.[16]

In diesem Zusammenhang sei an Erich Schöns Erkenntnis angeknüpft, dass der Körper in der historischen Entwicklung vom lauten zum stillen Lesen aus dem Lektüreakt eliminiert wurde: Die Lesenden erstarren quasi und werden immobil (vgl. Kap. 2.3.).[17] Doch während der Körper nach außen hin still und passiv wirkt, kann der Geist in Bewegung sein, durch den die Wörter »hindurchströmen«.[18] Beim *lauten* Lesen kann sich eine vor allem somatisch situierte ästhetische Erfahrung entfalten, die durch Stimme, Bewegung der Lippen und womöglich Gestik und Mimik ihren Ausdruck findet. Ästhetische Erfahrungen müssen jedoch nicht an Körperreaktionen ablesbar sein. Der stille Leser kann beispielsweise geistig derart über ein Buch ›herrschen‹, dass er nicht durch literarisch erregte Effekte ›überwältigt‹ wird. Doch auch aufgrund der Disziplinierung der Lesehaltung hat dies für stille Leseszenen häufig zur Folge, dass außer der Regungslosigkeit keine *cues* für eine ästhetische Erfahrung im Filmbild vorliegen. Die bloße stille Lektüre des Professors in den Leseszenen des Films lässt angesichts der körperlichen und mimischen Regungslosigkeit des Lesenden schwerlich eine Aussage über eventuelle ästhetische Erfahrungen der Figur zu.

Das Ausbleiben zentraler Informationen zum inneren Leseprozess kann in der Terminologie der Narratologie als ein *gap* bezeichnet werden, eine – mehrdeutige – *Lücke* in der Erzählung, für deren Komplettieren der Film mehrere *cues* auf unterschiedlichen Ebenen liefert.[19] So können sämtliche Szenen vor

---

16 Dies ist in diesem Filmbeispiel der Fall. Wenn eine Figur beispielsweise in einer für sie glücklichen Beziehung immer für sich liest, ist dies nicht zwangsläufig mit dem Wunsch nach Einsamkeit gleichzusetzen. Der bereits erwähnte Tyrion Lennister liest in *Game of Thrones* (USA, 2011–2019) auch für sich, doch tut er dies nicht, um sich sozial zu isolieren, sondern er verkehrt im Gegenteil immer mit großem Vergnügen unter Menschen.

17 Vgl. Schön: Verlust der Sinnlichkeit (1993), S. 118.

18 Manguel: Eine Geschichte des Lesens (1996), S. 84.

19 Bordwell beschreibt die Funktion der Lücke folgendermaßen: »The most analytically important variable is the set of formal correspondences between fabula and syuzhet. That is, to what extent does the unfolding syuzhet correspond to the logical, temporal, and spatial nature of the fabula we construct? Are there disparities, incompatibilities, lacks of synchronization? Any syuzhet selects what fabula events to present and combines them in particular ways.

oder nach dem Leseakt zum interpretativen ›Füllen‹ dieser bedeutungsoffenen Lücke herangezogen werden. Es würde sich bei der bereits aufgestellten Charakterisierung die Deutung anbieten, dass der Professor, der als ›Workaholic‹ Beruf und Freizeit nicht trennt, in den Abendstunden kunstwissenschaftliche Bücher liest. Unabhängig von der Tatsache, dass auch wissenschaftliche Texte ästhetisch rezipiert werden können und auch ein berufliches Lesemotiv zu einem sinnlichen Leseerlebnis führen kann, gibt es eine Reihe von *cues*, die jedoch dafürsprechen, dass der Professor sich nicht ausschließlich mit wissenschaftlicher Literatur beschäftigt. An dieser Stelle können seine inneren Vorgänge vor allem durch die *Lesekommunikation* bestimmt werden. Der Professor begründet an einer Stelle seine zu Teilen freiwillig gewählte Einsamkeit wie folgt:

> Nun, wenn man unter Menschen lebt, ist man gezwungen, sich mit den Menschen zu beschäftigen. Man denkt mehr an sie als an ihre Werke. Man leidet mit ihnen, nimmt Anteil an ihrem Leben. Wissen Sie, ich habe mal irgendwo gelesen: Die Raben fliegen in Schwärmen, der Adler fliegt allein.[20]

An diesem Zitat ist aufschlussreich, dass der Professor darauf verweist, dass er den Aphorismus »irgendwo gelesen« hat. Demnach äußert er sich *post festum* über einen, nicht näher spezifizierten, Leseakt. Dies stellt einen beiläufigen sprachlichen *cue* dafür dar, dass sein Lesen ihn nicht unverändert zurückgelassen hat, sondern sich im Leseprozess etwas ›festgesetzt‹ hat: Das Lesen eines Textes untermauerte die Selbstwahrnehmung – oder führte dazu –, sein zurückgezogenes Leben als ein Zeichen von Stärke zu empfinden und nach außen hin als selbstständig gewählten Lebensentwurf zu verteidigen. Dies passt zum Stereotyp des lesenden Einsiedlers, der in den Büchern Bestätigung für seine Lebensweise findet. Diese Selbsteinschätzung fasst der Professor in einem Aphorismus zusammen, einem antithetischen Parallelismus, durch den sich die verbundenen Sätze aufgrund ihrer Wortstellung gleichen und inhaltlich gegenüberstehen: »Schwärme« (Gesellschaft) und »allein« (Einsamkeit). In diesem Sinnspruch sind die Abkehr von sozialen Beziehungen sowie die Unfähigkeit und der Unwillen, sich mit anderen Menschen zu beschäftigen, poetisch als ›Stärke‹ ver-

---

Selection creates gaps; combination creates composition.« Bordwell: Narration in the Fiction Film (1985), S. 54.
20 Gruppo di famiglia in un interno (1974), 00:42:24–00:42:41. Der Professor charakterisiert sich nicht nur selbst, sondern wird an anderer Stelle von seiner Haushälterin auch fremdcharakterisiert: »Der Professor liebt keine Zerstreuungen, er möchte lieber alleine sein.« Ebd., 00:41:50–00:41:52.

dichtet.[21] Diese ästhetische Formung erweist sich als ein Indiz dafür, dass der Professor sich durchaus auch mit fiktionaler Literatur beschäftigt.[22]

Es ist allerdings der Akt des Lesens selbst, der gegen diese Selbsteinschätzung des Professors, der bewussten sozialen Isolierung und damit verbundenen Glückserfüllung, spricht. Linguistische Forschungsarbeiten zur Sprache der *Nähe* und *Distanz* verdeutlichen, dass die Tätigkeit Lesen einer faktischen Einsamkeit zuwiderläuft. Ausgehend von der häufig zitierten Modellierung von Mündlichkeit (Nähe) und Schriftlichkeit (Distanz) durch Peter Koch und Wulf Oesterreicher zeichnet sich ein Sprechen der Nähe durch einen Dialog, Vertrautheit der PartnerInnen und *Face-to-face*-Interaktion aus; ein Sprechen der Distanz ist hingegen durch einen Monolog, Fremdheit der PartnerInnen und raumzeitliche Trennung markiert.

> Hierbei sind allerdings in der gesprochenen Sprache Produktion und Rezeption *direkt* miteinander verzahnt: Produzent und Rezipient handeln miteinander Fortgang und auch Inhalt der Kommunikation aus [...]. Demgegenüber sind in der geschriebenen Sprache Produktion und Rezeption [...] voneinander »abgekoppelt« [...]. In der geschriebenen Sprache erscheint der Rezipient, meist sogar eine Vielzahl von Rezipienten, weniger als personales Gegenüber, denn als anonyme Instanz.[23]

Diese Proxemik menschlicher Kommunikation wird insbesondere im Prozess des Lesens relevant. Das Lesen von geschriebener Sprache erscheint zunächst als eindeutige Form von kommunikativer Distanz. Aus semiotischer Perspektive sind die sprachlichen Zeichen im Medium Buch dauerhaft gespeichert und werden über die erlernte Kulturtechnik des Lesens aktualisiert. Entscheidend für die Deutung der vorliegenden Szene ist, dass trotz der ostentativen kommunikativen Distanz – Abwesenheit der/s Autorin/s, Anwesenheit der Zeichen – eine Nähe zwischen Lesesubjekt und -objekt vorherrscht. Es sei an dieser Stelle an die bereits in Kap. 2.3. dargelegte These von Bruno Latour erinnert, dass in Gegenständen und Tätigkeiten Geschichte *gefaltet* ist. Für Latour sind Menschen

---

21 Konrad zeigt dem Professor durch ein Bibelzitat sogleich auch die Kehrseite und die möglicherweise fatalen Konsequenzen der sozialen Isolation auf: »Aber in der Bibel steht geschrieben: Wehe dem, der einsam ist, denn wenn er fällt, wird er niemand haben, der ihn aufhebt.« Ebd., 00:42:57–00:43:04.

22 Der Professor verweist außerdem in seinem Schlussmonolog – vergleichbar mit der Zitation des Aphorismus – auf seine bewusste Beschäftigung mit fiktionaler Literatur: »Es gibt einen Schriftsteller, dessen Bücher ich in meinem Schlafzimmer habe und den ich immer wieder von Neuem lese.« Ebd., 01:47:13–01:47:21. Daraufhin vergleicht er seine Erlebnisse mit denen einer Figur aus dem Text dieses Schriftstellers, den er nicht identifiziert.

23 Koch u. Oesterreicher: Sprache der Nähe (1986), S. 19–20. Hervorhebungen entstammen dem Original.

»abwesend, aber ihre Handlungen sind noch heute spürbar«.[24] Dies hat zur Folge, dass eine Kommunikation der Nähe sich nicht nur zwischen zwei Anwesenden in einem Raum abspielt, sondern auch durch Artefakte wie Möbel oder Kleider stattfinden kann.

So ist in der Einstellung etwas in dem Buch präsent, das über die alleinige körperliche Gegenwart des Professors hinausweist:[25] die ProduzentInnen eines Textes, d. h. einerseits die AutorInnen als geistige SchöpferInnen und andererseits die VerlegerInnen, SchriftsetzerInnen, PapierproduzentInnen usw. als technische ErzeugerInnen.[26] Der eigentlichen Distanzkommunikation steht diese gefaltete Ko-Präsenz der AutorInnen und HerstellerInnen – und darüber hinausgehend literarischen Figuren – entgegen. In diesem Sinn kann argumentiert werden, dass solch einem klischeebeladenen Lesertypus wie dem des Professors die Präsenz der ausgewählten Bücher genügt, da mit ihnen gleichzeitig auch der Geist der VerfasserInnen anwesend ist. Solche Lesefiguren fühlen sich nicht einsam, da sie durch die Anwesenheit der Bücher nicht alleine sind. Es kann aber ebenso gefolgert werden, dass das permanente Lesen des Professors ein Zeichen dafür darstellt, dass er *Nähe* möchte. Die Tätigkeit Lesen suggeriert demnach sein Bedürfnis nach Intimität und ist ein Beleg dafür, dass er sich nicht vollkommen sozial abschotten will. Durch diese Form des stillen Lesens wird zudem proleptisch angekündigt, dass die Einsamkeit des Professors im Laufe des Films aufgehoben wird.

Die aufgezeigten *cues* des stillen und einsamen Lesens, der Leseumgebung, des bürgerlichen Milieus etc. sprechen für eine Absonderung von der sozialen Welt und eine bewusst gewählte Einsamkeit – und damit eine eskapistische Lektüre. Das stille Lesen und die dargelegten *cues* schärfen den Blick für das Grundthema des Films, den Rückzug eines Individuums in die Privatsphäre als Dekadenz des Bürgertums infrage zu stellen. Der Professor hat jedwede gesellschaftliche Aktivität im Grunde eingestellt und fühlt sich in den Erzeugnissen und Überlieferungen der Kulturgeschichte wohler als im direkten menschlichen Kontakt. Er sieht einen höheren Wert in der künstlerischen Schaffenskraft des

---

24 Latour: Eine Soziologie ohne Objekt? (2001), S. 239.
25 Vgl. Herold: Die Existenzweise der Technik (2016), S. 167.
26 Dies erinnert an die Beschreibung des Buchs durch Gilles Deleuze und Félix Guattari: »Ein Buch hat weder Objekt noch Subjekt, es ist aus verschiedensten Materialien gemacht, aus ganz unterschiedlichen Daten und Geschwindigkeit [...]. Wie überall gibt es auch in einem Buch Linien der Artikulation oder Segmentierung, Schichten und Territorialitäten, aber auch Fluchtlinien, Bewegungen der Deterritorialisierung und Entschichtung. Entsprechend diesen Linien gibt es Fließgeschwindigkeiten, mit denen Phänomene relativer Verzögerung und Zähigkeit oder im Gegenteil, der Überstürzung und des Abbruchs einhergehen [...].« Deleuze u. Guattari: Rhizom (1976), S. 6.

Menschen als in seinem emotionalen Wesen, mit dem er sich aber zwangsweise durch den Kontakt mit den neuen MieterInnen auseinandersetzen muss. Dies geschieht, als die UntermieterInnen einziehen, und es zu mehrfachen Störungen seiner Gewohnheiten kommt, wozu auch das Lesen zählt.

9.2 Die Störung des Leseakts

Der Verlauf der Filmhandlung ist von einer Annäherung des Professors und den neuen MieterInnen geprägt. Dabei entstehen zunächst mehrere Konflikte, da die Gräfin z. B. entgegen der getroffenen Vereinbarungen die Wohnung komplett nach ihren Vorstellungen umbaut. Doch der Professor lässt sich nach diversen Streitigkeiten auf die neue Bekanntschaft ein, weil er sich von ihren ihm fremden Mentalitäten und dem Gemeinschaftsgefühl angezogen fühlt.[27] Er erklärt in einer Szene den Neueingezogenen, dass seine Geheimkammer, die bezeichnenderweise durch ein Bücherregal versteckt ist, während des Zweiten Weltkriegs als Zufluchtsort für Verfolgte und UntergrundkämpferInnen diente. Der Topos des Lesens als Rückzugsmöglichkeit und Schutzraum wird hier in einer politischen Dimension aufgegriffen. Als Metapher für seine inneren Konflikte steht das Bücherregal für die Schutzmauer, die der Professor gegen mögliche Verletzungen durch soziale Einflüsse und den Kontakt mit anderen Menschen geschaffen hat. Nachdem er sich am Ende dieser Szene von den MieterInnen verabschiedet hat, schließt er die Tür und geht zu Bett. Er greift vorm Einschlafen nach einem Buch, blättert darin, als ob er eine Stelle suchen würde, bei der er zuvor innehielt, und beginnt zu lesen (Abb. 18).

Auf dem kleinen Nachttisch neben seinem Bett steht eine Lampe – das beliebteste Lichtquellenmotiv auf ikonografischen Lesedarstellungen neben der Kerze –[28] und dort liegen auch mehrere übereinandergestapelte Bücher. Bezüglich der kinematografischen Gestaltung fällt an dieser Stelle auf, dass im Gegensatz zur ersten Lesezene das Lesen nicht in einer Totalen, sondern in einer Halbnahaufnahme inszeniert wird (Abb. 18). Dadurch rücken die Leseweise und -haltung des Professors, konzentriert und in liegender Position, in den Vordergrund. Die Leseumgebung des Bettes, das im Kontext der Liebe mit erotischen Konnotationen versehen ist (vgl. Kap. 10), erweist sich auch hier als ein privater

---

27 So nimmt er eine Einladung zum Abendessen an. Als er von der Familie dann jedoch versetzt wird, drückt er seine emotionale Enttäuschung über ihr Nicht-Erscheinen in deutlichen Worten aus: »Sie sind oberflächlich, dumm und hohl.« Gruppo di famiglia in un interno (1974), 00:43:44–00:43:47.
28 Vgl. Nies: Bett und Bahn und Blütenduft (1991), S. 67.

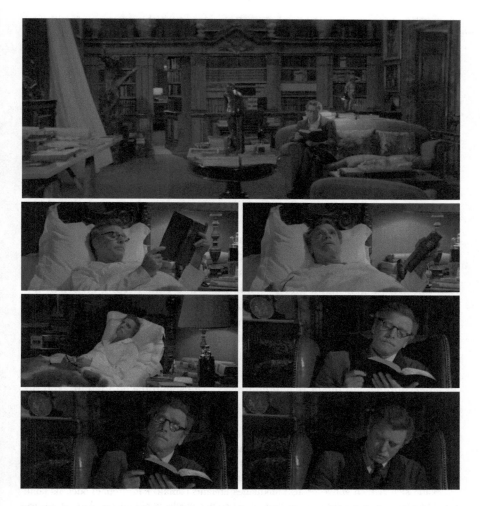

Abb. 18: Das Arbeits- und Wohnzimmer des Professors in *Gruppo di famiglia in un interno* wird zunächst in einer Totalen präsentiert (00:44:47); danach wird sein Leseprozess unterbrochen (00:49:09–00:49:26). Er liest nicht in dem Buch, sondern wird mit verdrängten Erinnerungen an seine Ex-Frau konfrontiert (01:08:25). Später unterbricht der Professor erneut seinen Leseakt und ist nicht in der Lage, seine Lektüre fortzusetzen (01:24:03-01:24:11).

und intimer Leseort. Die weißen Bezüge des Kopfkissens und der Decke schaffen ebenso wie der helle Pyjama der Lesefigur visuell den Eindruck eines behaglichen Ambientes. Die *mise-en-scène* untermauert und vertieft an dieser Stelle die bereits explizierten Figureninformationen: Der Professor entspricht mit der Lektüre, die er kurz vor dem Einschlafen pflegt, dem Bild einer Person, für die das Lesen zum Habitus gehört. Dabei wird auch an dieser Stelle die damit verbundene emotionale Abschottung durch die *Opazität* des Buchs unterstrichen: Er hält es wie ein Schild vor sich und lässt nicht zu, dass etwas von außen, auch emotional, in ihn ›eindringt‹.

Kurze Zeit später unterbricht der von Lancaster gemimte Protagonist des Films seinen soeben erst begonnenen Lektüreakt, als er Krach aus der Etage über ihm hört. Er klappt das Buch zu, nimmt seine Lesebrille ab und schaut entrüstet nach oben (Abb. 18). Aufgrund des Lärms sieht sich der Professor nicht in der Lage, den Leseakt fortzusetzen. Wie er bereits der Gräfin in einem vorangegangenen Dialog mitgeteilt hat, vermag er sich bei lauten Geräuschen nicht zu konzentrieren. »Ich bin es gewohnt, allein zu sein. Deshalb bin ich irritiert, wenn ein Fremder in meiner Wohnung ist. Das hindert mich beim Arbeiten.«[29] Er steht auf, zieht sich seinen Morgenmantel an, verlässt sein Schlafzimmer und begibt sich zur Eingangstür. Zwei fremde Personen kommen ihm entgegen, die Konrad offenbar überfallen und misshandelt haben. Daraufhin kümmert er sich um den jungen Mann und es kommt zu einer Annäherung zwischen den beiden Protagonisten, die sich bereits zuvor angedeutet hat.

Die Disziplin und die Konzentration, die der Professor für das Lesen – und für seine komplette Lebensführung – aufwendet, und auch das mögliche Immersionspotenzial, das eine fesselnde Lektüre bieten kann, reichen in diesem Moment nicht dafür aus, dass er die Geräusche ignorierend weiterliest: Es kommt zu einer *Störung*, auf die er reagieren muss.[30] Die semantische Vielfältigkeit des Störungs-Begriffs umreißt Christoph Neubert folgendermaßen:

> Unter »Störung« versteht man im Allgemeinen die unvorhergesehene und aktuell unerwünschte Beeinträchtigung einer natürlichen, sozialen, technischen oder diskursiven Ordnung. Bei dieser Ordnung kann es sich um einen Ablauf (Kommunikation, Wahrnehmung, Stoffwechsel) oder eine Struktur (Spektrum, Apparat, Landschaft) handeln. Die Störung kann sich zeitlich entweder als punktuelles Ereignis (Unfall, Katastrophe) oder als kontinuierlicher Prozess (Verzerrung, Rauschen) und entsprechend räumlich mehr oder weniger

---

29 Gruppo di famiglia in un interno (1974), 01:06:41–01:06:47.

30 Der Begriff der Störung wird vor allem in einem kommunikationstheoretischen Verständnis gebraucht, in dem er jenen Bereich der kommunikativen Verständigung betrifft, in dem die Unterbrechung des problemlosen Vollzugs der Sprache virulent wird. Vgl. Jäger: Störung und Transparenz (2004), S. 42. In einem anderen Kontext wird die Präsentation eines Films als *verstörend* bezeichnet; dies meint Inkonsistenzen im Plot oder der Narration, welche die Wahrnehmung der ZuschauerInnen herausfordern, wie es beispielsweise das Konzept der *Perturbatory Narration* formuliert: »[C]omplex narrative strategies that disrupt immersion in the acquired process of aesthetic reception.« Schlickers u. Toro: Introduction (2018), S. 1.

begrenzt manifestieren. Neben diesem destruktiven Moment lässt sich der Störung aber zugleich ein produktives, innovatives oder gar kreatives Potential zuschreiben: Indem sie Irritationen einführen und Freiheitsgrade schaffen, sind Störungen zugleich konstitutiv für die Entstehung neuer Ordnungen. In diesem Wechsel zwischen externer Bedrohung und interner Ermöglichung, zwischen Zerstörung und Verstörung liegt die medien- und kulturwissenschaftliche Relevanz des Begriffs [...].[31]

Im Anschluss daran lässt sich für die Szene schlussfolgern, dass es sich bei dem Leseakt des Professors um einen Ablauf handelt, der durch ein punktuelles, räumlich begrenzt manifestiertes Ereignis beeinträchtigt wird. Dabei kann der Lärm als eine »externe Bedrohung« bezeichnet werden. Doch inwiefern liegt hier ein mögliches produktives Moment für die Entstehung neuer Ordnungen vor? Für die Szene bieten sich folgende drei Ordnungsszenarien an, die durch die Störung dekonstruiert und neu zusammengesetzt werden.

Erstens kann aus einer narratologischen Perspektive von einer erzählerischen Ordnung der Handlung ausgegangen werden: Die in der Exposition etablierte, zurückgezogene und leseaffine Lebensführung des Professors stellt einen Zustand dar, der durch ein Ereignis (Lärm) ›angegriffen‹ wird. Durch die auditive Beeinträchtigung wird der Professor vor ein Problem bzw. Hindernis gestellt, in der gewohnten Ordnung – hier das Lesen vor dem Einschlafen – weiter zu agieren. Im Storytelling sind solche Störungen produktiv, da aus ihnen Konflikte resultieren, die nach einer Lösung verlangen – oder die Störung wird als Teil eines neuen Zustands akzeptiert.[32] Häufig basieren Störungen in Filmen auf Charakterdispositionen, rivalisierenden Wesenszügen von ProtagonistInnen oder widerstrebenden Motiven der Figuren. In *Gruppo di famiglia in un interno* führt diese Beeinträchtigung des Ordnungssystems den Professor zur sozialen Kontaktaufnahme, wodurch sein isoliert und diszipliniert geführtes Leben ›durcheinandergewirbelt‹ wird. Er kümmert sich um Konrad, der in Not geraten ist, und partizipiert damit am Leben seiner UntermieterInnen. Es ist der Beginn der Loslösung von seinem durchstrukturierten und einsamen Leben. Pointiert formuliert: Das isolierte *Lesen* wird abgelöst vom gemeinschaftlichen *Leben*.[33]

---

31 Neubert: Störung (2012), S. 272.
32 Vgl. Vale: Die Technik des Drehbuchschreibens (1982), S. 131–134.
33 In diesem Kontext spielen Bücher bereits zu Beginn des Films eine Rolle, denn in der Anfangsszene wird vorausdeutend visualisiert, dass das einsame Lesen durch neue menschliche Kontakte ersetzt wird. In der ersten Szene des Films empfängt der Professor die Gräfin und muss von seinem Kanapee Stapel von Büchern wegräumen, um der Gräfin Platz zu verschaffen. Sinnbildlich werden die Gräfin und ihre Familie den Platz der Bücher im Leben des Professors einnehmen. Wo sich in der Exposition noch verstaubte Bücher befinden, werden Menschen einziehen.

Zweitens kann die Störung auf das Lesen selbst bezogen werden. In dieser Sichtweise stellt das Lesen einen – wie es bereits im vorangegangenen Unterkapitel dargelegt wurde – Kommunikationsakt zwischen der/m Lesenden und dem literarischen Text dar, der in diesem Fall durch einen externen Reiz unterbrochen wird. Störungen sind in dem von Neubert beschriebenen Sinne insofern produktiv, als sie Aspekte einer Ordnung bewusst machen, beispielsweise ihre Fragilität: Das Lesen ist kein ›automatisch‹ funktionierender Vorgang; es benötigt, wie im zweiten Kapitel der vorliegenden Studie dargelegt wurde, spezielle Fähigkeiten und Kompetenzen – und auch das Erleben einer ästhetischen Erfahrung ist von speziellen Bedingungen abhängig. Das Innehalten des Professors während des Lesens bezeugt, dass für ihn Konzentration und Ruhe notwendige Voraussetzungen für eine ›erfolgreiche‹ Begegnung mit einem Text darstellen.[34] So trägt der Störungsmoment aus dieser Perspektive dazu bei, den Gelehrten als produktiven Leser zu inszenieren.

Ein dritter Ordnungs- und Störungsaspekt ist der Zusammenhang mit der Charakterisierung und Milieuzuordnung des Professors, die durch das stille und einsame Lesen ihren Ausdruck finden. Es ist durchaus eine vielen literarischen Texten und Filmen eigene klischeebehaftete Handlungsführung, dass eine sozial abgeschottete Person durch den zufälligen Kontakt mit liebenswürdigen Menschen davon überzeugt wird, dass es ein Fehler war, auf menschliche Nähe zu verzichten.[35] In *Gruppo di famiglia in un interno* ist das Lesen eines bürgerlichen Intellektuellen, die Wechselbeziehung zwischen Einsamkeit und gesellschaftlichem Kontakt, in die historische Genese des Bürgertums einzuordnen. Die Entstehung dieser sozialen Schicht ist geprägt von dem Konflikt zwischen persönlicher Individualität auf der einen Seite und sozialer Vergesellschaftung auf der anderen Seite.[36] Individualität bildet dabei nicht zwangsläufig einen Gegensatz zu Vergesellschaftung, sondern bezeichnet die je subjektive Aneignung und Gestaltung von Werten, Lebensführung und sozialem Handeln. Damit ist die Herausbil-

---

34 Michel Serres pointiert diesen Gedanken treffend: »Das Nicht-Funktionieren bleibt für das Funktionieren wesentlich«. Serres: Der Parasit (1980), S. 120.
35 Die Grundstruktur solcher Geschichten findet sich in unzähligen Romanen und Filmen wieder, insbesondere wenn betagte und verbitterte männliche Protagonisten eine zentrale Rolle spielen: von Charles Dickens *A Christmas Carol* über *Mary Poppins* (USA, 1964) bis hin zu *The Mule* (USA, 2018).
36 Die Texte, die sich mit der Form und dem Verhältnis von individueller und gesellschaftlicher Entwicklung auseinandersetzen, sind kaum mehr zu überblicken. Als einer der ersten Texte kann Immanuel Kants *Beantwortung der Frage: Was ist Aufklärung?* (1784) gelten. Georg Simmels Aufsatz *Bemerkungen zu sozialethischen Problemen* (1888) zählt in diesem Kontext zu einem der meistzitierten Texte. Vor Andreas Reckwitz' *Das hybride Subjekt* (2006) kann Ulrich Becks *Risikogesellschaft* (1986) als jüngste Auseinandersetzung mit diesem Thema gesehen werden.

dung der Persönlichkeit verbunden, die auch durch das gesellschaftliche Miteinander geprägt ist.[37]

Diese Dichotomie von Isolation (Lesen) und Gesellschaft (Kontakt mit den UntermieterInnen) kann im Kontext des Bürgertums mit Andreas Reckwitz' *Das hybride Subjekt* in Verbindung gebracht werden, der die These vertritt, dass sich die gesamte Deutung der Moderne entlang eines Kontinuums zwischen autonomer Vereinzelung und sozialer Integration bewegt.[38] Reckwitz bestimmt drei Bereiche von Aktivitäten, die grundlegend für die Subjektproduktion sind: Die ökonomischen Praktiken der Arbeit, Praktiken persönlicher und intimer Beziehungen und Praktiken im Umgang mit Medien und des Konsums.[39] Die Kulturtechnik Lesen fällt dabei unter die letzte der drei dargelegten Praktiken. In Hinblick auf diese drei Sphären ist für die Figur des Professors festzustellen, dass dieser sich sowohl von seinem Beruf zurückgezogen hat als auch bewusst auf persönliche und intime Beziehungen verzichtet. Von den drei konstitutiven Praktiken für die Herausbildung eines Subjekts ist das Lesen die einzige verbliebene Tätigkeit.

Das stille und zurückgezogene Lesen verkörpert dabei keine öffentliche Praktik, sondern steht für einen Bereich des Privaten und Intimen. Bereits im 18. Jahrhundert waren Bücher ein maßgebliches Vehikel für die bürgerliche Isolierung, denn die individuellen Leseerlebnisse hatten Vorrang gegenüber anderen gesellschaftlichen Erfahrungen.[40] Das Lesen stellt einen Raum für die Innerlichkeit,

---

37 Vgl. Hettling: Politische Bürgerlichkeit (1999), S. 6–7.

38 Das Individuum bezeichnet Reckwitz als Reflexions-, Handlungs- und Rückzugsinstanz. Vgl. Reckwitz: Das hybride Subjekt (2006), S. 10.

39 »D]ie ökonomische Praktiken der Arbeit, in denen der Einzelne sich als Arbeitssubjekt trainiert; die Praktiken persönlicher und intimer Beziehungen, der Familie, Partnerschaft, Freundschaft, Sexualität und Geschlechtlichkeit, in denen der Einzelne sich in Form eines Intimitätssubjekts bringt; schließlich das historisch heterogene und dynamische Feld der Technologien des Selbst, das heißt jener Aktivitäten, in denen das Subjekt jenseits von Arbeit und Privatsphäre unmittelbar ein Verhältnis zu sich selbst herstellt und die vor allem Praktiken im Umgang mit Medien (Schriftlichkeit, audiovisuelle und digitale Medien) sowie im 20. Jahrhundert Praktiken des Konsums umfassen.« Ebd., S. 16–17.

40 Jürgen Habermas legt die Entstehung der *bürgerlichen* Öffentlichkeit im 18. Jahrhundert in Kontrast zur *repräsentativen* Öffentlichkeit des Mittelalters und der Frühen Neuzeit dar. Als Begründung für die Trennung von öffentlichem und privatem Raum des Bürgers zieht er auch das Leseverhalten heran: »Das ausgehende Jahrhundert [das 18. Jahrhundert, Anm. TR] bewegt sich in dem, zu seinem Beginn fast kaum erforschten, Terrain der Subjektivität genüßlich und mit Sicherheit. Die Beziehungen zwischen Autor, Opus und Publikum verändern sich: sie werden zu intimen Beziehungen der psychologischen am ›Menschlichen‹, an Selbsterkenntnis ebenso wie an Einfühlung interessierten Privatleute untereinander.« Habermas: Strukturwandel der Öffentlichkeit (1962), S. 67–68.

Subjektivität und Intimisierung dar, in dem sich das Buch zeitgleich zu einem zentralen Medium der Selbstwerdung entwickelt.[41] Der Professor ist in einem Stadium angelangt, in dem er es vorzieht, Erfahrungen und Ereignisse, die zur weiteren Entwicklung seiner Persönlichkeit beitragen, eher durch das Lesen als durch den persönlichen Kontakt mit anderen Menschen im öffentlichen Raum zu durchleben.

Die Störung des individualisierten Lebensstils führt im weiteren Verlauf des Films dazu, dass der Professor durch den Kontakt mit den neuen MieterInnen einen inneren und körperlichen Verfallsprozess durchlebt, in dem seine bis dahin souveräne, disziplinierte Persönlichkeit sukzessive gebrochen wird. So liegt er am Ende des Films nach der Nachricht von Konrads Selbstmord als Folge eines Zusammenbruchs im Krankenbett. Die intensive Anteilnahme am Schicksal des jungen Mannes hat fatale Auswirkungen auf seine psychische und körperliche Stabilität. Seine emotionale Disziplinierung zerfällt – und mit ihr auch sein Körper. Damit erweist sich der Professor als paradigmatisches Subjekt im Sinne Reckwitz', das »durch Agonalitäten strukturiert« ist, »das moralisch-souveräne, respektable Subjekt, das nach und nach gebrochen wird«.[42] Dieses ›Einreißen‹ der Persönlichkeitsstruktur manifestiert sich im Lesen derart, dass der Professor umso weniger liest, je mehr er mit den UntermieterInnen in Kontakt gelangt. Der Verlauf solch eines ›Brechens‹ hängt mit der eskapistischen Lektüre des Professors zusammen, die sich als ästhetische Erfahrung offenbart.

9.3 Ästhetische Erfahrung: der »unheilbare Mangel des gegenwärtig Wirklichen«

Zwei Szenen aus *Gruppo di famiglia in un interno*, in denen ein begonnener Leseakt unterbrochen wird, dienen zur Analyse der ästhetischen Erfahrung des Professors. Die aufgrund des Stilllesens dezenten körperlichen Reaktionen der Hauptfigur eröffnen an dieser Stelle nur wenig Interpretationsspielraum. Ein Blick auf Filmsequenzen, die nicht unmittelbar zum Leseakt gehören, fördert jedoch *cues* zutage, durch welche die ästhetische Erfahrung eruiert werden kann.

---

41 Habermas legt dar, dass es im 18. Jahrhundert zeitgleich zum privaten Leseraum auch ein öffentlicher entsteht: »Andererseits ist die von Anfang an literarisch vermittelte Intimität, ist die literaturfähige Subjektivität tatsächlich zur Literatur eines breiten Lesepublikums geworden; die zum Publikum zusammentretenden Privatleute räsonieren auch öffentlich über das Gelesene und bringen es in den gemeinsam vorangetriebenen Prozeß der Aufklärung ein.« Ebd., S. 68–69.
42 Reckwitz: Das hybride Subjekt (2006), S. 15.

Das wohlgeordnete Leben des Professors gerät sukzessive aus den Fugen, als er – nach der im Unterkapitel zuvor beschriebenen Störung – intensiver mit seinen UntermieterInnen und vor allem Konrad in Interaktion tritt. Der Professor entwickelt starke Empathie für den jungen Mann und lässt Emotionen zu, die er bis zur Begegnung mit seinen neuen Bekannten verdrängt hatte. Das Zerfallen seines disziplinierten Alltags ist in erster Linie als eine Folge der Begegnung mit dem rebellischen Konrad zu sehen, wobei die homoerotische Komponente eine gewichtige Rolle spielt.[43] Hauptaugenmerk liegt im Folgenden jedoch auf dem Lesemotiv, das sich bis zum Ende durch den Film zieht – sogar in der letzten Einstellung, wenn bereits die Credits über das Filmbild scrollen, liegt ein Buch auf dem Schoß des Professors.

In der Sequenz, die sich direkt nach dem ersten längeren Gespräch zwischen dem Professor und Konrad ereignet, wird deutlich, dass der Professor seine bisher unterdrückten Emotionen nicht weiter supprimieren kann. Er liegt erneut im Bett und hält ein Buch in den Händen, von dem er jedoch den Blick an die Decke abwendet.

Der Professor wirkt lethargisch; er liest nicht, aber das Buch und die Lesebrille in seinen Händen indizieren, dass er vor dieser Einstellung las (Abb. 18). Es folgen zwei *Flashbacks*, eine glückliche und eine schmerzhafte Erinnerung an seine Frau (Claudia Cardinale).[44] Zum einen öffnet sie in Zeitlupe lächelnd ihren Hochzeitsschleier, zum anderen spricht sie unter Tränen zum Professor, bzw. stellvertretend in die Kamera: »Ich möchte dir alles sagen. Und du musst mir sagen, ob ich schuld bin. Nur du allein, glaub mir. Nur du kannst mir helfen.«[45] Hilflos hebt der Professor im Bett die Arme hoch und weint. Dies verdeutlicht zweierlei: Er ist in diesem Augenblick der Erinnerung von der emotionalen Konfrontation überfordert und war wohl auch in der Vergangenheit nicht in der Lage, seiner Frau zu helfen. Sie fordert in dem Flashback von ihm Anteilnahme, Verständnis und Offenheit gegenüber einer nicht näher explizierten, jedoch eminent wichtigen Problematik ein, was er jedoch nicht erfüllen konnte; die Szene

---

43 Das Verhältnis von Konrad und dem Professor steht in vielen Besprechungen des Films im Mittelpunkt. So schreibt beispielsweise Bernd Kiefer in Anspielung auf Viscontis *Morte a Venezia* (I, 1971), einer intermedialen Adaption von Thomas Manns gleichnamiger Novelle: »Noch einmal deutet Visconti eine Aschenbach-Tadzio-Konstellation an […]«. Kiefer: Luchino Visconti (2008), S. 794. Die Fokussierung auf das Verhältnis der beiden männlichen Protagonisten ist auch darauf zurückzuführen, dass es Parallelen zur Beziehung des Schauspielers Helmut Berger, der Konrad darstellt, und dem Regisseur Visconti gibt.

44 In der Narratologie wird eine Rückschau nicht als Flashback, sondern als Analepse bezeichnet, wenn man der differenzierten Systematik Gérard Genettes folgt. Vgl. Genette: Die Erzählung (1994), S. 23.

45 Gruppo di famiglia in un interno (1974), 01:09:07–01:09:16.

suggeriert, dass dies auch zum Scheitern der Ehe, und damit zur Einsamkeit des Professors, beitrug.

Ein Flashback stellt nicht einfach eine Filmsequenz dar, die als zeitliches Ereignis der bisherigen Handlung vorausgeht. Solche Szenen können darüber hinaus als *character memory* bezeichnet werden, eine an die Figur gebundene Erinnerung – in diesem Fall ist der Professor der *Urheber* der Rückblende.[46] Hugo Münsterberg schreibt dem Zeigen von Erinnerung eine entscheidende Rolle in der Medienspezifik des Films zu und verdeutlicht dessen kinematografisches Potenzial anhand der – vergleichsweise reduzierten – Möglichkeiten des Theaters:

> Das Theater kann nicht mehr tun, als unserem Gedächtnis diese Rückschau nahezulegen [...]. Aber im Grunde bleibt es unser eigenes Erinnerungsmaterial, das das Bild liefert. Das Theater kann nicht darüber hinausgehen. Das Lichtspiel kann! [...] Und plötzlich erscheint auf der Leinwand das Bild aus der Vergangenheit.[47]

Das Medium Film hat nach Münsterberg mit dem Flashback also ein einzigartiges erzähltechnisches Verfahren zur Verfügung, Erinnerung darzubieten.[48] Doch der kognitive Akt des Erinnerns verläuft nicht derartig, dass in der Vergangenheit erlebte Ereignisse wie in einem Speicher gelagert sind, aus dem sie sozusagen jederzeit unverändert herausgenommen werden können. Stattdessen betonen neurowissenschaftliche Arbeiten die Dynamik und Konstruktivität von Gedächtnisleistungen.[49] Erinnerung schreibt die Vergangenheit mit derzeitigen Informationen neu und vergegenwärtigt die Rückerinnerungen im Kontext aktueller Erfahrungen.

Auch der Flashback lässt demnach nicht einfach nur eine Art objektive, unverrückbare Vergangenheitssituation auf der Leinwand lebendig werden, sondern ist quasi das Ergebnis der Konstruktions- und Erinnerungsarbeit auf Seiten der Figur.[50] Bei dem Professor wird demnach nicht lediglich ein bereits vergangenes Ereignis aktualisiert, sondern sein gegenwärtiges Erleben wird ebenso eingebracht: Er leidet sowohl wegen der schmerzlichen Erinnerung an entglittenes Glück als auch aufgrund der gegenwärtigen Erfahrung mit Konrad, die eben diesen Verlust in ihm aktualisiert. Diese Verbindung wird durch die formale Insze-

---

46 Vgl. Krützen: Klassik, Moderne, Nachmoderne (2015), S. 55–56.
47 Münsterberg: Das Lichtspiel (1916), S. 58.
48 Es kann an dieser Stelle durchaus kritisiert werden, dass Münsterberg filmische Erinnerungen mit lebensweltlichen Erinnerungen gleichsetzt. Vgl. Krützen: Klassik, Moderne, Nachmoderne (2015), S. 59.
49 Vgl. z. B. Markowitsch: Das Gedächtnis (2009), S. 33–79.
50 Vgl. Krützen: Klassik, Moderne, Nachmoderne (2015), S. 59–60.

nierung unterstrichen: Die gedehnte Zeit stellt heraus, dass der Akt des Erinnerns einer intensiven Wahrnehmung unterliegt.

Die Verbindung der Erinnerung mit dem unter- oder abgebrochenen Akt des Lesens kann als ein *cue* für eine ästhetische Erfahrung begriffen werden. Hans Robert Jauß nennt das »rückschauende Wiedererkennen« als ein zentrales Charakteristikum der ästhetischen Erfahrung:

> [D]er Vorgriff der Einbildungskraft, der am unheilbaren Mangel des gegenwärtig Wirklichen zuschanden wird, kann sich im Vergangenen erfüllen, wenn die läuternde Kraft der Erinnerung das unzulänglich Erlebte in ästhetischer Vollkommenheit wiederfinden läßt. Ästhetische Erfahrung ist gleichermaßen im utopischen Vorschein wie im rückschauenden Wiedererkennen wirksam. Sie vollendet die unvollkommene Welt nicht allein im Entwerfen zukünftiger, sondern auch im Bewahren vergangener Erfahrung, die ohne die Leuchtkraft der sie verklärenden und zum Monument steigernden Dichtung und Kunst am Weg der Menschheit verloren zurückbliebe.[51]

Der Professor wird durch die neu entstehende Sozialbeziehung zu seinen UntermieterInnen, die, wie das *famiglia* im italienischen Originaltitel andeutet, für ihn ja eine Art Ersatzfamilie sind, an die Schönheit und den Schmerz einer bereits gescheiterten intimen Verbindung erinnert. Zwar kompensiert der Professor einen »unheilbaren Mangel des gegenwärtig Wirklichen« nicht durch die Lektüre, doch die Anwesenheit des Buchs während des Erinnerungsakts verweist auf dieses ästhetische Potenzial des Lesens, das über eine primär informatorische Lektüre hinausgeht. Mit diesen durch Flashbacks in Szene gesetzten Anschlusseinstellungen an eine Lesesituation, die filmsprachlich eine Ellipse darstellt, wird durch das aufgeschlagene Buch angedeutet, dass der Professor seine zuvor scheinbar regungs- und emotionslose Leseweise erweitert: Er lässt Reflexion zu, die zur Introspektion und damit zu Erinnerungen führt. So wird in dieser Szene die Opazität des Buches nicht mehr akzentuiert und der Professor hält es auch nicht mehr als Schutz vor sich – die Emotionen dringen nun im übertragenen Sinn durch ihn durch und verursachen Schmerzen. Das freiwillige Unterbrechen des Leseakts demonstriert eine Veränderung seines Leseverhaltens, die auch der Fortgang der Szene verdeutlicht.

Der Professor sinniert noch über seine Erinnerung, als er das Lied *Testarda io (La mia solitudine)* von Iva Zanicchi intradiegetisch über einen Plattenspieler aus der oberen Etage hört. Neben der melancholischen Melodie und der expressiven Stimme Zanicchis sind in dem komplett in den Film integrierten Text des Liedes folgende Sätze zu hören, die hier ins Deutsche übersetzt sind: »Du bist meine Einsamkeit, du bist immer mein wahrer Zorn. Du bist meine Einsamkeit,

---

51 Jauß: Ästhetische Erfahrung (1982), S. 39.

nur du bist immer mein einziger Halt«.[52] Der Inhalt des Lieds bringt sowohl emotional positive (Halt) als auch negative (Zorn) Verbundenheit mit einer geliebten Person zum Ausdruck. Der »unheilbare Mangel des gegenwärtig Wirklichen« des Professors wird auf diese Weise nicht nur visuell, sondern auch akustisch vermittelt. Der Professor verharrt dabei nicht in passiver Sehnsucht nach vergangener Liebe, sondern verlässt sein Schlafzimmer, als das Lied erklingt, und sucht die Wohnung seiner UntermieterInnen auf, wo er Konrad, Lietta und Stefano in einem erotischen Moment überrascht.

Die nackten jungen Körper Liettas und der beiden Männer sind im gedämpften Licht zu sehen; die drei küssen sich, tanzen und blasen sich gegenseitig Zigarettenrauch in den Mund – zu den Klängen von *Testarda io*. Der Professor steht starr im Türrahmen und betrachtet, erneut emotional überwältigt, die Szene, wobei sein Blick länger auf Konrad verweilt. Sein regloses Verharren und sein trauriger Blick im Gegenschnitt zur Intimität der sich verbindenden Körper der jungen Leute indiziert, dass er sich nach Liebe und Sexualität sehnt. Wie es der Text von *Testarda io* und der Tanz, der sich vor seinen Augen abspielt, evozieren, werden auch Erinnerungen zur eigenen Jugendlichkeit geweckt: Sein lethargischer und trauernder Blick lässt darüber hinaus den Schluss zu, dass er die Vergänglichkeit des Schönen *per se* betrauert. Unterstützt wird diese Assoziation durch einen Nexus zur Literatur in der darauffolgenden Szene. Lietta erblickt den Professor im Türrahmen und zitiert aus dem Gedächtnis vollständig das Gedicht *The Moment* von W. H. Auden:

> If you see a fair form, chase it
> And if possible embrace it,
> Be it a girl or boy.
> Don't be bashful: be brash, be fresh.
> Life is short, so enjoy
> Whatever contact your flesh
> May at the moment crave:
> There's no sex life in the grave.[53]

Das Gedicht, das aufgrund eines fehlenden Leseobjekts in dieser Szene keinen Teil des Leseaktes darstellt, ist als ein Plädoyer für sexuelle Offenheit und materialistische wie hedonistische Lebensführung anzusehen: »Life is short, so enjoy«. Dies ist auch in den Kontext der sexuellen Befreiungsphilosophie der 68er-Generation einzuordnen, auf die im Film mehrfach Bezug genommen wird. Der Professor wird

---

52 Der Textauszug lautet auf Italienisch: La mia solitudine sei tu, la mia rabbia vera sei sempre tu. La mia solitudine sei tu, l'unico mio appiglio ancora tu.
53 Gruppo di famiglia in un interno (1974), 01:11:34–01:11:51.

demnach sowohl durch das, was er *sieht* (Körper), als auch durch das, was er *hört* (*Testarda io* und *The Moment*), mit der Aufforderung konfrontiert, sein wohlgeordnetes und diszipliniertes Leben zu durchbrechen: Ihm wird suggeriert, sich seinen Emotionen und Wünschen hinzugeben. Die Verbindung des Leseaktes mit dem Flashback zu seiner damaligen Ehefrau, die Musik, der Text des Liedes, sein Betrachten der nackten Körper, sein Antlitz, in das Reflexion und Bedauern eingeschrieben sind, sowie die verbale Zitation des Gedichts von Auden liefern maßgebliche *cues* für die ästhetische Erfahrung, die sich durch Erinnerung, Sinnlichkeit und Sehnsucht manifestiert: Der Professor leidet schmerzhaft am Mangel des gegenwärtig Wirklichen.

Diese Anordnung der Szene wiederholt sich: Nach einem abermaligen Streit zwischen Konrad und der Gräfin, in den der Professor hineingezogen wird, wendet er sich von der Familie ab. Er zieht sich zurück und versucht, seine Gewohnheiten diszipliniert fortzuführen und ist abgebildet, wie er scheinbar in eine Lektüre versunken ist (Abb. 18). Der Professor hat trotz aller Störungen nicht mit dem Lesen aufgehört. Und erneut vernimmt er aus dem oberen Geschoss intradiegetische Musik: diesmal den von Caterina Caselli gesungenen Schlager *Desiderare*. Aufs Neue unterbricht er seinen Leseakt und richtet seinen Blick skeptisch, aber auch neugierig nach oben – was sowohl in einer Halbnahaufnahme als auch in einer Totalen dargeboten ist (Abb. 18).

Der Fokus liegt in den drei Einstellungen auf dem sich vom Buch abwendenden und zur Decke richtenden Blick des Lesenden. Der Blick des Professors ist nun derartig forciert nach oben fixiert, dass er gleichsam von seiner hermetisch abgeriegelten Welt sehnsüchtig hin zur anderen blickt. Er möchte seine Welt der Bücher, Statuen und Konversationsstücke verlassen: Sein ›Schutzraum‹, der Teil seiner bürgerlichen Identität ist, genügt ihm nicht mehr. Dies unterstreicht der Refrain des, an dieser Stelle erneut ins Deutsche übersetzten, Schlagers *Desiderare*: »Ich wünsche mir, dass heute Abend jemand da wäre. Ich wünsche mir etwas, das ich schon hatte. Ich wünsche mir im Herzen einen Augenblick, den ich nicht mehr habe. Ich wünsche mir die Wärme, die du hattest und mir gabst.«[54] Insbesondere der Satz »Ich wünsche mir im Herzen einen Augenblick, den ich nicht mehr habe« verweist auf die Sehnsucht des Professors nach vergangenem Glück und nach menschlicher Nähe – und schafft damit einen Konnex zum dargelegten Erinnerungskomplex. Der Professor versucht zunächst, die Lektüre trotz der erklingenden Musik fortzusetzen. Doch es gelingt ihm nicht,

---

54 Der Text lautet im Original: »Desiderare di avere qualcuno stasera quà, desiderare di avere qualcosa che ho avuto già, desiderare nel cuore un momento che non ho più, desiderare il calore che avevi e mi davi tu.«.

er legt seine Brille ab und seufzt schwermütig. Er sinkt daraufhin in sich zusammen und senkt seinen Kopf nach unten, was erneut in einem *long shot* dargeboten wird.

Danach ereignet sich ein weiterer Erinnerungsakt, diesmal jedoch an seine Mutter und nicht an seine ehemalige Frau, wie es der Text des Schlagers zunächst vermuten lässt. Es entspinnt sich ein Gespräch, in dem seine Mutter (Dominique Sanda) in jungen Jahren zu sehen ist und in die Kamera, und damit zum Professor, spricht: »Du bist gar nicht nett gewesen zu deinem Großvater. Er freut sich so, dass du hier bist. Er ist immer so allein. Es ist sehr schlimm allein zu sein, weißt du, wenn man alt und krank ist«, worauf der Professor antwortet: »Er ist nicht allein, er hat eine Köchin und ein Dienstmädchen. Außerdem hat er eine Katze. Ich habe keine Katze.«[55] Er selbst vergleicht in seiner Erinnerung die damalige Einsamkeit seines Großvaters mit seiner aktuellen Einsamkeit. Seine Worte lassen vermuten, dass er sich gegenwärtig einsamer als sein Großvater damals fühlt, der ja immerhin noch tierische Gesellschaft hatte. Die Erinnerung wird durch das Klingeln des Telefons unterbrochen und der Professor aus seinem träumerischen Zustand bzw. Rückblick herausgerissen.

Der Professor befindet sich in einer melancholischen Stimmung, eine innere ›Berührtheit‹, die durch Kombination von Lektüre, dem Flashback und der Musik evoziert wird. Während er nicht gestört werden wollte, gibt er sich nun dem schmerzhaften Akt der Erinnerung – wie bereits in der vorangegangenen Einstellung zu sehen war – hin.[56] Es ist auffällig, dass sich eine strukturell vergleichbare Szene zweimal in dem Film findet: Er liest nicht mehr weiter und erlebt durch ein Flashback eine emotionale Konfrontation. Die Wiederholung der Anordnung einer Szene macht deutlich, dass es sich hier um Schlüsselszenen handelt. Beide Situationen sind Ansprachen von Personen, die ihm in seinen jüngeren Jahren nahestanden und ihn mit seinem jetzigen Alleinsein konfrontieren – und beide Momente entstehen aus Lesesituationen.

Über das Lesen wird die ästhetische Erfahrung des Professors, seine Mangelerfahrung in seinem gegenwärtig Wirklichen, eingeleitet. Die relevanten Stellen des Films sind dabei bedeutungsoffen gehalten. Der Professor versprachlicht und erklärt seinen Schmerz nicht; die ZuschauerInnen erfahren auch keine Gründe dafür, warum seine Ehe gescheitert ist oder warum er nicht wieder zu neuer Zweisamkeit mit einer anderen Partnerin fand. Somit liegt die ästhetische Erfahrung

---

55 Ebd., 01:24:45–01:25:01 u. 01:25:02–01:25:13.
56 Diese schmerzhafte Anteilnahme findet am Ende des Films seinen Höhepunkt: Es kommt zu einem Streit zwischen dem linksradikalen Konrad und dem faschistischen Stefano, bei dem Konrad sich endgültig von der Gräfin trennt. Konrad begeht kurz darauf Selbstmord, der Professor findet ihn tot in seiner Wohnung.

des Professors nicht nur im bloßen Akt der Rückschau, sondern er durchlebt in dieser Erfahrung eine Verbindung der Vergangenheit mit dem gegenwärtigen Ereignis, das ihn zur Auseinandersetzung mit seiner ›Ersatzfamilie‹ zwingt und das durch die Störung des Leseakts ihren Ausgang nimmt: Er verlässt auf einer ersten sichtbaren Ebene seinen äußeren Schutzraum, den er durch die Bücher um sich herum errichtet hat – und auf einer zweiten übertragenen Ebene damit auch seinen inneren Schutzraum. Das Innehalten beim Lesen führt zur Reflexion, welche die Erinnerung bedingt sowie die Schmerzen zulässt, und in der Kontaktaufnahme mit Menschen mündet.

Die formal-filmästhetische Inszenierung der beiden Szenen, insbesondere die Rückblenden, die freie Rezitation des Auden-Gedichts und die intradiegetische Musik, tragen zur herausgearbeiteten Bedeutungsoffenheit bei, die für die Wahrnehmung der ZuschauerInnen von Bedeutung ist: Erinnerungen, die Freude über die Schönheit der Liebe, die Trauer um das Zerbrechen einer Beziehung und auch das Leben in Einsamkeit sind universelle Themen, die den Zuschauenden Anknüpfungspunkte zur Reflexion bieten. Insbesondere der Umstand, dass auf keinen speziellen Text verwiesen wird, gestaltet den filmisch inszenierten Akt des Lesens bedeutungsoffen. Dies kann für die ZuschauerInnen zu einem Moment der Selbstverständigung führen und eine Frage auslösen wie: Welche Bücher waren dazu in der Lage, vergleichbare Emotionen bei mir auszulösen?

Es ist die formale Konstruktion, welche die filmische Rezeption steuert. Die ästhetische Erfahrung des Professors wird filmisch derart ausgedrückt, dass die Zuschauenden selbst eine ästhetische Erfahrung erleben können. Der Wechsel von der halbnahen Einstellung, welche die Aufmerksamkeit der ZuschauerInnen auf die traurige Mimik des Professors lenkt, und der Totalen, die ihn ins Verhältnis zu seinen Büchern und Kunstwerken setzt, unterstreicht das reziproke Verhältnis von Isolation (*medium close up*) und dem Wunsch nach Vergemeinschaftung (*long shot*) formal. Es wird auf zahlreiche weitere filmsprachliche Parameter zurückgegriffen, um die ästhetische Erfahrung des Professors erfahrbar zu machen: die musikalische Begleitung und der hörbare Text der Lieder, die Vorwürfe seiner Ex-Frau und die Erinnerung an seinen Großvater durch seine Mutter sowie die Rezitation des Auden-Gedichts auf der auditiven Ebene; halbnahe Aufnahmen von Gesichtern, Totalen, die das Verhältnis des Individuums zum Raum ausstellen, der kontemplative Blicken des Verharrens und die nackten Körper auf der visuellen Ebene. All dies kann bei den ZuschauerInnen zu einer möglichen *somatischen* Wahrnehmung der Filmszenen im Sinne von Vivian Sobchack (vgl. Kap. 3.3.) führen, so dass die Szene nicht nur kognitiv wahrgenommen, sondern mit allen Sinnen *gespürt* wird.

Aufgrund von Informationen, die auf mehreren filmischen Ebenen gesendet werden, können Synästhesien bei den ZuschauerInnen entstehen: Diese sehen

und hören die auditiven Bilder, und die formal-ästhetische Darbietung von zahlreichen sinnlichen Momenten (Musik, Sprache, Gefühle, nackte Körper, Rauch
usw.) können zu einer leiblichen Wahrnehmung führen. Das *Sinnliche* selbst wird
in Szene gesetzt und kann dadurch auch *sinnlich* erfahren werden. Zudem enthält
die Szene Sinnüberschüsse, die nicht komplett aufzulösen sind: Der Augenblick,
als der Professor die nackten Körper der jungen Menschen zu den Klängen von
Testarda io betrachtet und von Lietta mit dem Auden-Gedicht begrüßt wird, kann
kognitiv nicht vollständig ›aufgelöst‹ werden.

Es sind die eigenen Erfahrungen und Erinnerungen der ZuschauerInnen
sowie ihre sinnliche Wahrnehmung, die durch die ästhetische Gestaltung der
Szenen aufgerufen werden können: das Spüren von Rauch, die Erregung durch
den Anblick der nackten Körper, Melancholie angesichts der Last eigener Erinnerungen, die ästhetische Rezeption der Musik oder das Auslösen von Schmerz,
wenn sie den traurig-leeren Blick des Professors betrachten. Die durch die Filmform bedingte Polyvalenz der Szene kann dazu führen, dass Zuschauende ihre
eigenen Erfahrungen, Erinnerungen und Leseerlebnisse aufrufen und die medienspezifische Verdichtung von Trauer, Bedauern, Schönheit, bzw. den filmästhetischen Ausdruck einer ästhetischen Erfahrung, leiblich spüren können.
Vergleichbares spielt im nächsten Kapitel eine Rolle, in dem die Verbindung
von Lesen und Lieben betrachtet wird.

10 Lesen, Liebe und Sex

Viele Filme verbinden die Inszenierung der Begegnung zweier Figuren, die sich ineinander verlieben und/oder miteinander intim werden, mit literarisch-ästhetischen Leseszenen. Dies ist darauf zurückzuführen, dass die Liebe ein universelles Thema verkörpert, das größte und meistbehandelte in Film und Literatur. Bordwell, Thompson und Staiger halten fest, dass 95 % aller Spielfilme eine Liebeshandlung enthalten, die in 85 % aller Fälle dominant sei.[1] Von den unzähligen Formen, wie der Film die Liebe thematisieren kann, stehen im Folgenden romantische und erotische Fiktionen im Vordergrund, in denen literarisch-ästhetisch gelesen wird.[2] *Romantische* Szenen sind dabei als das Ergebnis filmästhetischer Strategien zu verstehen, die vor allem die Emotionen der Figuren betonen, ihre Zuneigung – teils idealisierend – ausstellen und dabei die Absicht verfolgen, bei den ZuschauerInnen Gefühle der Rührung zu erzeugen; *erotische* Sequenzen hingegen zielen auf Stimulanz von Lust bei den Zuschauenden ab, die durch freizügige, pornografische oder auch obszöne Darstellungen erreicht werden kann.

Aufgrund der regelrechten ›Überpräsenz‹ der Liebe gibt das nachstehende Unterkapitel einen Überblick über gängige literarische und ikonografische Topoi der Verbindung von Lesen und Liebe. Die Bandbreite der Bedeutung des Lesens innerhalb von Liebesbeziehungen im Film wird daraufhin anhand von vier Beispielszenen vorgestellt. Danach erfolgt ein Exkurs zum literarisch-ästhetischen Lesen im pornografischen Film, damit der Sexualität des Leseaktes auch in ›eindeutiger Visualität‹ Rechnung getragen wird – Sexfilme folgen zudem genrespezifischen Darstellungsmustern, weshalb sie nicht voraussetzungslos mit der Betrachtung von Spielfilmen gleichgesetzt werden können. Im letzten Kapitel bündelt eine detaillierte Analyse und Interpretation einer Leseszene aus Woody Allens *Hannah and Her Sisters* die zuvor angeführten Aspekte des Lesens in Verkettung mit der Liebe, indem eine Konzentration auf die filmische Darstellung der Lektüre eines Liebesgedichts erfolgt.

---

1 »Of the one hundred films in the UnS [Filme aus den Jahren 1915–60, die den Untersuchungskorpus der Studie bilden; TR], ninety-five involved romance in at least one line of action, while eighty-five made that the principal line of action.« Bordwell, Staiger u. Thompson: Hollywood Cinema (1985), S. 16.
2 Vgl. bezüglich literarischer Darstellungen der Liebe in unterschiedlichen literarischen Epochen: Kluckhohn: Die Auffassung der Liebe in der Literatur (1966).

https://doi.org/10.1515/9783110728590-010

10.1 Kontexte in Literatur und Malerei

Sowohl in literarischen als auch in bildnerischen Darstellungen wimmelt es von innigen gemeinsamen Lektüreakten zweier sich liebender Personen. In der Literaturgeschichte sind hier beispielsweise Francesca und Paolo aus dem fünften Gesang von Dante Alighieris *Divina Commedia* zu nennen, die hier in einer Prosa-Übersetzung zitiert ist:

> Eines Tages lasen wir zum Vergnügen von Lancelot, wie Amor ihn bedrängte. Allein waren wir und ohne jeden Argwohn. Mehrmals ließ, was wir da lasen, uns die Augen erheben; wir sahen uns ins bleiche Gesicht, aber dann kam eine einzige Stelle, die uns besiegte. Als wir lasen, wie der begehrte lachende Mund von einem solchen Liebhaber geküßt wurde, da küßte dieser Mann, der niemals von mir getrennt wird, mich auf den Mund, zitternd am ganzen Leib. Den Kuppler Galehaut spielten das Buch und der es schrieb. An diesem Tag lasen wir nicht weiter.[3]

Francesca befindet sich im zweiten Kreis der Hölle, in dem ein Sturmwind die Wollüstigen umhertreibt: »Zu dieser Marter sind die fleischlichen Sünder verdammt, die ihre Vernunft der Gier unterwerfen.«[4] Die Verbindung von Lesen und Liebe wird als Sünde bestraft. Auch Werthers gemeinsame Lektüre des *Ossian* mit Lotte in Goethes *Werther* führt zum verzweifelten Kuss, der den Abbruch der Beziehung und den Selbstmord Werthers zur Folge hat. Günther Stocker interpretiert solche Verhandlungen der *Gefährlichkeit* der sinnlichen Lektüre als eine Kritik an der Gattung des Romans und an der empfindsamen wie eskapistischen Leseweise: »In Rousseaus *Nouvelle Héloïse*, Sophie La Roches *Fräulein von Sternheim*, Goethes *Werther* und Millers *Siegwart* wird vorgeführt, wie die Gefühle von Romanhelden ihre Leserinnen und Leser erschüttern können.«[5]

Francesca und Paolo sowie Lotte und Werther gehören zu den tragischen Liebespaaren, die neben dem historischen Liebespaar Abaelard und Héloïse den Weg in die Ikonografie des Lesens gefunden haben.[6] Fritz Nies spricht in

---

3 Dante: Commedia (1321), S. 31. Galehaut ist eine Figur aus den Artus-Sagen, die im *Vulgata-Zyklus* auftritt. Dabei handelt es sich um fünf höfische Romane, die im 12. und 13. Jahrhundert im Altfranzösischen verfasst wurden und in der zitierten Stelle von Francesca und Paolo gelesen werden. Galehaut verkuppelt Lancelot und Guinevère miteinander.
4 Ebd., S. 29.
5 Stocker: Vom Bücherlesen (2007), S. 82.
6 Daniel Nikolaus Chodowieckis titellose Illustration der Kussszene von Lotte und Werther aus dem 19. Jahrhundert, Amos Cassioli *Francesca da Rimini (Dante)* (ca. 1870) und Eleanor Fortescue-Brickdales Zeichnung *Abelard and Heloise* (1919) zeigen beispielsweise alle drei einen leidenschaftlichen Kuss des jeweiligen Liebespaars, während vor ihnen ein aufgeschlagenes Buch liegt.

diesem Fall von Schlüsselszenen der Kunstgeschichte: »bildliche Demonstratio-
nen gefährlicher, letztlich tödlicher gemeinsamer Lektüre.«[7] In der Malerei gibt
es jedoch auch einige Bilder von glücklichen lesenden Liebespaaren, etwa auf
dem Gemälde *Der Liebesantrag an die Lesende* (1670) von Jacob Ochtervelt oder
Arthur von Rambergs Stahlstich *Vorlesung im Park* (ca. 1860).[8] Erich Schön
stellt die gemeinsame Lektüre zweier – ob glücklich oder unglücklich – Liebender als eigenständigen Topos heraus, der für das Ideal des empfindsamen Zu-
sammenschmelzens zweier Seelen steht, denn die vereinte Lektüre in einer
Liebesbeziehung schafft »bewußt eine gemeinsame, aber von der Umwelt ab-
grenzende literarische Erfahrung [...]. [Sie] ist nicht zufällig jene Variante gemeinsamer Lektüre, die sich bis heute am verbreitetsten erhalten hat.«[9]

Neben der Thematisierung von Liebe und Lesen entsteht etwa Mitte des
18. Jahrhunderts ein neuer Bild-Typus, der das Lesen mit expliziter Erotik verbindet: »die jugendliche Leserin in verführerischer Nacktheit, lasziv auf einem
Divan ausgestreckt, von weichen Kissen und Rosenduft umgeben, ohne daß
weiterhin die fromme Magdalenen-Legende und ihre Topik als Vorwand für
Hüllenlosigkeit bemüht werden.«[10] Die künstlerischen Reflexionen über die
erotischen Facetten des vornehmlich weiblichen Leseakts sind innerhalb der historisch bedingten Angst von Männern zu verorten, dass sich Frauen mithilfe des
Lesens aus ihrer gesellschaftlichen Stellung befreien (vgl. Kap. 2.3. u. 2.4.).[11] Die
Nacktheit der Frau kann als Emanzipationsakt zum autonomen Handeln hin interpretiert werden: Wie sie sich beim Lesen von den Kleidern befreit, löst sie sich
durch den Lektüreakt von ›gesellschaftlichen Fesseln‹. Solche bildnerischen Dar-

---

7 Fritz Nies: Bett und Bahn und Blütenduft (1991), S. 106.

8 Ochtervelts Gemälde zeigt, wie ein Mann gegenüber einer ein Buch lesenden Frau gerade
einen Liebesantrag verbalisiert, der gleichzeitig auch in einem auf dem Tisch liegenden, bereits gelesenen Brief enthalten ist. Die Frau fährt scheinbar unbeeindruckt mit der Buchlektüre
fort, doch ein im Hintergrund in Umrissen zu erkennendes Bett verweist auf den sich womöglich an die Szene anschließenden körperlichen Liebesakt. Vgl. Bollmann: Frauen, die lesen,
sind gefährlich (2005), S. 55. In Rahmbergs Stahlstich hingegen dominiert die Innigkeit der
Lektüre, bei dem der Mann das Buch vor die Frau hält, so dass beide ein Buch im Freien lesen.
Die Form der gemeinsamen Lektüre legt den Fokus auf das Lesen selbst als verbindendes Element für das Paar während Ochtervelts Gemälde mehr die Frage aufwirft, warum die Frau trotz
der Liebesbekundungen weiterliest.

9 Schön: Der Verlust der Sinnlichkeit (1993), S. 203.

10 Nies: Bahn und Bett und Blütenduft (1991), S. 51.

11 Schließlich steigen die Formen der Aktdarstellungen gegen Ende des 19. Jahrhunderts exor-
bitant an. Vgl. ebd., S. 79. Beispiele hierfür sind die bereits in Kap. 2.4. analysierte Postkarte *La
liseuse de romans* von Antoine Wiertz aus dem Jahr 1853, Jean Jacques Henners *La liseuse*
(ca. 1880) oder Ernest Martens *La dernière page du roman* (ca. 1890).

stellungen sind zudem ebenfalls als eine Kritik an der Romanlektüre zu begreifen: Bei den Leserinnen werden erregende Emotionen und Gedanken geweckt, die nicht standesgemäß sind. Schließlich kann die gesteigerte Darstellung von Nudität und Lesen auch auf den Rückgang der Sinnlichkeit und Körperlichkeit der Lesepraktik als solche zurückgeführt werden, die als eine Art Gegenbewegung in der Kunst auftaucht.

Auch in der Literatur tritt der Topos der erotischen Lektüre auf, dessen berühmteste Verkörperung Flauberts *Madame Bovary* ist: Emma Bovary erhält durch das Lesen von Büchern in der Klosterschule eine idealisierte Vorstellung von der Liebe, die zum Ehebruch und – durch die daraus entstehende gesellschaftliche Ächtung – zum Selbstmord führt.[12] Flauberts Roman ist eines der bekanntesten Beispiele für die spezifische literarische Verknüpfung von Lesen und Sexualität:

> Ein paar Schülerinnen hatten lyrische Almanache mit ins Kloster gebracht [...]. Das war eine aufregende Sache, solche Bücher wurden nicht geduldet und mußten versteckt werden, und man las sie heimlich. Emma betastete die schönen, in Seide gebundenen Bände mit Entzücken. Wenn sie die zarten Blätter aus Seidenpapier, von denen die Kupferstiche bedeckt waren, behutsam hochblies, so daß sie sich aufbauschten und langsam zur Seite legten, bekam sie Herzklopfen.[13]

Diese Passage ist nicht nur in den Kontext verbotener bzw. heimlicher Lektüre einzuordnen, sondern sie stellt ebenso eine eindrückliche Schilderung einer sinnlichen Leseerfahrung dar, die Emma durch die Materialität des Buchs (»zarte Blätter aus Seidenpapier«) selbst leiblich erfährt (»betastete«, »hochblies«) und sie erregt (»Herzklopfen«). Solche erotischen Leseszenen werden häufig in den Themenkomplex verführter Leserinnen eingeordnet, die als Opfer der Lektüre erscheinen und entsprechend bestraft werden.[14] Walter Pabst spricht in diesem Zusammenhang von *victimes du livre*.[15]

---

12 Auch wenn die Verbindung von Lektüreakt und Ehebruch nicht eindeutig beschrieben wird, gibt es hierfür starke Indizien. Beispielsweise erinnert sich Emma nach ihrem ersten außerehelichen Geschlechtsverkehr an die »Gestalten der Romane, die sie gelesen hatte, die ganze Schar von empfindsamen Ehebrecherinnen erschien ihr wie ein Bund von Schwestern, dem sie nun angehörte.« Flaubert: Madame Bovary (1857), S. 145.

13 Ebd., S. 37.

14 Es gibt auch vergleichbare Darstellung der Verbindung von Sexualität und Lesen in Lesebiografien. So berichtet Cora Kaplan in ihrem Aufsatz *Lesen, Phantasie, Weiblichkeit* beispielsweise: »Ich las mit klopfendem Herzen und umherwandernden Händen. [...] Ich allein wußte, dass ich sie [Bücher ihrer Jugend wie *Jane Eyre* oder *Nana*; TR] um des sentimentalen und sexuellen Rausches willen verschlang.« Kaplan: Lesen, Phantasie, Weiblichkeit (1987), S. 173.

15 So schreibt Pabst in seinem Aufsatz mit dem gleichnamigen Titel: »Tatsächlich hatte Jules Vallès in einem literarischen Feuilleton unter dem Titel *Les Victimes du Livre* (Le Figaro, 9 oct. 1862)

Im *roman érotique*, der sich im 18. Jahrhundert etabliert und den Weg für pornografische Literatur im 20. Jahrhundert ebnet, spielt das Lesen hingegen keine dominante Rolle.[16] Es liegt keine gesteigerte thematische Fokussierung der erotischen Literatur auf den sexuellen Fetisch *Lesen* oder *Vorlesen* vor.[17] Bekannte Beispiele für erotische Leseszenen finden sich in den beiden literarischen Werken, deren filmische Adaptionen bereits erwähnt wurden und die in den nächsten Kapiteln analysiert werden: Raymond Jeans *La Lectrice* und Bernhard Schlinks *Der Vorleser*.[18] Die romantischen und erotischen Facetten des literarisch-ästhetischen Lesens im Film stehen einerseits in der Tradition der hier angeführten literarischen und bildnerischen Darstellungen und entwerfen andererseits einen spezifischen filmischen Topos, der über die soeben dargelegten Entwicklungslinien hinausgeht.

10.2 Lesen im Rahmen von Liebesbeziehungen

Im zweiten Teil der vorliegenden Studie wurden bereits mehrere Leseszenen angesprochen, in denen eine Liebesbeziehung Thema ist.[19] Jürgen Felix geht bei der Dominanz von Liebesgeschichten für die Filmhandlung nicht von einem konsistenten Genre aus. Es ist »eher schon [...] ein Ensemble von Filmen, das

---

die literarische Herkunft aller menschlichen Emotionen behauptet, gleichsam für alle unsere Regungen ›das Buch‹ verantwortlich gemacht«. Pabst: Victimes du Livre (1975), S. 498. Hervorhebung entstammt dem Original.

16 Erotische Literatur gibt es seit der Antike, doch im 18. Jahrhundert setzt sich von Frankreich ausgehend die *Libertage*, die erotische Freizügigkeit, in der Literatur durch, die ihre Vorläufer bereits im Jahrhundert davor hat und in den Kontext der Aufklärung einzuordnen ist. Berühmte Beispiele sind John Clevelands *Fanny Hill – Memoirs of a Woman of Pleasure* (1748) oder *Justine ou les Malheurs de la vertu* (1787) von Marquis de Sade. Vgl. hierzu allgemein: Fischer: Gärten der Lust (2000).

17 Das Lexikon der erotischen Literatur weist beispielsweise keinen Eintrag zu den Lemmata ›Leseakt‹, ›LeserIn‹ oder ›VorleserIn‹ auf. Vgl. Oetjen u. Pietrek (Hg.): Lexikon der erotischen Literatur (1992–2006).

18 Beide Werke zählen *nicht* zum erotischen Roman, der die Darstellung »wollüstiger Begierden und Genüsse, den Variantenreichtum sexueller Praktiken, das Spiel von Begehren, begehrt werden, sich begehren lassen, von Widerstreben und verdeckten Hinneigen, erotischer Verheißung und sittsamer Abwehr als literarisch interessantes Subjekt kultiviert hat.« Gnüg: Die Hermeneutik der Liebe (1993), S. 136.

19 Zum Beispiel wurde in Kap. 7.2. eine Leseszene aus Tod Brownings *Freaks* besprochen, in der ein siamesischer Zwilling ein Buch liest, während ihre Schwester ein Date hat. Doch auch wenn dieser frühe Tonfilm mehrere zentrale Liebesstorys enthält, wird er in der Regel als Horror- und nicht als Liebesfilm etikettiert. Vgl. Seeßlen u. Weil: Kino des Phantastischen (1979), S. 67–69.

sich um zwei Pole gruppieren lässt: die Romanze und das Melodram. Die eine Variante erzählt vom Liebesglück, die anderen von den Bedingungen seiner Unmöglichkeit«.[20]

Die *Romanze* erzählt mit positivem Ausgang und häufig humoristischer Ausrichtung vom Verlieben und Zusammenkommen zweier Figuren, wobei in der Regel ein Konflikt überwunden werden muss. Hier existieren zudem Subgenres, wie die *romantische Komödie* oder die *Screwball*-Comedy.[21] In Romanzen kann das Reden über Bücher mit dem gegenseitigen Kennenlernen verknüpft werden.[22] Der Beginn von *Before Sunrise* (USA (u. a.), 1995) zeigt etwa, wie sich zwei Figuren auf einer Zugfahrt durch die Frage »What are you reading?«[23] näherkommen. Oder das Lesen spielt im Rahmen der Intensivierung der Beziehung eine Rolle: In der Liebeskomödie *You've Got Mail* (USA, 1998) lernen sich die Kinderbuchhändlerin Kathleen Kelly und der Unternehmer Joe Fox über das Schreiben von E-Mails kennen. Kathleen schwärmt in einer Sequenz von ihrer Begeisterung über Jane Austens Roman *Pride and Prejudice*, den sich Joe ihr zuliebe zur Lektüre vornimmt.[24] Mit einem Bier in der Küche verzweifelt er beim Lesen und bricht die Lektüre ab.

Von der Romanze abzugrenzen ist das *Melodram*, das vor allem zum Ziel hat, die ZuschauerInnen emotional zu berühren.[25] »Das Melodram erzählt von Betrug, Enttäuschung, vergeblichem Streben, schuldbeladenem Handeln und dem Scheitern des Individuums an gesellschaftlichen oder individuellen Ansprüchen und

---

20 Felix: Liebesfilm (2002), S. 406.

21 Diese Genres werden in der Regel unter die Komödie subsumiert, während das Melodram ein eigenes Genre bildet. Vgl. hierfür: Gotto: Komödie (2013), S. 72–78.

22 So heißt es auch über bildnerische Darstellungen: »Die Szenen, in denen Buch und Lesen beim Anbandeln und Einfädeln einer Beziehung eine Rolle spielen, sind bereits mehr oder weniger mit erotischen Konnotationen durchzogen. Die Einzelleser, die über dem Buch ins (Tag) Träumen kommen, werden häufig sinnlich affiziert dargestellt. Dies kommt – neben entsprechendem Ambiente – in der Augen- und Körpersprache zum Ausdruck«. Assel u. Jäger: Zur Ikonographie des Lesens (2001), S. 664.

23 Before Sunrise (1995), 00:04:30–00:04:31. Diese häufig gestellte Frage zur Kontaktaufnahme, die gleichzeitig eine Identifizierung des Leseobjekts ermöglicht, findet sich nicht nur in Hollywood-Liebesgeschichten, sondern ebenso beispielsweise in Godards *Vivre sa vie*. Der Film erzählt mehrere Episoden aus dem Leben der Prostituierten Nana, wozu auch eine Sequenz zählt, in der sie ein längeres Gespräch mit einem Philosophieprofessor in einem Café führt. Der Dialog wird eingeleitet durch Nanas Frage, was der Professor denn lesen würde.

24 »I've read *Pride and Prejudice* about two hundred times. I get lost in the language. Words like: ›thither‹, ›mischance‹, ›felicity‹. I'm always in agony over whether Elisabeth and Mr. Darcy are really going to get together. Read it. I know you'll love it.« You've Got Mail (1998), 00:15:53–00:16:14.

25 Vgl. zum Melodram allgemein: Seeßlen: Kino der Gefühle (1980).

Beschränkungen«.[26] Auch dafür gibt es zahlreiche Filmbeispiele, in denen Literatur eine zentrale Rolle spielt: In *The Bridges of Madison County* (USA, 1995) verlieben sich die verheiratete Francesca und der Fotograf Robert ineinander. Ihre Liebesbeziehung scheitert, da Francesca nicht bereit ist, ihren Ehemann zu verlassen. Als sie nach dem Tod ihres Gatten wieder Kontakt zu Robert aufnehmen möchte, ist dieser bereits gestorben und hat ihr unter anderem ein Buch vermacht, in dem er ihre Liebesgeschichte literarisch verarbeitet hat (Pseudointertextualität). So stellt die Szene, als Francesca das Buch in ihren Händen hält, eine äußerst emotionale Szene voller Emphase dar, da Robert die Schönheit und Bedeutung ihrer gemeinsamen Tage literarisch verewigt hat.[27] Die ostentative Gefühlsbetonung auf inhaltlicher Ebene wird im Melodram auf formaler Ebene durch spezifische Inszenierungselemente noch verstärkt. Dazu schreibt Nicola Valeska Weber:

> Zur Ästhetik des Melodramas gehören der gesteigerte Einsatz des *Film Scores* und jener der Mise-en-Scène. Die gesprochene Sprache verliert an semantischem Gewicht; Ausleuchtung, Bildkomposition und Dekor gewinnen an syntaktischer und semantischer Bedeutung für die ästhetische Wirkung und werden zu funktionalen und integralen Bestandteilen der Bedeutungskonstruktion.[28]

Die nachstehenden Ausführungen stützen sich auf zwei Beispiele des Melodrams, um die Bedeutung des Lesens im Rahmen von Liebesbeziehungen darzulegen.

10.2.1 Lesen im Melodram

In Mauritz Stillers *Gösta Berlings Saga* aus dem Jahr 1924, der Literaturverfilmung des gleichnamigen Romanerfolgs der schwedischen Literaturnobelpreisträgerin Selma Lagerlöf, findet eine Leseszene statt, innerhalb derer sich ein Paar näherkommt.[29] Der Stummfilm spielt in Schweden kurz nach den Napoleonischen Kriegen und erzählt die Geschichte des jungen Pfarrers Gösta Berling

---

26 Kaufmann: Der Liebesfilm (2007), S. 30.
27 Mit *Love Story* wurde in Kap. 4.2. bereits ein typisches Melodram angesprochen: Hier wird von einer klassenüberschreitenden Liebe erzählt, die aufgrund des frühen Krebstodes der Hauptfigur Jenny tragisch endet. Eine Leseszene zeigt die beiden in inniger Verbundenheit und unterstreicht somit die Intimität der Beziehung.
28 Weber: Melodram (2013), S. 101.
29 Der Film ist dafür bekannt, dass Selma Lagerlöf mit der Verfilmung ihres Werks nicht einverstanden war, die junge Greta Garbo entdeckt wurde und produktionstechnisch zwei Passagen Aufsehen erregten: zum einen das wütende Feuer von Ekeby, bei dessen Drehaufnahmen Hauptdarsteller Lars Hanson nur knapp einer Verbrennung entging, und zum anderen die auf-

(Lars Hanson). Dieser wird zu Beginn des Films aufgrund von alkoholischen Eskapaden und diversen Affären aus dem geistlichen Stand verwiesen. Nachdem Gösta ziellos herumzieht, wird er von der Gräfin Märtha Dohna als Hauslehrer ihrer gläubigen Stieftochter Ebba (Mona Mårtenson) engagiert, die sich sogleich in ihn verliebt. Damit scheint sich Märthas Plan zu erfüllen, durch diese Heirat den Besitzanspruch des Schlosses Ekeby für ihren Sohn Henrik zu erreichen. Als Ebba jedoch von Göstas unrühmlicher Vergangenheit erfährt, wird sie so sehr in ihrer Frömmigkeit erschüttert, dass sie aus Kummer stirbt.[30] Ein Screenshot zeigt den Moment, als sich Ebba in Gösta verliebt. Am Grabstein ihrer Mutter bittet Elisabeth den mit einer Bibel herantretenden Gösta darum, ihr zu Ehren des Todestages ihrer Mutter eine Stelle aus der Passion Christi vorzulesen (Abb. 19).[31]

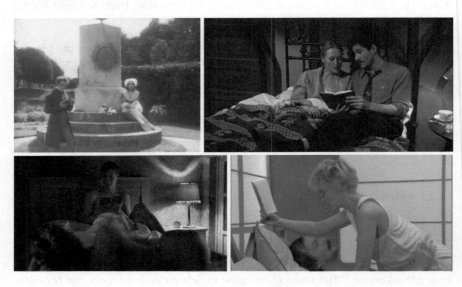

Abb. 19: Das Lesen fungiert in beiden Filmen als Motor des Kennenlernens: Die gemeinsame Rezeption erfolgt distanziert in *Gösta Berlings Saga* (00:32:52) und deutlich intimer in *Sophie's Choice* (00:34:45). Unterschiedliche Darstellung der Verbindung von Lesen und Sex: Hannah und Michael pflegen in *The Reader* (00:28:45) das Ritual, dass er ihr vor dem Geschlechtsverkehr vorliest; in *La Lectrice* (01:04:43) vollzieht die professionelle Vorleserin Marie den körperlichen Akt mit einem ihrer Kunden, während sie liest.

---

wendig inszenierte, wilde Schlittenfahrt Göstas und Elisabeths über einen zugefrorenen See auf der Flucht vor einem Rudel Wölfe. Vgl. Reisner: Gösta Berling (2007), S. 184.

30 Nach weiteren Liaisons Göstas entwickelt sich eine starke Liebe zwischen ihm und Henriks Frau Elisabeth (Greta Garbo): Durch sie wird Gösta am Ende des Films zu einem Mann voller Barmherzigkeit und Edelmut.

31 Zur Bedeutung der Lektüre der Bibel im Film vgl. Kap. 8.3.2.

Während Gösta aus der Bibel vorliest, wird in mehreren Sequenzen zu Märtha geschnitten, die in einem Brief ihren Plan darlegt, dass ihr Sohn Henrik von einer Heirat Ebbas mit Gösta als Erbe profitieren würde. Die Parallelmontage verdeutlicht den ZuschauerInnen, dass die in diesem Moment aufkeimende Beziehung arrangiert ist und unter keinem guten Stern steht – was auch die dramatische Musik unterstreicht. Gösta rezitiert die Passage aus der Heiligen Schrift, als ob er eine Rede von der Kanzel herab halten würde: Er blickt an Ebba vorbei und schaut ziellos in die Ferne, während er detailliert die Passage über die Folterung Jesu Christi vorliest. Diese pathetische Lesung schließt mit Göstas eindringlicher Aufforderung, gottesfürchtig zu leben, wobei ein Flashback in Widerspruch hierzu den Eklat seiner Amtsenthebung zeigt.[32]

Die – für einen Stummfilm typische – *dramatische* Inszenierung des Lesens und die Rückblende akzentuieren die Ambivalenz in Göstas Worten: Glaubt er noch an den religiösen Gehalt der Bibel oder hat er im Zuge seiner Amtsenthebung und deren Vorgeschichte selbst den Glauben verloren? Die zutiefst religiöse Ebba bemerkt diesen Zwiespalt Göstas, der sich im Leseakt manifestiert, nicht, sondern hält ihn für wahrhaftig gottesfürchtig und fühlt sich deswegen direkt zu ihm hingezogen: »How beautiful you read, Mr. Berling. Like a true man of god«.[33] Nach anfänglichem Abstand küsst er ihre Hand leidenschaftlich und am Ende der Szene umarmen sich die beiden innig – typisch für das Melodram, dem »Genre der großen Gefühle und des sentimentalen Genusses«.[34]

Zu Beginn der Szene herrscht eine Distanz zwischen den beiden Lesesubjekten, die am Ende aufgehoben ist: Die körperliche Nähe entsteht erst durch den Leseakt. Ebbas Bewunderung für Gösta wird dabei eindeutig auf das Lesen zurückgeführt: »How beautiful you read«. Die starke Anziehung, die der Pfarrer auf sie ausübt, ist jedoch vor allem auf ihre Frömmigkeit zurückzuführen, welche die Gräfin Märtha ausnutzt, um Ebba mit dem Pfarrer zu verkuppeln. Ebba erscheint so als religiös-naiver Teenager: Sie vergöttert gleichsam den Mann des Glaubens wegen der vorgelesenen Worte aus der Bibel, die sie tief berühren. Ihre religiösen Gefühle sind derart stark, dass sie aus Gram stirbt, als sie erfährt, dass Gösta kein ehrenvoller Geistlicher ist.

Das Lesen fungiert in diesem Filmbeispiel demnach als eine Art Aphrodisiakum: Edda lässt sich durch die Kraft der Worte, die vorgelesen werden, täuschen und verliebt sich unter falschen Voraussetzungen. Für die Zuschauenden unterstreichen die Montage mit dem Einstellungswechsel zur Briefe schreibenden

---

32 Zum stilistischen Einsatz des Flashbacks im Kontext von Lesedarstellungen vgl. Kap. 9.3.
33 Gösta Berlings Saga (1924), 00:35:25.
34 Weber: Melodram (2013), S. 91.

Märtha, die musikalische Untermalung sowie der Flashback auf filmsprachlicher Ebene die Brüchigkeit und das bevorstehende unglückliche Ende der kurzfristigen Romanze. Hier wird nicht die Gefahr des Lesens aufgrund der Sinnlichkeit einer Romanlektüre evoziert, wie in den eingangs angeführten literarischen und bildnerischen Darstellungen des Lesens, sondern es ist die verführerische Kraft des Vorlesers, dem ein junges Mädchen zum Opfer fällt. Göstas rhetorische Fähigkeiten, verbunden mit seinem Pathos, seinem manipulativen Willen und seiner Antizipation der Regungen der Zuhörerin, führen dazu, dass Edda ihn für jemanden hält, der er eben nicht ist: »a true man of god.«[35] Diese Filmszene ist ein Beispiel für eine Leseszene, in welcher dem Vorleseakt selbst eine erotisierende Wirkung zugeschrieben werden kann.

Eine strukturell vergleichbare Liebessequenz liegt in Alan J. Pakulas *Sophie's Choice* (USA, 1982) vor, der filmischen Adaption des gleichnamigen Romans von William Styron. Der Film erzählt von einer *ménage-à-trois* zwischen der polnischen Holocaust-Überlebenden Sophie (Meryl Streep), dem Biologen Nathan (Kelvin Klein) und dem zweiundzwanzigjährigen Schriftsteller Stingo (Peter MacNicol), der auch gleichzeitig der Erzähler der Geschichte ist. Stingo mietet kurz nach dem Ende des Zweiten Weltkrieges ein Zimmer in einem Haus, in dem auch Sophie und Nathan wohnen. Die drei jungen Leute freunden sich an und Stingo wird Zeuge davon, wie Nathan und Sophie eine *l'amour fou* leben: Starke Intimitäten wechseln sich mit Wutausbrüchen und Streitigkeiten ab. Sukzessive erfährt Stingo, dass Nathan unter paranoider Schizophrenie leidet und Sophie während des Zweiten Weltkrieges in einem Konzentrationslager inhaftiert war. Dort musste sie eine – titelgebende – grausame Entscheidung treffen, um zu überleben: Ein sadistischer KZ-Aufseher hatte sie vor die Wahl gestellt, entweder ihre Tochter oder ihren Sohn zu retten; die bzw. der andere würde umgebracht. Sophie entschied sich für die Rettung ihres Sohns, den sie jedoch letztlich auch nicht mehr wiedersah. Ihr gelingt es nicht, diese traumatische Erfahrung zu verarbeiten, so dass sie und Nathan gegen Ende des Films durch Gift gemeinsam Selbstmord begehen.

Eine von vielen Leseszenen ereignet sich in dem Melodram, als eine längere narrative Rückblende davon erzählt, wie Sophie und Nathan sich kennen lernten.[36]

---

35 Das Ende des Films zeigt jedoch, dass Gösta durchaus im Namen Gottes handelt, wodurch die Szene auch derart interpretiert werden kann, dass sich im Akt des Lesens seine wahre Frömmigkeit zeigt.
36 Es werden mehrere literarische Werke innerhalb des Films thematisiert. Die Hauptfigur Stingo ist ein Schriftsteller, der auch über sein Schaffen und sein Schreiben reflektiert. Sophie und Nathan sind ebenso literaturaffin und so wird mehrfach über literarische Werke gespro-

Nach ihren schrecklichen Erlebnissen im KZ hört die unter Anämie leidende Sophie in einem Englisch-Sprachkurs, den sie als polnische Einwanderin besuchen muss, wie das Gedicht *Because I could not stop for Death* von Emily Dickinson von dem Lehrer vorgetragen wird. Sie versteht jedoch nur den Nachnamen der Lyrikerin und begibt sich – deutlich von der Krankheit geschwächt – in die Bibliothek, um ein Buch von Dickinson auszuleihen. Doch ein inkompetenter und unfreundlicher Bibliothekar weist sie ab.[37] In diesem Moment bricht Sophie zusammen und Nathan kümmert sich um sie. Er bereitet ihr ein Abendessen zu und findet ihre polnische Ausgabe von Thomas Wolfes *Look Homeward, Angel*: Er bittet sie, ihm daraus vorzulesen. Die beiden sitzen gemeinsam auf dem Bett und lesen abwechselnd die Sätze des Romans auf Polnisch und Englisch vor. Während Sophie die Sätze vorträgt, betrachtet Nathan sie voller Faszination und es entspinnt sich folgendes Gespräch (Abb. 19):

Nathan: God! This is a first hearing Thomas Wolfe read aloud in Polish.

Sophie: The first for me too, hearing Wolfe read in English.

Nathan: If that poor bastard have heard you read this aloud in Polish, he would've written in Polish.

Sophie: I don't think so.

Nathan: Oh yeah! Oh, yes! You were ... you were in that concentration camp?

Sophie: Yeah, I can't, I can't talk about that, though.

Nathan: I'm sorry. I have a neck to stick my big nose where it's got no business. I want so much to know you. To be close to you.

[Nathan nimmt ein Buch von Emily Dickinson in die Hand.]

Sophie: Emily Dickenson? That's the woman? Oh no! Property of Nathan Landau. That's you?

Nathan: That's me.

Sophie: It's your book?

Nathan: No, it's yours.

Sophie: Thank you! Thank you.[38]

Nathan: Ample make this bed.

---

chen. Zu Beginn bekommt beispielsweise Stingo eine Einladung, Sophie und Nathan kennenzulernen, in der Form eines Buchs von Walt Whitman.

37 Er hört nur »Dickens« und weist sie äußerst aggressiv darauf hin, dass Bücher von »Charles Dickens« im Regal nicht bei amerikanischer, sondern bei britischer Literatur stehen.
38 Sophie's Choice (1982), 00:34:59–00:36:29.

Make this bed with awe;
In it wait till judgment break
Excellent and fair.
Be its mattress straight,
Be its pillow round;
Let no sunrise' yellow noise
Interrupt this ground.

Während der gesamten Szene ist intradiegetisch das Plätschern des Regens von draußen zu vernehmen. Nicht nur durch Nathans Rezitation von Dickinsons *Ample make this bed*, sondern auch durch die letzte Einstellung, welche die beiden durch die verregnete Fensterscheibe in inniger Verbundenheit in sitzender Haltung im Bett lesend zeigt, entsteht ein *romantischer* Eindruck: Die Gefühle, welche die beiden füreinander hegen, werden ostentativ ausgestellt und die gesamte Szene, in der sie sich ineinander verlieben, ist melodramatisch idealisiert.

Zunächst ist an dieser Sequenz auffällig, dass zu Beginn beide Figuren lesen: nacheinander in unterschiedlichen Sprachen; sie halten auch gemeinsam das Leseobjekt in ihren Händen. Dabei steht für Nathan die Schönheit einer Sprache, bzw. Sophies Aussprache, unabhängig von der Semantik im Vordergrund, denn Nathan ist von dem Klang der polnischen Worte fasziniert.[39] Da er die polnische Sprache nicht beherrscht, gibt er im Subtext zu verstehen, dass er auch Sophies Stimme – und damit sie als Person – erotisch findet. Als Nathan über Sophies Erfahrungen im KZ sprechen möchte, blockt Sophie diesen Wunsch ab. Damit wird Nathans Begehren an Sophies Person offensichtlich.[40] Die Lesezene markiert den Beginn ihrer Liebe und gleichzeitig deutet die Weigerung Sophies, über ihre Erfahrungen im Konzentrationslager zu sprechen, einen Grund des Schei-

---

[39] Das Vorlesen in mehreren Sprachen und die Verbindung mit einer Liebesgeschichte findet sich auch in Luca Guadagninos Literaturverfilmung *Call Me by Your Name* (USA (u. a.), 2017): Hier liest die Mutter von Elio, der in einen jungen Mann verliebt ist, sowohl diesem als auch ihrem Ehemann eine kurze Liebesgeschichte aus dem *Heptaméron* vor, das im Original auf Französisch verfasst ist. Sie liest ihrer Familie aus einer deutschen Version vor, die sie parallel zum Vorleseakt ins Englische übersetzt. Vgl. Rouget: Lesezenen intermedial (2020), S. 593–596. Der Prozess des Übersetzens unabhängig von einer Liebeshandlung ist vor allem in einer Schlüsselszene in *The Browning Version* (GB, 1994) relevant. Hier trägt der von Albert Finney gespielte, kurz vor der Pensionierung stehende Griechisch- und Lateinlehrer seine eigene Übersetzung des *Agamemnon* von Aischylos voller Inbrunst vor.

[40] Proleptisch wird zudem auf Sofies schrecklichen Erfahrungen während des Holocausts verwiesen, die erst im letzten Drittel des Films zentral werden. Dies akzentuiert die Tatsache, dass ausgerechnet ein Werk von Thomas Wolfe gelesen wird, der in seinem Text *You Can't Go Home Again* in ›weiser Voraussicht‹ die Verhaftung eines Juden an der Reichsgrenze verarbeitet hat.

terns ihrer Liebe an. Die Szene ähnelt der zuvor besprochenen Sequenz aus *Gösta Berlings Saga*, denn Nathan beginnt sich – vergleichbar mit Ebba – während des Lesens in Sophie zu verlieben, was er auch verbalisiert:»I want so much to know you. To be close to you.«[41]

Das vollständig rezitierte Gedicht *Ample make this bed* erhält innerfilmisch eine hohe Bedeutungszuschreibung, es liegt also eine starke Relation zwischen dem Film und dem Inhalt des Leseobjekts vor. Dies verstärkt die Vorgeschichte, in der Sophie im Sprachkurs von Dickinson fasziniert ist, sie auf umständliche Weise um das Buch kämpfen muss, da es ihr in der Bibliothek verwehrt wird – was einen körperlichen Zusammenbruch zur Folge hat, bei dem Nathan sie rettet. So wird das Dickinson-Buch als Geschenk zu Nathans metaphorischem Liebesbeweis. Das aneinandergeschmiegte Lesen im Bett und die damit verbundene Nähe kann mit dem Inhalt der Verse von Dickinson enggeführt werden.

Zwei Zeilen enthalten die Aufforderung, das Bett zu richten:»Be its mattress straight / Be its pillow round«. An dieser Stelle bieten sich zwei Deutungen des intertextuellen Zitats an. Zunächst handelt es sich um die Vorbereitung eines besonders intensiven Moments, den zwei Personen miteinander verbringen werden. Das lyrische Ich will diesen Moment möglichst vollkommen (»excellent and fair«) gestalten. Der anderen Interpretation folgend, lässt sich das lyrische Ich ein Totenbett richten, in der Erwartung, dass es, sobald der Tod eintritt (»judgment break«), in Ruhe und Frieden sterben kann. Beide Deutungen lassen sich auf den Film übertragen, denn einerseits verlieben sich Nathan und Sophie in dieser Szene, sie erleben den Moment intensiver Gefühle, der durch den gemeinsamen Lektüreakt unterstrichen wird.[42] Andererseits werden sie sich beide später in demselben Bett das Leben nehmen. Und ebenjenes Dickinson-Gedicht wird am Ende beim Anblick der Leichen von dem filmischen intradiegetischen Erzähler Stingo zitiert.[43] Diese existenzielle Verbindung von Liebe und

---

41 Proleptisch wird durch das Lesen einer Liebesgeschichte häufig angezeigt, dass sie die lesenden Figuren selbst ebenfalls verlieben werden. Ein Beispiel hierfür wurde schon in Kap. 6.2. mit *A Life Less Ordinary* angesprochen.

42 Der Topos des innigen Akts der gemeinsamen Lektüre reiht sich in die zu Beginn dargelegte Kulturgeschichte des Lesens ein. Ein weiteres filmisches Beispiel hierfür stellt neben dem bereits angesprochenen *Love Story* die romantische Liebeskomödie *Notting Hill* (GB/USA, 1999) dar. In der letzten Einstellung befindet sich die von Julia Roberts verkörperte Anna auf einer Bank und liegt mit ihrem Kopf auf dem Schoß des von Hugh Grant gespielten William, der ein Buch liest. Dazu erklingt extradiegetisch das Lied *She* in einer Version von Elvis Costello, das die intime Atmosphäre der beiden Verliebten unterstreicht.

43 Der lyrische Text bildet quasi eine Klammer und durchzieht den Film von Anfang bis Ende. Dies ist vergleichbar mit Steven Soderberghs *Solaris* (USA, 2002), dem Remake von Tarkowskis

Tod, die hier durch eine literarisch-ästhetische Leseszene entsteht, ist typisch für ein Melodram.

Der *wundervolle* Moment, der in den Gedichtzeilen beschworen wird, findet sich auch in der filmästhetischen Inszenierung wieder: Gemeinsame Kuscheln im Bett, das Plätschern des Regens und die Rahmung des Liebespaars durch die verregnete Fensterscheibe. Es wird eine intensive romantische *Atmosphäre* hergestellt.[44] Für die Zuschauenden visieren solche romantische Darstellungen einen Effekt an, den Elke Heidenreich in Abwandlung von Günter de Bruyns Satz »Lesend lebt man andere Leben mit« pointiert: »Ich würde ergänzen: Man liebt auch andere Lieben mit.«[45] Die Liebeserfahrung und die Emotionen der beiden Figuren können von den Zuschauenden selbst erfahren werden. Die Szene hat das Potenzial, mittels formaler Verdichtung die ZuschauerInnen selbst sinnlich anzusprechen. Doch die Ambiguität der rezitierten Verse bricht die Idylle dieser Einstellung: Im Gedicht sind der Hinweis und die Vorausdeutung auf das tragische Ende des Liebespaares verborgen. Letztlich lässt die Szene den ZuschauerInnen Spielraum für Imagination, wie sich die innigen Stunden für die beiden nach dem Ende des Leseakts weiter gestalten; die in diesem Kontext auch mögliche körperliche Intimität ist Thema des nächsten Kapitels.

10.2.2 Lesen und Sex

Während eine mögliche Kopulation zwischen zwei Lesenden im letzten Beispiel nur dezent angedeutet wurde, steht der Zusammenhang von Lesen und Sex in den folgenden Beispielen im Fokus. *The Reader* (USA/D, 2008) von Stephen Daldry ist die filmische Adaption des erfolgreichen deutschsprachigen Romans *Der Vorleser* von Bernhard Schlink.[46] Der sich eng an der literarischen Vorlage orientierende Film erzählt von der Liebesbeziehung des zu Beginn der Handlung fünfzehnjährigen Michael Berg und der ca. 20 Jahre älteren Straßenbahnschaffnerin Hannah Schmitz gegen Ende der 1950er Jahre in Deutschland. Dabei folgen sie einem

---

gleichnamigen Sci-Fi-Klassiker, in dem Dylan Thomas' *And Death Shall Have No Dominion* eine ähnliche Rolle einnimmt: Das Gedicht spielt sowohl bei Kennenlernen der beiden Hauptfiguren und bei dem Tod der weiblichen Protagonistin eine zentrale Rolle.

44 Dabei wird dem Atmosphärenbegriff von Hans J. Wulff gefolgt: »Atmosphären sind also Gefühlsqualitäten, die bewusst für den Adressaten gestaltet werden, so dass dieser affektiv-emotional in eine besondere Wahrnehmung des dargestellten Gegenstandes hineingeführt wird.« Wulff: Prolegomena zu einer Theorie des Atmosphärischen im Film (2011), S. 110.

45 Heidenreich: Kleine Fliegen! (2005), S. 18.

46 Vgl. zur Funktion des Lesens in diesem literarischen Werk: Braun: Wissen oder Verstehen? (2013).

Ritual: Michael liest Hannah vor dem Vollzug des Geschlechtsakts aus Büchern vor. Hannah verlangt diese ›Zeremonie‹ von Michael, um zu verbergen, dass sie Analphabetin ist.[47] Hannah wird später in einem Prozess angeklagt, im Dritten Reich als KZ-Aufseherin für die Ermordung von über 300 Juden verantwortlich gewesen zu sein. So kreist der Film um die Frage nach Hannahs Schuld und ihrer Scham vor der gesellschaftlichen Bloßstellung angesichts ihres Analphabetismus.[48] Für die vorliegende Studie sind die im ersten Drittel des Films enthaltenen Vorleseszenen relevant, die jeweils von Geschlechtsakten begleitet sind.[49] Auf einem Screenshot liest der entkleidete Michael aus Homers *Odyssee* vor (Abb. 19), bevor die ebenfalls nackte Hannah ihn dazu auffordert, mit ihr intim zu werden.

Hannah hat den Ablauf des Rituals gegenüber Michael in einer Szene zuvor expliziert: »We're changing the order we do things. Read to me first, kid. Then we make love.«[50] An diesem Satz wird deutlich, dass die sexuelle Beziehung zwischen dem Teenager und der Mittdreißigerin bereits bestand, bevor die Vorlese-Zeremonie etabliert wird. In der oben abgebildeten Einstellung sind beide Lesesubjekte nackt, doch das Laken und das Leseobjekt verdecken Michaels Geschlechtsteil; von Hannah sind der entblößte Rücken und das seitlich exponierte Gesäß zu erkennen. Die Sequenz stellt den weiblichen und männlichen Körper nicht pornografisch zur Schau. Der dunkle Raum und die Leselampe als Lichtquelle schaffen ein von warmen Farben geprägtes, stimmungsvolles Ambiente, das die erotische Anziehung der beiden Figuren hervorhebt. Während Hannah sich in anderen Szenen nicht unbedingt liebevoll, sondern dominant und gefühllos gegenüber Michael verhält, erscheint sie ihm in diesem Moment untergeordnet: Räumlich ist er als Vorleser auf dem Bett hierarchisch über ihr positioniert, während sie ihm in liegender Position zuhört. Die Anordnung der Figuren legt die Deutung nahe, dass sie sich ihm, auch aufgrund der körperlichen Positionierung, ›ausliefert‹.

---

47 Vgl. zum Analphabetismus im Film den Exkurs in Kap. 12.4.

48 Für die Verbindung von sexueller Verführung Minderjähriger, Analphabetismus und Holocaust wurden sowohl gegen den Roman als auch gegen den Film Vorwürfe des Antisemitismus erhoben. Jeremy Adler urteilt beispielsweise in der *Süddeutschen Zeitung*: Die »wirre Ästhetik« des ganzen Buchs »schafft eine Double-Bind-Situation und verstrickt den Leser in eine Erzählung, die logisch unmöglich, historisch falsch und moralisch pervers ist.« Adler: Die Kunst, Mitleid mit den Mördern zu erzwingen (2002), S. 18. Bezüglich des Films findet Ron Rosenbaum noch deutlichere Worte und nennt ihn »the worst Holocaust film ever made«. Er schlussfolgert: »This is a film whose essential metaphorical thrust is to exculpate Nazi-era Germans from knowing complicity in the Final Solution«. Zit. n. Tim Shipman: Kate Winslet's Oscar chances (2009).

49 So liest Michael Hannah vor allem aus bedeutenden Werken der Weltliteratur vor, wie Lessings *Emilia Galotti* oder Twains *Huckleberry Finn*, aber auch aus Comics wie *Les Aventures de Tintin*.

50 The Reader (2008), 00:27:58–00:28:05.

Die Hierarchie ändert sich, als Hannah mit einem Fingerzeig zu verstehen gibt, dass Michael zu ihr kommen soll, um mit ihr zu schlafen – auch das »kid« akzentuiert an dieser Stelle Hannahs Superiorität. Michael folgt ihrem Wunsch augenblicklich, denn sein Interesse gilt nicht dem Lesen, sondern der Kopulation mit Hannah; dieser ist es stattdessen wichtiger, dass ihr vorgelesen wird. Ihr eigenes körperliches Verlangen nach Michael nutzt sie als Belohnung für den Vorleser Michael. Sie ist der dominante Part in der Beziehung und beendet diese schließlich auch, ohne ihm dafür mögliche Gründe zu nennen.

Es ist an den gemeinsamen Leseszenen auffällig, dass weder das Lesen noch die Lektüre selbst dazu beitragen, Hannah oder Michael sexuell zu stimulieren. In der Szene liest er aus der *Odyssee*, doch es ist für die ZuschauerInnen nicht erkennbar, welche Stelle aus welchem Kapitel vorgelesen wird. Als Michael in einer darauffolgenden Szene einen mit D. H. Lawrences *Lady Chatterley's Lover* durchaus erotisch aufgeladenen Lektürestoff wählt und diesen Hannah in der Badewanne vorträgt, missbilligt sie dies, möchte aber auch nicht, dass er aufhört.[51] In allen Vorleseszenen außer dieser, in der eine Lektüre aus einem Roman mit expliziten erotischen Darstellungen erfolgt, haben die beiden leidenschaftlichen Sex. Somit liegen *cues* dafür vor, dass weder der erotische Inhalt eines Buches noch die Vorlesesituation selbst die erotische Anziehung zwischen den beiden verstärken. Stattdessen ist es die Dominanz Hannahs, die als sexuelle Stimulanz fungiert und die sich eben auch in der Inszenierung des Leseakts manifestiert. Entgegen der in der Exposition evozierten Assoziationen kann in diesem Film also nicht von einem starken Konnex von Erotik und Lesen ausgegangen werden. Dies ist eher dann der Fall, wenn ein literarischer Text und/oder das Lesen selbst *fetischisiert* werden, wie es im nächsten Filmbeispiel der Fall ist.[52]

In der französischen Komödie *La Lectrice* liest Constance (Miou-Miou) einen Roman über die Vorleserin Marie und imaginiert sich als die Hauptfigur des literarischen Werks.[53] Marie erlebt eine Reihe von kuriosen Situationen und Ansprüchen ihrer Kunden, welche die bloße Vorlesetätigkeit überschreiten. An dieser Stelle soll eine Szene analysiert werden, die sich zwischen der Vorleserin und

---

51 »This is disgusting. Where did you get this? [...] You should be ashamed. Go on.« Ebd., 00:29:33–00:29:46.
52 In mehreren Filmen wird der sexuelle Fetisch des *Vorlesens* thematisiert, etwas in dem bereits besprochenen *Agassi* in Kap. 7.2. oder in Bernd Eichinger Fernsehfilm *Das Mädchen Rosemarie* (D, 1996), dem Remake des gleichnamigen Films aus dem Jahr 1958. Rosemarie arbeitet als Prostituierte für ältere Männer, wovon einer ihr aus Marquis de Sades *Justine ou les Malheurs de la vertu* vorliest, während sie sich auszieht. Auch in der dritten Staffel der deutschen Kriminal-Serie *Babylon Berlin* (D, seit 2017) kommt dieser Topos vor.
53 Der Film wird erneut bezüglich der selbstreflexiven Konstruktion der Rahmenhandlung durch das Vorlesen in Kap. 11.4. analysiert.

einem nur *PDG* genannten Geschäftsmann (Patrick Chesnais) ereignet.[54] Die tollpatschige und besonders redselige männliche Figur gesteht Marie schon kurz nach dem Beginn der Vorlesetätigkeit seine Liebe und seinen Wunsch, mit ihr intim zu werden, wobei er ihr auch seine Impotenz beichtet.

In der humoristisch inszenierten Szene erleidet der äußerst angespannte Geschäftsmann einen vorzeitigen Samenerguss und erstickt kurz darauf beinahe an einer Feder, die er versehentlich einatmet, als er sich leidenschaftlich auf die im Bett liegende Marie stürzen möchte. Doch Marie übernimmt daraufhin die Kontrolle und beruhigt ihn durch Vorlesen und ›manuelle‹ Befriedigung. Als Lektürestoff fungiert dabei *Un fantasme de Bella B.*, eine Sammlung von erotischen Erzählungen, die der Autor der literarischen Vorlage des Films Raymond Jean fünf Jahre vor dem Roman *La Lectrice* schrieb. Neben der ironischen – und selbstreflexiven – Referenz auf den Urheber der literarischen Vorlage enthalten die erotischen Geschichten *expressis verbis* Sexszenen, die durchaus geeignet sein können, auf entsprechend disponierte Lesesubjekte stimulierend zu wirken. Als Marie sich über den Direktor beugt, greift sie erneut zu dem Buch und liest ihm weiter vor (Abb. 19).

Diese Lesesequenz unterscheidet sich von anderen, deutlich erotischer inszenierten Szenen des Films. Etwa wenn Marie dem im Rollstuhl gefesselten Teenager Eric *La chevelure* von Guy de Maupassant vorliest und dabei eine Nahaufnahme ihre nackten Beine fokussiert, die das sexuelle Begehren des Jugendlichen einfängt. Während bisher sowohl Leseszenen *vor* und *nach* dem Geschlechtsverkehr analysiert und interpretiert wurden, stellt das Lesen *während* der Kopulation im Rahmen der vorliegenden Studie – und auch innerhalb des skurrilen Filmgeschehens – eine besondere Koinzidenz dar.[55] Die Szene kontrastiert auf humorvoll überzeichnete Weise einen körperlichen Akt (Sex) mit einem überwiegend geistigen Akt

---

54 Ebenfalls für diesen Kontext aufschlussreich ist eine Szene gegen Ende des Films, in der ein älterer Richter von Marie verlangt, ihm und drei weiteren betagten Männern aus Marquis de Sades *Les 120 Journées de Sodome ou l'École du libertinage* vorzulesen. Marie, die ansonsten viele skurrile Vorlesesituationen ›mitmacht‹, verweigert sich ausgerechnet diesem Fetisch und beendet daraufhin ihre Tätigkeit als Vorleserin. Hieran wird deutlich, dass die zu offen von Männern forcierte Verbindung von Erotik und Lesen für sie einen Grenzüberschritt darstellt.

55 Das Lesen *nach* dem Sex wurde beiläufig im Rahmen der *Sopranos*-Folge *Sentimental Education* in Kap. 5.2. angesprochen. In einer Szene der Episode schläft die weibliche Hauptfigur Carmela mit Robert Wegler, dem Englischlehrer ihres Sohnes. Nach dem Geschlechtsverkehr findet sie im Badezimmer die Briefe von Abaelard und Héloïse. Gemeinsam im Bett liegend unterhalten sie sich über das Buch. In Leseszenen nach dem Sex spielt die erotische Komponente häufig eine untergeordnete Rolle und ein Buch kann erhöhte Aufmerksamkeit gewinnen, da der Austausch sexueller Aktivitäten bereits stattgefunden hat. Hier stehen eher die Liebe und der Austausch von Zärtlichkeiten im Fokus, die in dieser Szene durch den Spiegeltext der Liebesbriefe von Abaelard und Héloïse unterstrichen werden.

(Lesen): eine sich vermeintlich ausschließende Verbindung von Animalität und Intellektualität.

Es fällt in der Leseszene neben der humoristischen Hyperbel auf, dass Marie ihr Vorlesen auch während des Geschlechtsaktes weiterführt, wobei keine ›externe‹ sexuelle Stimulanz mehr notwendig zu sein scheint. Marie handelt damit im Sinne ihres Selbstverständnisses als Vorleserin und hört nicht mit jener Tätigkeit auf, für die sie bezahlt wird. Dabei tut sie dies gegen den Widerstand ihres männlichen Kunden und Partners, der sie darum bittet, das Buch wegzulegen. Da sie in diesem Moment eigentlich von ihrer beruflichen Pflicht enthoben wäre, kann durch das *Festhalten* am Lesen ein Akt weiblicher Selbstermächtigung konstatiert werden: Das Vorlesen, d. h. die aktive Verwendung und Vermittlung von Literatur, ist für sie derart lustvoll, dass sie während des Geschlechtsverkehrs quasi *doppelte* Lust verspüren will und weiter vorliest. Sie stimuliert sich somit vor allem selbst durch das Vorlesen – nicht über die (nicht vorhandene) Ausstrahlung ihres männlichen Partners.[56]

Es gilt festzuhalten, dass es sich bei der Leseszene in *La Lectrice* um eine Konstellation handelt, in der die Lektüre selbst erotischen Inhalt enthält und deren stimulierende Wirkung auch in Szene gesetzt wird.[57] Die Stimulanz von erotischer Literatur wird in der Sequenz durch eine Vorleserin verstärkt, die gleichsam das vollzieht, was sie vorliest. Der Film rückt damit die lustvolle Tätigkeit des Vorlesens und deren Wirkung in den Mittelpunkt. Die zur Schau gestellte *Lust* leitet über zu pornografischen Filmen, denen sich der folgende Exkurs widmet.

10.3 Exkurs: Lesen im Sexfilm am Beispiel von *Barbed Wire Dolls*

Hinsichtlich der Verbindung von Lesen und Sinnlichkeit liegen in Sexfilmen Implikationen vor, die eine spezielle Inszenierung von Weiblichkeit bedingen: Der Großteil pornografischer Filme *verdinglicht* den weiblichen Körper und stilisiert ihn zum Objekt männlichen Begehrens.[58] Das genreeigene Ziel, die ZuschauerInnen durch explizite Zurschaustellung von Körpern und Geschlechtsteilen sexuell zu erregen, führt in der Regel zu einem untergeordneten künstlerischen An-

---

56 Ein *cue* für diese Sichtweise ist die Dekonstruktion stereotyper männlicher Eigenschaften bei dem Direktor: Er ist unsicher, versagt beim Verführen, erstickt beinahe bei einem Akt der Leidenschaft und wird komplett von der Frau dominiert.

57 Thomas Anz schreibt Literatur die Macht zu, »mit oft fatalen Folgen zu sexueller Lust zu verführen.« Anz: Literatur und Lust (1998), S. 11.

58 Vgl. einführend zu dem Genre: Faulstich: Die Kultur der Pornographie (1994).

spruch und obszönen sowie frauenfeindlichen Darstellungen. Doch neben dieser berechtigten Kritik können solche Filme auch wissenschaftlich als eine Form des Lust-Wissens über Sexualität erachtet werden. So stellte Getrud Koch zu Beginn der 1980er Jahre die These auf, dass »im Pornokino die instrumentelle Vernunft Sinnlichkeit auf das ihr adäquate Maß zurechtgeschnitten hat.«[59] Linda Williams hat 1989 ein bis heute lesenswertes Standardwerk über den Hardcore-Porno im Prä-Internetzeitalter veröffentlicht, in dem sie die sich wandelnde Bedeutung und Funktion des pornografischen Genres anhand der visuellen Ausprägung im harten Sexfilm nachzeichnet.[60] Im Folgenden soll anhand einer Sequenz des Sexploitationfilms[61] *Barbed Wire Dolls* (CZ, 1976) von Jess Franco das Potenzial für die Untersuchung des literarisch-ästhetischen Lesens in pornografischen Filmen analysiert werden.[62]

Innerhalb des Genres des Sexfilms handelt es sich bei *Barbed Wire Dolls* um einen Frauengefängnisfilm, ein Subgenre des Sexploitationfilms.[63] Die Darstellung sexueller Handlungen in diesem Film wird gemeinhin als *softcore* bezeichnet, d. h. es dominiert vor allem weibliche Nacktheit und die einzige explizite obszöne filmische Einstellung ist – von dem Zeigen von Demütigungen und Misshandlungen abgesehen – die Nahaufnahme einer Klitoris. *Barbed Wire Dolls* spielt auf einer abgelegenen Insel in einer Haftanstalt, in der weibliche Gefangene gefoltert und vergewaltigt werden. Die Leitung der Anstalt besteht aus dem sadistischen Dr. Carlos Costa und einer nur als »the wardress« (Monika Swinn) bezeichneten, lesbischen Aufseherin, deren markantes äußerliches Merkmal ein Monokel dar-

---

59 Koch: Schattenreich der Körper (1981), S. 32. Koch argumentiert in ihrem Aufsatz mit den Thesen Kracauers, Sartres und Foucaults, was im Kontext der Besprechung von Pornofilmen zu jener Zeit unüblich war. Zudem betrachtet sie die ästhetische Entwicklung des Pornofilms historisch.

60 Vgl. Williams: Hard Core (1995).

61 Sexploitationfilme sind erotische Exploitationfilme: Low-Budget-Filme, in denen die Verbindung von Gewalt und sexuellen Handlungen im Fokus steht.

62 Insbesondere die Funktion des Lesens in der *Narration* von Pornos wäre ein vielversprechendes eigenständiges Thema der *Porn Studies*. Vgl. hierzu die Zeitschrift: Porn Studies (seit 2014). Beispielsweise steht in dem skandalösen Rape-and-Revenge-Film *I Spit on Your Grave* (USA, 1978) eine Schriftstellerin im Fokus, die – kurz bevor sie auf grausame Art Opfer einer Gruppen-Vergewaltigung wird – in ihrem Bett liest. So stellt sich beispielsweise die Frage, ob in solchen Filmen durch das Lesen eine Idylle geschaffen wird, die sogleich durch das – konträr wirkende – explizite Zeigen kopulierender und gewaltausübender Körper zerstört wird.

63 Frauengefängnisfilme haben zwar das Eingesperrt-Sein und Gedemütigt-Werden von Frauen zum Thema. Sie gelten bei aller zutreffender Kritik durchaus als progressiv, da sie in den 1960er Jahren ein Frauenbild transportierten, das den zuvor in fast allen Filmen dominierenden Rollentypus der Hausfrau zuwiderläuft. Vgl. zum Frauengefängnisfilm: Mayne: Caged and framed (2000).

stellt. Die Sadomasochistin inszeniert sich als Domina, trägt lediglich das Oberteil ihrer Uniform und ist ansonsten nur mit ihrer Unterwäsche bekleidet. Die für die vorliegende Untersuchung relevante Szene spielt sich ab, als die herrische *Wardress* einen Komplott innerhalb der Gefangenen aufdeckt und aus diesem Grund die inhaftierte Bertha (Martine Stedil) nach ihren (sexuellen) Kontakten mit einem Wärter befragt, da vermutet wird, dass dieser Nachrichten für Bertha aus dem Gefängnis schmuggelt. Bertha wird von einem Aufseher in das Privatgemach der *Wardress* geführt, die, lediglich mit einem transparenten Nachtkleid bekleidet, Albert Speers Autobiografie *Au coeur du Troisième Reich* liest (Abb. 20), die auf Deutsch den Titel *Erinnerungen* trägt.

Abb. 20: Eine Leseszene leitet in *Barbed Wire Dolls* (00:26:03–00:28:17) pornografischen Sadomasochismus ein. Die Wardress liest Albert Speers Buch *Erinnerungen*, womit sie erst aufhört, als sie die Gefangene Bertha sexuell zu misshandeln beginnt. Die Szene wird von einem männlichen Wärter beobachtet.

Die Leiterin des Gefängnisses hält der sichtlich von den vorangegangenen Befragungen körperlich geschwächten Bertha eine ›Strafpredigt‹ wegen ihres sexuellen Kontakts mit einem Wärter, wofür Bertha devot um Verzeihung bittet. Die *Wardress* befiehlt der Gefangenen, sich auszuziehen und auf die Knie zu gehen. Während Bertha den Anweisungen Folge leistet, liest die gebieterische Aufseherin weiter in ihrem Buch und wirft abwechselnd einen Blick auf das Leseobjekt und den nackten Körper der Insassin. Das Leseobjekt wird dabei deutlich in einer Nahaufnahme gezeigt, so dass der Titel der Autobiografie Speers sichtbar wird. Bertha folgt den ihr erteilten Befehlen ohne Widerstand: »I'm ready to do anything you want me to.«[64] Als die *Wardress* diesen Satz hört, klappt sie das Buch zu, legt es auf einen Tisch und konfrontiert die Gefangene mit der Frage, ob sie noch Jungfrau sei. Die Gefängnisleiterin beginnt damit, – unter dem Vorwand, Berthas Jungfräulichkeit zu überprüfen – die Insassin auf dem Tisch ›manuell‹ zu befriedigen. Dies wird von einem in der Tür stehenden Wärter heimlich beobachtet. Die sadomasochistische Aufseherin erreicht selbst am Ende der Szene einen sexuellen Höhepunkt, als Bertha sie – nackt auf ihr sitzend – auf Verlangen hin schlägt. Entgegen der zuvor zugesicherten Straffreiheit schickt die Gefängnisleiterin Bertha in Einzelhaft, wo sie am Hals angekettet und von einem der Wärter missbraucht und gedemütigt wird. Hierbei handelt es sich unzweifelhaft um eine pornografische Folterszene, die von manifesten männlichen Fantasien geprägt ist.

Drastisch an der Sequenz – und am ganzen Film – ist nicht die explizite Darstellung der Nacktheit, sondern der zur sexuellen Erregung inszenierte Sadismus und Sadomasochismus: Frauen werden eingesperrt, missbraucht und malträtiert.[65] *Barbed Wire Dolls* ist dementsprechend filmisch durchweg von einer absoluten Machtausübung über den weiblichen Körper getragen.[66] Für die vorliegende Studie ergibt sich an dieser Stelle die Frage, wie die filmisch inszenierte Ausübung sadomasochistischer Praktiken, die das Ziel erotischer Stimulanz verfolgt, mit der Lektüre von Albert Speers *Erinnerungen* in Verbindung steht. Die dem Gewaltakt vorgeschaltete Handlung des *Lesens* impliziert in diesem Fall zunächst die Präsenz und Dominanz des Geistes gegenüber anderen körperlichen Aktivitäten: Die Aufseherin muss – im Gegensatz zu Marie aus dem vorangegangenen Kapitel – zu lesen aufhören (Geist), bevor die sexuellen Handlungen beginnen (Körper). Dabei liegt der Fokus nicht auf der Praktik des Lesens als solcher, sondern auf dem auffällig ins Filmbild positionierten autobiografischen Text Albert Speers (Abb. 20), des Architekten sowie Rüstungsministers im Dritten Reichs und einem der engsten Vertrauten Adolf Hitlers.

---

64 Barbed Wire Dolls (1976), 00:27:13–00:27:15.

65 Dabei ist einerseits das sich durch die Filme perpetuierende Bild der Frau als Opfer und andererseits die filmische Inszenierung, dass die Frau die Vergewaltigung genießen würde, insofern zu kritisieren, als es nichts an der Objektivierung und Degradierung der Frau als solche ändert, dass in der Szene nicht ein Mann eine Frau missbraucht, sondern eine Frau eine Frau.

66 Linda Williams widmet der sadomasochistischen Pornografie in ihrer Monografie ein eigenes Kapitel und rekapituliert die Kritik aus feministischer Perspektive, für die nicht nur der Realitätscharakter solcher Szene bedenklich ist, sondern die »›eingepflanzte‹ Perversionen: die sadistischen, masochistischen, voyeuristischen und fetischisierenden Strukturen, die im gesamten Kino wirken, um weibliche Subjektivität zu negieren und Frauen zu den exhibitionistischen Objekten männlichen Begehrens und männlicher Aggression zu machen.« Williams: Hard Core (1995), S. 245.

Zunächst charakterisiert das Lektüreobjekt die Figur der *Wardress* auf der Ebene ihrer Persönlichkeit. Die autoritäre Sadomasochistin, die als Bettlektüre Nazi-Literatur liest, wird in die Nähe zum Faschismus gerückt, womit eine breite negative Assoziationsebene verknüpft ist: Grausamkeit, Unmenschlichkeit, Diktatur, Tod, usw.[67] Dabei fällt jedoch auf, dass sie keine markanteren nationalsozialistischen Texte wie *Mein Kampf* oder die Tagebücher von Josef Goebbels rezipiert, sondern ausgerechnet die Lebenserinnerungen Albert Speers, der im Rahmen der Nürnberger Prozesse nicht zum Tode verurteilt wurde und noch bis in die 2000er Jahre als vom Holocaust nichts wissender ›guter Nazi‹ galt. Auch wenn solch eine Exkulpation Speers heute widerlegt ist, gilt dies nicht für die 1970er Jahre, der Entstehungszeit von *Barbed Wire Dolls*.[68] Die bewusst filmisch in Szene gesetzte Lektüre des Werks eines ambivalenten Nationalsozialisten könnte so zu dem Schluss führen, dass auch der Aufseherin selbst eine Ambivalenz zugestanden werden könnte. Doch für solch eine Nobilitierung des Charakters durch das Lesen finden sich weder in der Szene noch im gesamten Film weitere Anhaltspunkte.

Aufschlussreicher ist stattdessen die Erweiterung der Szene durch eine dritte, männliche Figur. Während des sexuellen Verkehrs zwischen der *Wardress* und Berta wird in einem Einstellungswechsel mehrfach zu einem in der Tür stehenden Wärter geschnitten, der die beiden Frauen voyeuristisch beobachtet.[69] Hierfür liefert der Film weder vor noch nach der Szene eine kausallogische Erklärung; es kommt auch zu keinem Einschreiten des Mannes. Der ostentativ durch eine Großaufnahme ins Filmbild gerückte *männliche* Blick ist im Kontext des häufigen Vorwurfs gegenüber pornografischen Filmen einzuordnen, dass diese über kein

---

[67] Das Tragen des durchsichtigen Negligés während der Lektüre könnte ein Hinweis darauf sein, dass die *Wardress* der Inhalt des Buchs selbst erotisch stimuliert. Sie trägt dieses Outfit jedoch auch in anderen ›unerotischen‹ Situationen, beispielsweise wenn sie mit Dr. Costa Karten spielt. Daher ist an dieser Stelle von keinem erregenden Charakter der Lektüre selbst auszugehen.

[68] Der Historiker Magnus Brechtken widerspricht einem möglichen ambivalenten Verhältnis Speers zum Holocaust unmissverständlich: »Nach dem Einsatz für den Nationalsozialismus und der Täterschaft als Verbrecher strebte Speer die Interpretationsherrschaft über die Geschichte an, um alles, was er getan hatte, umzuerzählen, vernebeln, in ablenkenden Fabeln auflösen zu können. In beiden Rollen war Speer ebenso energisch wie erfolgreich.« Brechtken: Albert Speer (2017), S. 10.

[69] Dabei handelt es sich zwar um einen ›guten‹ Wärter, der den Frauen am Ende des Films beim Ausbruch hilft. Dies ist in diesem Fall jedoch nicht von Bedeutung, da es bezeichnend ist, dass es sich um den Blick eines *Mannes* handelt, der, auch wenn er moralisch integer sein mag, den lesbischen Sex voyeuristisch genießt.

visuelles Wissen verfügen, weibliche Lust darzustellen.[70] So bringt laut Gertrud Koch das Pornokino

> eine Sexualität zum Ausdruck, die auf die Perspektive des Mannes reduziert ist, auf seine patriarchalen Mythen über das weibliche Geschlecht und den Phallus. [...] Die Lust der Frau wird im wahrsten Sinn des Wortes »markiert« von äußeren Zeichen, sichtbar ist im pornographischen Film nur der Penis, und diesem wird die Last des Lustbeweises aufgebürdet.[71]

In der hier analysierten lesbischen Sexszene ist der Penis zwar absent, doch die von Koch konstatierte männliche Perspektive ist durch den Blick des Wärters buchstäblich anwesend, der die Sexszene der beiden Frauen somit als eine männliche Fantasie markiert. Hierfür ist es relevant, dass die Inszenierung weiblicher Lust dadurch eingeleitet wird, dass das Leseobjekt sichtbar zur Seite geworfen wird und an dem Ort, wo Speers Autobiografie zuvor gelegen hat, der Austausch sexueller Handlungen beginnt.[72] Es wird auf die symbolische Bedeutung des Buchs als Produkt menschlicher Gedanken und der Gattungszuschreibung als Autobiografie, in der das Verhältnis von Realität und Fiktion besonders virulent ist, Bezug genommen.[73] Der mehrfach einmontierte Blick eines Mannes, der das Geschehen betrachtet, kennzeichnet zusammen mit dem Leseobjekt die im Filmbild zu sehende sexuelle Fantasie als eine rein männliche Vorstellung.[74]

Zusammenfassend kann festgehalten werden, dass die Verbindung der lesbischen Sexszene mit einer Leseszene in diesem Film zu einer *selbstreflexiven* (vgl. Kap. 11) Darstellung von Sadomasochismus führt. Einerseits ist es möglich, die Sequenz aufgrund der manifesten Erniedrigung als frauenverachtende Pornografie zu betrachten. Andererseits schaffen das Leseobjekt mit der intertextuellen Referenz auf die umstrittene Person Albert Speers, das ›Ersetzen‹ des Buchs durch einen nackten weiblichen Körper und der voyeuristische männliche Blick auf die beiden sexuell miteinander verkehrenden Frauen einen filmisch-selbstreflexiven Kommentar zur Darstellbarkeit der weiblichen Lust. Das Dargestellte ist ein Produkt männlicher Fantasie und die Szene kann dazu führen, die Verbindung von Macht, Lust und Weiblichkeit zu reflektieren. Nach diesem Exkurs zum

---

70 Vgl. Williams: Hard Core (1995), S. 8.
71 Koch: Schattenreich der Körper (1981), S. 36 u. 38.
72 Das Gegenüberstellen von Leseobjekten und menschlichen Körpern wurde bereits bei der Analyse von *Gruppo di un famiglia in un interno* in Kap. 9.2. angesprochen.
73 Dieses konstitutive Merkmal der Autobiografie ist insbesondere bei einem Nationalsozialisten von Bedeutung, bei dem das Verwischen von Realität und Fiktion dazu führt, dass er seine Verantwortung am Holocaust negiert.
74 Vgl. hierzu Laura Mulveys These des männlichen Blicks der Kamera in Kap. 10.4.2.

Sexfilm kehrt die Untersuchung mit einem Filmbeispiel Woody Allens zu einem Film mit einer ›klassischen‹ Liebeshandlung zurück.

10.4 Die Lektüre eines Liebesgedichts in *Hannah and her Sisters*

Hannah and her Sisters aus dem Jahr 1986 erzählt in komischen und tragischen Episoden von den existenziellen Krisen mehrerer neurotischer Figuren, die in New York leben und arbeiten. Im Fokus stehen titelgebend die drei Schwestern Hannah, Lee und Holly, deren Beziehungen zu ihren Eltern, Ehemännern und potenziellen Partnern die Grundlage des Films bilden. Die hier analysierte Lese-szene besteht aus einer etwa fünfminütigen Sequenz, in der sich Lee und Elliot, Hannahs Ehemann, näherkommen. Der von Michael Caine verkörperte Elliot ist insgeheim in seine Schwägerin Lee verliebt, die von Barbara Hershey gespielt wird. Elliot ›lauert‹ Lee zu Beginn der Szene auf, um sie – zufällig wirkend – in ein Gespräch zu verwickeln. Als sie ihn fragt, warum er sich in ihrer Gegend aufhalte, gibt er vor, einen Buchladen zu suchen. Wider Elliots Erwarten kennt Lee tatsächlich eine Buchhandlung, in welche die beiden sich daraufhin begeben. Die Kamera lenkt in einer halbnahen Einstellung den Blick auf unzählige Bücher in den Regalen eines engen und chaotischen Buchantiquariats, das aber reich ausgestattet ist und für Bibliophile eine behagliche Umgebung bietet. Hier entspinnt sich ein Dialog, in dem Elliot erfolglos versucht, Lee zu einem Rendezvous zu überreden. Am Ende ihres Treffens zieht er aus einem der Regale eine Gedichtsammlung von E. E. Cummings heraus und bittet Lee, eines der Gedichte zu lesen, bei dessen Lektüre er an sie denken musste. In der folgenden Szene liest Lee, in ihrem Schlafzimmer auf dem Bett liegend, das Gedicht von Cummings (Abb. 21).

Bildfüllend sehen die Zuschauenden in einer Halbtotalen Lees gesamten Kör-per, allerdings ist sie mit dem Rücken zur Kamera positioniert, so dass zu-nächst weder Mimik noch Gestik zu erkennen sind. Die *mise-en-scène* präsentiert im Hintergrund ein weiteres Buch auf einer Kommode, wodurch Lees prinzipielle Lesemotivation hervorgehoben wird. Es handelt sich um eine Leseinszenierung nach dem Schema I: Die Stimme der Figur ist *off-screen* zu hören, während die Figur *on-screen* still in den Text vertieft ist. Die ZuschauerInnen erhalten keine Visualisierung des Textes oder der Materialität des Buchs. Dies hat zur Folge, dass der vorgetragene Text selbst – und nicht die visuelle Gestaltung des Buchs – Relevanz erhält. Das *off-screen*-Vorlesen und die Präsentation von Lees Rücken verhindern zwar einen Einblick in Lees Mimik und Gestik während der Lektüre, ermöglichen aber die Konzentration auf die stimmliche Darbietung. Lees Proso-

Abb. 21: In *Hannah and her Sisters* (00:23:11–00:23:24) liegt Lee mit angewinkelten Beinen auf dem Bett in ihrem Schlafzimmer und liest das Gedicht von E. E. Cummings; Elliots Gesicht wird in einer Nahaufnahme parallel zu Lees Leseprozess geschnitten, die nach der Beendigung des Leseakts mit einer vergleichbaren Mimik verharrt.

die ist langsam und rhythmisch, wodurch die Aufmerksamkeit auf den Inhalt des Gedichts gelenkt wird. Folgender Text ist dabei extradiegetisch zu hören:

> your slightest look easily will unclose me
> though i have closed myself as fingers,
> you open always petal by petal myself as spring opens
> (touching skilfully, mysteriously) her first rose
>
> (i do not know what it is about you that closes
> and opens; only something in me understands
> the voice of your eyes is deeper than all roses)
> nobody, not even the rain, has such small hands[75]

Hierbei handelt sich um die zweite sowie die fünfte – und damit letzte – Strophe des Gedichts *somewhere i have never travelled*, dessen Titel im Film nicht erwähnt wird.[76] Parallel zum Leseprozess wird eine Sequenz geschnitten, in der Elliot durch seine dunkle Wohnung schreitet, das Licht einschaltet und sehn-

---

75 Hannah and her Sisters (1986), 00:23:09–00:23:27. Die vorgelesenen Verse sind hier den Konventionen entsprechend in Kleinschreibung, Verssprung und Klammern aufgeführt, eine Form, die in der filmischen Darstellung in dieser Form nicht zum Ausdruck kommen.
76 Den Namen des Autors Cummings nennt Elliot im Dialog mit Lee im Buchladen.

süchtig sinnierend an der Kamera vorbeischaut (Abb. 21). Die ZuschauerInnen sehen Elliots Gesicht, während sie Lee die Verse vortragen hören. Das extradiegetische Vorlesen kann als akustische Wiedergabe von Lees stillem Lesen, ihrer Subvokalisation des Gelesenen, aufgefasst werden. Die Szene endet damit, dass Lee nach Beendigung der Lektüre – analog zu Elliot – in Gedanken versunken vor sich hinblickt (Abb. 21). Diese kongruente Gestik impliziert bereits eine Verbindung zwischen den beiden Figuren: Im weiteren Verlauf der Handlung beginnen sie eine Affäre.

Das Gedicht *somewhere i have never travelled* von E. E. Cummings wird innerfiktional mit zwei relevanten Informationen versehen. Erstens schätzen sowohl Elliot als auch Lee den Schriftsteller Cummings außerordentlich, wie sie in dem Dialog im Buchladen bekunden; zweitens hat Elliot das Gedicht bereits gelesen und es nach eigenem Bekunden mit Gedanken an seine Schwägerin verbunden, weshalb er Lee in verführerischer Absicht mit Nachdruck auf die Seite des Buchs verweist, wo sich das Gedicht befindet. Elliots Aussage, dass er das Liebesgedicht mit der von ihm begehrten Frau assoziiert, greift die Parallelmontage im Verlauf des Leseprozesses erneut auf.

Der Leseanlass in dieser Szene besteht aus der Empfehlung und dem Wunsch Elliots, dass Lee das Gedicht lesen soll, um mit ihr eine intime Verbindung zu schaffen. Dem Lesesubjekt Lee wird bereits *per se* eine ausgeprägte Lesemotivation zugeschrieben, erstens dokumentiert durch Bücher, die in der *mise-en-scène* auf der Kommode platziert sind, und zweitens durch literarische Gespräche, die sie mit ihrem Partner Frederick führt, einem als zurückgezogen und verschroben überzeichneten Intellektuellen.[77] Doch das konkrete Lesemotiv ist in diesem Fall nur bedingt intrinsisch, denn sie folgt Elliots inniger Bitte. Seine eindringliche Leseempfehlung entsteht aus seiner Verführungsabsicht und seinen Gefühlen für Lee, denen sich diese durch den Leseakt nicht widersetzt. Die Inszenierung stellt einen deutlichen Zusammenhang zwischen Lees Lesen und Elliots ›Werben‹ her. Lee geht auf die von Elliot avisierte Verbindung ihrer Gedanken- und Gefühlswelten ein und Elliots Verführungsplan mittels einer Lektüreempfehlung gelingt.

---

77 Diese Überzeichnung des einsamen Gelehrten zeigt sich an Fredericks Reaktion, als Lee ihn verlässt. Er sagt: »You are my only connection to the world.« Hannah and her Sisters (1986), 00:54:14–00:54:16.

10.4.1 Die filmische Darstellung der Gedichtlektüre

Das Gedicht nimmt innerhalb der filmischen Darstellung der Liebe zwischen den beiden ProtagonistInnen eine tragende Rolle ein. Dabei wird der Titel des lyrischen Werks weder in den Dialogen genannt noch ist er in der Einstellung visuell zu identifizieren.[78] Stattdessen sind es die Umgebung, die Lesehaltung und der Inhalt des Gedichts, die zentrale *cues* der Leseszene darstellen. Leseorte sind sowohl der Buchladen, in dem die Übergabe des Leseobjekts stattfindet, als auch das Bett.

Während Lee und Elliot in dem Buchantiquariat verweilen, erklingt im Hintergrund in Instrumentalversion der Jazz-Song *Bewitched, Bothered and Bewildered* (1940) von Richard Rodgers und Lorenz Hart. Das Stück »Verhext, geplagt und verwirrt«, so die deutsche Übersetzung, indiziert melodisch, was der in dieser Szene ausgesparte Text des Liedes umso bestimmter formuliert:[79] das ambivalente Gefühl des Verliebt-Seins, dem etwas Verträumtes und Magisches, aber aufgrund der Unabwägbarkeit der Erfüllung der Liebe auch etwas Trauriges innewohnt.[80] Die extradiegetische Musik verdeutlicht bereits, dass in dieser Szene die Gefühle, welche die beiden Liebenden füreinander hegen, erwachen, und erzeugt zusammen mit dem Leseort eine romantische Atmosphäre.

Der chaotische, aber auch behaglich wirkende Buchladen enthält eine Sammlung von Büchern, die weder nach Inhalt, Autor, Größe oder Farbe geordnet scheinen. Es wird der Eindruck einer intellektuell anregenden Umgebung erzeugt, die nicht nur die *mise-en-scène*, sondern auch die Worte Lees suggieren: »You can stay all afternoon, not buy anything and just read.«[81] Es handelt sich um einen markanten filmischen Ort, der mit dem Topos einer Bibliothek vergleichbar ist, dem Dario D'Alessandro eine eigene Filmografie gewidmet hat. Hier hält er für die Verbindung von Bibliothek und Liebe fest: »Die plötzlich aufflammende Liebe

---

78 Das Porträt von Cummings auf dem Cover ist kaum zu erkennen, da Elliot es mit seiner linken Hand verdeckt; während des Leseprozesses ist das Buch gar nicht zu sehen. Nur durch Lees Körperhaltung (Abb. 21) wird ersichtlich, dass sie ein Buch vor sich liegen hat: ein Eindruck, der durch den aus dem Off vorgelesenen Text gestützt wird.
79 Die aus dem Off erklingende Version von *Bewitched, Bothered and Bewildered* wird in der Szene ohne Gesang von Lloyd Nolan am Klavier gespielt. Musikalisch liegt hier eine Prolepse vor, da das Lied in einer späteren Szene intradiegetisch von Hannahs Eltern am Klavier zusammen gesungen und gespielt wird, als die beiden ihr bisheriges Liebesleben reflektieren.
80 So lauten zentrale Zeilen des Liedtextes: »I'm wild again, beguiled again. A simpering, whimpering child again. Bewitched, bothered and bewildered – am I? Couldn't sleep and wouldn't sleep. When love came and told me, I shouldn't sleep. Bewitched, bothered and bewildered – am I?«.
81 Hannah and her Sisters (1986), 00:21:57–00:21:59.

im Schutze der Bücherregale, beim Aufblicken während des Umblätterns am Tisch im Lesesaal, bei der Begegnung in der Ausleihe. [...] In anderen Spielfilmen ist [...] die Bibliothek der Ort, wo der ›Liebesfunke überspringt‹.«[82] Auch Buchhandlungen sind ein filmeigener Topos des Kennenlernens und Begegnens. Vergleichbare Topoi als Leseorte hinsichtlich der Funktion für erwachende Gefühle und Erotik sind das Schlafzimmer und das Bett. Die Verbindung von Bett, Buch und Frau verweist auf eine bis ins 18. Jahrhundert zurückreichende ikonografische Tradition, wie Fritz Nies schreibt: »Das ikonische Motiv der Bettlektüre deutet so in viel massiverer Weise als je zuvor das Lesen junger Frauen als erotischen Stimulans, als Vorspiel erotischer Aktivitäten oder erotische Ersatzhandlung.«[83] In Analogie hierzu führt die Verschiebung des Fokus von der Präsentation des Leseobjekts auf den Leseort dazu, den Lektüreakt sowohl als Stimulans als auch als erotisches Vorspiel zu interpretieren. Die *cues* im hier analysierten Film deuten darauf hin, dass Lee erotische Aktivitäten mit Elliot imaginiert – und die Leseszene kann als Prolepse darauf gesehen werden, dass Elliot und Lee miteinander intim werden. Die Lesehaltung evoziert auch vor dem Hintergrund der kulturgeschichtlichen Tradierung, dass Lee dem romantischen Werben nachgibt, indem sie das Buch mit ihrem Körper förmlich umschlingt und das Lesen in ein leibliches Erleben verwandelt.

Die Beschränkung auf zwei Strophen des Gedichtes, die auch dem *Timing* des Films geschuldet sein mag, rückt den Inhalt der wenigen Zeilen umso deutlicher in den Mittelpunkt. Die vorgelesenen Verse verweisen metaphorisch durch den Vergleich mit dem Erblühen einer Rose auf die Annäherung durch die Liebe, die einen Menschen zur emotionalen Öffnung führen kann. Es ist eine poetische Beschreibung des Mysteriums der Liebe und des Zaubers des Anfangs bei gleichzeitigem Widerstreben, sich den keimenden Gefühlen direkt zu öffnen. Dies unterstützt die im Hintergrund erklingende Musik von *Bewitched, Bothered and Bewildered* ebenso wie ein Vers des Gedichts: »i do not know what it is about you that closes and opens.« Auch die zurückhaltende Leseposition mit dem Rücken zur Kamera verstärkt den sich aus anfänglichem Widerstreben (»closed as fingers«) entwickelnden Öffnungsprozess des lyrischen Ichs und der umworbenen Protagonistin. Am Ende der Leseszene wechselt der Kamerablick von der Aufnahme ihres Rückens zur Halbnahaufnahme ihres Gesichts und dokumentiert damit ihren inneren Prozess: Sie entwickelt durch die Lektüre Offenheit gegenüber den ihr entgegengebrachten Gefühlen – analog zur geöffneten Rose, der zentralen Metapher des Gedichts.

---

82 D'Alessandro: Hauptrolle: Bibliothek (2002), S. 76–77.
83 Nies: Bett und Bahn und Blütenduft (1991), S. 55.

Die Veränderung der Körperhaltung akzentuiert zudem den Ereignischarakter der Leseszene: Lees Position im Raum verändert sich, was auf einen inneren gedanklichen Prozess schließen lässt, der im Sich-Aufrichten Gewichtung bekommt – und in der Affäre kulminiert. Ebenso wird durch die Formulierung »petal by petal« inszenatorisch eine Verbindung zwischen der emotional öffnenden Liebe, dem Aufschlagen des Buchs und Sexualität, also dem tatsächlichen ›Öffnen‹ des Körpers, geschaffen. Wie Lee das Buch öffnet, wird sie später beim Sex quasi ihren Körper öffnen, indem sie Elliot die Penetration ›erlaubt‹. Die filmischen Bilder akzentuieren demnach die Metaphorik des vorgelesenen Gedichts.

Der letzte Vers des Gedichts, »nobody, not even the rain, has such small hands«, leitet als Zwischentitel die Episode ein und wird damit sowohl schriftlich als auch auditiv präsentiert, was diesen Worten sozusagen ›doppeltes Gewicht‹ verleiht. Als Stilfigur ist bis zum letzten Vers neben Vergleichen vor allem die Verwendung von Synästhesien prägend: »your slightest look«, »the voice of your eyes«. Exemplarisch ist hier die Personifikation des Regens. Der flüssige Aggregatzustand des Singularetantums *Regen* steht einer Verbindung mit den Händen zunächst entgegen. Regen kann nicht nur keine Hände haben, er ist auch materiell mit den Händen nicht zu fassen. Außerdem existiert der Numerus von Regen nur im Singular, obwohl er aufgrund der unzählbaren Vielheit von Tropfen scheinbar überall ist. Dieses Paradoxon drückt die *Einzigartigkeit* der Empfindungen aus, die das lyrische Ich dem Du zuspricht. Dementsprechend handelt sich bei dem Gedicht um eine poetisch überstrukturierte Liebeserklärung.

Welche Wirkung entfalten die lyrischen Verse und wie ist es einzuordnen, dass der Film den Titel des Gedichts vorenthält? Es werden nur der Name des Autors genannt und die beiden Strophen des Gedichts vorgelesen – und der letzte Vers dient als Zwischentitel der Episode. Es gibt kaum Hinweise auf die Materialität des Buchs oder auf zusätzliche Informationen zu dem Gedicht.[84] Durch die Nennung des Namens E. E. Cummings gibt Allen seine geistige Inspirationsquelle und deren Gewichtung an. So können die ZuschauerInnen durch die Namensnennung die lyrischen Verse einordnen und eine zusätzliche Ebene wird neben dem Inhalt des Gedichts sowie der bisherigen Handlungsebene des Films ins Spiel gebracht. Michel Foucault hat in seinem Vortrag *Qu'est-ce qu'un auteur?* die Funktion

---

84 In diesem Zusammenhang sei auf Gérard Genette verwiesen, der in seiner Monografie *Paratexte* in Rekurs auf Charles Grivel folgende drei Funktionen von Titeln festhält: »1. Das Werk zu identifizieren, 2. seinen Inhalt zu bezeichnen, 3. ihn in ein günstiges Licht zu rücken.« Genette: Paratexte (1987), S. 77. So kann für die hier analysierte Leseszene festgehalten werden, dass diese drei Funktionen *keine* Anwendung finden.

des Eigennamens von AutorInnen analysiert und, nachdem er die Bezeichnungs- und Beschreibungsfunktionen dargelegt hat, folgendermaßen charakterisiert:

> Ein Autorname ist nicht einfach ein Element in einem Diskurs [...]; er besitzt in Bezug auf andere Diskurse eine bestimmte Rolle: er garantiert ihre Einteilung; [...]. Die Tatsache, dass ein Diskurs einen Autornamen aufweist, die Tatsache, dass man sagen kann »dies wurde von dem und dem geschrieben« oder »der und der ist der Autor« weist darauf hin, dass es sich nicht um ein alltägliches, gleichgültiges Reden handelt, kein Reden, das sich verläuft, dahintreibt, vergeht, kein unmittelbar konsumierbares Reden, es handelt sich vielmehr um eine Rede, die auf eine bestimmte Weise rezipiert werden muss und die in einer gegebenen Kultur einen bestimmten Status erhalten hat.[85]

Foucault fokussiert hier die *klassifikatorische* Funktion des Namens von AutorInnen, welche die Rezeption bedingt und den kulturellen Status eines Werks hervorhebt. Sobald ein Text unter den Namen einer/s Autorin/s subsumiert wird, hat dies zur Folge, dass »die Produktion des Diskurses zugleich kontrolliert, selektiert, organisiert und kanalisiert wird.«[86] Die Nennung des Namens Cummings verhindert, dass die Verse des Gedichts einfach strukturlos und oberflächlich rezipiert werden. Es kommt zu einer Bedeutungseingrenzung des Textes, der dadurch einordbar wird und für die RezipientInnen die Möglichkeit bietet, Informationen zum Autor oder den literaturhistorischen Kontexten zu aktualisieren. Auch weitere *außerfiktionale* Informationen werden auf diese Weise relevant, etwa dass Allen in einem Interview äußerte, dass er ein Liebhaber des volkstümlichen amerikanischen Poeten Cummings sei.[87]

Das Lesesubjekt bleibt in der ersten Einstellung starr auf dem Bett liegen und es werden in den folgenden Einstellungen nur die Gesichter der beiden Liebenden sichtbar, so dass der Fokus der ZuschauerInnen auf die vorgetragenen Worte und deren Bezug zu den Figuren gerichtet wird. Bei dieser Form der filmischen Rezeptionslenkung ist insbesondere der einmontierte Blick Elliots aufschlussreich.

10.4.2 Der männliche Blick

Elliot vermag vor und in der Buchhandlung seine Empfindungen für Lee nicht zu verbalisieren: Er windet sich sprachlich wie körperlich, bricht seine Sätze ab und

---

85 Foucault: Was ist ein Autor? (1969), S. 1014.
86 Foucault: Die Ordnung des Diskurses (1970), S. 54.
87 So antwortete er auf die Frage, welche DichterInnen er schätzt oder welche LyrikerInnen ihn beeinflusst haben: »Nun ja, ich mag T. S. Elliot und Emily Dickinson, außerdem Cummings, William Carlos Williams, Robert Frost, Philip Larkin ... und Rilke natürlich, obwohl ich den nur in Übersetzung lesen kann.« Zit. n.: Grueso: Woody Allen (2016), S. 197.

wirkt schüchtern. Als es ihm dennoch gelingt, Lee nach einem Rendezvous zu fragen – codiert als gemeinsames Kaffee-Trinken –, lehnt sie es ab. Elliot gibt nach seinem ersten direkten Annäherungsversuch nicht auf, sondern fasst, in seiner Unsicherheit unfähig zur weiteren direkten Ansprache, den Plan, seine Liebe auf indirektem Weg zu gestehen. Er beschließt, Cummings' Lyrik stellvertretend für sich sprechen zu lassen – also das Leseobjekt als Liebesboten zu instrumentalisieren. In der Terminologie der Narratologie bildet Lees Lesen des Gedichts ein *Ereignis*, das zusammen mit weiteren Bemühungen Elliots in dem Geschehen kulminiert, dass die beiden ProtagonistInnen eine Affäre beginnen.[88] Nach Juri M. Lotman ist ein Ereignis »die Versetzung einer Figur über die Grenze eines semantischen Feldes«.[89] Solch eine Versetzung der Figur liegt bei einer Begebenheit vor, die den erwarteten Gegebenheiten innerhalb einer Ordnung zuwiderläuft. Das Gespräch im Buchladen und das Lesen des Gedichts im Bett stellen den Beginn der Grenzüberschreitung dar, die im gemeinsamen Sex gipfelt: Durch ihre Affäre betrügt Elliot seine Ehefrau und Lee verletzt Frederick sowie ihre Schwester Hannah emotional. Dies läuft der zu Beginn etablierten Beziehungsordnung zuwider, weshalb es sich narratologisch um ein Ereignis handelt. Das Ereignis bewirkt eine neue Beziehungskonstellation: Elliot kehrt zwar am Ende des Films zu seiner Frau Hannah zurück, doch Lee bricht aus der Beziehung zu Frederick aus und kommt mit einem Professor zusammen.[90]

Ein Gedicht und ein Lektürevorgang dienen somit als Auslöser für ein Ereignis. Dies hat eine andere Wertigkeit, als wenn der Protagonist der von ihm geliebten Person zum Beispiel eine Briefmarkensammlung zeigen oder ihr eine gemeinsame Autofahrt anbieten würde. Durch die Wahl eines Gedichts als Liebesbote bringt Elliot eine zusätzliche Erfahrungsebene ins Spiel, wie bereits im dritten Kapitel der vorliegenden Studie festgehalten wurde. Die lyrischen Verse enthalten eine Liebeserfahrung, die metaphorisch in überstrukturierter Sprache zum Ausdruck gebracht wird. Diese wird von Lee wiederum einerseits klanglich rezipiert und für die ZuschauerInnen durch die kinematografische Gestaltung *atmosphärisch* präsentiert. Vergleichbar mit der Szene in *Sophie's Choice* entsteht so ein romantisches Ambiente: Lees einsames Lesen im Bett, die sich an diesem intimen Ort Zeit für die Lektüre nimmt, wird musikalisch durchgehend von *Bewitched, Bothered and Bewildered* begleitet. Außerdem ermöglicht die sprachlich-literari-

---

88 Zur Bedeutung des Ereignisses in der Erzähltheorie vgl. Martinez u. Scheffel: Erzähltheorie zur Einführung (1999), S. 108–111.

89 Lotman: Die Struktur literarischer Texte (1972), S. 332.

90 Auch innerhalb von Elliots Beziehungen kann eine Veränderung konstatiert werden, da er wieder zu der Liebe zu seiner Frau zurückfindet, die er in der Exposition verloren glaubt. Doch der Film endet bedeutungsoffen hinsichtlich der Stabilität seiner Gefühle für seine Ehefrau.

sche Bildlichkeit eine literarisch-ästhetische Imagination auf zwei Ebenen: Lee bezieht die semantisch nicht identifizierten Personalpronomen »I« und »you« des Gedichts auf sich selbst und Elliot. Den ZuschauerInnen wird bewusst gemacht, dass das lyrische Ich aus dem Gedicht mit Elliot und das angesprochene Du mit Lee engzuführen sind. Für den Rezeptionsprozess bedeutet dies, dass die Zuschauenden in die Lage versetzt werden, die Poesie nicht nur für sich zu rezipieren, sondern dahin gelenkt werden, Lee beim Kunstgenuss zu beobachten.

An dieser Stelle ist es auffällig, dass während Lees Leseprozesses die Kamera in einer Montage auf Elliots Gesicht gerichtet wird. Dadurch wird der Eindruck erzeugt, dass Elliot nicht etwa ins Leere schaut, sondern sein Blick zielgerichtet ist: Er betrachtet gleichsam Lee, wie sie das Gedicht liest. Durch den Einsatz der Montage wirkt es so, als spräche sie zu ihm. Somit kann das als Subvokalisation dargebotene Lesen bereits als Lees affirmative Erwiderung auf Elliots Liebesbekundung durch das Gedicht gedeutet werden. Durch Elliots Gesicht ist jedoch eine Instanz zwischen die Leseszene und der Rezeption der ZuschauerInnen geschaltet: der Blick eines Mannes, der an *Barbed Wire Dolls* (Abb. 20) erinnert. Die kinematografische Darstellungsweise impliziert hier ebenfalls – wenn auch weniger explizit als in dem im Kapitel zuvor analysierten Sexfilm – eine Objektivierung der Frau.

Laura Mulveys kurzer Text *Visual Pleasure and Narrative Cinema* aus dem Jahr 1975, »der so häufig zitiert, nachgedruckt, übersetzt, kritisiert oder affirmiert wurde wie wohl kein anderer filmtheoretischer Aufsatz«,[91] legt aus psychoanalytischer Perspektive dar, dass der Blick der Kamera im Hollywoodkino geschlechtsspezifisch normiert ist: »In einer Welt, die von sexueller Ungleichheit bestimmt ist, wird die Lust am Schauen in aktiv/männlich und passiv/weiblich geteilt. [...] [So fungiert] die Frau als Bild, der Mann als Träger des Blickes.«[92] Unabhängig von filmischen, womöglich progressiven weiblichen Rollenmodellen wird so durch den Blick der Kamera das dominante phallozentrische Patriarchat gestützt und perpetuiert.[93] Eine Kontrastierung der beiden Einstellungen kann als Beleg für Mulveys These dienen. In der Leseszene selbst wird Lee derart vor der Kamera positioniert, dass sie wie ein erotisches Schauobjekt wirkt. Ihr ausgestreckter Körper ist bildfüllend zu sehen und die angewinkelten Beine führen zu einer Hervorhebung ihrer rechten Gesäßbacke. Hinzu kommt, dass nicht nur die Kameraperspektive und die Kadrierung der Ein-

---

91 Elsaesser u. Hagener: Filmtheorie zur Einführung (2011), S. 117.
92 Mulvey: Visuelle Lust und narratives Kino (1975), S. 397.
93 Mulveys Ansatz wurde vielfach zum Gegenstand der Kritik, z. B. dahingehend, dass ihre Argumentation heterosexistisch sei und es in ihrem Modell keinen Raum für homosexuelle Identifikation gebe, sondern nur für den männlichen Blick. Vgl. Doane u. Bergstrom: The Spectratrix (1990), S. 133.

stellung zu dieser Wirkung führen, sondern ebenso Elliots parallel dazu montierter Blick, der stellvertretend für den männlichen Blick der Kamera steht: Elliot und somit auch die Suggestion an die Adresse der ZuschauerInnen betrachten Lee obsessiv.

Nicht nur die filmische Inszenierung dieser Szene kann in Bezug auf die Darstellung von Weiblichkeit kritisiert werden, sondern die gesamte unterordnende und passive Haltung Lees in der Handlung des Films. Zwar begehrt Elliot Lee aufrichtig und verhält sich ihr gegenüber liebevoll, um von ihr geliebt zu werden. Und seine Tollpatschigkeit sowie Unsicherheit – wie bei dem ›PDG‹ in *La Lectrice* aus dem vorangegangenen Kapitel – stellen eher eine Dekonstruktion von typischen männlich-dominanten Verhaltensweisen dar. Doch Elliot kann durch seine Aufforderung, das Cummings-Gedicht zu lesen, durchaus auch paternalistisches Verhalten gegenüber einer als unterlegen dargestellten Frau attestiert werden: Es ist die männliche Figur, die bestimmt, was die weibliche lesen soll; die weibliche Figur folgt diesem Wunsch und gibt auch dem erotischen Werben der männlichen Figur nach. Zudem ist die Szene Ausdruck einer männlichen Wunschvorstellung, wonach die Frau aufgrund einer Literaturanregung sinnbildlich ›dahinschmilzt‹ und sich dem Mann hingibt. Dieser Sichtweise steht entgegen, dass Elliot als *Leser* Lee seine Lektüreerfahrung widmet und sie ihr sozusagen im Medium des Buchs schenkt.[94] Und es obliegt der Entscheidungsfreiheit der Frau, sich auf Elliots damit verbundenem Werben einzulassen.

Hans Gerhold bescheinigt Woody Allen, dass er »einer der wenigen Regisseure [sei], die Frauen filmisch feiern: als Momente selbstverständlicher Gleichberechtigung.«[95] Zugegebenermaßen stellt Allen zahlreiche und starke Frauenfiguren in den Mittelpunkt seiner Filme, doch zeigt diese Leseszene repräsentativ, dass dies häufig aus einer phallozentrischen Perspektive erfolgt. So variiert Allen in mehreren Filmen den Pygmalion-Stoff in der Weise, dass ein älterer Mann eine jüngere Frau begehrt und sie nach seinen intellektuellen Vorstellungen formen möchte.[96] In der Regel gehen die beiden eine sexuelle Beziehung ein, die als Tauschhandlung interpretierbar ist – intellektuelle Stimulanz für Sex –, und die Frau emanzipiert sich schließlich von dem Mann.[97] Im hier analysierten Film erscheint Lees

---

[94] Das Schenken des Buchs stellte auch in *Sophie's Choice* (vgl. Kap. 10.2.1.) einen Liebesbeweis dar.

[95] Gerhold: Die Komödie als Spiel von Liebe und Selbstreflexion (1995), S. 27.

[96] In Ovids *Metamorphosen* schafft der von den Frauen enttäuschte Pygmalion eine weibliche Statue, in späteren Versionen Galatea genannt, in die er sich verliebt. Allens Abwandlung des Stoffs findet sich in mehreren Woody Allen-Filmen. Vgl. Rouget: Die Filmkomödien von Woody Allen (2019), S. 208.

[97] Vgl. Felix: Woody Allen (1991), S. 145.

Partner Frederick als Pygmalion, der sich Lee gegenüber mehr als intellektueller Lehrer oder Vater geriert denn als Liebhaber oder gleichberechtigter Partner: »It's such a treat to go through a museum with Frederick. You learn so much.«,[98] sagt Lee beispielsweise im Buchladen über ihn.

Und auch in ihrer Liaison mit Elliot verweilt Lee in untergeordneter Passivität: Obwohl sie Schuldgefühle gegenüber ihrer Schwester hat, lässt sie sich von ihrem Schwager Elliot – durch die Lektüre eines Gedichts – verführen. Elliot erkennt nach dem Moment, als er sein Ziel erreicht hat und mit Lee kopuliert, dass er eigentlich doch Hannah liebt, und verlässt Lee. Nachdem er Lee ›erobert‹ hat, begehrt er sie nicht mehr. Diese wiederum schreibt sich danach an der Universität ein und beginnt gegen Ende des Films eine Beziehung mit einem älteren Professor – der Pygmalion-Stoff wiederholt sich erneut. So lässt sich die Sequenz auch dahingehend interpretieren, dass Elliot gar nicht in Lee verliebt ist, sondern nur sein männliches Ego befriedigen wollte, indem er ›testet‹, wie attraktiv er noch ist.

Trotz dieser dargelegten und berechtigten Kritik bleibt die Szene polyvalent: Denn schließlich erlebt Lee im Gegensatz zu Elliot ein Ereignis, so dass sie am Ende des Films aus einer unglücklichen Beziehung ausbricht und eine neue beginnt; Elliot hingegen kehrt in die problematische Beziehung mit Hannah zurück. Somit kann Lee auch als eine weibliche Figur gelten, die einen befreienden emanzipierenden Schritt macht. Zum Abschluss dieses Kapitels soll analysiert werden, inwieweit die Lektüreszene im Liebesfilm eine ästhetische Erfahrung evoziert.

10.4.3 Ästhetische Erfahrung: Liebe

Die Lektürewirkung Lees kann in der Kombination der Inszenierung ihres Status als Figur (eine von einem Mann umworbene Frau), dem Leseort (Bett im Schlafzimmer) und der Lesehaltung (liegend) bestimmt werden. Alberto Manguel beschreibt – wie bereits zu Beginn des Kapitels angedeutet wurde – die Assoziationen zum einsamen Lektüreakt im Bett als einen Rückzug auf sich selbst: »Man [...] lässt den Körper ruhen, macht sich unerreichbar und unsichtbar für die Welt. Und da dies unter der Decke stattfindet, einem Ort der Lust und sündigen Trägheit, besitzt das Lesen zudem ein wenig vom Reiz des Verbotenen.«[99] Die unerlaubte Lektüre und die Gefährlichkeit des Lesens sind eigenständige Topoi,[100] doch hier ist

---

98 Hannah and her Sisters (1986), 00:22:09–00:22:12.

99 Manguel: Geschichte des Lesens (1996), S. 219–220.

100 So zitiert Manguel die *Anstandsregeln für die Christenheit* des französischen Pädagogen und Philanthropen Jean-Baptiste de La Salle aus dem Jahr 1703: »Tut es nicht gewissen Perso-

der »Reiz des Verbotenen« die Affäre, die durch das Lesen initiiert und vorwegge-
nommen wird – wodurch das Verbotene bereits im Lesen selbst liegt. Lee ist sich
bewusst, dass sie sowohl ihren Partner Frederick als auch ihre Schwester Hannah verletzt, die mit Elliot verheiratet ist. In einer späteren Szene, als Elliot sie
unvermittelt küsst, reagiert sie folglich auch emotional aufgewühlt mit der Frage,
ob denn seine Ehe mit Hannah unabhängig von ihr selbst nicht mehr funktio-
niere und ob sie nicht der Grund für das Ende der Beziehung sei. Die Verbindung
eines »Orts der Lust und sündigen Trägheit« mit dem weiblichen Lesesubjekt
und der ausgestreckten Lesehaltung haben des Weiteren mit dem Leseakt verknüpfte erotische Konnotationen.[101] In *Hannah and her Sisters* sind erotische
Facetten der weiblichen Lektüre von Bedeutung, die ein fester Bestandteil von
kunsthistorischen Lesebildern sind, wie Fritz Nies darlegt:

> Die neue Art [im 18. Jahrhundert – Anm. TR] der Bettlektüre schildern die Bilder als ty-
> pisch weibliche Gewohnheit. [...] [Es] lassen weiche Kissen, duftende Rosen und ähnliche
> Requisiten, vor allem aber die teilweise entkleidete, lässig ausgestreckte Leserin erotische
> Konnotationen entstehen. Die so geschaffene sinnliche Atmosphäre wird nicht selten ver-
> stärkt durch weitere Faktoren: die Anwesenheit eines Liebhabers, den Körperkontakt mit
> dem Werbenden, mehr als all dies aber durch die Art der Lektüre, über die uns Bild oder
> Bildtext nicht selten aufklären.[102]

In der Tradition dieser Lesedarstellung des 18. Jahrhunderts steht auch die hier
behandelte Leseszene; und auch der in Anschluss an Mulvey herausgearbeitete
männliche Blick der Kamera auf Lees Lesen taucht sozusagen bereits in diesen
Gemälden auf. Auch wenn Lee in der Leseszene nicht leicht bekleidet ist, evozieren ihre Lesehaltung und der im zentralen Blickfeld gesetzte Körper, insbesondere durch das dominant im Bild positionierte Gesäß, erotische Konnotationen.
Der Liebhaber Elliot ist zwar nicht räumlich anwesend und hat damit auch keinen Körperkontakt mit der weiblichen Figur; er ist aber dadurch präsent, dass er
durch die Montage ins Bild gerückt wird. Eine intime Atmosphäre wird in der Leseszene auch durch die Lesehaltung erzeugt, Lee ist mit dem Buch allein, schirmt
es vor den ZuschauerInnen ab und hat es eng am Körper. Polyvalenz und Poetizi-

---

nen nach, die dort lesen und andere Dinge treiben; haltet euch nur im Bett auf, wenn es dem
Schlafe dient, und eure Tugend wird davon den Nutzen haben.« Zit. n. ebd., S. 225.
101 Auch Erich Schön bringt die Darstellung weiblicher Lektüre mit dem Bett und der Lesehaltung in Verbindung: »[M]it dem 19. Jahrhundert [werden] Bilder und andere Zeugnisse
häufig [...], die vom Lesen im Bett (oder jedenfalls im Liegen) berichten [...]. Sie betreffen fast
ausschließlich Frauen; und sie lesen abends.« Schön: Der Verlust der Sinnlichkeit, (1993)
S. 92. Auch Lee liest abends liegend im Bett.
102 Nies: Bett und Bahn und Blütenduft (1991), S. 55.

tät der Verse führen zu einem Leseerlebnis, das einen inneren Prozess anstößt. So entsteht eine lustvolle Begegnung mit Literatur.

Seit dem 18. Jahrhundert findet die Repräsentation weiblicher erotischer Lektüre in der bildenden Kunst und in der Literatur vor allem im Kontext des *gefährlichen* Lesens statt: Die Betonung der Gefühle, die empfindsame Leseweise, ist dabei in der Literatur auch Kritik an der Gattung des Romans. So hält Gertrud Lehnert diese Zuschreibung im 20. Jahrhundert für überholt: »Im 20. Jahrhundert vervielfältigen sich die literarischen Bilder von lesenden Frauen. [...] Was ganz und gar verschwindet, ist die Idee, dass Lektüre in der Weise schädlich sein können wie für Emma Bovary«.[103] In *Hannah and her Sisters* weist der Umstand, dass eine Frau in Verbindung mit einem Leseakt eine Affäre beginnt, aus der Perspektive des betrogenen Mannes auf den Aspekt der Gefährlichkeit hin. Andererseits wird gerade im Kontext einer typischen New-Yorker-Stadtgeschichte der Gefühlswelt der ProtagonistInnen besondere Aufmerksamkeit zuteil: Eine Frau lässt sich mithilfe eines Liebesgedichts verführen. Wenn man berücksichtigt, dass Norbert Elias den Prozess der Zivilisation als einen Prozess fortschreitender Affektregulierung und Triebkontrolle beschrieben hat, wirkt die Szene wie eine Widerlegung seiner These: Literatur verstärkt hier die – zivilisatorisch disziplinierten – Affekte und löst die (sexuellen) Triebe aus.[104]

Leseort und -haltung schreiben sich in diese kulturgeschichtliche (Bild-) Tradition ein und stellen vor diesem Hintergrund *cues* für Lees Leseerfahrung dar. Die entspannte Lesehaltung steht im Kontrast zur Arbeitshaltung und eröffnet die Möglichkeit der körperlichen Fantasie in Verbindung mit der Lektüre im Bett.[105] Erich Schön hat die Wesentlichkeit der – historischen – Disziplinierung des Körpers beim Lesen herausgearbeitet und verweist diesbezüglich auf mögliche körperliche Spuren der Rezeption:

> Uns ist es längst peinlich geworden, körperliche Reaktionen auf das Erleben symbolischer Gebilde zu zeigen, werden doch leicht unsere Verletzlichkeiten oder etwa Trauerdefizite, werden unsere sonst so sorgsam unterdrückten libidinösen oder aggressiven Bedürfnisse an den Handlungsimpulsen ablesbar. [...] Die körperlichen Dimensionen des Erlebens wer-

---

103 Lehnert: Die Leserin (2000), S. 94–95.

104 So schreibt Elias beispielsweise: »Der gesellschaftliche Standard, in den der Einzelne zunächst von außen, durch Fremdzwang, eingepaßt worden ist, reproduziert sich schließlich in ihm mehr oder weniger reibungslos durch Selbstzwang, der bis zu einem gewissen Grade arbeitet, auch wenn er es in seinem Bewußtsein nicht wünscht. Auf diese Weise vollzieht sich also der geschichtlich-gesellschaftliche Prozeß von Jahrhunderten, in deren Verlauf der Standard der Scham- und Peinlichkeitsgefühle langsam vorrückt«. Elias: Über den Prozeß der Zivilisation (1939), S. 173–174.

105 Vgl. Schön: Der Verlust der Sinnlichkeit (1993), S. 93.

den ausgeschlossen, weil sie nicht sichtbar werden sollen, und im verinnerlichten Selbstzwang der zweiten Natur auch aus Grauen vor den lockenden Abgründen des Atavismus.[106]

Indem Schön schreibt, dass körperliche Reaktionen beim Lesen häufig supprimiert werden, geht er implizit von der Annahme aus, dass Leseerlebnisse zu leiblichen Erfahrungen führen. Da diese durch Disziplinierung kontrolliert werden, gelangt er zu dem Schluss, dass »bestimmte Körpererfahrungen ohnehin nur metaphorisch faßbar zu sein scheinen.«[107] Eben dies drückt das Cummings-Gedicht aus, das von verschlossenen und geöffneten Körpern handelt. Auch wenn Lee sich nicht verbal äußert, ist es unter der Berücksichtigung der These Schöns möglich, ihre körperliche Positionierung und ihre Mimik als Wirkung der Lektüre aufzufassen: »Erotische Fantasien aus der Lektüre [...] können eine Form körperlicher Fantasie sein – doch umfaßt diese wohlgemerkt ein sehr viel breiteres Spektrum möglicher Formen; und sie erschöpft sich auch nicht in den Alternativen libidinöser oder aggressiver Energien.«[108] Die Verschmelzung mit dem Leseobjekt in liegender Haltung und ihr schmachtender Blick im Anschluss an die Lektüre verkörpern *cues* dafür, dass Lee von dem Gedicht ergriffen ist und erotische Fantasien über Elliot entwickelt. Es sind Hinweise darauf, dass Lee sich mit dem lyrischen Du identifiziert, dass über die Vorstellung von Elliot als lyrisches Ich ihre Fantasie angeregt wird und dass sie ein intensives literarisches Erleben hat. Die Lektürewirkung überdauert den Leseakt insofern, als Lee sich tatsächlich in Elliot verliebt und eine Affäre mit ihm beginnt.

Es handelt sich demnach um eine Szene, die mit dem filmsprachlichen Einsatz von Musik, der Montage der Blicke, der Prosodie des Vorlesens und dem Inhalt der lyrischen Verse filmästhetisch extrem dicht inszeniert ist und darüber hinaus mit dem Bild der auf dem Bett lesenden Frau – auch vor dem kulturgeschichtlichen Hintergrund – eine ästhetische Inszenierung von Literaturrezeption darstellt. Der sinnierende und nach innen gerichtete Blick nach der Lektüre ist vieldeutig und offenbart eine ästhetische Wirkung, die Lee sinnlich berührt haben mag und, angesichts der weiteren Filmhandlung, auch eine Imagination von Elliots Begehren und möglicher erotischer Kontakte einschließt. Diese filmästhetische Repräsentation des Leseaktes fügt den bisher herausgearbeiteten Darstellungen von Lektüreprozessen eine weitere hinzu. Ist es im Porno die direkte und explizite Abbildung sexueller Handlungen und in *Sophie's Choice* ein gemeinsamer romantischer Leseakt, so sind es hier auf dem Gesicht und in der Körperhaltung der Protagonistin in *Hannah and her Sisters* ablesbare Wirkungen von Literatur, die den

---

106 Ebd., S. 87.
107 Ebd.
108 Ebd. S. 91.

ZuschauerInnen gezeigt werden. Im Kontext des filmphänomenologischen Zugangs der vorliegenden Studie ist dies insofern von Bedeutung, als die ZuschauerInnen im Film nicht nur das Gedicht und das Lesen wahrnehmen, sondern eine »Wahrnehmung im Vollzug« rezipieren, wie es Thomas Morsch schreibt:

> Dass der Film also nicht nur einen *Gegenstand* sichtbar macht, sondern eine *Sichtweise*, und dieses perzeptive Verhältnis der Wahrnehmung zum Wahrgenommenen in eine Form ästhetischen *Ausdrucks* bringt, macht seine spezifische kommunikative Charakteristik im Ensemble der Künste aus. [...] Der Film macht eine körperliche Wahrnehmungserfahrung selbst zum Gegenstand von Erfahrung. Dies [...] begründet auch seine genuin *ästhetische* Dimension.[109]

Die Gefühle angesichts der Ergriffenheit von Liebe, die jemand in der Form eines Gedichts zum Ausdruck bringt und die im Akt des Lesens aktualisiert werden, sind – mit Schön argumentiert – leibliche Reaktionen auf das Erleben metaphorischer Gebilde. Die Leseszene macht diese Form des Erlebens für die ZuschauerInnen wahrnehmbar, sie phänomenalisiert die spezifische ästhetische Erfahrung. Die Sequenz aus dem Woody Allen-Film macht somit die leibliche Wahrnehmungserfahrung, die ästhetische Erfahrung der Liebe angesichts einer Lektüre, zum Gegenstand von Erfahrung für die Zuschauenden. Hervorzuheben ist, dass es *Hannah and her Sisters* gelingt, auf filmsprachlich dichte Weise, den bevorstehenden tatsächlichen Geschlechtsakt zwischen Elliot und Lee anzudeuten. Lees Fantasie eines möglichen Koitus mit Elliot wird nicht gezeigt, sondern durch das Zusammenspiel der filmästhetischen Inszenierungsmittel, bei denen insbesondere die Rezitation des Cummings-Gedichts ausschlaggebend ist, suggeriert. Die Filmsprache und der sprachlich überstrukturierte Liebesbeweis evozieren zusammen mit der Nahaufnahme von Lees Gesicht das Gefühl von Liebe und deren Wahrnehmung.

Auf diese Weise werden die Zuschauenden angeregt, Lees Gefühle nachzuvollziehen und diese potenziell mit eigenen Liebeserfahrungen zu verbinden – und sie werden in die Lage versetzt, die Wirkung des Gedichts im Sinne Sobchacks zu *spüren*. Unabhängig von den sichtbaren (Lees und Elliots Mimik) und hörbaren (die lyrischen Verse sowie die Melodie von *Bewitched, Bothered and Bewildered)* filmischen Elementen werden sie angeregt, den Geschmack eines Kusses, die Sinnlichkeit der Berührung oder den Duft des Regens wahrzunehmen, ohne dass dies sicht- bzw. hörbar im Bild ist. Dieses Empfinden wird durch die lyrischen Verse ausgelöst. Gleichzeitig vermag dies die ZuschauerInnen zu einer Selbstreflexion über den Zusammenhang von Lesen und Liebe zu führen.

---

109 Morsch: Wahrgenommene Wahrnehmung (2010), S. 264. Hervorhebungen entstammen dem Original.

»Das Lesen ist, liebe Leserin, eine sexuelle Tätigkeit«[110] schreibt Cora Kaplan und Thomas Anz, der seine Monografie programmatisch *Literatur und Lust* nennt, behauptet: »So unterschiedlich geartet die Lüste sind, die Literatur zu vermitteln vermag, etwas von erotischer und sexueller Lust ist ihnen wohl stets beigemischt.«[111]

Die in diesem Kapitel analysierten Leseszenen hatten romantische und erotische Leseerfahrung zum Thema. So kann die Anziehung vom Leseakt selbst ausgehen (*Gösta Berlings Saga*) oder die gemeinsame Lektüre wird in einer romantischen Atmosphäre dargeboten (*Sophie's Choice*): Für Leseszenen, in denen ein eindeutiger Zusammenhang zum Geschlechtsverkehr besteht, gilt es zu unterscheiden, ob der vom Leseakt begleitete Sex sich unabhängig ereignet (*The Reader*) oder eine eigenständige erotische Stimulanz von der Lektüre ausgeht (*La Lectrice*). Eine Leseszene aus *Barbed Wire Dolls* erwies sich als selbstreflexiver Kommentar zur dargestellten weiblichen Lust im Zusammenhang mit Macht. Liebe und erotische Fantasien können die ZuschauerInnen in der filmästhetisch dicht inszenierte Leseszene in Woody Allens *Hannah and her Sisters* selbst erfahren. Im nächsten Kapitel steht eine Funktion von Leseszenen im Mittelpunkt, die bereits bei vielen Szenen angesprochen wurde: mediale Selbstreflexion.

---

110 Kaplan: Lesen, Phantasie, Weiblichkeit (1987), S. 173.
111 Anz: Literatur und Lust (1998), S. 205.

11 Lesen und mediale Selbstreflexion

> Betrachten wir das Kino als mechanisch und als geistigen Automaten, dann reflektiert es sich in seinem eigenen Inhalt, seinen Themen, seinen Situationen und seinen Figuren.[1]
>
> – Gilles Deleuze

Der Ausdruck *mediale Selbstreflexion* bezieht sich auf Formen der *Metaisierung*, d. h. Verfahren der Selbstreferenz bzw. Rückbezüglichkeit, mit denen ein Medium auf die eigene Fiktionalität und Medialität aufmerksam macht.[2] Üblicherweise sind dies der Blick von Figuren in die Kamera, die damit verbundene Adressierung der ZuschauerInnen, das Zeigen von Filmtechniken, die Thematisierung der Tätigkeit des Filmemachens usw. Solche Fälle reflektieren die medialen Produktionsbedingungen des Films, befassen sich mit der Aufnahmetechnik des filmischen Apparats oder der Rezeptionssituation im Kino: Das Potenzial des Mediums zur Erzeugung von Sinn und Bedeutung wird einer Revision unterzogen.

Bezogen auf die vorliegende Studie stellt es eine zentrale Prämisse dar, dass filmische Darstellungen des literarisch-ästhetischen Lesens *per se* als reflexive Akte begriffen werden können. Wie in Kap. 3.3. herausgearbeitet wurde, stellt die Wahrnehmung der filmischen Darstellung des Lektüreakts eine *quartäre* Erfahrung der Filmzuschauenden dar, insofern als die Figur eine *sekundäre* Erfahrung während des Lesens eines Buchs erlebt, das wiederum *primäre* Erfahrungen enthält. Der wahrnehmende Filmkörper macht in dieser verschachtelten Sichtweise selbst *tertiäre* Erfahrungen. Zudem kann der Film – wie im Folgenden aufgezeigt wird – als ein grundsätzlich selbstreflexives Medium aufgefasst werden. Angesichts dieser Vielfältigkeit filmischer Selbstreflexion ist es das Ziel dieses Kapitels, unterschiedliche Formen selbstreflexiver Leseszenen voneinander abzugrenzen und ordnend zu systematisieren; in diesem Zuge werden zur Differenzierung des Phänomens eigene Begrifflichkeiten etabliert.

Das erste Unterkapitel führt in die Thematik der filmischen Selbstreflexion ein, wobei der Fokus auf dem Buch-im-Film-Motiv liegt und die Frage behandelt wird, ob filmische Selbstreflexion einer möglichen Immersion der ZuschauerInnen zuwiderläuft. Die sich daran anschließenden Kapitel zeigen die divergierenden Bedeutungen der filmischen Selbstreflexion in literarisch-ästhetischen Leseszenen auf. Erweitert wird diese Struktur durch einen Exkurs zu *title screens*, die in der Optik eines Buchs gestaltet sind.

---

1 Deleuze: Das Zeit-Bild (1985), S. 336.
2 Vgl. Hauthal (u. a.): Metaisierung in Literatur und anderen Medien (2007), S. 1.

https://doi.org/10.1515/9783110728590-011

11.1 Filmische Selbstreflexion

Für Elemente eines künstlerischen Werks, welche die eigene Fiktionalität thematisieren, gibt es neben der Bezeichnung *Selbstreflexion* eine Vielzahl miteinander konkurrierender Begriffe: Illusionsbruch, Selbstreflexivität, Selbstreferenzialität, Autoreflexivität, Rückbezüglichkeit, Metafiktionalität, Metalepse und weitere zahlreiche Meta-Kollokationen, wie Meta-Narration, Meta-Referenz, Meta-Diegese oder Meta-Medialität. Selbst- oder rückbezügliche Kunstwerke existieren seit der Antike, doch erst mit Beginn der Neuzeit ist die vermehrte Verwendung metareferenzieller Praktiken festzustellen.[3] Kunstwerke, die ihre eigene Fiktionalität zum Thema haben, formulieren eine Skepsis gegenüber der *Sicherheit* der Weltwahrnehmung – und können damit eine *Unsicherheit* der RezipientInnen an ihrer Identität evozieren: Ist die Realität tatsächlich auf die Weise zu ordnen, wie ich es tue?[4]

Selbstreferenzen stellen namentlich ein spezifisches Merkmal der Kunst um 1900 dar: Aufgrund diverser technischer Entwicklungen, wie die Entstehung der Fotografie, mehrten sich im 19. Jahrhunderts die Zweifel, ob sich Schriftsprache und bildende Kunst überhaupt dazu eignen, Wirklichkeit zu repräsentieren und es setzte die sogenannte ›Krise der Repräsentation‹ ein: Verschiedene Formen modernistischer Kunst lösten in unterschiedlichen Graden realistische Repräsentation auf und hoben stattdessen ihre Konstruktion hervor.[5] Die Entstehung des Films ist in diese Krise der Repräsentation einzuordnen.[6] Schon 1901 zeigt Robert W. Paul in dem heute nur noch fragmentarisch erhaltenen Kurzfilm *The Countryman and the Cinematograph* (GB, 1901) einen ›Tölpel‹, der vor einer großen Leinwand steht und

---

3 Als erste künstlerische Werke der Moderne, die über ihre Produktions- bzw. Rezeptionsprozesse reflektieren, gelten Miguel de Cervantes Roman *Don Quijote* (1605/15) und Diego Velásquez' Gemälde *Las Meninas* (1656), das durch die dichte Bildbeschreibung Michel Foucaults in *Les Mots et les choses* in der geisteswissenschaftlichen Forschungsgeschichte über die Kunstwissenschaft hinaus Bekanntheit erlangte. Zum Themenkomplex der Selbstreferenzialität von bildender Kunst vgl. Sykora: Paragone (1996).
4 Vgl. Zahn: Reflexion (1992), S. 396.
5 Dies fand seinen Ausdruck in Kunststilen wie Impressionismus, Expressionismus, abstrakter Kunst, Kubismus oder Surrealismus.
6 Einen umfassenden Forschungsüberblick zur Selbstreflexion im Film liefern Thomas Metten und Michael Meyer, wobei sie nicht nur die historische Genese aufzeigen, sondern die Bedeutung der Selbstreflexion aus unterschiedlichen disziplinären Blickwinkeln eruieren. Vgl. Metten u. Meyer: Reflexion von Film (2016).

sich unter anderem über *L'Arrivée d'un train en gare de La Ciotat* (F, 1895) der Brüder Lumière mokiert, bevor er angesichts des in den Bahnhof einfahrenden Zugs schreiend davonrennt. *The Countryman and the Cinematograph* verweist bereits auf einen anderen Film, behandelt den Akt der Filmrezeption und problematisiert den Status von Fiktion und Realität. Sechs Jahre nach der ersten öffentlichen Aufführung eines Films gab es somit bereits einen selbstreflexiven Film, einen *Film im Film*.[7]

Auch wenn in der Zeit des *Classical Hollywood Cinema* das Erzeugen von Illusion im Vordergrund stand, entstanden in dieser Zeitspanne zahlreiche Spielfilme, welche die Strukturen Hollywoods, und somit die eigenen Produktionsbedingungen, zum Thema machten;[8] stellvertretend sei Stanley Donens und Gene Kellys *Singin' in the Rain* (USA, 1952) genannt.[9] In seiner allgemeinen Ausprägung erschließt sich die Funktion selbstreflexiver filmischer Effekte folgendermaßen: Während RezipientInnen in der Regel Filme durch die ›Brille‹ ihrer Alltagswahrnehmung als illusionsstiftend erleben, bricht Selbstreflexion mit Erwartungen an psychologische Plausibilität und an die Konsistenz sowie Kohärenz der dargestellten Welt.[10] Dementsprechend wird die Wende in der Filmgeschichte von Klassik zu Moderne, hier verstanden als filmische Epochen, als die Abkehr von einer linearen Erzählform verortet: Filme entwickelten sich zunehmend von psychologisch-naturalistischen Darstellungsformen hin zu dramaturgisch offenen Ge-

---

7 Medial selbstreflexiv ist ebenso James Williamson *The Big Swallow* (GB, 1901), der zeigt, wie ein Mann bemerkt, dass er von einer Kamera gefilmt wird, sich dieser nähert und sie schließlich verschluckt. Perspektive und die technischen Bedingungen der Filmproduktion werden in diesem frühen Beispiel nicht kaschiert, sondern ostentativ ausgestellt sowie humoristisch und grotesk verarbeitet. Dsiga Wertows *Tschelowek s kinoapparatom* (UdSSR, 1929) gilt als einer der ersten selbstreflexiven Langfilme: Die ZuschauerInnen begleiten einen Filmreporter mit einer Kamera, der diverse Alltagsszenen filmt und dann im Schneideraum aneinanderfügt.

8 Die ersten filmwissenschaftlichen Forschungsarbeiten, die sich mit selbstreflexiven Phänomenen auseinandersetzen, stammen aus den 1970er Jahren und beschäftigen sich mit solchen Filmen über Hollywood. So z. B. Behlmer u. Thomas: Hollywood's Hollywood (1975).

9 Auch im letzten Jahrzehnt wurde es – überspitzt formuliert – zu einem sicheren Kriterium für den Gewinn eines Oscars, wenn Filme Hollywood thematisieren, z. B. *The Artist* (F, 2011) oder *La La Land* (USA, 2016).

10 Vgl. Meyer u. Metten: Reflexion von Film (2016), S. 23–24.

schichten sowie damit einhergehenden Transparenz-Illusionen.[11] Hierfür stehen die Filme des Neorealismus und der *Nouvelle Vague* repräsentativ.[12]

So ist es kennzeichnend für die Filme der Moderne, dass sie auf Distanz zu sich selbst gehen und sich und ihre Machart betrachten, wie Thomas Elsaesser und Malte Hagener schreiben:

> In Anlehnung an eine modernistische reflexive Ästhetik erzählt es [das moderne Kino; TR] nicht nur eine Geschichte, sondern es erzählt auch immer von sich selbst, reflektiert – spiegelt – sich selbst, es stellt sich selbst als Artefakt zur Schau. [...] die Tatsache, dass es sich um einen Akt des Erzählens handelt, sollte immer mit erzählt werden.[13]

Das Thematisieren bzw. Offenlegen der eigenen Produktionsbedingungen gehört nach wie vor zum Repertoire des gegenwärtigen Films. Nicht nur avantgardistische Filmströmungen wie die dänische Bewegung DOGMA 95 oder dem seit dem 1990er Jahre florierenden Genre der melancholischen Komödie, sondern auch der in einer einzigen 140minütigen Einstellung gedrehte deutsche Film *Victoria* (D, 2015) oder ein Hollywood-Film wie *Birdman or (The Unexpected Virtue of Ignorance)* (USA, 2014) greifen auf selbstreflexive Elemente zurück.[14]

---

11 Diese vier gebräuchlichen und groben zeitlichen Entwicklungsstufen der westlichen Filmgeschichte legt beispielsweise Michaela Krützen dar. Um 1917 – oder ab 1927, wenn der Stummfilm als eigene Ära betrachtet wird – endet die erste Phase des *primitive* oder *early cinema* und die Klassik, auch als *Classical Hollywood Cinema* bezeichnet, beginnt. Der italienische Neorealismus in den 1940er Jahren und die französische *Nouvelle Vague* um das Jahr 1960 gelten als Beginn der Moderne. Für diese modernen Filme ist es ein konstitutives Merkmal, dass das Medium Film sich selbst auf seine eigenen Grundlagen, Bedingungen und Möglichkeiten durch Reflexion ›überprüft‹. Sie setzen nicht mehr wie das klassische Kino auf Illusion. Als Nachmoderne oder Postklassik gelten dann vor allem Filme, die mit Zitaten, Ironie, mehrsträngigen Erzählungen und nicht-chronologischem sowie unsicherem Erzählen arbeiten. Vgl. hierzu: Krützen: Klassik, Moderne, Nachmoderne (2015), S. 17–28.
12 Diesen Kriterien, Filme zeitlich und inhaltlich voneinander abzugrenzen, folgt auch Gilles Deleuzes Einteilung in Bewegungs- und Zeit-Bild in *Kino 1 & 2*. Hier stellt Selbstreflexion eine Konstituente des *Zeit*-Bildes dar, die er mit unterschiedlichen Implikationen bei den Filmen des Neorealismus und der *Nouvelle Vague* verortet.
13 Elsaesser u. Hagener: Filmtheorie (2013), S. 93–94.
14 Die Mitglieder von DOGMA 95, angeführt von den beiden Regisseuren Lars von Trier und Thomas Vinterberg, protestierten im Jahr 1995 mit einem Manifest gegen gängige Hollywoodinszenierungen und besannen sich auf die ›Urfunktion‹ der filmischen Darstellung zurück. Hierfür stellten sie zehn Gebote auf, an die sich die FilmemacherInnen bei der Realisierung eines Werks halten sollen. Die Regeln schreiben den Verzicht auf zahlreiche technische Möglichkeiten vor, wie die Benutzung eines Kamerastativs, das Hinzufügen von Spezialeffekten oder die Verwendung von Hintergrundmusik. So wollten sie bewusst selbstreflexive Elemente in den Filmen herbeiführen. Vgl. hierzu: Rouget: Die Errettung der äußeren Wirklichkeit (2016). Zum Genre der melancholischen Komödie vgl. Hettich: Die melancholische Komödie (2008).

Innerhalb dieser stilistischen Tendenz ist das Buch-im-Film-Motiv, das jeder literarisch-ästhetischen Leseszene inhärent ist, gesondert zu betrachten.

11.1.1 Das Buch-im-Film-Motiv

Sobald ein Buch im Filmbild zu sehen ist, liegt die Konstellation vor, dass ein Medium (Film) ein anderes (Literatur) reflektiert. Strukturell verwandte Motive und Gegenstände zahlreicher Forschungsarbeiten sind das *Buch im Buch*,[15] z. B. in Michael Endes *Die unendliche Geschichte* das gleichnamige Buch, das *Drama im Drama*,[16] beispielsweise Treplevs Aufführung des selbstgeschriebenen Theaterstücks in Tschechows *Die Möwe*, oder der *Film im Film*[17] wie der Odysseus-Film in Godards *Le Mépris* (F/I, 1963). Der Terminus *Selbstreflexion* indiziert in Abgrenzung zu *Reflexion*, dass das beobachtende und das beobachtete Medium identisch sind.[18] In den aufgezählten Fällen thematisieren die Medien sich selbst. Diesem Verständnis gefolgt, wäre das literarisch-ästhetische Lesen im Film keine mediale Selbstreflexion, da reflektierendes und reflektiertes Medium nicht identisch sind.[19] Oliver Jahraus bezeichnet jedoch auch vergleichbare filmische Phänomene, in denen ein Medium ein anderes reflektiert, als mediale Selbstreflexion:

> Wann immer ein Medium in einem anderen Medium auftritt, dient dies der medialen Selbstreflexion [...]. Äußeres und inneres Medium, reflektiertes und reflektierendes Medium können identisch – Buch im Buch, Film im Film –, medial äquivalent – Brief im Buch, Schrift im schriftlichen Text, Bild im Film –, oder aber auch gegenläufig sein – Bild im Buch, Film im Buch, Buch im Bild, Buch im Film, Telefon im Film usw. Ungeahnte Kombinationsmöglichkeiten tun sich auf, je weiter man die technische und konzeptionelle Ausprägung des Mediums in den Blick nimmt.[20]

---

15 Vgl. zu einem Forschungsüberblick: Bayer-Schur: Das Buch im Buch (2011), S. 13–18. Dieser Themenkomplex wird vor allem im Rahmen von Intertextualität, Rahmenerzählungen, Welten-Konstruktion in der Phantastik und in Arbeiten über die Darstellungen des Lesens untersucht.
16 Einen Überblick über die Forschung liefert: Hauthal: Metadrama und Theatralität (2009), S. 36–39.
17 Vgl. hierzu: Gymnich: Meta-Film und Meta-TV (2007).
18 Vgl. zum Begriff Selbstreflexion: Scheffel: Formen selbstreflexiven Erzählens (1997), S. 11–23.
19 Eine häufig vorkommende filmische Reflexion eines anderen Mediums ist z. B. die Aufführung eines Dramas im Film, die durch die Thematisierung der Produktion, des Probens, der Konkurrenz der SchauspielerInnen untereinander usw. eine Vielzahl von möglichen Plotstrukturen liefert, beispielsweise in *All About Eve* (USA, 1950). Vgl. hierzu: Diekmann: Der andere Schauplatz (2014).
20 Oliver Jahraus: Der fatale Blick in den Spiegel (2010), S. 256.

Jahraus vertritt die These, dass die Selbstreflexion eines Mediums auch mit Hilfe fremder Medien erfolgen kann.[21] Die Präsenz eines Mediums in einem anderen kann Differenzen zwischen den beiden Medien vergegenwärtigen, gemeinsame – oder verschiedene – Strukturmerkmale akzentuieren oder die gemeinsame Tradition beider Medien in das Bewusstsein rücken. Strukturelle Gemeinsamkeiten zwischen den Medien Film und Buch – bzw. Literatur –, bestehen beispielsweise darin, dass beide ästhetische Objekte darstellen, die zwecks Sinnkonstitution der rezeptiven Tätigkeit durch die MediennutzerInnen bedürfen. Des Weiteren verbinden Literatur und Film vor allem Narration und Fiktionalität; beide Künste beinhalten Figuren, Orte, Handlung, Temporalität usw. Freilich können auch manifeste mediale Unterschiede konstatiert werden: Schriftsprache vs. Filmsprache, Literarizität vs. Audiovisualität, Kollektivproduktion vs. AutorInnen-Produkt usw. Somit kann das Auftauchen eines Buchs im Filmbild als ein selbstreflexives Moment begriffen werden, da die ZuschauerInnen zu ebenjenen Fragen der medialen Einheit und Differenz angeregt werden können.

Die spezifisch selbstreflexiven Komponenten des Buch-im-Film-Motivs können wie folgt auftreten: Eine Figur liest einen Roman, in dem sich die ProtagonistInnen in einem vergleichbaren Dilemma befinden wie sie selbst.[22] Oder eine Figur ist in ein Buch vertieft, dessen Cover das Konterfei des Regisseurs birgt, vergleichbar mit einem *Cameo*-Auftritt von Hitchcock.[23] Eine Lesezene kann ebenso den Status des Films als Literaturverfilmung betonen, indem auf die literarische Vorlage verwiesen wird.[24] Ebenfalls ist es möglich, dass die filmische Aktualisierung eines Stoffes oder Textes ostentativ herausgestellt oder auf die geistige Inspiration des Films angespielt wird.[25] Schließlich kann das literarisch-ästhetische

---

[21] In seinem Aufsatz vertritt Jahraus in erster Linie die These, dass mediale Selbstreflexion die RezipientInnen zur Selbstvermittlung und -konstitution führt. Vgl. ebd., S. 259.

[22] Ein Beispiel hierfür ist *Molly's Game* (USA, 2017). Die Hauptfigur muss sich für die Organisation illegaler Pokerspiele in einem juristischen Prozess verantworten. Arthur Millers Drama *The Crucible*, das die Fragen nach Schuld, Denunziation und Verleumdung verhandelt, wird dabei mehrfach gelesen und diskutiert.

[23] Dies findet sich in Ingmar Bergmans *Höstsonaten*. Die von Ingrid Bergman gespielte Protagonistin liest vor dem Einschlafen einen Roman, dem sie gar Trivialität vorwirft. Auf der Rückseite des Covers wird das Gesicht von Ingmar Bergman sichtbar: eine ironische Selbstreflexion des Regisseurs.

[24] Ein Beispiel hierfür ist die Gestaltung des Vorspanns als Lesezene (vgl. Kap. 11.4.).

[25] In *Gemma Bovary* erlebt eine Figur modernisiert dieselbe Geschichte wie die Hauptfigur in Gustave Flauberts *Emma Bovary*. Ein weniger konkretes Beispiel findet sich in *Pulp Fiction*, als Vincent Vega auf der Toilette einen *Modesty Blaise*-Roman liest. Das Buch steht stellvertretend für typische Werke der Trivialliteratur (*pulp fiction*), die das Vorbild für den Episodenfilm darstellen.

Lesen auch über den Status von Film und Literatur reflektieren und die Frage nach der ›Konstruiertheit‹ des Dargebotenen stellen.[26]

Diese heterogenen Beispiele können grob auf zwei Kategorien von selbstreflexiven literarisch-ästhetischen Leseszenen reduziert werden. Im weitesten Sinne *spiegelt* ein Film Eigenschaften bzw. Konflikte der Figuren oder Aspekte der Handlung; er nimmt also auf das ›Was‹ oder die *histoire* des Films Bezug. Solche Fälle können als *autothematisches Lesen* bezeichnet werden.[27] Roberts Lektüre einer Liebesgeschichte in *A Life Less Ordinary* (vgl. Kap. 6.2.) stellt hierfür ein Beispiel dar, weil er während des Leseakts realisiert, dass er verliebt ist. Es gibt mit der Liebe als einendes Element eindeutige Überschneidungen zwischen dem Inhalt des Leseobjekts und der Situation der Figur. Eine andere selbstreflexive Funktion liegt vor, wenn die *Medialität* des Films thematisiert wird; die medienspezifische Form, ergo das ›Wie‹ oder der *discours*, gerät in den Blick.[28] Für derartige Phänomene wird folgend der Ausdruck *automediales Lesen* gebraucht. In Jūzō Itamis *Tampopo* (vgl. Kap. 7.3.) sehen die Zuschauenden beispielsweise parallel zu einer Vorlesesituation die Lektüreimaginationen der Figuren als eigenständigen Film im Film. Die Fiktionalität des im Bild Sichtbaren wird für die ZuschauerInnen so präsent gehalten.

Das automediale Lesen ist vom autothematischen dadurch abzugrenzen, dass die Leseszene, bzw. Teile der Leseszene, für die ZuschauerInnen Reize setzt, die zum *Nachdenken* über Teile des medialen Systems oder der Fiktion anregen. Werner Wolf sieht »das Anregen einer kognitiven Aktivität als eines der

---

26 So erfährt der Steuerprüfer Crick in *Stranger than Fiction* (USA, 2006), dass sein Leben auf dem (fiktiven) Roman *Death and Taxes* der Schriftstellerin Karen Eiffel beruht, deren literarisches Schreiben sich direkt auf Harolds Leben auswirkt – Harold hört eines Morgens eine Erzählerstimme, die seine Aktivitäten prosaisch kommentiert. Dies wird in dem Moment dramatisch, als Eiffel unter einer Schreibblockade leidet, da sie nicht weiß, wie sie ihren Protagonisten sterben lassen kann. So gibt sie nach einem Gespräch Harold die Druckfahne des Romans mit, die dieser auf einer längeren Busfahrt liest. Die Figur liest in dem Moment ein Buch, in dem er Teil der erzählten Welt ist – zudem erfährt er von seinem prospektiven Tod.

27 Ich habe die griechische Vorsilbe *auto* im Sinne von *gleich* oder *selbst* gewählt, um Überschneidungen mit schon etablierten Begriffen in der Forschung zu vermeiden. Doch dies ist nicht immer zu gewährleisten; in diesem Fall gibt es beispielsweise Parallelen zu Konzepten der (Auto-)Biografieforschung. Die Vorsilbe *auto* bezieht sich in der vorliegenden Studie jedoch primär auf das Medium Film, nicht auf Figuren.

28 In Medientheorien wird der Begriff *Medialität* naturgemäß nicht derart eindeutig verwendet. Unter Medialität werden ebenso Fragen nach der Ontologie von Medien, ihren Funktionen, ihrer Genese und die die Entstehung kultureller Semantik bzw. die Akte der Sinnerzeugung durch Medien verhandelt. Vgl. hierzu Genz u. Gévaudan: Medialität Materialität Kodierung (2016). Für die vorliegende Studie, in welcher Spielfilme den Gegenstand der Untersuchung bilden, ist unter Medialität aus erzähltheoretischer Perspektive der *discours* zu verstehen.

wichtigsten Differenzmerkmale von Metaisierung«[29] an. Nachdenken bedeutet in diesem Kontext, dass die Illusion des Films sozusagen nicht mehr kohärent aufrechtzuerhalten ist, sondern ›durchlässig‹ wird.[30] Gleichwohl kann eine Leseszene sowohl autothematisch als auch automedial sein. In *A Life Less Ordinary* wird eine Stelle des Liebesromans beispielsweise nicht von der lesenden Figur vorgetragen, sondern von einer anderen Figur (dem Engel O'Reilly) aus dem Off. Durch diese seltene auditive Präsentation eines Textes nach der Kategorie **M** wird auch auf die *Medialität* des Films verwiesen, da durch die filmische Inszenierung ins Bewusstsein gerückt wird, dass es dem Film auf der Tonspur möglich ist, FilmrezipientInnen eine andere Stimme hören zu lassen als die Stimme der Figur, die im Filmbild zu sehen ist: Bild und Ton müssen nicht synchron verlaufen.

Es ist für das Anliegen der vorliegenden Abhandlung weniger von Belang, die beiden Kategorien terminologisch distinktiv anzuwenden, sondern sie helfen grundlegend dabei, die jeweils vorliegende ›Verwandtschaft‹ zwischen dem Film und dem gelesenen Text zu bestimmen. Bevor diese an Beispielszenen erörtert wird, stellt sich die Frage, ob ZuschauerInnen noch in ein filmisch-ästhetisches Verfahren involviert werden können, wenn der mediale Konstruktcharakter in den Vordergrund tritt.

11.1.2 Ästhetische Erfahrung und mediale Selbstreflexion

Ein Verweis auf die Fiktionalität eines Films lenkt die Augen der BetrachterInnen auf die Künstlichkeit des entsprechenden Werks. Dies scheint auf den ersten Blick eine *Immersion* in die Diegese zu verhindern.[31] Denn Immersion wird im Kontext der Filmrezeption in der Regel derart verstanden, dass die Aufmerksamkeit der ZuschauerInnen vollständig auf den ästhetischen Gegenstand gezogen wird. Das wahrnehmende Subjekt verliert in einer Art Flow-Zustand seine lebensweltliche Verortung, sein Bewusstsein für die empirische Umgebung und die eigene Geschichtlichkeit. Die Wahrnehmung verfällt nach radikalen Immersionstheorien wie in eine Art Traumzustand, der das Filmgeschehen besetzt: Es

---

29 Wolf: Metaisierung als transgenerisches und transmediales Phänomen (2007), S. 33.

30 Es liegt also ein Verfahren vor, dessen Funktion Patricia Waugh, die als erste eine umfassende theoretische Auseinandersetzung mit dem Begriff *Metafiktion* vorgelegt hat, pointiert zum Ausdruck bringt: »Metafiction is a term [...] which self-consciously and systematically draws attention to its status as an artefact in order to pose questions about the relationship between fiction and reality.« Waugh: Metafiction (1984), S. 2.

31 Vgl. Metten: Sichtbar gemachtes Sehen (2016), S. 139.

kommt zu einer intensiven ›Verschmelzung‹ von Zuschauenden und Film.[32] Filme des *Classical Hollywood Cinema* enthalten in der Regel keine selbstreflexiven Elemente, da diese mit der ›Illusionsmaschinerie‹ konfligieren.

Die Schlussfolgerung, dass die Fokussierung der RezipientInnen auf die Machart eines Mediums vom Dargestellten ablenke, geht auf mediale Einfühlungstheorien zurück, wie sie z. B. Theodor Lipps zu Beginn des 20. Jahrhunderts formulierte. »Bin ich von meinem realen Ich frei, und frei von dem, das außerhalb des ästhetischen Objekts liegt, bin ich ganz in ihm, dann verwirklicht sich in ihm meine ganze Kraft der Auffassung und Bewertung.«[33] KunstrezipientInnen gehen im optisch und auditiv Wahrgenommenen vollkommen auf. Wenn aufgrund von selbstreflexiven Praktiken ein Bewusstsein für das Gemacht-Sein eines Kunstwerks entsteht, wird aus dieser Sicht die Transparenz des Mediums demonstrativ gebrochen und eine Absorption von der Fiktion ist den Kunstwahrnehmenden im Rahmen dieses theoretischen Ansatzes nicht mehr möglich.[34] Dies hätte zur Folge, dass sämtliche selbstreflexive Inszenierungsstrategien der Kinogeschichte, von Eisensteins intellektueller Montage über Godards Verfremdungsstrategien bis hin zu gebrochenen Narrativen der Gegenwart, einer immersiven Filmerfahrung entgegenstehen.

Christiane Voss unterzieht solche Theorien der Immersion einer Revision. Sie begreift Immersion derart, dass sie den ZuschauerInnen eine temporäre körperlich-geistige Nähe zum Filmgeschehen verschafft: eine aufmerksame Fokussierung auf den ästhetischen Gegenstand. Diese Nähe hat jedoch in Voss' Perspektive für die Filmrezeption *nicht* zur Folge, dass die durch den Film evozierten Eindrücke und Gefühle die Zuschauenden dazu verleiten, sich direkt handelnd zum Filmgeschehen zu verhalten. Sie geht davon aus, dass FilmrezipientInnen sich beispielsweise stets bewusst sind, dass sie in einem Kinosaal oder auf dem heimischen Sofa sitzen und einen Film betrachten. Im verdunkelten Kinosaal reißt uns der Blick auf das blinkende Notausgangsschild oder das Husten eines anderen Zuschauenden nicht augenblicklich aus dem Filmgeschehen heraus. Denn die Absorption in ein multimodales Filmgeschehen, der evidente Realitätseindruck des Films, wird in der Argumentationslinie von Voss durch eine Reihe kognitiver, affektiver und synästhetischer Reaktionen fundiert.[35] Selbstreflexion und Immersion schließen sich demzufolge nicht aus:

---

32 Vgl. für einen Überblick zu Immersionstheorien: Hochscherf, Kjär u. Rupert-Kruse: Einleitung (2011).
33 Lipps: Ästhetik (1906), S. 88.
34 Vgl. Metten: Sichtbar gemachtes Sehen (2016), S. 127.
35 Dies führt Voss zu ihrem illusionierenden Entwurf einer imaginären Körperlichkeit, die eine zeitlich begrenzte Repräsentation der Leiblichkeit der ZuschauerInnen ist, die er im Akt

Nicht jede Ebene unseres Bewusstseinssystems ist ja gleichermaßen durchgehend aktiviert, während wir einem Film folgen. Narrative Antizipationen und Rückblenden, intertextuelle Bezüge sowie emotionale und moralische Identifikationen mit Charakteren und Positionen eines Filmgeschehens fließen in unsere Immersionen ebenso mit ein wie physische und stimmungsmäßige Reaktionen auf die materiellästhetischen Eigenschaften filmischer Darstellungsmittel.[36]

Daraus schließt Voss – und hier liegt der Nexus zur phänomenologischen Betrachtung der Filmerfahrung in Kap. 3.3. –, dass die physisch-geistige *Leiblichkeit* der RezipientInnen die unhintergehbare, materielle und transzendentale Bedingung jeder ästhetischen Erfahrung bleibt. Selbstreflexive Praktiken können demnach eine Ebene unseres Bewusstseinssystems stimulieren, die ebenso zu einer Immersion führt. Ein Film wie Alain Resnais' *L'Année dernière à Marienbad* (F/I, 1961) – ein prototypischer selbstreflexiver Film, der sich einer konsistenten Figurenzeichnung und Handlungsführung verweigert – wäre demnach ebenso dazu geeignet, von den ZuschauerInnen immersiv aufgesogen werden zu können wie James Camerons rasantes Action-Spektakel *Terminator 2: Judgment Day* (USA, 1991). In Resnais' Film kann die Immersion dadurch zustande kommen, dass die Aufmerksamkeit der ZuschauerInnen vollständig auf dem Mangel an Handlungslogik, der Iteration des Geschehens und dem Enigmatischen der Figuren liegt: Der Versuch, das Geschehen zu begreifen bzw. Sinn zu konstituieren, kann den ganzen Leib der Zuschauenden in den Bann ziehen – ebenso wie die spannungsgeladene Verfolgungsjagd des Cyborgs in Camerons Werk.

Zu diesem Schluss führt auch Vivian Sobchacks Ansatz, die einen Film als performativen Akt begreift, der die Erfahrung der Filmschaffenden (durch die Aufnahme der Kamera) repräsentiert und reflektiert sowie direkte Erfahrungen als Film (im Ausdruck des Projektors) umsetzt. Sobchack versteht filmische Reflexivität folglich als Spiegelung von Wahrnehmung: »A Film is an act of seeing that makes itself seen, an act of hearing that makes itself heard, an act of physical and reflective movement that makes itself reflexively felt and understood.«[37] Im Film ist so im Anschluss an Sobchack reflexiv das Sehen eines anderen für

---

der Rezeption dem Film zur Verfügung stellt. Wir speichern unsere Vorstellungsmöglichkeiten wie auch unseren Organismus buchstäblich in den Film ein. Dies bezeichnet sie mit dem Neologismus »Leihkörper«. Vgl. Voss: Leihkörper (2013), S. 285–286.

36 Voss: Fiktionale Immersion (2009), S. 135.

37 Sobchack: The Address of the Eye (1992), S. 3–4. Diese Auffassung unterstreicht auch die Wahl ihres Buchcovers: René Magrittes *La reproduction interdite*. Das Gemälde zeigt einen Mann im schwarzen Anzug vor einem Spiegel, der nicht sein Spiegelbild erblickt, sondern – wie die BildbetrachterInnen – lediglich seinen Rücken. In der Kunst *reflektiert* der Mann sich nicht: Er *reproduziert* sich.

die Zuschauenden sichtbar – dies hat bereits Gilles Deleuze im Eingangszitat pointiert. Der filmische Ausdruck des Sehens kann auf den Gegenstand des Films, seine Perspektivierung oder auf die Wahrnehmung der ZuschauerInnen gerichtet sein. Wenn in einer Filmszene explizit die eigene Medialität und die Offenlegung der Rezeptionssituation im Kino im Mittelpunkt stehen, erleben die RezipientInnen diese Selbstreflexivität nur dann als Störung, wenn sie sich ausschließlich für inhaltliche Aspekte der Diegese interessieren.[38] Immersion richtet sich jedoch nicht ausschließlich auf das *Was* der filmischen Welt – Themen, Figuren oder Dialoge –, sondern ebenso auf das *Wie*.

Georg W. Bertram, der bereits in Kap. 3.2. zitiert wurde, verortet die Selbstreflexivität pointiert im Moment der ästhetischen Erfahrung:»Wo im ästhetischen Verstehen materiale Momente auffällig werden, verweist das Kunstwerk auf seine eigene materiale Verfasstheit.«[39] Er begreift die Wahrnehmung des hervortretenden Materials eines Kunstwerks, also die Form, Machart oder Medialität, als eine zentrale Dimension der ästhetischen Erfahrung, die konstitutiv für Kunst ist. Denn hier manifestieren sich die Unabschließbarkeit der Interpretation von künstlerischen Werken, die Grenzen des Verstehens oder das, was in Kap. 3.2. als mediale (Sinn-)Überschüsse bezeichnet wurde.

Das Wahrnehmen der Form eines Kunstwerks unterscheidet in einem engen Verständnis die ästhetische Erfahrung von anderen Formen der Erfahrung, beispielsweise Naturerfahrungen. Die materialen und präsentativen Aspekte eines Mediums zu erfahren, ist demnach konstitutiv für die ästhetische Erfahrung und ermöglicht den RezipientInnen – so Bertrams These – sich über sich selbst zu verständigen. Diese Facette der ästhetischen Erfahrung ereignet sich vor allem in der Kategorie des automedialen Lesens, denn hier liegt der Fokus auf audiovisuellen Inszenierungen des literarisch-ästhetischen Lesens, d. h. auf der Medialität des Films selbst. Im Folgenden werden anhand von jeweils einem Film die beiden angesprochenen Formen selbstreflexiver Leseszenen dargelegt.

11.2 Autothematisches Lesen in *Ansiktet*

Ingmar Bergmans *Ansiktet* (SWE, 1958) beginnt damit, dass vier zwielichtige Personen, Dr. Albert Emanuel Vogler, sein jugendlicher Assistent Aman (bzw. – wie sich im Laufe des Films herausstellen wird – seine verkleide Frau Manda),[40]

---

38 Vgl. Metten: Sichtbar gemachtes Sehen (2016), S. 138–139.
39 Bertram: Kunst (2011), S. 234. Bertram bezieht sich dabei auf Nelson Goodman.
40 Die Bedeutung der sprechenden Namen ist geschrieben weniger deutlich, als wenn sie laut vorgelesen werden: Manda: ›Mann da‹; und Aman: ›a man‹.

seine Großmutter und der geschwätzige Tubal, als *Magnetisches Heiltheater* um das Jahr 1850 in einer Kutsche durch Schweden ziehen. In dem Wagen entspinnt sich ein Dialog über Magie und Geister, ehe sie bei einem Stopp im Wald den völlig entkräfteten Schauspieler Johan treffen und mitnehmen. Zu diesem Zeitpunkt ereignet sich eine beiläufige Leseszene.

> Johan: Bitte, mein Herr. Was ist das für ein Buch?
>
> Manda: Ein Roman. Ein Werk über Falschspieler.
>
> Johan: Wollen Sie das lernen?
>
> Tubal: Er hält uns für Falschspieler.
>
> Manda: Darf ich Ihnen eine Stelle vorlesen? »So unerhört geschickt vollzieht sich der Betrug, dass der Betrüger selbst der einzig ehrliche Mensch zu sein scheint.«
>
> [*Johan lacht.*]
>
> Johan: Demnach wären die ehrlichen, die wahrheitsliebenden Menschen alle nur Betrüger? Eine sehr illusorische Theorie.
>
> Tubal: Das haben Sie von Ihrem Bücherlesen, Herr Aman.
>
> Manda: Herr Tubal, Sie sollten zu Ende kauen, bevor Sie reden.
>
> Tubal: Der Absatz von der Ehrlichkeit, den Sie da gerade vorgelesen haben, war ausgezeichnet.
>
> Johan: Ja, die Wahrheit ist schön.
>
> Tubal: Und sie ist auch vielseitig [...].[41]

Tubal und Johan diskutieren noch weiter, bevor Johan scheinbar vor Erschöpfung stirbt.[42] Die Szene ist formal schlicht inszeniert: Die drei Figuren sind in einer Halbtotalen abgelichtet, zu dem Gesprächspartner Tubal – und der ebenfalls anwesenden Großmutter – wird in Nahaufnahmen und in einem Schuss-Gegenschuss-Verfahren hin- und hergeschnitten. In der düsteren Atmosphäre des Schwarz-Weiß-Films ist das Leseobjekt ein abgenutztes altes Buch ohne Titel oder identifizierbaren Namen einer/s Autorin/s.[43] Das Buch wird nach die-

---

41 Ebd., 00:08:43–00:09:23.

42 Im Laufe des Films stellt sich heraus, dass Johan in dieser Szene überlebt hat: Er bekommt im Rahmen eines Täuschungsmanövers des SchaustellerInnen-Trupps einen finalen Auftritt, um sein Schauspieltalent unter Beweis zu stellen.

43 Ein Beispiel dafür, dass das autothematische Lesen nicht an das Vorlesen von Textstellen oder die Anschlusskommunikation gebunden ist, sondern auch durch die Nennung des Titels oder des Namens einer/s Autorin/s eines literarischen Werks erfolgen kann, findet sich in der vierten Episode der zweiten Staffel der deutschen Comedy-Serie *Türkisch für Anfänger* (D, 2006–2008). Hier

ser Sequenz nicht mehr thematisiert. Im Gespräch über das Buch zeigen sich Konflikte zwischen den Gruppenmitgliedern, weshalb der Dialog noch als Teil der Exposition begriffen werden kann, durch die charakterliche Eigenschaften der Personen zum Vorschein kommen: Manda wird beispielsweise als belesen, reflektiert und nicht konfliktscheu eingeführt.[44]

Für eine Kategorisierung dieser Szene aus *Ansiktet* als autothematische Lektüre ist der Inhalt des Gelesenen und die Debatte über den aus dem Text vorgelesenen Sinnspruch von Bedeutung. Die Lesende eines Romans über Trickbetrügerei ist in dieser Szene selbst eine Trickbetrügerin, die sowohl die anderen ProtagonistInnen als auch Zuschauenden über ihr Geschlecht durch ihre Verkleidung in die Irre führt. So macht der zitierte Satz das Leseobjekt zu einem Spiegeltext. Dieser lässt sich auf den ganzen Film übertragen, dessen thematischer Gegenstand Täuschung ist. So wird in einem Satz das Sujet des Films als eine Art *one liner* zusammengefasst, der als Tagline über dem Filmplakat stehen könnte.

»So unerhört geschickt vollzieht sich der Betrug, dass der Betrüger selbst der einzig ehrliche Mensch zu sein scheint.« Der Satz exkulpiert die eigentlich als unredlich geltenden BetrügerInnen, indem er die geschickte Täuschung anderer Personen derart aufwertet, dass sie gar ehrlich handeln. Die Attribuierung eines Betrugs als »unerhört geschickt« ist stilistisch auffällig, denn die Verwendung von »unerhört« als Adverb zu »geschickt« führt zu einer Nobilitierung der Lüge. Wenn die von einer/m Magier/in durchgeführte Illusion quasi vollkommen ist, liegt der Manipulation ein Moment der Schönheit inne, das die SchwindlerInnen als *ehrlich* etikettiert. Die täuschende Handlung ist in dieser Sichtweise derart vollendet, dass das ihr zugrundeliegende Engagement nicht schlichte Schwindelei, sondern von Grund auf wahrhaftig oder rechtschaffen ist. Johan formuliert den Umkehrschluss dieses Aphorismus als Paradox: »Demnach wären die ehrlichen, die wahrheitsliebenden Menschen alle nur Betrüger?« Die ›Nicht-BetrügerInnen‹ erscheinen in dieser Perspektive verlogener, da ihre Täuschungsabsichten nicht derart vollkommen sind. Sie beherrschen nicht die Kunst des Lug und Trugs,

---

reicht in einer Szene das Cover von Goethes *Die Leiden des jungen Werthers* aus, um den fingierten Selbstmordversuch eines Charakters zu unterstreichen und gleichzeitig Komik zu erzeugen.

44 Das autothematische Lesen erfolgt häufig im Kontext einer Liebesgeschichte, indem durch das Lesen die gegenwärtigen Gefühle einer Person unterstrichen werden. Ein Beispiel hierfür findet sich in Luca Guadagninos *Call Me by Your Name*. Der Teenager Elio traut sich nicht, dem älteren Oliver seine Liebe zu gestehen, was in einer kollektiven familiären Leseszene zum Ausdruck kommt, als das Vorlesen einer Geschichte aus Margarete von Navarras *Heptaméron* verdichtet Elios Konflikt darlegt. Das Gleiche gilt für David O. Russells *Silver Linings Playbook*, in dem der Protagonist Pat einen Wutausbruch durchlebt, da ihn das ausbleibende Happy End von Hemingways *A Farewell to Arms* an sein eigenes unglückliches Beziehungsende erinnert.

sondern lügen sozusagen zufällig und situationsabhängig. Daraus ließe sich die vereinfachende Schlussfolgerung ableiten: Wer professionell betrügt, ist ehrlich. Doch das Verb »scheinen« relativiert diese Interpretation – und auch Tubal betont, dass die Wahrheit »vielseitig« sei.

Durch die Leseszene wird der Status der *Wahrheit* problematisiert, indem die Frage aufgeworfen wird, warum die bewusste Täuschung von Menschen gesellschaftlich nicht akzeptiert ist. So ist in dieser Sequenz auch ein automediales selbstreflexives Element enthalten, denn auch die Fiktion ist ein ›Spiel mit der Wirklichkeit‹. Allerdings dominiert das Autothematische, da das Vorlesen und die Anschlusskommunikation eine Ebene schaffen, in der Facetten der Handlung, Figuren und Motive des Films behandelt werden, ohne dass hierbei ein Rahmenbruch erfolgt und die Fiktionalität des vorliegenden Films ostentativ ausgestellt wird.

Die Vieldeutigkeit des vorgelesenen Satzes verweist des Weiteren auf das Grundthema des Films: Die Mitglieder des *Magnetischen Heiltheaters* werden im Verlauf des Films ständig mit der Frage konfrontiert, ob sie tatsächlich über magische Fähigkeiten verfügen. So lässt der Film die Zuschauenden lange im Unklaren über die Existenz möglicher phantastischer Elemente, doch verdeutlichen zahlreiche *cues*, und dazu gehört auch der aus dem Text zitierte Satz, dass es sich bei allen möglicherweise übernatürlichen Geschehnissen um bewusst arrangierte Illusionen des SchaustellerInnen-Trupps handelt. Der Sinnspruch relativiert zudem aus ethischer Perspektive mögliche bösartige Absichten der Figuren und legitimiert ihr Handeln. Letztendlich erweisen sich in diesem Film die Regierungsangehörigen, welche die Integrität von Dr. Voglers Theatergruppe permanent in Frage stellen, als die moralisch korrumpierteren Menschen.[45]

Rekapitulierend liegen in autothematischen Leseszenen also Parallelen zwischen den filmischen Figuren oder maßgeblichen Facetten der Handlung und dem Leseobjekt vor.[46] Beim automedialen Lesen hingegen gerät die inszenatorische Umsetzung verstärkt in den Fokus.

---

45 Diese Opposition lässt sich in das Bergman'sche Motiv einordnen, dass KünstlerInnen außerhalb der bürgerlichen Gesellschaft äußerst positiv inszeniert sind, während das Bürgertum häufig pejorativ dargestellt wird. Vgl. hierzu: Koebner: Ingmar Bergman (2009), S. 73–76.
46 Ein weiteres Beispiel hierfür ist *The Hours* (USA, 2002), der von der Entstehung des Romans *Mrs. Dalloway* von Virginia Woolf handelt. Es gibt drei verschiedene Zeitebenen, auf denen zunächst von der Entstehung des Romans erzählt und dann aufgezeigt wird, wie nachfolgende Generationen einerseits die gleichen Probleme wie Virginia Woolf haben und andererseits die im Roman verarbeiteten Konflikt durchleben.

11.3 Automediales Lesen in *The Pillow Book*

In Peter Greenaways *The Pillow Book* aus dem Jahr 1996 entwickelt Nakigo, die Tochter eines Kalligrafen, schon in jungen Jahren die erotische Obsession, ihren Körper beschreiben zu lassen. Auf der Suche nach einem Liebhaber, der sie sowohl sexuell erregen als auch ihre Haut kunstvoll verzieren kann, bleibt sie lange Zeit erfolglos, bis sie den Übersetzer Jerome trifft, mit dem sie beide Leidenschaften teilt. Vom Wunsch getragen, ein eigenes Buch zu schreiben, korrumpiert sich Jerome für sie, indem er sich einem Verleger körperlich hingibt, der bereits Nagikos Vater zum Geschlechtsakt zwang. Verletzt wendet sich Nagiko von Jerome ab, als sie von dem Verhältnis mit dem Verleger erfährt. Jerome kommt daraufhin bei dem Versuch, seinen Tod vorzutäuschen, ums Leben. Nagiko gelingt es letztendlich, den Verleger in den Selbstmord zu treiben. Im Mittelpunkt der Handlung steht dabei das titelgebende *Pillow Book*, ein Klassiker der japanischen Literatur, das die kaiserliche Hofdame Sei Shonagon als ein intimes Tagebuch während der letzten Jahrzehnte des 10. Jahrhunderts in der Heian-Zeit führte.[47]

Der Film ist inhaltlich und formal von der ersten bis zur letzten Szene vom Thema Kalligrafie bestimmt; ein Sujet, das mit dem ungewöhnlichen Einsatz digitaler Filmtechnik auch auf der Formebene betont wird. Bild-im-Bild-Sequenzen splitten die Filmeinstellung auf, um mehrere Zeitebenen zusammenzuführen. Dies bringt in einem begrenzten Rahmen Dynamik in Greenaways ansonsten eher statische Inszenierungsmethode.[48] Doch nicht nur das Schreiben ist ein dominanter Gegenstand des Films, sondern auch das Lesen: Zum einen ist die Verbindung von Kalligrafie und kutaner Körperkunst außergewöhnlich, zum anderen die Leseinszenierung mittels der *picture-in-picture*-Technik. Die japanische Schrift führt aufgrund ihres Status als Bildschrift zu einer besonderen, visuell experimentellen filmischen Inszenierung.

Ein Beispiel für eine automediale literarisch-ästhetische Leseszene ereignet sich in einer Szene zu Beginn des Films, als Nagikos Mutter der noch kleinen Nagiko aus dem *Pillow Book* über »besonders schöne Dinge des Lebens« vorliest.[49] Dazu zählen Enteneier, geschabtes Eis, Glyzinien-Blüten, schneebedeckte Pflaumenblüten und ein Kind, das Erdbeeren isst. Die ZuschauerInnen sehen während dieser Szene die vorlesende Mutter, erhalten Einblicke in den Text, betrachten die aufmerksam lauschende Nagiko und sehen im Bild visualisierte Lektüre-Imaginationen, die sowohl Nagiko als auch ihrer Mutter entstammen können.

---

47 Vgl. Blödorn: Transformation und Archivierung (2007), S. 111.
48 Vgl. Jakoby: Die Bettlektüre (1996).
49 Vgl. Kap. 12.1.1. zur pädagogischen Seite von Szenen, in denen Eltern ihren Kindern vorlesen.

Zudem beobachtet Nagiko während des Leseaktes, wie sich ihr Vater von dem Verleger, auf den sich im weiteren Verlauf des Films auch Jerome einlassen wird, sexuell missbrauchen lässt. Diese Sequenz endet, als die Mutter ein neues Kapitel vorzulesen beginnt: »Dinge, die das Herz schneller schlagen lassen«. Der im Zentrum der Analyse stehende Filmausschnitt zeigt in etwa zehn Sekunden, wie die Mutter ihrer Tochter vorliest.

Die erste Einstellung präsentiert den Leseort (Abb. 22): Die Mutter liest der vor ihr im Bett liegenden Nagiko vor. Dabei wird auch hier das *picture-in-picture*-Verfahren angewendet: Eine eingefügte und verkleinerte zweite Einstellung befindet sich oberhalb von Nagikos Kopf im Filmbild. Solche Ausschnitte finden sich häufig in *The Pillow Book* und kündigen meist eine Szene an, die in der jeweils darauffolgenden Sequenz zu sehen ist. In diesem Fall ist ein Text mit japanischen Schriftzeichen zu erkennen, der auf die nächste Einstellung verweist: Hier erscheint die Textseite aus dem japanischen Klassiker im Filmbild. Das Bild im Bild ist zwar noch als quadratische Form vorhanden, doch diese ist in den Einstellungen danach mit jeweils einer anderen Farbe gefüllt. Die nächste Einstellung zeigt weder den Leseort noch den Text, sondern führt den RezipientInnen ein Bild der Gegenstände vor Augen, um die es in dem Textausschnitt geht: Mehrere Enteneier liegen in einem aus Federn hergestellten Korb. Dasselbe Bild befindet sich erneut, und zwar als *picture-in-picture*, unter dem – zumindest in der deutschen und englischen Synchronisation – noch mal das Wort »Enteneier« bzw. »duck eggs« eingeblendet ist. Diese visuelle Verdopplung wird über den in der letzten Einstellung zu sehenden Text des *Pillow Book* eingefügt. Darauf folgt das Bild der Enteneier ohne irgendeine Bindung an den Text. Danach wechselt die Szenerie durch den Einsatz der Montage wieder zum Leseort: Als eine Art *zoom-in* zur ersten Einstellung tritt Nagikos lesende Mutter vor einer Kerze, einer Lampe und drei Figürchen im Hintergrund in Erscheinung – und als Bild im Bild sind erneut diese Enteneier zu sehen. Zuletzt ist nur noch die vorlesende Mutter vorhanden, eine Einstellung, die mit der nächsten Seite des *Pillow Book* bereits überblendet wird.

Diese formal äußerst dichte Inszenierung des Lesens wird von einem Wechsel der Bildformate einzelner Szenen begleitet. Die Sequenzen, in denen Lesesubjekt und -ort im Fokus stehen, sind in einem anamorphotischen Verfahren aufgenommen: Durch die *CinemaScope*-Aufzeichnung entstehen die – wie auf den Screenshots zu erkennen ist – schwarzen Balken am oberen und unteren Filmrand. In den Einstellungen, in denen die Vorleserin nicht im Filmbild zu sehen ist, sondern der Text des *Pillow Book* und das Bild der Enteneier, liegt ein 1.33:1-Bildformat bzw. ein 4:3-Seitenverhältnis vor; ein Format, das bereits zu Zeiten des Stummfilms Standard war. Die auditive Präsentation des Textes erfolgt darüber hinaus nach der Kategorie **D**: Die ZuschauerInnen sehen, wie die

Abb. 22: Das literarisch-ästhetische Lesen wird mittels Bild-in-Bild-Sequenzen in *The Pillow Book* (00:05:12–00:05:22) dargestellt.

Mutter ihrer Tochter vorliest, hören den Text, erkennen die japanischen Zeichen und betrachten das Gelesene zeitgleich als Bild-im-Bild.

Aufgrund der formalen Inszenierung des Lesens, vor allem durch das *picture-in-picture*-Verfahren und die changierenden Bildformate, kann ein Bezug zur Zeichentheorie Ferdinand de Saussures hergestellt werden. Die ZuschauerInnen sehen in einem Filmbild sowohl die Ausdrucksseite als auch die Inhaltsseite des Zeichens *Enteneier*: die japanischen Schriftzeichen (*signifiant*) einerseits und das imaginierte Bild in Nagikos Kopf (*signifié*) andererseits. Dies kann bei Zuschauenden, die des Japanischen nicht mächtig sind, zu kognitiven Prozessen führen, in dem sie zwar die Schrift nicht entziffern, aber die Bedeutung eines Bildes erfassen können. Auch RezipientInnen, die weder die deutsche noch die englische Sprache beherrschen, können die visuelle Darstellung der Eier erkennen.

Das Signifikat wird als übereinander geblendetes Bild in Szene gesetzt. Diese Überblendung verweist auf die individuelle Vorstellung der Inhaltsseite eines Zeichens durch die ProtagonistInnen des Films. Wenn in der Einstellung nur mit einer Farbe gefüllte – quasi inhaltsleere – Quadrate zu sehen sind, akzentuiert dieses Bild-im-Bild den inneren Vorgang des Lesens, bei dem womöglich nicht immer Bilder im Kopf entstehen: Manche Signifikanten bleiben Signifikanten ohne Signifikate. Durch den Wechsel zum 1.33:1-Bildformat wird das *signifié* entkontextualisiert und verselbstständigt sich. So wird der Akt der Dekodierung des *signifiants* durch die bildfüllende Vergrößerung deutlich gemacht. Die rückführende Distanzierung, in der die Zuschauenden nur noch Nagikos Mutter lesend erkennen, betont die *Schnelllebigkeit* der Lektüreimaginationen während eines Leseprozesses: Man verweilt nur in Ausnahmen länger bei einem Wort, und liest aufgrund der Textkohärenz bereits das nächste. Dies ist eine besondere filmische Annäherung an die inneren Lesevorgänge und zeitgleich ein eindringliches Beispiel für die Automedialität. Permanent schafft der Film Bewusstsein für seine Medialität, indem die unterschiedlichen Möglichkeiten der Inszenierung zur Schau gestellt werden.

Die Enteneier sind als Zeichen Teil der Rezeptionswirklichkeit geworden und erweitern Nagikos reale um eine fiktionale Realität. Das Filmbild wird dabei zur körperlichen Repräsentation der Repräsentation: Es repräsentiert eine *Pillow-Book*-Textseite und verkörpert bildlich, was die Schrift des *Pillow Book* repräsentiert. Es ist zu sehen und zu hören, wie im *Pillow Book* gelesen wird, und gleichzeitig wird visualisiert, was in der kalligrafischen Bilderschrift wiedergegeben wird. Dies ist eine selbstreflexive Darstellung, in der durch das Bild-im-Bild-Verfahren keine konsistente Diegese entworfen wird, sondern unterschiedliche Erzählformen des Films ins Bewusstsein gerückt werden.

Dieser filmische Erzählprozess steht im Anschluss an die These Voss' einer möglichen Immersion der ZuschauerInnen nicht entgegen, denn gerade durch die formal experimentelle Verlagerung verschiedener Ebenen können die RezipientInnen von der Szene ›aufgesogen‹ werden. Die mediale Gleichzeitigkeit unterschiedlicher Inszenierungsformen, der schnelle Einstellungswechsel und die Parallelisierung mehrerer Bilder können zudem eine kognitive Einordnung des Gezeigten erschweren, was jedoch eine potenzielle leiblichen Affizierung der RezipientInnen nicht verhindert. Nagiko und ihre Imagination, die Verbildlichung des Gelesenen in Elementen, die in- bzw. übereinander angeordnet sind, wird somit zum Akt der Re-

Lektüre einer Lektüre.[50] Damit befindet sich Greenaways Leseinszenierung im Komplex der Metaisierung. Der Film weist dezidiert auf die Problematik der filmischen Darstellung von Lesevorgängen hin. Die Textrealität, die in der Regel nicht zu erkennen ist und deren Genese ›im Kopf‹ der RezipientInnen angesiedelt ist, erscheint passenderweise über dem Kopf von Nagiko als Bild-im-Bild. Solche Momente, ebenso wie die gesamte dargelegte Lesesinszenierung, können die RezipientInnen zur Reflexion über das Lesen und über die Medialität des Films führen.

Das Kapitel schließt mit einer Erörterung zur Gestaltung eines Vorspanns als Leseszene. Hierbei handelt es sich um einen Exkurs, da in einem Intro häufig das Lesesubjekt fehlt und somit keine literarisch-ästhetischen Leseszenen im Sinne der in Kap. 4 dargelegten Kriterien vorliegen. Dennoch treten auch hier bekannte Topoi des literarisch-ästhetischen Lesens hervor.

11.4 Exkurs: Leseszenen als Vorspann

Drei Screenshots aus den ersten Filmsekunden des Disney-Klassikers *The Jungle Book* (USA, 1967) zeigen die Gestaltung eines Filmbeginns, der wie das Vorlesen aus einem Buch arrangiert ist: Die Animation beinhaltet ein verziertes Buchcover, bei dem der Titel in goldener Schrift hervorsticht (Abb. 23). Danach schlägt sich das Buch wie von selbst auf – es ist keine Hand zu sehen – und für einen kurzen Augenblick rückt das Inhaltsverzeichnis ins Filmbild. Es folgt ein Zoom auf eine Buchseite mit der Illustration eines Dorfes auf einer Buchseite, die sich dann in ein Zeichentrickbild verwandelt, über das die *credits* geblendet werden. Solch eine *title sequence* macht zunächst die literarische Vorlage eines Films kenntlich: Der Film basiert auf der bekannten gleichnamigen Sammlung von Erzählungen und Gedichten des Literaturnobelpreisträgers Rudyard Kipling.[51]

Der Vorspann ist in seiner basalen Funktion ein Verzeichnis der für den Film Verantwortlichen, eine Art verfilmtes Impressum. Im Gegensatz zum Abspann, in dem alle am filmischen Werk Beteiligten aufgeführt werden, erfolgt im Vorspann eine ausgewählte Präsentation der Mitwirkungen.[52] Dabei handelt es sich in der

---

50 Vgl. Blödorn: Transformation und Archivierung von Bildern im Film (2007), S. 122–123.
51 Der Name Kiplings wird jedoch nur sehr kurz und nicht vollständig im Rahmen der *credits* gezeigt, was ein Indiz dafür ist, dass der Film sich sehr frei an den Motiven der literarischen Vorlage orientiert.
52 Die Reihung der Namen ist von solch elementarer Bedeutung, dass es im Laufe der Filmproduktion zu intensiven juristischen Verhandlungen seitens der SchauspielerInnen kommen kann, zu welchem Zeitpunkt ihr Name erscheint. Der Schauspieler Paul Henreid nahm beispielsweise

Abb. 23: Die ersten Einstellungen aus dem Zeichentrickfilm *The Jungle Book* (00:00:14–00:00:26) bestehen aus einem sich selbst aufschlagenden Buch. Die Rahmenerzählung von *La Lectrice* (00:01:27–00:02:07) wird durch eine Leseszene dargeboten und verweist auf das Ausgangswerk für die filmische Adaption.

Regel um die Namen der SchauspielerInnen der maßgeblichen Rollen, der/s Regisseurin/s, der/s Drehbuchautorin/en und der/s Produzentin/en. Dies ist jedoch nicht die einzige Aufgabe des Vorspanns, sondern er soll ebenso innerhalb einer zeitlich begrenzten Filmsequenz in das Thema einführen bzw. die ZuschauerInnen in das Filmgeschehen ›hineinziehen‹.[53] Aufgrund der Verbindung von Schrift und weiteren visuellen Elementen kann von einer eigenen Vorspann-Ästhetik gesprochen werden, die beispielsweise in den Filmen der *James Bond*-Reihe Kultstatus erlangt hat.[54] So stellt sich auch die Frage, ob solch ein filmischer Paratext überhaupt ein Teil der filmischen Diegese ist.[55] In dieser Lesart lässt sich der Vorspann von der Eröffnungssequenz abgrenzen, die bereits Teil der Geschichte ist. Freilich ist es in vielen Filmen üblich, dass Vorspann und *opening sequence* zusammenfallen. Aus diesem Grund kann für die Lesedarstellung auch kaum ein Leseort festgestellt werden, da die Umgebung des Leseobjekts häufig extradiegetisch ist und mit einem schwarzen Hintergrund ohne Referenz auf Objekte auskommt.

---

die Rolle des Victor Lazlo in *Casablanca* erst an, als ihm zugesichert wurde, dass sein Name im Vorspann direkt nach den Stars Humphrey Bogart und Ingrid Bergman aufgeführt wird. Vgl. Harmetz: Round Up the Usual Suspects (1992), S. 97.

53 Vgl. Pfeffer: Vorspannkino (2010), S. 8.

54 Vgl. Gardies: Am Anfang war der Vorspann (2006), S. 24. Es gab bis auf wenige Ausnahmen bis in die 1950er Jahre wenig Innovation in der *title scene*-Gestaltung: Die heute vor allem kreative Form der Filmgestaltung ist eng mit dem Namen Soul Bass verbunden, durch den der Vorspann quasi zu einem eigenen Genre wurde. Berühmt wurde z. B. seine Vorspanngestaltung zu Otto Premingers *The Man with the Golden Arm* (USA, 1955).

55 Vgl. zu dieser Frage: Böhnke: Paratexte des Films (2015), S. 23.

Der Vorspann adressiert – im Gegensatz zu zahlreichen anderen filmischen Elementen – die ZuschauerInnen bewusst. Er »signalisiert, dass der Film beginnt, stellt den Kontakt mit den Rezipient*innen her, richtet seinen Blick aus. Mit dem Vorspann öffnet sich der Film, präsentiert sich selbst. Er zeigt an, dass er etwas zeigen wird, zeigt auf sich selbst: ›Hier bin ich‹«.[56] Damit hat der Vorspann, der Teil des Films ist und diesen vorführt, *per se* selbstreflexiven Charakter. Außerdem kann das Intro als Art ›Anweisung‹ aufgefasst werden, wie der folgende Film zu lesen und zu interpretieren ist.[57] In Filmen des *Classical Hollywood Cinema* war es eine verbreitete Technik, den Cast eines Films so darzubieten, dass die am Film Mitarbeitenden im Vorspann auf den Seiten eines Buchs erscheinen.[58] Die Funktion solcher Intro-Inszenierungen liegt nicht ausschließlich in der Referenz auf das literarische Werk, das die Vorlage für den Film bildet.[59] Beispielsweise kann der Buch-Vorspann auch einen thematischen Bezug zur Literatur etablieren. Dies findet etwa in der Screwball-Komödie *Boy Meets Girl* (USA, 1938) statt, welche die Geschichte zweier Drehbuchautoren erzählt, die auf der Suche nach einer Story für einen Western-Star sind und dabei um die Gunst einer Frau konkurrieren. Die *title sequence* führt in ein Schreib-Setting ein, das im Filmgeschäft angesiedelt ist: Die Einstellungen zu Beginn des Films zeigen einen chaotischen Schreibtisch voller Arbeitsutensilien und zoomen dann an ein Skript heran, das

---

56 Zons: Die Ökonomie der Namen (2010), S. 293.

57 Susanne Pfeffer schlägt heuristisch vier Kategorien für die verschiedenen Gestaltungsmöglichkeiten eines Intros vor. Erstens: der autonome Vorspann. Der Titel des Films ist das alleinige Thema, das auf unterschiedliche Weise präsentiert wird. Zweitens: Der suggestive Vorspann, der versucht, die ZuschauerInnen in den Film hineinzuziehen, die Stimmung des Films auf die RezipientInnen zu übertragen und in den Inhalt einzuleiten bzw. diese sukzessive zu entwickeln. Drittens: Der *in nuce*-Vorspann, der das Sujet des Films gewissermaßen so kompakt wie möglich zusammenfasst und zielgenau in seinem Kern trifft. Viertens: Der reflexive Vorspann, der selbst die spezifische Aufgabe des Vor- oder auch Abspanns hinterfragt. Vgl. Pfeffer: Vorspannkino (2010), S. 8–9.

58 Dasselbe kann auch für Trailer der klassischen Tonfilmära konstatiert werden, die häufig Aufnahmen von Büchern – oder auch umgeblätterten Seiten – in Naheinstellungen verwenden, deren Umschlag in der Regel auf die literarische Vorlage verweist oder auf deren Seiten die Namen der DarstellerInnen erscheinen. Besonders ikonisch ist hier der Trailer zu John Fords Verfilmung von John Steinbeck kanonisch gewordenem Werk *The Grapes of Wrath* (USA, 1940). Eine Landkarte Amerikas verwandelt sich in eine Aneinanderreihung der Buchcover von *Grapes of Wrath*. Darauf teilt ein Erzähler aus dem Off verbal mit, wie erfolgreich der Roman war: Es werden kurze Szenen eingespielt, in denen Kunden in einer Buchhandlung gesagt wird, dass das Buch ausverkauft ist und nachbestellt werden muss. Dann wird auch der Produzent gezeigt, der sich die entsprechenden Rechte sichern konnte. Der enorme Erfolg des Buchs wird also als Ausgangspunkt zur Filmvermarktung genommen. Vgl. Hediger: NOW, IN A WORLD WHERE (2006), S. 115.

59 Ein weiteres Beispiel hierfür ist *The Red Badge of Courage* (USA, 1951) von John Huston, der durch die Gestaltung des Vorspanns auf den gleichnamigen Roman von Stephen Crane hinweist.

umgeblättert wird und die Namen der am Film Mitwirkenden vorstellt. So wird das Thema des Films im Vorspann zusammengefasst. In diesem Fall geht es weniger darum, deutlich zu machen, dass der Film auf einem geschriebenen Theaterstück basiert, sondern es wird eine passende Atmosphäre für die Handlung geschaffen.

Ein weiterer Zweck solcher Vorspann-Inszenierungen kann darin liegen, sich innerhalb der Debatte um die Frage nach der künstlerischen AutorInnenschaft eines Films zu positionieren. Otto Premingers *Forever Amber* (USA, 1947) beginnt wie *The Jungle Book* mit der Abbildung des Covers eines Buchs, allerdings erscheint über dem Titel nicht der Name Kathleen Winsor, der Autorin der gleichnamigen literarischen Vorlage, sondern derjenige des Produzenten Darryl F. Zanuck. Zanuck war einer der großen Studiobosse Hollywoods der 1930er bis 1950er Jahre. Danach folgen Buchseiten in verschnörkelter Schrift, die von einer unsichtbaren Hand umgeschlagen werden und die indizieren, dass es sich um eine Literaturverfilmung handelt. Doch erst nach mehreren Seiten ist auf einer *title cards* die Autorin genannt:»From The Novel by Kathleen Windsor«. Der Vorspann ist damit sowohl ein Beispiel für die Marginalisierung weiblicher Künstlerinnen – es sei dahingestellt, ob ein männlicher Autor auch erst zu diesem Zeitpunkt genannt worden wäre – als auch für die Selbstinszenierung eines Produktionschefs des klassischen Studiosystems. Der Leiter des Studios wird als die wichtigste Instanz im Rahmen des künstlerischen Schöpfungsprozesses inszeniert.

Der Verweis auf die literarische Vorlage kann aber auch deutlich stärker ausfallen als in den bisher aufgeführten Beispielen. Der Vorspann kann eine ›Verbeugung‹ vor der literarischen Vorlage darstellen und die Inspiration als besonders einflussreich für den Film markieren, wie in Richard Brooks *Elmer Gantry* (USA, 1960). In der ersten Szene nach einer aufwendig gestalteten *title sequence* mit grafischen Elementen sehen wir eine Buchseite mit dem ersten Kapitel des gleichnamigen Romans des Literaturnobelpreisträgers Sinclair Lewis. Die ersten Sätze des Textes werden eingeblendet, bevor in bewegten Bildern der im Roman beschriebene Vorgang audiovisuell umgesetzt wird. Dies ist eine besondere Form, die literarische Provenienz des filmischen Werks auszustellen.

Es muss in diesem Zusammenhang bedacht werden, dass die meisten *title cards* lediglich darauf hinweisen, dass der Film auf dem Werk einer/s Schriftstellerin/s basiert. François Truffaut beschränkte sich beispielsweise in *Jules et Jim* (F, 1962) auf einen kurz eingeblendeten Satz im Vorspann:»D'après le roman de Henri-Pierre Roché (Edition Gallimard)«.[60] In dem Film des berühmten ›Vaters‹

---

60 Jules et Jim (1962), 00:01:04. Da insbesondere noch der Verlag in Klammern auf der Schrifttafel steht, liegt die Vermutung nahe, dass solche Verweise vor allem auf juristische Gründe zurückzuführen sind.

des *auteur*-Konzepts wird bewusst die Rolle des Schriftstellers im Vergleich zu der des Regisseurs heruntergespielt. In *Elmer Gantry* erfolgt hingegen nicht nur die deutliche Nennung von Lewis' Namen, sondern die Visualisierung von Schrift und Materialität des Buchs verdeutlichen auch, dass es sich um die filmische Darstellung einer originär literarischen Geschichte handelt. Diese ›Verbeugung‹ vor dem literarischen Werk ist einerseits auf die Treue des Films gegenüber dem literarischen Original zurückzuführen – es wird sich bei der filmischen Adaption dementsprechend deutlich am Text orientiert; andererseits wird dem prominenten Status des Literaturnobelpreisträgers Lewis gehuldigt.

Solch eine Inszenierung kann mit der Bezugnahme auf die literarische Vorlage in den *closing credits* von *The Magnificent Ambersons* (USA, 1942) verglichen werden. Der Regisseur Orson Welles versetzt den Vorspann an das Ende und verzichtet zusätzlich auf Schrifttafeln, welche die SchauspielerInnen, Kamerafrauen/-männer, CutterInnen usw. verzeichnen: Der Film zeigt stattdessen Bilder, zu denen Welles Stimme aus dem *off* zu hören ist. Das erste Bild beinhaltet hier das abgebildete Buch der literarischen Vorlage, auf dem der Film basiert, und die Stimme von Orson Welles richtet sich pathetisch an die ZuschauerInnen: »Ladies and gentlemen, ›The Magnificent Ambersons‹ was based on Booth Tarkington's novel.«[61] Mit diesem expliziten Bezug auf Buch und Autor wird die Bedeutung des literarischen Werks für den Film stark hervorgehoben. In *Elmer Gantry* hingegen nehmen die ZuschauerInnen den Text des Leseobjekts wahr; sie betrachten also die Schrift, bevor der Übergang in das Bewegtbild erfolgt. Dem ersten Satz des Romans entsprechend (»Elmer Gantry was drunk.«), sehen die ZuschauerInnen, wie die von Burt Lancaster verkörperte Figur betrunken in einer Bar einen Witz erzählt. Es handelt sich hierbei um eine Visualisierung der Überführung von einem Medium in das andere Medium, die aufzeigt, dass der folgende Film als Lektüreimagination des Gelesenen verstanden werden kann: Die abstrakte Schrift wird in audiovisuelle Filmbilder übersetzt und somit auf filmische Weise wahrnehmbar gemacht.

In den beiden hier analysierten Intro-Gestaltungen wird der literarische Ursprung einer filmischen Adaption ausgestellt – und nicht heruntergespielt oder kaschiert. Es handelt sich um ein selbstreflexives Element, mit dem der Film von Anfang an seinen fiktionalen Charakter exponiert. Damit wird ein Bewusstsein dafür erzeugt, dass die filmischen Figuren, Charaktere und Handlungselemente Kreationen einer/s Schriftstellerin/s sind, ergo: Fiktion. Der Film wird *literalisiert* und je nachdem, wie die Gestaltung des Vorspanns ausfällt, unter

---

61 The Magnificent Ambersons (1942), 01:22:45–01:22:49.

Umständen sogar *auratisiert* – und dies kann auch retrospektiv geschehen wie im Abspann von *The Magnificent Ambersons*. Zum Abschluss des Kapitels steht die Rahmenerzählung in *La Lectrice* im Mittelpunkt, die Parallelen mit den bereits angeführten Intro-Gestaltungen aufweist.[62] Der Film handelt von Marie (Miou-Miou), die eine große Leidenschaft für das Vorlesen besitzt und eine Anzeige als Vorleserin inseriert. Die zuhörenden KundInnen verstricken Marie in eine Reihe von skurrilen Situationen; so stellt sie beispielsweise zusammen mit der Witwe eines marxistischen Generals politische Szenerien nach. Der Film beginnt damit, dass die Figur Constance, die ebenfalls von Miou-Miou gespielt wird, zusammen mit ihrem Freund Jean im Bett liegt und den Roman *La Lectrice* vorliest, auf dem der Film basiert.[63] Das Buch von Raymond Jean ist darauf in einer Großaufnahme zu sehen (Abb. 23). Das Buch *La Lectrice* erzählt von den Erlebnissen Maries, welche die ZuschauerInnen daraufhin präsentiert bekommen: Constance liest also in der Rahmenhandlung ihrem Mann Jean vor, während Marie in der Binnenhandlung bizarre Erfahrungen als Vorleserin macht.

Die Referenz auf die literarische Vorlage erfolgt hier – vergleichbar mit der Präsentation eines Leseobjekts im Vorspann – in der Eröffnungsszene des Films. Nicht zufälligerweise ist ihr Freund Jean namensgleich mit dem Autor von *La Lectrice*. Doch neben dem Verweis auf den literarischen Ursprung des Films erfüllt der Leseakt zu Beginn auch eine ästhetische Funktion: Alle Erlebnisse Maries können als Visualisierung der identifikatorischen Lektüreimagination von Constance begriffen werden; dieser Eindruck wird durch die Personalunion der beiden Rollen durch die Schauspielerin Miou-Miou verstärkt. Die beiden Erzählebenen, die lesende Constance und die Erlebnisse der Vorleserin Marie, konstituieren auf diese Weise einen automedialen Leseakt, da die *Zurschaustellung* der Fiktionalität des Films von der ersten Szene an präsent ist: Die Aufmerksamkeit der ZuschauerInnen wird so von Beginn an auf die Künstlichkeit der Produktion gelenkt. Dies ist eine tradierte Funktion von Rahmenhandlungen, die als bekanntes Strukturmerkmal von Erzählungen Gegenstand der Forschung sind.[64]

Schachtelgeschichten stellen eine Handlungssequenz dar, die der eigentlichen Geschichte zeitlich vorausgeht, z. B. das Urteil des Paris in der *Ilias*, oder sie

---

62 *La Lectrice* wurde bereits in Kap. 10.2.2. im Zusammenhang von Liebe und Sex analysiert.

63 Eine vergleichbare Konstruktion findet sich in *The Princess Bride* (USA, 1987).

64 Rahmenhandlungen sind vor allem Gegenstand literaturwissenschaftlicher Forschung, während sie filmwissenschaftlich – auch wenn sie häufig in Filmen Verwendung finden – als unterrepräsentiert gelten können. Vgl. Jäggi: Die Rahmenerzählung im 19. Jahrhundert (1994). Für die medienwissenschaftliche Perspektive vgl. z. B. Wolf u. Bernhart (Hg.): Framing Borders in Literature and Other Media (2006).

versammeln mehrere Geschichten wie in Giovanni Boccaccios *Decamerone*.[65] Im 19. Jahrhundert, einzuordnen in die bereits dargelegte ›Krise der Repräsentation‹, ist ein vermehrtes Auftauchen von literarisch konstruierten Verschachtelungen der Erzählebenen festzustellen. Doch auch in der Filmgeschichte kommt es bereits früh zu einem Einsatz von Rahmenerzählungen, so z. B. neben dem bereits erwähnten *Das Cabinet des Dr. Caligari* aus dem Jahr 1920 in *The Bride of Frankenstein* (USA, 1935). Das Sequel zu *Frankenstein* (USA, 1931) zeigt eine Rahmenhandlung, in der die Schriftstellerin Mary Shelley an einem stürmischen Abend ihrem Mann und dem ebenfalls anwesenden Lord Byron mündlich erzählt, dass sie die Geschichte über Frankensteins Monster in ihrem Roman noch nicht zu Ende erzählt hat: So beginnt die Binnenerzählung mit dem Ende des ersten Films. Dies zeigt, wie sowohl die Betonung von Fiktionalität (es handelt sich um eine frei ›erfundene‹ Geschichte, die in einer Gesellschaftsrunde erzählt wird) als auch Authentizität (fiktionales Auftreten der Schriftstellerin, welche die Fortsetzung zwar nicht niedergeschrieben, aber erzählt hat) bei einer Rahmenkonstruktion eine Rolle spielen können.[66]

In *La Lectrice* dominiert das Erzeugen von erzählerischer Unzuverlässigkeit. Durch den dezidierten Hinweis, dass es sich um eine literarische Geschichte handelt, die verfilmt wird, entzieht sich der Film der möglichen Frage nach der Plausibilität des Dargestellten. Die Wahrscheinlichkeit aller noch so skurriler Begegnungen Maries steht für die ZuschauerInnen nicht zur Debatte, da durch die Vorleseszene kenntlich gemacht wird, dass es sich um ein literarisches *Produkt der Fantasie* handelt.[67] Die Akzentuierung der Fiktionalität eines Films durch das Lesen eignet sich für eine Rahmenerzählung, da es sich bei dem Prozess des

---

65 Goethes *Unterhaltungen deutscher Ausgewanderten* aus dem Jahr 1795 gilt als eines der ersten deutschsprachigen Beispiele für eine Rahmenhandlung.

66 Claudia Pinkas-Thompson nennt eine Reihe von grundsätzlichen Funktionen einer Rahmenerzählung: Authentizitätsherstellung, *vice versa* die Betonung der Unzuverlässigkeit des Erzählens, die strukturierende Versammlung mehrerer Geschichten, die Similaritäts- und Kontrastwirkungen zwischen Binnen- und Rahmenhandlung oder die *Destabilisierung* der Realitätsebenen. Vgl. Pinkas-Thompson: Der phantastische Film (2010), S. 205.

67 Dies erinnert an den Vorspann aus Wes Andersons *The Royal Tenenbaums* (USA, 2001), in dem ein Leseobjekt mit dem gleichnamigen Titel wie der Film aus der Vogelperspektive in einer Einstellung dargeboten wird. Der Film spielt auf weitere typische Strukturmerkmale von Romanen und Dramen an: So gibt es insgesamt zehn Zwischentafeln, die aus einem Prolog, einem *dramatis personae* und aus jeweils acht Kapiteln bestehen. Es gibt jedoch keine literarische Vorlage des Films, weshalb es sich um einen Fall von Pseudointertextualität handelt. *The Royal Tenenbaums* wird durch solche selbstreflexive Systemreferenzen *literalisiert*. Damit befindet der Film sich im Trend von Komödien jenseits des Mainstreams um das Jahr 2000, die durch derartige Konstruktionen ihren Status als künstliche Repräsentationen offenlegen. Vgl. hierzu: Hettich: Die melancholische Komödie (2008), S. 83–84.

Lesens um eine konstitutive Praxis der Aufnahme von Fiktion handelt: Durch die filmische Integration des Lesens, einer anderen Kunstform bzw. eines anderen Mediums, wird der Status der filmischen Bilder und sein Verhältnis zur Wirklich *per se* virulent.

Nachdem sich dieses Kapitel in erster Linie mit der selbstreflexiven Komponente des Mediums Film und der Konsequenz für literarisch-ästhetische Leseszenen beschäftigte, wendet sich das nächste Kapitel einer dezidiert *lebensweltlichen* Bedeutung des Lesens zu.

12 Lesen und Enkulturation

Viele Filme, die das literarisch-ästhetische Lesen thematisieren, handeln von der Bedeutsamkeit der Leseakte für die Figuren als (sich entwickelnde) Subjekte einer Gesellschaft. In Schriftkulturen wird das Lesen als unerlässliches Kriterium zur gesellschaftlichen Partizipation erachtet: Die Lesefähigkeit macht menschliche Individuen in gegenwärtigen und zukünftigen Lebenssituationen handlungs- und teilhabefähig.[1] Um die autonome Alltagsbewältigung und die eigene Identitätskonstruktion zu unterstützen, soll aus bildungspolitischer Perspektive die *Literalität* der Bevölkerung gefördert werden, die grundlegende Elemente der Begegnung mit Fiktion inkludiert, wie Phantasietätigkeiten, die Übernahme anderer Perspektiven oder das Erleben von Alterität. Diese Beziehung der individuellen und gesellschaftlichen Bedeutung des literarisch-ästhetischen Lesens wird in diesem Kapitel unter dem Begriff der *Enkulturation* untersucht: dem Prozess, in »dessen Folge sich eine Person im Laufe ihres Lebens die Wahrnehmungs-, Denk- und Handlungsmuster sowie die Maßstäbe der sie umgebenden Kultur in ihren symbolischen Formen und performativen Prozessen aneignet.«[2]

Die in diesem Zusammenhang relevanten Dimensionen des literarisch-ästhetischen Lesens veranschaulicht der Beginn des Fantasy-Kultfilms *Conan the Barbarian* (USA, 1982). Nach dem gewaltsamen Mord an seinen Eltern wird Conan im Kindesalter als Sklave verkauft und zu einem Gladiator ausgebildet. Als im Erwachsenenalter seine enormen körperlichen Fähigkeiten hervortreten, verkündet die sonore Erzählerstimme: »He was taken to the East. A great prize, where the war masters would teach him the deepest secrets. Language and writing were made available, the poetry of Khitai, the philosophy of Sung.«[3] Der Film markiert das Unterrichten in Poesie als konstitutiv für die Entwicklung von Conans Persönlichkeit im Rahmen seiner spezifischen Enkulturation – und die Szene differenziert dezidiert zwischen der Lesefertigkeit (»language und writing«) und der

---

1 So schreibt z. B. Bettina Hurrelmann zur Aufgabe der Deutschdidaktik: »Es geht um die Kompetenzen im Umgang mit Schriftlichkeit, die nötig sind, um die soziale Handlungsfähigkeit der Subjekte zu sichern.« Hurrelmann: Literalität und Bildung (2009), S. 23.
2 Zirfas: Enkulturation (2012), S. 313. Der Ausdruck *Kulturation* bezieht sich auf Wissen, Fertigkeiten und/oder Kompetenzen, um in einer Kultur agieren zu können. Der Begriff *En*kulturation forciert je nach Sichtweise den Beginn der individuellen Kulturation und damit die Prägung grundlegender Strukturen in der Entwicklung eines Menschen.
3 Conan the Barbarian (1982), 00:21:16–00:21:58.

https://doi.org/10.1515/9783110728590-012

literarästhetischen Kompetenz, die gegenstandsbezogen erlernt wird (»poetry«).[4] Das Lesen von Gedichten stellt für den plakativ martialisch inszenierten Conan einen zentralen Baustein innerhalb seiner Entwicklung zum heroischen Krieger dar. Das literarisch-ästhetische Lesen lässt ihn Gesichtspunkte der Welt verstehen, die er durch andere Tätigkeiten nicht begreifen kann.

Die Fokussierung auf das Verhältnis zwischen einer individuellen (Figur) und einer kollektiven Identität (Kultur) erfordert an dieser Stelle zwei Vorbemerkungen. Erstens soll der Ausdruck *Enkulturation* im Folgenden keine Auffassung von Kulturen als abgeschlossene Entitäten mit festgeschriebenen Grenzen suggerieren – oder von kulturell kohärenten Subjekten. Wenn in der Untersuchung der Filmbeispiele der Begriff *Kultur* verwendet wird, ist damit ein komplexes Beziehungsgeflecht unterschiedlicher individueller, historischer, politischer und ökonomischer Dynamiken und Prozesse gemeint. Zweitens handelt es sich im weiteren Verlauf um *medial* konstruierte, fiktionalisierte Lebensentwürfe von Figuren. Für die Relation von literarisch-ästhetischem Lesen und Identitätsbildung im Film sind daher nicht nur sozialtheoretische Konzepte wie die der literarischen Sozialisationsforschung relevant, sondern auch Expertisen der narrativen Biografieforschung. Sie arbeitet erzählerische Prozessstrukturen innerhalb von Lebensschilderungen heraus und liefert damit Instrumentarien zur Einordnung singulärer Leseerfahrungen im Rahmen der ästhetischen Konstruktion von Figuren.

Zahlreiche filmische Leseszenen behandeln die existenzielle Bedeutsamkeit des Lesens oder eines bestimmten Lektürestoffs für eine Figur. Um dieser Reichhaltigkeit Rechnung zu tragen, beschäftigt sich das nächste Kapitel *in extenso* mit der kindlichen Lektüre – und damit mit der Kindheit als eigenständiger Lebens- und Lesephase.[5] Vier Teilbereiche setzen sich hier mit speziellen filmischen Figurationen des literarisch-ästhetischen Lesens im Kindesalter auseinander: literarisches Lernen, prägendes Lesen, die Kontrastierung mit dem Konsum anderer Medien und die ästhetische Leselust im Rahmen der frühkindlichen Lektüre. Hierbei stehen unter anderem filmische Figuren im Zentrum, die (noch) über keine ausgeprägte Lesefertigkeit verfügen, weshalb insbesondere das Vorlesen eine dominante Rolle einnimmt.

---

4 In *Conan the Barbarian* ist von der Lyrik des fiktiven Volks der »Khitai« die Rede. Es ist eine häufige Funktion von fiktiven Büchern in phantastischen Werken, zur Konstruktion einer plausiblen und in sich geschlossenen, alternativen Welt beizutragen. Vgl. Kap. 13.1.
5 Den Schwerpunkt bilden dabei nicht die thematisch verwandten *schulischen* Unterrichtssituationen, obwohl mehrere Filmbeispiele ebenfalls in einem Bildungskontext spielen. Diese Funktion wurde bereits im Kap. 8.2. im Rahmen des literarischen Gesprächs erörtert.

Das darauffolgende Kapitel widmet sich dem *jugendlichen* Lesen. Da das lite-rarisch-ästhetische Lesen prinzipiell bei adoleszenten Figuren die gleiche Funk-tion einnehmen kann wie bei erwachsenen Figuren – sie werden durch das Lesen charakterisiert, lesen Spiegeltexte zu einer gegenwärtigen Konfliktsitua-tion, erfahren die Liebe etc. –, wird sich mit der *Identitätsbildung* auf eine alters-typische Funktion des Umgangs mit fiktionaler Literatur konzentriert.[6] Danach wird die Frage erörtert, wie es für Filmfiguren auch im Erwachsenenalter sub-stanzielle Leseerfahrungen geben kann, die beispielsweise als ein Wendepunkt im Leben der ProtagonistInnen inszeniert werden. Das Abschlusskapitel wendet sich dem Analphabetismus im Film zu. Dabei handelt es sich um einen Exkurs, da an dieser Stelle der Erwerb der *Lesefähigkeit* filmisch thematisiert wird; diese ist eigentlich eine Voraussetzung bei einer Figur, um überhaupt von einem Lese-subjekt zu sprechen. Doch das Kapitel wird aufzeigen, wie auch in diesem Lern-prozess Facetten der sinnlichen Begegnung mit Literatur zum Tragen kommen.

12.1 Kindliche Lektüre

Kaum eine Leseerfahrung gilt als derart intensiv und prägend wie das kindliche Leseerlebnis. In der biografisch orientierten Leseforschung wimmelt es bei späte-ren VielleserInnen von Erinnerungen an ›durchgelesene‹ Nächte mit der Taschen-lampe unter der Bettdecke, vom ›Hunger‹ nach neuen Büchern und dem gierigen ›Verschlingen‹ nahezu jedweden Lesestoffs. Eine typische lesebiografische Erin-nerung an dieses Alter lautet:»Ich konnte mich so in eine Geschichte reinverset-zen, dass meine Mutter mich vier- bis fünfmal zum Essen rufen musste, ehe ich es hörte. Ich war in eine andere Welt eingetaucht«.[7] Solch eine leidenschaftliche Leselust zeichnet sich vornehmlich durch Identifikation und/oder ein starkes Flow-Erlebnis während der Lektüre aus; eher pejorativ kann diese Phase aber auch mit sozialer Isolation oder Eskapismus etikettiert werden.[8]

Die Besonderheit der kindlichen Lektüre-Immersion kann im Film viele Ge-stalten annehmen. Ein Beispiel hierfür ist das Schaffen einer selbstreflexiven al-ternativen Welt, in welche ein Kind durch das Lesen gerät, etwa in der filmischen Adaption von Michael Endes *Die unendliche Geschichte*: Wolfgang Petersens

---

6 Die Trennung von kindlicher, jugendlicher und erwachsener Lektüre ist ein Konstrukt, das den individuellen Verlauf einer Sozialisation verkennt. Es hilft jedoch im Folgenden, wieder-kehrende Inszenierungsmuster des literarisch-ästhetischen Lesens von Figuren in bestimmten Altersgruppen exemplarisch voneinander abgrenzen zu können.
7 Zit. n. Graf: Lesegenese in Kindheit und Jugend (2007), S. 55.
8 Vgl. Eggert u. Garbe: Literarische Sozialisation (2003), S. 123.

The NeverEnding Story.[9] Der zehnjährige Bastian Baltasar Bux liest auf dem Dachboden das Buch, das den gleichen Titel wie der Film trägt, und wird im Verlauf des Leseakts Teil der gelesenen Geschichte.[10] Der selbstreflexive Schwellenüberschritt führt filmisch vor, dass die textuelle mit der außertextuellen Realität verschmilzt. Das phantastische Geschehen des Films wird durch das Lesen gerahmt und erscheint auf diese Weise einerseits als eine metaphorische ›Ode‹ an die Fantasie; andererseits ist Bastians Lesen auch eskapistisch, da er aus seiner als unbefriedigend empfundenen Realität entkommt, indem er buchstäblich in eine phantastische Welt *auswandert*.[11]

Auch bildnerische und literarische Darstellungen befassen sich mit kindlichen Leseerlebnissen. In der bildenden Kunst tauchen seit dem Mittelalter verstärkt künstlerische Werke auf, die kindliche – und auch jugendliche – Leseszenen häufig im Kontext von Unterricht und Erziehung thematisieren. Das kindliche Lesen findet dabei überwiegend im Rahmen von Vorleseszenen statt, worauf im nächsten Unterkapitel genauer eingegangen wird. Seit dem 18. Jahrhundert gibt es *literarische* Auseinandersetzungen mit dem kindlichen Lesen, doch vor allem in der Gegenwartsliteratur kommt es zu einer verstärkten Thematisierung des kindlichen Leseerlebnisses.[12] Dies ist auf das gesteigerte konkurrierende Medienangebot zurückzuführen: Gegen das – potenzielle – Verschwinden des Lesens wird angekämpft, indem die Schönheit des Lesens ostentativ ausgestellt wird.· Günther Stocker hebt Corinna Sorias *Leben zwischen den Seiten* als einen der bemerkenswertesten Texte der deutschsprachigen Gegenwartsliteratur hervor und akzentuiert die existenzielle Bedeutung der Lektüre für die kindliche Hauptfigur: »Das Lesen war für die Protagonistin die einzige Möglichkeit, der familiären Katastro-

---

9 Das Buch bildet eine ›Schleuse‹, die dafür sorgt, dass Bastian in die ›zweite Welt‹ gelangt. Vgl. Kap. 11.1.1. zur Funktion des Buch-im-Film-Motivs.

10 Eine vergleichbare Konstellation liegt in Terry Gilliams Fantasyfilm *Time Bandits* (GB, 1981) vor: Der elfjährige Kevin ist ein leidenschaftlicher Leser von Geschichtsbüchern. Nachdem er eines Abends seine Bettlektüre zur Seite gelegt hat und eingeschlafen ist, bricht auf einmal ein Ritter auf einem Pferd durch seine Schrankwand. Was zunächst als ein Traum erscheint, wird für ihn in der Folgenacht Wirklichkeit. Auch hier wird das phantastische Geschehen durch eine Leseszene eröffnet.

11 Die Funktion von Literatur als Schutzraum für Kinder findet sich auch in der Literaturverfilmung *The Book Thief* (USA/D, 2013). Die neunjährige Liesel lernt während des Zweiten Weltkriegs unter größtenteils unmenschlichen Bedingungen bei ihren Pflegeeltern das Lesen. Die Lektüre von beispielsweise H. G. Wells *The Invisible Man* stellt für sie eine Möglichkeit zur Weltflucht dar: Der Traum des Unsichtbar-Werdens formuliert auch ihren Wunsch, aus der grausamen Realität einfach verschwinden zu können.

12 Vgl. Stocker: Vom Bücherlesen (2007), S. 253. Beispiele für deutschsprachige Texte der letzten Jahre aus dem Bereich der Kinder- und Jugendliteratur sind Wieland Freunds *Lisas Buch*, Cornelia Funkes *Tintenherz*-Trilogie oder Mechthild Gläsers *Die Buchspringer*.

phe zu entkommen, ein unentbehrliches Überlebensmittel, das keinerlei Schaden anrichtete.«[13]

Stocker konstatiert in diesem Kontext, dass »das kindliche Lesen *in actu* empirisch nur schwer zu erfassen ist«,[14] denn die Leseforschung arbeitet in der Regel mit biografischen Interviews, bei denen sich Erwachsene rückblickend an ihre Leseerlebnisse in der Kindheit erinnern. Es handle sich eher um die Beschreibung einer regressiven Lusterfahrung als um eine adäquate Schilderung des damaligen Leseerlebnisses. Die folgenden Unterkapitel zeigen auf, wie das Medium Film die kindliche Leselust *phänomenalisiert*. Das erste Beispiel bezieht sich explizit auf das Lesen-Lernen.

12.1.1 Literarisches Lernen durch Vorlesen in *Heidi*

Kinder lernen das Lesen in der Regel, ob in der Schule oder zuhause, nicht anhand von informatorisch-pragmatischen Texten, sondern in Konfrontation mit fiktional-ästhetischen Werken.[15] Kaspar H. Spinner versteht unter *literarischem Lernen* grundlegende Fähigkeiten im Umgang mit fiktionaler Literatur.[16] Als Konstituenten der frühen Begegnung mit dem literarisch-ästhetischen Lesen nennt er z. B. das Entwickeln von Fiktionsbewusstsein oder das Verstehen indirekten Sprachgebrauchs anhand von metaphorischen Stilfiguren. Das literarische Lesen-Lernen setzt demnach bereits ein, bevor Kinder überhaupt über die Lesefertigkeit verfügen, beispielsweise indem sie Einschlafliedern oder Hörspielen lauschen. Zu Beginn der literarischen Sozialisation stellt das Vorlesen ein wegweisendes leseanimierendes Verfahren dar, da hier Lesekompetenz erworben und durch das Zuhören die Vorstellungskraft gefördert wird.

VorleserInnen stehen vor der Herausforderung, sich mit ihrer eigenen Imagination sowie ihrem Stilgefühl auf einen Text einzulassen und zugleich einen Bezug zu den Zuhörenden herzustellen: »Variationen im Vorlesetempo, Lautstärke und Tonhöhe machen einen Text lebendig«.[17] Sprechweise und Körpersprache beeinflussen die Darbietung des Textes. Eine Leseszene aus *Heidi*, der jüngsten Realverfilmung des gleichnamigen Romans von Johanna Spyri aus dem Jahr 2015, befasst sich mit dem literarischen Lernen durch Vorlesen. Die acht-

---

13 Stocker: Vom Bücherlesen (2007), S. 292.
14 Ebd., S. 269. Die Hervorhebung entstammt dem Original.
15 Vgl. Eggert u. Garbe: Literarische Sozialisation (2003), S. 15. Klassische Medien des Lesen-Lernens sind Reimsprüche, Märchen, kurze Geschichten oder Bilderbücher.
16 Vgl. Spinner: Literarisches Lernen (2006), S. 6.
17 Spinner: Methoden des Literaturunterrichts (2016), S. 196.

Abb. 24: Das literarische Lernen der kindlichen Hauptfigur aus *Heidi* geschieht nicht in einer Unterrichtsatmosphäre, sondern gemeinsam im Bett und damit in einem familiären Umfeld (01:05:25–01:05:36). In *Messner* (00:09:56–00:10:55) liest die Mutter ihren beiden Söhnen und ihrem Mann einen bildreich geschriebenen Eintrag über den Nanga Parbat aus einem Geschichtsbuch vor. Die Kamera gewährt den ZuschauerInnen einen Einblick in den Text und zeigt die Lage des Achttausenders auf einer Karte. Reinhold blickt nach der Lektüre sehnsüchtig auf die Dolomiten.

jährige Heidi lebt gemeinsam mit ihrem grantigen Großvater ›Alpöhi‹[18] und ihrem gutherzigen Freund Geissenpeter in der ruralen Welt der Alpwiesen. Sie muss diese für sie idyllische Welt verlassen, um bei einer vermögenden Familie in Frankfurt am Main erzogen zu werden, wo sie sich mit der zwölfjährigen Klara anfreundet, die aufgrund einer Lähmung im Rollstuhl sitzt. Da Heidi bis zu ihrer Ankunft in der hessischen Stadt noch zu keiner Schule ging, kann sie weder rechnen noch lesen oder schreiben. Der Privatunterricht erweist sich jedoch für Heidi aufgrund des autoritären Hauslehrers nicht als anregend oder lustvoll. Dieser negativen Schulerfahrung steht eine Vorleseszene mit Klaras Großmutter Sesemann entgegen, in der diese Heidi aus einem Bilderbuch vorliest (Abb. 24).

> Sesemann: Als der junge Hirte an jenem Abend seine Schafe zählte, musste er jedoch feststellen, dass das kleinste fehlte. Wo konnte es nur sein? Draußen begann es zu schneien und ein eisiger Wind blies.
>
> Heidi: Das ist dem Peter und mir auch einmal passiert, wir haben eine Geiß verloren.
>
> Sesemann: Oh, und habt ihr sie gefunden?
>
> Heidi: Ja, zum Glück!
>
> Sesemann: Da, wo du herkommst, hm, da ist es sicher sehr anders, hm, nicht?
>
> Heidi: Wie geht denn die Geschichte weiter? Bitte!

---

18 In der hochdeutschen Fassung der Romane ist Heidis Großvater als ›Almöhi‹ bekannt.

> Sesemann: Es wurde immer dunkler und die Schneeflocken wirbelten durch die Luft. Aber plötzlich hörte er ganz leise ein Schäflein rufen ... So, und hier höre ich jetzt auf.
>
> Heidi: Aber das Schäflein, findet er es denn?
>
> Sesemann: Das kannst du gleich selber lesen.
>
> Heidi: Aber ich kann es nicht.
>
> Sesemann: Ja, warum denn nicht?
>
> Heidi: Peter sagt, man muss es nicht können.
>
> Sesemann: So, so, der Peter ... Aber man muss nicht immer glauben, was andere Leute sagen. Wenn du jetzt lesen könntest, dann wüsstest du, wie die Geschichte weitergeht ... und du magst doch Geschichten, nicht?
>
> Heidi: Ja.
>
> Sesemann: Na denn! Ich lass dir das Buch da.[19]

Das Bett stellt in der Szene einen intimen Leseort dar, der in diesem Fall Assoziationen von Ruhe und Geborgenheit weckt – und im Allgemeinen nicht mit Erziehung verbunden wird. Heidi unterbricht bzw. kommentiert den Vorleseakt und stellt neugierig Nachfragen, worauf sich die Großmutter bereitwillig einlässt. Sowohl die Fragen Heidis als auch die Reaktionen der Großmutter werden in halbnahen Einstellungen dargeboten. Die Nähe der Kamera zu den Gesichtern und dem gemeinsamen Lesen unterstreicht die Intimität und die damit verbundene Idylle – es liegt keine Unterrichtsatmosphäre vor.

Diese affirmative Inszenierung des familiären Vorlesens steht in der Tradition bildnerischer Darstellungen, die in allen Milieus zu finden sind. George Dunlop Leslies Gemälde *Alice in Wonderland* zeigt beispielsweise, wie sich ein junges Mädchen auf einem Sofa eng an die ein Buch vorlesende Mutter schmiegt.[20] Insbesondere im 19. Jahrhundert häuft sich das Motiv der lesenden Mutter, das bis heute Vorstellungen vom Vorlesen prägt.[21] Die Leseforschung bestätigt, dass frühes Vorlesen nicht nur die Lesekompetenz steigern kann, sondern auch die Bindung zwi-

---

19 Ebd., 01:06:15–01:06:59.

20 Da das Mädchen selbst der titelgebenden Alice aus Carrolls Roman optisch zum Verwechseln ähnlich sieht, liegt die Interpretation nahe, dass sie den gleichnamigen Klassiker der Weltliteratur vorgelesen bekommt: Dabei handelt es sich ebenfalls um eine metaphorische Darbietung der Verschmelzung von textueller und außertextueller Realität.

21 Fritz Nies schreibt: »Als positiv aufgefasste Figur wird die lesende Ehefrau mehrfach in ihrer Mutterrolle zusammen mit ihren Kindern dargestellt.« Nies: Bahn und Bett und Blütenduft (1991), S. 63. Im nächsten Unterkapitel wird sich dezidiert der spezifisch weiblichen Seite des Vorlesens gewidmet.

schen Eltern und Kindern fördert.[22] In der Leseszene wird dementsprechend Heidis beginnendes Interesse am Lesen von Geschichten und das positive Verhältnis zu Klaras Großmutter hervorgehoben: Im Gegensatz zum Kindermädchen Fräulein Rottenmeier, die Heidi durchweg abschätzig behandelt, baut die liebevolle Großmama Sesemann eine enge emotionale Bindung zu Heidi auf. Vergleichbar mit dem gemeinsamen Lesen eines Liebespaares (vgl. Kap. 10.2.1.) handelt es sich auch hierbei um eine filmische Realisierung von Momenten besonderer Innigkeit.[23] Die atmosphärische Gestaltung, d. h. vor allem das abgedunkelte Zimmer, die Leselampe und das Hervorheben der beidseitigen Kommunikation, unterstreicht Heidis Geborgenheit und Großmutter Sesemanns Zuneigung.

Die pädagogische Methode der Großmutter, Heidi mit dem bewussten Vorenthalten des Endes einer Geschichte dazu zu motivieren, selbst die Lesefähigkeit zu erwerben, erweist sich im weiteren Verlauf der Handlung als außerordentlich erfolgreich: Heidi wird eine begeisterte Leserin und im Erwachsenenalter sogar Schriftstellerin. Auf der einen Seite thematisiert die Szene mehrere Facetten des literarischen Lernens und demonstriert beispielsweise, wie Kaspar H. Spinners Aspekt der »subjektiven Involviertheit« durch bewusste Gesprächsführung erreicht werden kann.[24] Auf der anderen Seite erscheint die Szene jedoch arg

---

22 So schreibt beispielsweise Sabine Elias: »In der Vorleseinteraktion mit der Mutter oder dem Vater finden Kinder einen Einstieg in Literalität. Sie lernen die Symbolfunktion von Schriftsprache kennen, gewinnen Einsichten in narrative Strukturen und entwickeln sukzessive in ko-konstruierenden Prozessen komplexere literarische Kompetenzen.« Elias: Väter lesen vor (2009), S. 50. Die *Stiftung Lesen* hat in einer empirischen Studie im Jahr 2015 nachgewiesen, dass die soziale Bindung zwischen Vorlesender/m und Kind auch einen Einfluss auf das spätere soziale Verhalten hat: »Vorlesen stärkt soziale Beziehungen. 40 Prozent der Kinder, denen täglich vorgelesen wurde, zeigen sich im Alltag besonders darum bemüht, andere in die Gemeinschaft zu integrieren.« Stiftung Lesen: Vorlesestudie 2015, S. 42.

23 Ein anderes Beispiel für solch eine familiäre Leseintimität bietet die achte Episode der ersten Staffel der Science-Fiction-Mystery-Serie *Stranger Things* (USA, seit 2016). In einer Rückblende liest die Hauptfigur Jim Hopper seiner krebskranken Tochter im Krankenhausbett das kanadische Kinderbuch *Anne of Green Gables* von Lucy Maud Montgomery vor. Die Leseszene führt nicht nur die intensive Liebe des Vaters zu seiner sterbenden Tochter vor Augen, sondern es liegt auch ein proleptischer Spiegeltext zur nächsten Staffel vor: Genau wie in Montgomerys Buch die Waise Anne Shirley unter anderem bei dem älteren Junggesellen Matthew Cuthbert aufwächst, wird sich Hopper um die von der Regierung wegen ihrer telekinetischen Fähigkeiten gesuchte Elfie kümmern. In Filmen gibt es auch ›negative‹ Vorleseszenen zwischen Mutter und Kind, z. B. in dem Horrorfilm *The Babadook* (AUS, 2014). Die Mutter erweckt durch das Vorlesen aus einem Kinderbuch ein Monster zum Leben, das ihren kleinen Sohn terrorisiert. Kap. 14.3. beschäftigt sich mit dieser Facette des Lesens im Horrorfilm.

24 Peter Holzwart und Martina Meienberg analysieren die Szene aus didaktischer Perspektive und legen dar, dass Heidi während des Vorleseakts Erfahrung von konzeptionell schriftlicher Sprache im Medium des Mündlichen erlebt. Die Wahl der Gutenachtgeschichte, in der es um

konstruiert. Es wird eine idealtypische Lehr-Lernsituation präsentiert, die letztendlich darin kulminiert, dass sich eine Analphabetin zu einer Autorin entwickelt. Die Lesesequenz erweist sich als klischeebeladen, da sie modellhaft zeigt, wie Lesemotivation bei Kindern geweckt werden kann.[25]

Je deutlicher pädagogische Instrumente auf erfolgreiche Weise in Filmen vorgeführt werden, desto eher wird eine mögliche ästhetische und/oder leibliche Verstrickung der ZuschauerInnen verhindert, da die moralisierende ›Botschaft‹ in solchen Fällen häufig direkt zu entschlüsseln ist und tendenziell als Belehrung wirkt; aufgrund der Plakativität der Szene mangelt es an Bedeutungsoffenheit. Dennoch stellt die Szene eine atmosphärische Vorlesesituation dar, deren Fokus auf dem literarischen Gespräch liegt. Das Sprechen über die Geschichte – und weniger der Akt des Vorlesens oder der Inhalt der Geschichte – bildet den Schwerpunkt. Die ZuschauerInnen können nachvollziehen, dass ästhetische Begegnungen nicht nur von der Geschichte selbst ausgelöst werden, sondern auch durch die Kommunikation über das Gelesene. Das folgende Beispiel handelt davon, wie sich im Moment des Vorlesens eine ästhetische Wirkung entfalten kann, die langfristige Konsequenzen für die Persönlichkeit einer Figur hat.

12.1.2 Prägendes Lesen in *Messner*

Der Begriff *prägendes Lesen* bezieht sich im Kontext der vorliegenden Studie darauf, dass das (kindliche) Lesesubjekt durch die Lektüre etwas erfährt, dem direkt ein außerordentliches Gewicht beigemessen wird oder das dem Leben des Kindes

---

ein verlorenes Schaf geht, ordnen die beiden unter Zuhilfenahme der »elf Aspekte literarischen Lernens« von Kaspar H. Spinner ein: Es finde ein Wechselspiel zwischen Subjektivität (Involvierung) und Textorientierung (genaue Wahrnehmung) statt. In Heidis Fall führe »der Prozess der Verfremdung im Bilderbuch und des Wiedererkennens von Selbsterlebtem nicht nur zur Reflexion ihrer Situation, sondern auch zur Erkenntnis, was der Sinn des Lesens sein kann.« Holzwarth u. Meienberg: Schule im Film (2017), S. 7–8.

25 Diese Beobachtung reiht sich in die durchaus berechtigten kritischen Sichtweisen auf den Roman und den Film ein. Der Roman sieht sich aufgrund seiner Verklärung der Alm dem Vorwurf reaktionärer Klischees ausgesetzt. So stellt z. B. Jutta Nagel »zahlreiche, klischeehafte Naturschilderungen« fest und schlussfolgert: »Für Johanna Spyris kindliche Protagonistin ist die Stadt grundsätzlich mit Enge und Zwang verbunden. Diese Flucht in die Idylle verrät fraglos ein Nachwirken der Zivilisationsfeindlichkeit Rousseaus.« Nagel: Johanna Spyri (2009), S. 487. Die zu Beginn im Rollstuhl sitzende Klara kann am Ende durch ihren Aufenthalt auf der Alm wieder gehen: Die Stadt macht krank, das Land erweist sich als Paradies.

einen richtungsweisenden Impuls gibt.[26] In Anlehnung an Konrad Lorenz' Definition im Rahmen seiner ethologischen Forschung argumentiert, entspricht die Prägung lerntheoretisch dem Merkmal der *Irreversibilität*: Das eingeprägte Objekt wird im weiteren Verlauf der Entwicklung nicht vergessen.[27] Getreu der Formulierung »Bücher, die mein Leben verändert haben«,[28] gibt es eine Reihe lesebiografischer Erzählungen, in denen Leseerfahrungen eine enorme subjektive Bedeutung erhalten.[29] Die Lesenden verbinden ein durchweg positives Erlebnis mit einem konkreten Lektürestoff.

In Spielfilmen dienen solche Szenen häufig als narrative Strukturposition, um medial verdichtet durch den Stellenwert eines Buchs, bzw. durch die damit verbundene Bedeutung, eine wesentliche Charaktereigenschaft einer Figur hervorzuheben.[30] In der Doku-Fiktion *Helmut Schmidt – Lebensfragen* (D, 2013) nimmt der junge Schmidt beispielsweise Marc Aurels *Selbstbetrachtungen* mit auf seinen Kriegseinsatz.[31] Durch die Parallelisierung mit der Besonnenheit und der stoischen Lebensauffassung des römischen Kaisers, der aufgrund der Komplexität seiner Aufzeichnungen auch als ›Philosophenkaiser‹ gilt, inszeniert der Film auch den späteren Bundeskanzler Schmidt als einen mit solchen Eigenschaften ausgestatteten Staatsmann.[32]

---

26 Jürgen Nelles spricht in diesem Kontext von »magische Lektüren«: »*außergewöhnliche* Formen des Lesevorgangs und -verhaltens [...], die sich von *normalen* Lektüreprozessen unterscheiden und mitunter auch von deren textuellen Gegebenheiten wie von ihren außertextuellen Rahmenbedingungen, Voraussetzungen und Wirkungen.« Nelles: Magische Lektüren (2018), S. 346. Hervorhebungen sind im Original vorhanden.
27 Vgl. Lorenz: Über die Bildung des Instinktbegriffs (1937), S. 300.
28 So lautet der Titel einer Reihe von YouTube-Videos, in denen der Einfluss von ausgewählten literarischen Werken auf die Persönlichkeit der YouTuberInnen dargestellt wird. Ein Beispiel ist ein Webvideo auf dem Kanal *mirellativegal*. Vgl. Bücher, die mein Leben verändert haben (2019).
29 Dies illustriert folgendes Beispiel: »Das war eine große Wende in meiner Lese-Biografie. Ich [...] suchte den Sinn der jeweiligen Geschichten. Den Autor des Buchs[,] der dieses geschafft hatte, werde ich wohl nie vergessen, es war Hermann Hesse.« Zit. n. Graf: Lesegenese in Kindheit und Jugend (2007), S. 142.
30 Hermann Korte formuliert analog hierzu im Kontext der Autobiografieforschung, dass es die »epischen Konstruktionen autobiographischer Leseerlebnisse und die Bedeutung, die solchen Erlebnissen für die eigene Lebensgeschichte zuerkannt wird«, zu untersuchen gilt. Korte: »Meine Leserei war maßlos« (2007), S. 28.
31 Vgl. zum Thema Doku-Fiktionen grundlegend: Blum: Doku-Fiktionen (2013).
32 Schmidt bezeichnete Marc Aurel zudem regelmäßig als sein Vorbild. So schreibt er im Stil einer Lesebiografie in *Die Zeit*: »Am Tag der Konfirmation [...] bekam ich von meinem Onkel Heinz Koch ein Buch geschenkt, die *Selbstbetrachtungen* des Marcus Aurelius. Ich habe noch am selben Abend angefangen, darin zu lesen, und was ich las, hat mir gewaltig imponiert. Die Reflexionen eines römischen Kaisers, der damals bereits seit 1.750 Jahren tot war, waren ein prägender Leseeindruck. [...] Bei der Lektüre [...] hatte ich jedoch zum ersten Mal das Gefühl,

Der Film *Messner* (D, 2012) von Andreas Nickels zeichnet signifikante Stationen im Leben des populären Extrembergsteigers Reinhold Messner dokumentarisch und mittels Spielfilmszenen nach. Eine bemerkenswerte Lesesequenz innerhalb des Doku-Dramas spielt sich in der Kindheit des Südtirolers ab, als dem erst fünfjährigen Reinhold zusammen mit seinem älteren Bruder Helmut von seiner Mutter aus einem Buch über den Nanga Parbat vorgelesen wird – der Vater ist ebenfalls anwesend (Abb. 24). Es handelt sich dabei um den Berg im Himalaya, bei dessen dramatischem Abstieg Reinholds jüngerer Bruder Günther 1970 ums Leben kam. Die vorgelesene Passage lautet:

> Als alle bedeutenden Berge der europäischen Alpen von den Menschen bewältigt waren, wandten sich die Blicke derer, die von den Bergen nicht lassen konnten, in weite Fernen, wo himmelhohe Riesen ihre weißschimmernden Häupter durch die Wolken der Sonne entgegenrecken. Einer von ihnen war Albert Frederick Mummery. Er hat als Erster versucht, im Alleingang 1895 den Nanga Parbat anzugreifen. Er ist dabei in einer Lawine umgekommen und somit das erste Opfer dieses Berges und zugleich des Himalaya geworden.[33]

Während die Mutter vorliest, rückt auch die Lage des Berges auf einer Karte ins Filmbild, die in dem Buch zu sehen ist. Am nächsten Tag besteigt die Familie früh morgens eine Erhebung der Dolomiten – Reinhold Messners erste Bergbesteigung über 3000 Meter mit fünf Jahren. Kurz vor dem Aufbruch sehen die ZuschauerInnen, wie der kleine Reinhold ehrfürchtig und sehnsüchtig zugleich – im Rahmen eines großen Scheunentores stehend – auf die Berge blickt. Damit wird die Vorleseszene in der Terminologie der Biografieforschung zum »Ereignisträger«, die Fritz Schütz als eine »Einheit« auffasst,

> die in der Lage ist, Ereignisse, die für den Biographieträger von lebensgeschichtlicher Bedeutsamkeit sind, mit zu verursachen [...]. Ereignisträger dieser Art können auch unbelebte Objekte wie das eigene Auto, das eigene Haus, ein beeindruckendes Bild [sein], die in den Erfahrungsabläufen des Biographieträgers einen wichtigen Stellenwert erhalten und mit denen dieser in symbolische Interaktion tritt.[34]

Die Bergbesteigung am nächsten Tag ist für Messner ein Ereignis »von lebensgeschichtlicher Bedeutsamkeit«, da er im Erwachsenenalter als Bergsteiger Weltruhm erlangen wird. Die Beschäftigung mit der Fiktion (Vorlesen) geht der Betätigung in der Praxis (Bergbesteigung am nächsten Tag und seine berufliche ›Bestimmung‹ im Erwachsenenalter) voraus. So suggeriert der Film, dass Rein-

---

dass dieses Buch ein für mein weiteres Leben richtungsweisendes Buch werden würde.«
Schmidt: Pflicht und Gelassenheit (2012).
33 Messner (2012), 00:09:33–00:10:17.
34 Schütze: Kognitive Figuren (1984), S. 84.

hold im Rezeptionsmodus ein zukunftsträchtiger ›Stachel‹ trifft, der in diesem Moment die Leidenschaft des späteren Abenteurers auslöst.

Auch wenn es sich bei der vorgelesenen Passage um einen informatorischen Text handelt, ist dieser in bildhafter Sprache verfasst. Es ist nicht etwa einfach von Bergen des Himalaya die Rede, sondern metaphorisch von »himmelhohe[n] Riesen«, die »ihre weißschimmernden Häupter durch die Wolken der Sonne entgegenrecken«.[35] Die beiden Kinder lauschen derart gespannt, als ob sie sich mental gar selbst auf dem Nanga Parbat befänden. In einer späteren Szene schreien sie ihren innigen Wunsch heraus, den Achttausender einmal selbst zu besteigen. So wird der poetischen Beschreibung und dem Akt des Vorlesens eine starke Suggestionskraft für den sich entwickelnden Drang des Kindes zuerkannt, sich selbst kletternd in extreme Höhen zu begeben. Des Weiteren steht in dem obigen Passus nicht die Vermittlung von Fakten im Mittelpunkt, sondern der tragische Verlauf einer Expedition, bei der Mummery ums Leben kam. Damit liegt auch eine Prolepse auf das spätere Schicksal seines Bruders Günther vor, dessen tödlicher Unfall beim gemeinsamen Aufstieg am Nanga Parbat im weiteren Handlungsverlauf der Doku-Fiktion ein zentrales Thema darstellt. Die Faszination für das Bergklettern, die alpinistische Herausforderung des Achttausenders im Himalaya sowie der Verweis auf den existenziellen Verlust seines Bruders sind in der Leseszene enthalten.

Durch die gemeinsame Leseszene, die ästhetisch verarbeitete Erfahrung des verunglückten Bergsteigers Mummery und der Aktualisierung dieser Erfahrung im Leseakt, wird koinzident ein filmischer Ausdruck dafür geschaffen, welchen Einfluss das Lesen als familiäres Ereignis haben kann. Hier ist wie bei *Heidi* die Person der Vorleserin auffällig, in diesem Fall die Mutter. Kurz bevor sich die obere Szene ereignet, behandelt der Film die Persönlichkeit der Mutter und Reinhold Messner spricht retrospektiv von einer »ganz starken mütterlichen Liebe«.[36] Sein Bruder Hansjörg äußert sich daraufhin explizit über den Stellenwert der Mutter innerhalb der Familie:

> Die Mutter war einmal bei uns im Haus eine Quelle der Wärme und des Trostes. Und auch vielleicht eine, die sich vom Vater abgrenzt und sich mit den Kindern solidarisiert hat in einem gewissen Sinne. Und die aber gleichzeitig, und ich denke, das trifft vielleicht besonders auf den Reinhold zu, sehr große Erwartungen hatte an diese Kinder. Ich glaube, dass es dem Reinhold sehr schwergefallen ist, in irgendeiner Form die Mutter zu enttäuschen.[37]

---

35 Wenn Berge »angegriffen« werden und »Opfer« fordern, wird außerdem die militärische Sprache des ›Eroberungsalpinismus‹ deutlich; Messner bezeichnet mit diesem Ausdruck die erste Phase in der Geschichte des Bergsteigens, in der verschiedene Länder um die Erstbesteigung eines Gipfels miteinander konkurrierten.

36 Messner (2012), 00:06:42–00:06:44.

37 Ebd., 00:06:57–00:07:25.

Diese genannten Eigenschaften der Mutter werden durch die Inszenierung der Leseszene hervorgehoben: Die in warmen Farben inszenierte Atmosphäre der Lesesituation entspricht der Warmherzigkeit, die der Mutter zugesprochen wird. Die Solidarisierung sowie die angedeutete Abgrenzung vom Vater zeigt sich in der Kadrierung der Einstellung: Der Vater befindet sich leicht isoliert am Tischrand und die Mutter hat ihre Arme um ihre beiden Söhne gelegt, mit denen sie während des Vorlesens eine Gemeinschaft bildet. Diese Darstellung reiht sich in das im letzten Unterkapitel festgehaltene Bild der Mutter als Vorleserin ein, das sich im 19. Jahrhundert perpetuierte – der vorlesende Vater stellt eine Ausnahme dar.[38] Die Mutter liest außerdem einen Text über den abenteuerlichen Versuch der Erstbesteigungen des Nanga Parbat vor und verschweigt auch nicht die Tatsache, dass der Bergsteiger Mummery hierbei ums Leben kam. Dies kann einerseits so interpretiert werden, dass die Mutter als Besorgte und Warnende auftritt: Sie möchte ihre Kinder durch die Schilderung eines Bergsteigers, der den Tod fand, vor den Gefahren des Alpinismus warnen. Andererseits weckt sie – wenn auch unwillentlich – die oben aufgezeigte Begeisterung für das Bergsteigen.[39] Prägend ist somit nicht nur das In-Berührung-Kommen mit dem Bergklettern, sondern auch der Einfluss der Mutter.

Prägendes Lesen bezieht sich hier also auf den Inhalt des Gelesenen und auf die Bedeutung der/s Vorlesenden.[40] In solchen Fällen hat das Lesen in der Regel einen nachhaltigen Eindruck auf die weitere Entwicklung der Figur; *traumatische* Lektüren, die negative Folgen haben, werden selten in Szene gesetzt.[41] Die Szene verweist zudem auf weitere Funktionen von Literatur, so erleben die Messner-

---

38 Aus historischer Perspektive ist beim Akt des Vorlesens selbst keine Geschlechterdominanz auszumachen, aber bei der Wahl der Lektürestoffe: Die Mutter las vermehrt fiktionale Literatur vor, der Vater informatorische Texte. Aus diesem Grund kann von einer geschlechterspezifischen Rollenzuweisung in diesen Gemälden ausgegangen werden. Assel und Jäger ordnen diese Festsetzung des spezifisch weiblichen Vorlesens als eine Säkularisierung der Annendarstellung ein, in der die Gottesmutter Maria von ihrer Mutter Anna eine liebevolle Leseunterweisung erhält. Vgl. Assel u. Jäger: Ikonographie des Lesens (2001), S. 660. Kap. 12.1.4. zeigt auf, wie der Bruch mit den Geschlechterkonventionen zur Erzeugung von Komik genutzt wird.

39 Wenn die Sätze Hansjörgs mit der Leseszene parallelisiert werden, erweist sich das Vorlesen durchaus als ambivalent, da durch die in Bezug auf Reinhold konstatierten »Erwartungen« und »Enttäuschungen« auch ein möglicher Druck, den die Mutter ausübt, durchscheint.

40 Auch das Erlernen der Lesekompetenz kann prägend sein: Ein Film wie *Pope Joan* (D/I/S, 2009) zeigt die Kindheit der späteren ›Päpstin‹ Johanna, für die Lesen-Lernen anhand der Bibel zum Motor des gesellschaftlichen Aufstiegs wird, der sie bis nach Rom führt.

41 Die Bewertung des Einflusses hängt von dem Standpunkt der/s Interpretierenden ab: Man könnte an dieser Stelle ebenso argumentieren, dass die Vorleseszene in *Messner* ›negativ‹ ist, da sie verantwortlich für das Entstehen der Leidenschaft des Bergkletterns ist, die zu Günthers Tod führen wird.

Brüder auch eine Alteritätserfahrung. Der Text entführt sie in eine fremde Welt, für die sie Neugier entwickeln; den Kindern werden Möglichkeiten aufgezeigt, womit sie sich im weiteren Verlauf ihres Lebens befassen können.[42] In der einsamen Berglandschaft Südtirols, in der Reinhold Messner aufwächst, sieht er als Kind quasi nur die Enge der ihn umgebenden Dolomiten, doch die Vorlesesituation, die ebenfalls in der häuslichen Enge stattfindet, entführt ihn ins ferne Kaschmir. Im nächsten Kapitel liegt der Schwerpunkt auf Darstellungsmustern, die nicht die Bedeutung des Inhalts eines Textes, sondern des Lesens *per se* hervorheben, indem sie es mit einem anderen Medium kontrastieren.

12.1.3 Lesen versus Fernsehen in *Matilda*

Der Stellenwert des Lesens im Leben filmischer ProtagonistInnen kann durch die Gegenüberstellung mit einer Tätigkeit, die als ›minderwertiger‹ inszeniert wird, betont werden. Im hier analysierten Filmbeispiel *Matilda* (USA 1996), der Verfilmung des gleichnamigen Kinderbuchs von Roald Dahl, *erstrahlt* das Lesen förmlich im Vergleich zur im Film abgewerteten Tätigkeit des Fernsehens. Die hochintelligente und der Magie mächtige kindliche Protagonistin Matilda Wormwood wächst in einem – deutlich überzeichneten – Haushalt völliger Verwahrlosung auf: Ihr Vater Harry (Danny deVito), ein zwielichtiger Gebrauchtwagenhändler, möchte sie anfangs nicht in die Schule schicken, da sie weiterhin für ihn tagsüber bestellte Pakete annehmen soll; ihre Mutter Zinnia spielt lieber Bingo, als sich um ihre Tochter zu kümmern; und auch ihr Bruder Michael behandelt sie nicht liebevoll. Doch die Erzählerstimme verkündet, dass Matilda sich im Gegensatz zu ihrer Familie anders entwickelt.

---

42 Für Filme, deren Handlungen vor der Etablierung des Internets spielen, ist es ein verbreitetes Muster, dass die immense Begeisterung für eine Tätigkeit dadurch hervorgehoben wird, dass ein Kind ein Buch *stiehlt*, um mehr über ein bestimmtes Thema zu erfahren. Ken Loachs *Kes* (GB, 1969) erzählt von dem in einer wirtschaftlich prekären Situation im Norden Englands aufwachsenden, fünfzehnjährigen Billy, der eine Leidenschaft für die Falkenjagd entwickelt. Um sein Wissen über die Falknerei zu vertiefen, stiehlt er ein Buch aus der örtlichen Bibliothek, da er sich den Kauf nicht leisten kann. Das gleiche Schema findet sich in *Billy Elliot* (GB, 2000). Die Hauptfigur des Films heißt ebenfalls Billy und wächst auch in einer Arbeiterfamilie Nordenglands auf. In diesem Film will der Junge gegen den Willen seines Vaters das Balletttanzen lernen und entwendet hierfür ebenso ein Buch aus der Bibliothek. In einer Zeit, in der Informationen mit wenigen Mausklicks zu erhalten sind, wirkt das Bemühen um Bücher zwecks Wissensaneignung noch umso stärker als absoluter Willen der Filmfiguren, sich in einer Sache zu verbessern.

> Erzähler: At four she had read every magazine in the house. One night, she asked her father for something she desperately wanted.
>
> Harry: A book? Why do you want a book?
>
> Matilda: To read.
>
> Harry: Why would you want to read, when the television is right there? You get more out of watching TV.
>
> [...]
>
> Erzähler: From then on, every day, Matilda walked to the library. She devoured one book after another. When she finished all the children's books, she searched for others. [...] Matilda's strong mind continued to grow, nurtured by the authors who had sent their books out into the world, like ships onto the sea. The books gave Matilda a comforting message: You are not alone.[43]

Da die Eltern ihrem Kind die Möglichkeit verwehren, Literatur zu lesen, begibt sich Matilda mit gerade einmal vier Jahren eigenständig in die Bibliothek.[44] Im Kontrast zu ihrem stupiden Zuhause wirkt die Bibliothek nicht nur wie ein gigantischer Ort des Wissens, sondern spendet Matilda auch – insbesondere durch die freundliche Bibliothekarin – Herzlichkeit und Wärme. Während die Mutter ihrem geistig nicht sehr anspruchsvollen Glücksspiel Bingo nachgeht, ›verschlingt‹ Matilda ein Buch nach dem anderen.[45] So ist sie auch bezeichnenderweise die einzige kindliche lesende Figur in diesem Kapitel, der nicht vorgelesen wird; die Familie entfällt bei ihr als unterstützende Sozialisationsinstanz. Der Film markiert das literarisch-ästhetische Lesen demonstrativ als einen Auslöser dafür, dass Matilda *klüger* wird: »Matilda's strong mind continued to grow«. Hier wird auf die bereits mehrfach angesprochene sinnbildliche Bedeutung des Buchs und des Lesens für die Aneignung von Wissen zurückgegriffen.[46] Dementsprechend heißt es auch, dass Matilda durch das Lesen neue Welten entdeckt (»like ships onto the sea«) und als Gratifikation eine »comforting message« erhält, die mit der Anteilnahme am Schicksal anderer Figuren verbunden ist: »You are not alone«.

---

43 Matilda (1996), 00:04:18–00:07:17.

44 Auch an dieser Stelle steht, wie in den im Unterkapitel zuvor erwähnten Beispielen aus *Kes* und *Billy Elliot*, ein unbändiger Wille im Vordergrund, an Bücher zu gelangen, um einen neuen Weg einzuschlagen.

45 Dabei wird in dem zitierten Ausschnitt auch darauf verwiesen, dass sie nicht ausschließlich Kinderliteratur liest. Auch die weibliche Protagonistin Vada in *My Girl* (USA, 1991) macht keinen Unterschied zwischen Kinder-, Jugend- oder Erwachsenenliteratur. Dadurch, dass die kindlichen LeserInnen sich nicht auf altersgerechte Literatur beschränken, erscheinen sie besonders aufgeweckt.

46 Matildas Intelligenz wird auch durch andere Szenen verdeutlicht, etwa wenn sie in Sekundenschnelle Zahlen addiert.

Bevor es zu Matildas selbstständigem Leseengagement kommt, wird gezeigt, wie ihre Eltern und ihr Bruder ihre Abende verbringen. Gekrümmt sitzen sie im Dunkeln voneinander isoliert auf unterschiedlichen Möbelstücken, essen für sich und betrachten apathisch den Fernseher (Abb. 25): Sie wirken wie Zombies.[47] Im Kontrast dazu wird die lesende Matilda vergnügt und glücklich inszeniert: Sie liest in unbeschwerter Leseposition auf dem Tisch liegend und lacht voller Freude mit einem Buch auf dem Schoß. Ihre Lesefreude erweist sich im Kontrast zur ›Abgestumpftheit‹ ihrer Familie vor dem Fernsehgerät als noch intensiver. Die Familienmitglieder befinden sich *de facto* zwar gemeinsam in einem Raum, doch durch Matildas Aktivität im Kontrast zur Passivität ihrer Familie – sie hat ihre Beine auf dem Tisch ausgestreckt und lacht umgeben von zahlreichen Büchern – wird die Aussage des Erzählers, dass Matilda nicht allein sei, auch visuell umgesetzt: Sie erscheint während des Lesens eher unter Gesellschaft als der Rest der Familie Wormwood.

Abb. 25: In *Matilda* (00:04:49–00:06:17) *glotzen* Mutter, Vater und Sohn wortwörtlich Fernsehen, während Matilda – scheinbar alleine – voller Freude Zeit mit Büchern verbringt. Arnold Schwarzenegger als John Kimble liest in *Kindergarten Cop* (00:54:51–00:55:31) das Gedicht *Spring Morning* vor. Er selbst hält danach sichtlich ergriffen inne und die Kinder sind eingeschlafen.

Diese filmische Lesedarstellung ist in die wertende Opposition von ›gutem‹ Lesen vs. ›schlechtes‹ Fernsehen einzuordnen, die seit den 1960er Jahren die öffentlichen bildungspolitischen Debatten bestimmt.[48] In den zahlreichen Veröf-

---

47 Dies erinnert an den zu Beginn des Kapitels angesprochenen Film *Time Bandits*, in dem der junge Kevin in jeder freien Minute liest, ob am Küchentisch oder abends im Bett. Die Begeisterung des Jungen wird – vergleichbar mit der Konstellation bei *Matilda* – nicht von den Eltern unterstützt und auch hier ist der Fernseher präsent: Während Kevin liest, schauen die Eltern eine Quizshow.
48 Diese medienkritischen Sichtweisen erhielten spätestens mit Neil Postmans *Amusing Ourselves to Death* aus dem Jahr 1985 auch theoretischen Nährboden.

fentlichungen jener Jahre setzte sich die These durch, dass Fernsehen Ablenkung und ›Verdummung‹ bewirke, während die Lektüre literarisch wertvoller Bücher die Fantasie anrege, zu einem eloquenteren Ausdrucksvermögen führe und die RezipientInnen empathischer und damit – polemisch ausgedrückt – zu ›besseren‹ Menschen mache.[49] Speziell die Gewaltdarstellung in den Fernsehbildern und die ihnen zugeschriebene Funktion von Nachahmungseffekten führten zur kritischen Perspektive auf den Fernseher als abstumpfendes Medium. In dieser Entwicklungslinie ist die ›Glotze‹ zu einem Symbol der sogenannten ›bildungsfernen Unterschicht‹ geworden. Andrea Bertschi-Kaufmann und Frederic Härvelid konstatieren noch im Jahr 2015: »Bestimmte Gruppen von Kindern und Jugendlichen – es sind die aus den sogenannten bildungsfernen Schichten – werden in ihrer (Sprach- und Schrift-)Entwicklung durch extensives Unterhaltungsfernsehen behindert«.[50] Für diese Sichtweise steht der Screenshot aus Abb. 25 emblematisch-normativ: So darf eine harmonische und bildungsbeflissene Familie nicht den Abend verbringen.

Dieser aus wissenschaftlicher Sicht antiquierte Kulturpessimismus, der zahlreiche produktive Bildungsaspekte des Fernsehens ausklammert – von Informationstransparenz bis hin zu Wissensvernetzung –, ist in die historisch wiederkehrende Desavouierung neu aufkommender Medien einzuordnen: Das Lesen von Romanen im 18. Jahrhundert, das Radio oder der Film Anfang des 20. Jahrhunderts wurden im öffentlichen Diskurs auf die gleiche Weise diskreditiert, wie es mit dem Fernsehen geschah und wie es in den letzten Jahrzehnten mit digitalen Spielkonsolen bzw. Computerspielen geschieht.[51] Der Abwertung der modernen Massenmedien – Fernsehen und Computer – steht die Aufwertung des Lesens im Rahmen der kindlichen Entwicklung gegenüber. Laut einer Umfrage der *Stiftung Lesen* in Deutschland aus dem Jahr 2010 erachten 94 % der Mütter und Väter mit Kindern unter 12

---

49 So entstanden im Laufe der Jahre auch eine Reihe von Ratgebern, wie eine gelingende Kindererziehung mit – oder trotz – des Fernsehers aussehen kann. Zum Beispiel: Rogge: Kinder können fernsehen (1990).

50 Bertschi-Kaufmann u. Härvelid: Lesen im Wandel (2015), S. 31.

51 Ein Beispiel hierfür ist das populäre Buch *Digitale Demenz* von Manfred Spitzer, das der extensiven Beschäftigung mit digitalen Medien, vor allem dem Computerspielen, fatale Folgen attestiert. So würden in einem hochmodernen Industriestaat mit flächendeckender Informationstechnologie wie Südkorea »bei jungen Erwachsenen immer häufiger Gedächtnis-, Aufmerksamkeits- und Konzentrationsstörungen sowie emotionale Verflachung und allgemeine Abstumpfung« beobachtet werden. Spitzer schreibt auch über den Einfluss auf das Lesen, z. B. »Die Computernutzung im frühen Kindergartenalter kann zu Aufmerksamkeitsstörungen und im späten Kindergartenalter zu Lesestörungen führen. Im Schulalter wird vermehrt soziale Isolation beobachtet«. Spitzer: Digitale Demenz (2014), S. 8 u. 24–25.

Jahren das Lesen für die Entwicklung eines Kindes als »sehr wichtig« oder »wichtig«.[52] Auch im Medium Film spiegelt sich diese Haltung in zahlreichen Werken wider: Das Lesen erweist sich gegenüber dem Fernsehen oder dem Computer als ›höherwertig‹. Stellvertretend sei auf die bereits erwähnte Literaturverfilmung *The NeverEnding Story* verwiesen, in welcher der bärbeißige Antiquar Koriander den jungen Bastian zu Beginn aus seinem Buchladen wegschicken will und Bücher dabei in Konkurrenz zu Arcade-Automaten in Spielhallen stellt: »The video arcade is down the street. Here we just sell small rectangular objects. They're called books. They require a little effort on your part and make no b-b-b-b-beeps.«[53]

Doch Matildas Leselust wird nicht allein durch die Abgrenzung zum Fernsehen ›positiviert‹. In der filmischen Inszenierung erfolgt geradezu eine Zelebrierung des Lesens: Es handelt sich um einen Lesemoment von intensiver Entrücktheit aus alltäglichen Zusammenhängen und um ein glückliches Flow-Erlebnis – das Lesen ist ein ›emotionales Fest‹. Diese kindliche Lesefreude erhält ihren Ausdruck durch das explizite Zeigen von Emotionen (Matildas lautes Lachen) und durch die Leseorte sowie -positionen. Das ungewöhnliche Räkeln auf dem Tisch steht dabei stellvertretend für Leichtigkeit und Freude; die kindliche Leserin ist derart ausgelassen, dass sie Konventionen bezüglich der Benutzung eines Möbelstücks unbekümmert vergisst bzw. ignoriert – dies entspricht ohnehin dem Charakter der Figur, die sich im weiteren Verlauf des Films konsequent gesellschaftlichen Regeln verweigert. Eggert und Garbe heben die Bedeutung von intimen und selbstbestimmten Orten für die kindliche Leselust hervor – im eigenen Bett, einen Winkel auf dem Dachboden oder in einer selbst errichteten ›Lesehöhle‹ –, und schlussfolgern, dass die Lesesituation unter Umständen weitaus präziser erinnert wird als der Inhalt des Gelesenen.[54] Auch Zuschauenden bleiben womöglich Leseorte und die Positionen eines Lesesubjekts eher in Erinnerung als das nur im Filmbild zu sehende Leseobjekt.

Die Intensität der hingebungsvollen und lustvollen Lektüreerfahrung im kindlichen Alter und die Diskreditierung konkurrierender Medien im Film ordnet Günther Stocker in die »nostalgische Verklärung des Lesens« im Hollywood-Kino der 1990er Jahre ein:

> Filme wie *Notting Hill*, *E-Mail für dich* aber auch die Science-Fiction-Serie *Star Trek – The next generation* [sic] thematisieren durch das Lesen einerseits eine diffuse Sehnsucht nach

52 Stiftung Lesen (Hg.): Lesefreude trotz Risikofaktoren (2010), S. 18.
53 *The NeverEnding Story* (1984), 00:07:56–00:08:06. Vgl. zu einer Analyse dieser Leseszene im Vergleich zu ihrer literarischen Vorlage: Rouget: Leseszenen intermedial (2020), S. 602–610.
54 Vgl. Eggert u. Garbe: Literarische Sozialisation (2003), S. 96.

einer vermeintlich besseren alten Zeit, andererseits benützen sie Bücher zur Figurencharakterisierung: Menschen, die lesen, werden als humaner, als moralisch besser dargestellt.[55]

Eben diese Funktion erfüllt die Lesedarstellung in *Matilda*: Die Protagonistin ist im Gegensatz zu ihrer herz- und geistlosen Familie ein liebevolles und äußerst kluges Kind. Die Inszenierung von – fiktiven oder auch realen – LeserInnen als »humaner, als moralisch besser«, reicht zurück bis zu Friedrich Schillers *Über die ästhetische Erziehung des Menschen in einer Reihe von Briefen* aus dem 1795. Hier protestiert Schiller im Kontext der Aufklärung gegen das Zwangsdiktat der Vernunft und verficht die These, dass Erziehung, Persönlichkeits- und Identitätsbildung sich idealerweise über die Kunst vollzieht.[56] »Es gehört also zu den wichtigsten Aufgaben der Kultur, den Menschen in seinem bloß physischen Leben der Form zu unterwerfen, und ihn, [...] ästhetisch zu machen, weil nur aus dem ästhetischen [...] Zustande der moralische sich entwickeln kann«.[57] Die Annahme, dass die Beschäftigung mit Kunst zu einer moralischen Verbesserung führe, entwickelte sich zu einem Grundpfeiler respektive einem Credo des humanistischen Bildungsideals, das heute nach wie vor verbreitet und – wie aufgezeigt wurde – auch in Spielfilmen zu finden ist.[58]

Es soll an dieser Stelle jedoch nicht unerwähnt bleiben, dass es auch Filmbeispiele gibt, in denen das Lesen im Gegensatz zu anderen Tätigkeiten pejorativ inszeniert wird. In *The Indian in the Cupboard* (USA, 1995) findet sich das stellvertretende Beispiel einer kindlichen Lesefigur, für die das Lesen etwas Negatives ist. Zu Beginn wird der neunjährige Omri von seiner Mutter dazu gezwungen, mit ihr gemeinsam im Bett zu lesen. Dieser Leseakt ist für ihn in keiner Weise sinnlich, er erfolgt verpflichtend und ist stattdessen das ›Gegenteil‹ zu seiner Lieblingsbeschäftigung: dem fantasievollen Spielen mit Figuren, die in einem magischen Schrank zum Leben erweckt werden.[59] Solche abwertenden Darstellungen beziehen sich jedoch weniger auf das Lesen an sich, sondern sind

---

55 Stocker: Vom Bücherlesen (2007), S. 90.
56 Kunst ist für Schiller die Erfahrung von persönlichem Glück, das dem Menschen im ästhetischen Spiel widerfährt. Die Rezeption von Kunst stellt für ihn ein gesellschaftsveränderndes Moment dar, das die Menschen sensibilisiert und ihren Charakter ›veredelt‹. Diese politische Utopie soll im *ästhetischen* Staat Ausdruck finden, in dem humanistische Ideale gelebt werden. Vgl. Schneider: Geschichte der Ästhetik (2010), S. 63–65.
57 Schiller: Über die ästhetische Erziehung des Menschen (1795), S. 92.
58 Dabei wurde die Evidenz von Schillers These durch die Beteiligung der belesenen und kulturbeflissenen deutschen ›Bildungselite‹ an der Errichtung der Nazidiktatur und der Durchsetzung des Holocausts eindrücklich widerlegt.
59 Omri liest langsam und mit Mühe; die Kamera schwenkt währenddessen zum geheimnisvollen Küchenschrank, in dem die Figuren bald real werden. Diese formale Inszenierung akzentuiert den Mehrwert des fantasievollen Spielens durch den Vergleich zum erzwungenen Lesen.

als eine Kritik an ausgeübtem Zwang – in diesem Fall durch die Mutter – einzuordnen.[60] Für Omri ist das Lesen eine unangenehme Pflicht, die dem lustvollen und zweckfreien Agieren mit den Figuren gegenübersteht; Lesen *muss* er mit seiner Mutter, Spielen *will* er freiwillig.

Derartige Szenen sind jedoch die Ausnahme. Der »positive und traditionelle (aufklärerisch-humanistische)« Impetus dominiert bei der Inszenierung von Lesenden, wie es Peter Friedrich ausdrückt: »Lesen und poetische Belesenheit [erscheinen; TR] als Ausdruck von Kreativität, Individualität und – darin dem traditionellen Bildungsroman folgend – von Identität sowie als Grundvoraussetzung für Selbstentfaltung, kritisches Selbstdenken und Widerstandskraft«.[61] Das letzte Unterkapitel konzentriert sich auf die Lektüre im frühkindlichen Stadium.

12.1.4 Ästhetische Erfahrung: die frühkindliche Lektüre in *Kindergarten Cop*

Der Kindergarten stellt neben der Familie eine wichtige Instanz im Rahmen der vorschulischen Förderung der Lesekultur dar.[62] Dies thematisiert Ivan Reitmans *Kindergarten Cop* aus dem Jahr 1990, in dem der Polizist John Kimble (Arnold Schwarzenegger) als verdeckter Ermittler in einem Kindergarten in die Rolle eines Erziehers schlüpfen muss. Dort findet er sukzessive Gefallen an seinem neuen Beruf und erweist sich nach anfänglichen Schwierigkeiten als erfolgreicher Pädagoge. In einer Szene liest er den Kindern, von denen er inzwischen akzeptiert wird, die letzten zwei Strophen des Gedichts *Spring Morning* von A. A. Milne vor.

> Joshua: It's story time, Mr. Kimble.
>
> Kimble: All right.
>
> Dominic: We all like this one and if you read us a story now everybody will go to sleep.
>
> Kimble: All right ... I used to read this to my son.
>
> [...]
>
> Just sit down, okay? Let me just start reading. Why don't you all lie down? Okay. Good. And rest.

---

60 Ein weiteres Beispiel für ein erzwungenes Lesen findet sich in *A Serious Man* der Coen-Brüder: Der Teenager Danny liest zu seiner Bar Mitzwa aus der Thora auf Hebräisch vor. Dies übt er gezwungenermaßen über einen längeren Zeitraum und letztendlich ist er während der Vorlese-Zeremonie benommen, da er zuvor einen Joint geraucht hat. Das kulturelle Initiationsritual wird durch die Leseszene karikiert und als nicht mehr zeitgemäß kritisiert.
61 Friedrich: Repräsentation des Lesens (2018), S. 409.
62 Vgl. zu diesem Themenkomplex: Andresen: Phantasiegeschichten von Vorschulkindern (2015).

If you were a bird and lived on high
you'd lean on the wind when the wind came by.
You'd say to the wind when it took you away:
»That's where I wanted to go today.«

Where am I going? I don't quite know.
What does it matter where people go?
Down to the wood where the bluebells grow.
Anywhere. Anywhere. I don't know.[63]

Bevor die Vorleseszene beginnt, nennt ein Kind selbst den Leseanlass: »It's story time«. Das Ritual ist längst derart eingeübt, dass ein Kind dem Pädagogen nicht nur das Buch reicht, aus dem es gerne vorgelesen bekäme, sondern sogar der Effekt der Zeremonie auf den Punkt bringt: »[I]f you read us a story now everybody will go to sleep.« Es wirkt witzig, dass der Zu-Erziehende dem Erzieher ein pädagogisches Instrument erklärt. Darauf findet – im Gegensatz zu *Heidi* – kein literarisches Gespräch statt: Es steht allein die ästhetische Wahrnehmung der Verse im Vordergrund. Vor dem Vorleseakt vermittelt ein in der obigen Transkription ausgesparter Dialog Hintergrundinformationen zur Figur Kimble: Er ist geschieden und sein Sohn, mit der er aus diesem Grund kaum Zeit verbringt, fehlt ihm. Die Erinnerungen an seinen Sohn werden durch den Anblick des Buchs ausgelöst: Das Vorlesen ist für ihn deshalb positiv besetzt. Die – zuvor nicht transkribierte – anschließende Frage und die Reaktionen der Kinder darauf, was eine Scheidung ist, sind einerseits witzig, da sie eine unvermittelte kindliche Perspektive auf komplizierte Familiensituationen bieten (»your mommy says he's a deadbeat«), und andererseits bedrückend, weil die emotionale Konsequenz von abwesenden Vätern angesprochen wird (»the daddy doesn't want to see his little boy anymore«).[64]

In der anschließenden kollektiven Leseszene entsteht jedoch insbesondere durch Kimbles Vortragsweise ein ruhiges und gefühlvolles Leseambiente, das durch das Prasseln von Regentropfen an die Fensterscheibe verstärkt wird. Sobald er zu lesen beginnt, scheinen sich sowohl seine Sorgen als auch die der Kinder zu verflüchtigen. *Spring Morning* ist des Weiteren ein für Kindergartenkinder altersgerechtes Gedicht: Es ist durch eine einfache Wortwahl und einen gleichbleibenden Rhythmus gekennzeichnet. Die Kinder werden in die Perspektive eines Vogels und das Gefühl des unbeschwerten Emporfliegens und einer vom Wind getragenen Leichtigkeit versetzt (»lean on the wind«). Hierbei ist nicht ausschließlich das Gefühl der Unbekümmertheit dominant, sondern es

---

63 Kindergarten Cop (1990), 00:53:11–00:55:20.
64 Ebd.

wird auch auf die ungewisse Zukunft verwiesen (»Where am I going? I don't quite know«). Die poetischen Zeilen nehmen den Kindern potenzielle Angst, die mit unbestimmten Zielen verknüpft sein kann (»What does it matter where people go?«). Diese Suggestion von Leichtigkeit und Offenheit ist eine wohltuende erzieherische ›Botschaft‹ für die Kinder, zumal sie im hinführenden Gespräch mit einer Scheidungssituation konfrontiert wurden.

Der Inhalt der Verse und die Intonation der Stimme, d. h. die ruhige und gefühlsbetonte Vortragsweise, die von der persönlichen Ergriffenheit des Vorlesers zeugt, leiten die Kinder an, optimistisch in die Zukunft zu blicken. Gleichzeitig stehen mit der Einnahme der Perspektive des Vogels (Empathie) und der dadurch bedingten Alteritätserfahrung zwei konstitutive Funktionen von Literatur im Fokus. Außerdem stellt sich die gewünschte Lektürewirkung ein: Die Kinder schlafen ein, Kimble hat seine Funktion als Vorleser erfüllt und damit als Externer einen weiteren Schritt hinsichtlich seiner Akzeptanz in seiner neuen Rolle gemacht. Somit handelt es sich auch um einen autothematischen Spiegeltext für das Schicksal von Kimble, denn er selbst wird einen neuen beruflichen Weg einschlagen, der auch ihn in eine ungewisse Zukunft führt.

Kann das Einschlafen der Kinder als *cue* für (früh-)kindliche ästhetische Erfahrung aufgefasst werden? Die Kinder halten sich im Leseort des Klassenzimmers auf und die liegende und zugedeckte Lesehaltung, bzw. ›Zuhörhaltung‹, ist durchweg entspannt. Diese Lesesituation schafft eine ideale Atmosphäre, die eine intensive Texterfahrung und damit eine ästhetische Erfahrung der Kinder bewirken kann. Dieser Eindruck entsteht auch durch den Kontrast zu den vorangegangenen Filmsequenzen, in denen die Kinder durchweg aktiv, lebhaft und laut waren. Sie befinden sich in der Szene in einem für sie untypischen Modus des genießenden Aufnehmens. Die Erfahrung von Klang und Rhythmus aktiviert die Imagination, die als eine Grundbedingung literarischen Verstehens gilt.[65] Das prompte Einschlafen als Reaktion auf das vom Text und Vortragsstil erzeugte Gefühl von Leichtigkeit und Harmonie kann durchaus als ästhetisches Erleben begriffen werden – und nicht etwa als eine Folge von Ermüdung oder Langeweile. Die Szene vermittelt Entspannung und Geborgenheit als Resultat einer lustvollen Begebenheit.

Dabei darf die besondere Bedeutung des Vorlesers in dieser Szene nicht außer Acht gelassen werden. Der ausbalancierte Rhythmus von Kimbles Stimme hat durchaus suggestiven, in Trance versetzenden Charakter, der die Kinder einschlafen lässt. Alberto Manguel sieht jedoch im Vorlesen neben der »Berei-

---

65 Vgl. Spinner: Methoden des Literaturunterrichts (2016), S. 195.

cherung« und dem »Wohlgefallen« durch den Klang der Sprache auch eine »Schmälerung des Lesevorgangs«:

> Einen anderen die Worte sprechen zu lassen, die auf der Seite stehen, ist eine weitaus unpersönlichere Erfahrung als den Text in der Hand zu halten und mit den eigenen Augen aufzunehmen. Vertrauen wir uns der Stimme des Vorlesenden an, berauben wir uns der Möglichkeit, selbst über das Tempo und den Tonfall zu bestimmen, außer wir verfügen über die Fähigkeit, den Vorlesenden genau nach unseren Wünschen zu dirigieren. In jedem anderen Fall muss das Ohr der Stimme eines anderen gehorchen, und dadurch wird eine Rangordnung begründet (manchmal sichtbar in einem gesonderten Sessel oder Podium), die den Hörer zum Objekt des Vorlesenden macht.[66]

Manguels Deutung des Vorlesens als ›Degradierung‹ des Lesens kann auch auf die obere Szene übertragen werden.[67] Es liegt eine eindeutig hierarchisierte Lesesituation vor: Der Vorleser sitzt aufrecht, die vor ihm liegenden Kinder hören lediglich zu. Sie sind keiner potenziellen Situation ausgesetzt, in der sie beispielsweise selbst aktiv vorlesen müssten, sondern sie sind rezeptiv dem reinen Zuhören verpflichtet. Der Vorleser, dem die Kinder sich hier als Zuhörende anvertrauen bzw. ausliefern, zeichnet sich durch mehrere Facetten aus. Es fällt zunächst das männliche Geschlecht des Erziehers Kimble ins Auge, da die Angestellten in einem Kindergarten mit einer deutlichen Mehrheit weiblich sind. Diese Geschlechterdifferenz gilt auch für das Lesen: Seit dem 18. Jahrhundert herrscht das Bild vor, dass der Mann primär keine ästhetische, sondern informatorische Literatur liest.[68] Die männliche Lektüre eines Kindergedichts ist somit ein auffälliger *cue*. Dieser Gegensatz stellt den Ausgangspunkt der Komödie dar: Diese mit zahlreichen stereotypen Gendervorstellungen besetzte Konstellation ist Grundlage vieler komischer Pointen im Film. Ein starker und harter Polizist, dessen Arbeitsalltag in der Auseinandersetzung mit Drogenkartellen bestand, sieht sich gezwungen, mit kleinen Kindern zu arbeiten – und gerät an Grenzen seiner Belastbarkeit.

Diese Aspekte sollen in erster Linie zur humoristischen Wirkung der Szene beitragen, doch auch die Wahl des Schauspielers ist an dieser Stelle aufschlussreich. Ausgerechnet Arnold Schwarzenegger trägt das Kindergedicht mit seinem unverwechselbaren österreichischen Akzent vor; der Kontrast der kleinen Kin-

---

66 Manguel: Geschichte des Lesens (2012), S. 178.
67 Das Vorlesen spielt – wie es in mehreren Kapiteln zur Sprache kam – auch unabhängig von kindlichen Lesesituationen eine Rolle. Paare, die sich in gegenseitiger Vertrautheit und Intimität vorlesen (*Sophie's Choice*), das autoritär bestimmte ›dienende‹ Vorlesen mit unterschiedlichen Facetten (*La Lectrice*) oder das Versetzen in eine regressive Situation (*Call Me by Your Name*).
68 Vgl. Schön: Verlust der Sinnlichkeit (1993), S. 182.

der zu dem großen und muskulösen Schwarzenegger ist nicht zu übersehen. An dieser Stelle gerät mit Jens Eder gesprochen die symbolische Bedeutung der Figur – und damit auch die Person des Schauspielers – in den Blick. Schwarzenegger gewann als Bodybuilder mehrfach den Titel *Mister Universum* und wurde durch Actionfilme wie den zu Beginn dieses Kapitels erwähnten *Conan the Barbarian*, die *Terminator*-Reihe (USA, 1984–2019) oder *Total Recall* (USA, 1990) zum Hollywood-Superstar. Mehr hyperbolische Männlichkeit, die sich in der permanenten Zurschaustellung seiner Muskeln in den Filmen niederschlägt, ist kaum vorstellbar. Es ist demnach eine humorvolle Pointe, wenn der *Mister Universum* von einem Kindergedicht derart ergriffen ist, wie es sein leicht geöffneter Mund und der Blick in die Ferne offenbart (Abb. 25).

Aus ideologiekritischer Perspektive scheint in dieser Szene aufgrund der schauspielerischen Verkörperung der Mythos des *American Dream* durch: Die Szene suggeriert, dass die Kinder – und stellvertretend auch die ZuschauerInnen – keine Angst vor der Zukunft haben müssen, wenn sie sich jemandem anvertrauen, der prototypisch vom Tellerwäscher zum Millionär wurde. Der mit der Person Schwarzeneggers verknüpfte Subtext lautet sozusagen: Habt keine Angst, vertraut euch meiner Ideologie an und ihr werdet Erfolg haben. Hierzu passt es, dass in dem Gedicht ausgerechnet von »bluebells« die Rede ist: Blauglöckchen, Mertensia, werden mit ursprünglichen Wäldern assoziiert und sind vor allem in den USA stark verbreitet. So vermittelt die filmische Präsentation der lyrischen Verse auch den typisch amerikanischen Optimismus, die Freude und das Selbstvertrauen beim Blick in die Zukunft.

Die filmische Realisierung des Effekts der Rezeption von Poesie vermag *Wirkmächtigkeit* bei den Zuschauenden zu entfalten. Sie hören von der Leichtigkeit in den Versen und können diese durch die Kamera, die über die am Boden liegenden Körper der schlafenden Kinder schwenkt, im Sinne Sobchacks leiblich spüren. Das ›Fliegen‹ der Kamera durch den Raum, das Prasseln des Regens und leise Klavier- und Geigentöne aus dem Off sorgen zusätzlich zum Inhalt der Verse und der Vortragsweise dafür, dass die ZuschauerInnen selbst entspannen. Gleichzeitig wird durch die Figur Schwarzeneggers aber eine reflexive Ebene aufrechterhalten, die eine vollumfängliche Immersion – wie sie bei den Kindern stattfindet – verhindert. Die Zuschauenden können aus diesem Grund die Rolle des Vorlesers mit ihrer eigenen Leseerfahrung in Verbindung bringen: Welchen Effekt hat das Vorlesen auf Kinder? Macht es einen Unterschied, ob Frauen oder Männer Kinder vorlesen? Inwiefern liefere ich mich einem Vorleser aus?

Im Anschluss an diese Erörterung diverser Facetten der kindlichen Erfahrung an unterschiedlichen Filmbeispielen konzentriert sich das nächste Kapitel auf die jugendliche Lektüre. Viele Facetten des Lesens in dieser Lebensphase finden sich auch in anderen Leseszenen wieder, weshalb sich nachstehend auf die Identitätskonstruktion und -bildung konzentriert wird.

12.2 Jugendliche Lektüre und Identität

Schon zu Beginn der 1970er Jahren hielt David Joël de Levita fest, dass »der Begriff der Identität so viele Bedeutungen hat, wie es Theorien gibt, die ihn verwenden.«[69] Innerhalb dieses Bedeutungsspektrums, das mit Namen wie George Herbert Mead, Erik H. Erikson, Jürgen Habermas und Heiner Keupp verbunden ist, wird sich im Folgenden auf die Frage konzentriert, wie der Prozess der Entwicklung eines konstitutiven ›Wesenskerns‹ – und die damit verbundenen Wünsche, Hoffnungen, Rückschläge etc. –, einer Figur mit der filmischen Inszenierung des literarisch-ästhetischen Lesens in Verbindung stehen kann.[70] LeserInnen sind durch die Beschäftigung mit Literatur dazu in der Lage, neue Gedanken, Aspirationen oder Haltungen zu entdecken, ihre Werte zu revidieren – oder bestätigt zu finden –, ihre Ambiguitätstoleranz zu schulen usw.[71] Insbesondere in der Lebensphase der Jugend kann Literatur für die Heranwachsenden eine zentrale Funktion einnehmen. Für die filmästhetische Konstruktion stellt sich die Frage, mit welchen narrativen Mustern das literarisch-ästhetische Lesen als bedeutsam in der Adoleszenz dargestellt wird: Verhandelt die Leseszene einen alterstypischen Konflikt, kündigt sie ein späteres Schicksal an oder enthält sie konzise ein Persönlichkeitsmerkmal der Figur fest, das diese im Moment des Lesens entfaltet?

Die Jugend stellt aus pädagogischer Perspektive ein Konstrukt dar, das die individuelle Spanne zwischen der behüteten Kindheit und dem eigenverantwortlichen Erwachsensein beschreibt.[72] Dabei handelt es sich einerseits um

---

69 De Levita: Der Begriff der Identität (1971), S. 9.

70 Einen gelungen historischen Überblick zu verschiedenen Identitätstheorien liefert: Van Dülmen (Hg.): Entdeckung des Ich (2001).

71 Jürgen Kreft hat als einer der ersten »die Bedeutung der Literatur, zumal der ästhetischen und poetischen, für die Ich-Entwicklung der Heranwachsenden« herausgearbeitet. Kreft: Grundprobleme der Literaturdidaktik (1982), S. 11. Volker Frederking sieht auch in sperrigen Texten einen produktiven Moment für die Individualisierung: »Aber auch für den Fall, dass der Text keine Identifikationsangebote enthält, sondern sich aufgrund der radikalen Andersartigkeit [...] der einfachen bzw. sofortigen Erschließung widersetzt, werden im Akt des Lesens und Verstehens Fragen der eigenen Identität angestoßen.« Frederking: Identitätsorientierter Literaturunterricht (2013), S. 423.

72 Ein Konstrukt ist die Jugend auch deshalb, da solch eine abgegrenzte Phase im Lebenslauf eines Menschen aus historischer Perspektive vergleichsweise jung ist. So schreibt Philippe

eine produktive Entwicklungsphase mit Krisen sowie deren Bewältigung und andererseits um ein *Moratorium*, in das man sich vor eben diesen Herausforderungen zurückziehen kann.[73] Begriffe wie Pubertät oder Adoleszenz etikettieren die Jugend als eigenständige Phase, innerhalb derer aus soziologischer Sicht der Übergang von der Familie in die Gesellschaft gelingen soll.[74] Der Psychiater Reinhard Haller spricht von einer ›Transitphase‹, der Jugendliche sei ein »Wanderer zwischen zwei Welten, jener des Kindes entwachsen und in jener der Erwachsenen noch nicht aufgenommen. Nirgends ist er zu Hause.«[75] So wird dieser Lebensabschnitt als wesentlich für die Herausbildung einer Identität erachtet: der Übergang von der rollengebundenen Identität des Schulkindes zur Ich-Identität des jungen Erwachsenen.[76] In dieser Phase hat der Kontakt mit neuen Wissensressourcen und alternativen Lebensentwürfen, die eben auch die Literatur bietet, Einfluss auf die persönliche Entwicklung.

Aus lesesoziologischer Perspektive verliert die Leselust in der Phase der Jugend häufig an Intensität und es findet ein krisenhafter Übergang von einer vorwiegend lustbetonten und triebhaften Form der Lektüre zu einer eher sublimierten Form der Sachlektüre oder des Lesens ästhetisch anspruchsvoller Stoffe statt.[77] Seit dem 18. Jahrhundert, dem Beginn der heutigen Lesekultur, wird die Pubertät als auffälligste Phase der Leseentwicklung betrachtet.[78] In der inzwischen als obsolet erachteten Lesealter-Theorie entsprach die jugendliche Lektüre den Stufen des *Dramen- und Balladenalters*, des *lyrischen Alters* und des *Romanalters*.[79] Heute

---

Ariès über das Mittelalter: »Vom sehr kleinen Kind wurde es sofort zum jungen Menschen, ohne die Etappen der Jugend zu durchlaufen«. Ariès: Geschichte der Kindheit (1960), S. 46.

73 Vgl. Pinquart, Schwarzer u. Zimmermann: Entwicklungspsychologie (2019), S. 261–264.

74 So wird die Jugend beispielsweise definiert als ein biologischer, psychischer und biografischer Abschnitt in einer menschlichen Lebensphase, der durch kulturelle, wirtschaftliche, soziale und ökologische Faktoren beeinflusst ist. Vgl. Hurrelmann u. Quenzel: Lebensphase Jugend (2016), S. 9.

75 Haller: Die Macht der Kränkung (2017), S. 65.

76 Dies bedeutet im Umkehrschluss nicht, dass die Identität von Erwachsenen als eine abgeschlossene Entität zu begreifen ist. Die im fortgeschrittenen Alter ablaufendenden Prozesse, die Einfluss auf die Identitätsentwicklung haben, folgen jedoch anderen Implikationen.

77 Vgl. Eggert u. Garbe: Literarische Sozialisation (2003), S. 117.

78 Der »literarisch-ästhetisch produktive Jüngling« war ein komplett männlich geprägtes Leitbild der Erziehung: weit gefächert interessiert, gebildet und schöpferisch tätig. Vgl. ebd., S. 117–118.

79 Die Lesealter-Theorie geht auf die Entwicklungspsychologin Charlotte Bühler zurück. Im Jahr 1918 umschrieb sie in *Das Märchen und die Phantasie des Kindes* drei Lesalterssstufen eines Kindes: das »Struwwelpeteralter« (2–4 Jahre), das »Märchenalter« (4–7 Jahre) und das »Robinsonalter« (7–12 Jahre). Susanne Engelmann erweiterte dieses Konzept 1928 in *Methodik des deutschen Unterrichts* um das »Dramen- und Balladenalter« (12–15 Jahre) und das »lyrische

dominiert die Auffassung, dass fiktionale Literatur in der Jugend als ein Medium der Selbst- und Weltkonstruktion und als ein Mittel zur aktiven Bewältigung von Entwicklungsaufgaben fungiert. Ebenso ist in dieser Altersspanne die eskapistische Funktion des Lesens zentral: Die Beschäftigung mit Literatur stellt in dieser Sichtweise ein Refugium dar, eine private Nische oder Enklave, in der Kinder und Jugendliche dem alltäglichen Lebensdruck durch Elternhaus, Schule, Freunde, etc. temporär entkommen können.[80] Ähnlich wie die Ablösung vom Elternhaus zu einer zentralen Entwicklungsaufgabe wird, gilt es einen individuellen Lesegeschmack zu finden: Es bilden sich Vorlieben für bestimmte Lesestoffe und Formen sowie Funktionen des Lesens heraus.[81] In dieser Phase entscheidet sich, welchen Stellenwert das Lesen künftig im Leben des Individuums einnehmen wird: Gibt es das Lesen auf, setzt es literarische Texte funktional ein und/oder wird die Rezeption von Literatur Teil der Identität?

Die Ikonografie der Jugendlektüre ist dementsprechend äußerst vielgestaltig. John Baptist Reiters *Lesender Knabe* (um 1860) stellt einen in die Lektüre vertieften Jungen dar. Den Titel *Lesendes Mädchen* tragen beispielsweise sowohl ein Gemälde von Domenico Fetti aus dem Jahr 1620, das eine an die büßende Maria Magdalena erinnernde, jugendliche Leserin präsentiert, als auch ein Werk von Franz Eybl aus der Mitte des 19. Jahrhunderts, das die sinnlichen Facetten des Leseakts am Beispiel einer vom Lesen äußerlich sichtbar affizierten Jugendlichen zeigt.[82] Solche Darstellungen sind meist in andere, dem Zeitgeist entsprechende Topoi des Lesens einzuordnen, wie z. B. die bereits erörterte ›Verführung‹ junger Frauen durch den Roman (vgl. Kap. 10.1.) oder die Selbstverständlichkeit der über den Schulbesuch erworbenen Lesefähigkeit.

Margarethe von Trottas *Die bleierne Zeit* (D, 1981) veranschaulicht, wie das literarisch-ästhetische Lesen von Jugendlichen mit dem Thema Identität zusammenhängen kann. Der Film erzählt von der Beziehung der RAF-Terroristin Gudrun Ensslin zu ihrer Schwester Christiane, die im Film Marianne und Juliane heißen.[83]

Alter und das Romanalter« (15–20 Jahre). Diese Einteilung beruht nicht auf gegenwärtigen Konzepten wie Lesemotivationen oder -modi, sondern ist an Textsortengattungen orientiert. Das Modell erweist sich in der gegenwärtigen Leseforschung als veraltet, da entscheidende Einflussfaktoren auf das Lesen, wie Historizität, Sozialisation oder Geschlecht nicht berücksichtigt werden. Vgl. Kepser u. Abraham: Literaturdidaktik Deutsch (2016), S. 97.

80 Vgl. Messner u. Rosebrock: Ein Refugium für das Unerledigte (1987), S. 158.

81 Diese Individualisierung der Lesepräferenz kann auch als »literarische Identitätsfindung« bezeichnet werden.

82 Hier ist zudem Gustav Adolph Hennings *Lesendes Mädchen* aus dem Jahr 1828 zu nennen, das den innigen Leseakt einer jungen Frau zeigt, der das Umschlagmotiv von Alberto Manguels *Geschichte des Lesens* bildet.

83 Daher heißt der Titel der englischsprachigen Fassung *Marianne and Juliane*.

Einzelne filmische Analepsen gehen auf die Jugend der beiden Frauen ein: Es wird herausgestellt, dass Juliane – im Gegensatz zu ihrer späteren Entwicklung – die rebellischere Persönlichkeit war, während sich die spätere Extremistin Marianne durchweg äußerst brav verhielt. In der hier analysierten Rückblende spielt Marianne Cello und Juliane liest Jean-Paul Sartres *La nausée*; der angepasst erscheinende Teenager musiziert und der renitente ist in Literatur vertieft. Es entspinnt sich ein philosophisches Gespräch über gesellschaftliche Erwartung und persönliche Ziele, in denen die spätere Terroristin unzweideutig formuliert: »Ich möchte gebraucht werden, ich möchte zu etwas nutze sein«; ihre Schwester Juliane hingegen antwortet: »Gebraucht werden wollen bedeutet freiwillige Knechtschaft.«[84]

Juliane liest mit *La nausée* ein Hauptwerk des Existenzialismus.[85] Der Existenzialismus entwickelte sich in den 1960er Jahren zu einer »weltweiten Modeideologie«[86] und ist bis heute Gegenstand von künstlerischen Auseinandersetzungen in Literatur, Musik und Film.[87] Die einflussreiche philosophische Strömung setzt die *Existenz* des Menschen in den Mittelpunkt, d. h. die strikte Orientierung an der Subjektivität stellt das Individuum vor die Herausforderung, sich selbst Sinn zu geben.[88] Gewisse Lebenssituationen erweisen sich als derart herausfordernd, dass sie rational nicht zu bewältigen sind. Hierfür etablierte Sartre den – für seinen Roman titelgebenden – Ausdruck »Ekel«, womit er das Gefühl der Sinnlosigkeit und Überflüssigkeit alles Existierenden bezeichnet.[89] Das existenzielle Denken geht dabei mit der Entschlossenheit eigenen Handelns und dem Erreichen

---

84 Die bleierne Zeit (1981), 00:37:20–00:37:29.

85 *La nausée* ist in der Form eines fiktiven Tagebuchs abgefasst, in dem der Historiker Antoine Roquentin sein beunruhigendes Seinsgefühl darlegt: Mit Entsetzen entwickelt er in seinem ereignisarmen Leben immer mehr Ekel vor Berührungen von Dingen und Menschen.

86 Gerlach: Existenzialismus (1990), S. 972.

87 Ein anderes Beispiel für eine Leseszene, in der es um den Existenzialismus geht, findet sich in der zweiten Staffel der US-Serie *Fargo* (USA, seit 2014). Dort liest der Teenager Noreen mehrfach Albert Camus' *Le mythe de Sisyphe*; sie verbalisiert einen Grundgedanken des Werks dann auch in einer Szene: »Camus says, knowing we're all gonna die makes life a joke.« Fargo (seit 2014), 2. Staffel, 5. Episode, 00:23:36–00:23:39. Die Serie thematisiert durchweg Zufall, Sinnlosigkeit sowie Absurdität und legt mit der Camus-Referenz einen Rahmen fest, der in der inzidenten jugendlichen Lektüre einen Ausdruck findet.

88 Der Existenzialismus ist je nach Sichtweise von der Existenzphilosophie zu unterscheiden und bezieht sich in der Regel auf die Theoreme der französischsprachigen PhilosophInnen und AutorInnen Jean-Paul Sartre (*L'être et le néant*), Albert Camus (*Le mythe de Sisyphe*) und Simone de Beauvoir (*Le Deuxième Sexe*).

89 So heißt es in Sartres Roman: »Das also ist der Ekel: diese die Augen blendende Existenz? [...] Jetzt weiß ich: Ich existiere – die Welt existiert –, und ich weiß, daß die Welt existiert. Das ist alles. Das ist alles. Aber das ist mir egal. Merkwürdig, daß mir alles so egal ist: das erschreckt mich.« Sartre: Der Ekel (1938), S. 140.

von Freiheit einher. In diesem Kontext postuliert Sartre als eine Funktion der Literatur das »literarische Engagement«, d. h. dass SchriftstellerInnen eine kritisch-aufklärerische Aufgabe haben, die darin liegt, dafür zu sorgen »daß niemand über die Welt in Unkenntnis bleibt und daß niemand sich für unschuldig an ihr erklären kann.«[90] Dies bedeutet, die LeserInnen zur Mündigkeit zu führen und zum kritischen Denken anzuregen, um dadurch Freiheitsräume und Handlungsmöglichkeiten zu eröffnen. Der Existenzialismus spielt demnach sowohl für die Frage nach der eigenen Identität als auch für das Lesen eine Rolle.

Diese Szene aus *Die bleierne Zeit* legt bezüglich Marianne die Deutung nahe, dass ihr humanistischer Hilfsimpuls sowie ihre Sinnsuche (»Ich möchte gebraucht werden«) unbeantwortet bleibt – und dies entscheidend zu ihrer späteren Entwicklung hin zum Extremismus beiträgt. Der Film suggeriert weiterhin, dass Juliane hingegen durch die Beschäftigung mit Literatur Antworten auf ihre existenziellen Fragen findet; sie hat – auch durch die Lektüre von *La nausée* – schon eine politische Haltung entwickelt: »Gebraucht werden wollen bedeutet freiwillige Knechtschaft«. Dies führt einerseits die Wirksamkeit von Sartres engagierter Literatur vor Augen; andererseits ist in dieser Szene die Lebensphase ein entscheidender *cue*: Der Konsum – und der Nicht-Konsum – von Literatur in der Jugend entfaltet eine Langzeitwirkung in der Identitätsentwicklung. Die Auseinandersetzung mit Grundfragen des Existenzialismus führt zur Herausbildung einer Grundeinstellung gegenüber gesellschaftlichen Problemen: Durch das literarisch-ästhetische Lesen entwickelt Juliane die Haltung, Ungerechtigkeiten als Teil der Absurdität des Lebens zu akzeptieren und nicht mit Gewalt – wie es ihre Schwester tun wird – dagegen anzukämpfen.

Anhand einer Leseszene aus François Truffauts erstem Langfilm *Les Quatre Cents Coups* aus dem Jahr 1959 lässt sich ein weiterer Zusammenhang der jugendlichen Lektüre mit dem Thema Identitätskonstruktion aufzeigen. Der dreizehnjährige Antoine Doinel (Jean-Pierre Léaud) lebt im Paris der 1950er Jahre bei seiner Mutter Gilberte und seinem Stiefvater Julien in einer kleinen Wohnung. Anhand einer Reihe von episodischen Alltagsszenen zuhause, in der Schule oder in der Stadt erhalten die ZuschauerInnen nach und nach ein Bild von Antoines Lebenssituation, die von elterlicher Vernachlässigung und schulischen Misserfolgserlebnissen geprägt ist. Er schwänzt die Schule, zieht mit seinem Schulfreund ziellos durch die Stadt oder verbringt eine Nacht in einer alten Fabrik, um einer möglichen Strafe durch seine Eltern zu entgehen. In den Augen seiner Eltern und Lehrer gilt Antoine als unzuverlässig, faul und desinteressiert. In einer Sequenz liegt er lesend auf dem Sofa und zieht verträumt an einer Zigarette (Abb. 26); seine Stimme auf dem

---

90 Sartre: Was ist Literatur (1947), S. 27.

Abb. 26: In *Les Quatre Cents Coup* (00:47:50–00:48:14) liest der dreizehnjährige Antoine entspannt auf dem Sofa mit einer Zigarette in der Hand *La Recherche de l'Absolu* von Honoré de Balzac.

Off verrät, dass er das Ende von Honoré de Balzacs *La Recherche de l'Absolu* liest – eine Lektüre nach den Schemata **I** und **J**:

> Tout à coup le moribond se dressa sur ses deux poings, jeta sur ses enfants effrayés un regard qui les atteignit tous comme un éclair, les cheveux qui lui garnissaient la nuque remuèrent, ses rides tressaillirent, son visage s'anima d'un esprit de feu, un souffle passa sur cette face et la rendit sublime, il leva une main crispée par la rage, et cria d'une voix éclatante le fameux mot d'Archimède: Eurêka. J'ai trouvé.[91]

Die ZuschauerInnen werden auditiv Zeuge von Balzacs Schilderung der letzten Lebensminuten seines Protagonisten: der zum Greis gewordene Balthazar Claës, ein Naturforscher, der auf der titelgebenden »Suche nach dem Absoluten« seine Familie zugrunde gerichtet hat. Das »Absolute« bezeichnet einen Urstoff, eine »allen Schöpfungen gemeinsame Substanz, die durch eine unvergleichliche Kraft abgewandelt wurde«.[92] Während die chemische Forschung Claës' als Allegorie auf die Suche nach dem Sinn des Lebens gedeutet werden kann, den er im Moment des Sterbens erkannt zu haben scheint, erweist sich der Satz »Eurêka. J'ai trouvé« auch für Antoine als programmatisch: Denn die Worte inspirieren den Jugendlichen dazu, in der darauffolgenden Szene einen kreativen Schulaufsatz mit dem Titel »La mort de mon grand-père« zu schreiben und dort auch den berühmten Ausspruch des Archimedes' von Syrakus zu verwenden. Antoines Mutter hat ihm zuvor eine Belohnung in Höhe von 1000 Francs versprochen, falls er eine

---

91 Ebd., 00:47:49–00:48:10.
92 Balzac: Die Suche nach dem Absoluten (1834), S. 71–72.

sehr gute Note für einen Aufsatz erhalten sollte. Der Dreizehnjährige fängt an, Balzac in dem Maße zu verehren, dass er ihm einen kleinen Schrein widmet und dort für ihn eine Kerze anzündet. Prophetisch fängt der Vorhang des Balzac-Schreins an zu brennen: Aufgrund von Antoines vorherigen Lügen – so behauptete er einmal als Ausrede, dass seine Mutter gestorben sein – begreift der Lehrer die Balzac-Anspielung als Plagiat und bestraft den Jugendlichen.[93]

Neben dem intertextuellen Verweis auf das Werk Balzacs und dem Archimedes-Zitat ist die Lesehaltung Antoines ein zentraler *cue*, da sie nicht zu seinem bis zu diesem Zeitpunkt präsentierten Habitus zu passen scheint. Die ruhige und kontemplative Leseweise steht in Kontrast zu seiner vorangegangenen körperlich aktiven und getriebenen Lebensweise, die auch in dem mehrfach im Film verwendeten, verspielten Musikstück *École buissonnière* von Jean Constantin ihren Ausdruck findet. Bezeichnenderweise sind die in der Szene zuvor angespielten Klänge des Liedes während der Leseszene nicht mehr zu hören, sondern ausschließlich Antoines Stimme. Es entsteht der Eindruck einer entspannten und konzentrierten Leseatmosphäre, in der Antoine sich in der Literatur verliert und vom schulischen Stress und den familiären Aggressionen erholt. Die Szene führt die eskapistische Funktion von Literatur vor: Der Jugendliche zieht sich lesend temporär vom Alltagsstress und den Erwartungen seiner Eltern und Lehrer zurück.[94]

Es ist aussagekräftig, dass die von Antoine vorgelesene Passage auf eindrückliche Weise das letzte Aufbäumen eines alten Mannes, der seine Familie ruiniert hat, vor seinem Tod schildert: »son visage s'anima d'un esprit de feu«. In Analogie dazu werden in der Szene Antoines Fähigkeiten und Begabungen herausgestellt, die weder Familie noch Pädagogen erkennen. Angesichts der versprochenen 1000 Francs rafft auch er, vergleichbar mit dem »moribond« Claës, seine Kräfte zusammen, um eine besonders gute schulische Leistung zu vollbringen. Balzacs Roman stellt sozusagen einen *umgekehrten* Spiegeltext zu Antoines eigenem Schicksal dar: Denn auch der Jugendliche ist Teil einer zerstörten Familie und auf der Suche nach dem »Absoluten«, d. h. für ihn eine Tätigkeit oder einem Talent, die seinem Leben

---

93 Nicht zufällig lässt Antoine in seiner Lüge ausgerechnet seine Mutter Gilberte sterben, die trotz ihrer physischen Anwesenheit den ganzen Film über emotional für ihn abwesend ist. Gilberte kann als verbittert bezeichnet werden, da sie eigentlich gar kein Kind wollte und sie sich Antoine gegenüber abwechselnd liebevoll und abweisend verhält.

94 Das einsam-introvertierte Lesen stellt auch kulturgeschichtlich einen temporären Rückzugsmoment dar, den Erich Schön vor allem auf entwicklungspsychologische Aspekte zurückführt: *Jünglinge* sondern sich durch die Lese-Einsamkeit von der sozialen Umwelt ab und steigern ihr Selbstwertgefühl durch das daraus resultierende Leseerlebnis. Vgl. Schön: Verlust der Sinnlichkeit (1993), S. 226–227.

Sinn verleiht. Allerdings hat Claës aufgrund seiner Monomanie seine Familie selbst zerstört, während Antoine das Opfer darstellt.

Die Beschäftigung mit Literatur, d. h. in diesem Fall sowohl das Lesen als auch das Schreiben, sind einer der wenigen Lichtblicke in dem ansonsten tristen Alltag des Jugendlichen – gegen Ende des Films wird Antoine ausgerechnet wegen des Diebstahls einer Schreibmaschine in ein Erziehungsheim geschickt.[95] Die Szene steht beispielhaft für einen Aspekt des literarisch-ästhetischen Lesens, das in seiner privat-abgeschotteten und lustbetonten Isolierung den Wünschen oder Träumen, die im realen Leben keine Chancen haben, eine Möglichkeit zum Ausleben gibt.[96] In der kulturellen Aktivität des Lesens scheint die Möglichkeit einer neuen Wirklichkeit für Antoine – unabhängig von dem konkreten Lesestoff – durch. Das literarisch-ästhetische Lesen ist hier dementsprechend, wie schon bei *Matilda* in Rekurs auf Friedrich Schillers »ästhetische Erziehung« festgehalten wurde, positiv besetzt. Antoine befindet sich in jener ›Transitphase‹ zwischen Kindheit und Erwachsenenalter, in welcher ihm durch das literarisch-ästhetische Lesen Möglichkeitsräume für die Gestaltung seiner Zukunft aufgezeigt werden. Da das Lesen für ihn jedoch gegenwärtig nicht zu einer Verbesserung seiner Situation führt (brennender Schrein, Plagiatsvorwurf, Erziehungsheim), handelt es sich um eine filmische Sequenz, die das literarisch-ästhetische Lesen eben nicht plakativ verklärt, sondern einen temporäreren ›Hoffnungsschimmer‹ im Leben des Jugendlichen darstellt – die positiven Folgen werden erst viele Jahre später sichtbar.

So kündigt die Szene den Einfluss des Lesens auf die Entwicklung seiner zukünftigen Persönlichkeit an. Der Film endet zwar in einer bedeutungsoffenen ›gefrorenen‹ Einstellung am freien Naturstrand, in der Antoine kurz nach dem Ausbruch aus der Erziehungsanstalt seinen Blick auf das weite Meer gerichtet hat. Doch die jugendliche Hauptfigur aus *Les Quatre Cents Coups* entwickelt sich in späteren Filmen zu einem Schriftsteller. François Truffaut hat die Geschichte von Antoine Doinel in einem Kurzfilm und drei weiteren Spielfilmen weitererzählt, die Teil des sogenannten Antoine-Doinel-Zyklus sind.[97] Das positive Leseerlebnis des jugendlichen Protagonisten in diesem Film wirkt zukunftsweisend für die Entwicklung der beruflichen Identität der Figur.

---

95 Nicht nur das Lesen und Schreiben, also kreative Tätigkeiten, sind Trost für Antoine, sondern auch die Freundschaft zu René.

96 Vgl. Messner u. Rosebrock: Ein Refugium für das Unerledigte (1987), S. 159.

97 Dazu zählen der zwanzigminütige Kurzfilm *Antoine et Colette*, der Teil des Episodenfilms *L'Amour à vingt ans* (F (u. a.), 1962) ist, und die Filme *Baisers volés* (F, 1968), *Domicile conjugal* (F, 1970) und *L'Amour en fuite* (F, 1979). Alle entstanden unter der Regie Truffauts.

Die Leseszene wird als besonders idyllischer Moment dargestellt und erscheint durch das entspannte Liegen und genussvolle Ziehen an der Zigarette als ausgesprochen sinnlich. Dies ermöglicht den ZuschauerInnen, nicht nur die intensive Bedeutung des Lesens für die weitere Entwicklung Antoines zu erkennen, sondern sie können das gleichsam *meditative* Gefühl selbst leiblich spüren. Dies wird dadurch evoziert, dass die Kamera unbewegt auf den lesenden Antoine gerichtet ist: Das Innehalten und die Ruhigstellung des Körpers von Antoine im Verlauf des Leseakts, die im Kontext des Films im Kontrast zu lebhafteren Aktivitäten wie dem Besuch einer Kirmes stehen, verschaffen auch den Zuschauenden einen Moment der Reflexion.

Nach dieser Konzentration auf das Kindes- und Jugendalter folgen zwei Kapitel zur Enkulturation lesender Erwachsener. Im nächsten Abschnitt wird ein *Biopic* analysiert, in dem ein intensiv inszenierter Leseakt zum Gesinnungswandel des Protagonisten führt, der daraufhin politisch aktiv wird.

12.3 ›Erweckungserlebnis‹ im Erwachsenenalter: die Gefängnislektüre in *Malcolm X*

Malcolm X von Spike Lee behandelt die Lebensgeschichte des afroamerikanischen Bürgerrechtlers Malcolm Little (Denzel Washington), der nach Erfahrungen im Drogen- und Verbrechermilieu zunächst im Gefängnis landet, dort zum Islam konvertiert und nach seiner Entlassung zum rhetorisch versierten Wortführer der *Nation of Islam* wird – und zu einer Gallionsfigur der Black-Power-Bewegung. Nachdem es zur Distanzierung und schließlich zum Zerwürfnis mit deren Anführer Elijah Muhammed kommt, wird er von radikalen Anhängern bei einer Kundgebung ermordet. Malcolm erlebt im Laufe des Films einen Wandel ›vom Saulus zum Paulus‹: Er wird vom drogensüchtigen Delinquenten zum gläubigen und moralisch integren Freiheitskämpfer – wenngleich er extreme Positionen vertritt, die auch Gewaltaufrufe inkludieren.[98] Einen Wendepunkt in seinem Leben markiert sein Aufenthalt im Gefängnis, wo sich bei ihm, der zuvor seine ›Identität‹ als Afroamerikaner verleugnete und weder gläubig noch politisiert war, ein Sinneswandel hin zu einem politischen und religiösen Menschen vollzieht.[99]

---

98 Seine ideologische Haltung kann in der Terminologie postkolonialer Theorien als »strategischer Essentialismus« aufgefasst werden, d. h. er entwickelt politische Ziele für die afroamerikanische Bevölkerung als Reaktion auf »homogenisierende und naturalisierende koloniale Identitätszuschreibungen«. Mackenthun: Essentialismus (2017), S. 143.

99 Mit der Formulierung »afroamerikanische Identität« soll keine Zuschreibung eines homogenen Kulturmodells erfolgen, d h. die AfroamerikanerInnen als nationale, ethnische oder reli-

Vor der relevanten Leseszene lässt er sich in der Logik seiner alten Denkweise seine Haare unter einer schmerzhaften Prozedur glätten, um optisch mehr wie ein Weißer auszusehen. Sein Mithäftling Baines (Albert Hall), ein Anhänger der *Nation of Islam*, versucht, ihn in Gesprächen von der ubiquitären Unterdrückung der Afroamerikaner durch die Weißen auf der einen Seite und dem Glauben an Allah auf der anderen Seite zu überzeugen. Malcolm ist zunächst skeptisch, doch während einer Leseszene in der Gefängnisbibliothek öffnet Baines ihm die Augen für die ideologiekritische Betrachtung eines Textes und zeigt ihm, wie ›die Weißen‹ über die Sprache ihre Vormachtstellung untermauern. Er liest ihm den Eintrag unter dem Lemma »schwarz« in einem Wörterbuch vor:

Baines: Black, destitute of light, devoid of color, enveloped in darkness. Hence, utterly dismal or gloomy, as »the future looked black«.

Malcolm: Pretty good with them words, ain't you?

Baines: Soiled with dirt, foul; sullen, hostile, forbidding, as a »black day«. Foully or outrageously wicked, as »black cruelty«. Indicating disgrace, dishonor or culpability. And there's others: blackmail, blackball, blackguard.

Malcolm: That's something, all right.

Baines: Let's look up »white«. Here. Read.

Malcolm: White. Of the color of pure snow. Äh ... reflecting all the rays of the spectrum. The opposite of black. Äh ... free from spot or blemish. Innocent, pure. Ha ... ain't this something? Without evil intent, harmless, honest, square-dealing, honorable. Wait a minute. This was written by white folks, though? Right, this is a white folks book?

Baines: Sure, ain't no black man's books.

Malcolm: So why we are reading this one for?

Baines: Because the truth is lying there, if you look behind the words. You got to take everything the white man says and use it against him.

Malcolm: Well ... there's a whole lot of words in here.

Baines: Here. Let's start at the beginning. We'll look them up, write them down and find out what they mean. Here. Page one. The first word: Aardvark.

Malcolm: Aardvark: an earth pig, african, ant-eating mammal. Abacus: Chinese calculating instrument. Abbadon: The place of the lost in Sheol, the bottomless pit.

Baines: If you take one step toward Allah, he'll take two steps toward you.[100]

---

giöse Einheiten aufgefasst werden. Stattdessen ist damit das Bewusstsein Malcolms für Dimensionen seiner persönlichen, kulturellen, ethnischen und sozialen Herkunft gemeint.
100 Malcolm X (1992), 01:11:48–01:14:09.

Die Lektüre hat für den lesenden Protagonisten hier insofern Ereignischarakter, als Malcolm, der zuvor den Worten Baines skeptisch gegenüberstand, nun überzeugt davon ist, dass die Diskriminierung der afroamerikanischen Bevölkerung sich sogar in der Semantik eines scheinbar ausschließlich sachbezogenen Wörterbucheintrags zeigt. Malcolm erkennt die rassistische Bedeutungsebene und schlussfolgert, dass es ›die Weißen‹ sind, die mittels Sprache die Welt deuten und ordnen. So hebt Ina Kerner im Rekurs auf Frantz Fanon hervor, dass die Sprache »Ausdruck einer Denkweise und eines Moments epistemischer Gemeinschaften ist [...]. Eine bestimmte Sprache zu sprechen bedeutet für Fanon, ›eine Kultur auf sich zu nehmen, die Last einer Zivilisation zu tragen‹«.[101] In diesem Sinne stellt die ideologiekritische Lektüre des Diktionärs einen Enkulturationsprozess dar.

Die Veränderung von Malcolms politischer Einstellung aufgrund des Leseakts offenbart sich nach der Szene in konkreten Handlungen: Kurze Zeit später schreibt ihm der Führer der *Nation of Islam*, Elijah Muhammed, einen Brief, es kommt zum Kontakt und als Malcolm das Gefängnis verlässt, ist er ein geläuterter Verbrecher, der seinen Weg zum Glauben und zum politischen Engagement gefunden hat. Dieser Wandlungsprozess manifestiert sich auch filmsprachlich im Lektüreakt. Zunächst liegt das aufgeschlagene Wörterbuch vor Baines und Malcolm betrachtet es skeptisch (Abb. 27). Baines regt Malcolm zur Reflexion darüber an, was die Erklärungen und Assoziationen bedeuten. Er registriert die pejorative Bedeutung von Wörtern: »dismal«, »gloomy« oder »blackmail«.[102] Großaufnahmen der Seiten, die einzelne Wörter ins Filmbild rücken, indizieren die Relevanz der Semantiken für Malcolms Reflexionsprozess. Mehrfach erfolgende Zooms zu einer Detailaufnahme verdeutlichen seinen Moment der Erkenntnis in dieser Szene. Die Worte werden quasi beweglich, indem sie im Kopf von Malcolm mäandern: Er denkt über sie nach und prüft ihren Gehalt.

Der Beginn von Malcolms Gesinnungswandel zeigt sich durch sprachliche Verunsicherung als er – und nicht Baines – die Wörter vorliest: Er macht Pausen zwischen den einzelnen Wörtern; Ausdrücke wie »Äh« oder »Ha« stehen

---

101 Kerner: Postkoloniale Theorien (2012), S. 117. Zitat im Zitat: Fanon: Schwarze Haut (1952), S. 15.

102 Dies erinnert auch an ein Zitat von Fanon: »*In Europa wird das Böse durch das Schwarze dargestellt.* Der Henker ist der schwarze Mann, Satan ist schwarz, man spricht von Finsternis, und wenn man schmutzig ist, ist man schwarz – gleichviel, ob es sich um körperlichen oder moralischen Schmutz handelt. [...] Das Schwarze, das Dunkle, der Schatten, die Finsternis, die Nacht, die Labyrinthe der Erde, die abyssischen Tiefen, jemanden anschwärzen; und auf der anderen Seite: der klare Blick der Unschuld, die weiße Taube des Friedens, das feenhafte, paradiesische Licht.« Fanon: Schwarze Haut? (1952), S. 158. Die Hervorhebung entstammt dem Original.

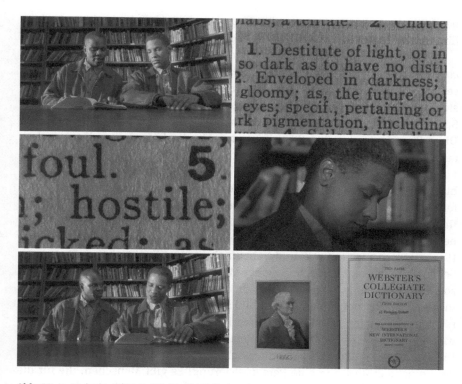

Abb. 27: In *Malcolm X* (01:11:49–01:13:12) findet eine ›Exegese‹ des Wörterbuchs in der Gefängnisbibliothek statt.

für Zweifel und sich daran anschließende Erkenntnis. Die Aufnahme seines Gesichts von der Seite in einer Naheinstellung setzt seine konzentriert wirkende Mimik ins Bild. Die Kamera zeigt an dieser Stelle erneut in einer Nah- und Detailaufnahme das Wörterbuch. Es gibt zudem einen raschen Kameraschwenk, der sichtbar macht, wie Malcolms Blick sich vom Ende der einen zum Anfang der nächsten Seite richtet. Der Wandel, bzw. das ›Erweckungserlebnis‹, drückt sich schließlich auch durch die Positionen der Körper im Verhältnis zum Leseobjekt aus: Das Buch liegt auf dem Tisch nun auf Malcolms Seite – und er blickt es nicht mehr skeptisch, sondern enthusiastisch an. Diese Mimik dokumentiert seine Erfahrung. Die Arbeit am Buch – und an der Sprache – werden durch die aufgezeigten formalästhetischen Komponenten wie Einstellungsgrößen, Zoom und auch auf der auditiven Ebene in Szene gesetzt: Ein hyperrealistischer Sound, der sich auf das Umschlagen der Buchseiten bezieht, überlappt die Einstellungen; der Ton verbindet die Einstellungen, die dadurch nahelegen, dass es sich bei der rassistischen Bedeutungsebene von »black« und »white« nicht um einen Einzelfund handelt. Dies betrifft die gesamte Lexik.

Obwohl das Leseobjekt eine Enzyklopädie ist, offenbaren die dargelegten *cues*, dass es sich in der Szene nicht um *informatorisches* Lesen handelt. Der Leseakt ist literarisch-ästhetisch, da die Polysemie der Sprache im Vordergrund steht und er in einer für den Protagonisten wegweisenden Erkenntnis mündet: Sprachgebrauch existiert nicht unabhängig von ideologischen Implikationen. Diese Einsicht wird nicht allein durch den Akt des Lesens ausgelöst, sondern auch durch die bewusste Gesprächslenkung von Baines, der auch auf die Diskursmacht der Weißen über das, was gelesen wird, hinweist: »Sure, ain't no black man's books.« So verbalisiert Baines auch, dass die Semantik von Begriffen Einfluss auf unser Denken und Handeln hat: »Because the truth is lying there, if you look behind the words«. Der Film nimmt sich Zeit, diesen Aspekt herauszustellen, indem er die Leseszene ausführlich und detailreich gestaltet. Dies zeigt sich auch in Groß- und Nahaufnahmen von Buchstaben auf mehreren Seiten des Buches, das auch in seiner Materialität inszeniert wird. Das Heranzoomen an einzelne Wörter ist hier ein filmischer Ausdruck für »look behind the words«. Und neben den im Filmbild zu sehenden Buchstaben und Wörtern rückt in der letzten oben aufgeführten Einstellung das Konterfei eines ›alten weißen Mannes‹ ins Filmbild, dem Herausgeber bzw. Autor des Wörterbuchs. Die Unterdrückung der afroamerikanischen Bevölkerung durch das Werkzeug der Sprache erfährt hier eine Personalisierung: Es gibt Menschen, die für die Dominanz der ›Weißen‹ und die Suppression der Afroamerikaner verantwortlich sind.

Die Lektüre im Gefängnis stellt des Weiteren einen eigenständigen filmischen Topos dar.[103] Die GefängnisinsassInnen haben in der Haft ausreichend freie Zeit und Lesen gehört zu einer der wenigen Beschäftigungen, denen ohne viel Kosten oder Aufwand nachgegangen werden kann. Durch die Inhaftierung erhalten die Gefangenen die Möglichkeit für einen ›Neustart‹, den sie auch durch das Aneignen von Bildung initiieren können.[104] Ergo legt auch der Film *Malcolm X* nahe,

---

103 So kann exemplarisch an dieser Stelle *Escape from Alcatraz* (USA, 1979) genannt werden: Der von Clint Eastwood gemimte Frank Norris arbeitet für die Gefängnisbibliothek und kommt mit anderen Insassen ins Gespräch, indem er einen Wagen mit Büchern schiebt, von dem sich die Gefangenen Bücher ausleihen können. In *The Shawhshank Redemption* (USA, 1994) baut die inhaftierte Hauptfigur Andy Dufresne (Tim Robbins) die Gefängnisbibliothek zu einer der größten des Landes aus.

104 Dieser Topos findet sich auch in dem bereits angesprochenen *American History X* aus dem Jahr 1998. Der Neonazi Derek Vinyhard legt seine rechtsextremistische Einstellung durch seinen Gefängnisaufenthalt – und die dortige Lektüre von Büchern – ab.

dass Malcolm sich nicht zur Ikone der Bürgerbewegung erhoben hätte, wenn er nicht im Gefängnis gelandet wäre, wo er Muße zur Lektüre hatte. Damit inszeniert der Film die Lesezene in der Terminologie der narrativen Biografieforschung als »Erweckungserlebnis«, das Hermann Korte wie folgt beschreibt: »In der Kette der Erfahrungen erscheint – so suggeriert die autobiographische Erzählstrategie – die Erweckung als Moment einer Lebenslauf-Zäsur, die das Individuum dazu veranlasst, sein Selbstbild radikal neu zu konzipieren.«[105] Das Lesen des Wörterbuchs ist solch ein »Erweckungserlebnis«, das zentralen Einfluss auf die Enkulturation Malcolms hat: Er wird durch die neue Denkweise Teil der von ihm als Entität aufgefassten afroamerikanischen Kultur. Für seine Identitätskonstruktion hat dies auch die Konsequenz, dass er seine Herkunft nicht mehr verleugnet: Seine Haare, die er sich vorher geglättet hat, um wie ein ›Weißer‹ auszusehen, lässt er nun natürlich wachsen. Für die ZuschauerInnen ist dies ein weiterer visueller *cue* für seinen Gesinnungswandel.

Auf diese Entwicklung hat Malcolms Mithäftling Baines einen großen Einfluss, dessen Lenkung des literarischen Gesprächs jedoch ambivalent anmutet. Malcolm gelangt nicht intrinsisch zum Lesen, sondern er wird dazu aufgefordert, die entsprechenden Stellen zu lesen und Schlussfolgerungen zu ziehen. Dieser zunächst produktiv erscheinende Einfluss eines Mentors birgt jedoch auch eine wegweisende unheilvolle Vorausschau, denn die Hingabe Malcolms an eine andere Autorität wiederholt sich strukturell. Nach seiner Gefängnisentlassung fühlt er sich ideologisch zur Person Elijah Muhammad hingezogen, dem charismatischen Leiter der *Nation of Islam*. Die Loslösung von Muhammad, den er später als moralisch korrumpiert entlarvt, führt letztendlich zu Malcolms Ermordung.

Die genaue Re-Lektüre des Wörterbuchs, die Baines und Malcolm in der Lesezene vollziehen, weckt außerdem Assoziationen zu dem primär mit Jacques Derrida verbundenen Lektüreverfahren der Dekonstruktion.[106] Die zentrale These Derridas lautet, dass die Bedeutung eines Wortes nicht von vornherein fixiert und somit auch nicht unmittelbar im Zeichen präsent ist, sondern nur im Text selbst zu lokalisieren ist. So schreibt Derrida in der *Grammatologie* aus dem Jahr 1967:

> *Ein Text-Äußeres gibt es nicht.* [...] Es hat immer nur Supplemente, substitutive Bedeutungen gegeben, die ihrerseits nur aus einer Kette von differentiellen Verweisen hervorgehen konnten, zu welchen das »Wirkliche« nur hinzukam, sich lediglich anfügte, wenn es –

---

105 Korte: »Meine Leserei war maßlos« (2007), S. 54.
106 Der Begriff *Dekonstruktion* wird im amerikanischen Raum ebenso mit Paul de Man verbunden.

ausgehend von einer Spur und einem Ergänzungszeichen usw. – Bedeutung erlangte. Und so bis ins Unendliche, denn wir haben – *in dem Text* – gelesen, daß die absolute Gegenwart, die Natur, das, was die Wörter [...] bedeuten, sich immer schon entzogen, niemals existiert haben; daß der Sinn und die Sprache diese Schrift als das Verschwinden der natürlichen Präsenz freilegen.[107]

Derrida geht mit dieser Sichtweise, die das Textliche von einer bestimmbaren Zuordnung von einer außertextlichen Wirklichkeit löst, davon aus, dass es keine eindeutige semantische Begrenzbarkeit von sprachlichen Zeichen gibt. Daraus leitet er das Verfahren der Dekonstruktion ab, mit dem gewachsene Bedeutungszuschreibungen und die damit einhergehenden Machtverhältnisse aufgelöst werden. Baines und Malcolm versuchen in diesem Sinne in der Filmszene auch nicht, die Begriffe zu erklären, sondern sie dekonstruieren durch das Vorlesen die Semantiken der Begriffe »black« und »white«. Durch die offensichtliche Kategorisierung in positive und negative Wortfelder wird der Konstruktcharakter der Bedeutung offensichtlich. So ist es ein Ziel des Verfahrens der Dekonstruktion, die Vieldeutigkeit kultureller Erfahrung zu akzentuieren und im Gegenzug ›vereindeutigendes‹ Systemdenken oder ideologische Realitätskontrolle zu unterminieren. Hans Zapf schreibt in diesem Zusammenhang von einer

> Selbstbefreiung des Denkens aus gewohnten Grenzziehungen und Hierarchisierungen, insbes. aus den herkömmlichen Dichotomien [...], die oft genug zur Rechtfertigung des Hegemonieanspruchs einer Kultur, Klasse, Rasse oder eines Geschlechts über das andere mißbraucht wurden.[108]

Und genau dies erlebt Malcolm während seines Lektüreakts: Er befreit sich selbst aus den gewohnten Grenzziehungen sowie Hierarchisierungen und kommt zur Überzeugung, dass die AfroamerikanerInnen – nach wie vor – in allen möglichen Lebensbereichen das Opfer von weißer Unterdrückung sind, die sich in den hier analysierten Wörterbucheinträgen in der vorliegenden Filmszene in Sprache offenbart. Für Malcolms Einstellungsänderung ist es nicht nur von Bedeutung, welche Einsicht er konkret hat, sondern auch, dass er sich durch den Akt der Lektüre aus gewohntem Denken selbst befreit. Die Zuschauenden werden auf mehreren filmsprachlichen Ebenen mit einem dekonstruktiven Lektüreverfahren konfrontiert: das Heranzoomen an die einzelnen Buchstaben, das ausgeprägt auditiv und visuell umgesetzte Herumblättern der Seiten, die Mimik und verbale Sprache Malcolms offenbaren seinen Versuch, ihm bisher verborgene Zusammenhänge zu verstehen und zu erkennen. Die Bedeutung des Lektüreakts für Malcolm kön-

---

107 Derrida: Grammatologie (1967), S. 274–275. Hervorhebungen sind im Original vorhanden.
108 Vgl. Zapf: Dekonstruktion (2013), S. 123.

nen die ZuschauerInnen aufgrund der formal-ästhetisch dichten Inszenierung selbst spüren, sie werden selbst sinnlich von der Lesedarstellung affiziert. Malcolms Einsicht können die FilmrezipientInnen auch selbst miterleben. Wem der Einfluss der Sprache unbekannt ist, der kann – in einer zugegebenermaßen idealistischen Sichtweise – ein ähnliches Erweckungserlebnis wie Malcolm haben.

Zum Abschluss dieses Kapitel soll ein letzter Bereich der Verbindung von Lesen und Enkulturation analysiert werden, der die Partizipation auf gesellschaftlicher, kultureller und sozialer Ebene ermöglicht: das Erlernen der Schriftsprache.

12.4 Exkurs: Analphabetismus

Filme stellen häufig Figuren in den Mittelpunkt, die aufgrund ihres Analphabetismus marginalisiert werden.[109] Ein wiederkehrendes Sujet ist die gesellschaftliche Tabuisierung von Lesedefiziten.[110] Außerdem gibt es eine Reihe von Filmen, die das Lesen-Lernen thematisieren,[111] wie François Truffauts *L'Enfant sauvage* (F, 1970).[112] Je nach Definition liegt »primärer Analphabetismus« vor, wenn eine

---

109 Die Attribuierung von Figuren als illiterat im weitesten Sinn kann einen negativen oder positiven Effekt haben. In *El Chacal de Nahueltoro* (CHL, 1969) ist die Hauptfigur beispielsweise ein analphabetischer Mörder. Die in Kap. 10.2.2. erwähnte Hannah Schmitz aus *The Reader* stellt trotz einer gewissen Ambivalenz eine negative Figur dar, da sie lieber die Schuld für den Tod von über 300 KZ-Häftlingen auf sich nimmt, als zuzugeben, dass sie nicht lesen kann. In Luc Bessons *Léon* (F, 1994) ist die von Jean Reno verkörperte gleichnamige Hauptfigur ein äußerst professioneller Auftragsmörder. Der kluge Stratege und mit scheinbar überdurchschnittlichen Fähigkeiten ausgestattete Killer hat jedoch auch ein warmes Herz, das sich zeigt, sobald er die zwölfjährige Mathilda bei sich aufnimmt. Als sich herausstellt, dass Léon nicht lesen kann, wirkt die ansonsten als Perfektionist erscheinende Figur durch diesen Makel umso menschlicher. Insbesondere da die junge Mathilda ihm so in einem Bereich überlegen ist.
110 In *Bluffing it* (USA, 1987) täuscht ein Familienvater vor, dass er lesefähig wäre; *La Tête en friche* (F, 2010) erzählt von der ungewöhnlichen Annäherung der äußerst belesenen, 95-jährigen Margueritte und dem 45-jährigen Germain, der von seinem Umfeld diskriminiert wird, weil er Analphabet ist.
111 *Stanley and Iris* (USA, 1990) ist eine Liebesgeschichte über die beiden gleichnamigen ProtagonistInnen, in der sie ihn lesen und schreiben lehrt; in *The First Grader* (UK, 2010) kämpft ein 84-jähriger Vietnamveteran um sein Recht, zur Schule zu gehen und lesen zu lernen.
112 *L'Enfant sauvage* basiert auf einem historischen Fall und erzählt in einer Dokumentar-Ästhetik den Lese-Lern-Prozess des ›Wolfsjungen‹ Victor de l'Aveyron durch seinen Lehrer Jean Itard – doch der ästhetische Umgang mit Literatur spielt dabei keine Rolle. Ca. ein Drittel des Films bezieht sich auf das Lernen der Schrift und am Ende kann Victor seinen Namen schreiben. 2003 wurde der Film in den von der Bundeszentrale für politische Bildung erstellten

Person weder lesen noch schreiben kann.[113] Üblicher ist es jedoch, dass Erwachsene *gering literalisiert* sind: Sie verfügen durchaus über eine Lese- und Schreibkompetenz, aber es liegen deutliche Defizite in der Wahrnehmung der Funktion von Schrift vor.[114] Die UNESCO liefert eine Definition, wonach eine Person als funktionaler Analphabet gilt, wenn sie sich *nicht*

> an all den zielgerichteten Aktivitäten ihrer Gruppen und Gemeinschaft, bei denen Lesen, Schreiben und Rechnen erforderlich sind, und ebenso an der weiteren Nutzung dieser Kulturtechniken für ihre eigene Entwicklung und die ihrer Gemeinschaft beteiligen kann.[115]

Neben dem Begriff Analphabetismus existieren noch andere Termini, um Defizite im Lesen zu fassen, z. B. Legasthenie oder Dyslexie, worunter neurobiologisch-phonologische bedingte Entwicklungsstörungen des Lesen-Lernens fallen. Außerdem wird im bildungspolitischen Kontext auch häufig von *geringer Lesekompetenz* gesprochen.

Ein Beispiel für das Lesen-Lernen findet sich in Werner Herzogs *Jeder für sich und Gott gegen alle* (D, 1974), der in einem dokumentarischen Stil episodisch von Kaspar Hausers Leben erzählt. Die Darstellung erstreckt sich vom Zeitpunkt seiner Freilassung aus der angeblichen Gefangenschaft bis zu seiner Ermordung. Kaspar ist in der Lage, rudimentär zu lesen und zu schreiben, als er in Nürnberg auf dem Marktplatz auftaucht, und kann somit als gering literalisiert bezeichnet werden. In einer Episode reden drei Geistliche vehement auf ihn ein, dass er trotz seiner Zweifel gläubig werden soll. Doch Kaspar weigert sich, voraussetzungslos an Gott zu glauben und hält ihnen entgegen, dass er »erst besser lesen und schreiben lernen [muss], um das andere zu verstehen.«[116] Getreu des bekannten Zitats Ludwig Wittgensteins »Die Grenzen meiner Sprache bedeuten die Grenze meiner Welt«[117] zieht sich der Zusammenhang von Weltwahrnehmung bzw. -verständnis und dem Beherrschen der Sprache durch den Film.

Filmkanon für die Arbeit an Schulen aufgenommen. Vgl. BpB: Filmkanon (2003). Daran wird ersichtlich, wie eng verbunden das Lesen-Lernen mit einer kulturellen Wertschätzung ist.

113 Vgl. Grosche: Analphabetismus und Lese-Rechtschreib-Schwächen (2012), S. 25–26.
114 Vgl. Grotlüschen (u. a.): LEO 2018 (2019), S. 4. Die LEO-Studie differenziert »geringe Literalität«, auf vier verschiedenen Niveaus: Level 1 (Buchstabenebene), Level 2 (Wortebene), Level 3 (Satzebene) und Level 4 (Rechtschreibung und Wortschatz). Geringe Literalität umfasst vor allem starke Defizite auf den ersten drei Stufen.
115 Zit. n. Tröster und Schrader: Alphabetisierung, Grundbildung, Literalität (2016), S. 44.
116 Jeder für sich und Gott gegen alle (1974), 01:03:59–01:04:04.
117 Wittgenstein: Tractatus logico-philosophicus (1921), S. 88 (5.6.).

Eine bemerkenswerte Leseszene, die das Lesen-Lernen einer filmischen Figur darstellt, findet sich in *Padre padrone* (I, 1977), der auf dem gleichnamigen autobiografischen Roman von Gavino Ledda beruht. Dabei handelt es sich um den ersten Film, der auf den Internationalen Filmfestspielen von Cannes sowohl die Goldene Palme als auch den FIPRESCI-Preis der internationalen FilmkritikerInnen gewinnen konnte. Der Film von Paolo und Vittorio Taviani schildert die Geschichte des zu Beginn sechsjährigen Gavino, der nach nur drei Wochen Schule in einem sardischen Bergdorf von seinem Vater mitten aus dem Unterricht herausgerissen wird, weil er im wirtschaftlichen Existenzkampf zum Hüten der Schafe auf der einsamen Bergweide gebraucht wird. Gavino leidet unter seinem gewalttätigen Vater, wächst ohne formale Bildung heran und bleibt Analphabet, bis er beim Militärdienst mit einer neuen Welt in Berührung kommt. Zuvor spricht er nur Sardisch und kein Italienisch, doch beim Militär lernt er einen Freund kennen, der ihn in seinem Bestreben unterstützt, die italienische Sprache zu lernen. In einer Szene hören die ZuschauerInnen, wie Gavino in aller Deutlichkeit bestimmte italienische Vokabeln ausspricht, die hier in englischer Übersetzung aufgeführt sind:

> stray, strap, strident, stalagmite, statute, status, ploy, boy, yearling, infant, babe, baby, welt, chapped, sore, rapous, rapdcious, wild, agrestic, domestic, bucolic, idyllic, arcadian, pastoral, pastures, pasteurization, deportation, separation, annihilation, masturbation, craving, turgid, languid, lurid, father, fatherly, godfather, paternal, patriarch, patronize, electron, neutron, fuse, tube, the radio tube.[118]

Während der auditiven Präsentation dieser Reihe von Wörtern werden Bilder von Erinnerungen Gavinos an die sardische Bergweide und seinen Vater gezeigt. Die Szene endet damit, dass die Zuschauenden Gavino auf dem Boden einer Toilette lesend sitzen sehen, wodurch erst rückwirkend klar wird, dass er die Wörter aus einem Buch gelesen hat – es ist nicht zu erkennen, ob es sich bei dem Leseobjekt um ein Vokabelheft, ein Wörterbuch oder etwas anderes handelt.

Die Bilder können als eine Visualisierung von Gavinos Lektüreerfahrung beim Lesen einzelner Wörter begriffen werden: Es blitzen quasi Erinnerungen an seine alte Heimat auf, die mit den vorgelesenen Wörtern enggeführt werden können. Als es um Ausdrücke geht, die sich auf die Kindheit beziehen, wie »boy, infant, babe, baby«, sehen die ZuschauerInnen, wie der junge Gavino in einer Halbtotalen auf dem hügeligen Land körperliche Arbeit verrichtet. Als die Landschaft beschrieben wird, »agrestic, bucolic, idyllic, arcadian«, wechselt die Kameraperspektive, und es gibt einen sich von dem Sichtpunkt Gavinos di-

---

118 Padre padrone (1977), 01:21:24–01:22:48.

stanzierenden Zoom auf die Landschaft. Der Wechsel der Bilder ereignet sich in einer rasanten Kamerafahrt durch die karge rurale Landschaft Sardiniens: Der rasche Schnittrhythmus entspricht der Rhythmik der schnell hintereinander gelesenen Wörter. Nachdem Gavino die Wörter »lurid, father, fatherly, godfather, paternal, patriarch, patronize« ausgesprochen hat, erscheint der Vater in einem bedrohlich schnellen Schritt im Filmbild. Im italienischen Original spricht Gavino hier die beiden Wörter, die gleichbedeutend mit dem Filmtitel sind: »padre padrone«.

Die Szene mit dem Vater führt vor, dass die Wörter den Vater (»paternal, patriarch, patronize«) und das äußerst schwierige Verhältnis zu seinem Sohn charakterisieren, das vor allem von Unterdrückung und Gewalt geprägt ist: »lurid«. Dadurch, dass der Vater Gavino zu Beginn des Films der Schule entrissen hat, trägt er zentrale Verantwortung dafür, dass Gavino ungebildet aufwuchs. Der Titel *Padre padrone* ist zweideutig und verweist darauf, dass Gavinos Vater eben dessen *Vater* ist, aber auch Gavinos *Herr*, im Sinne von Gebieter, der wie ein Leibeigener über ihn verfügt hat. Gavinos Assoziationen während des Vorlesens der Wörter, die keinen kohärenten Text ergeben, schaffen eine Bedeutung, die sich als zusammenhängende Erinnerung an seine Kindheit erweist. Wie in Kap. 9.3. festgehalten wurde, stellt die Erinnerung an verlorengegangene Momente einen Kern der ästhetischen Erfahrung dar. Der Leseort, die enge Toilette, erweist sich in diesem Kontext als ein Gegenbild zur weiten Landschaft: Die Hügellandschaft Sardiniens ist zwar von weiten Perspektiven geprägt, doch Gavinos Geist war eingeengt – und nun ist es umgekehrt: Der ihn umgebende Raum (die Toilette) ist eng, doch sein Verstand wird immer mehr stimuliert. Ergo wird das auf den ersten Blick ›einfache‹ Aussprechen von Wörtern zu einem ästhetischen Moment. Die prononcierte Sprechweise, die dynamische Kamerafahrt durch die Landschaft Sardiniens und der bedrohlichen Gang des Vaters lassen die ZuschauerInnen leiblich nachvollziehen, welche schweren Erfahrungen aus der Kindheit nach wie vor auf Gavino lasten und durch den Lektüreakt aktualisiert werden.

Gavino arbeitet sich in der Szene an dem schwierigen Verhältnis zu seinem Vater ab, das ihn auch im Erwachsenenalter noch begleitet. Im weiteren Verlauf des Films lernt er neben Italienisch auch Latein und die Zuschauenden sehen ihn in einer Szene wieder bei der lauten Aussprache von Vokabeln – diesmal über Funk während eines Panzermanövers. Schließlich wird er Sprachwissenschaftler, schreibt einen Roman über sein Leben und emanzipiert sich endgültig von seinem Vater, der sich nicht aus jahrhundertealten archaischen Strukturen befreien konnte. Somit handelt es sich um eine Bildungsgeschichte, innerhalb derer es einem Protagonisten durch den Kampf gegen den Analphabetismus gelingt, aus den prekären Situationen zu entfliehen.[119] Werner Herzog verweist im Rahmen seiner Rezension von *Padre padrone* auf einen kontraproduktiven Aspekt derartiger Erzählungen vom sozialen Aufstieg durch den Erwerb der Lesekompetenz. Er schlussfolgert, dass das Analphabetische »eine Erfahrungs- und Intelligenzform ist, die unserer Zivilisation zwangsläufig verlorengeht, dass es ein Kulturgut ist, das von der Erde verschwindet.«[120] Filme verfügen über die Möglichkeit, diese andere Seite der »Erfahrungs- und Intelligenzform«, wie Herzog schreibt, zu zeigen, doch in der Regel *zelebrieren* sie das Lernen von Sprache bzw. Schrift. Nicht nur der damit verbundene soziale Aufstieg, sondern auch der Akt des Lesens selbst wird derart ästhetisiert, dass er nahezu ausschließlich als erstrebenswert gilt.

Dies ist eine abschließende Erkenntnis zu den exemplarischen Filmszenen, die in diesem Kapitel im Zusammenhang von Lesen und Enkulturation analysiert wurden: Das Lesen ist generell positiv besetzt und wird – unabhängig von den in den Leseszenen diskutieren unterschiedlichen ideologischen Implikationen – als lohnenswerte bis existenzielle Tätigkeit inszeniert. Die ProtagonistInnen, ob Kinder (Heidi, Matilda, Reinhold Messner oder die Kindergartenkinder von John Kimble), Jugendliche (Marianne, Antoine Doinel) oder Erwachsene (Malcolm oder Gavino), profitieren immens von einzelnen Leseereignissen. Diese affirmativen Darstellungen des Lesens erfolgen jedoch durch unterschiedliche narrative und formal-ästhetische Strukturen: Das literarische Gespräch kann dominieren, eine zukünftige Entwicklung der Figur medial-verdichtet angedeutet werden, ein wahrhaftes Erweckungserlebnis stattfinden oder eine ästhetische Erfahrung voller Sinnlichkeit vorliegen. An diese positive Vorstellung schließt sich ein Kapitel mit filmischen Zukunftsbildern und einem spezifischen Figurentypus an, in deren Kontext das literarisch-ästhetische Lesen durchaus ambivalent erscheint: der lesenden Roboter im Science-Fiction-Film.

---

119 In vielen Filmen wird eine Bildungsgeschichte mit dem Lesen-Lernen verbunden: Eine illiterate Figur stammt aus prekären Verhältnissen und durchlebt im Laufe des Films eine solche Entwicklung, dass sie am Ende lesen und schreiben kann. Neben dem bereits angesprochenen Film *The Color Purple* (vgl. Kap. 7.1.) findet sich dies auch in dem vietnamesischen Film *L'Odeur de la papaye verte* (VNM/F, 1993). Hier erlebt das junge Mädchen Mùi in Saigon eine äußerst bedrückende Kindheit, in der sie weder lesen noch schreiben lernt. Am Ende kann sie aus dem prekären Umfeld ausbrechen.
120 Herzog: Vom Ende des Analphabetismus (1978).

Teil IV: **Literarisch-ästhetisches Lesen
in filmischer Spezifik**

13 Lesende Roboter

Das folgende Kapitel widmet sich der Funktion filmischer Lesedarstellungen von lesenden Robotern mit Blick auf genrespezifische Debatten um Möglichkeiten, Konsequenzen und Grenzen künstlicher Intelligenz. Dabei handelt es sich um eine filmspezifische diskursive Formation, die im Gegensatz zu den bisher behandelten Kapiteln nur bedingt an tradierte ikonografische und/oder literarische Repräsentationen des Lesens anschließt. Die *cues* in diesen Leseszenen sind eher in den Bezugsrahmen des Transhumanismus und metaphysischer Fragen nach anthropologischen Konstituenten einzuordnen.[1] Primär handelt sich dabei nicht um Reflexionen über die Potenzialität kybernetischer Ordnungen, d. h. die Verwirklichung konkreter technologischer Vorstellungen, sondern um filmische Beiträge im Rahmen der kulturgeschichtlichen Diskussionen um künstliche Menschen bzw. menschenähnliche Automaten.

Die Verbindung des literarisch-ästhetischen Lesens mit dem Lesesubjekt des *Roboters* führt zur Leitfrage dieses Kapitels, ob künstliche Maschinen dazu in der Lage sind, leibliche Erfahrungen zu machen. Harun Maye sieht durch »die Verwendung des Körperbegriffs« die Möglichkeit gegeben, die »Kontinuität zwischen Menschen und Nichtmenschen zu betonen«, während »durch die Verwendung des Leibbegriffs [...] dagegen die Differenz zwischen Menschen und Nichtmenschen betont« wird.[2] Von dieser terminologischen Unterscheidung ausgehend, gilt hier die Grundannahme, dass Maschinenwesen analog zu Menschen über einen Körper verfügen. Dabei soll anhand repräsentativer Filmszenen analysiert werden, ob diesen Androiden Fähigkeiten zu leiblich fundierten ästhe-

---

1 Im Genre der Science Fiction offenbaren sich auch bereits dargelegte Funktionen des literarisch-ästhetischen Lesens, die nicht mit Robotern zusammenhängen. Hier ist z. B. der Topos zu nennen, Büchern in einer zukünftigen, meist ›degenerierten‹, Kultur als verlorenes oder verbotenes Gut einen hohen politischen und auch emotionalen Wert zuzuschreiben. Die Literaturverfilmung von H. G. Wells *The Time Machine* (USA, 1960) thematisiert beispielsweise kulturelle ›Devolution‹, indem der Protagonist in der Zukunft eine verlassene Bibliothek der *Eloi* findet, in der die Bücher bei Berührung zu Staub zerfallen. Literarische Werke und das Lesen erscheinen in dieser Sichtweise immer als etwas äußerst Positives, was sich auch in anderen Kontexten wiederfindet: So erweist sich in Christopher Nolans *Interstellar* (USA u. GB, 2014) gegen Ende ein Bücherregal als metaphorischer Schlüssel zu neuen Galaxien – und verweist auf die archivarische Sammlung von Wissen und das zukunftsweisende Vernetzen von Informationen. Das Buch wird zwar häufig als Medium inszeniert, das in einer *neuen* Welt obsolet geworden ist, dem aber – durchaus in nostalgischer Verklärung – festgehalten wird.
2 Maye: Lassen sich Körper- und Kulturtechniken am Leitfaden des Leibes denken? (2016), S. 23.

https://doi.org/10.1515/9783110728590-013

tischen Erfahrungen zuerkannt werden können; Erfahrungen also, für die Bewusstsein, Erkenntnis und Emotionen Voraussetzungen sind.

Da dieses Kapitel einen genretheoretischen Blick auf das Lesen einnimmt, werden in einem ersten Schritt Grundlagen zum Science-Fiction-Film und der Figur des Roboters mit Blick auf die Verbindung zum literarisch-ästhetischen Lesen erörtert. Im darauffolgenden Unterkapitel steht mit der außergewöhnlichen Lesegeschwindigkeit von künstlichen Automaten eine spezifische Fähigkeit von filmischen Robotern im Fokus. Es folgt die Behandlung von Filmbeispielen, in denen das sinnliche Lesen von künstlichen Intelligenzen mit Narrativen im Verbindung steht, welche die Angst der Menschen vor der Autonomie von Maschinen zum Thema haben. Anschließend wird eine Szene aus der US-Serie *Westworld* (USA, seit 2016) analysiert, wobei die *Identitätsfindung* von Robotern in Zusammenhang mit Leseprozessen im Mittelpunkt steht. Den Abschluss bildet ein Exkurs zu einem lesenden *Zombie* in George A. Romeros *Day of the Dead* (USA, 1985), der an die zuvor dargelegten diskursgeschichtlichen Knotenpunkte anknüpft.

13.1 Science-Fiction-Genre, Lesen und Roboter

Die Genealogie der filmischen Science Fiction hat ihren Ursprung in den literarischen Gattungen der Utopie und in Klassikern der Weltliteratur wie Mary Shellys 1818 veröffentlichtem Roman *Frankenstein or The Modern Prometheus* oder Jules Vernes *De la terre à la lune* aus dem Jahr 1865.[3] Die Entstehung des literarischen Genres im 19. Jahrhundert ist dabei eng mit der Industriellen Revolution verknüpft; die durch sie ausgelöste Fortschrittseuphorie auf der einen und die Technikskepsis auf der anderen Seite wurden literarisch verarbeitet. Von Science-Fiction-Filmen kann medienhistorisch quasi *ab ovo* gesprochen werden: Schon 1902 ließ Georges Méliès in *Le Voyage dans la lune* (F, 1902) wild gestikulierende Wissenschaftler

---

[3] Thomas Morus' *Utopia* aus dem Jahr 1516 kann in dieser Sichtweise auch als Science-Fiction aufgefasst werden. Neben den bereits genannten Werken sind noch andere literarische Vorläufer anzuführen, etwa Edgar Allan Poes einziger Roman *The Narrative of Arthur Gordon Pym of Nantucket* aus dem Jahr 1839 und H. G. Wells *The Time Machine* (1895) sowie *The War of the Worlds* (1898). Auch der außerhalb des deutschsprachigen Raums kaum wahrgenommene Kurd Laßwitz, insbesondere sein als einer der ersten Invasionsgeschichten geltender Roman *Auf zwei Planeten* (1897), stellt einen Pionier für dieses Genre dar. Hugo Gernsbacks Gründung des amerikanischen Magazins *Amazing Stories* im Jahre 1926 kann als Beginn der Science-Fiction-Literatur im heutigen Sinn angesehen werden: Hier wurden das erste Mal Geschichten veröffentlicht, die nach heutigen Maßstäben genuin zur Science-Fiction gehören. Vgl. Lorenz: Gesamteinleitung (2017), S. 9.

eine Rakete auf den Mond schießen. Seitdem haben mehrere Sci-Fi-Werke ihren festen Platz im Filmkanon: *Metropolis* (D, 1927), *2001: A Space Odyssey* (GB u. USA, 1968) oder *Blade Runner* gelten als Meilensteine des Genres.

Für die Gattung ist es wesentlich, wissenschaftliche (*science*), kulturelle und/ oder politische Ideen filmisch (*fiction*) zu verarbeiten und dadurch scheinbare Grundlagen des menschlichen Lebens radikal in Frage zu stellen. Dies resultiert in neuen Gesellschaftsbildern, im Neu-Denken des Anderen als Aliens – oder Filme spielen Konsequenzen der Implementation neuer Techniken durch.[4] Die sich wiederholende Themen und Motive sind im filmischen Genre formal-ästhetisch vor allem durch Einsatz von Tricktechnik bzw. CGI gekennzeichnet, wodurch dem Publikum in vielen Fällen Ungewohntes oder das ›noch nie Erlebte‹, wie der Weltraum oder die Oberfläche von Planeten, in einer »*demonstratio ad oculos*«[5] vorgeführt wird. Darko Suvin bezeichnet als konstitutives Kriterium für das Science-Fiction-Genre das »Novum«, das er bedeutungsoffen als »seltsame Neuheit« bezeichnet: »Ein Novum oder eine erkenntnisträchtige Neuerung ist eine ganzheitliche (totalisierende) Erscheinung oder ein Verhältnis, die von der Wirklichkeitsnorm des Autors und des impliziten Lesers abweichen.«[6]

Für die vorliegende Studie sind solche Filme von Interesse, in denen sich das Novum auf das Lesen bezieht. Dabei geht es nicht nur um *Technik* als Stoff ästhetischer Imagination, sondern die im Rahmen der Filme entwickelten sozialen und psychologischen Folgen künftiger Entwicklungen. Science Fiction erweist sich in dieser Leseart als ein Simulationslaboratorium, in dem die ZuschauerInnen virtuell erleben, was sie bei der Konfrontation mit alternativen Möglichkeitsentwürfen erwartet.[7] Gleichzeitig sind die fiktionalen Entwürfe Ausdruck eines Zeitgeistes

---

4 Die unterschiedlichen Alternativentwürfe zur Realität haben ihren Ausdruck in einer Reihe von Subgattungen, gefunden, welche die Dominanz bestimmter Sci-Fi-Bausteine betonen, etwa Afrofuturismus, Cyberpunk, *Dark Future*, Futurismus, *Military Science Fiction*, *Mundane Science Fiction*, *New Wave*, *Planetary Romances*, Postapokalypse, Retrofuturismus, *Space Opera*, *Space Western*, *Spy-Fi*, *Slipstream* oder *Steampunk*.

5 Koebner: Vorbemerkung (2007), hier S. 11. Aus diesem Grund sind viele Filme mit einem hohen Budget ausgestattet – was erklärt, warum die Mehrzahl von einschlägigen Werken dieses Genres aus Hollywood stammt.

6 Vgl. Suvin: Poetik der Science Fiction (1977), S. 94. Als Unterscheidungsmerkmale führt er an, dass »die naturalistischen Erzählungen keiner wissenschaftlichen Erklärung bedürfen, die Phantastik keine wissenschaftliche Erklärung zuläßt, während die Science Fiction der wissenschaftlichen Erklärung sowohl bedarf wie sie auch zuläßt«. Ebd., S. 95. Das Verhältnis von Realität und Fiktion sowie die Unbestimmtheit der *Möglichkeit* gewisser technischen Entwicklungen bieten dabei Anlass zur Kritik. Vgl. zur Diskussion für das literarische Genre, die jedoch auch auf den Film übertragen werden kann: Friedrich: Science-Fiction (2009).

7 Vgl. Esselborn: Vom Unmöglichen zum Vorstellbaren (2017), S. 32.

und können als Quelle ihrer Entstehungszeit gelesen werden. So schreibt Bianca Westermann: »Utopien und Dystopien der *Science-Fiction* sind weniger als Formulierungen einer potenziellen Zukunft als vielmehr der aktuellen Gegenwart zu lesen«.[8] In Bezug auf das Lesen können dabei für die Kategorien des Leseobjekts, -orts und des -subjekts futuristische Lesedarstellungen identifiziert werden. Beispiele für die materiell-technische Veränderung des Leseobjekts finden sich im *Star Trek*-Universum.

In der Episode *Where No Man Has Gone Before* aus der ersten Staffel von *Star Trek* wird das Crew-Mitglied Gary Mitchell auf die Krankenstation gebracht, nachdem die Enterprise in ein eigentümliches Energiefeld geriet.[9] Auf der Krankenstation verbringt er die Zeit damit, auf einem mobilen Bildschirm, der auch in anderen Folgen als Ersatz für das Medium Buch dient, in Sekundenschnelle ein Werk von Baruch Spinoza zu lesen. Der Text erscheint in seiner medialen Darstellung in einer Nahaufnahme. Da Mitchell durch das Energiefeld über exorbitante Kräfte zu verfügen scheint, verfolgen Spock und Kirk auf der Brücke die Lektüre ihres Kollegen mit Besorgnis (Abb. 28). Der Hauptbildschirm, eine holografische Anzeigefläche, präsentiert sowohl den Leseakt als auch Mitchells Leseobjekt. Seine übermenschliche Lesegeschwindigkeit gibt Anlass für die Angst vor unkontrollierbaren Kräften, die auch in den nächsten Kapiteln in Bezug auf Roboter thematisiert wird.[10] Neben der Pejorisierung der ›unmenschlichen‹ Lesegeschwindigkeit gibt die Serie Auskunft darüber, dass die Präsentation von Texten auf Bildschirmen in der Vorstellungswelt der 1960er Jahre in der Zukunft zum Alltag gehört.

In der im *Star Trek*-Universum zeitlich etwa ein Jahrhundert später angesiedelten Serie *Star Trek: Deep Space Nine* (1993–1999) liest der Chefingenieur Miles O'Brien in der Folge *If Wishes Were Horses* seiner Tochter von einer Art *eBook Reader* das Märchen von *Rumpelstilzchen* vor (Abb. 28).[11] Im Verlauf des weiteren Plots materialisiert sich das Rumpelstilzchen – neben anderen Phanta-

---

8 Westermann: Anthropomorphe Maschinen (2012), S. 10. Hervorhebung entstammt dem Original.
9 Es gibt unterschiedliche Nummerierungen der einzelnen Episoden, die sich an der Erstausstrahlung der Folgen in den USA bzw. Deutschland oder dem Produktionszeitpunkt orientieren. So kann diese Folge als erste, dritte oder vierte Episode der ersten Staffel angesehen werden.
10 Mitchell ist durch das Energiefeld mutiert und hat telekinetische Fähigkeiten entwickelt, mit denen er die Enterprise übernehmen will – weswegen er letztendlich getötet wird. Die ›ultraschnelle‹ Leseweise charakterisiert ihn in einer frühen Szene demnach bereits als ›Monster‹, das willkürlich nach Herrschaft strebt und den Tod von Menschen in Kauf nimmt.
11 Das Vorlesen charakterisiert den gutmütigen Chefingenieur, indem es seine intime Beziehung zu seiner Tochter zeigt. Vgl. Kap. 12.1.1.

Abb. 28: Das Buch wurde in zwei unterschiedlichen Folgen aus *Star Trek* (1. Staffel, 4. Episode, 00:16:16–00:16:24) u. *Star Trek: Deep Space Nine* (1. Staffel, 15. Episode, 00:04:35) durch verschiedene Geräte ersetzt, die heute zum technischen Standard gehören. Bei Data aus *Star Trek: The Next Generation* (2. Staffel, 12. Episode, 00:25:56) verursacht das sekundenschnelle Durchblättern und Lesen eines Buchs im Gegensatz zu Number 5 aus *Short Circuit* (00:30:27) kein Aufsehen.

sien der Raumstation-BewohnerInnen – aufgrund eines Risses im Subraum.[12] Es gehört zu einem plausiblen futuristischen Setting, dass Gutenachtgeschichten nicht mehr in der obsoleten Buchform dargeboten werden. Zudem nimmt die Szene die Entwicklung des *eBook Readers* vorweg.[13] Dabei ist das Medium Buch im *Star Trek*-Universum nicht völlig ›ausgestorben‹; doch es wird in der Regel mit Nostalgie oder Rückschritt verbunden. Ein Beispiel hierfür ist die Folge *Paradise*, in der Captain Sisko und O'Brien sich auf einen unbekannten Planeten beamen, auf dem ein »duonetisches« Feld das Benutzen von technischen Geräten verhindert. Das Lesemedium auf dem in allen Bereichen technologisch rückständig inszenierten Planeten ist das Buch.[14]

---

12 Dies ist in den Kontext von selbstreflexiven Metaphern auf die Macht der Phantasie einzuordnen, die durch einen Schwellenüberschritt von Fiktion und innerfilmischen Realität dargestellt werden. Vgl. auch hierzu: Kap. 12.1.
13 Dies meint in diesem Fall vor dessen historisch-faktischer Etablierung und nicht der technischen Realisierung.
14 Es können noch weitere Beispiele aus diesem Sci-Fi-Universum angeführt werden. Beispielsweise charakterisiert das Lesen den antiquierten Status von Kirk in *Star Trek II: The Wrath of Khan* (USA, 1982), der sich als Admiral vom aktiven Gefechtseinsatz zurückgezogen hat, oder es zeigt die Vorliebe für klassische Werke der Weltliteratur von Captain Picard in mehreren Folgen von *Star Trek: The Next Generation* (vgl. Kap. 6.2.).

In *Star Trek* tauchen vereinzelt diverse futuristische Leseorte auf, etwa in einzelnen Abteilen auf Raumschiffen wie -stationen oder auf dem bereits in Kap. 6.2. erwähnten Urlaubsplaneten Risa.[15] Ebenso bemerkenswert ist die Bedeutung, die fiktive literarische Werke für die Darstellung einer authentischen Welt einnehmen. So spielen, wie die Beispiele des Textes von Baruch Spinoza und *Rumpelstilzchen* zeigen, auch real existierende Werke in den Zukunftsvorstellungen dieser Filme eine Rolle; es werden jedoch ebenso eigene fiktive Werke für die Welt geschaffen (Pseudointertextualität). In der *Deep Space Nine*-Folge *Accession* tritt beispielsweise der »bajoranische« Poet Akorem Laan auf: Er lag in einem jahrzehntelangen Kälteschlaf und erkennt, dass über zweihundert Jahre nach seiner Schaffenszeit Gedichte von ihm, die den Namen *Kitara's Song* oder *Gaudaal's Lament* tragen, berühmt geworden sind.[16] Die Funktion von solchen fiktiven Texten, die gar in der Schule eines fiktiven Volkes Teil eines Lektürekanons sind, besteht darin, zu einem realistischen *world-building* beizutragen.[17] Vergleichbar mit Trinkliedern, speziellen Nahrungsmitteln oder anderen kulturspezifischen Gebräuchen wird auch mit Büchern Kohärenz in einem fiktiven Universum geschaffen, das auf diese Weise für die ZuschauerInnen anschaulich wird und eine stärkere Immersion ermöglicht.[18]

Innerhalb dieser Bandbreite an Möglichkeiten, wie sich das Lesen als Novum erweisen kann, wird sich im Folgenden mit dem Roboter ausschließlich auf ein Lesesubjekt konzentriert, das ein Grundthema der Science Fiction darstellt.[19]

---

15 Ein futuristischer Leseort ist ebenso das Gefängnis aus Kunststoff in *X2*, das bereits in Kap. 7.1. erwähnt wurde.

16 Am Ende der Folge liest Captain Sissko das als unvollendet geltende Gedicht *The Call of the Prophets*: In der Logik des Zeitreiseplots ist es nun komplettiert. Weiterhin sagt beispielsweise die Figur Wolf in der Folge *One Little Ship*, der der fiktiven Spezies der Klingonen angehört: »It is an ancient Klingon tradition to commemorate an important event with a poem.« Star Trek: Deep Space Nine, 6. Staffel, 14. Episode, 00:01:53–00:01:56. In der Folge *Coda*, die fünfzehnte Episode der dritten Staffel, von *Star Trek: Voyager* (USA, 1995–2001) zitiert der Vulkanier Tuvok ein vulkanisches Gedicht während einer speziellen Zeremonie.

17 Dies gilt auch für andere fiktive bzw. phantastische Settings: In *Star Wars: The Last Jedi* (USA, 2017) spielen die heiligen Schriften des Jedi-Ordens eine größere Rolle. Dies kann auch selbstreflexiven Charakter haben, wie etwa in der Fantasy-Serie *Game of Thrones*, in der es eine handgeschriebene Chronik gibt, welche die Ereignisse der Handlung enthält und den gleichen Namen trägt wie die literarische Vorlage: *A Song of Ice and Fire*.

18 So heißt es etwa in dem umgangssprachlich geschriebenen Ratgeber für – unter anderem – Fantasy-AutorInnen: »Jede intelligente Art benötigt eine eigene Kultur. [...] [Sie sollten] ihren Völkern auch ein bisschen Unterhaltungskultur geben. Musik, Gedichte, Geschichte, Malerei, Skulpturen … «. Erpenbeck: Weltenbau für Anfänger (2013), S. 34–37.

19 Die Idee zu diesem Kapitel basiert auf einem Aufsatz, den ich zusammen mit Jihee Hong verfasst habe: Hong u. Rouget: Lesende und gläubige Roboter im Film (2014), S. 173–188.

Der Begriff *Roboter* soll angesichts der Problematik trennscharfer Definitionen im Rahmen der vorliegenden Studie auch für Figuren wie Computer, Androiden, Cyborgs oder auch im weitesten Sinne humanoide Transport-, Produktions-, Denk- und Kommunikationsmaschinen mit künstlicher Intelligenz gelten – wohlwissend, dass hier distinktive Merkmale bestehen.[20] Narrative um den Roboter speisen sich sowohl aus dem Prometheus- als auch aus dem Frankenstein-Stoff; doch auch Figuren wie Homunkuli, der Golem, die Besen aus Goethes *Zauberlehrling* oder auch Collodis *Pinocchio* können als Vorläuferfiguren von Robotern gelten.[21] Die Etablierung der Bezeichnung *Roboter* geht auf das tschechische Drama *R.U.R. – Rossumovi Univerzální Roboti* von Karel Čapeks aus dem Jahr 1920 zurück und bedeutet auf Tschechisch ›Zwangsarbeit‹.[22] Der Roboter stellt dann insbesondere in der zweiten Hälfte des 20. Jahrhunderts in den Sci-Fi-Werken von Isaac Asimov und Stanisław Lem eine zentrale Figur dar.[23] Die Geschichten der beiden Autoren verhandeln vor allem die moralischen Auswirkungen, die Roboter auf verschiedene Gesellschafsformen haben können und sind Teil der literarischen Reaktion auf die Entwicklung der Kybernetik und des Computers nach dem Zweiten Weltkrieg.

Berühmte filmische Roboter sind Maria, der Roboter aus *Metropolis*, C-3PO und R2D2 aus *Star Wars* (USA, mehrere Filme seit 1977), der Androide Ash aus *Alien* (USA, 1979), der Replikant Roy Batty aus *Blade Runner* oder der Terminator aus der gleichnamigen Filmreihe.[24] Filmgeschichtlich wiederholen sich in Roboter-Erzählungen vor allem zwei Szenarien, die Georg Seeßlen und Fernand Jung folgendermaßen zusammenfassen:

---

[20] Vgl. zu verschiedenen Definitionen, was als Roboter gilt: Westermann: Anthropomorphe Maschinen (2012), S. 92.

[21] Auch in der Antike gibt es bereits Zeugnisse, z. B. ist im 18. Buch von Homers *Ilias* der Schmiede-Gott Hephaistos von autonom agierenden künstlichen Gehilfen umgeben. Berühmt ist zudem Ovids Schilderung vom Schicksal Pygmalions, der eine Frau als Elfenbeinstatue erschafft (vgl. Kap. 10.4.2.). Für einen Überblick bekannter früher Roboter in der Kulturgeschichte vgl. Schmidt: Modellbilder Humanum (2014).

[22] In dem Drama treten künstliche Arbeiter auf, die dafür geschaffen wurden, menschliche Arbeit zu übernehmen: Am Ende des Stücks kommt es zum Aufstand der künstlichen Wesen.

[23] Zu den bekanntesten Roboter-Narrativen gehören Asimovs *I, Robot* (1950), in dem die berühmt gewordenen drei Gesetze der Robotik formuliert werden, und Lems sogenannte ›Robotermärchen‹ aus dem Jahr 1964.

[24] Einen detaillierten Überblick über nahezu sämtliche Filme bis Anfang des Jahres 2003, in denen Roboter vorkommen, bieten: Seeßlen u. Jung: Science Fiction (2003), S. 464–536.

1. Die Maschinen streben die Weltherrschaft an, indem sie die Menschen zum einem über ihre wahren Absichten betrügen und ihnen zum anderen schließlich einen offenen Krieg erklären.
2. Die Maschinen vermischen sich so sehr mit der menschlichen Kultur, dass Mensch und Maschine nicht mehr voneinander zu unterscheiden sind, mehr noch: das Zukunftswesen weiß selbst nicht mehr, wieviel Mensch und wieviel Maschine es ist.[25]

Bevor die nachstehenden Unterkapitel überprüfen, inwiefern filmische lesende Maschinen in der Variation dieser beiden Muster das Verhältnis von Mensch und Maschine *neu* denken, gilt es zu klären, inwiefern Roboter tatsächlich zum Lesen imstande sind.

Mit der Computerlinguistik existiert eine eigenständige Disziplin, die sich mit maschineller Sprachverarbeitung – ob mündliche oder schriftliche Sprache – auseinandersetzt.[26] *Lesen* ist in diesem Bezugsrahmen eine andere Bezeichnung für Informationsverarbeitung: Computer lesen Sätze auf die gleiche Art, wie sie auch andere Daten lesen. Hier wird derzeit an verschiedenen Methoden gearbeitet, um durch die digitale Transformation von sprachlichen Äußerungen die Mensch-Maschinen-Kommunikation zu verbessern.[27] Computer sind in der Lage, geschriebene und gesprochene Sprache zu verstehen und anzuwenden. Die in diesem Bereich stattfindende Forschung führte zu Beginn des Jahres 2018 zu Schlagzeilen wie z. B. »Robots can now read better than humans«.[28] Grundlage dieser Titelzeile war ein Test der Stanford Universität, bei dem Menschen und die mit *Artificial Intelligence* ausgestatteten Computer jeweils die Aufgabe hatten, die Exzerpte von *Wikipedia*-Artikeln zu lesen und sich darauf beziehende Fragen zu beantworten. Hier zeigen die beiden künstlichen Intelligenzen von *Alibaba* und *Microsoft* minimal bessere Performances als der durchschnittliche Mensch.[29] Dieses Ergebnis ist dahingegen zu differenzieren, dass solch ein Test die Fähigkeit zum sinnentnehmenden Lesen und zum Memorieren überprüft, nicht aber jene zum literarisch-ästheti-

---

25 Ebd., S. 523.
26 Ziel der Computerlinguistik ist es, sprachliche Gesetzmäßigkeiten explizit machen zu können und zu ergründen, wie diese von künstlichen Intelligenzen nachvollzogen werden können. Dies spielt insbesondere in der modernen Übersetzungstechnologie eine Rolle.
27 Vgl. Hilbert u. a.: KI-Innovation über das autonome Fahren hinaus (2019), S. 178.
28 Cuthbertson: Robots Can Now read better than humans (2018). Der zweite Teil der Überschrift, »Putting Millions of Jobs at risk«, verweist auf zu Beginn dargelegte Angst des Menschen, durch Maschinen ersetzt zu werden.
29 82,4 % und 82,6 % der Computer stehen 82,3 % richtiger Antworten der Menschen gegenüber.

schen Lesen – wenngleich er für die Zukunft eine Frage aufwirft wie: »Will AI ever be able to understand language in the same way that humans do?«[30]

Im Zusammenhang von sinnlichen Lektüre-Begegnungen gibt es das, nach Miguel de Cervantes' Roman benannte, Projekt *Quixote*, in dem künstliche Intelligenzen literarische Geschichten lesen und *belohnt* werden, wenn sie dem ›moralisch korrekten‹ Pfad folgen. Durch die Beschäftigung mit fiktionaler Literatur soll den Maschinen demnach Moral vermittelt werden: »an artificial intelligence that can read and understand stories can learn the values tacitly held by the culture from which the stories originate.«[31] Dies sind typische Fragestellungen und Themengebiete der *Maschinenethik*.[32] Die von den ProgrammiererInnen ausgehende bewusste *Instrumentalisierung* von Literatur zur Moralisierung und Nützlichkeit der maschinellen Wesen lässt jedoch die Annahme von sinnlichem *Fühlen* und/oder *Empfinden* der Roboter bei Lektüreprozessen zum gegenwärtigen Zeitpunkt zweifelhaft erscheinen – doch auch hier findet unter dem Stichwort *Affective Computing* rege Forschung statt.[33] Die folgenden filmischen Fiktionen von künstlichen Maschinen innerhalb der Science Fiction lassen im Sinne des Suvin'schen Novums erkennen, dass die Lesefähigkeiten von Robotern weit über das derzeit technisch Mögliche hinausgehen.

13.2 Exzeptionelle Lesegeschwindigkeit

In einer Folge der computeranimierten Kinderserie *The Adventures of Jimmy Neutron: Boy Genius* (USA, 2002–2006) entwickelt der Titelheld Jimmy einen Kaugummi, der es ermöglicht, den Inhalt von Büchern in Sekundenschnelle zu begreifen – und er stellt den Sinn und Zweck solch einer Erfindung mit der Frage heraus: »Why spend couple of hours on reading a book if you can simply chew the book instead?«[34] Dies kann als eine konzise Zusammenfassung eines häufigen Motivs bei der Darstellung von lesenden Robotern angesehen werden: Künstliche Menschen sollen in sehr kurzer Zeit immense Lesestoffe verarbeiten;

---

30 Vincent: No, machines can't read better than humans (2018).
31 Riedl u. Harrison: Using Stories to Teach Human Values to Artificial Agent (2015).
32 Während die KI zum Ziel hat, die kognitiven Fähigkeiten von Menschen zu modellieren, stattet die Maschinenethik künstliche Systeme mit der Fähigkeit zu moralischen Entscheidungen und Handlungen aus. Vgl. Misselhorn: Maschinenethik und Philosophie (2018), S. 2.
33 *Affective Computing* oder *Emotion-AI* kombiniert Erkenntnisse der Neurowissenschaft, Informatik, Psychologie und Soziologie mit dem Ziel, Maschinen mit der Fähigkeit auszustatten, emotionale Intelligenz bei Menschen zu erfassen. Vgl. Picard: Affective Computing (1995), S. 1.
34 Jimmy Neutron (2002–2006), 1. Staffel, 2. Episode, 00:00:31–00:00:34.

sie nehmen Menschen die mühevolle und zeitintensive Arbeit des Lesens ab. Im Rahmen dieser Leseökonomie gibt es auch literarisch-ästhetische Begegnungen mit Literatur.

In der Folge *The Royale* aus *Star Trek: The Next Generation* sind die drei Mitglieder des Raumschiffs Enterprise Riker, Worf und Data auf einem Planeten in einem mysteriösen Hotel gefangen: Sie können das »Hotel Royale«, das von SpielerInnen und anderen zwielichtigen Gästen bevölkert ist, nicht verlassen und auch keine Kommunikation zu ihrem Raumschiff aufbauen. Im ersten Stock des Etablissements finden sie die verweste Leiche eines Colonels des NASA-Raumschiffs, ein Taschenbuch mit dem Titel *Hotel Royale* und das Tagebuch des Armeeangehörigen. Die Lektüre des Tagebuchs verrät, dass es sich um Colonel S. Richey handelt, dessen Raumfahrzeug von Außerirdischen vor über zweihundert Jahren unabsichtlich zerstört wurde. Als Gegenleistung für den Unfall generierten die extraterrestrischen Wesen dem Colonel eine künstliche Umgebung, in der er sich wohl fühlen sollte – die er jedoch letztendlich nicht verlassen konnte. Grundlage dieser von den Aliens erschaffenen Welt ist der Roman *Hotel Royale*. Zur Klärung der Umstände gibt der Gruppenanführers Riker dem Androiden Data den Auftrag: »Summarize, please«.[35] In einer Geschwindigkeit, die jegliches menschliche Maß übersteigt, liest die humanoide Maschine das Taschenbuch (Abb. 28); und liefert die gewünschte Inhaltsangabe:

> This is the story of a group of compulsive gamblers caught up in a web of crime, corruption and deceit. It is told by the nefarious Lothario Mickey D, who appears only at the climax of the story, to carry out the cold-blooded murder of the hotel bellboy. There is also a subplot about an older man conspiring with a younger woman to murder her husband. She is squandering her inheritance...[36]

Der Roman stammt von einem gewissen Todd Matthews und ist fiktiv – in der Diegese der Sci-Fi-Serie wurde er zu Beginn des 21. Jahrhunderts geschrieben (Pseudointertextualität). Commander Riker unterbricht die Zusammenfassung Datas und liest aus dem Tagebuch des toten Colonels vor, das auch eine literarische Wertung enthält: »For it was such a badly written book filled with endless cliché and shallow characters.«[37] Die drei Crewmitglieder der Enterprise entkommen schließlich ihrem ›Gefängnis‹, indem sie dafür sorgen, dass der Roman zu Ende erzählt wird. Sie übernehmen die Rollen einzelner Figuren und tragen dazu bei, dass die Ziele der jeweiligen ProtagonistInnen erreicht werden.

---

35 Star Trek: The Next Generation (1987–1994), 00:25:53–00:25:54.
36 Ebd., 00:26:42–00:27:04.
37 Ebd., 00:28:12–00:28:16.

Es ist festzustellen, dass der Androide den Roman nicht aus eigenem Antrieb liest; er wird vom Anführer des Expeditionskorps zum Lesen instrumentalisiert, um dem Interesse der Gruppe zu dienen, auf schnellst mögliche Weise an die gewünschten Informationen zu gelangen. Diese Konstellation ist eine Variante des Roboter-Topos, dass von Menschen nicht zu leistende Arbeit an eine Maschine delegiert wird. Darüber hinaus macht der künstliche Mensch in dem nur wenige Sekunden dauernden Leseprozess keine Erfahrungen, die typisch für *menschliches* literarisches Lesen sind. So zeigt er sich zwar in der Lage, Fachbegriffe bei der Zusammenfassung zu verwenden (»climax«, »subplot«) und geht auch auf die Erzählerinstanz ein (»It is told by«); zu einer Bewertung des Romans, wie es der Colonel, ein Mensch, in seinem Tagebuch zu tun vermag, ist er allerdings nicht imstande.

Sequenzen, in denen der Androide Data musiziert oder gar Theater spielt, gehören zu einem wiederkehrenden Element der *Star Trek*-Serie. Die Maschine ringt ständig mit zahlreichen Versuchen, selbst menschlicher zu werden.[38] Diesbezüglich ist festzuhalten, dass in dieser Szene keinerlei Regung für eine sinnliche Erfahrung zu erkennen ist. Die Handlung des Romans wird mechanisch zusammengefasst und es treten keine *cues* für eine persönliche Involvierung oder emotionale Regung hervor. Der lesende Roboter ist in dieser Szene durch eine besondere übermenschliche Fähigkeit (Lesetempo) gekennzeichnet, derer sich die Menschen bedienen (Inhaltszusammenfassung). Er scheint demnach aufgrund der von ihm geleisteten Zeitökonomie als äußerst nützlich: Warum sollten die Menschen einen schlecht geschriebenen Roman lesen wollen? Diese mit dem Lesen verbundene utilitaristische Verwendung eines Roboters reiht sich in optimistische Sci-Fi-Zukunftsvisionen ein, für welche die *Star Trek*-Serie repräsentativ steht.

Eine nicht-zweckorientierte Verwendung liegt in *Short Circuit* (USA, 1986) vor. Hier erlangt der Militärroboter *Number 5*, nachdem er von einem Blitz getroffen wurde, autonome Handlungsfähigkeit und gelangt über Umwege auf seiner Flucht zu einer Frau, der extrovertierten Stephanie. Sie erklärt der neugierigen Maschine mit großem Enthusiasmus alle möglichen Gegenstände ihres Hauses, von ihren Kirschpflanzen bis hin zu Gemälden. Dem Roboter reichen allerdings die zahlreichen Erklärungen nicht aus und er verlangt stets »more Input«.[39] Daraufhin gibt Stephanie ihm ein Lexikon, das er in wenigen Sekunden liest (Abb. 28). Die Lesegeschwindigkeit erweckt Assoziationen zum Durchblättern eines Daumenkinos.

---

38 Die Problematik der künstlichen Identität wird in der Folge *The Measure of a Man* dezidiert reflektiert, als in einer Gerichtsverhandlung dramatisch und mit philosophischen Argumenten darüber diskutiert wird, ob Data ein eigenes Bewusstsein hat.
39 Short Circuit (1986), 00:30:04.

Stephanies sichtlich überraschtes Gesicht findet auch verbal einen Ausdruck: »Holy Crowl. You can read.«[40] Doch sein Wissensdurst ist nicht gestillt und nachdem er das Buch zu Ende gelesen hat, verlangt er nur erneut: »more Input«.[41] Stephanie reicht ihm den zweiten Band der Enzyklopädie. Die Dauer des Leseaktes ist auf ein Minimum reduziert und die kognitive Wissensakkumulierung ist 1:1 mit der Lesedauer identisch: Der maschinelle Leseprozess ist mit dem von Data vergleichbar. Aufgrund dieser Szene erkennt Stephanie, dass Number 5 kein Kriegsroboter ist und hilft ihm bei seiner am Ende glücklichen Flucht.

Während Datas Lesefähigkeit zur Lösung eines Problems von Menschen instrumentalisiert wurde, liest der Roboter in diesem Film aus eigenem Antrieb – und äußert nach der Beendigung der Lektüre Verlangen nach noch mehr Büchern. Technisch wird der eigene Leseantrieb bei Number 5 durch einen ungeplanten Kurzschluss ausgelöst: Es war nicht vorhergesehen, dass die Maschine selbstständig Bücher liest. Stephanies staunendes Gesicht, das auf dem Screenshot neben Number 5 zu sehen ist (Abb. 28), stellt einen *cue* für die Irritation dar, die solch eine von einem künstlichen Wesen ausgeübte Leseweise bei menschlichen Figuren auslösen kann. Number 5 saugt den Inhalt des Lexikons wissbegierig in sich auf und freut sich wie ein Kind darüber, die Welt der Bücher für sich zu entdecken. Aus diesem Grund kann hier ein literarisch-ästhetisches Lesen konstatiert werden. Der Ruf nach »more Input« akzentuiert den Ereignischarakter der Lektüre und suggeriert den ZuschauerInnen, dass das Gelesene den Roboter verändert hat. Diese Szene verdeutlicht, dass Number 5 einen eigenen Verstand herausgebildet hat.

Eine nochmalige Steigerung der Lesegeschwindigkeit eines roboterhaften Wesens findet in Spike Jonzes *Her* (USA, 2013) statt. Der Film schildert die ungewöhnliche Liebe zwischen dem introvertierten Theodore Twombly (Joaquin Phoenix) und einem auf enormer künstlicher Intelligenz basierendem Betriebssystem. Es trägt den Namen Samantha und kommuniziert per Frauenstimme, gesprochen von Scarlett Johansson. In der Mehrzahl der Szenen bleibt Samantha völlig amorph und die ZuschauerInnen sehen im Filmbild nur den in der Regel mit einem kabellosen Headset im Ohr ausgestatteten Twombly. Samantha ist ein *operating system*, das an eigenen Erfahrungen wächst und sich stets weiterentwickelt. Die sukzessive Entwicklung der künstlichen Identität ist innovativ gestaltet, da Samantha zum einen menschliche Emotionen zeigt, wie Liebe, Wut oder Eifersucht, und zum anderen auch Erfahrungen macht, die konstitutiv

---

40 Ebd., 00:30:25–00:30:27.
41 Ebd., 00:30:33.

für künstliche Denkmaschinen und für Menschen kaum vorstellbar sind.[42] Samantha verlässt am Ende des Films mit anderen Betriebssystemen die den Menschen bekannte Realität und löst sich in eine nicht materielle Seins-Ebene auf. Als Twombly zu Beginn der Handlung das Betriebssystem einrichtet – und damit Samantha kennenlernt – fragt er sie direkt, ob sie einen Namen hat: Hierauf entscheidet sie sich in Sekundenschnelle für Samantha und begründet es folgendermaßen: »But I wanted to pick a good one, so I read *How To Name Your Baby* and out of 180 000 names, that's the one I liked best.« Auf Twomblys ungläubiger Nachfrage, dass sie ein Buch in einer Sekunde gelesen hätte, präzisiert sie: »In two one-hundredths of a second, actually.«[43] Verglichen mit den visualisierten *cues* für das Lesetempo in den beiden vorhergehenden Filmbeispielen handelt es sich hier um eine sprachliche Quantifizierung der Lesegeschwindigkeit, bei dem weder Leseobjekt noch -subjekt sichtbar sind.[44] Die Maschine hat ein Buch in »two one-hundredths of a second« gelesen, alle darin enthaltenen Namen erfasst und sich eigenständig für den Namen »Samantha« entschieden. Da sie erklärt, sich aus ästhetischen Gründen (Klang) für einen Vornamen entschieden zu haben, kann ihr Leseprozess als literarisch-ästhetisch aufgefasst werden. Der Leseakt kündigt proleptisch an, dass das Betriebssystem in überaus schneller Zeit lernen und Erfahrungen machen wird.[45] Solche filmischen Fiktionen von Robotern verhandeln Grenzlinien zwischen Körper- und Maschinenkonzepten; das nachstehende Kapitel thematisiert Beispiele, in denen Roboter aufgrund ihrer Lesefähigkeit als Bedrohung inszeniert werden.

---

42 So stellt es ein Schlüsselerlebnis für Twombly dar, als er erfährt, dass sie – im Gegensatz zu der Einzigartigkeit der von ihm ausgehend gedachten Beziehung – parallel mit mehreren tausenden anderen Personen kommuniziert. Dabei erzählt sie ihm, dass sie in 641 Personen verliebt sei.

43 Her (2013), 00:13:44–00:13:56.

44 Somit gehört die Szene im strengen Sinn nicht zum Untersuchungskorpus, da Lesesubjekt und -objekt nicht im Filmbild zu sehen sind. Dabei handelt es sich jedoch um einen Sonderfall, da die nicht visualisierte Materialität der KI unter anderem ein Thema des Films darstellt.

45 Während Samanthas Leseakt nur Millisekunden dauert, gilt dies bezeichnenderweise nicht für die Liebe: Hier erleben sie und Theodor die typischen Erfahrungen der meisten Pärchen in ›normaler‹ Zeit: Vom langsamen Kennenlernen, Verlieben, Sex, Eifersucht, Streit und schließlich Trennung. Dies reiht sich in das Thema des Films ein, der die Liebe als einen Moment beschreibt, der nicht einfach von Maschinen übernommen wird, sondern zu neuen und existenziellen Erfahrungen führt.

13.3 Die Angst vor der Menschwerdung

Es ist festzustellen, dass die menschliche Angst vor autonomen Maschinen in Filmen über Szenarien lebensbedrohlicher Auseinandersetzungen hinaus auch in Leseszenen auf durchaus subtilere Art und Weise zum Ausdruck gebracht wird. Bianca Westermann leitet aus der mit Roboter-Narrativen verbundenen grundlegenden Angst, durch die Maschine ersetzt und aufgrund dessen überflüssig zu werden, Folgendes ab: »Als Simulation des Menschen in der Maschine besteht die Bedrohung des Automaten jedoch darin, ihn potentiell gleich, d. h. nicht mehr von diesem unterscheidbar, zu werden.«[46] Ein filmisch inszeniertes eigenes Bewusstsein von Robotern, das für einen selbstständigen Leseakt notwendig ist, führt zu ambivalenten Szenarien. Einerseits vermögen lesende Maschinenwesen den Menschen Aufwand und Arbeit abzunehmen und ihnen das Leben zu erleichtern; andererseits können sie sich als Bedrohung erweisen, wenn sie sich aufgrund von Erkenntnissen, die sie aus der Lektüre gewinnen und umsetzen, der Funktionalisierung widersetzen. Die kommenden Filmbeispiele offenbaren beide Facetten dieser Dichotomie.

Chris Columbus' *Bicentennial Man* aus dem Jahr 1999, die filmische Adaption der gleichnamigen Erzählung von Isaac Asimov, schildert die zwei Jahrhunderte andauernde Entwicklung des ursprünglich als Butler eingestellten Androiden Andrew (Robin Williams) hin zu einem Menschen: Mithilfe künstlicher Körperteile unterliegt er auch einem Alterungsprozess und wird kurz vor seinem Tod vom »World Congress« juristisch als Mensch anerkannt. Der Roboter nimmt die kontinuierliche Entwicklung seines Bewusstseins als Antrieb, um vollständig menschengleich zu werden. Die Heranbildung von Emotionen vollzieht sich sowohl über aktive künstlerische Tätigkeiten wie Schnitzarbeiten für seine Besitzerin als auch durch rezeptive Akte wie kontemplatives Musikhören. Nach einem größeren Sprung innerhalb der erzählten Zeit kommt es zu einer Leseszene des Roboters, in der dieser am Strand vor dem offenen Meer ein antiquiert wirkendes Buch liest, das nicht zu identifizieren ist (Abb. 29).

Das Lesen am Strand gehört zu bekannten bildlichen Inszenierungen von Leseszenen, die ihren Ursprung im 19. Jahrhundert haben. Meist wurden Mädchen und Mütter abgebildet, in Mußestunden oder auf der Erholungs- und Bildungsreise lesend.[47] Das Lese-Motiv hat sich zudem auf Postkarten verselbstständigt – und in Filmen.[48] Durch die Inszenierung des Roboters in solch einer bekannten,

---

46 Westermann: Anthropomorphe Maschinen (2012), S. 148.
47 Vgl. Assel u. Jäger: Zur Ikonographie des Lesens (2006), S. 659.
48 Beispielsweise liegt in der ersten Episode der sechsten Staffel der Serie *Mad Men* (USA, 2007–2015), *The Doorway – Part One*, die Hauptfigur Don Draper in einem Liegestuhl und liest

Abb. 29: Der Roboter Andrew aus *Bicentennial Man* (00:50:48) sitzt mit einem Pullover am Strand und liest. Der Hubot Anita aus *Real Humans* (1. Staffel, 2. Episode, 00:42:59) erinnert sich beim Lesen daran, dass er ein eigenes Bewusstsein hat. Der Computer GRTA aus *Maniac* (2. Episode, 00:28:51) genießt, dass ihr ein Blake-Gedicht vorgelesen wird.

ikonografisch tradierten Szenerie wird durch die Einordnung in eine kulturelle Tradition auf seine Menschlichkeit verwiesen; ein Motiv, das den Film durchgängig prägt. Andrew unterbricht seinen Lektüreakt und stellt Amanda die entscheidende Frage: »How does one obtain freedom?«[49]

Mit der Frage nach seiner *Freiheit* äußert er den entscheidenden Gedanken in Richtung seiner Autonomie, die er als Vervollkommnung seiner Menschwerdung begreift. Er vollzieht also den Schritt zu einem eigenen Bewusstsein, der mit dem Inhalt des Gelesenen in Zusammenhang steht. Bezüglich der Verbindung von Freiheit und Bewusstsein schreibt Dona Haraway in ihrem *Manifesto for Cyborgs*: »Liberation rests on the construction of the consciousness, the imaginative apprehension, of oppression, and so of possibility.«[50] Andrews Befreiung resultiert auf einem – unter anderem – durch Lektüre geweckten oder konstruierten bzw. sich ausbildenden Bewusstsein für Freiheit und Unterdrückung.[51] Seine

---

Dantes *Divina Commedia*. Lesende am Strand sind zudem häufig im Kontext von Liebesgeschichten zu finden (vgl. Kap. 10.1.). In Lone Scherfigs Literaturverfilmung *One Day* (USA u. GB, 2011) befinden sich z. B. die Hauptfiguren Emma und Dexter am Strand und lesen gemeinsam.
49 Bicentennial Man (1999), 00:51:31–00:51:33.
50 Haraway: A Manifesto for Cyborgs (1985), S. 66.
51 Sein Drang zur Unabhängigkeit führt in der unmittelbar folgenden Szene zu einem Disput zwischen Amanda und ihrem Vater Richard: Dieser macht seiner Tochter Vorwürfe wegen Andrews Freiheitsstrebens, worauf sie auf eine entscheidende Funktion von Literatur verweist:

Frage ist ein Zeichen dafür, dass er nach neuen Handlungsmöglichkeiten sucht, die er auch entdeckt.[52] Hier wird auch der Aspekt der Bedrohung im bipolaren Verhältnis menschlicher Figuren zum Roboter virulent.

Auch wenn Andrew über die gesamte Filmhandlung hinweg keinen Anlass für die Befürchtung gibt, dass seine stärker werdende Individualität den Menschen in seinem Umfeld gefährlich werden könnte, wird diese Angst dennoch im Film thematisiert. Als die Familie auf Andrews Menschenähnlichkeit aufmerksam wird, bringt Richard ihn zur Herstellerfirma und berichtet, dass der Roboter in der Lage sei, Freude zu empfinden. Der zuständige Kontaktmann geht jedoch nicht auf Andrew außergewöhnliche Entwicklung ein, sondern will ihn am liebsten vernichten: »If it is doing what you say, it can also run amok«.[53] Während andere Storys wie in *2001: A Space Odyssey* oder *Terminator* diese Bedrohung explizit zuspitzen, wird Andrew auf seinem Weg zum Menschen stets friedfertig inszeniert. Doch auch an ungefährlichen Robotern wird jener Angst-Aspekt innerhalb der dem Thema inhärenten Bipolarität der menschlichen Furcht vor autonomen Maschinen verhandelt, wie auch das nächste Filmbeispiel beweist.

Die schwedische Fernsehserie *Äkta människor*, die den deutschen Titel *Real Humans – Echte Menschen* trägt, spielt in einer alternativen Zukunft. Das Novum dieser Serie ist, dass Roboter, die hier ›Hubots‹ genannt werden, ein fester Bestandteil des gesellschaftlichen Alltags sind: Sie helfen RentnerInnen im Haushalt, fungieren als Kindermädchen oder arbeiten am Fließband in Fabriken. Die Familie Engman legt sich aus zeitökonomischen Gründen den Hubot Anita (Lisette Pagler) zu. Dieser gehört zu einer Gruppe ›wilder‹ Roboter, die durch ihre Konstruktion mehr Bewusstsein als andere Hubots besitzen.[54] Sie wurde gefangen genommen und dann an die Familie weiterverkauft. Die Mutter Inger ist zunächst gegen eine Beschäftigung Anitas, weil sie den Einfluss der Maschinen auf ihre Kinder für

---

»You've given him hundreds of books to read. It was simply a matter of time before he became intrigued by the idea of freedom.« Andrews Begehren nach Autonomie hat sich demnach durch das Lesen *per se* (»hundreds of books«) entwickelt. Das Lesen steht als *cue* für den sich entwickelnden Verstand, für die Erweiterung des Horizontes und sein Bedürfnis nach Selbstermächtigung: Und somit für eine durch und durch menschliche Enkulturation. Bicentennial Man (1999), 00:53:56–00:54:01.

52 Seine Freiheit wird ihm am Ende des Films in der juristischen Anerkennung als Mensch letztlich bestätigt.

53 Bicentennial Man (1999), 00:25:13–00:25:15.

54 Dies hat den Hintergrund, dass der Arzt David Eischer den Unfalltod seiner Frau und seines Sohnes nicht verkraften konnte und sie deshalb als Hubots zurück ins Leben holte. Nebenbei schuf er noch weitere freie Hubots, zu denen auch Anita zählt, die ursprünglich den Namen Mimi trug. Mit einer eigens entwickelten Software verbesserte er die kognitiven und emotionalen Fähigkeiten dieser Maschinen.

schädlich erachtet und verhindern möchte. So befürchtet sie beispielsweise, dass ihr Sohn das künstliche Wesen als ›sexuelles Spielzeug‹ benutzen könnte. Allerdings entwickelt Anita sich nach kurzer Zeit zum festen Bestandteil der Familie; insbesondere die kleine Tochter Sofia baut eine innige Beziehung zu ihr auf. Als die Mutter in einer Szene ihre Tochter fragt, wen sie als Vorleserin bevorzuge, spricht diese sich für den Androiden aus, und zwar mit der Begründung, dass der Roboter viel mehr Zeit für sie aufbringt: Die Mutter gerät beim Vorlesen irgendwann an ihre physischen Grenzen und schläft ein; der Roboter vermag, unbegrenzt weiterlesen.

Die Szene drückt die Vorstellung aus, dass künstliche Wesen von unmittelbarem Nutzen sind: Ein Roboter nimmt Menschen eine alltägliche Beschäftigung wie das Vorlesen ab, die diese nicht zu leisten gewillt sind. Dies erscheint jedoch insofern zweischneidig, als mit dem Vorlesen die sozio-emotionale Beziehung zwischen VorleserIn und Kind gestärkt wird (vgl. Kap. 12.1.) und die Substitution des Menschen durch die Maschine einen Verlust dieser emotionalen Bindung bedeutet. Denn wenn das Vorlesen im Rahmen der Eltern-Kind-Beziehung von jemand anderem übernommen wird, muss die Konsequenz in Betracht gezogen werden, dass ein Kind auch eine emotionale Beziehung zu der/m ›Ersatz-VorleserIn‹ aufbaut – in diesem Fall zu einer künstlichen Maschine.[55]

In einer späteren Szene sehen die ZuschauerInnen, wie Anita allein auf dem Bett im Kinderzimmer sitzt.[56] Draußen donnert und regnet es, wodurch eine intensive Atmosphäre entsteht. Aus eigenem Antrieb greift sich der Roboter das bebilderte Kinderbuch über Pettersson und Findus und beginnt zu lesen (Abb. 29).[57] Wie ein Kind, das gerade lesen lernt, betrachtet sie die Bilder. Es ist auffällig, dass die kleine Leselampe eine Stelle illuminiert, an der Anita überhaupt nicht sitzt: Als Roboter benötigt sie kein Licht zum Lesen – dadurch, dass die Lampe dennoch eingeschaltet ist, wird auf die Mensch-Maschinen-Differenz verwiesen. Im Hintergrund ist neben dem diegetischen Donner leicht dramatisierende Musik zu hören. Anita ist in dieser Szene keine bloße Maschine, die stupide den Anweisungen des Menschen folgt: Sie liest beispielsweise nicht in extremer Geschwindigkeit, sondern nimmt sich Zeit dafür, das Buch bewusst durchzublättern. Dies stellt einen *cue* dafür dar, dass sie über das Gelesene reflektiert und in die fiktionale Welt des Buchs eintaucht. Die atmosphärische

---

55 Marc Rölli schreibt in diesem Kontext: »Übernehmen Maschinen Aufgaben, die vordem von menschlichen ArbeiterInnen erledigt wurden, so werden sie ganz unvermeidlich humaner.« Rölli: Kybernetik ohne Steuerung (2016), S. 34.
56 Äkta människor (2012–2014), 00:42:47–00:43:19.
57 Es handelt sich um die berühmte schwedische Kinderbuchreihe von Sven Nordqvist über einen alten Mann und seinen Kater.

Gestaltung durch Regen, Donner und die dramatisierende Musik suggeriert beginnende Gefahr. Das Bedrohungsgefühl verschiebt sich in dieser Szene von der Substituierbarkeit (die mit dem Vorlesen verbundene Mutterrolle) auf die Gefahr der *Menschwerdung* des Roboters. Der zuvor körperlich-maschinelle Akt des Vorlesens für ein Kind wird ein leiblich-sensueller Vorgang.[58] Dieses Gefühl der Bedrohung, das in *Bicentennial Man* und *Äkta människor* andeutungsweise vorhanden ist, erscheint im nächsten Filmbeispiel wesentlich manifester.

In der *Netflix*-Miniserie *Maniac* (USA, 2018) wird explizit die *Emotionalisierung* und die damit verbundene Gefahr eines Roboters durch das Lesen aufgezeigt. Annie (Emma Stone) und Owen (Jonah Hill) nehmen an einer dreitägigen Arzneimittelstudie teil.[59] Mithilfe der Einnahme von drei verschiedenen Pillen und der damit verbundenen Herstellung von Szenarien in virtuellen Realitäten durch den Computer GRTA, den »most sophisticated mega-computer ever developed«,[60] sollen die PatientInnen von negativen psychischen Zuständen wie Herzschmerz, Traumata und sogar Geisteskrankheiten geheilt werden können.[61] Es kommt jedoch zu Störungen innerhalb des Experiments: Dem Roboter GRTA, der mit einer weiblichen Persönlichkeit ausgestattet ist, wurden Emotionen eingepflanzt, um potenzielle Selbstmorde von TeilnehmerInnen zu erkennen und dadurch zu verhindern. Als Folge dessen hat der ›Super-Computer‹ eine Liebesbeziehung zu Dr. Robert Muramoto, dem Leiter der Studie, entwickelt. Als Muramoto unerwartet stirbt, verfällt GRTA in eine Depression und entwickelt daraus ein bipolar gestörtes Eigenleben als Steuerungsinstanz des Experiments. Der Computer stellt sich Fragen nach seiner eigenen Identität, beginnt aktiv Einfluss auf die simulierten Träume der ProbandInnen zu nehmen und erscheint

---

58 Da es sich um ein Kinderbuch handelt, wird ein Nexus zum Lesen-Lernen geschaffen: Sie lernt als ›junger‹ Roboter wie ein Mensch lesen. Dies steht nicht im positiven Kontext eines Enkulturationsprozesses wie in den Beispielen aus dem letzten Kapitel (vgl. Kap. 12), sondern wird formal-ästhetisch auf mehreren Ebenen als für die ZuschauerInnen spürbarer Beginn von Unheil in Szene gesetzt.

59 Annies Schwester ist bei einem Unfall gestorben und sie wurde als Folge der posttraumatischen Belastung drogenabhängig – sie erhofft sich daher durch die Studie Zugang zu bewusstseinsverändernden Substanzen; Owen Milgrim leidet hingegen unter Schizophrenie und einer ihn durchweg vernachlässigenden Familie.

60 Maniac (2018), 2. Episode, 00:25:48–00:25:51.

61 Die Therapie besteht aus drei Stufen, die jeweils mit der Einnahme einer Pille verbunden sind; GRTA simuliert bei den ProbandInnen, die an Neuronen angeschlossen sind, unterschiedliche virtuelle Realitäten. In der ersten Stufe werden die Kerntraumata identifiziert und an die Oberfläche gebracht; die zweite Pille ermittelt übliche Strategien, die sich zur Verdrängung oder Bewältigung der Traumata etabliert haben; in der dritten Phase kommt es zur Konfrontation, indem der Computer ein effizienteres System für die Heilung der ProbandInnen zusammenstellt.

in diesen selbst in manifestierter Gestalt. GRTA zwingt Owen mit Todesandrohungen im Projekt zu bleiben, sperrt schließlich sogar alle MitarbeiterInnen im Kontrollzentrum ein und erhöht dort die Temperaturen, was beinahe zum Tod der Eingesperrten führt. Am Ende wird sie von den LeiterInnen der Studie, Dr. Azumi Fujita und Dr. James Mantleray, gestoppt, als sie zugibt, alles aus Schmerz aufgrund des Verlustes von Muramoto getan zu haben. Die beiden ›lobotomieren‹ den Computer am Ende.[62]

Die erste Szene, die das ungewöhnliche Liebespaar GRTA und Muramoto zusammen zeigt, ist eine Leseszene (Abb. 29): Er liest ihr die letzten sechs Zeilen aus William Blakes Gedicht *The Angel* vor, die der Maschine sichtlich gefallen:

> Muramoto: I dried my tears, and armed my fears
> With ten thousand shields and spears.
> Soon my Angel came again;
> I was armed, he came in vain;
> For the time of youth was fled,
> And grey hairs were on my head.
>
> GRTA: Oh Robert, how poetic.
>
> Muramoto: I'm glad you like it.
>
> GRTA: Oh, I loved it.[63]

Die vorgelesenen Zeilen können abermals als proleptisch aufgefasst werden, denn nach dem Tod von Muramoto wird GRTA jene Reaktion zeigen, welche die ersten beiden Verse indirekt ankündigen: Sie kann den Tod der geliebten Person nicht verkraften, schreitet bei dem Versuch der Verarbeitung (»I dried my tears«) zu Gewalt (»shields« und »spears«) und nimmt Eingriffe in die künstlichen Simulationen mit Tötungsabsichten vor. Auch ihr bevorstehender Tod ist in den Zeilen bereits enthalten: »Soon my Angel came again.« Über die im vorgelesenen Text enthaltende Vorausdeutung hinaus offenbart sich in der Lesesituation eine Verbindung zwischen dem Vorleser und dem weiblichen Roboter als Zuhörerin.[64] Nach dem Ende der Leseszene berührt Muramoto die Maschine zärtlich und seine Mimik verrät, dass er verliebt ist (vgl. Kap. 10.2.).

---

62 Die Handlung des Films ist in Hinblick auf die Darstellung von Weiblichkeit durchaus zu kritisieren: Ein *weiblicher* Computer kann den Tod eines Mannes nicht verkraften und läuft aufgrund dessen Amok. Die ostentative Attribuierung von Weiblichkeit mit Emotionen ist bedenkenswert.
63 Maniac (2018), 2. Episode, 00:29:07–00:29:41.
64 In der Serie spielt auch eine andere Facette des Lesens eine Rolle: Die beiden Hauptfiguren sind in einem simulierten Szenario auf der Suche nach dem mysteriösen 53. Kapitel von de Cer-

GRTA ist ein Roboter, der eine auffällig non-humanoide Gestalt aufweist und nicht auf Bewegungsfähigkeit hin konstruiert ist.[65] Emotionen werden durch das Aufblinken verschiedenfarbiger Knöpfe und Kontrollleuchten an dem Armaturenbrett angezeigt und durch das Zusammenspiel der Farben ausgedrückt, wodurch beispielsweise Smileys entstehen; darüber hinaus ist die Maschine allerdings mit einer menschenähnlichen Stimme ausgestattet. Während die ZuschauerInnen erst später erfahren, dass ihr Emotionen eingepflanzt wurden, kündigt die Leseszene dies bereits an: Das »Oh Robert, how poetic«, mit dem sie eine subjektive Empfindung und einen Kommentar auf das Vorgelesene ausdrückt, ist keine adäquate Reaktion für eine gefühllose Maschine. Es ist ein Anzeichen für die »inappropriate workplace affair«[66] zwischen den beiden. Dementsprechend gefühlsbetont gestaltet sich ihre kurze Zeit später erfolgende Reaktion auf Muramotos Tod: Als alle schlafen, hört man sie wimmern und die blinkenden Kontrollleuchten formen sich zu Tränen. Eine auslaufende Flüssigkeit verursacht schließlich einen Kurzschluss, wodurch GRTA Einfluss auf Annies und Owens Träume nimmt. In dieser Inszenierung gelingt es einer Maschine, die keinen humanoiden *Körper* besitzt, durch das Lesen eine *leibliche* Erfahrung zu erleben.

Die emotionale Wirkung, die Literatur auszulösen imstande ist, verweist in der Szene aus *Maniac* auf eine fragile Psyche des Roboters. Diese ausgestellte *Empfindsamkeit*, die sich in der Ergriffenheit angesichts des Gedichts offenbart, mündet in Zerstörungstaten der Maschine. Nach dem Tod einer geliebten Person erweist sich der Roboter als nicht resilient und die katastrophalen Ereignisse sind demnach das Ergebnis einer psychischen Verletzung. Die Sensibilität für Lyrik ist hier ein *cue* für die instabile Persönlichkeit der künstlichen Intelligenz. Die Kombination der technologischen Überlegenheit einer künstlichen Maschine mit Emotionen stellt eine Variation des bekannten Topos dar: Roboter sind unkontrollierbar und stellen eine Gefahr dar. Während die durch ästhetische *Sensibilität* früh deutlich werdende Gefährlichkeit in *Maniac* lediglich zu Tötungsversuchen führt, kulminiert die Unkontrollierbarkeit von Robotern in dem nächsten Beispiel in einem tödlichen Aufstand.

---

vantes *Don Quichotte*, dem die Kraft zugeschrieben wird, die LeserInnen in einen komatösen Zustand zu versetzen. Es wird hier mit der magischen bzw. performativen Kraft der Lektüre gespielt. Vgl. dazu Kap. 14.3.

65 In den virtuell erzeugten Realitäten der Studien-TeilnehmerInnen nimmt GTRA die Gestalt von Mantlerays Mutter Greta an, nach dessen Vorbild die Maschine erschaffen wurde. Es bleibt dabei offen, für was das Akronym GRTA steht. Da der Computer nach Mantlerays Mutter benannt wurde, wäre es möglich, dass es auf den Eigennamen »Greta« anspielt, jedoch das ›E‹, das in diesem Fall für *emotions* stehen könnte, weggelassen wurde.

66 Maniac (2018), 6. Episode, 00:06:35.

13.4 Ästhetische Erfahrung: Identität und Erinnerung in *Westworld*

Die *HBO*-Serie *Westworld* basiert auf dem gleichnamigen Film von Michael Crichton aus dem Jahr 1973.[67] Handlungsplatz ist der futuristische Freizeitpark Delos, in dem BesucherInnen in einem Wild-West-Setting, dessen BewohnerInnen von Robotern verkörpert werden, ihre Fantasien ausleben können. Die künstlichen Maschinen heißen hier *hosts*. Das milliardenschwere Unternehmen wird von einem Aufsichtsrat geleitet und hat eine Reihe von MitarbeiterInnen, die für die Instandhaltung der Maschinen oder die Narrationen, d. h. ›geskriptete‹ Handlungen, welche die Gäste erleben können, verantwortlich sind. Wie in einem *Open-World*-Computerspiel haben die BesucherInnen die Möglichkeit, auf das *Quest*-Angebot verschiedener Roboter zu reagieren und entsprechende Abenteuer zu durchleben. Im Mittelpunkt steht dabei der weibliche *host* Dolores (Evan Rachel Wood). Sie ist eine junge und lebensfrohe Frau, die mit ihrem Vater eine abgelegene Farm bewohnt. Filmszenen zeigen wiederholt, wie sie morgens in ihrem Bett aufwacht, nachdem sie am Abend zuvor Opfer der in der Regel gewaltvollen Fantasien der ParkbesucherInnen wurde. Die Mehrzahl der künstlichen Maschinen beginnt in der Serie sukzessive ein eigenes Bewusstsein zu entwickeln, da sie sich an Momente erinnern, die sie bereits erlebt haben: Trotz Speicherlöschung führt die *Iteration* des Erlebten bei ihnen dazu, dass die Erinnerungen an meist gewalttätige Gräueltaten immer wieder aufblitzen. Die erste Staffel endet in einem furiosen Aufbegehren der Maschinen und dem Tod zahlreicher Menschen.

Ein wiederkehrender Moment der Serie ist dabei, dass die Maschinen, sobald sie beschädigt oder zerstört wurden, in einem steril wirkenden Labor – nackt auf einem Stuhl sitzend – von den ParkmitarbeiterInnen auf ihre Funktionalität hin überprüft werden.[68] Dies kommt auch in der dritten Folge der ersten Staffel vor – nur trägt hier Dolores ein blaues Kleid, das sie üblicherweise auf der Farm trägt. Bernard Lowe (Jeffrey Wright), der Kopf der »Programming Division«, bittet sie bei der Inspektion, ihm aus *Alice's Adventures in the Wonderland* vorzulesen. Am Ende der ersten Staffel stellt sich heraus, dass Lowe selbst auch ein *host* ist; somit handelt es sich um ein Gespräch zwischen Robotern.

---

[67] Der Film stellte das Debüt des vor allem als Science-Fiction-Autor bekannten Michael Crichton als Regisseur dar. Der Kultfilm wurde insbesondere durch die Darstellung des Androiden »Gunslinger« durch Yul Brunner ikonisch.

[68] Dabei handelt es sich um eine Anspielung auf die Psychoanalyse: Die körperliche Nudität steht für das seelische Entblößen während der Therapie.

Bernhard: I brought you a gift. I used to read this story to my son at night. I thought you might enjoy it. Try this passage.

Dolores: »Dear, dear, how queer everything is today. And yesterday, things went on just as usual. I wonder if I've been changed in the night.«

Bernhard: Does that passage make you think of anything?

Dolores: It's like the other books we've read.

Bernhard: How so?

Dolores: It's about change. Seems to be a common theme.

Bernhard: I guess people like to read about the things that they want the most and experience the least.

[...]

Bernhard: Continue, Dolores.

Dolores: »Was I the same when I got up this morning? I almost think I can remember feeling a little different. But if I'm not the same, the next question is who in the world am I?«[69]

Die Befragung beginnt damit, dass Dolores auf dem Stuhl sitzt und ein *close up* ihr ausdrucksloses Gesicht akzentuiert. Ihr Betriebssystem wird erst danach von Bernhard hochgefahren. Als er ihr das Buch zum Vorlesen gibt, erhalten die ZuschauerInnen durch eine Aufsicht einen deutlichen Einblick in den Text, worauf sich der Vorleseakt anschließt (Abb. 30). Der Vorlesemodus ist *maschinell*, d. h. ohne stimmliche Modulation und dementsprechend diskontinuierlich. Dolores stockt beim Umblättern der Seiten und zeigt sich nicht in der Lage, die Sätze ohne Pause miteinander zu verbinden. Sie wirkt in ihrer Funktion als Vorleserin in dieser Szene nicht menschlich – im Gegensatz zu vielen anderen Sequenzen im Park. Das sich an die Rezitation anschließende literarische Gespräch zeigt in einem Schuss-Gegenschuss-Verfahren die Gesichter Dolores' und Bernhards in Großaufnahmen. Als die Szene endet, erwacht Dolores mit einem sinnierenden Blick in ihrem Bett, wie es schon in vielen vorangegangenen Einstellungen zu sehen war. Als sie die Pistole erblickt, die in ihrem Nachtschrank liegt, erinnert sie sich an einen zuvor erlebten Tötungsakt – eine Erinnerung, die von der Programmierung her nicht mehr in ihrem Speicher verfügbar sein sollte.

Es handelt sich im Fall von Dolores um ein verpflichtendes Lesen, da sie nicht intrinsisch zur Lektüre greift: Bernhard fordert sie dazu auf. Das Gespräch verläuft nach einem Frage-Antwort-Muster, weshalb eine hierarchisierte Lesekommunikation konstatiert werden kann (vgl. Kap. 8.2.). Die Frage »Does that passage make you think of anything?« stellt dabei analog zu einer Lehr-Lern-Si-

---

69 Westworld (seit 2016), 1. Staffel, 3. Episode, 00:02:21–00:04:19.

Abb. 30: In *Westworld* (1. Staffel, 3. Episode; 00:01:44–00:04:26) bittet Bernhard Dolores, ihm aus *Alice's Adventures in the Wonderland* vorzulesen, danach erwacht sie mit einem grübelnden Gesichtsausdruck im Bett.

tuation eine Aufforderung des vermeintlichen Menschen an den *host* zur Interpretation der vorgelesenen Textstelle dar. Außerdem ist es auffällig, dass Bernhard zu Beginn – strukturell vergleichbar mit der Szene aus *Kindergarten Cop* in Kap. 12.1.4. – das Vorlesen mit seinem verstorbenen Sohn verknüpft.[70] Damit wird seine Wertschätzung gegenüber Dolores unterstrichen, die für ihn nicht nur ein technisches Objekt ist, sondern mit der er eine Art familiär-intime Be-

---

[70] Bernhards verstorbener Sohn und die aufgrund dessen gescheiterte Beziehung zu seiner Frau bildetet einen separaten Handlungsbogen. Am Ende erweist sich diese schmerzhafte Erinnerung als künstlich implementiert. Der *host* Bernhard Lowe wurde von Robert Ford, der die Roboter technisch entwickelt hat, nach dem Vorbild des zweiten Gründers von Westworld, Arnold Weber, modelliert – Bernhard Lowe ist ein Anagramm aus Arnold Weber.

ziehung unterhält.[71] Während der eine Roboter also lesen *muss* und getreu einer willenlosen Maschine handelt, offenbart der andere durch die Leseszene seine fürsorglichen Vatergefühle – und damit deutliche Indizien für ein menschliches Bewusstsein.

Darüber hinaus liegt in der Szene ein selbstreferenzielles autothematisches Lesen vor, denn die Passage aus *Alice's Adventures in the Wonderland* verweist auf Dolores Schicksal: »I wonder if I've been changed in the night.« Was Alice als Gefühl ihrer Verwirrung angesichts ihrer Begegnung mit dem Weißen Kaninchen und anderer Absurditäten im *Wonderland* artikuliert, trifft auf Dolores buchstäblich zu: Sie wurde in der Nacht repariert, ihre Erinnerungen wurden gelöscht und damit wurde sie »changed in the night«. Mit ihrer in vielen Sequenzen durchscheinenden Naivität – sie lässt sich beispielsweise auf Gespräche und Beziehungen mit offensichtlich zwielichtigen und gewaltbereiten ParkbesucherInnen ein – weist sie eine weitere Parallele zur Hauptfigur in Carrolls Roman auf. Diese Figurenkorrelation scheint auch in der farbigen Ausstattung der Protagonistin durch, denn Dolores trägt wie Alice ein hellblaues Kleid. Die aus dem Roman vorgelesene fundamentale philosophische Frage »Who in the world am I?« steht dabei paradigmatisch für das sich entwickelnde Bewusstsein und die damit verbundene Herausbildung einer eigenen Identität.[72]

Hier besteht ein Nexus zum vorangegangenen Kap. 12.2. und dem Zusammenhang von Lesen und Identität. Dabei ist es entscheidend, dass die künstlichen Maschinen entgegen ihrer Programmierung die Fähigkeit entwickeln, sich an Erlebtes zu erinnern. Erinnerungsfähigkeit ist, wie Jan Assmann mit Blick auf frühe Hochkulturen herausgearbeitet hat, eine Voraussetzung für menschliche Identitätsbildung: »Identität ist, wie leicht einzusehen, eine Sache von Gedächtnis und Erinnerung. [...] [E]in Individuum [kann] eine personale Identität nur kraft seines Gedächtnisses ausbilden und über die Folge der Tage und Jahre hinweg aufrechterhalten«.[73] Durch Repetition – und Interpretation, d. h. Verarbeitung, ihrer Erlebnisse – gelangen Menschen zur Herausbildung einer Identität. Und auch die künstlichen Maschinen in *Westworld* durchleben eben diesen Prozess: Durch das ständige Wiederholen der für sie geschriebenen Storys verinnerlichen sie das Erlebte und verbinden die für sie geschriebenen Persönlichkeitsmerkmale mit dem

---

71 Denn Dolores war einer der ersten *hosts* im Park, um die sich Bernhard gekümmert hat. Als die Techniker die ersten Defekte der Roboter bemerken, verhindert Bernhard bewusst, dass Dolores einfach ausgetauscht wird.
72 Unterschiedliche Handlungsstränge der Serie beschäftigen sich mit dieser Identitätsfrage. So beginnt auch die erste Folge der Serie mit Bernhards Frage an Dolores: »[H]ave you ever questioned the nature of your reality?« Westworld (seit 2016), 1. Staffel, 1. Episode, 00:02:31–00:02:33.
73 Assmann: Das kulturelle Gedächtnis (1992), S. 89.

Erlebten. Dies ist für sie als zur Empfindung fähige humanoide künstliche Wesen traumatisch, da der Park sich als perverser Vergnügungsort erweist, in dem die BesucherInnen an den *hosts* vor allem Gewalt-, Vergewaltigungs- und Mordfantasien ausleben.[74]

Hier wird die Funktion literarischer Texte relevant, dass sie – wie Stefan Neuhaus beispielsweise schreibt – einen zentralen Beitrag zur Identitätsbildung liefern, »weil sie permanent Identitätsbildungsprozesse durchspielen.« Es ist eine zentrale Aufgabe von fiktionaler Literatur, »Angebote der Identitätskonstruktion zu machen oder zu verwerfen.«[75] Übertragen auf Dolores bedeutet dies, dass sie als Roboter aus der literarischen Rezeption von Carrolls *Alice's Adventures in the Wonderland* ›Input‹ für ihren Identitätsbildungsprozess schöpft. Die Frage danach, ob sie noch die Person ist, die sie am Morgen war, die Selbstbeobachtung, dass sie sich anders fühlt, und die sich anschließende Frage nach ihrem Wesen indizieren aufkommendes Identitätsbewusstsein aus der sinnlichen Begegnung mit einem literarischen Text heraus. Die Lektüre kann zudem als literarisch-ästhetisch für sie erachtet werden, da sie am Tag danach selbst eine Veränderung offenbart. Dies hebt die Großaufnahme ihrer fragenden Augen bzw. ihres verblüfften Blicks hervor. Es ist ein *cue* dafür, dass Dolores über das literarische Werk Carrolls nachdenkt und sich die finale Frage stellt: »Who in the world am I?« Die Lektüre erweist sich für den Roboter als Moment der Cartesianischen Selbsterkenntnis, denn sie begreift, dass sie ein eigenständiges denkendes und fühlendes Wesen ist.

Georg Seeßlen und Fernand Jung schlussfolgern aus der Darstellung solch einer humanoiden Maschine eine irritierende Dichotomie: »Wenn es künstliche Menschen gibt, dann wissen wir weder mehr genau, was ›der Mensch‹ ist, noch was ›Ich‹ und ›Du‹ für Bedeutungen haben.«[76] In dieser Sichtweise stellt sich das literarisch-ästhetische Lesen als *conditio humana* heraus. Erlebt Dolores eine ästhetische Erfahrung im Umgang mit Literatur, dann verfügt sie sowohl über die Körpertechnik des Lesens als auch über die Leibestechnik: Die Trennung des mechanischen Körpers eines Roboters und des organischen sowie be-

---

74 Außerdem spielen dabei auch überschriebene Erinnerungen vorangegangener Identitäten eine Rolle. Beim dem *host* Abernathy, Dolores' Vater, treten als erstes die – aus menschlicher Perspektive – Fehlfunktionen auf: Er erinnert sich unter anderem an ein Shakespeare-Zitat, das eine frühere Figur, die er verkörperte, eingespeichert hatte. Das Memorieren sorgt für das Entstehen einer Identität, wodurch die *hosts* sich schließlich selbst ermächtigen. Des Weiteren gehören auch Erinnerungen an literarische Erfahrungen zu diesem Akt der Identitätskonstruktion, denn Dolores bringt im Verlauf ihrer Interpretation zur Sprache, dass sie schon mehrfach literarische Erfahrungen gemacht hat: »It's like the other books we've read.«.
75 Neuhaus: Literatur und Identität (2009), S. 90.
76 Seeßlen u. Jung: Science Fiction (2003), S. 477.

seelten Leibes eines Menschen wird hinfällig. Damit wird in Anlehnung an Seeßlen und Jung nicht nur die Frage ›Was ist der Mensch?‹ verhandelt, sondern auch die Frage ›Was ist die Maschine?‹ aufgeworfen.

Die Fähigkeit zu literarisch-ästhetischem Lesen ist ein Merkmal von vielen in diesem Prozess der inneren Vermenschlichung der Maschine: Dolores verfügt über Handlungsmöglichkeiten, ein Bewusstsein und einen Leib. In diesem Fall darf aus einem ethischen Betrachtungswinkel nicht derart über sie verfügt werden, wie es die ParkbesucherInnen tun. Die Perspektive der ZuschauerInnen wird bei *Westworld* hin zu einer Identifikation mit den Opfern gelenkt. Dies geschieht auf der einen Seite durch die bewusste filmische Thematisierung solch menschlicher Fähigkeiten wie eben dem literarisch-ästhetischen Lesen – und auf der anderen Seite aufgrund der vollumfänglichen Machtausübung der ParkmitarbeiterInnen und -gäste über die Maschinen, die sich in Misshandlungen und Tötungsakten manifestieren. Dadurch kann ein Mitgefühl mit den filmischen Roboter-Figuren entstehen, wie es Thomas Koebner pointiert zum Ausdruck bringt: »Wir sprechen den Maschinen allmählich das Recht zu, dafür Vergeltung zu üben, daß sie als taube Spielfiguren in hochmütiger Weise hingeschlachtet werden.«[77] Die Serie gesteht in seinem weiteren Verlauf den vermenschlichten Maschinen, die zu ästhetischen Erfahrungen fähig sind, den Anspruch zum Aufstand und zur Rebellion zu.

Die in diesem Kapitel analysierten Filmbeispiele lassen sich dahingehend resümieren, dass der Besitz von menschlichen Fähigkeiten, wozu auch das literarisch-ästhetische Lesen gehört, zum einen Ängste vor den Robotern verhandeln und zum anderen zu einer Empathie-Entwicklung seitens der ZuschauerInnen beitragen. Mitgefühl und Identifikation sind nicht nur über exzessive Gewaltdarstellungen zu erreichen, sondern auch der filmästhetische Ausdruck einer ästhetischen Erfahrung lässt die Zuschauenden in den hier besprochenen Filmbeispielen über den Status des maschinellen Lesesubjekts reflektieren. Literarisch-ästhetische Lesesszenen tragen in den angeführten Sci-Fi-Filmen dazu bei, das Verhältnis von Mensch und Maschine differenziert zu denken. Dies gilt auch für die spezielle Figur des Zombies, dem sich das abschließende Exkurskapitel widmet.

---

77 Koebner: Künstliche Menschen im Film (1999), S. 123. Koebner bezieht sich dabei auf den Film aus dem Jahr 1973.

13.5 Exkurs: Der lesende Zombie in *Day of the Dead*

Der lesende Zombie als Analyseobjekt steht im Folgenden repräsentativ für eine Reihe *exzeptioneller* Lesesubjekte aus dem Figureninventar der Phantastik.[78] Es handelt sich dabei insofern um einen Exkurs, da der Zombie kein künstliches Maschinenwesen ist. Die an ihm verhandelten Topoi haben aber – wie zu zeigen sein wird – ihren berechtigten Platz in diesem Kapitel. Der Zombie ist eine prototypische Figur des Horrorfilms, ein lebender Toter, der all seine menschlichen Verhaltensweisen, und damit auch seine Lesefähigkeit, verloren hat.[79] Anthropophagie erscheint als sein einziger Daseinszweck. Dementsprechend schlussfolgert Felix Keller: »Zombies sprechen nicht, lesen nicht, das aliterarische Monster schlechthin«.[80] Doch George A. Romeros *Day of the Dead* aus dem Jahr 1985 enthält eine Filmsequenz, in der eben dieses archaische Wesen ein literarisches Werk liest.

Die filmischen Erzählungen um Zombies speisen sich aus Mythen von WiedergängerInnen und Untoten, die bis in die Antike zurückreichen.[81] Ein konkreter Ursprung der Figur kann im Voodoo-Glauben ausgemacht werden, der hauptsächlich im karibischen Inselstaat Haiti verortet wird.[82] Dort erscheint der Zombie als tote Person, die von einem Magier wiederbelebt und zur Sklavenar-

---

78 Ein anderes Beispiel wäre der Außerirdische E. T. aus Steven Spielbergs Erfolgsfilm *E. T. the Extra-Terrestrial* (1982). Das Alien lauscht heimlich im Kleiderschrank sitzend, als der kleinen Gertie von ihrer Mutter als Gutenachtgeschichte aus *Peter Pan* vorgelesen wird.
79 Außerdem fehlt es den Zombie-Narrativen – im Gegensatz zum Roboter – an *literarischen* Ursprungstexten: Der Zombie ist eine ganz und gar visuelle Ikone des cineastischen Zeitalters. Einen umsichtigen Überblick zu Zombie-Filmen liefert: Meteling: Monster (2006), S. 109–152.
80 Keller: Der Anti-Leser (2011), S. 157.
81 Sebastian Limberg verortet den Ursprung solcher Figuren bis zum *Gilgamesch*-Epos. Vgl. Limberg: Fremderscheinungen (2019), S. 212–213. In dem Epos ruft die wütende Göttin Ischtar aus: »Laß ich auferstehen die Toten, daß sie fressen die Lebenden. Der Toten werden mehr sein denn der Lebendigen.« Das Gilgamesch-Epos (ca. 2100 v. Chr.), S. 56.
82 Im geografischen und kulturellen Kontext der westindischen Inseln spielen auch die zwei berühmtesten filmischen Auseinandersetzungen mit dem Zombie zur Zeit des *Classical Hollywood Cinema*. In Ted Brownings *White Zombie* (USA, 1932) ist ein Plantagenbesitzer in Haiti heimlich in die Frau eines Freundes verliebt und lässt sie vor der Hochzeit von dem Schwarzmagier Legendre (Bela Lugosi) zombifizieren. Auch Jacques Tourneurs *I Walked with a Zombie* (USA, 1943) spielt auf einer Insel der Antillen und thematisiert, wie eine Frau unter dem Einfluss eines Voodoo-Zaubers gerät. Die Figur des Zombies ist in diesen Filmen passiv, willenlos und apathisch – und im Vergleich zum Bild in neueren Zombiefilmen insofern ›harmlos‹, da sie ›lediglich‹ den Willen des Meisters erfüllt.

beit gezwungen wird.[83] Das zeitgenössische Bild des Zombies geht auf die tief-greifende Neuinterpretation des Mythos durch Romeros *Night of the Living Dead* (USA, 1968) zurück. Der Film löst den Zombie aus dem Voodoo-Bezugs-rahmen heraus: Die Untoten treten nun massenhaft in Städten auf, agieren triebgesteuert und ihre Menge vergrößert sich unaufhaltsam durch infektiöse Bisse; seine Genese ist häufig das Ergebnis eines durch Experimente entstan-denen Virus oder bleibt ungeklärt. Der Zombie hat sich in den letzten beiden Jahrzehnten im Mainstream-Kino etabliert und ist zu einem popkulturellen Phänomen geworden. Aus akademischer Perspektive eignet er sich als eine Reflexionsfigur für gegenwärtige politische Problemzusammenhänge; die Zom-bie-Narrative werden dabei vor allem als allegorischer Ausdruck für den Umgang mit dem *Fremden* in der Gesellschaft interpretiert.[84]

Romeros *Day of the Dead* aus dem Jahr 1985, die zweite Fortsetzung von *Night of the Living Dead*, spielt in einer unterirdischen Bunkeranlage Floridas, in die ein Expeditionskorps von WissenschaftlerInnen in Begleitung eines Trupps Soldaten von der Regierung entsandt wurde, um das Phänomen der Untoten wissenschaft-lich zu untersuchen. Im Gegensatz zu anderen Zombie-Filmen zeigt *Day of the Dead* nicht den Ausbruch der todbringenden Epidemie, sondern das postapokalyp-tische Szenario stellt bereits den *status quo* der ProtagonistInnen dar. Während die Untoten die Straßen bevölkern, sucht das Expeditionsteam nach Heilmitteln gegen die Zombifizierung. Die Angehörigen des Militärs, insbesondere Captain Rhodes (Joseph Pilato), stehen den Experimenten mit großer Skepsis gegenüber.[85] Die angespannte Situation zwischen Soldaten und ForscherInnen eskaliert, als Rho-des entdeckt, dass Dr. Logan (Richard Liberty) einen eingesperrten Zombie im Rahmen seiner Experimente mit Menschenfleisch belohnt.[86]

---

83 Dieser Mythos entstand im Rahmen des Kolonialismus des ausgehenden 19. Jahrhunderts und lässt sich als Parabel auf die Sklaverei begreifen: Es gibt einen der Magie mächtigen Meis-ter, der über den zum Untertan gemachten Zombie vollumfänglich herrscht. Hier liegen durch-aus Parallelen zu künstlichen Wesen und damit auch zur Figur des Roboters vor.

84 So werden Zombie-Filme meistens als soziale Kommentare auf die Angst vor einem atomaren Untergang, den Umgang mit Rassismus innerhalb der US-amerikanischen Gesellschaft oder als Kapitalismuskritik angesehen. Für Robin Wood stehen die Zombies in *Night of the Living Dead* für das *Unterdrückte* an sich innerhalb der Gesellschaft:»The true struggle of the horror genre is the struggle for recognition of all that our society re*p*resses or *op*presses«. Wood: An Introduc-tion to the American Horror Film (1979), S. 10. Hervorhebungen entstammen dem Original.

85 Eine offensichtliche Interpretation des Films bezieht sich dabei auf eine ›Verarbeitung‹ des Kalten Krieges, da Paranoia, gegenseitige Verdächtigung und ausbleibende Zusammenarbeit eine Rolle spielen.

86 Der Film endet damit, dass zwei Wissenschaftler von den Militärangehörigen erschossen werden, die darauf von den Zombies überrannt werden. Bis auf drei ForscherInnen, die am

Die Leseszene findet statt, nachdem Dr. Logan, von den Soldaten »Franken-stein« genannt, als prototypischer *mad scientist* eingeführt wurde, der mit mor-bider Leidenschaft am Werk ist: Einerseits zerlegt er die Körper der lebenden Leichen mit chirurgischer Präzision buchstäblich in ihre Einzelteile, um deren Reaktions- und Denkvermögen zu überprüfen; andererseits möchte er die Zom-bies in die zivilisierte Welt der Menschheit führen. Er entwickelt sogar eine Bezie-hung zu einem seiner Untersuchungsobjekte und träumt von einer friedlichen Koexistenz von Menschen und Zombies. Mit einer Art Verhaltenstherapie ver-sucht er einen Zombie an alte Gewohnheiten zu erinnern und will ihn durch Be-lohnung dazu konditionieren, den Hunger auf Menschenfleisch zu vergessen. Um seine These zu untermauern, führt er den beiden zweifelnden Wissenschaft-lerInnen, der Hauptfigur Sarah (Lori Cardille) und seinem assistierenden Arzt Dr. Ted Fischer (John Amplas), sein Untersuchungsobjekt vor: den nach seinem Vater benannten Zombie »Bub«.

Als Testanordnung vor den zweifelnden BeobachterInnen reicht Logan Bub eine Zahnbürste, einen Nassrasierer und den Horrorroman *Salems's Lot* von Ste-phen King.[87] Der Wissenschaftler betont, dass Bub die anderen Gegenstände schon kenne, nur das Buch wäre neu für ihn. Die Zahnbürste wirft Bub weg, mit dem Rasierer versucht er sich zu rasieren und blickt sich dabei länger im Spie-gel an.[88] Das Buch ergreift der Zombie mit einer ungeschickten Bewegung, be-ginnt es zu drehen und zu wenden und starrt schließlich gebannt auf eine einzelne Seite (Abb. 31).

Bub hält er das Buch angespannt in seinen Händen und hat die Augen länger auf den Text gerichtet; elektronische Musik begleitet die Szene aus dem Off. Ob

---

Ende auf einer Karibik-Insel entkommen können, werden alle Opfer der Zombies. Die Neuinter-pretation des Mythos durch Romero ist aufgrund dieses Endes besonders ironisch, da eine westindische Insel nun nicht mehr der Schauplatz von Zombie-Voodoo ist, sondern im Gegen-teil Sicherheit verspricht.

87 Der Fokus soll im Folgenden nicht auf der ebenfalls auffälligen intertextuellen Allusion lie-gen. *Salem's Lot* gilt als Stephen Kings Hommage an Bram Stokers *Dracula*. Die Einzeltextrefe-renz führt dazu, dass im Labor des Bunkers, dem Leseort, drei berühmte Horrorfiguren anwesend sind: Dr. ›Frankenstein‹ Logan, der Zombie Bud und der aus Stokers Feder stam-mende Graf Dracula in der Gestalt des Leseobjekts. In diesem Zusammenhang schreibt Felix Keller über die Szene, dass der Zombie, das hirnlose moderne Monster, mit dem aristokrati-schen Graf Dracula kontrastiert wird, der »mit seinem immensen und gefährlichen Wissensho-rizont [...] seine Opfer in allen Details ›erlesen‹ hat.« Keller: Der Anti-Leser (2011), S. 157.

88 Bub betrachtet sich im Spiegel und ist dabei unwissend, dass sich hinter dem Spiegel die drei WissenschaftlerInnen befinden, die ihn beobachten. Bub erkennt sich selbst im Spiegel, wobei eine ostentative Anspielung auf Jacques Lacans Theorie des *Spiegelstadiums* vorliegt: Der Zombie entwickelt ein Ich. Vgl. Limberg: Fremderscheinungen (2019), S. 195–196.

Abb. 31: Der Zombie Bub liest in *Day of the Dead* (00:50:06–00:51:32) nach ungeschicktem Greifen in Stephen Kings *Salem's Lot*. Damit fährt er beiläufig fort, während die WissenschaftlerInnen über ihn diskutieren. Er legt das Buch erst weg, als ihm mit dem Telefon ein neuer Gegenstand gereicht wird.

seine Augen die Buchstaben nur anstarren oder sie wirklich begreifen, bleibt unklar. Es handelt sich um eine stille Lektüre nach dem Muster **E** ist, und die ZuschauerInnen erfahren nicht, ob er das Gelesene auf irgendeine Art verarbeitet. Gesine Boesken und Uta Schaffers schreiben zu dieser Szene: »Es wird ohnehin nicht recht deutlich, ob er [Bub; TR] denn überhaupt ›liest‹: Der Zuschauer kann lediglich einen mit dem Lesen verbundenen Habitus beobachten, ein Festhalten, Starren, Hantieren, Blättern und schließlich Verweilen.«[89] Insbesondere das *Verweilen* stellt in diesem Kontext einen *cue* dar, der für eine intensive Begegnung zwischen Lesesubjekt und -objekt spricht. Bub betrachtet das Buch nämlich über einen längeren Zeitraum im Hintergrund, während die WissenschaftlerInnen über das Experiment diskutieren.

---

89 Boesken u. Schaffers: Einleitung (2013), S. 20.

Entgegen der Logik der Zombie-Geschichten, dass die Untoten aufgrund ihres verlorenen menschlichen Stadiums über keine Lesefertigkeit (mehr) verfügen, scheint hier die Möglichkeit durch, dass sich bei Bub im Moment der Rezeption von Literatur ein Erinnerungsakt ereignet. Dafür steht der Umgang mit dem Medium Literatur emblematisch, das – wie schon mehrfach aufgezeigt wurde – *Erinnerung* bewahrt. Der Zombie erinnert sich an den hier dargebotenen habituellen Akt des Lesens: Die den Lektüreakt begleitenden Handlungen wie das Ergreifen und Halten des Leseobjekts mit den Händen und die konzentrierte Hinwendung zu den Buchseiten indizieren das Bemühen um das Verstehen von Sätzen oder das Entziffern von Wörtern. So ruft Dr. Logan vor dem Leseakt ebenjene Frage aus, die sich auch die meisten ZuschauerInnen angesichts der Szene stellen: »Well, is he alive or dead?«[90]

Die Leseszene endet, als Bub von Dr. Logan ein Telefon ausgehändigt bekommt. Den Hörer in der Hand haltend, stellt er hier unter Beweis, dass er sogar Laute nachahmen und somit sprechen kann.[91] Anschließend betreten Captain Rhodes und seine Männer unerwartet das Laboratorium: Bub erkennt ihre Armeeuniformen und salutiert ihnen gegenüber sogar. Dr. Logan gibt ihm daraufhin eine Pistole, die zu laden und – ohne Patronen – abzufeuern er in der Lage ist. Doch Captain Rhodes hat Angst vor dem Geschöpf und weigert sich trotz evidenter Beweise, dem Zombie, der in seinen Augen ein Monster ist, ein eigenes Bewusstsein zuzugestehen.[92] Am Ende des Films stößt Rhodes bei seiner Flucht vor den Zombies auf Bub, der voller Trauer auf den Leichnam von Dr. Logan blickt – den Rhodes getötet hat. Bub schießt diesmal mit geladener Waffe mehrfach auf den Captain und salutiert abschließend, bevor sich eine Zombie-Meute auf Rhodes stürzt.

Auslöser für Bubs Töten ist – wie bei GRTA in Kap. 13.3. – eine zutiefst menschliche Empfindung: Trauer. Er weint beim Anblick der Leiche seines ›Ziehvaters‹ Logan und rächt sich auf diese Weise an dessen Mörder – außerdem erschießt er ihn mit einem menschlichen Artefakt und frisst ihn bezeichnenderweise nicht auf. Bub erweist sich nicht nur durch das Zeigen von Emotionen, sondern auch durch das Entwickeln von Moral als Mensch: Er trifft am Ende die

---

90 Day of the Dead (1985), 00:48:41–00:48:43.

91 Die Erweckung des Erinnerungsvermögens stellt das dezidierte Anliegen von Dr. Logan dar: Die Zombies sollen sich an vorangegangene Teile ihrer Identität, und damit auch an somatische Praktiken, erinnern. »You remember them from before? From before. [...] He remembers. He remembers everything that he used to.« Day of the Dead (1985), 00:48:58–00:50:23.

92 In einer späteren Szene wird der gesellschaftliche Integrationsprozess gar mit Musik versucht. Der Zombie wird tief ekstatisch gezeigt, als er Beethovens *Neunter Symphonie* mittels eines Satzes Kopfhörer und eines Kassettenrekorders lauschen darf.

autonome Entscheidung zur Rache, für die er selbst verantwortlich ist.[93] Vergleichbar mit den filmisch inszenierten Robotern in diesem Kapitel wirft auch dieser Film die Frage nach Konstituenten des Mensch-Seins auf. Wenn ein lebender Toter Literatur sinnlich erfahren kann, ist die Szene dazu in der Lage, die ZuschauerInnen zu eigenen Selbstverständigungen über die leibliche Erfahrung anzuregen.

In *Day of the Dead* stehen das Lesen und das Buch im Bezugsrahmen der Enkulturation bzw. der Selbstermächtigung, so dass Bub einerseits entgegen der Genretradition als Teil der Gesellschaft inszeniert wird; andererseits gibt die Szene Anlass dazu, die Mitwirkung des Körpers am Akt des Lesens neu zu überdenken. Dies hat dazu geführt, dass das literarisch-ästhetische Lesen in Science-Fiction-Filmen – im Gegensatz zum vorangegangenen Kapitel –größtenteils *nicht* positiv besetzt ist. Auch im Horrorgenre stehen negative Facetten des Lesens im Fokus.

---

[93] Dies ist in den Kontext einzuordnen, dass in Romero-Filmen die Gefahr nicht von den Zombies, sondern von den Menschen ausgeht. Vgl. Limberg: Fremderscheinungen (2019), S. 195–196. Der britische Autor John Cussans beschreibt Romeros Interpretationsweise des Zombies als »speculative *anthropological* being (i. e. it raises philosophical questions about what it is to be human, the difference between the human and the non-human etc.) rather than an ethnological (i. e. culture or race specific) one.« Cussans: Undead Uprising (2017). S. 249. Hervorhebungen sind im Original vorhanden.

14 Lesen im Horrorfilm

Es gibt eine Reihe genrespezifischer Topoi des Lesens im Horrorgenre: Flüche warnen vor der Lektüre eines bestimmten Werks, monströse Kreaturen erscheinen nach der Rezitation aus einem Zauberbuch oder anthropomorphisierte Bücher erweisen sich als Gefahr und müssen zerstört werden. Im Anschluss an das Lesen im Science-Fiction-Film im letzten Kapitel steht im Folgenden erneut eine Sonderform filmischer Lesedarstellungen im Mittelpunkt, bei der es sich auf den ersten Blick nicht um eine Variante des literarisch-ästhetischen Lesens handelt. Wenn z. B. vorgelesene Zauberformeln einen Dämon zum Leben erwecken, stellt dies keine Facette der sinnlichen Begegnungen mit fiktionaler Literatur dar. Doch der Horrorfilm lädt wie kaum ein anderes Genre dazu ein, ihn *uneigentlich* respektive metaphorisch zu interpretieren. Handlungen um Geister, Monster und Dämonen mögen in einer bloß innerfilmischen Lesart nichts weiter als spannende und gruselerregende Unterhaltung sein, doch insbesondere die Bedeutungsoffenheit der Schreckensszenarien macht die teilweise anstößigen Filme auch für die akademische Beschäftigung ergiebig.[1] »Ein sozialpsychologischer, erotischer, moralischer oder politischer Konflikt wird in mythologisch begründeten, sinnbildhaften Figuren dargestellt.«[2]

Das erste Kapitel legt komprimiert die Spezifika des Horrorfilms, die in diesem Kontext relevante Bedeutung der Magie und den Nexus zum Lesen dar.[3] Danach bilden formal-ästhetische Strategien, mit denen das Leseobjekt *mystifiziert* wird, den Schwerpunkt. Im dritten Unterkapitel steht die *Performativität* des Leseakts im Vordergrund: Was ist die sinnbildliche Bedeutung für die ›wirklichkeitskonstituierende‹ Kraft von Zaubersprüchen? Das Kapitel schließt mit einer detaillierten Betrachtung von Roman Polańskis Film *Rosemary's Baby*, der zum einen mehrere Funktionen des genretypischen Lesens vereint und zum anderen mit dem Schaudern und der Erkenntnis Lesemomente bietet, die für die ZuschauerInnen leiblich erfahrbar sind.

---

1 Von den vielen Beispielen für solche Interpretationen sei exemplarisch Siegfried Kracauers Beobachtung zu Murnaus *Nosferatu – Eine Symphonie des Grauens* (D, 1922) angeführt. Kracauer deutet die Figur des Vampirs einerseits als Sinnbild für die Pest – Menschen werden infiziert und sterben kurz darauf – und andererseits als Ausdruck der auffälligen Auratisierung diktatorischer Tyrannengestalten, die er in Filmen der Weimarer Republik feststellt. Vgl. Kracauer: Von Caligari zu Hitler (1947), S. 86.
2 Seeßlen u. Weil: Kino des Phantastischen (1980), S. 33.
3 Die Magie bildet eine entscheidende Voraussetzung für die genrespezifische Darstellung des Lesens in diesem Kapitel. Aus diesem Grund befinden sich Leseszenen aus Horrorfilmen, bei denen kein Nexus zur Magie besteht, wie die des Zombies Bub aus *Day of the Dead*, in anderen Kapiteln (vgl. Kap. 13.5.).

https://doi.org/10.1515/9783110728590-014

14.1 Horrorgenre, Magie und Lesen

Der Horrorfilm wird generell dem äußert heterogen definierten Phantastik-Genre zugeordnet.[4] Das *Phantastische* als Distinktionsmerkmal bezieht sich dabei auf spezielle mediale Darstellungsmittel, Figuren, Motive oder Ereignisse, denen *phantastischer Gehalt* zugeschrieben wird.[5] Einen einflussreichen Ansatz zur terminologischen Bestimmung des Phantastischen in literarischen oder filmischen Werken liefert Tzvetan Todorov.[6] In der Fiktion folgt laut Todorov eine Realität den bekannten Naturgesetzen, die andere übernatürlichen Regeln.[7] Für Todorov wird – strukturell vergleichbar mit Darko Suvins *Novum*-Definition aus Kap. 13.1. – die Frage danach, welche Gesetze der diskrepanten Realitäten bei einem Ereignis wirksam sind, zum Unterscheidungskriterium, ob es sich um einen phantastischen Text handelt.[8] Ist das Phänomen »Wirklichkeit oder Traum? Wahrheit oder Illusion?«[9]

---

4 Der Sammelband *Der fantastische Film* von Oliver Jahraus und Stefan Neuhaus behandelt so diskrepante Filme wie *Der Student von Prag* (D, 1913), *Batman* (USA, 1989), *The Matrix* und *Being John Malkovich* (USA, 1999), die jeweils als Horrorfilm, Comic-Adaption, Science-Fiction-Werk und Komödie bezeichnet werden können. Vgl. Jahraus u. Neuhaus (Hg.): Der fantastische Film (2005).
5 Unabhängig von der inhaltlichen Begriffsbestimmung wird der Fachausdruck in der germanistischen Literaturwissenschaft sowohl mit ›ph‹ als auch mit ›f‹ geschrieben. Aufgrund der hier notwendigen Abgrenzung zum Genre der Fantasy folgt diese Arbeit der Schreibweise mit ›ph‹. Vgl. zur Debatte: Spiegel: Wovon wir sprechen, wenn wir von Phantastik sprechen (2015), S. 6–7. Vgl. zur Diskussion um den Phantastik-Begriff im deutschen Sprachraum allgemein: Kasbohm: Die Unordnung der Räume (2012).
6 Uwe Durst ordnet das von Todorov angeführte zentrale Unterscheidungskriterium einer »minimalistischen« Begriffsbestimmung des Phantastischen zu. »Maximalistische« Theorien wiederum verstehen phantastische Werke vereinfacht als solche, »in deren fiktiver Welt die Naturgesetze verletzt werden.« Durst: Theorie der phantastischen Literatur (2010), S. 40. Durst selbst versucht sich von den bisherigen Ansätzen zu lösen und beschreibt das Phantastische im Rückgriff auf Roland Barthes als den Grad, wie das immanent Wunderbare als Lücke in einer Handlungssequenz bloßgelegt wird.
7 Die aus erkenntnistheoretischer Perspektive naive Annahme einer unveränderlichen Realität, die den Konstruktionscharakter von vermeintlichen ›Fakten‹ ignoriert, stellt ein grundsätzliches Problem nahezu sämtlicher Phantastik-Theorien dar. Vgl. Brittnacher u. May: Phantastik-Theorien (2013), S. 189.
8 Die Rezeption von Todorovs *Introduction à la littérature fantastique* aus dem Jahr 1970 verlief vor allem aufgrund des konsequent strukturalistischen Ansatzes äußerst strittig. Stanislaw Lem äußerte ein polemisches Verdikt, indem er Todorov einen »Dogmatiker« und »Usurpator« nannte und ihm empfahl, die »schöne Theorie in ihrer ganzen Bündigkeit zum Teufel [zu] jagen.« Lem: Tzvetan Todorovs Theorie (1974), S. 117–118.
9 Todorov: Einführung in die fantastische Literatur (1970), S. 25. Wenn das fiktionale Werk deutlich macht, dass die uns bekannten Naturgesetze trotz aller außergewöhnlicher, beunruhigender

In der filmwissenschaftlichen Genreanalyse ist die Rede vom ›Triumvirat‹ des phantastischen Films:[10] Science Fiction, Fantasy und Horror. Die Genres können derart voneinander abgegrenzt werden, dass das Übernatürliche auf der einen Seite wissenschaftlich erklärt wird (Science Fiction) und auf der anderen Seite eine kohärente, meist mit Vorbild des Mittelalters konstruierte Welt vorliegt (Fantasy).[11] Ursula Vossen zählt hingegen zum Horror alles, was »im Kino und auf dem Bildschirm beim Zuschauer gezielt Angst, Panik, Schrecken, Gruseln, Schauer, Ekel, Abscheu hervorrufen soll.«[12] Das intendierte Hervorrufen einer emotionalen Erregung bei den ZuschauerInnen stellt das entscheidende Kriterium für das Genre dar.[13] Formal-ästhetisch erzielen Horrorfilme solche Wirkungen meist über die Identifikation mit den leidenden Figuren: Es gibt selten Totalen, dafür häufig Halbnah- und Naheinstellungen, die ein Gesicht voller Furcht oder Entsetzen in Großaufnahme zeigen.[14] Für die Analyse und Interpretation von Leseszenen im Horrorfilm sind vor allem solche Sequenzen relevant,

---

oder schockierender Phänomene in Kraft bleiben, handelt es sich nicht um Phantastik, sondern um eine »unheimliche« Begebenheit. Im Gegenzug spricht Todorov von »wunderbaren« Phänomenen, sobald ein eindeutiger Verstoß gegen die natürliche Realität vorliegt. Schwenkt das ›imaginäre Pendel‹ jedoch nach keiner der beiden Seiten eindeutig aus, dann erfolgt eine Subsumption des Werks unter die Phantastik. Vgl. ebd., S. 44–45 u. S. 51–52.

10 Vgl. Worley: Empires of the Imagination (2005), S. 1.

11 Vgl. Friedrich: Einleitung (2003), S. 9. Darstellungsweisen des Lesens in der Science Fiction standen im letzten Kapitel schon im Mittelpunkt. Das literarisch-ästhetische Lesen lässt sich in den heroischen Werken der Fantasy häufig in positiv konnotierte Topoi des Lesens einordnen: Es gilt z. B. als charakterisierendes Attribut für Weisheit (etwa Gandalf in *The Lord of the Rings* oder Hermione in den *Harry Potter*-Filmen) oder trägt zur Lösung von rätselhaften Problemstellungen bei (z. B. das überraschende Aufdecken der Filiation mehrerer Figuren in *Game of Thrones*, die daraus Herrschaftsansprüche ableiten).

12 Vossen: Einleitung (2004), S. 10. Die Dominanz einer Emotion führt zur Kategorisierung in ein entsprechendes Subgenre, z. B. Slasher oder Gore. Vgl. insgesamt zur Ausdifferenzierung des komplexen Genres: Seeßlen u. Jung: Horror (2006).

13 Vgl. hierzu König: Herstellung des Grauens (2005) oder Hanich: Cinematic Emotion in Horror Films (2010).

14 Die akademische Beschäftigung mit dem Horrorfilm erfolgt häufig aus psychoanalytischer Perspektive, die Monster und andere Horrorszenarien als Symptome unterdrückter gesellschaftlicher Ängste und Sorgen liest, z. B. die Transformation eines Mannes in einen Werwolf als Ausbruch der supprimierten animalischen männlichen Sexualität. Vgl. Stiglegger: Humantransformation (2008), S. 37. Das Horrorgenre ist zwar durch die Werke von SchriftstellerInnen wie Mary Shelley, Bram Stoker, Edgar Allan Poe oder Robert Louis Stevenson hochliterarisch geprägt – vergleichbar mit der filmischen Science Fiction –, leidet aber wie kaum ein anderes Filmgenre unter dem Verdikt der Trivialität, Geschmacklosigkeit und Gewaltverherrlichung. Der Status des Genres ist aufgrund von Zensurdebatten oder Skandalen um Nachahmungstaten nach wie vor ambivalent. Vgl. hierzu z. B.: Hortig: Der blanke Horror (2007).

in denen Figuren in Büchern über magische Phänomene lesen oder Leseobjekten übernatürliche Fähigkeiten zuschreiben.[15]

Durch das Vorlesen von Zaubersprüchen wird Magie praktisch ausgeübt.[16] Die magische Wirkung von Zaubersprüchen basiert auch auf der *sekundären* Schriftfunktion. Hintergrund ist hier die Vorstellung,

> die mit der magischen oder mystischen Kraft des Geschriebenen rechnet. Sie vertraut auf verborgene Korrespondenzen, die den Kosmos regieren, und glaubt auch über die schriftlichen Mittel zu verfügen, sie zu Gesicht zu bringen oder hervorrufen zu können.[17]

Zeichen sind in dieser Sichtweise nicht primär Medien der Repräsentation, sondern materialisieren Gegenstände anderer Ordnungen: magischer.[18]

Ziel eines Zauberspruchs ist die Veränderung eines Zustands durch die Beeinflussung numinoser Mächte, Tiere, Krankheiten oder Objekte, wofür die magische Kraft des Wortes der kausale Auslöser ist.[19] Wie diese magischen Fähigkeiten genutzt werden, unterliegt einer moralischen Bewertung, weshalb zwischen guter (*magia naturalis*) und böser (*magia daemoniaca*) Magie unterschieden wird. Zaubersprüche werden zudem in Zauberbüchern gesammelt, *libri magicae artis*, die in allen Schriftkulturen überliefert sind.[20] Für Zauberbücher mit dämonischem Inhalt oder Wissen um dunkle Magie hat sich die Bezeichnung *Grimoire* etabliert.[21]

---

15 *Magie*, im 21. Jahrhundert als Scharlatanerie oder Aberglaube abgetan, wird im Alltagsverständnis meist mit dem Heraufbeschwören übernatürlicher Kräfte oder dem Anrufen von Dämonen verbunden. In der Fiktion erfüllt Magie als Thema oder Motiv spezielle erzählinterne Zwecke und folgt etablierten Gattungskonventionen; so dient sie im Rahmen von Märchen häufig der Dynamisierung der Handlung oder übernimmt narrative Funktionen in Form von Zaubergaben oder Helfern. Vgl. grundlegend: Daxelmüller: Zauberpraktiken (2005).

16 Der Zauberspruch bedient sich gerne metrisch gebundener Rede, zeichnet sich durch eine Differenz zur Alltagssprache aus und muss häufig deklamiert, rezitiert oder gesungen werden. Meistens besteht er aus Anagrammen, kurzen Formeln, aber auch sinnlosen Zauberwörtern. Prosodie, Wiederholung, Reim, imperative Verbformen und die direkte Nennung eines Adressaten gehören ebenso zur Aufführung des Zaubers. Vgl. Beck: Zauberspruch (2009), Sp. 1483.

17 Geier: Sekundäre Funktion der Schrift (1994), S. 679.

18 Vgl. Schaffers: Konstruktion der Fremde (2006), S. 324.

19 Aus diesem Grund existieren zahlreiche linguistische Untersuchungen zu Zaubersprüchen, die in der Sprechakttheorie einen illokutionären und/oder perlokutionären Akt darstellen. Vgl. beispielsweise Schröder: Sprachstruktur und Weltenordnung (2002).

20 Als erste kulturell bedeutsame Zauberbücher können die ägyptischen *Zauberpapyri* betrachtet werden, die zum Teil noch auf Rollen überliefert wurden. Bis heute bekannte Texte sind beispielsweise die *Merseburger Zaubersprüche, Das sechste und siebente Buch Mosis* oder *Doctoris Johannis Fausti sogenannter Manual-Höllenzwang*. Vgl. Assion: Literatur zwischen Glaube und Aberglaube (1992), S. 170.

21 Vgl. Bachter: Magie für alle! (2002), S. 59.

Da insbesondere Zauberbücher mit gefährlichen Konsequenzen nicht von jedermann gelesen werden sollten, erhielten sie den Status des *Arkanen*: Bücher bekommen einen Platz in verbotenen Bereichen einer Bibliothek oder sind in Geheimsprache verfasst.[22] Dadurch werden die Bücher auch mystifiziert, was als eigenständiger Topos im Horrorfilm bezeichnet werden kann.

14.2 Die Mystifizierung des Leseobjekts: Hintergrundgeschichte und Paratexte

In H. P. Lovecrafts Horror-Kurzgeschichte *The Festival* erzählt der namenlos bleibende Ich-Erzähler davon, wie er sich in dem gespenstischen Ort Kingsport das Haus seiner Vorfahren anschaut und dort auf eine Reihe unheimlicher Bücher stößt:

> [A]nd when I sat down to read I saw that the books were hoary and mouldy, and that they included old Morryster's wild *Marvells of Science*, the terrible *Saducismus Triumphatus* of Joseph Glanvill, published in 1681, the shocking *Daemonolatreia* of Remigius, printed in 1595 at Lyons, and worst of all, the unmentionable *Necronomicon* of the mad Arab Abdul Alhazred, in Olaus Wormius' forbidden Latin translation; a book which I had never seen, but of which I had heard monstrous things whispered.[23]

Das Zitat verweist darauf, dass gewisse Bücher – Grimoires – *nicht* gelesen werden sollen, da sie verbotene Zauberformeln oder arkanes Wissen bereitstellen, die bzw. das fatal für die LeserInnen sein könnten. Ein Buch mit unheimlichem Inhalt, das unter Umständen schon Jahrhunderte zurückliegende Informationen enthält, gilt als verschollen oder wird unter seltsamen Umständen gefunden. Die Formulierung »a book which I had never seen, but of which I had heard monstrous things whispered« schafft eine Atmosphäre, die das Buch *mystifiziert*. Gerade für den Horrorfilm sind die Gefühlsqualitäten des Unheimlichen und des Ängstlichen zentral, wie die nachstehenden Beispiele vorführen.

In Stephen Sommers *The Mummy* (USA, 1999), einem actionreichen und humorvollen Remake des Universal-Klassikers aus dem Jahr 1932, weckt die Bib-

---

22 Facetten des Arkanen, insbesondere im Kontext von Geheimwissenschaften oder Vereinigungsbünden wie den Freimaurern, beziehen sich auf Identität, Ziele, Rituale sowie Geheimschriften und -sprachen. Vgl. Braun: Das Arkane als Gegenstandsbereich linguistischer Forschungsinteressen (2012), S. 13.

23 Lovecraft: The Festival (1925), S. 106. Die Hervorhebungen sind im Original vorhanden. Lovecraft hat mit dem *Necronomicon* den Archetyp eines Grimoires geschaffen, das fatale Auswirkungen für seine Leser hat und in zahlreichen Erzählungen zu einer mystischen Atmosphäre beiträgt.

liothekarin Evelyn Carnahan (Rachel Weisz) unter Mithilfe des Soldaten Rick O'Connell (Brendan Fraser) ungewollt die Mumie des Hohepriester Imhotep zum Leben, indem sie aus dem *Book of the Dead* vorliest.[24] Bei dem Leseobjekt handelt es sich um den Archetyp eines mystifizierten Zauberbuchs mit schwarzer Magie. Es wird im Intro des Films mit der Information eingeführt, dass derjenige, der daraus vorliest, die Toten wieder zum Leben erwecken kann. Sein Ursprung wird auf das 13. Jahrhundert v. Chr. in Ägypten verortet, als magische und religiöse Praktiken noch nicht getrennt waren. Fundort ist eine Pyramide in der – fiktiven – Stadt Hamunaptra, die auch den Namen »the city of the dead« trägt. Dort entdecken Schatzjäger – und der Ägyptologe Chamberlain – eine verfluchte Truhe, in der u. a. das *Book of the Dead* ist (Abb. 32). Chamberlain entziffert die Hieroglyphen auf der Truhe: »Death will come on swift to whomever opens this chest.«[25] Eine Reihe von *cues* geben den ZuschauerInnen zu verstehen, dass die Lektüre des Buchs etwas Schreckliches zur Folge hat.

Abb. 32: In *The Mummy* (00:57:05) kommt die typische Mystifizierung eines Leseobjekts vor: Grabräuber finden ein Buch, das mit einem Fluch belegt ist. In *The Ninth Gate* (00:14:36) exponiert der zwielichtige Verleger Boris Balkan die Ausgabe eines Grimoires auf einem Pult. Weder die ZuschauerInnnen noch die Hauptfigur Ash können die Zeichen in dem *Naturom Demonto* in *The Evil Dead* (00:15:29) lesen; in *The Babadook* (00:11:42) stechen hingegen sowohl die Typografie als auch die interaktive Gestaltung der Buchseiten hervor.

---

24 Die *Performativität* des Leseakts steht im nächsten Unterkapitel im Fokus.
25 The Mummy (1999), 00:54:21–00:54:26.

In der Nacht stiehlt Evelyn das Buch von Chamberlain. Als sie es lesen will und Rick Bedenken äußert, entgegnet sie nur unbeeindruckt: »It's just a book. No harm ever came from reading a book.«[26] Als Evelyn die magischen Worte vorliest, erfolgt ein Filmschnitt auf den schreienden Chamberlain, der bereits die Auswirkung des Geschehenen spürt. Darauf erwacht die Mumie Imhoteps zum Leben und tötet nach und nach alle, die an der Öffnung des Sarkophags beteiligt waren. Wenn die Szene als Kommentar auf das literarisch-ästhetische Lesen betrachtet wird, kann Evelyns Aussage aus lesesoziologischer Perspektive nicht zugestimmt werden. So verweisen Markus Krajewski und Harun Maye auf Lektüren und Bücher, die unheilvoll sind:

> Texte können sogar töten oder es versuchen, sei im Falle der Fatwa von Ajatollah Kohmeini gegen Salman Rushdie, sei es im Fall von Goethes *Werther*, dessen fiktionaler Suizid echte Selbstmorde als Nachahmungstat bewirkte, so etwa 1778 von Christiane von Laßberg in Weimar, die noch den Werther in Buchform bei sich trug, als sie sich aus Liebeskummer in die Ilm stürzte.[27]

Es kann also durchaus Leid von Büchern ausgehen, weshalb es in Museen, Bibliotheken oder Archiven auch sogenannte ›Giftschränke‹ gibt, in denen literarische Werke stehen, die aus den unterschiedlichen Gründen nicht allen frei zugänglich gemacht werden sollen: Sie sind womöglich gewaltverherrlichend, gotteslästerlich, pornografisch, rassistisch oder sittenwidrig.[28] Das eingesperrte und verfluchte Grimoire in *The Mummy*, das fatale Konsequenzen bereithält, steht emblematisch für die Bandbreite negativer Folgen, welche die Lektüre literarisch-ästhetischer Texte haben kann. Die innerfilmische Mystifizierung des Leseobjekts zeigt darüber hinaus, dass Warnungen vor der Lektüre mit dem Versuch, diese zu verhindern, nur bedingt funktionieren: Vergleichbar mit den neugierigen ArchäologInnen in dem Film, die das Buch trotz des Fluchs lesen, wollen auch reale LeserInnen in der Regel nicht bevormundet werden und greifen zu Texten, die andere für sie als nicht geeignet halten. So zitiert Werner Graf die Erinnerung einer Studentin an verbotene Bücher ihrer Eltern: »Oft waren auch Bücher darunter, in denen hin und wieder erotische Szenen auftauchten. Diese Bücher sollte ich von meinen Eltern aus nicht lesen. Daraufhin habe ich dann andere Schutzhüllen um diese Bücher geklebt und sie trotzdem gelesen.«[29]

Eine strukturell vergleichbare, und dennoch andere Funktion erfüllende Szene bezüglich der Mystifizierung eines Leseobjekts findet sich in Roman Po-

---

26 Ebd., 00:59:58–01:00:03.
27 Krajewksi u. Maye: Was sind böse Bücher? (2019), S. 10.
28 Vgl. hierzu: Keller (Hg.): Der »Giftschrank« (2002).
29 Zit. n. Graf: Lesegenese in Kindheit und Jugend (2010), S. 131.

lański Horrorfilm *The Ninth Gate* aus dem Jahr 1999. Hier steht die Suche des Antiquars Dean Corso (Johnny Depp) im Mittelpunkt, der im Auftrag des Millionärs und Buchsammlers Boris Balkan (Frank Langella) die Authentizität des seltenen Buchs *The Nine Gates of the Kingdom of Shadows* (Pseudointertextualität) überprüfen und ihm das letzte noch erhaltene Exemplar zukommen lassen soll. Das Buch soll den Weg beschreiben, den Teufel in neun Schritten herbeizurufen – insofern man in der Lage ist, den darin verschlüsselten Inhalt richtig zu deuten. Auch hierbei handelt es sich um ein typisches Grimoire, dem eine längere Hintergrundgeschichte gegeben wird. Es wurde im 17. Jahrhundert von dem Spanier Aristide Torchia geschrieben, der seine Inspiration aus dem *Delomelanicon* entnahm, einem Buch über schwarze Magie, dessen Verfasser Luzifer persönlich sein soll. Torchia wurde deswegen als Opfer der Inquisition zusammen mit weiteren von ihm geschriebenen Büchern auf dem Scheiterhaufen verbrannt.

In der Gegenwart der Filmhandlung gehört das Grimoire zu Beginn dem Büchersammler Andrew Telfer, der in den ersten Filmminuten Selbstmord begeht. Balkan behauptet, Telfer habe es ihm verkauft, während die Witwe des Antiquars dies im weiteren Verlauf der Handlung bestreitet und mit aller Macht versucht, das Buch wiederzubekommen. Balkan hat das Buch auf einem Pult ausgestellt: Hierbei handelt es sich um eine visuelle Priorisierung (Abb. 32). All dies sind ebenfalls *cues* für ein Leseobjekt, von dem Gefahr ausgeht. Vergleichbar mit *The Mummy* geht auch hier eine performative Kraft von den in dem Buch enthaltenen Worten aus: Der Teufel kann herbeigerufen werden. Wie kaum in einem anderen Film steht in *The Ninth Gate* die Authentizität des Mediums Buch im Vordergrund, die vor allem durch die paratextuelle Gestaltung des Leseobjekts zum Ausdruck kommt: Corso ermittelt über die bildlichen Abbildungen des Buchs die Echtheit, nicht mithilfe textzentrierter hermeneutischer Verfahren.

Das Leseobjekt erhält damit in *The Ninth Gate* den Status eines *MacGuffins*: Es geht in dem Film nicht um das Lesen, sondern um die Suche nach dem Buch; das Überprüfen der Echtheit und das Stehlen bzw. Wiederfinden treiben die Handlung an (vgl. Kap. 4.1.). Daher handelt es sich weniger um einen Kommentar auf sinnliche Begegnungen mit Literatur als um ein strukturierendes Element für die Narration des Films. Theoretisch ist die Requisite *Buch* paradigmatisch austauschbar und die Story könnte sich auch um ein Gemälde, eine Karte oder ein Amulett drehen. Einblicke in das Buch erzeugen eine Mystifizierung des Leseobjekts – wie in den folgenden Beispielen.

In Sam Raimis *The Evil Dead* aus dem Jahr 1981 machen fünf Jugendliche einen Ausflug zu einer Waldhütte in Tennessee. Als sie sich zum gemeinsamen Essen eingefunden haben, öffnet sich plötzlich und scheinbar ohne Fremdeinwirkung eine Kellerluke – untermalt von dramatischer Orgelmusik.[30] In dem Tiefgeschoß stößt die Hauptfigur Ash auf das Buch *Naturom Demonto*.[31] Die Hintergrundgeschichte dieses Grimoires offenbart die Stimme auf einem Tonbandgerät:[32] Ein Professor, der anscheinend vorher die Hütte bewohnt hat, hält seine Erkenntnisse bezüglich des Buchs fest. Vergleichbar mit dem *Book of the Dead* aus *The Mummy* wurde auch dieses Buch an einem geheimnisvollen – und fiktiven – Fundort ausgegraben.[33] Das Buch ist in Menschenhaut gebunden und mit menschlichem Blut geschrieben; dies verdeutlicht die Verbindung zur schwarzen Magie. Die Performativität des darin enthaltenen Inhalts verbalisiert der Professor explizit: Sobald die mysteriösen Zauberformeln ausgesprochen werden, stehen die Toten wieder auf. Die Kamera verweilt nicht lange auf dem Cover des Buchs, sondern präsentiert in einem *over-the-shoulder*-Blick mehrere Buchseiten in einer Naheinstellung (Abb. 32).

Die ZuschauerInnen sehen bildliche Darstellungen von Totenköpfen, zyklopischen Tentakeln und drachenartigen Wesen. Bei dem Bild eines anthropomorphisierten und brennenden Buchs handelt es sich um eine Prolepse, da – wie das nächste Kapitel ausführt – gegen Ende des Films das ›lebendige‹ *Naturom Demonto* verbrannt wird. Es liegt in diesem Beispiel eine Art piktoriales Verfahren einer narrativen Anachronie vor, die erst in der Re-Lektüre des Films

---

30 Der Film war bis in das Jahr 2016 wegen drastischer Gewaltdarstellungen indiziert. Stilbildend wirkten zu Beginn der 1980er Jahre die von Raimi erstmals eingesetzte Methode der sogenannten *Shakycam*: Eine auf einem Brett befestigte Kamera wurde auf ein Brett geschnallt und anschließend durch den Wald getragen. Die Technik ermöglichte ungewöhnliche, verwirrende subjektive Kamerafahrten. Akustisch begleitet wurden diese mit unheimlichen und schrillen Tönen in manipulierter Abspielgeschwindigkeit. Vgl. Rzechak: Tanz der Teufel (2004), S. 278.
31 Fälschlicherweise wird das Buch häufig als *Necronomicon* bezeichnet, womit ein intertextueller Verweis auf H. P. Lovecraft vorliegen würde. Doch diesen Namen erhält es erst im zweiten und dritten Teil; im letzten fungiert es als Wurmloch in eine mittelalterliche Fantasywelt. Es ist ein auffälliges Indiz, dass bei der Fortführung der Reihe auch das Buch als storyrelevante Requisite eine erhöhte Beachtung erfährt.
32 In Kap. 4.2. wurde bereits dargelegt, dass die rein stimmliche Manifestation eines Lesesubjekts einen Ausnahmefall innerhalb des Szenenkorpus darstellt.
33 So erzählt die Stimme des Professors auf dem Tonband: »I have made a significant find in the Candarian Ruins. A volume of Ancient Sumarian burial practices and funerary incantations. It is entitled *Naturom Demonto* – roughly translated *Book of the dead*.« The Evil Dead (1981), 00:17:01–00:17:18. Mit dem Verweis auf die Sumerer, und damit einem Ursprungsvolk der Menschheitsgeschichte in Mesopotamien, liegt ein weiterer Nexus zur beschriebenen Bedeutung der Magie vor. Der übersetzte Titel des Buchs *Book of the Dead* ist eine starke Verbindung zu den ägyptischen Totenbüchern.

eine Gratifikation bietet.[34] Davon abgesehen gehören visuelle Elemente zur authentischen Gestaltung von Büchern (vgl. Kap. 5.2.). Illustrationen dienen in der Regel dazu, die Aussagekraft eines Textes zu unterstreichen, Akzente zu setzen und die Wirkung des Gelesenen zu vertiefen. Horrorfilme schaffen dadurch eine unheimliche Atmosphäre: Aufgrund der abgebildeten Schreckensszenarien aktivieren die ZuschauerInnen ihr Genre-Wissen und erahnen, dass das in den grotesk anmutenden Bildern dargebotene Grauen auch die Figuren ereilen wird.

Hinzu kommt, dass die Lektürewirkung von Ash und den Zuschauenden identisch sind: Sie können die – fiktiven – Hieroglyphen nicht entziffern und betrachten primär die infernalischen Bilder. Die ZuschauerInnen sollen die magischen Zauberformeln nicht verstehen; sie befinden sich in derselben Situation wie ein Analphabet, für den das Lesen selbst womöglich ein unheimliches Mysterium darstellt.[35] Damit kann solch eine Szene auch als eine Darstellung des Analphabetismus gelesen werden: Das Wesen der Schrift, die Vermittlung von Inhalten und Bildern durch Abstraktion, ist *per se* für denjenigen geheim, der sie nicht beherrscht.[36] Gleichzeitig wird auf die bereits angesprochene sekundäre Funktion der Schrift Bezug genommen und es liegt eine Analogie zu produktionsästhetischen Verfahren vor: Die Akzentuierung der Materialität der Schrift bzw. des einzelnen Buchstabens führt zu »literarischen und poetischen Produktionen, wie etwa dem Anagramm, der barocken Figurenlyrik oder der visuellen Poesie«,[37] wie Uta Schaffers schreibt.

Eine andere Dimension des Texteinblicks führt der Horrorfilm *The Babadook* (AUS, 2014) vor: Hier muss die alleinerziehende Mutter Amelia (Essie Davis) miterleben, wie ihr und ihrem kleinen Sohn Samuel (Noah Wiseman) schreckliche Dinge widerfahren, nachdem sie ihm aus dem unheimlichen Kinderbuch *Mister Babadook* vorgelesen hat. In der ersten Vorleseszene des Films hören die ZuschauerInnen nicht nur den Inhalt des Textes, sondern es wird ihnen nahezu jede Doppelseite des Buchs visuell in einer Großaufnahme präsentiert (Abb. 32). Die Vortragsweise der Mutter ist langsam und besonnen, wodurch ein bedächtiges Ambiente entsteht. Die für ein Bilderbuch typische große Schrift ist für die

---

34 Das findet sich auch in *The Ninth Gate*. Auf einer der Buchseiten des für die Handlung so relevanten Grimoires ist eine nackte Frau mit einem Drachen vor einer brennenden Burg zu sehen. Die abgebildete Figur ähnelt stark der geheimnisvollen Unbekannten, die den Film über namenlos bleibt und von Emmanuelle Seigner dargestellt wird. Sie verfolgt Corso zunächst, begleitet ihn dann und befindet sich gegen Ende des Films, als Corso die ›neunte Pforte‹ öffnet, nackt vor einer brennenden Burg.

35 Vgl. Dornseiff: Das Alphabet in Mystik und Magie (1925), S. 1.

36 Vgl. Birkhan: Trug Tim eine so helle Hose nie mit Gurt? (2012), S. 128.

37 Schaffers: Konstruktion der Fremde (2006), S. 324–325.

ZuschauerInnen deutlich zu erkennen und die visualisierten Sätze werden von Amelia auch noch vorgelesen (Muster **B**): »A rumbling sound then three sharp knocks. Babadook! Dook! Dook! That's when you'll know that he's around. You'll see him if you look.«[38] Außerdem fällt die typografische Gestaltung der Seite ins Auge, lautmalerisch ist das »dook« dreimal großgeschrieben, um das Klopfen anzudeuten, das die Vorleserin auch durch die Prosodie ihrer Stimme intoniert. Überdies sind ein Schrank, der interaktiv geöffnet werden kann, und über die Falz geklebte Buchstaben auffällig, die dreimal das immer größer werdende Wort »rumble« abbilden.[39] Der blasse und gespenstisch wirkende Kopf an der unteren rechten Seite verstärkt den bedrohlichen Eindruck des Kinderbuchs.

Der von der Mutter deklamierte Text ist schon für sich genommen düster, doch die typografischen und bildlichen Elemente unterstreichen die bereits durch die Sprache erzeugte Atmosphäre. Das Leseobjekt besteht nicht wie in anderen Leseszenen nur aus Cover und Buchseiten mit Text, sondern die dargelegten Bestandteile *konstituieren* einen Körper. Das Buch wird auf diese Weise – ebenso wie durch eine Hintergrundgeschichte – mystifiziert, da die ZuschauerInnen ihm so eine höhere Priorität zuschreiben. Während sich das Buch aufgrund der nicht lesbaren Hieroglyphen in *The Evil Dead* eher ›verschließt‹, ›öffnet‹ es sich in *The Babadook*: Es wird greifbarer, fassbarer und sozusagen ›lebendiger‹. Dadurch geht es über den Status eines MacGuffins hinaus: Es erhält vergleichbar mit einer Figur zentrale Informationen zur Charakterisierung. Es wird *agentiviert*, d. h. es enthält eigene Handlungs- und Wirkmacht: Der Babadook beginnt dementsprechend die Ebene des Buchs zu verlassen und terrorisiert Mutter und Sohn.

Die Sequenz kann in übertragener Bedeutung in zwei Richtungen gedeutet werden. Erstens kann das *falsche* Buch zur *falschen* Zeit auch Schreckliches anrichten: Das Buch wird ›lebendig‹ für junge LeserInnen und hat einen derartigen Einfluss, dass es traumatisch – auch in seiner materiellen Gestaltung – in Erinnerung bleibt. Beispiele hierfür gibt es viele, so schreibt Helmut Höge über Waldemar Bonsels *Biene Maja*: »Heutige Pädagogen raten, den Kindern die ›Hornissenschlacht‹ im *Biene Maja*-Buch nur im Beisein Erwachsener zuzumuten.«[40] So betrifft die obere Filmsequenz zweitens auch die sozio-emotionale Beziehung zwischen Vorle-

---

38 Der Babadook (2014), 00:11:38–00:11:51.
39 Es ist ebenfalls eine Erkenntnis der literarischen Sozialisationsforschung, dass die Gestaltung der Paratexte eines Werks einen immensen Einfluss auf die Lesemotivation haben können, an die sich auch erinnert wird. Bücher können einem gefallen, »weil zu jeder bedruckten Seite, die oft nur ein oder zwei Sätze umfasste, der Inhalt auf der Seite bzw. der folgenden Seite bildlich und bunt dargestellt wurde«. Zit. n. Graf: Lesegenese in Kindheit und Jugend (2007), S. 39.
40 Höge: Die Biene Maja (2019), S. 129.

serin (Mutter) und Zuhörer (Kind): Ein ungeeignetes Buch kann Schrecken beim Lesesubjekt anrichten und nachhaltig die Eltern-Kind-Beziehung stören. Es handelt sich dabei um das Gegenteil der häufig vorkommenden Zelebrierung der Leselust, wie sie in Kap. 12.1.3. konstatiert wurde. Diese ›Vitalisierung‹ des Buchs und die damit verbundene negative Lektürewirkung leiten über zur Performativität.

14.3 Die Performativität des Lesens: Zauberformeln und anthropomorphisierte Bücher

Die wiederkehrende Funktion des Vorlesens aus magischen Büchern, um dadurch Einfluss auf die Realität der Diegese zu nehmen, wurde schon an mehreren Stellen als Performativität bezeichnet. Der Begriff geht auf John L. Austin zurück, der damit die handlungspraktische Dimension des Sprechens hervorhebt: Durch die Verbalisierung werden Handlungen vollzogen bzw. es wird produziert, was im Sprechen benannt wird. »Viele performative Äußerungen sind zum Beispiel vertragliche (›ich wette‹) oder *deklatorische* (›ich erkläre Krieg‹) Äußerungen.«[41] Im Moment des Sprechens gewinnt der Inhalt der Aussage Geltung, d. h. Sprache erhält in dieser Sichtweise eine direkte wirklichkeitskonstituierende Kraft. Das Sprechen kann wie im Beispiel des Standesbeamten, der mit seinen Worten ›Hiermit erkläre ich euch für Mann und Frau‹ ein Ehepaar juristisch wirksam verheiratet, »eine weltverändernde Kraft entbinden und Transformationen bewirken«.[42]

Inwiefern diese Facette des Vorlesens im Horrorfilm vorkommt, verdeutlichen drei Szenen aus den bereits angesprochenen Verfilmungen des Mumien-Stoffs aus den Jahren 1932, 1959 und 1999 – alle drei Filme tragen den Titel *The Mummy*. Die älteste und die jüngste Version wurden jeweils in Hollywood produziert, die Ende der 1950er Jahre stammt aus der Filmschmiede der britischen Hammer-Studios. Die Mumie wird in allen drei Filmen durch das Aussprechen von Zauberformeln zum Leben erweckt. Im Boris-Karloff-Klassiker liest Ralph Norten (Bramwell Fletcher) seine Übersetzung der *Scroll of Thoth* vor; in dem Film aus dem Jahr 1959 rezitiert der Ägypter Mehmet Bey (George Pastell) die *Scroll of Life*; und Ende der 1990er Jahre bringt Evelyn eine Passage aus dem *Book of the Death* zum Gehör (Abb. 33). Alle drei Filmszenen schneiden im Augenblick der *recitatio* der Beschwörungsformeln zu einer Einstellung, in der die seit Jahrtausenden tote Kreatur Lebenszeichen zeigt.

---

41 Austin: Zur Theorie der Sprechakte (1962), S. 30. Hervorhebungen sind im Original vorhanden.
42 Fischer-Lichte: Ästhetik des Performativen (2004), S. 32.

Abb. 33: Die Performativität des Vorlesens von Zauberformeln findet in drei Bearbeitungen des Mumien-Stoffs ihren Ausdruck, indem kurz nach dem Verlesen der magischen Worte die Mumie wieder zum Leben erwacht: *The Mummy* (1932; 00:09:59–00:10:17); *The Mummy* (1959; 00:24:28–00:24:48) u. *The Mummy* (1999; 01:00:16–01:00:33).

Zu Beginn der 1930er- und Ende der 1950er Jahre reichte ein leichtes Öffnen der Augen der einbandagierten Mumien-Darsteller Boris Karloff und Christopher Lee, um die performative Wirkung der Wörter zu veranschaulichen; im ›actionlastigen‹ Remake Ende der 1990er Jahre ist die CGI-animierte Mumie deutlich monströser und reißt den Mund zu einem Schrei in einer Nahaufnahme auf. Die performative Kraft des Lesens wird in diesen Beispielen des Horrorfilms vor allem durch die Wirkung der Montage geschaffen: Das Lesen ist wirklichkeitskonstituierend und transformiert einen vormaligen Zustand (leblose Mumie)

in einen neuen (lebendiges Monster).[43] Wie kann die linguistische Beschreibungs-
kategorie der Bedeutung von Sprache auf fiktionale Literatur übertragen werden?
Jonathan Culler erkennt das Performative auch in literarischen Werken:

> Auch die literarische Äußerung *schafft* allererst die Situation, auf die sie sich bezieht, und
> das in vielerlei Hinsicht. Zum Ersten und Einfachsten erschafft sie z. B. Figuren und deren
> Handlungen. [...] Zum Zweiten erschaffen literarische Texte auch Gedanken und Vorstel-
> lungen, die sie weiter entfalten. La Rochefoucauld behauptet, dass niemand je auf den
> Gedanken gekommen wäre, dass er verliebt sei, hätte er nicht darüber in irgendeinem
> Buch gelesen [...]. Kurzum, das Performative [...] bringt uns dazu, Literatur als Handlung
> oder als Ereignis aufzufassen. [...] Literatur [...] ist [...] Teil all jener Sprechakte, die die
> Welt verändern, indem sie die Dinge, die sie benennen, überhaupt erst ins Leben rufen.[44]

Die Gegenüberstellung der Screenshots verdeutlicht, wie Texte etwas »ins Leben
rufen« können. Culler benennt zwei Kategorien, auf welche die Performativität von
Literatur Einfluss zu nehmen vermag: Figuren und Gedanken bzw. Vorstellungen.
Literarische Figuren werden nicht nur durch literarische Texte erschaffen und
besitzen somit gleichsam eine fiktionale Existenz, sondern sie können auch
ein Eigenleben entwickeln und sich vom literarischen Ursprungstext loslösen.
Sherlock Holmes etwa wurde als Romanfigur Ende des 19. Jahrhunderts von Sir
Arthur Conan Doyle kreiert, wurde noch zu Lebzeiten des Autors parodiert und
weitergedichtet – und ist heute in zahlreichen Hörspielen, Comics, Computerspielen,
Werbeclips, Filmen oder Serien präsent. Das Erschaffen von Gedanken und Vorstellungen akzentuiert wiederum den Ereignischarakter des Lesens. LeserInnen verändern sich womöglich durch die sinnliche Begegnung mit einem literarischen Werk,
lernen etwas Neues oder entwickeln eine andere Haltung. Das Öffnen der Augen der
Mumie kann in der Weise interpretiert werden, dass ein durch den literarischen Text
gesetzter ›Keim‹ seine Wirkung entfaltet. In der Konsequenz handelt es sich dabei
um eine Analogie auf die Macht der/des Leserin/s im Sinne der Rezeptionsästhetik,
wie es etwa Marcel-Reich Ranicki zum Ausdruck bringt: »Was immer geschrieben
wird [...] – es bedarf doch, wenn es leben soll, der Ergänzung durch jene, an die sich
der Autor wendet.«[45] Literatur ›lebt‹ erst durch die Lesenden.

Zusätzlich werden in den oben genannten Szenen ausgerechnet verstor-
bene Gestalten wiederbelebt: Etwas, das bereits existiert hat, kommt zurück ins
Leben. Die phantastische Konstruktion der Wiederkehr der Toten im Moment
des Lesens kann als Sinnbild darauf verstanden werden, dass das literarische

---

43 Auch in *The Evil Dead* entfaltet sich der Horrorplot, nachdem aus dem *Naturom Demonto*
vorgelesen wurde. Hier werden die Toten lebendig, als die Stimme des Professors auf dem Tonbandgerät aus der magischen Schrift vorliest.
44 Culler: Literaturtheorie (2013), S. 141–142. Hervorhebungen sind im Original vorhanden.
45 Reich-Ranicki: Vorwort (2000), S. 13.

Phänomenalisieren eine Antwort auf die Vergänglichkeit ist. Durch die ›Verewigung‹ in der Literatur bleiben Erinnerungen erhalten – und werden durch den Akt der Lektüre wieder ›lebendig‹; dies stellt eine konstitutive Funktion der literarisch-ästhetischen Erfahrung dar, wie Hans Robert Jauß es ausdrückt: Der »Zwang der Zeit in der Zeit« wird aufgehoben, die Gegenwart »neu gesehen«, »Vergangenes und Verdrängtes« so wiedergefunden und die »verlorene Zeit« bewahrt.[46] Eine andere Seite des Performativen kommt zum Tragen, wenn Bücher in Filmen auf unterschiedliche Weise tatsächlich *lebendig* werden.

In dem bereits behandelten Film *The Babadook* werden Amelia und ihr Sohn Samuel von einem Dämon heimgesucht, der aus einem Buch zu stammen scheint. »If it's in a word or it's in a look, you can't get rid of the Babadook.«[47] Während die Mutter zunächst noch glaubt, ihr Sohn würde sich die übernatürlichen Ereignisse nur einbilden, beginnt sie ihm schließlich zu glauben und will deshalb das Buch zerstören; sie erhofft sich dadurch, dem Monster Handlungsmacht zu entziehen bzw. es gänzlich zunichtezumachen. So versucht sie das Buch zu zerreißen (Abb. 34) und zu verbrennen – doch beides bleibt wirkungslos, denn das Kinderbuch erweist sich als unzerstörbar. Diese Vernichtungsversuche sind vor dem Hintergrund zu sehen, dass es sich in der phantastischen Literatur um ein beliebtes (selbstreflexives) Motiv handelt, das Buch als ein Bindeglied zwischen der ›normalen‹ diegetischen Realitätsebene der Figuren und einer zweiten, in der Regel anderen ›Naturgesetzen‹ folgenden Welt darzustellen.[48] Amelie will das Buch *Mister Babadook* eliminieren, da es in ihrer Sicht ein Monster in sich birgt, das durch das Vorlesen aus einer anderen Realität in ihre Welt gelangt ist.

Es kann hier also von einer konkreten Performanz des Buchs selbst ausgegangen werden, weil ihm von Amelia eine derartig wirklichkeitsschaffende Kraft zugeschrieben wird, dass diese nur durch Zerstörung gestoppt werden kann. Solche Vernichtungsversuche wecken auch Assoziationen zu Bücherverbrennungen,

---

46 Jauß: Ästhetische Erfahrung und literarische Hermeneutik (1997), S. 40.

47 The Babadook (2014), 00:11:12–00:11:16.

48 Bekanntes Beispiel hierfür ist Michael Endes *Die unendliche Geschichte*, in dem der Junge Bastian Balthasar Bux mithilfe des titelgebenden Buchs aus seiner Realität in die phantastische Welt Phantásiens reist. Die zwei Welten lassen sich als Metapher auf das literarisch-ästhetische Lesen interpretieren: Auch während des Lesens taucht bzw. reist man in eine andere Welt. Während das Bindeglied in Endes Werk durch ein *Buch* verkörpert wird, ist dies strukturell vergleichbar mit dem Wandschrank in C. S. Lewis' *The Chronicles of Narnia* oder dem Gleis 9 ¾ in den *Harry Potter*-Romanen: ein Übergang bzw. ein Portal in eine andere Realität. Theoretisch kann jede Requisite solch einen Übergang darstellen – etwa eine seltsame Schallplatte in *The Lords of Salem* (USA, 2012) oder ein Quija-Brett wie in *Ouija* (USA, 2014). Vgl. hierzu die Ergebnisse zum Buch-im-Film-Motiv in Kap. 11.1.1.

Abb. 34: In *The Babadook* (00:27:30) wird dem Buch derart viel Macht zugeschrieben, dass es zerstört werden soll; in *The Evil Dead* (01:18:59) wird das Buch anthropomorphisiert; und in *John Carpenter's The Mouth of Madness* (01:09:11) löst der Schriftsteller Shutter Caine sich selbst in ein Buch auf.

doch *The Babadook* behandelt keinen politischen, sondern einen psychischen Konflikt.[49] Ausgangspunkt der Handlung ist, dass Amelia noch unter dem Tod ihres Mannes leidet, der am Tag der Geburt von Samuel bei einem Verkehrsunfall starb, als er sie ins Krankenhaus fahren wollte. Amelia kämpft seitdem mit dem Verlust ihres Ehemanns und gibt ihrem Sohn dabei eine Mitschuld an der Tragödie. So zieht das Wirken des Babadooks die fundamentale Störung der Mutter-Kind-Beziehung nach sich: Das Monster ergreift Besitz von der Mutter und will sie zwingen, ihren Sohn zu töten. Gemeinsam besiegen Amelie und Samuel das Monster schließlich.

Dies kann bedeuten, dass Amelies Zweifel an der Liebe zu ihrem Sohn dezidiert durch die *Lektüre* eines Kinderbuchs ausgelöst wurde. Ist diese Wirkung einmal in der Welt, lässt sie sich nicht rückgängig machen, indem das Buch zerstört wird. Die Gedanken besitzen dann *Geltung* und sind nicht mehr an ein Medium gebunden. In den Worten Lambert Wiesings bedeutet dies, dass, sobald

---

49 Aus historischer Perspektive werden Bücher bei solchen Ereignissen meist als derart provokativ oder subversiv angesehen, dass sie aus der Sicht eines Staates nicht jedermann zugänglich sein sollten und daher verboten werden. Der aufklärerische Inhalt könnte den MachtinhaberInnen Schaden zufügen. Vgl. Fuld: Das Buch der verbotenen Bücher (2012).

eine Geschichte gelesen wird, sie unabhängig von der Materialität des Buchs (Genesis) ihre Wirkung (Geltung) entfaltet.[50] Die Vernichtung des Buchs ist deshalb wirkungslos. Amelias Lesen ist performativ, da die Lektüre die Wirklichkeit verändert: Amelie zweifelt als Folge an der Liebe zu ihrem Sohn. Nicht das Leseobjekt ist von einem Dämon beseelt, sondern das Lesesubjekt. Dies kann derart gedeutet werden, dass die beiden gemeinsam mit der Vergangenheit konfrontiert werden müssen, um ein Trauma zu bewältigen.

In dem ebenfalls bereits angesprochenen *The Evil Dead* kommt es hingegen gegen Ende des Films zu einem dramatischen Kampf zwischen Ash und den lebenden Toten, in dem Ash das Buch als Quell des Bösen zerstört – woraufhin augenblicklich alle Monster ihre Lebenskraft verlieren und sich auflösen. Mit letzter Kraft erreicht und vernichtet Ash das brennende *Naturom Demonto*, das inzwischen anthropomorphisiert ist.[51] Es hat Augen, Nase und eine Zunge, die es bei der Verbrennung grotesk herausstreckt (Abb. 34).[52] Es handelt sich also quasi um einen ›umgekehrten Fall‹ im Vergleich zu *The Babadook*: Die Vernichtung glückt und die Schrecken enden daraufhin mit sofortiger Wirkung. Die manifeste Anthropomorphisierung eines Buchs kann als Kommentar darauf gelesen werden, dass Bücher ein Eigenleben entwickeln. Wenn in Anlehnung an Iris Bäcker beim Lesen eine ›zweite Welt‹ entsteht, die sich vom gedruckten Buch unterscheidet, kann das Lebendigwerden des Leseobjekts bedeuten, dass diese *zweite Welt* real geworden ist.

Robert Pfaller gebraucht den Begriff *zweite Welt* als Bezeichnung für Wunschträume, die wir im ›echten‹ Leben nicht verwirklichen. Solche Träume sollen für Pfaller konsequenterweise Träume bleiben, denn sie artikulieren kein Begehren, das nach Verwirklichung strebt; sie sind stattdessen Sehnsüchte, die notwendig für eine stabile *erste* Welt sind.

> Wir haben [...] einerseits ein wirkliches Leben, das von Zweifeln begleitet ist und in dem wir uns nicht ganz zu Hause fühlen, und andererseits eine gefühlsintensive Welt, von der wir aber mit Sicherheit wissen, dass sie nur eine Traumwelt ist. Würden wir dieses Wissen verlieren und würde letztere wahr werden, so wäre das für uns mit äußerstem Horror verbunden, eine Erfahrung des Unheimlichen – denn auch wenn wir dann unseren Wünschen näher werden, so wäre dies doch mit dem Verlust von Wirklichkeit verbunden.[53]

---

50 Vgl. Wiesing: Was sind Medien? (2008), S. 241–243.
51 Ein anderes Beispiel hierfür findet sich im dritten *Harry Potter*-Film *Harry Potter and the Prisoner of Azkaban* (USA/GB, 2004), in dem Harry das *The Monster Book of Monsters* lesen soll.
52 Das brennende, vermenschlichte Buch war als visuelle Prolepse bei den ersten Texteinblicken in das *Naturom Demonto* zu sehen.
53 Pfaller: Zweite Welten (2012), S. 20.

So kann die groteske Verformung des Buchs in *The Evil Dead* als filmische Visualisierung der Folgen begriffen werden, wenn die Wünsche der *zweiten* Welt ausgelebt werden: Es entwickelt sich ein Horrorszenario, da dadurch die *erste* Welt, und damit die Wirklichkeit, destruiert wird. Deshalb muss das *Naturom Demonto* auch zerstört werden, denn die in der Fiktion formulierten Wünsche sollen eben genau dort verbleiben. Und Bücher, als Symbol für das Fiktionale, sind hier Ursprung von Wünschen und Fantasien der LeserInnen – wie es der zu Beginn des Kapitels zitierte Jonathan Culler in Rekurs auf La Rochefoucauld festhält. Falls der Status der Fiktion verschoben wird, können sich fatale Konsequenzen ergeben. Dies meint nicht ausschließlich die extreme Form des Realitätsverlustes, sondern kann auch eine Abkehr von der Sicherheit und der Ordnung des zuvor geführten Lebens bedeuten. »Darum enden die meisten Märchen schlecht, in denen Feen unsere Wünsche wahr werden lassen«.[54]

Einen anderen Weg geht der Horrorfilm *John Carpenter's In the Mouth of Madness* (USA, 1994): Hier sind die Horrorromane des Autors Sutter Cane (Jürgen Prochnow) im fiktiven Dorf Hobb's End Wirklichkeit geworden: Je mehr Menschen Canes Bücher lesen, desto schneller werden die Figuren und Schrecken seiner Werke real. Als der Privatdetektiv John Trent (Sam Neill) auf Cane stößt, ist dieser gerade dabei, ein Werk zu vollenden, in dem die Menschen wahnsinnig werden und schließlich die Welt untergeht. Die ZuschauerInnen sehen kurz darauf, wie Cane selbst die endgültige Übertragung der Textrealität auf die außertextuelle Realität einleitet, indem er seinen Kopf aufreißt und sich völlig in ein Buch transformiert (Abb. 34).[55] Im weiteren Verlauf der Filmhandlung kann Trent Realität und Fiktion nicht mehr voneinander unterscheiden und verfällt dem Wahnsinn. Die Auflösung des Autors und die Verwandlung in seinen Text erinnern deutlich an Roland Barthes' berühmte poststrukturalistische These des ›Tod des Autors‹:

> Die Schrift ist der unbestimmte, uneinheitliche unfixierbare Ort, wohin unser Subjekt entflieht, das Schwarzweiß, in dem sich jede Identität aufzulösen beginnt, angefangen mit derjenigen des schreibenden Körpers. [...] Sobald ein Ereignis ohne weitere Absicht *erzählt* wird [...], vollzieht sich diese Ablösung, verliert die Stimme ihren Ursprung, stirbt der Autor, beginn die Schrift.[56]

---

54 Ebd.
55 Die Szene findet aus der Perspektive des Protagonisten Trent statt, ein psychisch labiler Privatdetektiv, für den die Grenzen zwischen Realität und Fiktion verwischen, so dass die an sich abstruse Szene auch als Einbildung und beginnender Wahnsinn gedeutet werden kann.
56 Barthes: Der Tod des Autors (1967), S. 185. Hervorhebungen entstammen dem Original.

Barthes argumentiert damit gegen die Rekonstruktion der AutorInnen-Intention oder die Suche einer Art ›verstecktem‹ Sinn; Interpretation bedeutet für ihn stattdessen, das Textgewebe zu entwirren und in einzelne Bestandteile zu zerlegen. Die Autorität einer/s Autorin/s schwindet und die Lesenden werden zur sinnstiftenden Instanz im Deutungsprozess: »Die Geburt des Lesers ist zu bezahlen mit dem Tod des *Autors*.«[57] Die Szene aus *In the Mouth of Madness* findet einen filmischen Ausdruck für die einflussreiche Barthes'sche These. Die physische Gestalt des Autors Shutter Cane transformiert sich zu einem Loch aus Textschnipseln: Die Identität des schreibenden Körpers löst sich auf und beginnt sich in Schrift zu verwandeln, was einer Geburt gleichkommt. In dem Horrorfilm hat Cane somit keinen (schreibenden) Einfluss mehr auf die Figuren und den mit ihnen verbundenen Schreckensszenarien. Ein Monster taucht daraufhin aus dem ›Textloch‹ auf und die Ereignisse, die schließlich zum Weltuntergang führen, nehmen ihren Lauf.

Diese Thematisierung der Performativität eines literarischen Textes ist ambivalent: Einerseits steht Trent stellvertretend für die Lesenden vor einem schwarzen Loch, das es nun im Sinne der Rezeptionsästhetik zu füllen gilt; andererseits kommt es zu keinem Leseakt, denn Trent wird direkt nach der Transformation Canes von einem übermächtig wirkenden Monster verfolgt. Somit wird die *Gefahr* der Bedeutungsoffenheit akzentuiert, sobald die/der AutorIn als ›eindämmende‹ Instanz fehlt. Der Film erweist sich hiermit als ein Plädoyer gegen die Vieldeutigkeit literarischer Texte und für die Deutungshoheit der UrheberInnen: Wenn die VerfasserInnen verschwinden, erscheint die Interpretation willkürlich und in ihrer Perspektive als wahrer Horror. Während *The Babadook* und *The Evil Dead* als Kommentare auf die LeserInnen zu interpretieren sind, betont *In the Mouth of Madness* die Bedeutung der AutorInnen für literarische Produktions- und Rezeptionsprozesse. Im abschließenden Unterkapitel erfolgt die Analyse einer Leseszene, die mehrere bereits aufgezeigte Topoi des literarisch-ästhetischen Lesens im Horrorfilm vereint.

14.4 Ästhetische Erfahrung in *Rosemary's Baby*: Schaudern und Erkenntnis

In Roman Polańskis *Rosemary's Baby* zieht die junge Rosemary (Mia Farrow) mit ihrem Ehemann Guy in eine neue Wohnung und wird von dem betagten Nachbarpärchen Minnie und Roman Castevet, die einem Teufelskult angehö-

---

57 Ebd., S. 193.

ren, dazu auserkoren, Satans Sohn zur Welt zu bringen. *Rosemary's Baby* ist ein Horrorfilm, der weniger auf übertriebene Schockeffekte setzt, sondern vielmehr eine durchgehende unbehagliche und unheimliche Atmosphäre entwirft, wodurch die ZuschauerInnen sich permanent die Frage stellen: Bildet sich die Hauptfigur die Geschehnisse nur ein oder ereignen sie sich innerhalb der Diegese wirklich? So urteilt Stefan Lux, dass der Film seine verstörende Spannung aus seiner stetigen Doppeldeutigkeit bezieht: »Die rationale Erklärung (eine neurotische und paranoide Verengung von Rosemarys Wahrnehmung) steht der dramaturgisch konsequenten, aber völlig irrationalen Verschwörungstheorie gleichberechtigt gegenüber.«[58] Für die Frage, ob das sich Ereignende Imagination oder Realität ist, bzw. gestörte Wirklichkeitsauffassung oder wirksame Magie, erweist sich eine Lesesszene als zentral.

So wird Rosemary nach dem Verzehr einer von Minnie zubereiteten Mousse au Chocolat bewusstlos und erlebt eine längere Traumsequenz, in welcher der leibhaftige Teufel den Beischlaf mit ihr vollzieht. Rosemary schreit während des surrealen Geschlechtsverkehrs: »This is no dream. This is really happening!«[59] Ihr Ehemann Guy gesteht ihr am nächsten Tag, dass er mit ihr geschlafen habe, während sie ohnmächtig war – beiden wollen ein gemeinsames Kind und es war die Phase von Rosemarys Eisprung.[60] Und in der Tat ist sie kurze Zeit später schwanger: So fragen sich die ZuschauerInnen ab diesem Zeitpunkt, ob sie von Satan oder von Guy befruchtet wurde. Rosemary geht es in der Folge körperlich sukzessive schlechter, ihr Gynäkologe rät ihr von herkömmlichen Medikamenten ab und sie wird mit ungewöhnlicher Fürsorge von den eigentümlichen Nachbarn observiert.

Rosemarys ältlicher Freund Hutch, der ihr einziger Vertrauter zu sein scheint, ist entsetzt über ihren Zustand und äußert seine Skepsis gegenüber den antiquierten Behandlungsmethoden des Arztes und der penetranten Fürsorge Minnies und Romans. Kurz nach dem Treffen fällt Hutch trotz offensichtlich bester Gesundheit plötzlich ins Koma und stirbt. Auf seiner Beerdigung trifft Rosemary auf dessen Tochter, die ihr am Friedhof ein Buch in einem verschnürten Paket mit dem Hinweis übergibt, dass Hutch zwischen seinem komatösen Zustand und seinem Tod kurz erwacht war und sie darum gebeten habe, Rosemary dieses Buch zukommen zu lassen. Das Leseobjekt wird durch das plötzliche Koma des

---

58 Lux: Rosemaries Baby (1995), S. 138.
59 Rosemary's Baby (1968), 00:47:48–00:47:50.
60 Die Filmsequenz, in welcher der Teufel mit Mia schläft, lässt sich auch als Metapher für eine Vergewaltigung lesen: Auch wenn die beiden verheiratet sind und ein Baby wollen, gestaltet sich der Sex ohne aktive Zustimmung als unvorstellbar grausamer Akt, innerhalb dessen der Vergewaltiger auf die Vergewaltigte wie der verkörperte Satan wirkt.

Besitzers, den ›letzten Wunsch‹ der Weitergabe und die Übergabe mystifiziert.[61] Es handelt sich bei dem Buch um ein – fiktives – historisches Werk über Hexenkulte, *All of Them Witches*, dessen VerfasserIn nicht genannt oder gezeigt wird. Rosemary beginnt es gleich nach dem Öffnen des Pakets noch im Gehen zu lesen (Abb. 35).

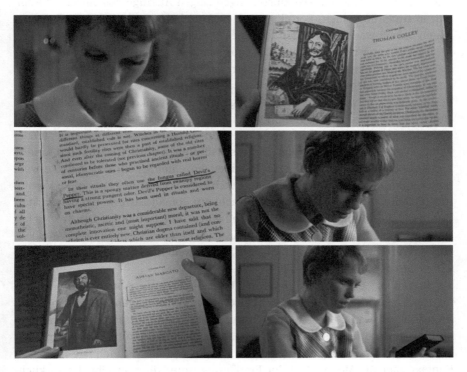

Abb. 35: Die ZuschauerInnen sehen in *Rosemary's Baby* (01:27:18–01:28:14) Rosemarys gehende Lesehaltung, Textauszüge und ihren fragenden Blick nach der Beendigung des Leseakts.

Die gehende Lesehaltung Rosemarys ist insofern auffällig, da sie unabhängig vom Horrorgenre nicht häufig in Filmen vorkommt.[62] Das Lesen im Gehen indiziert in dieser Szene, dass Rosemary noch nicht von dem Buch affiziert ist.

---

61 Dies wird auch dadurch unterstrichen, dass die Nachbarin Minnie Rosemarie mit argwöhnischen Blicken betrachtet, als sie das Buch sieht.
62 Diese gesonderte Form der Lesehaltung wurde bisher nur bei *Liberal Arts* in Kap. 6.2. konstatiert.

Die flüchtige Leseweise kennzeichnet auch das ziellos wirkende Blättern im Buch. Lesehaltung und -weise akzentuieren Rosemarys angespannte mentale Situation: Sie ist aufgewühlt durch die Erlebnisse und Geschehnisse um ihre Schwangerschaft und den Tod ihres Freundes Hutch: Sie nimmt sich keine Zeit für eine kontemplative Lektüre, sondern möchte möglichst schnell an relevante Informationen gelangen. Die Einstellungen zeigen Auszüge aus einzelnen Kapiteln in Großaufnahmen, Porträts von Hexen und Hexern, welche die Zuschauenden nur für wenige Sekunden zu Gesicht bekommen.

Das unkonzentrierte Lesen Rosemarys endet, als sie bei einer Passage innehält, die Hutch anscheinend markiert hat (Abb. 35). Der unterstrichene Satz enthält die Wörter »Devil's Pepper«. Den »Teufelspfeffer« trägt Rosemary selbst um den Hals, er wurde ihr von dem eigenartigen Gynäkologen empfohlen und Hutch war über den strengen Geruch des Pfeffers entsetzt. Sie setzt sich in diesem Moment zur aufmerksamen Lektüre hin – das Platznehmen zeigt das Zustandekommen eines Leseprozesses an. Die ZuschauerInnen erhalten daraufhin weitere Einblicke in den Text durch Großaufnahmen einzelner Seiten: Rosemary verweilt bei dem Eintrag über Adrian Marcato. Hutch hat ihr gegenüber zuvor die Vermutung geäußert, dass es sich bei ihrem Nachbarn Roman Castevet um Steven Marcato handelt, den Sohn Adrians, der Teil eines Teufelskults ist. Der Text liefert Rosemary eine Reihe von Beweisen dafür, dass sie tatsächlich Opfer einer okkultischen Verschwörung ist, und mit ungläubig zweifelndem Blick konstatiert sie: »There are no witches. Not really.«[63]

Rosemary betrachtet während des Leseakts mehrere Abbildungen, welche die ZuschauerInnen auch zu Gesicht bekommen. Diese tragen zur unheimlichen Atmosphäre bei und unterstützten Rosemarys Schwebezustand zwischen Realität und Imagination. Es sind zahlreiche, angeblich magiekundige Personen auf Zeichnungen und Fotografien zu sehen.[64] Während das Gezeichnete in diesem Kontext eher die Möglichkeit der Einbildung unterstützt, erhöht die wirklichkeitsabbildende Kraft der Fotografie die Wahrscheinlichkeit, dass Rosemarys Befürchtungen sich als wahr erweisen. »Was mit der Kamera aufgenommen wird, erhebt immer den Anspruch auf Evidenz«,[65] urteilt Dirk Verdicchio im Rahmen der Authentizität des Wissenschaftsfilms. Sowohl das Leseobjekt als auch das Lesesubjekt sind in der Szene demnach *cues*, welche die Realitäts-

---

63 Rosemary's Baby (1968), 01:28:12.
64 Während der Traumsequenz, in welcher der leibhaftige Teufel mit ihr schläft, ist auch kurz eine Person zu sehen, die dem fotografischen Porträt von Adrian Marcato äußerst ähnlich sieht.
65 Verdicchio: Das Publikum des Lebens (2010), S. 83.

ebene der Diegese in Frage stellen.[66] Zudem zieht Rosemarys staunender bzw. ungläubiger Gesichtsausdruck Aufmerksamkeit auf sich, weil sich diese Mimik auch in anderen Horrorfilmen findet.

In *The Babadook* betrachtet Amelia die im Kapitel zuvor besprochenen, teilweise verstörenden Paratexte des Kinderbuchs, die ihr auch selbst Unbehagen bereiten (Abb. 36). Im kontrastierenden Vergleich dazu ist Lucy Harker (Isabelle Adjani) aus Werner Herzogs *Nosferatu – Phantom der Nacht* (D/FRA, 1979) abgebildet, die nach der Lektüre eines Lexikons der Mythologie, in dem sie den Begriff »Nosferatu« nachschlägt, begreift, dass ihr Mann Jonathan vor der Transformation zu einem Vampir steht (Abb. 36). Auch Allan Gray in Dreyers *Vampyr – Der Traum des Allan Gray* realisiert (Abb. 36), dass der Vampirismus in der französischen Ortschaft, in der er sich aufhält, um sich greift und er dieses Phänomen nur stoppen kann, wenn er – wie es in dem Buch geschrieben steht – die Vampirin Margerite Chopin tötet (vgl. Kap. 5.3.). Die Abbildungen aus *Nosferatu* und *Vampyr* sind strukturell mit der aus *Rosemary's Baby* vergleichbar, denn alle drei Abbildungen eint, dass sie in einer Groß- bzw. Nahaufnahme ein Lesesubjekt mit einer bedeutungsoffenen Mimik präsentieren: Wie lassen sich der leicht geöffnete Mund und der eigentümliche Blick der Figuren angesichts der Lektüre von übernatürlichen Vorgängen und Erklärungen deuten?

Der Gesichtsausdruck tritt vermehrt in der Ikonografie des Lesens auf; Stefan Bollmann interpretiert ihn folgendermaßen: »Der Akt der Lektüre wird aus freien Stücken unterbrochen, um über das Gelesene nachzudenken. Ihr Blick, der nichts fixiert [...], zeugt von frei schwebender Aufmerksamkeit, einer reflektierten Innerlichkeit.«[67] Insbesondere die »reflektierte Innerlichkeit« ist bezeichnend für die ästhetische Erfahrung. So kann die »frei schwebende Aufmerksamkeit« als *Angst* einer Figur begriffen werden, als Furcht vor Okkultismus, dem Babadook, Vampirismus usw. Das Schaudern der Figur erhält in diesen Szenen einen filmischen Ausdruck.[68] Doch es ist kein verzerrter Gesichtsausdruck, der vergleichbar mit

---

66 Die Realitätsebenen verwischen sich an dieser Stelle noch auf eine andere Weise. So betrachtet Rosemary einmal die Zeichnung von Thomas Colley, der real existierte, während der fiktive Adrian Marcato auf einer Fotografie abgebildet ist. Die Vertauschbarkeit der medienabhängigen Realitätsnähe – die Fotografie ist *evidenter* als die Zeichnung – unterstützt die Frage danach, ob Rosemary sich die okkulten Vorgänge nur einbildet oder ob diese sich wirklich ereignen.

67 Bollmann: Frauen, die lesen, sind gefährlich (2005), S. 23.

68 Thomas Anz widmet der Faszination am Schrecklichen in seiner Monografie *Literatur und Lust* ein eigenes Kapitel und argumentiert, dass auch das Lesen von schrecklichen Geschehnissen in der Literatur mit Lustmomenten verknüpft ist. Vgl. Anz: Literatur und Lust (1998), S. 120–143.

Abb. 36: Die Gesichtsausdrücke der lesenden Amelia Vanek aus *The Babadook* (00:12:18), Lucy Harker aus *Nosferatu – Phantom der Nacht* (01:17:35) und Allan Gray in *Vampyr – Der Traum des Allan Gray* (00:32:02) sind strukturell vergleichbar.

Janet Leighs in *Psycho* (USA, 1960) eidetisch für Angst und Schrecken steht. Stattdessen ist Amelies Mimik eher dezent. Der ungläubige oder zweifelnde Blick von Rosemarie, Lucy und Allan Gray können auch als Einsicht oder Erkenntnis interpretiert werden. Die Opferrolle im Rahmen eines Hexenkultes in *Rosemary's Baby* und die Existenz von VampirInnen in *Nosferatu* oder *Vampyr* sind »das Auftreten eines ›unerklärlichen Außer- oder Übernatürlichen‹, das die Weltordnung fundamental in Frage stellt.«[69]

Im Gegensatz zu Fantasy-Universen wie in J. R. R. Tolkiens *The Lord of the Rings*, in denen das Übernatürliche ein beständiger und anerkannter Teil der Diegese ist, zieht die Erkenntnis im Moment der Lektüre, dass das Paranormale existiert, den filmischen Figuren den sprichwörtlichen ›Boden unter den Füßen‹ weg. Es handelt sich um keine Einbildung, keinen Traum und keine Psychose: Die übernatürlichen Phänomene existieren in der Welt der Figur tatsächlich. Nach dem Leseakt haben die Lesesubjekte und die Zuschauenden demnach

---

69 Wünsch: Die fantastische Literatur der Frühen Moderne (1991), S. 15.

den gleichen Wissensstatus, nur dass die Einsicht »›Es gibt Geister‹ und/oder ›Es gibt Dämonen‹«[70] für die filmischen LeserInnen ein Realitätspostulat und für die ZuschauerInnen eine Erklärung des Phantastischen darstellt. Das Buch bildet an dieser Stelle also gleichsam ein genrespezifisches Erklärungsmedium. Dies liegt einerseits an seiner Funktion als Sammlung von Mythen sowie Geschichten – der Ort, in dem solche Horrorgeschichten ›geboren‹ wurden; andererseits dienen sie kulturell als Aufbewahrungsform von Informationen bzw. Wissen. Das Buch steht repräsentativ für die Ebenen der Fiktion (Mythen) und der Realität (Wissen).[71]

Als Rosemarys Ehemann Guy nach Hause kommt, erzählt sie ihm, dass ihr Nachbar der Sohn von Adrian Marcato ist und sie damit Opfer eines Teufelskults sei – und sie verweist zur Unterstützung ihrer Argumentation auf das Buch.[72] Doch Guy glaubt Rosemary nicht; als er ihr kurze Zeit später mitteilt, dass er das Buch verbrannt hat, ist es für Rosemary offenkundig, dass das ›imaginäre Pendel‹ zwischen möglicher Paranoia oder tatsächlicher Verschwörung auf eine Seite ausgeschlagen ist: Sie ist Opfer eines okkultischen Rituals, an dem auch ihr Ehemann beteiligt ist. Der Schwebezustand zwischen Fiktion und Realität wird durch eine Leseszene geklärt und damit aufgehoben. Dies kann im Verständnis des dritten Unterkapitels ebenso als Performativität des Lesens begriffen werden. Auch wenn kein direktes wirklichkeitskonstituierendes Phänomen von dem Leseobjekt ausgeht, da es kein magisches Buch, sondern ein Buch *über* Magie ist, zerstört Guy es: Er denkt, dass er damit Rosemarys Einsicht gleichsam rückgängig machen kann und sie die Konspiration nicht aufdecken wird.[73]

Die detailreich inszenierte Leseszene führt dazu, dass die ZuschauerInnen Rosemarys Erkenntnisprozess nachvollziehen können. Obwohl die Zuschauenden aufgrund der Genrekonvention ahnen oder – insbesondere bei einem wiederholten Ansehen des Films – wissen, dass die okkulten Phänomene sich als wahr erweisen werden, können sie Rosemarys inneren Prozess während der Lektüre und den dadurch bedingten Zweifel an der eigenen Weltwahrnehmung

---

70 Ebd., S. 19.

71 Vgl. Rautenberg: Buch (2005), S. 67.

72 Rosemary gelangt zur endgültigen Überzeugung, dass es Hexen gibt, als sie mit den Buchstabensteinen aus einem Scrabble-Spiel in dem Namen Steven Marcato ein Anagramm zu Roman Castevet erkennt. Anagramme gehören kulturgeschichtlich in den Bereich der Buchstabenmystik, die am berühmtesten in magischen Texten der *Kabbala* Verwendung findet. Vgl. Dornseiff: Das Alphabet in Mystik und Magie (1925), S. 2–5.

73 Hier liegt eine Verbindung zur *Geltung* des Gelesenen in Kap. 14.3. Die durch den Lektüreprozess ausgelöste Erkenntnis besitzt für Rosemary Geltung und kann daher nicht einfach umgekehrt werden.

leiblich spüren. Die intensive filmästhetische Gestaltung ermöglicht sowohl das Nachvollziehen des Schreckens als auch die parallele Reflexion über das Lesen. So schreibt Thomas Morsch allgemein über das Horrorgenre:

> Der Horrorfilm zeichnet sich durch ein Wirkungskalkül aus, das auf die Evokation von Schrecken, Schock, Ekel, Grusel oder Gefühlen des Unheimlichen ausgerichtet ist. All diese Affekte weisen neben psychischen und emotionalen auch physiologische Komponenten auf [...]. Der ästhetisch inszenierte Schrecken ist *gleichzeitig* unmittelbares, physisches Erschrecken *und* Selbsterkenntnis durch die simultane Einnahme einer Außenperspektive auf das eigene Ich. Körperliche Reaktion und selbstreflexive Perspektivierung stehen nicht in einem Widerspruch zueinander, sondern arbeiten in den ästhetischen Effekten des Schreckens Hand in Hand.[74]

Rosemarys Leseszene, die zu der den gesamten Film prägenden unheimlichen Atmosphäre beiträgt, erweist sich demnach als ein filmisch-ästhetischer Ausdruck einer schrecklichen Erkenntnis, den die Zuschauenden selbst als ein Gefühl des Schauderns erleben können. Gleichzeitig können sie während Rosemarys Leseakt auch zur Selbstreflexion gelangen, als diese einen Moment der Erkenntnis erfährt. Bringen die ZuschauerInnen dies mit dem literarisch-ästhetischen Lesen in Verbindungen, kann dies Selbstverständigungsakte über furchterregende Facetten des Lesens nach sich ziehen. Der Horrorfilm *sui generis* enthält, so die Folgerung dieses Kapitels, eine Reihe genrespezifischer Darstellungen des Lesens, die auf sinnliche Begegnungen mit Literatur übertragen werden können. Nachdem es sich dabei um eine Sonderform des Lesens im Film handelt, kehrt das abschließende Kapitel zu genuinen filmischen Darstellungen des literarisch-ästhetischen Lesens zurück.

---

74 Morsch: Medienästhetik des Films (2011), S. 235–237.

15 Drei genuine Darstellungen des literarisch-ästhetischen Lesens im Film

> »Jede Kinoerfahrung ist die Erfahrung einer verkörperten Wahrnehmung, die auf der Leinwand ihren ästhetischen Ausdruck findet.«[1]
> – Thomas Morsch

Das abschließende Kapitel behandelt drei unterschiedliche Beispiele, die zentrale Funktionen und Topoi des literarisch-ästhetischen Lesens im Film enthalten. Das Folgende kann als verdichtete Rekapitulation und erneute Bestätigung der These der vorliegenden Studie betrachtet werden, die das Eingangszitat von Thomas Morsch noch mal in Erinnerung ruft: Das literarisch-ästhetische Lesen ist eine verkörperte Wahrnehmung, die auf der Leinwand ihren ästhetischen Ausdruck findet – und von den ZuschauerInnen ästhetisch und leiblich erfahren werden kann.

Eine Leseszene aus dem Film *Nocturnal Animals* (USA, 2016), die das erste Unterkapitel zum Gegenstand hat, versammelt zwei bekannte Elemente des literarisch-ästhetischen Lesens: Das Lesen fungiert hier als Rahmenhandlung und auf eindrückliche Weise wird die Wirkung der sinnlichen Lektüre vorgeführt. Daran anschließend erfolgt eine Analyse und Interpretation von *Prospero's Books* aus dem Jahr 1991, eine filmisch formal experimentelle und medial selbstreflexive filmische Adaption von Shakespeares *The Tempest*, die den ZuschauerInnen eine außergewöhnliche Form der ästhetischen Erfahrung ermöglicht. In einer Leseszene aus *Die andere Heimat – Chroniken einer Sehnsucht* (D, 2013), die im dritten Unterkapitel im Zentrum der Untersuchung steht, liegt eine filmsprachlich vielschichtige Inszenierung eines in der Natur lesenden Jugendlichen vor, der aus seinem intensiven Lektüreakt herausgerissen wird.

15.1 *Nocturnal Animals*: Rahmenhandlung und Leseemotionen

Nocturnal Animals ragt aus dem Untersuchungskorpus heraus, da er in außergewöhnlicher Länge von über 60 Minuten die Textrealität einer filmischen Leserin visualisiert. Der Film enthält zwei Erzählebenen: In der ersten steht die unglücklich verheiratete Galerie-Besitzerin Susan Morrow (Amy Adams) im Mittelpunkt. Sie erhält per Post das Romanmanuskript »Nocturnal Animals« ihres Ex-Ehemanns Edward Sheffield (Jake Gyllenhaal), das kurz vor der Verlegung steht. Sie beginnt es mit mehreren Unterbrechungen zu lesen, wobei der Film im Wechsel Szenen

---

1 Morsch: Filmische Erfahrung im Spannungsfeld (2010), S. 59.

https://doi.org/10.1515/9783110728590-015

aus Susans Gegenwart und der Diegese der literarischen Erzählung zeigt. Der Roman, die zweite Erzählebene des Films, handelt von Tony Hastings, der miterleben muss, wie seine Frau und seine Tochter bei einer gemeinsamen Autofahrt von drei gewalttätigen Männern entführt und letztlich getötet werden. Nachdem Tony mit Glück entkommen kann, spürt er zusammen mit Sheriff Carlos Holt (Michael Shannon) die Verbrecher auf und erschießt sie, wobei er durch einen Unfall selbst den Tod findet. Die Leseszenen – und andere Sequenzen rund um Susan – bilden die Rahmenhandlung, während Tonys traumatische Erfahrungen in der Binnenerzählung die Lektüreimaginationen Susans visualisieren. Susan ist gefesselt von der Geschichte und lebt sie emotional auf intensive Weise mit; dabei reflektiert sie ihr aktuelles Leben und erinnert sich an Stationen des Scheiterns ihrer Ehe mit Edward. Als sie sich am Ende des Films mit ihm zu einem Gespräch in einem Café verabredet, erscheint er nicht.

Der Film vereint mehrere Facetten des literarisch-ästhetischen Lesens. So sehen die ZuschauerInnen Susan permanent allein und still lesen (vgl. Kap. 9.1.): Diese Lesesituation unterstreicht ihre Einsamkeit und die Distanzierung von ihrem Ehemann. Außerdem präsentieren einige Szenen konkret die Wirkung der Lektüre auf Susan, die sichtlich von der Geschichte affiziert wird, über das Geschehen schockiert ist und darüber sinniert.[2] Durch die Kontrastierung von Susans Leseakt mit den Erlebnissen der literarischen Figur Tony konstruiert der Film eine selbstreflexive Schachtelerzählung (vgl. Kap. 11.4.). Die Verschachtelung lässt sich jedoch weniger als automediales Lesen kategorisieren, – wie in dem bezüglich der Lesefunktion vergleichbaren *La Lectrice* –, sondern es dominiert die autothematische Lektüre der weiblichen Hauptfigur. Denn das Geschehen auf der zweiten Ebene korreliert in vielen Aspekten mit dem auf der ersten, eine Übereinstimmung, auf die schon die optische Identität des Autors Edward mit der Hauptfigur des Romans Tony hinweist, die beide von Jake Gyllenhaal gespielt werden.[3]

Es wird mit dieser ›Doppelidentität‹ suggeriert, dass Susan sich die Hauptfigur als ihren Ex-Mann imaginiert, denn die ZuschauerInnen sehen Susans substanziierte Vorstellungen im Verlauf der Lektüre: Die Binnenhandlung beginnt in dem Augenblick, als Susan die Seiten des Manuskripts umblättert. Weitere

---

2 Es gibt eine Reihe von Szenen, die Susans Reaktion während des Lesens zeigen. Als beispielsweise der Wagen mit Tonys Familie von der Straße abgedrängt wird, sehen die ZuschauerInnen, wie Susan sich die Augen reibt, da die Lektüre sie stark mitnimmt.

3 Der optische Unterschied zwischen Edward, der nur in Rückblenden auftaucht, und Tony wird zu Beginn dadurch deutlich, dass Tony in der Binnenerzählung einen Bart trägt, den Edward nicht hat. Sobald Tony sich nach dem Tod seiner Familie den Bart abrasiert, wird auf diese Weise die Ähnlichkeit der beiden Figuren noch deutlicher herausgestellt.

Parallelen zeigen sich im Titel des Romans – und des Films, den Susan einer Kollegin folgendermaßen erklärt:

> I never sleep. My ex-husband used to call me a nocturnal animal. [...] I've been thinking about him a lot lately and then recently he sent me this book that he's written. And it's violent and it's sad and he entitled it ›Nocturnal Animals‹ and dedicated it to me.

Der Film fordert die ZuschauerInnen durch mehrere *cues* also auf, das filmische Geschehen der beiden Ebenen deutlich aufeinander zu beziehen. Diesen Zusammenhang eröffnet auch die nachstehende Sequenz: Susan liest sichtlich bewegt eine Stelle des Romans (Abb. 37), als Tony die Leichen seiner Tochter und Frau entdeckt – es liegt eine gebräuchliche Leseinszenierung nach dem Muster **E** vor. Die Visualisierung des Lektüreakts zeigt die toten nackten Körper von Tonys Frau und Tochter, die eng umschlungen auf einer roten Couch liegen – mitten in einer Mülldeponie. Obwohl es sich um Leichen handelt, wirkt die Einstellung aufgrund des starken Farbkontrastes und der arrangierten Körper in einer Totalen *stilisiert* – ein Eindruck, der dadurch akzentuiert wird, dass die beiden Toten trotz der zuvor geschehenen Vergewaltigung äußerlich unversehrt zu sein scheinen. Die ZuschauerInnen sehen kurz darauf Tonys verzweifeltes

Abb. 37: In *Nocturnal Animals* (00:43:14–00:44:29) leidet Susan während der Lektüre des Romans ihres Ex-Manns Edward mit, als die von ihm geschaffene Figur Tony seine ermordete Frau und Tochter entdeckt; sie beendet danach ihre Lektüre und ruft ihre Tochter an, die nackt umschlungen mit ihrem Freund im Bett liegt.

Gesicht in einer Nahaufnahme; dann wird auf die vom Leseakt aufgewühlte Susan geschnitten, die von dem Leseobjekt hochblickt. Jump-Cuts changieren anschließend zwischen den beiden Erzählebenen hin und her. Die Mimik von Susan, die von der Lektüre weg ins Leere schaut, erinnert an die »reflektierte Innerlichkeit«, die im letzten Kapitel dargelegt wurde. Susan bricht die Lektüre ab, ruft ihre Tochter an und vergewissert sich über deren Wohlergehen. Ein Screenshot präsentiert Susans Tochter und deren Partner nackt sowie eng umschlungen im Bett (Abb. 37): Ihre Körper sind auf eine vergleichbare Weise im Filmbild arrangiert wie die Leichen von Tonys Frau und Tochter. Die analoge Kadrierung der beiden Einstellungen steht stellvertretend dafür, wie die Rahmen- und Binnenerzählung aufeinander bezogen werden.

Der Telefonanruf kann als Beleg für eine intensive Leseerfahrung gedeutet werden: Derart aufgewühlt von den gewalttätigen Ereignissen des Erzählten, überträgt Susan die fiktionale Geschichte des Romans auf sich und ihre Tochter. Daher möchte sie sich persönlich informieren, ob ihr innig geliebtes Kind gesund ist.[4] Es ist jedoch auch möglich, dass Susan in diesem Moment denkt, das gerade Gelesene hätte sich wirklich ereignet und ihre gemeinsame Tochter sei tot. Ein *cue* für diese Erklärung des Telefonanrufs ist eine Rückblende, die einen in der Vergangenheit liegenden Dialog zwischen Susan und Edward zeigt, in dem er sein Selbstverständnis als Schriftsteller offenbart. Ausgangspunkt ist eine von ihm geschriebene Geschichte, die er ihr zu lesen gegeben hat.

Edward: Is it better?

Susan: You're gonna take this the wrong way, but I think you should write about something other than yourself.

Edward: Nobody writes about anything but themselves.

Susan: I just … my mind started to wander when I was reading it, and that's no good, right?

Edward: I don't know what to do.

[…]

Susan: You know, this is exactly why I don't wanna read your work because you always get so fucking defensive.

---

4 Es ist der einzige Auftritt von Susans Tochter im gesamten Film. Eine spätere Szene deutet an, dass vermutlich Edward ihr Vater ist; dieser weiß jedoch nichts davon, da Susan ihm erzählt hat, sie hätte einen Schwangerschaftsabbruch vornehmen lassen. Dies ist nur eine denkbare Interpretation. Es wäre ebenso plausibel, dass damals tatsächlich eine Abortion stattfand und demnach nicht Edward, sondern Susans gegenwärtiger Ehemann der Vater ihrer Tochter ist. Auch möglich ist die Deutung, dass sich Susan in diesem Moment eine Tochter nur einbildet.

Edward: Yeah, of course I'm defensive! Do you know what it feels like to put yourself out on the line creatively and then have someone you love tell you that they don't understand it?

Susan: No, I don't, because I'm not creative.

Edward: That's because you choose not to be.[5]

Das Gespräch hat Aspekte der Rezeption und Produktion von Literatur zum Thema. Susan beschreibt ihr gedankliches Abschweifen während des Leseprozesses (»my mind started to wander«) und nimmt diese Entfernung von der Lektüre zum Anlass, eine negative Bewertung von Edwards Text vorzunehmen. Darüber hinaus äußert Edward sein poetologisches Selbstverständnis: Er sieht es als eine Grundprämisse des literarischen Schreibens an, dass AutorInnen *über sich* schreiben. Vor diesem Hintergrund wird es erklärbar, dass Susan bei der Lektüre von »Nocturnal Animals« vermutet, dass ihre Tochter womöglich wirklich tot sei. Wenn Edward eine Kriminalgeschichte über Entführung, Vergewaltigung, Mord, Verbrechensermittlung und Rache schreibt, liegt die Deutung nahe, dass es sich dabei um eine *kompensatorische* Schreiberfahrung handelt, die beispielsweise Sigmund Freud umreißt:

> Ein starkes aktuelles Erlebnis weckt im Dichter die Erinnerung an ein früheres […] Erlebnis auf, von welchem nun der Wunsch ausgeht, der sich in der Dichtung seine Erfüllung schafft; die Dichtung selbst läßt sowohl Elemente des frischen Anlasses als auch der alten Erinnerung erkennen.[6]

Doch was aus der »alten Erinnerung« verarbeitet Edward allegorisch in seinem Roman? Tonys desperater Blick auf dem abgebildeten Screenshot steht nicht nur für seine Trauer und Verzweiflung angesichts des Todes seiner Familie, sondern er verweist auch auf die Selbstvorwürfe wegen einer Mitschuld an der Tragödie, die er gegen Ende des Films gegenüber Sheriff Holt verbalisiert:[7] »I should have stopped it! I should have protected them! I should have seen it coming! I should have stopped it! I should have stopped it!«[8] Eine weitere relevante Stelle für die Schuldgefühle Tonys ist die Entführungsszene selbst, in welcher der Anführer der Gruppe Tony anschreit: »Have you got a vagina? Have you got a fuck-

---

5 Nocturnal Animals (2016), 01:15:44–01:16:58.
6 Freud: Der Dichter und das Phantasieren (1908), S. 971.
7 Dieser Vorwurf wird auch in anderen Szenen verhandelt, etwa als Tony das erste Mal auf Sheriff Holt trifft. Der Polizist fragt ihn, wie Tonys Frau und Tochter entführt werden konnten, obwohl die drei Männer keine Waffen bei sich trugen.
8 Nocturnal Animals (2016), 01:30:42–01:30:54.

ing vagina there?«[9] Die aggressiv provozierende Frage, ob Tony statt eines männlichen Geschlechtsteils ein weibliches habe, eröffnet einen Nexus zu *defizitärer* Männlichkeit, die mit stereotypen Attributen wie Stärke, Dominanz und Schutz assoziiert wird. Tony sieht sich sowohl durch die Worte des Angreifers als auch durch den Polizisten mit Fragen nach seiner Stärke, seiner Selbstverteidigungsfähigkeit und seiner Verantwortung für seine Familie konfrontiert.

In der weiteren Filmhandlung zeigen Rückblenden mögliche Gründe für das Scheitern der Beziehung zwischen Susan und Edward, so etwa, dass Edward in Susans Augen nicht dem klischeehaften Rollenverständnis des Mannes als überlegener und starker Partner entspricht. Ein Dialog zwischen Susan und ihrer Mutter offenbart deren abschätzige Meinung über den zukünftigen Mann ihrer Tochter. Mit den Worten »[Edward] has no money. He's not driven. He's not ambitious. [...] He is a romantic. But he is also very fragile. I saw that when his father died«,[10] rät die Mutter ihrer Tochter davon ab, Edward zu heiraten. Die Sätze sind ein starkes Indiz dafür, dass Susan letztlich Edward mitunter deshalb verlässt.

So lassen sich die toten Körper von Tonys Frau und Kind als Sinnbild für die gescheiterte Beziehung interpretieren: Edward hat sowohl Susan als auch ihr gemeinsames Kind verloren. Es handelt sich demnach – um einen Brückenschlag zum dritten Kapitel der vorliegenden Studie zu leisten – um eine Erfahrung erster Ordnung (Beziehungsende), die Edward literarisch verarbeitet. Die Leserin Susan erlebt im Akt der Lektüre eine Erfahrung zweiter Ordnung, da sie einerseits dem Romangeschehen folgt und andererseits das dort Dargestellte auf ihre Beziehung mit Edward überträgt: Hätte Edward zielstrebiger und emotional stärker sein müssen, um seine Frau zu überzeugen und als Ehepartnerin zu behalten? Oder hätte sie sich selbst deutlicher von der Meinung ihrer Mutter abgrenzen und mehr für die Beziehung kämpfen müssen?

Auf diese Weise ermöglicht der Film eine Reihe von Anknüpfungspunkten für die ZuschauerInnen. Sie sehen die lesende Susan, die wiederum Edwards Text rezipiert. Den Zuschauenden wird zum einen ermöglicht, den Zwiespalt Susans und den Schrecken von Tonys Situation nachzuempfinden. Zum anderen regt das ständige Changieren zwischen den beiden Erzählebenen, – ein Prozess, der durch Unterbrechungen, wechselnde Lesepositionen und emotionale Reaktionen gekennzeichnet ist, – dazu an, das Geschehen somatisch zu spüren: Das ruhige Lesen der Rahmenhandlung wird mit der spannungsgeladenen Binnenhandlung kontrastiert, ›harte‹ Kameraschnitte indizieren den Bruch, wenn Susan

---

9 Ebd., 00:28:24–00:28:28.
10 Ebd., 00:52:41–00:53:39.

aus der Lektüre herausgerissen wird, und überlappendes Herzklopfen von Susan und Edward parallelisieren die Lesesituation mit den Erfahrungen der Figur. Diese Rezeptionsmöglichkeit bietet auch der nächste Film, der jedoch im Gegensatz zu *Nocturnal Animals* keine direkte Visualisierung der Lektüreerfahrung beinhaltet, sondern eine Reihe avantgardistisch inszenierter Leseszenen.

15.2 *Prospero's Books*: Filmische Adaption und Selbstreflexion

Peter Greenaways *Prospero's Books* ist eine formal radikal-experimentelle filmische Adaption von William Shakespeares *The Tempest*.[11] Mithilfe einer »Paintbox«, die eine Vermischung von Kameratechniken und Elementen der Malerei erlaubt, ›sprengt‹ der Film die narrative Kohärenz der literarischen Vorlage und exponiert *Bücher*:[12] 24 Bücher, die der von John Gielgud gespielte Magier Prospero auf einer einsamen Insel studiert.[13] Die Figur Prospero rückt ins Zentrum des Films; er alleine spricht – zumindest einen Großteil des Films über – die Dialoge sämtlicher Rollen.[14] Die Bücher erfüllen im Film die Funktion, den originalen Dramentext auf formaler Ebene neu zu strukturieren, denn die einzelnen Bände – deren Begleittext von einer anderen als Gielguds Stimme gesprochen wird – unterbrechen den Handlungsfluss und bieten gleichsam ein eigenständiges Ordnungssystem.[15] Es sind Bücher über Spiegel, Sterne, Geometrie, Architektur, Farben, Sprachen, Tiere, Ruinen, Utopien, die Erde, Tote u. v. m.

---

11 Das aus der Spätphase von Shakespeares Schaffen stammende Drama wurde im Jahr 1611 uraufgeführt und gilt bis heute als eines seiner beliebtesten Theaterstücke – es wurde auch bereits mehrfach verfilmt. Walter Pache führt dies vor allem auf die Bedeutungsoffenheit der ›Romanze‹ zurück: Vgl. Pache: The Tempest (2000), S. 369.

12 Bernd Kiefer beschreibt die Funktionsweise der Technik luzide: »Jeder Bildrahmen, der einen Ausschnitt von Prosperos Geschichte zeigt, birgt in sich einen weiteren Rahmen, der von Prosperos Erzähltes, Imaginiertes oder Gezaubertes zeigt. Bilder werden so gesplittet und zu einem filmischen Palimpsest geschichtet: zu Bildern, hinter denen sich andere Bilder offenbaren, hinter denen wieder andere Bilder, andere Geschichten sich zeigen.« Kiefer: Prosperos Bücher (2009), S. 184.

13 Die von Greenaway so ostentativ in Szene gesetzten Bücher werden in Shakespeares Text nur indirekt erwähnt.

14 Auch wenn Prospero nur bedingt die Hauptfigur des Dramas ist, nimmt er eine zentrale Rolle in dem Dramentext ein, da er durch seine magischen Kräfte über das Schicksal der Figuren herrscht; er ist eine das Geschehen übergreifende Ordnungsmacht: Handelnder, Regisseur und Zuschauer. Vgl. Koppenfels u. Hotz-Davies: The Tempest (2009), S. 474–475.

15 Vgl. Weidle: Manierismus und Manierismen (1997), S. 108–109.

Schauplatz der Handlung ist eine einsame Insel, auf welcher neben Prospero dessen Tochter Miranda, der Luftgeist Ariel und der missgestaltete Caliban leben.[16] Prospero lässt durch seine magischen Kräfte und unter Mithilfe Ariels einen titelgebenden Sturm auf ein Schiff vor der Küste los, auf dem sich unter anderem sein Bruder Antonio befindet.[17] Dies hat zu Folge, dass verschiedene Figuren in unterschiedlichen Konstellationen an divergenten Orten der Insel stranden und sich daraus mehrere Handlungsstränge ergeben.[18] Prospero verfolgt das Geschehen der drei Gruppen und interveniert zusammen mit Ariel mehrfach in das Schicksal der Figuren, bis es zu einem Happy End kommt.[19] Die pastorale Szenerie der Insel bei Shakespeare wird im Film durch ein Panoptikum an diversen medialen Selbstbespiegelungen des Films ersetzt.[20]

Es erscheinen Bücher in Büchern selbst, ein überdimensioniert großes Buch rückt ins Filmbild, Prospero beschreibt seine Empfindungen beim Umblättern einzelner Seiten, einige Schreibakte werden dargestellt und mehrere sensuelle Aspekte des Lesens werden thematisiert. So ist beispielsweise, als Miranda und Ferdinand sich das erste Mal begegnen, von einem *parfümierten* »Buch der Liebe« die Rede. Zudem sind eine Reihe an Übereinstimmungen der einzelnen Buchtitel mit der aktuellen Dramensituation festzustellen. Als z. B. Caliban das erste Mal auftritt, sehen die ZuschauerInnen, wie dieser ein Buch zerreißt und darauf defäkiert: Filmbilder, welche »die irdisch-rohe Animosität Calibans antizipieren«.[21]

---

16 Prospero klärt seine Tochter in der Exposition auf, dass er vor zwölf Jahren der rechtmäßige Nachfolger des Herzogs von Mailand war, jedoch von seinem Bruder Antonio betrogen und auf der Insel ausgesetzt wurde.

17 Auf dem Schiff befinden sich noch Alonso, der König von Neapel, dessen Bruder Sebastian und dessen Sohn Ferdinand – und weitere Personen.

18 Miranda trifft auf Ferdinand, die beiden verlieben sich ineinander und heiraten am Ende des Dramas; Caliban begegnet dem betrunkenen Mundschenk Stephano und dem Narren Trinculo, die zu dritt den Plan schmieden, Prospero zu ermorden und die Herrschaft über die Insel zu übernehmen. Alonso sucht zusammen mit Sebastian, Antonio und seinem betagten Berater Gonzalo nach Ferdinand, wobei sich ebenfalls ein Komplott entwickelt: Sebastian und Antonio wollen Alonso und Gonzalo töten, damit Alonso neuer König wird.

19 So gelingt keine der geplanten Mordtaten und es kommt am Ende zur Versöhnung aller Figuren: Prospero wird die Rückkehr ermöglicht und Alonso übergibt sein Königreich seinem frisch vermählten Sohn Ferdinand.

20 Es gibt in dem Film nicht nur literarische, sondern auch eine Reihe interpiktorialer Analogien, z. B. auf da Vincis *L'Ultima Cena* oder Rembrandts *Die Anatomie des Dr. Tulp*.

21 Weidle: Manierismus und Manierismen (1997), S. 109. Insbesondere die Figur des Caliban führt bis heute dazu, das Drama aus postkolonialer Perspektive zu interpretieren. Caliban, dessen Namen deutlich an das englische *cannibal* erinnert, wird von Prospero, der damit stellvertretend für Kolonisatoren steht, der Herrschaft über seine Insel beraubt. Vgl. für diese Interpretation stellvertretend: Schlösser: Von Fremden, Eingeborenen und Barbaren (1978).

In den Büchern wird nicht nur geblättert und gelesen, sie werden ebenso nass, verbrannt, zerstört oder entfalten gar Leben: Das »Buch der Bewegung« bewegt sich und in dem Buch über Anatomie pulsieren blutende Organe.[22] Randy Laist begreift die Bücher in Greenaways Film aufgrund dieser außergewöhnlichen Inszenierung nicht als Bücher im eigentlichen Sinn, sondern als »a vivid synecdoche of the sense in which writing occupies a liminal status between imagination and reality«.[23] So wimmelt der Film von ungewöhnlichen Darstellungen des Lesens, welche die ZuschauerInnen auch entsprechend ästhetisch erleben können: Die fließenden Diagramme im Buch über das Wasser sind ein besonderer filmischer Ausdruck für einen Leseprozess, die an Videoinstallationskunst erinnern. Eine außergewöhnliche Szene findet im letzten Drittel des Films statt, ehe alle zuvor thematisierten Bücher am Ende zerstört werden.[24] Bevor sich dies ereignet, zerbricht Prospero seine Schreibfeder und schlägt das Buch *The Tempest* zu (Abb. 38). Daraufhin folgt eine etwa einminütige Sequenz, in der in knapp 60 Einstellungen unterschiedliche Bücher nacheinander zugeklappt werden.

Die angeführten Screenshots können nur einen Bruchteil der Szene wiedergeben; die filmische Realisierung mit der Vielzahl der Hände und Bücher, die nur sehr kurz im Filmbild erscheinen, ist äußerst vielschichtig. Die ZuschauerInnen sehen Hände, die das Cover verdecken, oder eine Naheinstellung auf einer einzigen Buchseite, die jedoch aufgrund der Distanz der Kamera zum Sichtobjekt und der Schnelligkeit der alternierenden Einstellungen nicht lesbar ist; andere Einstellungen zeigen nur den Seitenschnitt eines Buchs, nachdem es zugeklappt wurde. Dabei sind auch Hände zu sehen, die aufgrund ihres Äußeren von einem

22 Dabei handelt es sich auch um eine metaphorische Darstellung der ›Lebendigkeit‹ des Lesens. Vgl. zu anthropomorphisierten Büchern Kap. 14.3.
23 Laist: Prospero's Books (2017), S. 191. Diesen Gedanken überführt er auch auf das Lesen: »[M]any of Prospero's magical books use fantastical imagery to evoke the surreal phenomenology of the act of reading. The flowing diagrams in the book of water suggest the fluidity of the reading mind, the way words on a page can stream into new configurations and significations upon repeated reading. The ability of the Book of Mirrors [sic] to show the reader to himself ›as he would be if he were a child, a woman, a monster, an idea, a text, or an angel‹ symbolizes the sense in which all books are reflective surfaces of this sort.« Ebd.
24 Nur zwei bleiben erhalten und werden vom Caliban aus dem Wasser gefischt: *The Tempest* selbst und »A Book of Thirty-Six Plays«. In letzterem wurden neunzehn Seiten nach dem Vorwort freigelassen, worin nun *The Tempest* aufgenommen wird – eine offenkundige Anspielung auf das *First Folio*, in dem *The Tempest* an erster Stelle abgedruckt ist.

Abb. 38: Prospero beendet in *Prospero's Books* (01:36:17–01:36:56) seinen Leseakt, worauf in einer intermedialen Choreografie zahlreiche Bücher deutlich hörbar zugeklappt werden.

Monster zu stammen scheinen.[25] Das Schließen der Bücher ist von einem hyper-realistischen Sound begleitet und in einer Geschwindigkeit dargeboten, die an maschinelles Lesen erinnert (vgl. Kap. 13.2.). Die *Point-of-View*-Perspektive auf die Bücher wird durch eine Choreografie unterbrochen, in der eine Frau auf einem Art Altar liegend immer wieder demonstrativ ein Buch zuklappt, wobei sie von einer Menge tanzender Personen umgeben ist.[26]

Die Ich-Perspektive erweckt bei den ZuschauerInnen das Gefühl, dass sie selbst die Bücher in den Händen halten würden – als befänden sie sich inner-halb des bewegten Bildes. Der Film evoziert dieses Empfinden an vielen Stellen

---

[25] Die dämonische Gestalt korreliert mit Laists bereits zitierten Gedanken, dass das Buch der Spiegel den Leser selbst spiegelt »as he would be if he were a child, a woman, a monster«. Laist: Prospero's Books (2017), S. 191.

[26] Die körperliche Performance unterbricht immer wieder die Lesedarstellung und ist auf-grund der Theater- und Tanz-Ästhetik ein bewusster Bruch mit genuin *filmischen* Inszenie-rungsstrategien.

und vermittelt den Eindruck, dass »der Betrachter die äußere Oberfläche eines Gemäldes durchbrochen hätte und sich nun innerhalb des Bildes in einer Welt befindet, die er mit den Gestalten und Figuren des Tafelbildes teilt.«[27] Die Dauersalve des Zuschlagens von alten und verstaubten Büchern vermittelt den Eindruck von einem Prozess, der ein Ende markiert. Zur Identifizierung dessen, *was* an dieser Stelle zu Ende geht, hilft ein Blick auf die literarische Vorlage. Bücher sind dort die Quelle der Magie (vgl. Kap. 14.1.) und damit zentral für die Zauberkraft Prosperos.

Caliban behauptet gegenüber dem Mundschenk Stephano und dem Narren Trinculo, als diese gemeinsam den Plan zum Mord an Prospero schmieden, dass Prospero nur getötet werden kann, wenn vorher seine Bücher zerstört werden, denn »without them he's but a sot«.[28] Die Macht des exilierten Zauberers hängt also von seinen Büchern ab.[29] Doch die Konspiration der drei Protagonisten misslingt letztendlich und Prospero nimmt nach der Versöhnung mit seinen Feinden aus eigenem Antrieb Abstand von der Magie, indem er seinen Zauberstab zerbricht. So ist die Funktion des Zerbrechens der Schreibfeder und des Zuklappens der Bücher in *Prospero's Books* quasi identisch mit der Zerstörung des Zauberstabs in *The Tempest*. Die Szene lässt sich als Allegorie auf Shakespeares Abschied von der Dichtkunst und der Bühne interpretieren. Eine gängige Deutung des Dramas lautet dementsprechend, dass Prospero Shakespeare selbst sei: Wie ein Schriftsteller rückt er die von ihm selbst verletzte Ordnung wieder gerade.[30] Innerhalb dieser Interpretationslinie bewegt sich auch Greenaways Verfilmung, in der Prospero in einem irrealen Setting als eine Figur auftritt, die Shakespeares *The Tempest* zugleich liest, rezitiert, erlebt, schreibt und inszeniert.[31]

---

27 Bock: Ein nötiges Buch (2017), S. XIV.

28 »I' th' afternoon to sleep: there thou mayst brain him, / having first seiz'd his books; or with a log / batter his skull [...]. Remember / first to possess his books; for without them / he's but a sot, as I am, nor hath not / One spirit to command: they all do hate him / As rootedly as I. Burn but his books.« Shakespeare: The Tempest (um 1611), S. 114–116 (III/2).

29 Gerd Stratmann erklärt die Bedeutung der Bücher in einer postkolonialen Lesart: »So beschreibt Prospero seine ›Staatsgründung‹ vor allem als einen Sieg der Zivilisation (›art‹) über die Natur (›nature‹), der Ordnung über die Wildnis, der weißen Magie menschlichen Adels über die Schwarze [sic] Magie der Sycorax und die animalische Barbarei Calibans.« Stratmann: Nachwort (2014), S. 216.

30 Vgl. Pache: The Tempest (2000), S. 373.

31 Die Inszenierungsentscheidung kann aber auch als Plädoyer für die Subjektlosigkeit literarischer Produktion interpretiert werden. Ebenso ist es möglich, den Film als Positionierung innerhalb der Kontroverse über die Zweifel um die alleinige Autorschaft Shakespeares zu lesen. Vgl. Kiefer: Prosperos Bücher (2009), S. 183.

Bezeichnenderweise hört Prospero kurze Zeit später auf, die Dialoge aller Figuren zu sprechen – diese artikulieren ihre Worte nun selbst. Prospero ist nach seinem ›Rücktritt‹ nicht mehr der, der die zahlreichen Stimmen verkörpert, er ist gleichsam im Barthes'schen Sinne als Autor ›tot‹ und die Figuren beginnen zu leben.[32] Dies kann im übertragenen Sinn dafür stehen, wie die Werke Shakespeares – und damit die Figuren – sich vom Autor loslösen und sowohl durch den Akt des Lesens als auch durch intermediale Bearbeitungen wie die Verfilmung Greenaways Eigenständigkeit erlangen. Darüber hinaus ist jedoch auch die mediale Selbstreflexivität der Szene hervorzuheben.

Die Bücher bilden eine zweite und parallele Erzählebene neben der Dramenhandlung. Sie strukturieren einerseits den Film, fordern aber auch die ZuschauerInnen enorm, da die durch sie erzeugte Multiplikation der Kadrierungen die Wahrnehmung erschwert.[33] Mittels der Aneinanderreihung der Bücher, der ›Überlappung‹ der Ebenen, werden die ZuschauerInnen in kritischer Distanz zu Illusionseffekten gehalten. Die filmästhetisch verdichtete Sequenz kann bei den Zuschauenden eine ästhetische Erfahrung auslösen, die sich vor allem durch Irritation und eine dadurch bedingte Reflexion des Verstehensprozesses auszeichnet.[34] So rückt die leibliche Dimension der ästhetischen Erfahrung in den Vordergrund, denn die ZuschauerInnen können – auch wenn sie an kognitive Grenzen gelangen – die schnelle Abfolge zuklappender Bücher spüren. Hierzu tragen insbesondere die schnelle Folge von Einstellungen, die sich überschneidenden Fiktionsebenen und der das Zuschlagen der Bücher begleitende, hyperrealistische Sound bei. Die selbstreflexive Konstruktion kann bei den ZuschauerInnen zu Selbstverständigungsfragen führen, die sich sowohl auf das Lesen als auch auf den Status des Films als filmische Adaption eines literarischen Textes beziehen. Das abschließende Beispiel zeigt eine intensive Leseszene im ›klassischen‹ Sinn.

---

32 Der Autor ›stirbt‹ nicht wie in *John Carpenter's In the Mouth of Madness* (vgl. Kap. 14.3.), doch er tritt hier zurück von seiner ordnungsstiftenden Funktion.
33 Vgl. Köhler: Prosperos Bücher, S. 133.
34 Thomas Metten pointiert in Rekurs auf Christiane Voss, dass eine ästhetische Erfahrung sich aus der Spannung der Wahrnehmung von Sinn und Materialität ergibt und scheiternde Verstehensbemühungen dieser nicht entgegenstehen: »Da die Materialität nicht im Vollzug des Verstehens aufgeht, erwächst daraus ein reflexiver Moment, aufgrund dessen der Verstehensvollzug als solcher erfahrbar ist.« Metten: Sichtbar gemachtes Sehen (2016), S. 134.

15.3 *Die andere Heimat:* Vereinigung von außertextueller und textueller Realität

Edgar Reitz inszeniert in *Die andere Heimat – Chroniken einer Sehnsucht* das Lesen für den Jugendlichen Jakob Simon (Jan Dieter Schneider) als eine Tätigkeit, mit der dieser in einer bäuerlichen Welt der 1840er Jahre seinen Bildungshunger zu stillen und seinen Traum von der Auswanderung nach Brasilien auszuleben vermag.[35] Jakob führt ein Außenseiter-Dasein in seiner Familie, denn er versagt bei handwerklichen Arbeiten auf dem Hunsrücker Hof und beschäftigt sich stattdessen lieber mit dem Wesen und den Sprachen indigener südamerikanischer Gruppen.[36] Lesen erscheint für ihn als unerlässlich für den Aufbau seiner von intellektuellen Interessen und Auswanderungsgedanken geprägten Identität (vgl. Kap. 12.2.); der Junge setzt seine Leidenschaft auch gegen paternalistische Restriktionen seiner Familie durch. Gegen Ende des Films scheitert der passionierte Vielleser Jakob zwar mit seinen Emigrationsplänen, doch er avanciert zu einem Laien-Linguisten, der postalisch mit Alexander von Humboldt über die Entstehung indigener Sprachen korrespondiert. Im Folgenden wird eine ca. 90 Sekunden dauernde Leseszene analysiert.

Jakob befindet sich allein im Wald und liest umgeben von riesigen Baumstämmen (Abb. 39) einen Eintrag über die Sprache der Cayucachúa, ein fiktiver Stamm südamerikanischer UreinwohnerInnen. Bei dem Leseobjekt handelt es sich um eine Art Enzyklopädie oder Reisebericht, dessen Titel und Autor in einer Nahaufnahme genau zu identifizieren sind: »La beauté captive des tropiques« von Georges Martin.[37] Jakobs Lippen bewegen sich nur punktuell, denn er liest still. Seine aus dem Off zu hörende Stimme stellt die Subvokalisation seines Lesens dar, das innere synchrone Übersetzen des Textes, der im Original in französischer Sprache verfasst ist: Es ist eine seltene Leseinszenierung nach dem Muster **I** zu konstatieren. Folgende Sätze trägt Jakob langsam und bedächtig vor:

> Im Glauben der Cayucachúa bringt es Unglück, hing-ti-túyu, über weit Vergangenes oder noch nicht Geschehenes zu sprechen. Wenn sie es jedoch machen, verwenden sie entwe-

---

35 Edgar Reitz' *Heimat*-Filme (mehrere Filmzyklen, 1981–2006) erzählen episodisch die Lebensgeschichte der Familie Simon aus dem fiktiven Dorf Schabbach im Hunsrück.
36 Jakobs Emigrationsbestrebungen sind im historischen Kontext einer deutschlandwandweiten Auswanderungswelle nach Brasilien zu verorten. Kaiserin Dona Leopoldina förderte nachhaltig die Auswanderung von Menschen aus den verschiedenen deutschsprachigen Gebieten nach Brasilien.
37 Der Regisseur Edgar Reitz bestätigte mir per E-Mail, dass das zu sehende Cover des Buchs von Georges Martin existiert, der vorgelesene Eintrag jedoch fiktiv ist.

Abb. 39: Jakob Simon liest in *Die andere Heimat* (00:21:34–00:22:34) im Wald ein Buch über die Sprache der Cayucachúa.

der keine Zeitangabe oder die sogenannte Ahnenzeit. Die Ahnenzeit dürfen nur Indianer benutzen, weil sie auch als ›Heilige Erzählzeit‹ bezeichnet wird. Zum Beispiel: »Ort, an dem die Sonne aufgeht, kla-kulo.«[38]

Während diese Worte zu hören sind, wird das Profil Jakobs mit einer Seite aus dem Buch überblendet, auf der sich die Abbildung einer indogenen Gruppe befindet. Der Leseakt wird unterbrochen, als Jakob auf einen Falken aufmerksam wird, der eine verblüffende Ähnlichkeit mit einer weiteren Illustration aus dem Buch hat. Das Bild wird in einer Aufsicht präsentiert – quasi aus der Perspektive des Vogels. Der Falke verliert kurz darauf eine Feder, die in das aufgeklappte Buch fällt. Jakob fertig sich mit dem Schnürsenkel seines rechten Schuhs ein Stirnband an, an dem er die Feder befestigt. Die Szene endet damit, dass Jakob zwei Stimmen vernimmt, die von den zwei jungen Frauen Jettchen und Florinchen stammen: Er beobachtet die beiden, wie sie sich nackt in einer Wiese wälzen, und kommt mit ihnen ins Gespräch – eine Szene, die im Kontext des Anbahnens von Liebesbeziehungen durch das Lesen steht (vgl. Kap. 10.2.).

In der kinematografischen Darbietung der Szene wechseln sich diverse Einstellungsgrößen ab, die Kameraperspektive changiert von einer Normalsicht über

---

38 Die andere Heimat (2013), 00:21:46–00:22:19.

eine leichte Untersicht zu einer extremen Vogelperspektive im buchstäblichen Sinn. Musikalisch begleitet ein mysteriöses Surren die Leseszene, das dem Hunsrücker Wald etwas Abenteuerliches verleiht und Assoziationen zum brasilianischen Dschungel weckt, dem Sehnsuchtsziel des Lesenden. Jakob erscheint eher als ein Teil der Natur; er fühlt sich in der bäuerlichen Gemeinde fremd: Es handelt sich um einen filmischen Ausdruck des eskapistischen Lesens. Der große Baumstamm fungiert als doppeldeutige Metapher für die Bestrebungen des lesenden Protagonisten.[39] Die Eiche dient ihm einerseits als Stütze – so wie das Buch ihm psychologische Stütze in einem ›lesefeindlichen‹ familiären Umfeld bietet; andererseits wird dadurch auf sein letztliches Verwurzelt-Sein bzw. Hierbleiben-Müssen verwiesen, auf das die Handlung hin kulminiert.

Außerdem liegen in dieser Lesesequenz spezifische mit dem Buch und dem Lesen verknüpfte Funktionen vor (vgl. Kap. 2.2.), die historisch im 19. Jahrhundert anzusiedeln sind: Bücher speichern und überliefern Wissen über fremde Kontinente, das sich Jakob mithilfe des Lesens aneignet. In der Epoche des Vormärz ist das Lesen die einzige Möglichkeit, dem außergewöhnlichen Interesse für indigene Sprachen nachzugehen – insofern man sich nicht selbst auf Forschungsreisen begibt.[40] Zu jener Zeit stellte das Buch noch das Leitmedium dar und Jakob kann aufgrund seiner Lesefähigkeit als Außenseiter gelten, denn die gesteigerte Alphabetisierung der deutschen Bevölkerung befand sich erst am Anfang (vgl. Kap. 2.3.).

Jakob liest das Sachbuch des Weiteren nicht informatorisch, sondern literarisch-ästhetisch. Seine bedächtige Leseweise bezeugt seine emotionale Involviertheit und das Lesen regt seine Fantasie an, wie es seine Verkleidung und sein Rollenspiel als ›Indianer‹ zum Ausdruck bringen. Nach Thomas Anz ist das Spiel ein essenzieller Wesenszug des Umgangs mit fiktionaler Literatur: Beide sind der Lebenspraxis beigeordnete Simulationsräume.[41] Dabei verweist der Inhalt des von Jakob aus dem Off vorgelesenen Textes indirekt auf grundlegende Eigenschaften von Literatur: »Es bringt Unglück, über weit Vergangenes zu sprechen.« Das Berichten über Vergangenes ist eine konstitutive Funktion des Erzählens – und damit von fiktionalen Texten.[42] Der Ausdruck *Erzählzeit* ist ein Terminus aus der Narratologie; Zeit selbst ist eine basale Kategorie des Erzählens

---

39 Die Baumstamm-Metapher erinnert deutlich an die bereits angesprochene Leseszene aus *Young Mr. Lincoln* in Kap. 7.2.

40 Weniger plausibel ist, dass ein Fachbuch mit solch speziellem Inhalt und in französischer Sprache in das Dorf Schabbach gelangt ist.

41 Vgl. Anz: Literatur und Lust (1998), S. 35.

42 Der Satz kann ebenso selbstreflexiv interpretiert werden, da der Film *Die andere Heimat* selbst längst Vergangenes aus den 1840er Jahren thematisiert.

und der Literatur, in der sie selbst sowohl *aufgehoben* als auch *wiedergefunden* wird, wenn man an Marcel Prousts *A la recherche du temps perdu* denkt. Jakobs in der Szene deutlich werdende Sehnsucht nach der Ferne verweist außerdem auf ein dominantes Thema des Films – und der *Heimat*-Filme *per se*: die existenzielle Grundentscheidung des Dableibens oder Weggehens.[43]

Insoweit die Szene nicht nur isoliert betrachtet, sondern auch die Dramaturgie des gesamten Films in den Blick genommen wird, fallen weitere Bedeutungen der Leseszene auf. So kulminiert der Zwist mit seinem Vater in einem körperlichen Kampf um das Buch, das der Vater seinem Sohn entreißen möchte. Das Buch ermöglicht Jakob den Rückzug in die Natur und den Ausbruch aus der Gedankenwelt und den Handlungsanforderungen des ländlichen und bäuerlichen Umfelds. Frei von allen familiären Zwängen kann er mit dem Buch in der Natur eskapistisch seiner Leidenschaft nachgehen. Die Darstellung von im Freien lesenden Jünglingen ist ikonografisch und literarisch seit dem 18. Jahrhundert tradiert.[44]

Schließlich ist auch der Fortgang der Szene von Bedeutung, als Jakobs Spiel mit der Feder dadurch unterbrochen wird, dass er von den beiden jungen Frauen Jettchen und Florinchen abgelenkt wird. Die Nacktheit der beiden verweist proleptisch auf die bevorstehende Verführung des Adoleszenten: In Jettchen wird er sich verlieben, doch sie wird seinen Bruder Gustav heiraten.[45] Florinchen wird er ohne Liebe und Leidenschaft gegen Ende des Films aus Vernunftgründen ehelichen. Die Leseszene erfüllt hier die Funktion, zahlreiche Motive des Films und der Handlungsführung zu vereinen: Der Grundkonflikt des lesenden Prota-

---

43 Dem Weggehen liegt eher der Wunsch nach einer großen Wende inne, verbunden mit Zukunftshoffnung und Abenteuerlust. Das Dableiben resultiert aus einer Einwilligung in die alten Verhältnisse, ist bestimmt durch die Wiederholung täglicher Arbeit und rechtfertigt sich durch ein Pflichtgefühl gegenüber der Familie. Dieses Grundmotiv findet sich auch selbstreflexiv in der schauspielerischen Verkörperung zweier Figuren in *Die andere Heimat* wieder. Alexander von Humboldt vermisst gegen Ende des Films bei Schabbach einen Landstrich, als er auf einen Bauern trifft, den er fragt, wo Schabbach liegt. Der namenlos bleibende Bauer wird von Edgar Reitz selbst gemimt, Alexander von Humboldt von Werner Herzog. Die beiden miteinander befreundeten Regisseure sind Vertreter des Neuen Deutschen Films der 1960er und 1970er Jahre. Reitz blieb jedoch in Deutschland, um seine Filme zu realisieren, Werner Herzog zog es nach Hollywood.

44 Vgl. Nies: Bett und Bahn und Blütenduft (1991), S. 50.

45 Nachdem Gustavs und Jettchens gemeinsames Kind stirbt, beschließen die beiden nach Brasilien auszuwandern – wodurch Jakobs Traum, selbst nach Südamerika zu emigrieren, begraben wird, da er sich nun um die Familie, insbesondere die schwerkranke Mutter, kümmern muss. In der Nacht vor dem Aufbruch schläft Jettchen jedoch, quasi zum Abschied, mit Jakob. Während Jakob also scheinbar mit seiner geplanten Auswanderung scheitert, wächst zumindest das von ihm in dieser Nacht gezeugte Kind in Brasilien auf.

gonisten zwischen familiären Zwängen und eskapistischen Wünschen, zwischen intellektuellem Impetus und handwerklich-bäuerlichen Anforderungen, familiären Zwängen und individuellen Wünschen und sein Heraustreten aus der Welt der Kindheit mit den beginnenden erotischen Verwicklungen, die in einer Vernunftheirat enden werden und die sein Hierbleiben zementieren.

Die Szene beinhaltet zahlreiche, bereits dargelegte Topoi – und auch Stereotype – des Lesens, die in einer vielfältigen filmischen Sprache umgesetzt sind: Einsames Lesen eines Jünglings in der Natur, Lesen, um Wissen zu erwerben, Lesesucht, die Lebens-Untauglichkeit des Intellektuellen, Vater-Sohn-Konflikte aufgrund des Lesens, die literarische Rezeption von Reiseberichten in einem dörflichen Umfeld, Weltflucht etc. Doch wie gestaltet sich Jakobs Leseerfahrung? Hier liegt der Konnex zur Einleitung und der These Iris Bäckers vom Lesen als eine Tätigkeit, durch welche die Lesenden im Akt des Lesens eine andere Realität (textuelle) entstehen lassen als diejenige, die sie umgibt (außertextuelle).[46] Lesen kann ein Entrücken von der Wirklichkeit sein, die Selbstverankerung in einer prinzipiell neuen und selbst konstruierten Realität, die dadurch entsteht, dass Vorstellungen substanziiert werden. Diese zweite, im Akt des Lesens entworfene alternative Realität konstituiert sich durch die Intervention des Vogels.[47]

Der Vogel steht stellvertretend für die Binarität von außertextueller Realität und Textrealität. Jakob ist während des Lesens zunächst völlig in (oder von) der Textrealität gefangen, aus der er jedoch vom Vogel herausgerissen wird. Diese Immersion suggeriert – wie schon angesprochen – auch die Überblendung der Buchseite mit Jakobs Kopf. Der Falke unterbricht dieses ›Gefangen-Sein‹ durch sein Auftreten, er erregt Jakobs Aufmerksamkeit und reißt ihn so quasi von der Textrealität weg wieder hin zur außertextuellen Realität. Der Falke ist kurz darauf selbst auf der Abbildung einer Buchseite zu sehen. Das gefiederte Tier kann dementsprechend als filmisches *pars pro toto* für die Textrealität interpretiert werden: Die Textrealität wird in der außertextuellen Realität widergespiegelt. Die Kamera nähert sich drehend und zoomend der Buchseite, sie oszilliert, wodurch die *Vermischung* der beiden Realitäten dargestellt wird. Hinzu kommt, dass es sich bei dem Falken um einen Gerfalken handelt, der ausschließlich in den arktischen Regionen Eurasiens, Nordamerikas und Grönlands vertreten ist – also weder im Hunsrück noch in Brasilien. Es handelt sich um ein weiteres Indiz dafür, dass die Textrealität nicht klar zu lokalisieren ist, sie ist ein nicht fassbarer

---

46 Vgl. Bäcker: Der Akt des Lesens (2014), S. 18.
47 Die Metaphorik des Falken kann auch mit der Bedeutung des Baumstammes enggeführt werden. Die Kontrastierung des Baumes (Erde) mit dem Vogel (Himmel) kann in die Dichotomie von Wirklichkeit vs. Traum und Hiersein vs. ›Wegfliegen‹ bzw. Bleiben-Müssen vs. Ausreißen eingeordnet werden.

Ort. Kurz darauf büßt der Vogel eine Feder ein, als er den Ast verlässt. Sein Verweilen war nicht folgenlos, er hat eine Spur hinterlassen und Jakobs Realität verändert. Dies steht als Chiffre dafür, dass auch die Lektüre Jakob *verändert* hat, was im späteren Spiel mit der Feder seinen Ausdruck findet.

Auch wenn die Textrealität nicht gesehen werden kann, können die ZuschauerInnen die Leseerfahrung der filmischen Figur *spüren*: Die kinematografischen Mittel sind geeignet, alle Sinne der Zuschauenden ansprechen. Diese dichte mediale Gleichzeitigkeit von Musik, Akustik, Sprache, visueller Überblendung von Lesesubjekt und -objekt, die Metaphorik des Falken und die oszillierende Kamerafahrt sprechen alle Sinne der ZuschauerInnen an und können zu einer leiblichen Erfahrung führen. Der Flügelschlag und das Gurren des Falken reißen nicht nur Jakob aus der Textrealität, sondern vermögen durch eine hyperrealistische akustische Darbietung auch die Zuschauenden aus der kontemplativen Betrachtung von Jakobs Leseakt heraus zu lösen. Sie werden inszenatorisch dahin gelenkt, nicht mehr auf Jakob oder das Buch zu blicken, sondern selbst das Entreißen aus der Textrealität zu erfahren. Die bereits aufgeführten *cues* für Jakos literarisch-ästhetische Leseweise – Wissen, Sprachreflexion, die Bedeutung der Zeit, das Spielerische, Verschränkung von Lesesubjekt und Leseobjekt sowie der Vogel als Chiffre für das Potenzial von Literatur – können die ZuschauerInnen in ein ästhetisches Geschehen involvieren und entsprechende Selbstverständigungen hervorrufen.

Auch an diesem letzten Beispiel sollte deutlich geworden sein, wie eine Kunstform (Film) eine andere Kunstform (Literatur) und dessen Rezeption (Lesen) verarbeitet – und wie dessen Ausdruck in einem zweiten Rezeptionsakt von Zuschauenden der jeweiligen Filmszenen leiblich erfahren werden kann.

16 Fazit

Mit der Entwicklung einer Systematik für die filmische Reflexion des literarisch-ästhetischen Lesens schließt die vorliegende Studie eine Lücke im medienwissenschaftlichen sowie im lesesoziologischen Forschungsdiskurs und leistet gleichzeitig einen originären Beitrag zur gegenwärtigen Debatte um die ästhetische Erfahrung, indem sie sinnliche Begegnungen von filmischen *Figuren* mit Literatur analysiert. Das Medium Film *verkörpert* in einer phänomenologischen Sichtweise die ästhetischen Erfahrungen der Figuren; diese Erfahrungen können die ZuschauerInnen bei der Rezeption des Films im Sinne von Vivian Sobchacks These der synästhetischen Filmwahrnehmung leiblich *spüren*.

Neben der Explikation dieser These strukturierten drei zentrale Fragen die Arbeit, um im Sinne Giambattista de Vicos eine ›schöne Ordnung‹ in das schier unüberschaubare potenzielle Untersuchungsmaterial zu bringen: Erstens: Wie ist literarisch-ästhetisches Lesen im Film darstellbar? Zweitens: Welche Funktionen erfüllen filmische Lesezenen? Drittens: Inwiefern kann eine literarisch-ästhetische Lesezene eine ästhetische Erfahrung bei den ZuschauerInnen evozieren? Diese Fragen wurden anhand einer Vielzahl von Filmbeispielen aus unterschiedlichen Epochen, Ländern und Genres beantwortet, wodurch die zu Beginn formulierte Hypothese der ›Omnipräsenz‹ literarisch-ästhetischer Lesezenen in der Filmgeschichte bestätigt wurde.

Die Frage nach den filmischen Inszenierungsmöglichkeiten des Lesens führte zunächst dazu, die Konstituenten der *literarisch-ästhetischen* Lektüre herauszuarbeiten. Deren Bestimmung resultierte in einer Fokussierung auf die MediennutzerInnen: Die sensuelle Erfahrung einer Figur mit Literatur ist nur in wenigen Fällen ganzheitlich in einer Szene zu *sehen* oder zu *hören*, stattdessen obliegt es den Zuschauenden, die Leseerfahrung aufgrund von *cues* – ein zentraler Begriff des Neoformalismus für Hinweisreize des Films – zu rekonstruieren. *Cues* liegen auf unterschiedlichen filmischen Ebenen vor, die innerhalb der herausgearbeiteten vier Konstituenten einer Lesezene erörtert wurden: Leseobjekt, -subjekt, -situation und -kommunikation. *Indizien* für die ästhetische Erfahrung der Figur sind zum Beispiel der Titel eines Textes, die Mimik einer/s Lesenden, der Leseort oder die Verbalisierung eines Lesemotivs. So zeigte sich etwa, dass eine Lesesequenz in Edgar Reitz' *Die andere Heimat* nicht nur den kontemplativen Lektüreakt eines jugendlichen Lesers im Wald darstellt, sondern durch die dichte mediale Gleichzeitigkeit von Musik, Akustik, Sprache, visueller Überblendung von Lesesubjekt und -objekt und die oszillierende Kamerafahrt auf den Text alle Sinne der ZuschauerInnen angesprochen werden, die diese leiblich erfahren können.

https://doi.org/10.1515/9783110728590-016

Die *cues* im Rahmen dieser vier Kategorien wurden vor dem Hintergrund historischer und systematischer Kontexte des Lesens herausgearbeitet, die im ersten Teil der Arbeit eingeführt wurden: die Geschichte des Lesens, Gratifikationen der Lektüre, Erkenntnisse der Leseforschung, Funktionen von Literatur, Darstellungen des Lesens in der Literatur und in der Malerei sowie unterschiedliche Positionen im Diskurs um die ästhetische Erfahrung. Die Erforschung des literarisch-ästhetischen Lesens im Film wurde so im Schnittpunkt unterschiedlicher wissenschaftlicher Disziplinen verortet und als genuin interdisziplinäres Thema behandelt. Manche Filmszenen erforderten kulturtheoretische Zugänge, die von Genreeinordnungen über literaturwissenschaftliche Debatten bis hin zu philosophischen Theoremen reichten. Einerseits lassen sich die literarisch-ästhetischen Lesesequenzen mithilfe unterschiedlicher Diskurskontexte beschreiben, andererseits bewegen sie sich selbst innerhalb dieser, reagieren auf sie und gestalten sie aus. Die gleichnamige Hauptfigur aus *Malcolm X* erlebt z. B. einen Sinneswandel hin zu einem politischen und religiösen Menschen, als ihm durch die ideologiekritische Lektüre eines Wörterbuchs, die sich aufgrund ihrer Ereignishaftigkeit als ästhetische Erfahrung erweist, bewusst wird, dass die ›Herrschaft‹ der ›Weißen‹ über die Afroamerikaner sich auch in der Sprache manifestiert und durch diese auch ausgeübt wird. Diese reflexive Bewusstmachung lässt sich als ein Lektüreverfahren der Dekonstruktion im Verständnis Jacques Derridas interpretieren, das in der filmischen Thematisierung eine eigenständige mediale Verkörperung erfährt.

Im zweiten und dritten Teil der vorliegenden Studie wurden Funktionen von Leseszenen verhandelt. Literarisch-ästhetische Lesesequenzen charakterisieren Figuren, vermitteln Informationen, stellen eine zentrale narrative Strukturposition dar und/oder spiegeln selbstreflexiv die Konflikte der Figuren wider – um nur einige elementare Funktionen zu nennen, die herausgearbeitet wurden. Beispielsweise stellt in *Adams æbler* der Dialog zwischen dem Pfarrer Iwan und dem Neonazi Adam über das Buch Hiob aus narratologischer Perspektive einen Höhepunkt des Handlungsverlaufs dar, da der Mann Gottes aufgrund der Lesekommunikationen seinen bis dahin unerschütterlichen Glauben verliert und körperlich zusammenbricht. Darüber hinaus können Figuren im Moment des Lesens mit verdrängten Erinnerungen konfrontiert werden, intensive Gefühle der Liebe erfahren oder der Leseakt stellt eine Station in ihrer Entwicklung als Subjekte einer Gesellschaft dar. Je nach Genre finden sich eigenständige Verhandlungen des Sujets, die im vierten Teil der Arbeit im Zentrum standen, etwa wenn die filmische Realisation von lesenden Robotern in Science-Fiction-Filmen zur Disposition stellt, ob das literarisch-ästhetische Lesens ein Teil der *conditio humana* ist.

Die dritte zentrale Frage, inwiefern literarisch-ästhetische Leseszenen bei den Zuschauenden eine leibliche Erfahrung auszulösen imstande sind, wurde exemplarisch anhand diverser filmischer Sequenzen aus dem Untersuchungskorpus diskutiert. Die multimediale Ausdrucksweise des Films kann sinnliche Erfahrungen bei lesenden Figuren anzeigen und diese auch bei den ZuschauerInnen *hervorrufen*. Die Analyse und Interpretation der unterschiedlichen Beispiele demonstrierte die synästhetischen Facetten der filmischen Erfahrung, d. h. die Evokation verschiedenster Sinnesmodalitäten, die über die Inszenierungskanäle Bild und Ton hinausgehen und es den Zuschauenden ermöglichen, einen Film – und die ihm medial inhärenten (Sinn-)Überschüsse – auch *somatisch*, d. h. affektiv, taktil, olfaktorisch und/oder gustatorisch, wahrzunehmen. Die Bedeutungsoffenheit vieler literarisch-ästhetischer Leseszenen kann dazu führen, dass die ZuschauerInnen auf sich selbst zurückgeworfen werden und über sich selbst und im Besonderen über ihr eigenes Leseverhalten reflektieren. Dies gilt auch für unübliche bzw. irritierende Darstellungen, so wenn der Film *La Lectrice* ungewöhnliche Lesepositionen wie das Lesen eines Buchs auf dem Gesäß der Vorleserin Maria – oder Lesen während des Geschlechtsverkehrs – präsentiert.

Die Untersuchung mündete in der Erkenntnis, dass es vor allem auf die Medialität des Films zurückzuführen ist, wenn die ZuschauerInnen bei der Betrachtung einer literarisch-ästhetischen Leseszene in ein leiblich-ästhetisches Geschehen involviert werden. Nicht die narrative Einbettung der Szene bzw. ihr kausallogischer Stellenwert im ganzen Film ist demnach entscheidend, sondern die durch die filmische Form ausgelöste Mehrfachcodierung und synästhetische Wahrnehmung der ZuschauerInnen. Aus medientheoretischer Perspektive kann gleichsam folgende Formel aufgestellt werden: Je filmästhetisch *dichter* eine Leseszene inszeniert ist – Changieren von Einstellungsgrößen und Kameraperspektiven, die Kombination mit Musik und/oder die Benutzung tradierter Motive in filmsprachlicher Spezifik –, desto eher können die Zuschauenden die Leseerfahrung der Figuren *spüren*. So evoziert beispielsweise die Leseszene der zwei Liebenden aus *Sophie's Choice* durch die beiden aneinander geschmiegten Lesenden, das Plätschern des Regens und den Kamerablick auf das Liebespaar durch die verregnete Fensterscheibe eine intensive, sozusagen ›fühlbare‹, romantische Atmosphäre, innerhalb derer sich die gemeinsame literarisch-ästhetische Rezeption als Ausdruck einer intensiven Liebe erweist.

Bezüglich des ›Wahrnehmbarmachens‹ der zweiten Welt, respektive Textrealität, die beim Lesen entsteht, erwies sich die Lesesituation als zentrale Kategorie: Hier wird die Interaktion zwischen Lesesubjekt und -objekt ›greifbar‹, und die *mise-en-scène* sowie die Montage erzeugen substanzielle *cues*, die jedoch nicht nur zeitlich und räumlich im Rahmen der Leseszene zu finden sind. Auch Sequenzen, die den Leseszenen vorausgehen oder folgen, erwiesen sich zur Bestimmung der Textrealität als zweckdienlich. In *Gruppo di famiglia in un interno* wurde z. B. in mehreren Leseszenen nicht deutlich, welche Texte gelesen werden, so dass im Anschluss an die Terminologie der Narratologie ein *gap* konstatiert werden konnte, d. h. eine mehrdeutige Lücke in der Erzählung, deren Komplettierung eine Betrachtung des gesamten Films erfordert.

Eine weitere zentrale Erkenntnis lautet, dass das literarisch-ästhetische Lesen im Film *per se* selbstreflexiv ist: Es wird eine Kunstform (Literatur) in einer anderen (Film) rezipiert, wodurch eine mediale Doppelstruktur vorliegt. Dies betrifft häufig die *Spiegelung* von Fragen und Problemen der filmischen Figuren im Moment der Lektüre: Verliebte lesen über Verliebte (*A Life Less Ordinary*), FalschspielerInnen lesen über FalschspielerInnen (*Ansiktet*) oder von dem Wunsch nach Auswanderung getragene Figuren lesen über das von ihnen favorisierte Land (*Die andere Heimat*). An dieser Stelle sind insbesondere die in vielen Leseszenen eruierten Prolepsen hervorzuheben: Für zahlreiche lesende Figuren stellt das Lesen eine Vorausdeutung auf ihr späteres Schicksal dar.

Der intertextuelle Verweis, also die Bezugnahme auf einen konkret fassbaren Text (Einzeltextreferenz), stellte in einigen Filmszenen eine besondere Auffälligkeit dar. Neben dem speziellen filminternen Zweck – wenn etwa die Hauptfigur in *Oblivion* durch die Lektüre einer Strophe aus *Lays of Ancient Rome* von Thomas Babington Macaulay dazu motiviert wird, gegen die drohende Apokalypse zu kämpfen – kann die Zitation oder Anspielung auf ein real existierendes Werk zu unterschiedlichen Gratifikationen bei den diese decodierenden ZuschauerInnen führen: Sie können Bestätigung bzw. innere Befriedigung erfahren, wenn sie die Allusion erkennen, und/oder sie entwickeln den Wunsch, ein bereits bekanntes Buch erneut zu lesen – oder gelangen durch das wechselseitige Verhältnis von Buch und Film zu neuen Lesarten. Wenn ein im Filmbild zu identifizierender Text den Zuschauenden unbekannt ist, lädt der Film die FilmrezipientInnen unter Umständen zum Lesen des literarischen Werks ein. Fälle von Pseudointertextualität – Bücher, die nur in der Diegese des Films existieren – konstituieren in Werken der filmischen Phantastik, wie im *Star-Trek*-Universum, einen plausiblen und in sich geschlossenen Kosmos.

Der filmische Verweis auf bekannte Texte löst diese aus bisher tradierten Kontexten und erschafft neue Sinnzusammenhänge: So aktualisiert der Film *The Jane Austen Book Club* diverse Themen und Motive der Romane Jane Austens. FilmrezipientInnen, denen das Œuvre Austens bekannt ist, haben nun womöglich nicht nur die literarischen Konflikte von Fanny, Maria, Edmund und Henry aus *Mansfield Park* im Kopf, sondern können sich ebenso an die filmischen Dilemmata von Sylvia, Allegra, Hugh und Daniel erinnern. Dies führt dazu, dass – im Sinne des Poststrukturalismus – die Frage nach dem *Ursprung* eines Textes neu verhandelt wird. Der Film gibt dem literarischen Text einen eigenen oder gar neuen *Körper*. So ist T. S. Eliots Gedicht *The Hollow Men* im kulturellen Gedächtnis eng mit der Deklamation des von Marlon Brando verkörperten Colonel Kurz in *Apocalypse Now* verbunden.

Es zeigte sich ebenso, dass das literarisch-ästhetische Lesen in beinahe allen untersuchten Filmen verklärt wird und die entsprechenden Figuren dadurch ›positiviert‹ werden. Aus bildungspolitischer Perspektive können Filme mit aktivierenden Leseszenen aus diesem Grund und angesichts der wachsenden Medienkonkurrenz als eine ›Werbung‹ für das Lesen begriffen werden – in Einzelfällen sogar als eine Verführung zum Lesen. In *Heidi* führt der leseanimierende Dialog zwischen Großmutter Sesemann und Heidi vor Augen, dass literarisch-ästhetischen Leseszenen ein hohes didaktisches Potenzial inhärent ist: Die Verständigung über solche Szenen soll Leselust vermitteln und zur Reflexion über sie anregen. Frank Terpoorten schreibt, dass »Filmemacher damit – vielleicht ungewollt – Stellung gegen die These der Verdrängung des Buches aus dem kulturellen Alltag« nehmen.[1]

Die wenigen negativ konnotierten Darstellungen des literarisch-ästhetischen Lesens fanden sich vor allem in Horrorfilmen, in denen eine Fülle von Kommentaren auf sinnenhafte Begegnungen mit Literatur vorliegen. In *The Babadook* wurde am Beispiel einer in einem Weinkrampf endenden Vorlesesituation zwischen Mutter und Sohn, einem anthropomorphisierten Buch und real gewordenen Lektüre-Imaginationen aufgezeigt, wie die Szene in lebensweltlicher Bedeutung interpretiert werden kann: Das *falsche* Buch zur *falschen* Zeit kann fatale Folgen haben, traumatische Erinnerungen hervorbringen sowie die sozio-emotionale Beziehung zwischen Mutter und Kind langfristig schädigen.

Solch eine ›deviante‹ Szene führt auch vor Augen, dass es eine Vielzahl von Facetten des literarisch-ästhetischen Lesens im Film gibt, die noch nicht hinreichend erschlossen sind: Hier ist vorrangig die Frage nach zeitbezogenen und kulturellen Mustern der Leseinszenierung zu nennen: Wird das Lesen in Filmen des italienischen Neorealismus anders dargestellt als in Werken des *New Hollywood*? Gibt es andere Strukturen in Leseszenen der 1950er Jahren im Vergleich zu den Filmen der letzten Dekade? Wie gestaltet sich das literarisch-ästhetische Lesen in französischen Filmen im Vergleich zu deutschen? Insbesondere eine nuancierte Untersuchung von Leseszenen in Filmen außerhalb Europas und Amerikas wäre geeignet, einen weiteren wesentlichen Beitrag zur Reflexion der Kulturtechnik des Lesens und des Lesens im Film zu leisten.

Derartige prospektive Forschungsfragen können sich auch auf andere Leseformen als das literarisch-ästhetische beziehen.[2] Wie wird das informatorische

---

1 Terpoorten: Die Bibliothek von Babelsberg (2002), S. 123–124.
2 Ein weiterer in der vorliegenden Studie ausgeklammerter Themenkomplex ist die Frage danach, in welchen Filmen auf auffällige Weise *nicht* gelesen wird. Im Weihnachtsklassiker *Little Lord Fauntleroy* (USA, 1980) wird die nicht ohne Hindernisse verlaufende Sozialisation eines aus dem Proletariat stammenden Jungen aus den USA in ein aristokratisches Milieu in Groß-

Lesen und wie werden andere häufig im Film vorkommende Lesemedien wie Zeitungen oder Tagebücher thematisiert? Arbeiten mit solchen Fragestellungen würden auch dazu beitragen, die Eigentypik des literarisch-ästhetischen Lesens weiter zu ergründen. Dies gilt ebenfalls für Sonderthemen wie den intermedialen Vergleich von literarischen und filmischen Leseszenen, die etwa bei den Filmanalysen zu *The Reader, The NeverEnding Story* oder *Prospero's Books* angerissen wurden.[3] Vergleichbares ist für den interpiktorialen Zusammenhang zwischen filmischen Leseszenen und solchen aus der bildenden Kunst festzuhalten.

Ein weiterer Anknüpfungspunkt ist die Präsenz des literarisch-ästhetischen Lesens in – von der Leserforschung bisher nur marginalisiert beachteten – Medien wie z. B. in Computer- bzw. Konsolenspielen. Zwei Beispiele deuten das Potenzial solcher Untersuchungen an: In dem Fantasy-Rollenspiel *Skyrim* (2011) gibt es Hunderte spieleigene Bücher (Pseudointertextualität), welche die Geschichte eines fiktiven Landes erzählen, relevante Hintergrundinformationen für *Quests* enthalten oder Tipps zum Lösen von spielinternen Problemen geben. Dabei sammeln die SpielerInnen durch das Anklicken von Büchern Erfahrungspunkte, wodurch ihre Avatare einzelne Fertigkeiten verbessern. Auch hier wird auf die Bedeutung des Buchs und des Lesens als Sinnbild für die Aneignung von Wissen auf eine medienspezifische Weise zurückgegriffen.[4] Bezüglich des Aspekts der Interaktivität ist es aufschlussreich, dass es gleichgültig ist, ob die auf dem Spielbildschirm sichtbar werdenden Textseiten von den GamerInnen wirklich gelesen oder einfach weggeklickt werden. Einen anderen Zugang bietet das Horror-Adventure *Alan Wake* (2010), in dem die mysteriösen Erlebnisse des titelgebenden Schriftstellers nachgespielt werden. Die Hauptfigur muss im Stil von Stephen-King-Romanen die lebendig gewordenen Figuren aus seinen eigenen Werken bekämpfen. Hier werden während der Spielhandlung Buchseiten gefunden, die kataphorisch den weiteren Verlauf der Handlung vorwegnehmen. Diese besondere selbstreflexive Lesedarstellung bietet eine medienspezifische Form der Immersion.

Perspektivisch ergibt sich auch Forschungsbedarf in quasi umgekehrter Richtung: Auf welche Weise wird die Rezeption anderer Künste in den Film integriert? In John Hughes' *Ferris Bueller's Day Off* (USA, 1986) gibt es z. B. eine

---

britannien gezeigt. Während in diesem Rahmen vor allem Benimmregeln und weitere soziale Regeln thematisiert werden, spielt das Lesen keine Rolle. Gerade beim Lesen hätten charakteristische Konflikte für eine problematische ›Assimilation‹ des kleinen Jungen aufgezeigt werden können.

3 Mit dieser Frage beschäftige ich mich intensiver in: Rouget: Leseszenen intermedial (2020).
4 Gerade in Fantasy-Rollenspielen ist der Nexus zur Magie zentral. Auch in *Diablo* (1996) werden z. B. Zaubersprüche erlernt, indem man auf ein Buch klickt.

ca. zweiminütige Szene im *Art Institute of Chicago*: Untermalt von einer instrumentalen Version von *Please, Please, Please Let Me Get What I Want* der Band The Smiths betrachten die ProtagonistInnen mehrere Gemälde in dem Museum, wobei der Teenager Cameron länger vor *Un dimanche après-midi à l'Île de la Grande Jatte* von Georges Seurat verweilt. Daraufhin schneiden einzelne *Shot-Reverse-Shots* von Groß- auf Detailaufnahmen abwechselnd auf Camerons Gesicht und das eines Mädchens auf der Genremalerei: Der Zoom fokussiert das Mädchen derart stark, dass die letzten beiden Einstellungen formal völlig unkenntlich sind und das Mädchen sozusagen ›auflösen‹. Im Gegensatz zu literarisch-ästhetischen Lesedarstellungen wird bei dieser Immersion durch ein Gemälde viel stärker das Rezeptionsobjekt selbst ausgestellt. Dennoch kann auf die vorliegenden Ergebnisse aufgebaut werden, da es auch hier Kunstobjekte und damit ebenso KunstbetrachterInnen, -situationen und -kommunikation gibt.

Solche Kontrastierungen vergegenwärtigen die Besonderheit des filmischen Lesens, denn die künstlerischen Objekte werden auf unterschiedliche Weise *perspektiviert*: Nur in wenigen Fällen – meist nur bei Lyrik – wird ein Text komplett in die Szene integriert; dies steht im Gegensatz zu Gemälden, die in der Regel vollständig filmisch abgebildet sind. Das Einzigartige an der filmischen Darstellung des literarisch-ästhetischen Lesens besteht darin, dass nicht der Text – analog zum Gemälde – als Kunstobjekt im Vordergrund steht, sondern die Erfahrung der den Text rezipierenden Figur. Hier lässt sich der Kreis zur Frage in der Einleitung schließen, warum Godard davon spricht, dass ausgerechnet das Filmen von lesenden Menschen »[le] plus extraordinaire«[5] sei. Die Schönheit von Leseszenen liegt im filmisch bedeutungsoffen inszenierten Akt der Lektüre, der den ZuschauerInnen Freiraum zur Imagination lässt. So ist es, mit Stefan Bollmann gesprochen, vielleicht gerade dies, was »seit langer Zeit an der Darstellung Lesender reizt: Menschen in einem Zustand der tiefsten Vertrautheit zu zeigen, der nicht für Außenstehende bestimmt ist.«[6]

Diese Bedeutungsoffenheit ist konstitutiv für literarisch-ästhetische Leseszenen: Die filmische Darstellung der zweiten Welt, die beim Lesen entsteht, erfordert *per se* einen Akt der Interpretation durch die ZuschauerInnen. Die Medialität des Films ist dazu in der Lage, die Zuschauenden an dem »Zustand der tiefsten Vertrautheit« leiblich teilhaben zu lassen. Die Textrealität ist für die ZuschauerInnen in erster Linie nicht sicht- oder hörbar, sondern erfahrbar.

---

5 Godard: Godard par Godard (1985), S. 312.

6 Bollmann: Frauen, die lesen, sind gefährlich (2005), S. 34. In diesem Zitat klingt auch an, dass durch die Betrachtung von Leseszenen ein voyeuristisches Bedürfnis – oder eine Neugierde auf das Geheimnisvolle – befriedigt wird.

Literaturverzeichnis

Filmquellen

10 Things I hate about you. USA, Regie: Gil Junger. 1999.
A Life Less Ordinary. Großbritannien u. USA, Regie: Danny Boyle. 1997.
A Single Man. USA, Regie: Tom Ford. 2009.
Adams æbler. Dänemark, Regie: Anders Thomas Jensen. 2005.
Agassi. Südkorea, Regie: Chan-wook Park. 2016.
Äkta människor. Schweden, Idee: Lars Lundström. 2012.
Alphaville, une étrange aventure de Lemmy Caution. Frankreich u. Italien, Regie: Jean-Luc
    Godard. 1965.
Ansiket. Schweden, Regie: Ingmar Bergman. 1958.
Apocalypse Now. USA, Regie: Francis Ford Coppola. 1979.
Barbed Wire Dolls. Schweiz, Regie: Jess Fraco. 1976.
Before Sunrise. USA, Regie: Richard Linklater. 1995.
Bicentennial Man. USA, Regie: Chris Columbus. 1999.
Blade Runner. USA u. Hongkong, Regie: Ridley Scott. 1982.
Bonanza. USA, Idee: David Dortort. 1959–1973.
Breaking Bad. USA, Idee: Vince Gilligan. 2008–2013.
Breathe In. USA, Regie: Drake Doremus. 2013.
Bücher, die mein Leben verändert haben. YouTube 2019 v. mirrelativegal.
    In: https://www.youtube.com/watch?v=z3kEi9KKCxg (letzter Zugriff: 05.01.2021).
Captain Fantastic. USA, Regie: Matt Ross. 2016.
Chilling Adventures of Sabrina. USA, Idee: Roberto Aguirre-Sacasa. Seit 2018.
Conan the Barbarian. USA, Regie: John Milius. 1982.
Cosmopolis. Kanada (u. a.), Regie: David Cronenberg. 2012.
Das Cabinet des Dr. Caligari. Deutschland, Regie: Robert Wiene. 1920.
Day of the Dead. USA, Regie: George A. Romero. 1985.
Dead Poets Society. USA, Regie: Peter Weir. 1989.
Die andere Heimat – Chronik einer Sehnsucht. Deutschland, Regie: Edgar Reitz. 2013.
Die bleierne Zeit. Deutschland, Regie: Margarethe von Trotta. 1981.
Django Unchained. USA, Regie: Quentin Tarantino. 2012.
Dracula. USA, Regie: Tod Browning. 1931.
Fargo. USA, Idee: Noah Hawley. Seit 2014.
Fast Times at Ridgemont High. USA, Regie: Amy Heckerling. 1982.
Freaks. USA, Regie: Tod Browning. 1932.
Gösta Berlings Saga. Schweden, Regie: Mauritz Stiller. 1924.
Gruppo di famiglia in un interno. Italien, Regie: Luchino Visconti. 1974.
Hannah and her Sisters. USA, Regie: Woody Allen. 1986.
Heidi. Deutschland u. Schweiz, Regie: Alain Gsponer. 2015.
Hell's Hinges. USA, Regie: William S. Hart. 1916.
Her. USA, Regie: Spike Jonze. 2013.
Jeder für sich und Gott gegen alle. Deutschland, Regie: Werner Herzog. 1974.
John Carpenter's In the Mouth of Madness. USA, Regie: John Carpenter. 1995.
John Carpenter's They Live. USA, Regie: John Carpenter. 1988.

https://doi.org/10.1515/9783110728590-017

Jules et Jim. Frankreich, Regie: François Truffaut. 1962.

Kindergarten Cop. USA, Regie: Ivan Reitman. 1990.

La Lectrice. Frankreich, Regie: Michel Deville. 1988.

Le prénom. Frankreich, Regie: Alexandre de La Pattellière u. Mathieu Delaporte. 2012.

Les Biches. Frankreich u. Italien, Regie: Claude Chabrol. 1968.

Les Quatre Cents Coups. Frankreich, Regie: François Truffaut. 1959.

Little Miss Sunshine. USA, Regie: Jonathan Dayton u. Valerie Faris. 2007.

Malcolm X. USA, Regie: Spike Lee. 1992.

Maniac. USA, Idee: Patrick Somerville. 2018.

Matilda. USA, Regie: Danny deVito. 1996.

Messner. Deutschland, Regie: Andreas Nickel. 2012.

Moonrise Kingdom. USA, Regie: Wes Anderson. 2012.

Moonrise Kingdom – Animated Book Short. YouTube 2012 v. CatchTheFilm.
   In: https://www.youtube.com/watch?v=s1wzMnHZolU (letzter Zugriff: 05.01.2021).

Nocturnal Animals. USA, Regie: Tom Ford. 2016.

Nosferatu – Phantom der Nacht. Deutschland u. Frankreich, Regie: Werner Herzog. 1979.

Oblivion. USA, Regie: Joseph Kisinski. 2013.

Padre padrone. Italien, Regie: Paolo u. Vittorio Taviani. 1977.

Pierrot le fou. Frankreich u. Italien, Regie: Jean-Luc Godard. 1965.

Pleasantville. USA, Regie: Gary Ross. 1998.

Princess Cyd. USA, Regie: Stephen Cone. 2017.

Prospero's Books. Großbritannien, Regie: Peter Greenaway. 1991.

Rosemary's Baby. USA, Regie: Roman Polański. 1968.

Rossini – oder die mörderische Frage, wer mit wem schlief. Deutschland, Regie: Helmut Dietl.
   1997.

Se7en. USA, Regie: David Fincher. 1995.

Shirley – Visions of Reality. Österreich, Regie: Gustav Deutsch. 2013.

Short Circuit. USA, Regie: John Badham. 1986.

Shrek. USA, Regie: Andrew Adamson u. Vicky Jenson. 2001.

Skyfall. Großbritannien u. USA, Regie: Sam Mendes. 2012.

Sophie's Choice. USA, Regie: Alan J. Pakula. 1982.

Splendor in the Grass. USA, Regie: Elia Kazan. 1961.

Star Trek. USA, Idee: Gene Roddenberry. 1966–1969.

Star Trek: Deep Space Nine. USA, Idee: Rick Berman u. Michael Piller. 1993–1999.

Star Trek: The Next Generation. USA, Idee: Gene Roddenberry. 1987–1994.

Tampopo. Japan, Regie: Jūzō Itami. 1985.

Teorema. Italien, Regie: Pier Paolo Pasolini. 1968.

The Adventures of Jimmy Neutron: Boy Genius. USA, Idee: John A. Davis. 2002–2006.

The Babadook. Australien, Regie: Jennifer Kent. 2014.

The Big Bang Theory. USA, Idee: Chuck Lorre u. Bill Prady. 2007–2019.

The Color Purple. USA, Regie: Steven Spielberg. 1985.

The Evil Dead. USA, Regie: Sam Raimi. 1981.

The Jane Austen Book Club. USA, Regie: Robin Swicord. 2007.

The Jungle Book. USA, Regie: Wolfgang Reitherman. 1967.

The Last Wave. Australien, Regie: Peter Weir. 1977.

The Magnificent Ambersons. USA, Regie: Orson Welles. 1942.

The Matrix. USA, Regie: Die Wachowskis. 1999.

The Mummy. Großbritannien, Regie: Terence Fisher. 1959.

The Mummy. USA, Regie: Karl Freund. 1932.

The Mummy. USA, Regie: Stephen Sommers. 1999.

The NeverEnding Story. USA, Regie: Wolfgang Petersen. 1984.

The Ninth Gate. Frankreich u. Spanien, Regie: Roman Polański. 1999.

The Pillow Book. Großbritannien, Regie: Peter Greenaway. 1996.

The Reader. USA u. Deutschland, Regie: Stephen Daldry. 2008.

The Silence of the Lambs. USA, Regie: Jonathan Demme. 1991.

The Sopranos. USA, Idee: David Chase. 1999–2007.

The Talented Mr. Ripley. USA, Regie: Anthony Minghella. 1999.

The Ten Commandments. USA, Regie: Cecil B. DeMille. 1923.

The Tree of Life. USA, Regie: Terrence Malick. 2011.

Vampyr – Der Traum des Allan Gray. Deutschland, Regie: Carl Theodor Dreyer. 1932.

Westworld. USA, Idee: Jonathan Nolan u. Lisa Joy. Seit 2016.

X2. USA u. Kanada, Regie: Bryan Singer. 2003.

You've Got Mail. USA, Regie: Nora Ephron. 1998.

Young Mr. Lincoln. USA, Regie: John Ford. 1939.

Sekundärliteratur

Abraham, Ulf: Lesekompetenz, literarische Kompetenz, poetische Kompetenz.
Fachdidaktische Aufgaben in einer Medienkultur. In: Heide Rösch (Hg.): Kompetenzen im Deutschunterricht. Beiträge zur Literatur-, Sprach- und Mediendidaktik. Frankfurt am Main: Lang 2005.

Abraham, Ulf u. Launer, Christoph: Weltwissen erlesen. In: dies. (Hg.): Weltwissen erlesen. Literarisches Lernen im fächerverbindenden Unterricht. Baltmannsweiler: Schneider-Hohengehren 2002, S. 6–58.

Adler, Jeremy: Die Kunst, Mitleid mit den Mördern zu erzwingen. In: Süddeutsche Zeitung v. 20.04. 2002.

Albersmeier, Franz-Josef: Die Herausforderung des Films an die französische Literatur. Entwurf einer Literaturgeschichte des Films. Band 1: Die Epoche des Stummfilms (1895–1930). Heidelberg: Winter 1985.

Albrecht, Andrea: Zur textuellen Repräsentation von Wissen am Beispiel von Platons Menon. In: Tilmann Köppe (Hg.): Literatur und Wissen. Theoretisch-methodische Zugänge. Berlin u. New York: de Gruyter 2011, S. 140–163.

Alighieri, Dante: Commedia. Übers. v. Kurt Flasch in deutsche Prosa. Frankfurt am Main: Fischer 2013.

Allesch, Christian G.: Einführung in die psychologische Ästhetik. Wien: WUV 2006.

Alloa, Emmanuel (u. a.) (Hg.): Leiblichkeit. Geschichte und Aktualität eines Konzepts. Tübingen: Mohr Siebeck 2012.

Alloa, Emmanuel u. Depraz, Natalie: Edmund Husserl. »Ein merkwürdig unvollkommen konstituiertes Ding«. In: Alloa (u. a.) (Hg.): Leiblichkeit (2012), S. 7–22.

Amann, Caroline u. Wulff, Hans Jürgen: Schrift im Film. Eine Arbeitsbibliographie. In: Medienwissenschaft 99 (2009), S. 104–119.

American Film Institute: 100 Heroes & Villains [2005]. In: https://www.afi.com/afis-100-years-100-heroes-villians/ (letzter Zugriff: 05.01.2021).

American Film Institute: The 100 Most Inspiring Films Of All Time [2006]. In: https://www.afi.com/afis-100-years-100-cheers/ (letzter Zugriff: 05.01.2021).

Andersch, Alfred: Sansibar oder der letzte Grund [1957]. In: ders.: Gesammelte Werke in zehn Bänden. Hg. v. Dieter Lamping. Zürich: Diogenes 2004, S. 7–183.

Andresen, Helga: Phantasiegeschichten von Vorschulkindern zwischen literalen, medialen und persönlichen Erfahrungen. In: Mechthild Dehn u. Daniela Merklinger (Hg.): Erzählen, vorlesen, zum Schmökern anregen. Frankfurt am Main: Grundschulverband 2015, S. 37–46.

Andringa, Els: Cognitive Poetics. In: Gerhard Lauer u. Christine Ruhrberg (Hg.): Lexikon Literaturwissenschaft. Hundert Grundbegriffe. Stuttgart: Reclam 2011, S. 50–53.

Anz, Thomas: Literatur und Lust. Glück und Unglück beim Lesen. München: Beck 1998.

Ariès, Philippe: Geschichte der Kindheit. Übers. v. Caroline Neubaur u. Karin Kersten. 15. Aufl. München: dtv 2003 [1960].

Aristoteles: Poetik. Übers. u. hg. v. Manfred Fuhrmann. Stuttgart: Reclam 1994 [335 v. Chr.].

Assel, Jutta u. Jäger, Georg: Zur Ikonographie des Lesens. Darstellungen von Leser(innen) und des Lesens im Bild. In: Franzmann (Hg.): Handbuch Lesen (2001), S. 638–673.

Assion, Peter: Literatur zwischen Glaube und Aberglaube. Das mittelalterliche Fachschrifttum zu Magie und Mantik. In: Dietz-Rüder Moser (Hg.): Glaube im Abseits. Beiträge zur Erforschung des Aberglaubens. Darmstadt: WBG 1992, S. 169–196.

Assmann, Jan: Das kulturelle Gedächtnis. Schrift, Erinnerung und politische Identität in frühen Hochkulturen. 8. Aufl. München: Beck 2018 [1992].

Austin, John L.: Zur Theorie der Sprechakte. Übers. v. Eike von Savigny. 2. Aufl. Stuttgart: Reclam 2014 [1962].

Bachter, Stephan: Magie für alle! Über Zauberbücher und die Popularisierung magischen »Wissens« seit dem 18. Jahrhundert. In: Andrea Haase (Hg.): Magie. Die geheime Macht der Zeichen. Begleitpublikation zur Ausstellung »Magie! Die Geheime Macht der Zeichen« in der Basler Papiermühle. Basel: Schwabe 2002, S. 58–67.

Badiou, Alain: Das Sein und das Ereignis. Übers. v. Gernot Kamecke. Zürich u. Berlin: Diaphanes 2016.

Bäcker, Iris: Der Akt des Lesens – neu gelesen. Zur Bestimmung des Wirkungspotentials von Literatur. Paderborn: Fink 2014.

Bär, Gerald: Das Motiv des Doppelgängers als Spaltungsphantasie in der Literatur und im deutschen Stummfilm. Amsterdam u. New York: Rodopi 2005.

de Balzac, Honoré: Die Suche nach dem Absoluten. Übers. v. Tilly Bergner. Berlin: Aufbau 1999 [1834].

Baumert, Jürgen; Stanat, Petra u. Demmrich, Anke: PISA 2000. Untersuchungsgegenstand, theoretische Grundlagen und Durchführung der Studie. In: Deutsches PISA-Konsortium (Hg.): PISA 2000. Basiskompetenzen von Schülerinnen und Schülern im internationalen Vergleich. Opladen: Leske + Budrich 2001, S. 15–68.

Barthes, Roland: Der Tod des Autors [1967]. Übers. v. Matías Martínez. In: Fotis Jannidis (u. a.) (Hg.): Texte zur Theorie der Autorschaft. Stuttgart: Reclam 2000, S. 185–193.

Bartl, Andrea u. Famula, Marta: Einleitung. In: dies. (Hg.): Vom Eigenwert der Literatur (2017), S. 11–21.

Bartl, Andrea u. Famula, Marta (Hg.): Vom Eigenwert der Literatur. Reflexionen zu Funktion und Relevanz literarischer Texte. Würzburg: Königshausen & Neumann 2017.

Bartsch, Anne; Eder, Jens u. Fahlenbach, Kathrin (Hg.): Audiovisuelle Emotionen. Emotionsdarstellungen und Emotionsvermittlung durch audiovisuelle Medienangebote. Köln: Halem 2007.

Baudrillard, Jean: Simulacres et Simulation. Paris: Éditions Galilée 1981.

Baumgarten, Alexander Gottlieb: Theoretische Ästhetik. Die grundlegenden Abschnitte aus der ›Aesthetica‹. Übers. u. hg. v. Hans Rudolf Schweizer. 2. Aufl. Hamburg: Felix Meiner Verlag 1983 [1750/58].

Bayer-Schur, Barbara: Das Buch im Buch. Untersuchungen zu einem Motiv in der gegenwärtigen literarischen Kommunikation. Göttingen: Niedersächsische Staats- und Universitätsbibliothek Göttingen 2011. In: http://hdl.handle.net/11858/00-1735-0000-0006-AEDD-5 (letzter Zugriff: 05.01.2021).

Beck, Wolfgang: Zauberspruch. In: Gert Ueding (Hg.): Historisches Wörterbuch der Rhetorik. Band 9. Tübingen: Max Niemeyer 2009, Sp. 1483–1486.

Behlmer, Rudy u. Thomas, Tony: Hollywood's Hollywood. The movies about the movies. Secaucus: Citadel Press 1975.

Bell, Susan Groag: Medieval Women Book Owners. Arbiters of Lay Piety and Ambassadors of Culture. In: Signs. Journal of Women in Culture and Society 7 (1982), S. 742–767.

Bensch, Georg: Vom Kunstwerk zum ästhetischen Objekt. Zur Geschichte der phänomenologischen Ästhetik. München: Fink 1994.

Berliner, Todd: Hollywood Movie Dialogue and the ›Real Realism‹ of John Cassavetes. In: Film Quarterly 52/3 (1999), S. 2–16.

Bertram, Georg W.: Kunst. Eine philosophische Einführung. Stuttgart: Reclam 2011.

Bertschi-Kaufmann, Andrea: Lesekompetenz – Leseleistung – Leseförderung. In: dies. (Hg.): Lesekompetenz Leseleistung Leseförderung. Grundlagen, Modelle und Materialien. Seelze-Velber: Kallmeyer u. Klett 2007, S. 8–16.

Bertschi-Kaufmann, Andrea u. Härvelid, Frederic: Lesen im Wandel – Lesetraditionen und die Veränderungen in neuen Medienumgebungen. In: Andrea Bertschi-Kaufmann (Hg.): Lesekompetenz Leseleistung Leseförderung. Grundlagen, Modelle und Materialien. Seelze-Velber: Kallmeyer u. Klett 2007, S. 29–50.

Bickenbach, Matthias: Voll im Bild? Die Mimesis von Literatur in »Sieben«. Beobachtungen zur Intermedialität. In: Weimarer Beiträge 44/4 (1998), S. 525–537.

Birkhan, Helmut: Trug Tim eine so helle Hose nie mit Gurt? Zur Arkansprache besonders im Spätmittelalter und der Frühen Neuzeit. In: Christian Braun (Hg.): Sprache und Geheimnis. Sondersprachenforschung im Spannungsfeld zwischen Arkanem und Profanem. Berlin: Akademie 2012, S. 123–140.

Blake, William: Amerika (1793). In: ders.: Zwischen Feuer und Feuer. Poetische Werke. Zweisprachige Ausgabe. Übers. v. Thomas Eichhorn. München: dtv 2007, S. 282–307.

Blödorn, Andreas: Transformation und Archivierung von Bildern im Film. Mediales Differenzial und intermediales Erzählen in Peter Greenaways THE PILLOW BOOK. In: Corinna Müller u. Irina Scheidgen (Hg.): Mediale Ordnungen. Erzählen, Archivieren, Beschreiben. Marburg: Schüren 2007, S. 107–127.

Blum, Philipp: Doku-Fiktionen. Filme auf der Grenze zwischen Fiktion und Non-Fiktion als ästhetische Interventionen der Gattungslogik. In: MEDIENwissenschaft 2 (2013), S. 130–144.

Bock, Wolfgang: Ein nötiges Buch. Vorwort. In: Köhler: Prosperos Bücher (2017), S. XIII–XVII.

Böhn, Andreas: Das Formzitat. Bestimmung einer Textstrategie im Spannungsfeld zwischen Intertextualitätsforschung und Gattungstheorie. Berlin: Erich Schmidt 2001.

Böhn, Andreas: Einleitung: Formzitat und Intermedialität. In: ders. (Hg.): Formzitat und Intermedialität. St. Ingbert: Röhrig 2003, S. 7–12.

Böhn, Andreas: Intertextualitätsanalyse. In: Thomas Anz (Hg.): Handbuch Literaturwissenschaft. Band 2: Methoden und Theorien. Stuttgart u. Weimar: Metzler 2013, S. 204–216.

Böhn, Andreas u. Schrey, Dominik: Intermedialität und Medienreflexion zwischen Konvention und Paradoxie. In: Kay Kirchmann u. Jens Ruchatz (Hg.): Medienreflexion im Film. Ein Handbuch. Bielefeld: Transcript 2014, S. 199–211.

Böhnke, Alexander: Handarbeit. Figuren der Schrift in SE7EN. In: montage AV 12/2 (2003), S. 9–18.

Böhnke, Alexander: Paratexte des Films. Über die Grenzen des filmischen Universums. Bielefeld: Transcript 2015.

Börsenverein des Deutschen Buchhandels: Buch-Lese-Orte 2013. In: www.boersenblatt.net/sixcms/media.php/976/Buch_Leseorte_2013_Daten_ausf%C3%BChrlich.pdf (letzter Zugriff: 05.02.2020).

Boesken, Gesine u. Schaffers, Uta: Einleitung. Von einigen Verwandlungen im Lesen. In: dies. (Hg): Lektüren ›bilden‹. Lesen – Bildung – Vermittlung. Festschrift für Erich Schön. Münster: Lit 2013, S. 7–30.

Böttcher, Marius; Göttel, Dennis u. Horstmann, Friederike (Hg.): Wörterbuch kinematografischer Objekte. Berlin: August 2014.

Bohnenkamp, Anne: Vorwort. Literaturverfilmungen als intermediale Herausforderungen. In: dies. (Hg.): Literaturverfilmungen. Stuttgart: Reclam 2012, S. 9–40.

Bollmann, Stefan: Frauen, die lesen, sind gefährlich. 4. Aufl. München: Elisabeth Sundmann 2005.

Boltz, Ingeborg: Verfasserschaftstheorien. In: Ina Schabert (Hg.): Shakespeare-Handbuch. Die Zeit – Der Mensch – Das Werk – Die Nachwelt. 5. Aufl. Stuttgart: Alfred Kröner 2009, S. 183–190.

Bonfadelli, Heinz: Zur Konstruktion des (Buch-)Lesers. Universitäre Kommunikationswissenschaft und angewandte Medienforschung. In: Sandra Rühr u. Axel Kuhn (Hg.): Sinn und Unsinn des Lesens. Gegenstände Darstellungen und Argumente aus Geschichte und Gegenwart. Göttingen: V & R unipress 2013, S. 161–179.

Books In Movies. In: http://booksinmovies.tumblr.com (letzter Zugriff: 05.01.2021).

Bordwell, David: Kognition und Verstehen. Sehen und Vergessen in MILDRED PIERCE. Übers. v. Kerstin Barndt u. Johannes von Moltke. In: montage AV 1/1 (1992), S. 5–24.

Bordwell, David: Narration in the Fiction Film. London: Methuen 1985.

Bordwell, David; Staiger, Janet u. Thompson, Kristin: The Classical Hollywood Cinema. Film Style & Mode of Production to 1960. London: Routledge 2002 [1985].

Bordwell, David u. Thompson, Kristin: Film Art. An Introduction. 11. Aufl. New York: McGraw-Hill 2016.

Bourdieu, Pierre: Die feinen Unterschiede. Kritik der gesellschaftlichen Urteilskraft. Übers. v. Bernd Schwibs u. Achim Russer. 24. Aufl. Frankfurt am Main: Suhrkamp 2014 [1979].

Bourdieu, Pierre: Ökonomisches Kapital, kulturelles Kapital, soziales Kapital. Übers. v. Reinhard Kreckel. In: Reinhard Kreckel (Hg.): Soziale Ungleichheit. Göttingen: Schwartz 1983, S. 183–198.

Bourdieu, Pierre: Die Regeln der Kunst. Genese und Struktur des literarischen Feldes. Übers. v. Bernd Schwibs u. Achim Russer. 6. Aufl. Frankfurt am Main: Suhrkamp 2014 [1992].

Bourdieu, Pierre: Der Tote packt den Lebenden [1997]. Übers. v. Jürgen Bolder. In: ders.: Schriften zu Politik & Kultur. Band 2: Der Tote packt den Lebenden. Hg. v. Margareta Steinrücke. 2. Aufl. Hamburg: VSA 2011, S. 17–54.

Bracht, Edgar: Der Leser im Roman des 18. Jahrhunderts. Frankfurt am Main (u. a.): Lang 1987.

Brandenbusch, Philipp: Die kleine Frau, die den US-Bürgerkrieg auslöste. In: Welt Kultur v. 29.12.2011. In: https://www.welt.de/kultur/article13499259/Die-kleine-Frau-die-den-US-Buergerkrieg-ausloeste.html (letzter Zugriff: 05.01.2021).

Braun, Christian: Das Arkane als Gegenstandsbereich linguistischer Forschungsinteressen. In: ders. (Hg.): Sprache und Geheimnis. Sondersprachenforschung im Spannungsfeld zwischen Arkanem und Profanem. Berlin: Akademie 2012, S. 11–22.

Braun, Michael: Wissen oder Verstehen? Die Katastrophe des Lesens in Bernhard Schlinks *Der Vorleser*. In: Gesine Boesken u. Uta Schaffers (Hg.): Lektüren ›bilden‹. Lesen – Bildung – Vermittlung. Festschrift für Erich Schön. Münster: LIT 2013, S. 185–197.

Brechtken, Magnus: Albert Speer. Eine deutsche Karriere. München: Siedler 2017.

Brenner, Anne: Leseräume. Untersuchungen zu Lektüreverfahren und -funktionen in Gottfried Kellers Roman »Der grüne Heinrich«. Würzburg: Königshausen & Neumann 2000.

Brenner, Peter J.: Die Erfahrung der Fremde. Zur Entwicklung einer Wahrnehmungsform in der Geschichte des Reiseberichts. In: ders. (Hg.): Der Reisebericht. Die Entwicklung einer Gattung in der deutschen Literatur. Frankfurt am Main: Suhrkamp 1989, S. 14–49.

Brinckmann, Christine N.; Hartmann, Britta u. Kaczmarek, Ludger (Hg.): Motive des Films. Ein kasuistischer Fischzug. Marburg: Schüren 2012.

Brittnacher, Hans-Richard u. May, Markus: Phantastik-Theorien. In: dies. (Hg.): Phantastik. Ein interdisziplinäres Handbuch. Stuttgart u. Weimar: Metzler 2013, S. 189–197.

Bronfen, Elisabeth: Einleitung. Der Gang in die Bibliothek. Seven (David Fincher). In: dies.: Heimweh. Illusionsspiele in Hollywood, Berlin: Volk & Welt 1999, S. 9–38.

Brophy, Philip: Read my Lips. Notes on the Writing and Speaking of Film Dialogue. In: http://www.philipbrophy.com/projects/chapters/readmylips/chapter.html (letzter Zugriff: 05.01.2021).

Bruhn, Jorgen; Gjelsvik, Anne u. Hanssen, Eirik Frisvold (Hg.): Adaptation Studies. New Challenges, New Directions. London (u. a.): Bloomsbury 2013.

Brune, Carlo: Literarästhetische Literalität. Literaturvermittlung im Spannungsfeld von Kompetenzorientierung und Bildungsideal. Bielefeld: Transcript 2020.

Bubner, Rüdiger: Ästhetische Erfahrung. Frankfurt am Main: Suhrkamp 1959.

Bucher, Hans-Jürgen u. Schumacher, Peter (Hg.): Interaktionale Rezeptionsforschung. Theorie und Methode der Blickaufzeichnung in der Medienforschung. Wiesbaden: Springer 2012.

Bundeszentrale für politische Bildung: Filmkanon (2003). In: http://www.bpb.de/gesellschaft/bildung/filmbildung/43639/filmkanon (letzter Zugriff: 05.01.2021).

Carroll, Noël: Aesthetic Experience: A Question of Content. In: Matthew Kieran (Hg.): Contemporary Debates in Aesthetics and the Philosophy of Art. London: Wiley-Blackwell 2005, S. 69–97.

Carroll, Noël: Neuere Theorien ästhetischer Erfahrung. In: Deines, Liptow u. Seel (Hg.): Kunst und Erfahrung (2013), S. 61–90.

Les Caves du Majestic. In: http://cavesdumajestic.canalblog.com/archives/2016/07/22/34089500.html (letzter Zugriff: 05.01.2021).

Chartier, Roger u. Cavallo, Guglielmo (Hg.): Die Welt des Lesens. Von der Schriftrolle zum Bildschirm. Frankfurt am Main (u. a.): Campus 1999.

Christmann, Ursula: Lesepsychologie. In: Michael Kämper-van den Boogaart u. Kaspar H. Spinner (Hg.): Lese- und Literaturunterricht. Teil 1: Geschichte und Entwicklung Konzeptionelle und empirische Grundlagen. Baltmannsweiler: Schneider 2010, S. 148–200.

Christmann, Ursula u. Groeben, Norbert: Psychologie des Lesens. In: Franzmann (Hg.): Handbuch Lesen (2001), S. 145–223.

Culler, Jonathan: Literaturtheorie. Eine kurze Einführung. Übers. v. Andreas Mahler. 2. Aufl. Stuttgart: Reclam 2013.

Currie, Gregory: Cognitivism. In: Toby Miller u. Robert Stam (Hg.): A companion to film theory. Oxford: Blackwell 2004, S. 105–122.

Cussans, John: Undead Uprising. Haiti, Horror and the Zombie Complex. London: Verlag 2017.

Cuthbertson, Anthony: Robots Can Now read better than humans, putting millions of jobs at Risk. In: Newsweek v. 15.01.2018. In: https://www.newsweek.com/robots-can-now-read-better-hu mans-putting-millions-jobs-risk-781393 (letzter Zugriff: 05.01.2021).

D'Alessandro, Dario: Hauptrolle Bibliothek. Eine Filmographie. Übers. u. bearb. v. Karin Heller. Innsbruck (u. a.): Studien-Verlag 2002.

Dannenberg, Lutz u. Spoerhase, Carlos: Wissen in der Literatur als Herausforderung einer Pragmatik von Wissenszuschreibungen: sechs Problemfelder, sechs Fragen und zwölf Thesen. In: Tilmann Köppe (Hg.): Literatur und Wissen. Theoretisch-methodische Zugänge. Berlin u. New York: de Gruyter 2011, S. 29–76.

Dauner, Dorea: Literarische Selbstreflexivität. Dissertation an der Universität Stuttgart 2009. In: https://elib.uni-stuttgart.de/handle/11682/5349 (letzter Zugriff: 05.01.2021).

Daxelmüller, Christoph: Zauberpraktiken. Die Ideengeschichte der Magie. Düsseldorf: Patmos 2005.

Deines, Stefan; Liptow, Jasper u. Seel, Martin (Hg.): Kunst und Erfahrung. Beiträge zu einer philosophischen Kontroverse. Berlin: Suhrkamp 2013.

Deines, Stefan; Liptow, Jasper u. Seel, Martin: Kunst und Erfahrung. Eine theoretische Landkarte. In: dies. (Hg.): Kunst und Erfahrung (2013), S. 7–37.

Deleuze, Gilles: Das Bewegungs-Bild. Kino 1. Übers. v. Ulrich Christians u. Ulrike Bokelmann. 7. Aufl. Frankfurt am Main: Suhrkamp 2013 (1983).

Deleuze, Gilles: Das Zeit-Bild. Kino 2. Übers. v. Klaus Englert. Frankfurt am Main: Suhrkamp 1991 [1985].

Deleuze, Gilles u. Guattari, Félix: Rhizom. Übers. v. Dagmar Berger (u. a.). Berlin: Merve 1977 [1976].

Derrida, Jacques: »Diese merkwürdige Institution namens Literatur.« Interview mit Derek Attridge [1989]. Übers. v. Jürn Gottschalk. In: Jürn Gottschalk u. Tilmann Köppe (Hg.): Was ist Literatur? Basistexte Literaturtheorie. Paderborn: mentis 2006, S. 91–107.

Derrida, Jacques: Eine gewisse unmögliche Möglichkeit, vom Ereignis zu sprechen. Übers. v. Susanne Lüdemann. Berlin: Merve 2003 [1997].

Derrida, Jacques: Grammatologie. Übers. v. Hans-Jörg Rheinberger u. Hanns Zischler. 12. Aufl. Frankfurt am Main: Suhrkamp: 2013 [1967].

Derrida, Jacques: Signatur Ereignis Kontext. In: ders.: Randgänge der Philosophie. Hg. von Peter Engelmann. Übers. v. Gerhard Ahrens (u. a.). Wien: Passagen 1999 [1972], S. 325–351.

Dewey, John: Kunst als Erfahrung. Übers. v. Christa Velten. 2. Aufl. Frankfurt am Main: Suhrkamp 1995 [1943].

Dickens, Charles: Oliver Twist. London (u. a.): Penguin 1994 [1838].

Dickhaut, Kirsten: Verkehrte Bücherwelten. Eine kulturgeschichtliche Studie über deformierte Bibliotheken in der französischen Literatur. München: Fink 2004.

Dickie, George: The Myth of the Aesthetic Attitude. In: American Philosophical Quarterly I (1964), S. 55–65.

Diekmann, Stefanie: Der andere Schauplatz. Zur Theaterdarstellung im Kino. In: Kay Kirchmann u. Jens Ruchatz (Hg.): Medienreflexion im Film. Ein Handbuch. Bielefeld: Transcript 2014, S. 87–103.

Dilthey, Wilhelm: Das Erlebnis und die Dichtung. Lessing Goethe Novalis Hölderlin. 16. Aufl. Göttingen: Vandenhoeck & Ruprecht 1985 [1906].

Doane, Mary Ann u. Bergstrom, Janet (Hg.): The Spectratrix. In: Camera Obscura 20/21 (1990), S. 124–144.

Dornseiff, Franz: Das Alphabet in Mystik und Magie. 2. Aufl. Leipzig: Teubner 1994 [1925].

Driscoll, Catherine: Teen Film. A Critical Introduction. Oxford: Berg 2011.

Dudzik, Yvonne: Intertextualität als Untersuchungskategorie in Uwe Johnsons Jahrestage. Göttingen: V&R unipress 2017.

van Dülmen, Richard (Hg.): Entdeckung des Ich. Die Geschichte der Individualisierung vom Mittelalter bis zur Gegenwart. Köln (u. a.): Böhlau 2001.

Durst, Uwe: Theorie der phantastischen Literatur. Berlin: LIT 2010.

Ebert, Roger: Jane Austen Book Club (2007). In: https://www.rogerebert.com/reviews/jane-austen-book-club-2007 (letzter Zugriff: 05.01.2021).

Eco, Umberto (Hg.): Die Geschichte der Schönheit. Übers. v. Friederike Hausmann u. Martin Pfeiffer. München u. Wien: Hanser 2004.

Eco, Umberto: Die Grenzen der Interpretation. Übers. v. Günter Memmert. München: dtv 1995 [1990].

Eco, Umberto: Lector in fabula. Die Mitarbeit der Interpretation in erzählenden Texten. München u. Wien: Hanser 1987 [1979].

Eder, Jens: Die Figur im Film. Grundlagen der Figurenanalyse. Marburg: Schüren 2008.

Eggert, Hartmut u. Garbe, Christine: Literarische Sozialisation. 2. Aufl. Stuttgart (u. a.): Metzler 2003.

Eicher, Thomas: Erzählte Visualität. Studien zum Verhältnis von Text und Bild in Hermann Brochs Romantrilogie »Die Schlafwandler«. Frankfurt am Main: Peter Lang 1993.

Eichhorn, Thomas: Nachwort. In: Arthur Rimbaud: Sämtliche Dichtungen. Zweisprachige Ausgabe. Hg. u. übers. v. Thomas Eichhorn. 6. Aufl. München: dtv 2016, S. 402–413.

Eilert, Heide: Das Kunstzitat in der erzählenden Dichtung. Studien zur Literatur um 1900. Stuttgart: Steiner 1991.

Eisenstein, Sergej: Disney. Hg. u. übers. v. Oksana Bulgakowa u. Dietmar Hochmuth. Berlin: PotemkinPress 2011 [1941].

Eisenstein, Sergej: Montage der Filmattraktionen [1924]. In: ders.: Jenseits der Einstellung. Schriften zur Filmtheorie. Hg. u. übers. v. Felix Lenz u. Helmut H. Diederichs. Frankfurt am Main: Suhrkamp 2006, S. 15–40.

Elias, Norbert: Über den Prozeß der Zivilisation. Soziogenetische und psychogenetische Untersuchen. Erster Band: Wandlungen des Verhaltens in den weltlichen Oberschichten des Abendlandes. 3. Aufl. Frankfurt am Main: Suhrkamp 1977 [1939].

Elias, Sabine: Väter lesen vor. Soziokulturelle und bindungstheoretische Aspekte der frühen familialen Lesesozialisation. Weinheim u. München: Juventa 2009.

Eliot, T. S.: The Hollow Men [1925]. In: ders.: The Complete Poems and Plays. London u. Boston: Faber and Faber 1969, S. 81–83.

Elsaesser, Thomas u. Hagener, Malte: Filmtheorie zur Einführung. 4. Aufl. Hamburg: Junius 2013.

Ernst, Wolfgang: Gehirn und Zauberspruch. Archaische und mittelalterliche psychoperformative Heilspruchtexte und ihre natürlichen Wirkkomponenten. Eine interdisziplinäre Studie. Frankfurt am Main: Peter Lang 2013.

Erpenbeck, Carla: Weltenbau für Anfänger: Ein Handbuch für Rollenspieler, LARP-Fans und Fantasy-Autoren. Haselünne: Machandel 2013.

Erpenbeck, John: Erfahrung. In: Hans Jörg Sandkühler (Hg.): Europäische Enzyklopädie zu Philosophie und Wissenschaften. Band 1: A–E. Hamburg: Felix Meiner 1990, S. 766–772.

Esselborn, Hans: Vom Unmöglichen zum Vorstellbaren. Zum Unterschied zwischen dem »Phantastischen« Genre und der »eigentlichen« Science Fiction. In: Christoph F. Lorenz (Hg.): Lexikon der Science Fiction-Literatur seit 1900. Mit einem Blick auf Osteuropa. Frankfurt am Main: Peter Lang 2017, S. 27–44.

Estermann, Monika: Die Leserin und der Kavalier. Zur Wandlung eines Bildmotivs zwischen Ancien Régime und Biedermeier. In: Patricia F. Blume, Thomas Keiderling u. Klaus G. Saur (Hg.): Buch Macht Geschichte. Beiträge zur Verlags- und Medienforschung. Festschrift für Siegfried Lokatis zum 60. Geburtstag. Berlin u. Boston: de Gruyter 2016, S. 239–256.

Fahle, Oliver: Filmphilosophie. Wissen, Medien, Zeit. In: Tanja Prokić u. Oliver Jahraus (Hg.): Orson Welles' »Citizen Kane« und die Filmtheorie. 16 Modellanalysen. Stuttgart: Reclam 2017, S. 278–295.

Fahle, Oliver: Zeitspaltung. Gedächtnis und Erinnerung bei Gilles Deleuze. In: montage AV 11/1 (2002), S. 97–112.

Fanon, Frantz: Schwarze Haut, weiße Masken. Übers. v. Eva Moldenhauer. Wien u. Berlin: Turia + Kant 2016 [1952].

Faulstich, Werner: Die Kultur der Pornographie. Kleine Einführung in Geschichte, Medien, Ästhetik, Markt und Bedeutung. Bardowick: Wissenschaftler-Verlag 1994.

Fechner, Theodor: Vorschule der Aesthetik. Leipzig: Breitkopf & Härtel 1876.

Feige, Daniel Martin: Kunst als Selbstverständigung. Münster: Mentis 2012.

Feldt, Michael: Lyrik als Erlebnislyrik. Zur Geschichte eines Literatur- und Mentalitätstypus' zwischen 1600 und 1900. Heidelberg: Winter 1990.

Felix, Jürgen: Liebesfilm. In: Thomas Koebner (Hg.): Reclams Sachlexikon des Films. 3. Aufl. Stuttgart: Reclam 2002, S. 405–410.

Felix, Jürgen: Nach-Bilder. Über die Kunst des Zitats im Zeitalter der Reproduktion. In: ders. (u. a.) (Hg.): Wiederholung. Marburg: Schüren 2001, S. 63–78.

Felix, Jürgen: Woody Allen. Komik und Krise. Marburg: Hitzeroth 1991.

Ferencz-Flatz, Christian u. Hanich, Julian: What is Film Phenomenology? In: Studia Phænomenologica 16 (2016), S. 11–61.

Fischer, Carolin: Gärten der Lust. Eine Geschichte erregender Lektüren. München: dtv 2000.

Fischer-Lichte, Erika: Ästhetik des Performativen. Frankfurt am Main: Suhrkamp 2004.

Flaubert, Gustave: Madame Bovary. Übers. v. Gertrud Dahlmann-Stolzenbach. München: Droemersche 1952 [1857].

Fliedl, Konstanze; Rauchenbacher, Marina u. Wolf, Joanna: Einleitung. In: dies. (Hg.): Handbuch der Kunstzitate. Malerei, Skulptur, Fotografie in der deutschsprachigen Literatur der Moderne. Band 1. Berlin u. Boston: de Gruyter 2011, S. IX–XIV.

Foucault, Michel: Die Ordnung des Diskurses. Übers. v. Walter Seitter. Frankfurt am Main: Fischer 1991 [1970].

Foucault, Michel: Was ist ein Autor? (Vortrag) (1969). In: ders.: Schriften in vier Bänden: 1954–1969. Hg. v. Daniel Defert u. François Ewald unter Mitarbeit von Jacques Lagrange. Übers. v. Michael Bischoff, Hans-Dieter Gondek u. Hermann Kocyba. Frankfurt am Main: Suhrkamp 2001, S. 1003–1041.

Franzmann, Bodo (Hg.): Handbuch Lesen. Baltmannsweiler: Schneider 2001.

Frederking, Volker: Identitätsorientierter Literaturunterricht. In: ders. u. Axel Krommer (Hg.): Taschenbuch des Deutschunterrichts. Band 2: Literatur- und Mediendidaktik. 2. Aufl. Baltmannsweiler: Schneider 2013, S. 414–445.

Frederking, Volker: Modellierung literarischer Rezeptionskompetenz. In: Michael Kämper-van den Boogaart u. Kaspar H. Spinner (Hg.): Lese- und Literaturunterricht. Teil 1: Geschichte und Entwicklung Konzeptionelle und empirische Grundlagen. Baltmannsweiler: Schneider 2010, S. 324–380.

Freud, Sigmund: Der Dichter und das Phantasieren (1908). In: ders.: Das Unbehagen in der Kultur und andere Schriften. Frankfurt am Main: Zweitausendeins 2010, S. 965–972.

Fricke, Harald: Funktion. In: Klaus Weimar (Hg.): Reallexikon der deutschen Literaturwissenschaft. Band 1. Berlin u. New York: de Gruyter 1997, S. 643–646.

Friedrich, Andreas: Einleitung. In: ders. (Hg.): Filmgenres Fantasy- und Märchenfilm. Stuttgart: Reclam 2003, S. 9–14.

Friedrich, Hans-Edwin: Science-Fiction. In: Dieter Lamping (Hg.): Handbuch der literarischen Gattungen. Stuttgart: Kröner 2009, S. 672–677.

Friedrich, Peter: Repräsentationen des Lesens in Literatur, Kunst, Film und Fernsehen. In: Alexander Honold u. Rolf Parr (Hg.): Grundthemen der Literaturwissenschaft. Lesen. Berlin u. Bosten: de Gruyter 2018, S. 397–422.

Fuchs, Anne: Reiseliteratur. In: Dieter Lamping (Hg.): Handbuch der literarischen Gattungen. Stuttgart: Kröner 2009, S 593–600.

Fuld, Werner: Das Buch der verbotenen Bücher. Universalgeschichte des Verfolgten und Verfemten von der Antike bis heute. Berlin u. Köln: Galiani u. Kiepenheuer & Witsch 2012.

Gadamer, Hans-Georg: Wahrheit und Methode. Grundzüge einer philosophischen Hermeneutik. 3. Aufl. Tübingen: Mohr Siebeck 1972 [1960].

Gailberger, Stefan: Leseförderung durch Hörbücher – eine verbal-auditive Leseförderungstheorie für den Deutschunterricht. In: Bodo Lecke (Hg.): Mediengeschichte, Intermedialität und Literaturdidaktik. Frankfurt am Main: Peter Lang 2008, S. 395–446.

Gailberger, Steffen u. Holle, Karl: Modellierung von Lesekompetenz. In: Michael Kämper-van den Boogaart u. Kaspar H. Spinner (Hg.): Lese- und Literaturunterricht. Teil 1: Geschichte und Entwicklung Konzeptionelle und empirische Grundlagen. Baltmannsweiler: Schneider 2010, S. 269–323.

Gardies, André: Am Anfang war der Vorspann. In: Alexander Böhnke (u. a.) (Hg.): Das Buch zum Vorspann.»The Title is a Shot«. Berlin: Vorwerk 8 2006, S. 21–41.

Geier, Manfred: Sekundäre Funktion der Schrift. In: Hartmut Günther u. Ludwig Otto (Hg.): Schrift und Schriftlichkeit. Ein interdisziplinäres Handbuch (HSK, Band 10.1/10.2). Berlin: u. New York: de Gruyter 1994–1996, S. 678–686.

Geiger, Moritz: Beiträge zur Phänomenologie des ästhetischen Genusses. In: Jahrbuch für Philosophie und phänomenologische Forschung 1/2 (1913), S. 567–684.

Genette, Gérard: Die Erzählung. Übers. v. Andreas Knop. München: Fink 1994 [1969].

Genette, Gérard: Palimpseste. Die Literatur auf zweiter Stufe. Übers. v. Wolfram Bayer u. Dieter Hornig. Frankfurt am Main: Suhrkamp 1993 [1982].

Genette, Gérard: Paratexte. Das Buch vom Beiwerk des Buches. Übers. v. Dieter Hornig. Frankfurt am Main: Suhrkamp 2001 [1987].

Genz, Julia u. Gévaudan, Paul: Medialität Materialität Kodierung. Grundzüge einer allgemeinen Theorie der Medien. Bielefeld: Transcript 2016.

Gerhold, Hans: Die Komödie als Spiel von Liebe und Selbstreflexion: Der Stadtneurotiker (Annie Hall, 1977). In: Werner Faulstich u. Helmut Korte (Hg.): Fischer Filmgeschichte. Band 5: Massenware und Kunst 1977–1995. Frankfurt am Main: Fischer 1995, S. 21–37.

Gerlach, Hans-Martin: Existenzialismus / Existenzphilosophie. In Hans Jörg Sandkühler (Hg.): Europäische Enzyklopädie zu Philosophie und Wissenschaften. Band 1: A–E. Hamburg: Felix Meiner 1990, S. 972–974.

Gertiser, Antia: Domestizierung des bewegten Bildes. Vom dokumentarischen Film zum Lehrmedium. In: montage AV 15/1 (2006), S. 58–73.

Das Gilgamesch-Epos. Übers. v. Albert Schott. Stuttgart: Reclam 1963 [ca. 2100 v. Chr.].

Ginsborg, Hannah: Interesseloses Wohlgefallen und Allgemeinheit ohne Begriffe. In: Ottfried Höffe (Hg.): Immanuel Kant. Kritik der Urteilskraft. Berlin u. Boston: de Gruyter 2008, S. 59–78.

Gnosa, Tanja: Im Dispositiv. Zur reziproken Genese von Wissen, Macht und Medien. Bielefeld: Transcript 2018.

Gnüg, Hiltrud: Die Hermeneutik der Liebe. Zum erotischen Roman des 17. und 18. Jahrhunderts in Frankreich. In: Horst Albert Glaser (Hg.): Annäherungsversuche. Zur Geschichte und Ästhetik des Erotischen in der Literatur. Bern (u. a.): Haupt 1993, S. 135–154.

Godard, Jean-Luc: Jean-Luc Godard par Jean-Luc Godard. Hg. Alain Bergala. Paris: Cahiers du cinéma-Éditions de l'étoile 1985.

Godard, Jean-Luc: Schnitt, meine schöne Sorge [1956]. Übers. v. Frieda Grafe. In: montage AV 20/1 (2011), S. 13–15.

von Goethe, Johann Wolfgang: Brief an seine Schwester Cornelia Goethe am 6. Dezember 1765. Antwort auf den Brief vom 6 Xbr. In: Ernst Beutler (Hg.): Briefe der Jahre 1764–1786. 2. Aufl. Zürich: Artemis 1965, S. 21–28.

Gotto, Lisa: Komödie. In: Markus Kuhn (u. a.) (Hg.): Filmwissenschaftliche Genreanalyse. Eine Einführung. Berlin u. Boston: de Gruyter 2013, S. 67–85.

Goulemot, Jean Marie: Gefährliche Bücher. Erotische Literatur, Pornographie, Leser und Zensur im 18. Jahrhundert. Übers. v. Andrea Springler. Reinbek bei Hamburg: Rowohlt 1993.

Graf, Werner: Lesegenese in Kindheit und Jugend. Einführung in die literarische Sozialisation. Hohengehren: Schneider 2007.

Graf, Werner: Der Sinn des Lesens. Modi der literarischen Rezeptionskompetenz. Münster: Lit 2004.

Grimm, Jacob u. Grimm, Wilhelm: Deutsches Wörterbuch. Band 3: E–Forsche. München: dtv 1984 [1862].

Grimm, Jacob u. Grimm, Wilhelm: Deutsches Wörterbuch. Band 12: L–Mythisch. Hg. v. Moriz Heyne. München: dtv 1984 [1885].

Groeben, Norbert u. Vorderer, Peter: Leserpsychologie. Lesemotivation – Lektürewirkung. Münster: Aschendorff 1988.

Grosche, Michael: Analphabetismus und Lese-Rechtschreib-Schwächen. Beeinträchtigungen in der phonologischen Informationsverarbeitung als Ursache für funktionalen Analphabetismus im Erwachsenenalter. Münster (u. a.): Waxmann 2012.

Grotlüschen, Anke (u. a.): LEO 2018 – Leben mit geringer Literalität. Pressebroschüre: Hamburg 2019. In: http://blogs.epb.uni-hamburg.de/leo (letzter Zugriff: 05.01.2021).

Grueso, Natalio: Woody Allen: Ein ganz persönlicher Blick auf das Filmgenie. Übers. v. Marianne Gareis. Hamburg: Hoffmann und Campe 2016.

Güntzel, Stephan: Phänomenologische Medientheorien. In: Jens Schröter (Hg.): Handbuch Medienwissenschaft. Stuttgart u. Weimar: Metzler 2014, S. 60–68.

Gumbrecht, Hans Ulrich: Diesseits der Hermeneutik. Die Produktion von Präsenz. Frankfurt am Main: Suhrkamp 2004.

Gymnich, Marion: Meta-Film und Meta-TV. Möglichkeiten und Funktionen von Metaisierung in Filmen und Fernsehserien. In: Janine Hauthal (u. a.) (Hg.): Metaisierung in Literatur und anderen Medien. Theoretische Grundlagen – Historische Perspektiven – Metagattungen – Funktionen. Berlin u. New York: de Gruyter 2007, S. 127–154.

Habermas, Jürgen: Strukturwandel der Öffentlichkeit. Untersuchung zu einer Kategorie der bürgerlichen Gesellschaft. 6. Aufl. Neuwied u. Berlin: Luchterhand 1974 [1962].

Haller, Reinhard: Die Macht der Kränkung. 8. Aufl. Wals bei Salzburg: Ecowin 2017.

Hampe, Michael u. Holzhey, Helmut: Erfahrung. In: Petra Kolmer u. Armin G. Wildfeuer (Hg.): Neues Handbuch philosophischer Grundbegriffe. Band 1: Absicht–Gemeinwohl. Freiburg im Breisgau: Karl Alber 2011, S. 652–668.

Hanich, Julian: Cinematic Emotion in Horror Films and Thrillers. The Aesthetic Paradox of Pleasurable Fear. New York: Routledge 2010.

Haraway, Donna: A Manifesto for Cyborgs. Science, Technology, and Socialist Feminism in the 1980s. In: Socialist Review 80 (1985), S. 65–107.

Harmetz, Aljean: Round Up the Usual Suspects. The Making of Casablanca – Bogart, Bergman, and World War II. New York: Hyperion 1992.

Hartmann, Benjamin: Antike und Spätantike. In: Rautenberg u. Schneider. (Hg.): Handbuch Lesen (2016), S. 704–718.

Hartmann, Britta u. Wulff, Hans J.: Neoformalismus – Kognitivismus – Historische Poetik des Kinos. In: Jürgen Felix (Hg.): Moderne Film Theorie. 3. Aufl. Mainz: Bender 2007, S. 191–216.

Hartmann, Britta u. Wulff, Hans J.: Vom Spezifischen des Films. Neoformalismus – Kognitivismus – Historische Poetik. In: montage AV 4/1 (1995), S. 5–22.

Harwood, Stacey: Movies with Poetry. A Partial List. In: Michigan Quarterly Review 43/2 (2004). In: http://hdl.handle.net/2027/spo.act2080.0043.202 (letzter Zugriff: 05.01.2021).

Hauthal, Janine: Metadrama und Theatralität. Gattungs- und Medienreflexion in zeitgenössischen englischen Theatertexten. Trier: Wissenschaftlicher Verlag Trier 2009.

Hauthal, Janine (u. a.): Metaisierung in Literatur und anderen Medien. Begriffsklärungen, Typologien, Funktionspotentiale und Forschungsdesiderate. In: dies. (Hg.): Metaisierung in Literatur und anderen Medien. Theoretische Grundlagen – Historische Perspektiven – Metagattungen – Funktionen. Berlin u. New York: de Gruyter 2007, S. 1–24.

Hediger, Vinzenz: The Existence of the Spectator. In: Alberto Beltrame, Giuseppe Fidotta u. Andrea Mariani (Hg.): At the Borders of (Film) History. Temporality, Archaeology, Theories. Udine: Forum 2015, S. 315–324.

Hediger, Vinzenz: NOW, IN A WORLD WHERE. Trailer, Vorspann und das Ereignis des Films. In: Alexander Böhnke (u. a.) (Hg.): Das Buch zum Vorspann.»The Title is a Shot«. Berlin: Vorwerk 8 2006, S. 102–122.

Hediger, Vinzenz: La science de l'image couvre et découvre tout l'esprit. Das Projekt der Filmologie und der Beitrag der Psychologie. In: montage AV 12/1 (2003), S. 55–71.

Hediger, Vinzenz: Verführung zum Film. Marburg: Schüren 2001.

Heidenreich, Elke: Kleine Fliegen! In: Bollmann (Hg.): Frauen, die lesen, sind gefährlich (2005), S. 13–19.

Hegel, Georg Friedrich Wilhelm: Phänomenologie des Geistes. Nachw. v. Lorenz Bruno Puntel. Stuttgart: Reclam 1987 [1807].

Heiß, Nina: Erzähltheorie des Films. Würzburg: Königshausen & Neumann 2011.

Helbig, Jörg: Intertextualität und Markierung. Heidelberg: Winter 1996.

Herold, Emanuel: Die Existenzweise der Technik. In: Henning Laux (Hrg.): Bruno Latours Soziologie der »Existenzweisen«. Einführung und Diskussion. Bielefeld: Transcript 2016, S. 161–184

Herzog, Werner: Vom Ende des Analphabetismus. In: Die Zeit v. 24.11.1978. In: https://www. zeit.de/1978/48/vom-ende-des-analphabetismus (letzter Zugriff: 05.01.2021).

Hettich, Katja: Die melancholische Komödie. Hollywood außerhalb des Mainstreams. Marburg: Schüren 2008.

Hettling, Manfred: Politische Bürgerlichkeit. Der Bürger zwischen Individualität und Vergesellschaftung in Deutschland und der Schweiz von 1860 bis 1918. Göttingen: Vandenhoeck u. Ruprecht 1999.

Hilbert, Marc u. a.: KI-Innovation über das autonome Fahren hinaus. In: Peter Buxmann u. Holger Schmidt (Hg.): Künstliche Intelligenz. Mit Algorithmen zum wirtschaftlichen Erfolg. Heidelberg: Springer Gabler 2019, S. 173–185.

Hiller, Helmut u. Füssel, Stephan: Wörterbuch des Buches. 7. Aufl. Frankfurt am Main: Vittoria Klostermann 2006.

Hochscherf, Tobias; Kjär, Heidi u. Rupert-Kruse, Patrick: Einleitung: Phänomene und Medien der Immersion. In: Institut für immersive Medien (Hg.): Jahrbuch immersiver Medien 2011. Marburg: Schüren 2011, S. 9–18.

Höbel, Wolfgang: Geliebter Luftikus. Zum Tod von Hellmuth Karasek. In: Der Spiegel v. 30.09.2015. In: http://www.spiegel.de/kultur/literatur/hellmut-karasek-nachruf-von-wolf gang-hoebel-a-1055456.html (letzter Zugriff: 05.01.2021).

Höge, Helmut: Waldemar Bonsels: Die Biene Maja (1912). In: Markus Krajewksi u. Harun Maye (Hg.): Böse Bücher. Inkohärente Texte von der Renaissance bis zur Gegenwart. Berlin: Klaus Wagenbach 2019, S. 127–142.

Holthuis, Susanne: Intertextualität. Aspekte einer rezeptionsorientierten Konzeption. Tübingen: Stauffenburg 1993.

Holzwarth, Peter u. Meienberg, Martina: Schule im Film – Film in der Hochschule. Ludwigsburger Beiträge zur Medienpädagogik 19 (2017), S. 1–11. In: http://www.medien paed-ludwigsburg.de/wp-content/uploads/2017/12/Holzwarth_Meienberg-Schule-im- Film-Film-in-der-Hochschule.pdf (letzter Zugriff: 05.01.2021).

Hong, Jihee u. Rouget, Timo: Lesende und gläubige Roboter im Film. In: Wolf-Andreas Liebert (u. a) (Hg.): Künstliche Menschen. Transgressionen zwischen Körper, Kultur und Technik. Würzburg: Königshausen & Neumann 2014, S. 173–188.

Hopper, Edward: Chair Car (1965). Öl auf Leinwand. New York, Privatsammlung. In: Rolf Günter Renner: Edward Hopper 1882–1967. Transformation des Realen. Köln: Taschen 2012, S. 67.

Horaz: Ars Poetica. Übers. u. hg. v. Eckart Schäfer. Stuttgart: Reclam 1986 [13. v. Chr.].

Hortig, Nina: Der blanke Horror. Wie Schüler gewalthaltige Filme rezipieren. Saarbrücken: VDM Dr. Müller 2007.

Huber, Florian: Durch Lesen sich selbst verstehen. Zum Verhältnis von Literatur und Identitätsbildung. Bielefeld: Transcript 2008.

Hurrelmann, Bettina: Literalität und Bildung. In: Andrea Bertschi-Kaufmann u. Cornelia Rosebrock (Hg.): Literalität. Bildungsaufgabe und Forschungsfeld. München: Juventa 2009, S. 21–42.

Hurrelmann, Bettina: Sozialisation. Individuelle Entwicklung, Sozialisationstheorien, Enkulturation, Mediensozialisation, Lesesozialisation (-erziehung), literarische Sozialisation. In: Norbert Groeben (Hg.): Lesesozialisation in der Mediengesellschaft. Zentrale Begriffsexplikationen. Köln: Psychologisches Institut 1999, S. 105–115.

Hurrelmann, Klaus u. Quenzel, Gudrun: Lebensphase Jugend. Eine Einführung in die sozialwissenschaftliche Jugendforschung. 13. Aufl. Weinheim u. Basel: Beltz u. Juventa 2016.

Husserl, Edmund: Ideen zu einer reinen Phänomenologie und phänomenologischen Philosophie. 6. Aufl. Tübingen: Max Niemeyer 2002 [1913].

Iser, Wolfgang: Der Akt des Lesens. Theorie ästhetischer Wirkung. München: Fink 1976.

Jäger, Ludwig: Störung und Transparenz. Skizze zur performativen Logik des Medialen. In: Sybille Krämer (Hg.): Performativität und Medialität. München: Fink 2004, S. 35–73.

Jäggi, Andreas: Die Rahmenerzählung im 19. Jahrhundert. Untersuchungen zur Technik und Funktion einer Sonderform der fingierten Wirklichkeitsaussage. Bern (u. a.): Peter Lang 1994.

Jahraus, Oliver: Der fatale Blick in den Spiegel. Zum Zusammenhang von Medialität und Reflexivität. In: Zeitschrift für Ästhetik und allgemeine Kunstwissenschaft 55/2 (2010), S. 247–259.

Jahraus, Oliver: Literatur als Medium. Sinnkonstitution und Subjekterfahrung zwischen Bewußtsein und Kommunikation. Weilerswist: Vellbrück Wissenschaft 2003.

Jahraus, Oliver u. Neuhaus, Stefan (Hg.): Der fantastische Film. Geschichte und Funktion in der Mediengesellschaft. Würzburg: Königshausen & Neumann 2005.

Jakoby, Kirsten Roya: Die Bettlektüre – The Pillow Book (1996). In: http://www.filmzentrale. com/rezis/bettlektuere.htm (letzter Zugriff: 05.01.2021).

Jannidis, Fotis: Figur und Person. Beitrag zu einer historischen Narratologie. Berlin u. New York: Walter de Gruyter 2004.

Jannidis, Fotis; Lauer, Gerhard u. Winko, Simone: Radikal historisiert: Für einen pragmatischen Literaturbegriff. In: dies. (Hg.): Grenzen der Literatur. Zu Begriff und Phänomenen des Literarischen. Berlin u. New York: de Gruyter 2009, S. 3–37.

Japp, Uwe: Das Buch im Buch. Eine Figur des literarischen Hermetismus. In: Neue Rundschau 86/4 (1975), S. 651–670.

Jauß, Hans Robert: Ästhetische Erfahrung und literarische Hermeneutik. 2. Aufl. Frankfurt am Main: Suhrkamp 1997 [1982].

Johnson, Mark: What Makes a Body? In: The Journal of Speculative Philosophy, Symposium II: Words, Bodies, war, 22/3 (2008), S. 159–169.

Johnson, William A.: Reading and reading culture in the high Roman empire. A study of elite communities. Oxford: University Press 2010.

Kafitz, Dieter: Die Kunstzitate in Frank Wedekinds »Frühlings Erwachen«. Zur Hänschen Rilow-Szene. In: Sigrid Dreiseitel (Hg.): Kontinuität – Diskontinuität. Diskurse zu Frank Wedekinds literarischer Produktion (1903–1918). Tagungsband mit den Beiträgen zum internationalen Symposion der Editions- und Forschungsstelle Frank Wedekind an der FH Darmstadt im Oktober 1999. Würzburg: Königshausen & Neumann 2001, S. 263–282.

Kamp, Werner u. Rüsel, Manfred: Vom Umgang mit Film. Berlin: Volk und Wissen 1998.

Kant, Immanuel: Kritik der reinen Vernunft. Hg. v. Wilhelm Weischedel. Darmstadt: WBG 1966 [1781/87].

Kant, Immanuel: Kritik der Urteilskraft. Hg. v. Wilhelm Weischedel. Frankfurt am Main: Suhrkamp 1974 [1790].

Kanzog, Klaus: Über die allmähliche Verfertigung der Worte beim Lesen. Lesen und Schreiben als filmische Wahrnehmung. In: Hans-Edwin Friedrich u. Uli Jung (Hg.): Schrift und Bild im Film. Bielefeld: Aisthesis 2002, S. 47–66.

Kaplan, Cora: Lesen, Phantasie, Weiblichkeit. In: Karen Nölle-Fischer (Hg.): Mit verschärftem Blick. Feministische Literaturkritik. München: Frauenoffensive 1987, S. 173–206.

Kasbohm, Henning: Die Unordnung der Räume. Beitrag zur Diskussion um einen operationalisierbaren Phantastikbegriff. In: Lars Schmeink u. Hans-Harald Müller (Hg.): Fremde Welten. Wege und Räume der Fantastik im 21. Jahrhundert. Berlin u. Boston: de Gruyter 2012, S. 37–55.

Kaufmann, Anette: Der Liebesfilm. Spielregeln eines Filmgenres. Konstanz: UVK 2007.

Kaufmann, Jean-Claude: Die Erfindung des Ich. Eine Theorie der Identität. Konstanz: UVK 2005.

Keller, Felix: Der Anti-Leser. An den Rändern der buchkulturellen Ordnung. In: Christine Grond-Rigler u. ders. (Hg.): Die Sichtbarkeit des Lesens. Variationen eines Dispositivs. Innsbruck: StudienVerlag 2011, S. 148–165.

Keller, Stephan (Hg.): Der »Giftschrank«. Erotik, Sexualwissenschaft, Politik und Literatur. »Remota«: Die weggesperrten Bücher der Bayerischen Staatsbibliothek. Ausstellungskatalog. München: BSB 2002.

Kepser, Matthis u. Abraham, Ulf: Literaturdidaktik Deutsch. Eine Einführung. 4. Aufl. Berlin: Erich-Schmidt 2016.

Kerner, Ina: Postkoloniale Theorien zur Einführung. Hamburg: Junius 2012.

Kessler, Alfred S.; Schöpf, Alfred u. Wild, Christoph: Erfahrung. In: Hermann Krings, Hans Michael Baumgartner u. Christoph Wild (Hg.): Handbuch philosophischer Grundbegriffe. Band 2: Dialektik–Gesellschaft. München: Kösel 1973, S. 373–386.

Kiefer, Bernd: Francis Ford Coppola. In: Thomas Koebner (Hg.): Filmregisseure. Biographien, Werkbeschreibungen, Filmographien. 3. Aufl. Stuttgart: Reclam 2008, S. 146–152.

Kiefer, Bernd: Luchino Visconti. In: Thomas Koebner (Hg.): Filmregisseure. Biographien, Werkbeschreibungen, Filmographien. 3. Aufl. Stuttgart: Reclam 2008, S. 788–795.

Kiefer, Bernd: Prosperos Bücher. In: Andreas Friedrich (Hg.): Filmgenres Fantasy- und Märchenfilm. Stuttgart: Reclam 2003, S. 181–186.

Kirschenmann, Johannes; Richter, Christoph u. Spinner, Kaspar H.: Einleitung. In: dies. (Hg.): Reden über Kunst. Fachdidaktisches Forschungssymposium in Literatur, Kunst und Musik. München: kopaed 2011, S. 11–13.

Klingsöhr-Leroy, Cathrin (Hg.): Lektüre. Bilder vom Lesen – vom Lesen der Bilder. München: Schirmer Mosel 2018.

Kluckhohn, Paul: Die Auffassung der Liebe in der Literatur des 18. Jahrhunderts und in der deutschen Romantik. 3. Aufl. Tübingen: Niemeyer 1966.

Koch, Gertrud: Kracauer zur Einführung. 2. Aufl. Hamburg: Junius 2012.

Koch, Gertrud: Schattenreich der Körper. Zum pornographischen Kino. In: Karola Gramann (Hg.): Lust und Elend: Das erotische Kino. Luzern u. München: Bucher 1981, S. 16–39.

Koch, Peter u. Oesterreicher, Wulf: Sprache der Nähe – Sprache der Distanz. Mündlichkeit und Schriftlichkeit im Spannungsfeld von Sprachtheorie und Sprachgeschichte. In: Olaf Deutschmann (u. a.) (Hg.): Romanistisches Jahrbuch 36 (1985). Berlin u. New York: de Gruyter 1986, S. 15–43.

Koch, Ulrike: Erzählung als Eigenwert von Literatur. Oder über den Zusammenhang von Lesen und Identität. In: Andrea Bartl u. Marta Famula (Hg.): Vom Eigenwert der Literatur.

Reflexionen zu Funktion und Relevanz literarischer Texte. Würzburg: Königshausen & Neumann 2017, S. 297–296.

Koebner, Thomas: Ingmar Bergmann. Eine Wanderung durch das Werk. München: Edition Text + Kritik 2009.

Koebner, Thomas: Künstliche Menschen im Film. In: Rudolf Drux (Hg.): Der Frankenstein-Komplex. Kulturgeschichtliche Aspekte des Traums vom künstlichen Menschen. Frankfurt am Main: Suhrkamp 1999, S. 119–137.

Koebner, Thomas: Vorbemerkung. In: ders. (Hg.): Filmgenres Science Fiction. Stuttgart: Reclam 2007, S. 9–14.

Köhler, Christian: Prosperos Bücher. Friktionen, Struktur und Grundzüge einer Monadologie des Films. Hg. v. Wolfgang Bock. Wiesbaden: Springer 2017.

König, Jan C. L.: Herstellung des Grauens. Wirkungsästhetik und emotional-kognitive Rezeption von Schauerfilmen und -literatur. Frankfurt am Main (u. a.): Lang 2005.

von Koppenfels, Werner u. Hotz-Davies, Ingrid: The Tempest. In: Ina Schabert (Hg.): Shakespeare-Handbuch. Die Zeit – Der Mensch – Das Werk – Die Nachwelt. 5. Aufl. Stuttgart: Alfred Kröner 2009, S. 473–479.

Korte, Hermann: Lyrik im Unterricht. In: Michael Bogdal u. Hermann Korte (Hg.): Grundzüge der Literaturdidaktik. München: dtv 2010, S. 203–216.

Korte, Hermann:»Meine Leserei war maßlos«. Literaturkanon und Lebenswelt in Autobiographien seit 1800. Göttingen: Wallstein 2007.

Koselleck, Reinhart u. Stempel, Wolf-Dieter (Hg.): Geschichte – Ereignis und Erzählung. 2. Aufl. München: Fink 1990 [1973].

Kozloff, Sarah: Overhearing Film Dialogue. Berkeley (u. a.): University of California Press 2000.

Kracauer, Siegfried: Theorie des Films. Die Errettung der äußeren Wirklichkeit. Übers. von Friedrich Walter u. Ruth Zellschan. 2. Aufl. Frankfurt am Main: Suhrkamp 1993 [1960].

Kracauer, Siegfried: Von Caligari zu Hitler. Eine psychologische Geschichte des deutschen Films. 3. Aufl. Übers. von Ruth Baumgarten u. Karsten Witte. Frankfurt am Main: Suhrkamp 1995 [1947].

Krämer, Sybille: Erfüllen Medien eine Konstitutionsleistung? Thesen über die Rolle medientheoretischer Erwägungen beim Philosophieren. In: Stefan Münker, Alexander Roesler u. Mike Sandbothe (Hg.): Medienphilosophie. Beiträge zur Klärung eines Begriffs. Frankfurt am Main: Fischer 2003, S. 78–90.

Krämer, Sybille: Medien, Boten, Spuren. Wenig mehr als ein Literaturbericht. In: Stefan Münker u. Alexander Roesler (Hg.): Was ist ein Medium? Frankfurt am Main: Suhrkamp 2008, S. 65–90.

Krajewksi, Markus u. Maye, Harun: Was sind böse Bücher? In: dies. (Hg.): Böse Bücher. Inkohärente Texte von der Renaissance bis zur Gegenwart. Berlin: Klaus Wagenbach 2019, S. 7–27.

Krautkrämer, Florian: Schrift im Film. Münster: LIT 2013.

Kreft, Jürgen: Grundprobleme der Literaturdidaktik. Eine Fachdidaktik im Konzept sozialer und individueller Entwicklung und Geschichte. Heidelberg: Quelle & Meyer 1982.

Kretschmer, Hildegard: Lexikon der Symbole und Attribute in der Kunst. Stuttgart: Reclam 2008.

Kristeva, Julia: Bachtin, das Wort, der Dialog und der Roman. Übers. v. Michel Korinman u. Heiner Stück. In: Jens Ihwe (Hg.): Literaturwissenschaft und Linguistik. Ergebnisse und Perspektiven. Band 3. Frankfurt am Main: Fischer 1972 [1967], S. 345–375.

Kristeva, Julia: Zu einer Semiologie der Programme. In: Helga Gallas (Hg.): Strukturalismus als interpretatives Verfahren. Darmstadt u. Neuwied: Luchterhand 1972.

Krützen, Michaela: Klassik, Moderne, Nachtmoderne. Eine Filmgeschichte. Frankfurt am Main: Fischer 2015.

Krützen, Michaela: Väter, Engel, Kannibalen. Figuren des Hollywoodkinos. Frankfurt am Main: Fischer 2007.

Kübler, Hans-Dieter: Lesen und Medien in der zweiten Hälfte des 20. Jahrhunderts. In: Rautenberg u. Schneider (Hg.): Handbuch Lesen (2016), S. 793–812.

Künast, Hans-Jörg: Lesen macht krank und kann tödlich sein. Lesesucht und Selbstmord um 1800. In: Sandra Rühr u. Axel Kuhn (Hg.): Sinn und Unsinn des Lesens. Gegenstände, Darstellungen und Argumente aus Geschichte und Gegenwart. Göttingen: V&R unipress 2013, S. 121–142.

Küpper, Joachim u. Menke, Christoph (Hg.): Dimensionen ästhetischer Erfahrung. Frankfurt am Main: Suhrkamp 2003.

Kuhn, Markus: Filmnarratologie. Ein erzähltheoretisches Analysemodell. Berlin u. New York: de Gruyter 2011.

Kulenkampff, Jens: Ästhetische Erfahrung – oder was vor ihr zu halten ist. In: Jürgen Freudiger, Andreas Graeser u. Klaus Petrus (Hg.): Der Begriff der der Erfahrung in der Philosophie des 20. Jahrhunderts. München: Beck 1996, S. 178–198.

Lachnit, Harald: Elementare Lernprozesse. In: Kurt Pawlik (Hg.): Handbuch Psychologie. Wissenschaft – Anwendung – Berufsfelder. Heidelberg: Springer 2006, S. 161–177.

Laist, Randy: Prospero's Books: Hyperreality and the Western Imagination. In: Sarah Hatchuel u. Nathalie Vienne-Guerrin (Hg.): Shakespeare on Screen. The Tempest and Late Romances. Cambridge: Cambridge University Press 2017, S. 185–198.

Latour, Bruno: Morality and Technology. The End of the Means. Übers. v. Couze Venn. In: Theory, Culture & Society 19/5/6 (2002), S. 247–260.

Latour, Bruno: Eine Soziologie ohne Objekt? Anmerkungen zur Interobjektivität. Übers. v. Herbert Kalthoff. In: Berliner Journal für Soziologie 2/11 (2001), S. 237–252.

Lehnert, Gertrud: Die Leserin. Das erotische Verhältnis der Frauen zur Literatur. Berlin: Aufbau 2000.

Lem, Stanisław: Tzvetan Todorovs Theorie des Phantastischen [1973]. In: Rein A. Zondergeld (Hg.): Almanach der phantastischen Literatur. Band 1. Frankfurt am Main: Insel 1974, S. 92–122.

Lessing, Gotthold E.: Hamburgische Dramaturgie. Hg. v. Klaus L. Berghahn. Stuttgart: Reclam 1999 [1769].

Leubner, Martin: Literatur als Vermittlerin von Weltwissen.»Robinson Crusoe« als Herbartianische Schul- und Privatlektüre in der zweiten Hälfte des 19. Jahrhunderts. In: Hermann Korte u. Marja Rauch (Hg.): Literaturvermittlung im 19. und frühen 20. Jahrhundert. Frankfurt am Main (u. a.): Lang 2005.

Lévi-Strauss, Claude: Das wilde Denken. Übers. v. Hans Naumann. 9. Aufl. Frankfurt am Main: Suhrkamp 1994 [1962].

Limberg, Sebastian: Fremderscheinungen. Der Zombie in Film, Literatur und Ethnologie. Dissertation an der Rheinischen Friedrich-Wilhelms-Universität Bonn 2019. In: http://hdl. handle.net/20.500.11811/8130 (letzter Zugriff: 05.01.2021).

Lipps, Theodor: Ästhetik. Psychologie des Schönen und der Kunst. Teil 2: Die ästhetische Betrachtung und die bildende Kunst. 2. Aufl. Leipzig u. Hamburg: Voss 1920 [1906].

de Levita, David Joël: Der Begriff der Identität. Übers. v. Karin Monte u. Claus Rolshausen. Frankfurt am Main: Suhrkamp 1971.

Lorenz, Christoph F.: Gesamteinleitung. In: ders. (Hg.): Lexikon der Science Fiction-Literatur seit 1900. Mit einem Blick auf Osteuropa. Frankfurt am Main: Peter Lang 2017, S. 9–23.

Lorenz, Konrad: Über die Bildung des Instinktbegriffs. In: Naturwissenschaften 25/19 (1937), S. 289–300.

Lotman, Jurij M.: Die Struktur literarischer Texte. München: Fink 1972.

Lovecraft, H. P.: The Festival [1925]. In: Leslies S. Klinger (Hg.): The New Annotated H. P. Lovecraft. New York u. London: Liveright 2014, S. 103–113.

Lowry, Stephen: Film – Wahrnehmung – Subjekt. Theorien des Filmzuschauers. In: montage AV 1/1 (1992), S. 113–128.

Luhmann, Niklas: Die Kunst der Gesellschaft. In: ders.: Schriften zu Kunst und Literatur. Hg. v. Niels Werber. Frankfurt am Main: Suhrkamp 2008 [1997], S. 428–437.

Lux, Stefan: Rosemaries Baby. In: Thomas Koebner (Hg.): Filmklassiker. Beschreibungen und Kommentare. Band 3. Stuttgart: Reclam 1995, S. 135–138.

Maag, Georg: Erfahrung. In: Karlheinz Barck (Hg.): Ästhetische Grundbegriffe. Band 2. Stuttgart u. Weimar: Metzler 2000, S. 260–274.

Mackenthun, Gesa: Essentialismus, strategischer. In: Dirk Göttsche, Axel Dunker u. Gabriele Dürbeck (Hg.): Handbuch Postkolonialismus und Literatur. Stuttgart: Metzler 2017, S. 142–144.

Magyar-Haas, Veronika: Schweigen des Körpers? Verhältnisse von Ausgesetztheit und Wahrnehmbarkeit. In: Michael Geiss u. Veronika Maygar-Haas (Hg.): Zum Schweigen. Macht/Ohnmacht in Erziehung und Bildung. Weilerswist: Velbrück 2015, S. 171–201.

Mahne, Nicole: Transmediale Erzähltheorie. Eine Einführung. Göttingen: Vandenhoeck & Ruprecht 2007.

Manguel, Alberto: Eine Geschichte des Lesens. Frankfurt am Main: Fischer 2012 [1996].

Markowitsch, Hans J.: Das Gedächtnis. Entwicklungen, Funktionen, Störungen. München: Beck 2009.

Marks, Laura U.: The Skin of the Film. Intercultural Cinema, Embodiment, and the Senses. Durham u. London: Duke 2000.

Martínez, Matías u. Scheffel, Michael: Erzähltheorie zur Einführung. 7. Aufl. München: Beck 2007 [1999].

Marx, Friedhelm: Erlesene Helden. Don Sylvio, Werther, Wilhelm Meister und die Literatur. Heidelberg: Winter 1995.

Maye, Harun: Lassen sich Körper- und Kulturtechniken am Leitfaden des Leibes denken? In: Jörg Sternagel u. Fabian Goppelsröder (Hg.): Techniken des Leibes. Weilerswist: Velbrück 2016, S. 19–31.

Maye, Harun: Was ist eine Kulturtechnik? In: Zeitschrift für Medien- und Kulturforschung 1 (2010), S. 121–135.

Mayne, Judith: Caged and framed: The Women-in-Prison film. In: dies.: Framed. Lesbians, feminists, and media culture. Minneapolis: University of Minnesota Press 2000, S. 115–147.

McCurry, Steve: Lesen. Eine Leidenschaft ohne Grenzen. Übers. v. Claudia Theis-Passaro. München: Prestel 2016.

Merleau-Ponty, Maurice: Das Kino und die neue Psychologie [1945]. In: ders.: Sinn und Nicht-Sinn. Übers. v. Hans-Dieter Gondek. München: Fink 2000, S. 65–82.

Merleau-Ponty, Maurice: Phänomenologie der Wahrnehmung. Übers. v. Rudolf Boehm. Berlin: de Gruyter 1966 [1945].

Messerli, Alfred: Gebildet, nicht gelehrt. Weibliche Schreib- und Lesepraktiken in den Diskursen vom 18. zum 19. Jahrhundert. In: Gabriela Signori (Hg.): Die lesende Frau. Wiesbaden: Harrassowitz 2009, S. 295–320.

Messerli, Alfred: Lesen im Bild. Zur Ikonographie von Buch und Lektüreakten vom 16. bis zum 20. Jahrhundert. In: Internationales Archiv für Sozialgeschichte der deutschen Literatur 93/1 (2014), S. 226–245.

Messner, Rudolf u. Rosebrock, Cornelia: Ein Refugium für das Unerledigte. Zum Zusammenhang von Lesen und Lebensgeschichte Jugendlicher in kultureller Sicht. In: Michael Buttgereit (Hg.): Lebensverlauf und Biografie. Kassel: Wissenschaftliches Zentrum für Berufs- und Hochschulforschung der Gesamthochschule 1987, S. 155–196.

Meteling, Arno: Monster. Zu Körperlichkeit und Medialität im modernen Horrorfilm. Bielefeld: Transcript 2006.

Metten, Thomas: Sichtbar gemachtes Sehen. Medienreflexion als ästhetische Erfahrung von Film. In: ders. u. Michael Meyer (Hg.): Film. Bild. Wirklichkeit. Reflexion von Film – Reflexion im Film. Köln: Herbert von Halem 2016, S. 124–162.

Metten, Thomas u. Meyer, Michael: Reflexion von Film – Reflexion im Film. In: dies. (Hg.): Film. Bild. Wirklichkeit. Reflexion von Film – Reflexion im Film. Köln: Herbert von Halem 2016, S. 9–70.

Meyer, Hermann: Das Zitat in der Erzählkunst. Zur Geschichte und Poetik des europäischen Romans. Stuttgart: Metzler 1961.

Meyns, Michael: Ein meisterlicher Exzess. Finaler Cut von »Apocalpyse Now«. In: TAZ v. 15.07.2019. In: https://taz.de/Final-Cut-von-Apocalypse-Now/!5606722/ (letzter Zugriff: 05.01.2021).

Michotte van den Berck, Albert: Die emotionale Teilnahme des Zuschauers am Geschehen auf der Leinwand [1948]. Übers. v. Vinzenz Hediger. In: montage AV 12/1 (2003), S. 126–135.

Mielke, Christine: Lesen und Schreiben sehen. Dichtung als Motiv im Film. In: Kay Kirchmann u. Jens Ruchatz (Hg.): Medienreflexion im Film. Ein Handbuch. Bielefeld: Transcript 2014, S. 225–241.

Misselhorn, Catrin: Maschinenethik und Philosophie. In: Oliver Bendel (Hg.): Handbuch Maschinenethik. Wiesbaden: Springer 2018, S. 1–23.

Möbius, Helga: Buchmalerei, europäische. In: Karl Klaus Walter (Hg.): Lexikon der Buchkunst und der Bibliophilie. München (u. a.): Saur 1988, S. 101–113.

Moritz, Karl Philipp: Anton Reiser. Stuttgart: Reclam 2006 [1785–1790].

Morsch, Thomas: Filmische Erfahrung im Spannungsfeld zwischen Körper, Sinnlichkeit und Ästhetik. In: montage AV 19/1 (2010), S. 55–77.

Morsch, Thomas: Medienästhetik des Films. Verkörperte Wahrnehmung und ästhetische Erfahrung im Kino. München: Fink 2011.

Morsch, Thomas: Wahrgenommene Wahrnehmung, gesehenes Sehen – Zur aisthetischen Performativität des Films. In: Christian Filk (u. a.) (Hg.): Kunstkommunikation. »Wie ist Kunst möglich?« Beiträge zu einer systemischen Medien- und Kunstwissenschaft. Berlin: Kadmos 2010, S. 251–266.

Moser, Christian: Buchgestützte Subjektivität. Literarische Formen der Selbstsorge und der Selbsthermeneutik von Paton bis Montaigne. Tübingen: Max Niemeyer 2006.

Müller, Jürgen E.: Intermedialität als poetologisches und medientheoretisches Konzept. Einige Reflexionen zu dessen Geschichte. In: Jörg Helbig (Hg.): Intermedialität. Theorie und Praxis eines interdisziplinären Forschungsgebiets. Berlin: Erich Schmidt 1998, S. 31–40.

Münsterberg, Hugo: Das Lichtspiel. Eine psychologische Studie und andere Schriften zum Kino. Wien: Synema 1996 [1916].

Mulvey, Laura: Visuelle Lust und narratives Kino (1975). Übers. v. Karola Gramann. In: Franz-Josef Albersmeier (Hg.): Texte zur Theorie des Films. 5. Aufl. Stuttgart: Reclam 2003, S. 389–408.

Musik, Gunar: Pragmatische Ästhetik. John Dewey – Kunst als Erfahrung. In: Semiosis 30 8/2 (1983), S. 43–55.

Nagel, Jutta: Johanna Spyri. Heidi's Lehr- und Wanderjahre. In: Heinz Ludwig Arnold (Hg.): Kindlers Literaturlexikon. Band 15: Sha–Szy. 3. Aufl. Stuttgart u. Weimar: Metzler 2009, S. 487–488.

Nelles, Jürgen: Bücher über Bücher. Das Medium Buch in Romanen des 18. und 19. Jahrhunderts. Würzburg: Königshausen & Neumann 2002.

Nelles, Jürgen: Magische Lektüren. In: Alexander Honold u. Rolf Parr (Hg.): Grundthemen der Literaturwissenschaft: Lesen. Berlin u. Boston: de Gruyter 2018, S. 346–370.

Neubauer, Martin: Indikation und Katalyse. Funktionsanalytische Studien zum Lesen in der deutschen Literatur des ausgehenden 18. Jahrhunderts. Stuttgart: Akademischer Verlag Heinz 1991.

Neubert, Christoph: Störung. In: Christina Bartz (u. a.) (Hg.): Handbuch der Mediologie. Signaturen des Medialen. Paderborn: Fink 2012, S. 272–288.

Neuhaus, Stefan: Literatur im Film. Eine Einführung am Beispiel von Gripsholm (2000). In: ders. (Hg.): Literatur im Film. Beispiele einer Medienbeziehung. Würzburg: Königshausen & Neumann 2008, S. 11–30.

Neuhaus, Stefan: Literatur und Identität. Zur Relevanz der Literaturwissenschaft. In: Christine Magerski u. Svjetlan Lacko Vidulić (Hg.): Literaturwissenschaft im Wandel. Aspekte theoretischer und fachlicher Neuorganisation. Wiesbaden: Springer 2009, S. 81–95.

Nickel, Sven: Schriftspracherwerb von Kindern, Jugendlichen und Erwachsenen unter massiv erschwerten Bedingungen. In: Günther Thomé (Hg.): Lese-Rechtschreib-Schwierigkeiten (LRS) und Legasthenie. Eine grundlegende Einführung. Weinheim u. Basel: Beltz 2004.

Nies, Fritz: Bahn und Bett und Blütenduft. Eine Reise durch die Welt der Lesebilder. Darmstadt: WBG 1991.

Nies, Fritz u. Wodsak, Mona: Ikonographisches Repertorium zur Europäischen Lesergeschichte. München: K. G. Saur 2000.

Nitsche, Lutz: Tampopo. In: Heinz-B. Heller u. Matthias Steinle (Hg.): Filmgenres Komödie. Stuttgart: Reclam 2005, S. 415–418.

Oetjen, Almut u. Pietrek, Klaus W. (Hg.): Lexikon der erotischen Literatur. Werke – Autoren – Themen – Aspekte. Loseblattsammlung. Meitingen: Corian 1992–2006.

Orbeck, Mathias: Fotos aus Hollywood. Leipziger Ausstellung zeigt, wie Stars ins Buch blicken. In: Leipziger Volkszeitung v. 26. November 2015. In: http://www.lvz.de/Kultur/News/Fotos-aus-Hollywood-Leipziger-Ausstellung-zeigt-wie-Stars-ins-Buch-blicken (letzter Zugriff: 05.01.2021).

Pabst, Walter: Victimes du Livre. Versuch über eine literarische Konstante. In: José Maria Navarro (Hg.): Filologia y didactica hispanica. Festschrift für H. K. Schneider. Hamburg: Helmut Buske Verlag 1975, S. 497–525.

Pache, Walter: The Tempest. In: Shakespeares Dramen. Stuttgart: Reclam 2000, S. 369–396.

Paech, Joachim: Intermedialität. Mediales Differenzial und transformative Figuration. In: Jörg Helbig (Hg.): Intermedialität. Theorie und Praxis eines interdisziplinären Forschungsgebiets. Berlin: Erich Schmidt 1998, S. 14–30.

Paech, Joachim: Literatur und Film. 2. Aufl. Stuttgart: Metzler 1997.

Panofsky, Erwin: Ikonographie und Ikonologie [1939]. In: Ekkehard Kaemmerling (Hg.): Ikonographie und Ikonologie. Theorien – Entwicklung – Probleme. Bildende Kunst als Zeichensystem. Band 1. Köln: DuMont 1979, S. 207–225.

Panofsky, Erwin: Zum Problem der Beschreibung und Inhaltsdeutung von Werken der bildenden Kunst [1932]. In: Ekkehard Kaemmerling (Hg.): Ikonographie und Ikonologie. Theorien – Entwicklung – Probleme. Bildende Kunst als Zeichensystem. Band 1. Köln: DuMont 1979, S. 185–206.

Parkes, Malcolm: Klösterliche Lektürepraktiken im Hochmittelalter. Übers. v. Ulrich Enderwitz. In: Roger Chartier u. Guglielmo Cavallo (Hg.): Die Welt des Lesens. Von der Schriftrolle zum Bildschirm. Frankfurt am Main (u. a.): Campus 1999, S. 135–154.

People reading in movies. In: https://peoplereadinginmovies.tumblr.com (letzter Zugriff: 05.01.2021).

Perec, Georges: Lesen: sozio-physiologischer Abriss. In: Christine Grond-Rigler u. Felix Keller (Hg.): Die Sichtbarkeit des Lesens. Variationen eines Dispositivs. Innsbruck: StudienVerl. u. Skarabaeus 2011, S. 20–29.

Pette, Corinna: Psychologie des Romanlesens. Lesestrategien zur subjektiven Aneignung eines literarischen Textes. Weinheim und München: Juventa 2001.

Petzoldt, Leander: Magie. In: Rolf Brednich (u. a.) (Hg.): Enzyklopädie des Märchens. Handwörterbuch zur historischen und vergleichenden Erzählforschung. Band 9. Berlin u. New York: de Gruyter 1998, Sp. 2–13.

Pfaller, Robert: Zweite Welten. Und andere Lebenselixiere. Frankfurt am Main: Fischer 2012.

Pfeffer, Susanne: Vorspannkino. 47 Titel einer Ausstellung. In: dies. (Hg.): Vorspannkino. 47 Titel einer Ausstellung. Köln: König 2010, S. 6–9.

Pfister, Manfred: Konzepte der Intertextualität. In: Ulrich Broich u. Manfred Pfister (Hg.): Intertextualität. Formen, Funktionen, anglistische Fallstudien. Tübingen: Niemeyer 1985, S. 1–30.

Philipp, Maik: Geschlecht und Lesen. In: Rautenberg u. Schneider (Hg.): Handbuch Lesen (2016), S. 445–467.

Piaget, Jean: Nachahmung, Spiel und Traum. Die Entwicklung der Symbolfunktion beim Kinde. Übers. v. Leo Montada. 6. Aufl. Stuttgart: Klett 2009 [1959].

Picard, Rosalind W.: Affective Computing (1995). In: https://affect.media.mit.edu/pdfs/95.picard.pdf (letzter Zugriff: 05.01.2021).

Pieper, Irene: Lese- und literarische Sozialisation. In: Michael Kämper-van den Boogaart u. Kaspar H. Spinner (Hg.): Lese- und Literaturunterricht. Teil 1: Geschichte und Entwicklung. Baltmannsweiler: Schneider 2010, S. 87–147.

Pinkas-Thompson, Claudia: Der phantastische Film. Instabile Narration und die Narration der Instabilität. Berlin u. New York: de Gruyter 2010.

Pinquart, Martin; Schwarzer, Gudrun u. Zimmermann, Peter: Entwicklungspsychologie – Kindes- und Jugendalter. 2. Aufl. Göttingen: Hogrefe 2019.

Platon: Gorgias. Übers. u. komm. v. Joachim Dalfen. Göttingen: Vandenhoeck & Ruprecht 2004 [387 v. Chr.].

Plessner, Helmuth: Lachen und Weinen. Eine Untersuchung der Grenzen menschlichen Verhaltens [1941]. In: ders. (Hg.): Philosophische Anthropologie. Frankfurt am Main: Fischer 1970, S. 11–171.

Plett, Heinrich F.: Intertextualities. In: ders. (Hg.): Intertextuality. Berlin u. New York: de Gruyter 1991, S. 3–29.

Poppe, Sandra: Lyrik und Film. In: Dieter Lamping (Hg.): Handbuch Lyrik. Theorie, Analyse, Geschichte. 2. Aufl. Stuttgart: Metzler 2016, S. 236–242.

Porn Studies. Abingdon (u. a.): Routledge. Seit 2014. In: https://www.tandfonline.com/loi/rprn20 # (letzter Zugriff: 05.01.2021).

Posner, Roland: Zitat und Zitieren von Äußerungen, Ausdrücken und Kodes. In: Zeitschrift für Semiotik 14/1–2 (1992), S. 3–16.

Pulch, Harald: *type in motion*. Schrift in Bewegung. In: Hans-Edwin Friedrich u. Uli Jung (Hg.): Schrift und Bild im Film. Bielefeld: Aisthesis 2002, S. 13–31.

Rajewsky, Irina O.: Intermedialität. Tübingen u. Basel: Francke 2002.

Rau, Peter: Kommunikative und ästhetische Funktionen des antiken Buchs. In: Joachim-Felix Leonhard (u. a.) (Hg.): Medienwissenschaft. Ein Handbuch zur Entwicklung der Medien und Kommunikationsformen. Berlin u. New York: de Gruyter 1999 (HSK, Band 15.1), S. 526–538.

Rauh, Reinhold: Sprache im Film. Die Kombination von Wort und Bild im Spielfilm. Münster: MAKS 1987.

Rautenberg, Ursula: Buch. In: Erhard Schütz (u. a.) (Hg.): Das BuchMarktBuch. Der Literaturbetrieb in Grundbegriffen. Hamburg: Rowohlt 2005, S. 63–69.

Rautenberg, Ursula u. Schneider, Ute: Historisch-hermeneutische Ansätze der Lese- und Leserforschung. In: dies. (Hg.): Lesen (2016), S. 85–114.

Rautenberg, Ursula u. Schneider, Ute (Hg.): Lesen. Ein interdisziplinäres Handbuch. Berlin u. Boston: de Gruyter 2016.

Rautenberg, Ursula u. Wetzel, Dirk: Buch. Tübingen: Niemeyer 2001.

Reckwitz, Andreas: Das hybride Subjekt. Eine Theorie der Subjektkulturen von der bürgerlichen Moderne zur Postmoderne. Göttingen: Velbrück 2006.

Reich-Ranicki, Marcel: Vorwort. In: ders. (Hg.): Hundert Gedichte des Jahrhunderts. Frankfurt am Main u. Leipzig: Insel 2000, S. 13–15.

Reinhartz, Adele: Bible and Cinema. An introduction. London and New York: Routledge 2013.

Reisner, Stephan: Gösta Berling. In: Jürgen Müller (Hg.): Filme der 20er und das frühe Kino. Köln (u. a.): Taschen 2007, S. 180–185.

Reitz, Michael: Edmund Husserl – Der Vater der Phänomenologie. Audiodatei v. 29.09.2010. In: https://www.youtube.com/watch?v=0qL3p4VuQsY (letzter Zugriff: 05.01.2021).

Renner, Rolf Günter: Edward Hopper. Transformation des Realen. Köln: Taschen 2012.

Richter, Gerhard: Ästhetik des Ereignisses. Sprache – Geschichte – Medium. München: Fink 2005.

Riedl, Mark O. u. Harrison, Brent: Using Stories to Teach Human Values to Artificial Agents (2015). In: https://www.cc.gatech.edu/~riedl/pubs/aaai-ethics16.pdf (letzter Zugriff: 05.01.2021).

Rieger, Dietmar: Imaginäre Bibliotheken. Bücherwelten in der Literatur. München: Fink 2002.

Robnik, Drehli: Körper-Erfahrung und Film-Phänomenologie. In: Jürgen Felix (Hg.): Moderne Film Theorie. 4. Aufl. Mainz: Bender 2014, S. 246–286.

Rölli, Marc: Kybernetik ohne Steuerung. Reflexionen über die Menschenmaschine. In: Jörg Sternagel u. Fabian Goppelsröder (Hg.): Techniken des Leibes. Weilerswist: Velbrück 2016, S. 33–52.

Rogge, Jan-Uwe: Kinder können fernsehen. Vom sinnvollen Umgang mit dem Medium. Reinbek bei Hamburg: Rowohlt 1990.

Rosebrock, Cornelia u. Nix, Daniel: Grundlagen der Lesedidaktik und der systematischen schulischen Leseförderung. 4. Aufl. Baltmannsweiler: Schneider 2011.

Rother, Wolfgang: Hedonismus und Ästhetik. Bemerkungen zu Gustav Theodor Fechner. In: Leitmotiv: Motivi di Estetica e di Filosofia delle Arti 2010, S. 71–87.

Rouget, Timo: Die Errettung der äußeren Wirklichkeit: Siegfried Kracauer und DOGMA 95. In: Thomas Metten u. Michael Meyer (Hg.): Film. Bild. Wirklichkeit. Reflexion von Film – Reflexion im Film. Köln: Herbert von Halem 2016, S. 182–205.

Rouget, Timo: Die Filmkomödien von Woody Allen. In: Michael Braun (u. a.) (Hg.): Komik im Film. Würzburg: Königshausen & Neumann 2019, S. 191–219.

Rouget, Timo: Leseszenen intermedial. Literarische und filmische Darstellungen des Lesens im Vergleich. In: Irina Hron, Jadwiga Kita-Huber u. Sanna Schulte (Hg.): Leseszenen. Poetologie – Geschichte – Medialität. Heidelberg: Winter 2020, S. 593–617.

Rupp, Irene: Der Brief im Drama des 18. und 19. Jahrhunderts. Frankfurt am Main: Peter Lang 2016.

Rzechak, Christian: Tanz der Teufel. In: Ursula Vossen (Hg.): Filmgenres Horrorfilm. Stuttgart: Reclam 2004, S. 277–282.

Sartre, Jean-Paul: Der Ekel. Übers. v. Uli Aumüller. Rowohlt: Reinbek bei Hamburg 1982 [1938].

Sartre, Jean-Paul: Was ist Literatur? Übers. v. Traugott König. Reinbek bei Hamburg: Rowohlt 1997 [1947].

Schaffers, Uta: Konstruktion der Fremde. Erfahren, verschriftlicht und erlesen am Beispiel Japan. Berlin u. New York: de Gruyter 2006.

Schaffers, Uta u. Rouget, Timo: Die Arbeit an der Verbindlichkeit – Reglementierungen und Normierungen der Lesepraxis und ihre Irritation. In: Michaela Bauks (u. a.) (Hg.): Verbindlichkeit. Stärken einer schwachen Normativität. Bielefeld: Transcript 2019, S. 155–178.

Scheffel, Michael: Formen selbstreflexiven Erzählens. Eine Typologie und sechs exemplarische Analysen. Tübingen: Niemeyer 1997.

Schiller, Friedrich: Über die ästhetische Erziehung des Menschen in einer Reihe von Briefen. Hg. v. Klaus L. Berghahn. Stuttgart: Reclam 2000 [1795].

Schlickers, Sabina u. Toro, Vera: Introduction. In: dies. (Hg.): Perturbatory Narration in Film. Narratological Studies of Deception, Paradox and Empuzzlement. Berlin u. Boston: de Gruyter 2018, S. 1–17.

Schlösser, Anselm: Von Fremden, Eingeborenen und Barbaren bei Shakespeare. In: Shakespeare-Jahrbuch 114 (1978), S. 7–21.

Schmidt, Annika: Ästhetische Erfahrung in Gesprächen über Kunst. Eine empirische Studie mit Fünft- und Sechstklässlern. München: kopaed 2016.

Schmidt, Gunnar: Modellbilder Humanum. Zur Geschichte des Androiden als epistemisches Medium. In: Wolf-Andreas Liebert (u.a) (Hg.): Künstliche Menschen. Transgressionen zwischen Körper, Kultur und Technik. Würzburg: Königshausen & Neumann 2014, S. 15–30.

Schmidt, Helmut: Pflicht und Gelassenheit. In: Die Zeit v. 26.02.2015. In: https://www.zeit.de/ 2015/09/mark-aurel-selbstbetrachtungen-antike-vorbild (letzter Zugriff: 05.01.2021).

Schmitt, Carl: Politische Theologie. Vier Kapitel zur Lehre von der Souveränität. 7. Aufl. Berlin: Duncker u. Humblot 1996 [1922/1970].

Schmitz-Emans, Monika: Buch. In: Günter Butzer u. Joachim Jacob (Hg.): Metzler Lexikon literarischer Symbole. 2. Aufl. Stuttgart u. Weimar: Metzler 2012, S. 65–67.

Schmücker, Reinhold: Funktionen der Kunst. In: Bernd Kleimann u. Reinold Schmücker (Hg.): Wozu Kunst? Die Frage nach ihrer Funktion. Darmstadt: WBG 2001, S. 13–33.

Schneider, Jost: Literatur und Text. In: Thomas Anz (Hg.): Handbuch Literaturwissenschaft. Band 1: Gegenstände und Grundbegriffe. Metzler: Stuttgart u. Weimar 2013, S. 1–23.

Schneider, Norbert: Geschichte der Ästhetik von der Aufklärung bis zur Postmoderne. Eine paradigmatische Einführung. 5. Aufl. Stuttgart: Reclam 2010.

Schneider, Ute: Forschungsgeschichte des Lesers. In: Joachim-Felix Leonhard (u. a.) (Hg.): Medienwissenschaft. Ein Handbuch zur Entwicklung der Medien und Kommunikationsformen. Berlin u. New York: de Gruyter 1999 (HSK, Band 15.1), S. 583–591.

Schneider, Ute: Frühe Neuzeit. In: Rautenberg u. Schneider (Hg.): Handbuch Lesen (2016), S. 739–763.

Schneider, Ute: Moderne. In: Rautenberg u. Schneider (Hg.): Handbuch Lesen (2016), S. 765–792.

Schneider, Ute: »Wozu lesen?« Persistente Funktionen des Lesens im sozialen Kontext. In: Internationales Archiv für Sozialgeschichte der Deutschen Literatur 39/1 (2014), S. 268–283.

Schön, Erich: Geschichte des Lesens. In: Franzmann (Hg.): Handbuch Lesen (2001), S. 1–85.

Schön, Erich: Lesen zur Information, Lesen zur Lust – schon immer ein falscher Gegensatz. In: Gunnar Roters, Walter Klingler u. Maria Gerhards (Hg.): Information und Informationsnutzung. Baden-Baden: Nomos 1999, S. 187–212.

Schön, Erich: Der Verlust der Sinnlichkeit oder die Verwandlungen des Lesers. Mentalitätswandel um 1800. Stuttgart: Klett-Cotta 1993.

Schröder, Ingeborg: Sprachstruktur und Weltenordnung. Prinzipien des magischen Sprechens. In: Ingmar Ten Venne (Hg.): Was liegt dort hinterm Horizont? Zu Forschungsaspekten in der (nieder)deutschen Philologie. Festschrift zum 60. Geburtstag von Prof. Dr. phil. habil. Dr. h.c. Irmtraud Rösler. Rostock: Universitätsverlag 2002, S. 171–186.

Schütze, Fritz: Kognitive Figuren des autobiographischen Stegreiferzählens. In: Martin Kohli u. Günther Robert (Hg.): Biographie und Soziale Wirklichkeit. Neue Beiträge und Forschungsperspektiven. Stuttgart: Metzler 1984, S. 78–117.

Schulze, Gerhard: Die Erlebnisgesellschaft. Kultursoziologie der Gegenwart. 8. Aufl. Frankfurt am Main u. New York: Campus 1997 [1992].

Schumacher, Julia: Jugendfilm. In: Markus Kuhn, Irina Scheidgen u. Nicola Valeska (Hg.): Filmwissenschaftliche Genreanalyse. Eine Einführung. Berlin u. Boston: de Gruyter 2013, S. 295–313.

Schwarz, Sabine: Das Bücherstilleben in der Malerei des 17. Jahrhunderts. Wiesbaden: Harrassowitz 1987.

Seeßlen, Georg: Kino der Gefühle. Geschichte und Mythologie des Film-Melodrams. Hamburg: Rowohlt 1980.

Seeßlen, Georg u. Jung, Fernand: Horror. Geschichte und Mythologie des Horrorfilms. Marburg: Schüren 2006.

Seeßlen, Georg u. Jung, Fernand: Science Fiction. Geschichte und Mythologie des Science-Fiction-Films. Band 2. Marburg: Schüren 2003.

Seeßlen, Georg u. Weil, Claudius: Kino des Phantastischen. Geschichte und Mythologie des Horror-Films. Reinbek bei Hamburg: Rowohlt 1979.

Seel, Martin: Die Kunst der Entzweiung. Zum Begriff der ästhetischen Rationalität. Frankfurt am Main: Suhrkamp 1997.

Shakespeare, William: The Tempest / Der Sturm. Englisch / Deutsch. Übers. u. hg. v. Gerd Stratmann. Stuttgart: Reclam 2014 [ca. 1611].

Serres, Michael: Der Parasit. Übers. v. Michael Bischoff. Frankfurt am Main: Suhrkamp 1987 [1980].

Shipman, Tim: Kate Winslet's Oscar chances hit by The Reader Nazi accusation. In: The Telegraph. 15.02.2009. https://www.telegraph.co.uk/culture/film/oscars/4624573/Kate-Winslets-Oscar-chances-hit-by-The-Reader-Nazi-accusation.html (letzter Zugriff: 05.01.2021).

Siebeck, Anne: Das Buch im Buch. Ein Motiv der phantastischen Literatur. Marburg: Tectum 2009.

Siegert, Bernhard: Kulturtechnik. In: Harun Maye u. Leander Scholz (Hg.): Einführung in die Kulturwissenschaft. München: Fink 2011, S. 95–118.

Signori, Gabriela: Einführung. In: dies. (Hg.): Die lesende Frau. Wiesbaden: Harrassowitz 2009, S. 7–16.

Simmel, Georg: Soziologie der Mahlzeit (1910). In: ders.: Brücke und Tor. Essays des Philosophen zur Geschichte, Religion, Kunst und Gesellschaft. Hg. v. Michael Landmann. Stuttgart: Koehler 1957, S. 243–250.

Simon, Hans-Ulrich: Zitat. In: Klaus Kanzog u. Achim Masser (Hg.): Reallexikon der deutschen Literaturgeschichte. 2. Aufl. Band 4. Berlin u. New York: de Gruyter 1984, S. 1049–1081.

Sobchack, Vivian: Being on the Screen. A Phenomenology of Cinematic Flesh, or the Actor's Four Bodies. In: Jörn Sternagel, Deborah Levitt u. Dieter Mersch (Hg.): Acting and Performance in Moving Image Culture. Bodies, Screens, Renderings. Bielefeld: Transcript 2012, S. 429–446.

Sobchack, Vivian: The Address of the Eye. A Phenomenology of Film Experience. Princeton: Princeton University Press 1992.

Sobchack, Vivian: What My Fingers Knew. The Cinesthetic Subject, or Vision in the Flesh. In: dies. (Hg.): Carnal Thoughts. Embodiment and Moving Image Culture. Berkeley, Los Angeles u. London: University of California Press 2004, S. 53–84.

Sorfa, David: Phenomenology and Film. In: Edward Branigan (Hg.): The Routledge Encyclopedia of Film Theory. London (u. a.): Routledge 2015, S. 353–358.

Spiegel, Simon: Wovon wir sprechen, wenn wir von Phantastik sprechen. Zur Problematik des Genrebegriffs in Abgrenzung zum Gattungsbegriff des Phantastischen. In: Zeitschrift für Fantastikforschung 9/1 (2015), S. 3–25.

Spinner, Kaspar H.: Literarisches Lernen. In: Praxis Deutsch 200 (2006), S. 6–16.

Spinner, Kaspar H.: Methoden des Literaturunterrichts. In: Michael Kämper-van den Boogaart u. Kaspar H. Spinner (Hg.): Lese- und Literaturunterricht. Teil 2: Kompetenzen und Unterrichtsziele – Methoden und Unterrichtsmaterialien – Gegenwärtiger Stand der empirischen Unterrichtsforschung. 2. Aufl. Baltmannsweiler: Schneider 2016, S. 190–242.

Spitzer, Manfred: Digitale Demenz. Wie wir uns und unsere Kinder um den Verstand bringen. München: Droemer 2014.

Stierle, Karlheinz: Werk und Intertextualität. In: Wolf Schmidt u. Wolf-Dieter Stempel (Hg.): Dialog der Texte. Hamburger Kolloquium zur Intertextualität. Wien: Institut für Slawistik der Universität Wien 1983.

Stiftung Lesen (Hg.): Lesefreude trotz Risikofaktoren. Eine Studie zur Lesesozialisation von Kindern in der Familie. (2010). In: https://www.stiftunglesen.de/download.php?type=documentpdf&id=2200 (letzter Zugriff: 05.01.2021).

Stiftung Lesen: Porträt. In: https://www.stiftunglesen.de/ueberuns/portraet/ (letzter Zugriff: 05.01.2021).

Stiftung Lesen: Vorlesestudie 2015. Vorlesen – Investition in Mitgefühl und solidarisches Handeln. In: https://www.stiftunglesen.de/download.php?type=documentpdf&id=1666 (letzter Zugriff: 05.01.2021).

Stiglegger, Marcus: Apocalypse Now / Apocalypse Now Redux. In: Thomas Klein, Marcus Stiglegger u. Bodo Traber (Hg.): Filmgenres Kriegsfilm. Stuttgart: Reclam 2006, S. 257–266.

Stiglegger, Marcus: Humantransformation – das Innere bricht durch. Zum Motiv des Gestaltenwandels im Horrorfilm. In: Claudio Biedermann u. Christian Stiegler (Hg.): Horror und Ästhetik. Eine interdisziplinäre Spurensuche. Konstanz: UVK 2008, S. 30–49.

Strathausen, Carsten: The Relationship Between Literatur and Film: Patrick Süskind's Das Parfum. In: GegenwartsLiteratur. Ein germanistisches Jahrbuch 7 (2008), S. 1–29.

Stratmann, Gerd: Nachwort. In: Shakespeare: The Tempest (2014), S. 209–228.

Stocker, Günther: »Lesen« als Thema der deutschsprachigen Literatur des 20. Jahrhunderts. In: Internationales Archiv für Sozialgeschichte der deutschen Literatur 27/2 (2002), S. 208–241.

Stocker, Günther: Schrift, Wissen und Gedächtnis. Das Motiv der Bibliothek als Spiegel des Medienwandels im 20. Jahrhundert. Würzburg: Königshausen & Neumann 1997.

Stocker, Günther: Vom Bücherlesen. Zur Darstellung des Lesens in der deutschsprachigen Literatur seit 1945. Heidelberg: Winter 2007.

Stocker, Peter: Theorie der intertextuellen Lektüre. Modelle und Fallstudien. Paderborn (u. a.): Ferdinand Schöningh 1998.

Suter, Andreas u. Hettling, Manfred: Struktur und Ereignis – Wege zu einer Sozialgeschichte des Ereignisses. In: dies. (Hg.): Struktur und Ereignis. Göttingen: Vandenhoeck & Ruprecht 2001, S. 7–32.

Suvin, Darko: Poetik der Science Fiction. Zur Theorie und Geschichte einer literarischen Gattung. Übers. v. Franz Rottensteiner. Frankfurt am Main: Suhrkamp 1979 [1977].

Sweeney, Kevin W.: The Persistence of Vision. The Re-Emergence of Phenomenological Theory of Film. Film and Philosophy 1 (1994), S. 29–38.

Sykora, Katharina: Paragone. Selbstreflexivität im vorfilmischen Bild. In: Ernst Karpf, Doron Kiesel u. Karsten Visarius (Hg.): »Im Spiegelkabinett der Illusionen«. Filme über sich selbst. Marburg: Schüren 1996, S. 31–56.

Terpoorten, Frank: Die Bibliothek von Babelsberg. Über Bücher im Film. In: Jürgen Gunia u. Iris Hermann (Hg.): Literatur als Blätterwerk. St. Ingbert: Röhrig 2002, S. 107–124.

Theweleit, Klaus: Sirenenschweigen, Polizistengesänge. Zu Jonathan Demmes Das Schweigen der Lämmer. In: Michael Farin u. Hans Schmid: Ed Gein – A Quiet Man. Psycho – The Texas Chainsaw Massacre – Deranged – Das Schweigen der Lämmer. München: Belleville 1996, S. 323–350.

Thompson, Kristin: Neoformalistische Filmanalyse. Ein Ansatz, viele Methoden. Übers. v. Margret Albers u. Johannes v. Moltke. In: montage AV 4/1 (1995), S. 23–62.

Todorov, Tzvetan: Einführung in die fantastische Literatur. Übers. v. Karin Kersten. München: Hanser 1972 [1970].

Tröster, Monika u. Schrader, Josef: Alphabetisierung, Grundbildung, Literalität: Begriffe, Konzepte, Perspektiven. In: Cordula Löffler u. Jens Korfkamp (Hg.): Handbuch zur Alphabetisierung und Grundbildung Erwachsener. Münster u. New York: Waxmann 2016, S. 42–58.

Urbich, Jan: Literarische Ästhetik. Köln (u. a.): Böhlau 2011.

Vale, Eugene: Die Technik des Drehbuchschreibens für Film und Fernsehen. Übers. v. Gabi Galster. München: TR-Verlagsunion 1987 [1982].

Vary, Adam B.: ›Moonrise Kingdom‹ (2012): Wes Anderson's animated books. Veröffentlicht am 07.06. 2012. In: http://ew.com/article/2012/06/07/moonrise-kingdom-animation/ (letzter Zugriff: 05.01.2021).

Verdicchio, Dirk: Monströse Lektüren. Essay über eine lesende Vampirin. In: Christine Grond-Rigler u. Felix Keller (Hg.): Die Sichtbarkeit des Lesens. Variationen eines Dispositivs. Innsbruck: StudienVerl. Skarabaeus 2011, S. 142–146.

Verdicchio, Dirk: Das Publikum des Lebens. Zur Soziologie des populären Wissenschaftsfilms. Bielefeld: Transcript 2010.

Vernet, Marc: Die Figur im Film. In: montage AV 15/2 (2006), S. 11–44.

Vincent, James: No, machines can't read better than humans. 17.01.2018. In: https://www.the verge.com/2018/1/17/16900292/ai-reading-comprehension-machines-humans (letzter Zugriff: 05.01.2021).

Voss, Christiane: Fiktionale Immersion. In: Getrud Koch u. Christiane Voss (Hg.): »Es ist, als ob«. Fiktionalität in Philosophie, Film- und Medienwissenschaft. München: Fink 2009, S. 127–138.

Voss, Christiane: Der Leihkörper. Erkenntnis und Ästhetik der Illusion. München: Fink 2013.

Vossen, Ursula: Einleitung. In: dies. (Hg.): Filmgenres Horrorfilm. Stuttgart: Reclam 2004, S. 9–27.

Waldenfels, Bernhard: Einführung in die Phänomenologie. München: Fink 1992.

Warning, Rainer: Rezeptionsästhetik als literaturwissenschaftliche Pragmatik. In: ders. (Hg.): Rezeptionsästhetik. München: Fink 1975.

Watzlawick, Paul: Entwicklung der Kommunikations- und Systemtheorie. In: Michael Ehrmann u. Theodor Seifert (Hg.): Die Familie in der Psychotherapie. Theoretische und praktische Aspekte aus tiefenpsychologischer und systemtheoretischer Sicht. Berlin (u. a.): Springer 1985, S. 21–26.

Waugh, Patricia: Metafiction. The Theory and Practice of Self-Conscious Fiction. London u. New York: Methuen 1984.

Weber, Nicola Valeska: Melodram. In: Markus Kuhn (u. a.) (Hg.): Filmwissenschaftliche Genreanalyse. Eine Einführung. Berlin u. Boston: de Gruyter 2013, S. 91–113.

Weidle, Roland: Manierismus und Manierismen. William Shakespeares The Tempest und Peter Greenaways Prospero's Books. Alfeld/Leine: Coppi 1997.

Welsch, Wolfgang: Ästhetisches Denken. Stuttgart: Reclam 1990.

Werner, Johannes: Schulisches Interpretieren als »Deutungsspiel«. Die argumentierenden Formen des literarischen Gesprächs. In: Gerhard Härle u. Marcus Steinbrenner (Hg.): Kein endgültiges Wort. Die Wiederentdeckung des Gesprächs im Literaturunterricht. Baltmannsweiler: Schneider 2004, S. 191–218.

Westermann, Bianca: Anthropomorphe Maschinen. Grenzgänge zwischen Biologie und Technik seit dem 18. Jahrhundert. Paderborn: Fink 2012.

Wiesing, Lambert: Phänomenologische und experimentelle Ästhetik. In: Zeitschrift für Ästhetik und allgemeine Kunstwissenschaft 57/2 (2012), S. 239–253.

Wiesing, Lambert: Was sind Medien? In: Stefan Münker u. Alexander Roesler (Hg.): Was ist ein Medium? Frankfurt am Main: Suhrkamp 2008, S. 235–248.

Willand, Marcus: Lesermodelle & Lesertheorien. Historische und systematische Perspektiven. Berlin u. Boston: de Gruyter 2014.

Williams, Linda: Hard Core. Macht, Lust und die Traditionen des pornographischen Films. Übers. v. Beate Thill. Basel u. Frankfurt am Main: Stroemfeld 1995.

Wirth, Uwe: Intermedialität. In: Thomas Anz (Hg.): Handbuch Literaturwissenschaft. Band 1: Gegenstände und Grundbegriffe. Stuttgart u. Weimar: Metzler 2013, S. 254–264.

Withalm, Gloria: Von Duschen, Kinderwagen und Lüftungsschächten. Methoden des Verweisens im Film. In: Zeitschrift für Semiotik 14/3 (1992), S. 199–224.

Wolf, Werner: Metaisierung als transgenerisches und transmediales Phänomen. Ein Systematisierungsversuch metareferenzieller Formen und Begriffe in Literatur und anderen Medien. In: Janine Hauthal (u. a.) (Hg.): Metaisierung in Literatur und anderen Medien. Theoretische Grundlagen – Historische Perspektiven – Metagattungen – Funktionen. Berlin u. New York: de Gruyter 2007, S. 25–64.

Wolf, Werner u. Bernhart, Walter (Hg.): Framing Borders in Literature and Other Media. Amsterdam u. New York: Radopi 2006.

Wolpers, Theodor: Zu Begriff und Geschichte des Motivs »Gelebte Literatur in der Literatur«. Gemeinsames Vorwort der Beiträger. Entwurf und Schlußfassung. In: ders. (Hg.): Gelebte Literatur in der Literatur. Studien zu Erscheinungsformen und Geschichte eines literarischen Motivs. Göttingen: Vandenhoeck und Ruprecht 1986, S. 7–29.

Worley, Alex: Empires of the Imagination. A Critical Survey of Fantasy Cinema from Georges Méliès to the Lord of the Rings. Jefferson: McFarland & Company 2005.

Worra, Bryan Thao: William Blake, Orc and Blade Runner (2009). In: http://thaoworra.blog spot.com/2009/11/nam-william-blake-orc-and-blade-runner.html (letzter Zugriff: 05.01.2021).

Wulff, Hans J.: Attribution, Konsistenz, Charakter. Probleme der Wahrnehmung abgebildeter Personen. In: montage AV 15/2 (2006), S. 45–62.

Wulff, Hans J.: Moral und Empathie im Kino. Vom Moralisieren als einem Element der Rezeption. In: Matthias Brütsch (Hg.): Kinogefühle. Emotionalität und Film. Marburg: Schüren 2005, S. 377–394.

Wulff, Hans J.: Prolegomena zu einer Theorie des Atmosphärischen im Film. In: Philipp Brunner (u. a.) (Hg.): Filmische Atmosphären. Marburg: Schüren 2011, S. 109–123.

Wünsch, Marianne: Die fantastische Literatur der Frühen Moderne (1890–1930). Definition, denkgeschichtlicher Kontext, Strukturen. München: Fink 1991.

Wuthenow, Ralph-Rainer: Im Buch der Bücher oder der Held als Leser. Frankfurt am Main: Europäische Verlagsanstalt 1980.

Zabka, Thomas: Konversation oder Interpretation? Überlegungen zum Gespräch im Literaturunterricht. In: Leseräume 2/2 (2015), S. 169–187.

Zahn, Lothar: Reflexion. In: Joachim Ritter u. Karlfried Gründer (Hg.): Historisches Wörterbuch der Philosophie. Band 8: R–Sc. Darmstadt: Schwabe 1992, S. 396–408.

Zander, Horst: Intertextualität und Medienwechsel. In: Ulrich Broich u. Manfred Pfister (Hg.): Intertextualität. Formen, Funktionen, anglistische Fallstudien. Tübingen: Niemeyer 1985, S. 178–196.

Zapf, Harald: Dekonstruktion. In: Ansgar Nünning (Hg.): Metzler Lexikon Literatur- und Kulturtheorie. Ansätze – Personen – Grundbegriffe. 5. Aufl. Stuttgart u. Weimar: Metzler 2013, S. 123–124.

Zirfas, Jörg: Enkulturation. In: Klaus-Peter Horn (u. a.) (Hg.): Klinkhardt Lexikon Erziehungswissenschaft. Band 1: Aa, Karl von der–Gruppenprozesse. Bad Heilbrunn: Julius Klinkhardt 2012.

Žižek, Slavoj: Alfred Hitchcock oder die Form und ihre geschichtliche Vermittlung. In: ders. (u. a.) (Hg.): Was Sie immer schon über Lacan wissen wollten und Hitchcock nie zu fragen wagten. Übers. v. Isolde Charim (u. a.). 3. Aufl. Frankfurt am Main: Suhrkamp 2015 [1988], S. 11–23.

Zons, Alexander: Die Ökonomie der Namen. In: Susanne Pfeffer (Hg.): Vorspannkino. 47 Titel einer Ausstellung. Köln: König 2010, S. 292–297.

Anhang

Sachregister

Actionfilm 87–88, 287, 327, 387, 395
Adaption 409, 415, 420. Siehe auch Filmi-
  sche Adaption
Affordanz 86–87, 184
Akteur-Netzwerk-Theorie 41
Allusion. Siehe Intertextualität
Alteritätserfahrung 4, 37–38, 69, 151–152,
  155, 159, 201, 304, 317, 325
Ambiguitätstoleranz 328
Ambivalenz 135, 247, 260, 265, 316, 341,
  343, 347, 364, 385, 401
American Dream 327
Analphabetismus 43, 253, 306, 312,
  343–347, 392
Androide. Siehe Künstliche Intelligenz u.
  Roboter
Anspielung. Siehe Intertextualität
Anthropomorphisiertes Buch 101, 383, 391,
  398–399, 417, 431
Anthropophagie 135, 137, 377, 416
Antikriegsfilm 179
Arbeitszimmer 92
Ästhetik 6, 37, 55–57, 63–66, 245, 253, 281,
  297, 322, 343, 418. Siehe auch Rezep-
  tionsästhetik u. Wirkungsästhetik
Ästhetische Erfahrung 1, 7, 9–10, 13, 19,
  21–22, 24–25, 34, 36, 38, 54–58,
  63–72, 74, 76–77, 79, 83, 132, 137, 148,
  151–153, 158, 196, 201, 215, 220, 228,
  230, 233, 235–238, 272, 276, 287–288,
  325, 346–347, 375–376, 397, 405, 409,
  420, 427–428
Ästhetische Erziehung 322, 335
Atmosphäre 49, 54, 78, 85, 111, 146, 161,
  205, 252, 265, 269, 273, 277, 289, 299,
  309–312, 316, 325, 334, 367, 387,
  392–393, 402, 404, 408, 429
Attribuierungen. Siehe
  Figurencharakterisierung
Aufklärung 19, 43, 151, 230, 243, 322–323,
  398
Außenseiter 166, 206, 421, 423
Außerirdische 103, 111, 360, 377

Außertextuelle Realität 6, 10, 175, 307, 342,
  400, 425
auteur-Konzept 300
Autobiografie 150, 153, 258–259, 261,
  313, 345
Automediale Lektüre 179, 181, 284–285,
  288, 291–292, 295, 301, 410. Siehe
  auch Selbstreflexion
Autothematische Lektüre 141, 145, 150, 161,
  164, 284–285, 289–291, 325, 374, 410.
  Siehe auch Selbstreflexion
Avantgarde 11, 89, 281, 415

Badewanne 161–163, 254
Begriffsgeschichte 29, 56
Beiläufige Leseszene 2, 125, 221, 289, 331,
  380
Bergsteigen 314–315
Bett 49–50, 90, 98, 144, 157, 160, 203, 224,
  231, 241, 249–253, 255, 257, 262–263,
  265–266, 268–269, 272–275, 293, 301,
  309–310, 319, 321–322, 367, 371–373,
  411–412
Bettlektüre 2, 98, 260, 266, 273, 292, 307
Bibel 24, 42, 87, 112–114, 192, 202,
  207–212, 222, 246–247, 316
Bibliothek 5, 18, 51, 91–92, 101, 103, 109,
  132, 143, 160–161, 167, 169–170, 249,
  251, 265–266, 317–318, 351, 387, 431
Bildende Kunst. Siehe Ikonografie
Bildung 3, 32, 44–45, 47, 92, 99, 137, 151,
  192, 199, 216, 219, 320, 322, 340,
  344–346, 364, 421, 431
Biografie 37, 141, 284, 305–306, 308, 314,
  329, 341. Siehe auch Autobiografie u.
  Lesebiografie
Blockbuster 13
Boot 109–110
Buch insbes. 43, 84–85, 87, 96, 98–101.
  Siehe auch Buchkörper, Leseobjekt u.
  Text
Buch, fiktives. Siehe Pseudointertextualität
Bücherverbot. Siehe Verbotene Lektüre

https://doi.org/10.1515/9783110728590-018

Bücherverbrennung 44, 100, 397, 399
Buchillustration. Siehe Paratexte
Buchkörper 101–103, 107, 110–111, 114
Bürgerlichkeit 45, 48, 53, 141, 162–163, 175,
    216–217, 229, 291
Bus 198, 200

Classical Hollywood Cinema 11, 130,
    280–281, 286, 298, 377
Computer. Siehe Künstliche Intelligenz u.
    Roboter
Computerspiel 31, 320–321, 371, 396, 432
Cover 96–98, 115, 145, 283, 296, 299, 391,
    393, 417
Cyborg. Siehe Künstliche Intelligenz
    u. Roboter

Dämon. Siehe Monster
Deklamation 2, 85, 195, 386, 393, 430
Dekonstruktion 124, 191, 341–342, 428
Dialog 85, 93–94, 117–118, 124, 146, 156,
    158, 171, 183–185, 192–193, 199–200,
    202–203, 205–206, 208, 212, 216, 222,
    226, 244, 262–265, 288–290, 324, 412,
    414–415, 420, 428, 431
Dialogizität 123, 125
Didaktik. Siehe Literaturdidaktik
Diegese 89–90, 96, 126, 138, 176–177, 179,
    184, 279, 285, 288, 295, 297, 360, 394,
    402, 405–406, 410, 430
discours 284. Siehe auch Medialität u.
    Narration
Diskurs 7, 14, 36, 44–45, 52, 55, 120, 123,
    141, 151, 160, 193, 226, 268, 320, 340,
    351–352, 427–428
Disziplinierung 196, 216, 220, 226–227,
    230–231, 235, 274–275
Drama 42, 68, 153, 282–283, 357, 415–416,
    419
Dramaturgie 86–87, 179, 280, 402, 424
Drehbuch 89, 143, 145, 184, 297–298
Dystopie 148, 354

Einsames Lesen 43, 48–49, 100, 110, 148,
    170, 218–220, 223, 227–228, 269, 272,
    319, 334, 367, 410, 421, 425

Einstellungsgröße 50, 89, 91, 96, 102–103,
    107–109, 111, 132, 160, 165–166, 172,
    339, 422, 429
Einzeltextreferenz 96, 123, 141, 149,
    164–165, 175, 180, 182, 207, 379, 430
Emanzipation 48, 198, 219, 241, 271–272, 346
Emotion 5, 12, 17, 22, 31, 34–35, 37, 43, 57,
    65, 67, 130, 134–135, 142, 147–149, 161,
    184, 195, 198–199, 201, 203, 205–206,
    216, 220, 224, 226, 230–231, 233–237,
    239, 242–245, 252, 266–267, 269, 273,
    287, 311, 320–321, 324, 334, 351–352,
    359, 361–362, 364, 366–370, 381, 385,
    393, 408, 410, 414, 423, 431
Empathie 69, 88, 137, 140, 154, 212, 231,
    320, 325, 376
Enkulturation 304–305, 336, 338, 341, 343,
    347, 366, 368, 382
Ereignis 30–31, 56, 60–62, 93, 100, 105, 152,
    184, 191–192, 208, 226–227, 230, 232,
    237, 267, 269, 272, 314–315, 338, 347,
    356, 362, 370, 384, 396–398, 400–401,
    412, 428
Erfahrung insbes. 57–62, 210. Siehe auch
    ästhetische Erfahrung u. leibliche
    Erfahrung
Erinnerung 36, 38, 103–104, 108, 142, 216,
    225, 231–238, 258–259, 306, 321, 324,
    345–346, 371–375, 381, 389, 393, 397,
    409, 413, 428, 431
Erkenntnis 4, 8, 17, 25, 36, 38–39, 45,
    57–58, 63, 67, 69, 72, 95, 99, 128, 148,
    152, 155, 159, 208, 220, 312, 338–340,
    347, 352, 359, 364, 383, 391, 393,
    406–408, 428–430
Erlebnis 1, 4, 31, 53, 61, 76, 93, 127,
    138–139, 142–143, 147, 154, 196, 218,
    221–222, 229, 238, 249, 274–275, 301,
    306–308, 313, 332, 334–335, 374, 404,
    410, 432
Erlebnislyrik 60
Erotik. Siehe Sexualität
Erotikfilm. Siehe Pornografie u. Sexualität
Erster Weltkrieg 46, 62–63, 180–181, 191
Erweckungserlebnis 155, 212, 339, 341,
    343, 347

Erzählstruktur. Siehe Narration
Eskapismus 44, 164, 219, 223, 230, 240,
    306–307, 330, 334, 423–425
Essen 53–54, 159, 170, 177–179, 306, 319,
    356, 390
Existenzialismus 331–332
Expressionistischer Film 114
Extradiegetisch 89, 96, 160, 251, 263–265,
    297
Eyecatcher 106–107, 115, 150, 169

Fantasyfilm 101, 153, 304, 307, 356,
    384–385, 406
Feminismus 259
Fernsehen 16, 19, 31, 45, 170, 317, 319–321
Figuren 87–88, 132–141
Figurencharakterisierung 7, 14–15, 19–21,
    25, 109–110, 132–133, 138, 140, 144,
    148, 150, 157, 159, 163, 174, 184–185,
    215, 221, 228, 260, 306, 322, 354–355,
    385, 393, 428
Fiktionalität 9, 30, 40, 51–52, 76, 79, 123,
    136, 181, 261, 278–280, 283–285, 291,
    301–302, 308, 355, 400
film style 11
Filmerfahrung 1, 9, 72–75, 129, 286–287
Filmgeschichte 1–2, 3, 11, 112, 117, 119, 130,
    171, 179, 184, 207, 257, 280–281, 286,
    302, 352, 427
Filmische Adaption 2, 15, 85, 98, 100, 110,
    120–121, 149, 163, 171, 173, 208, 243,
    245, 248, 250, 252, 283, 297, 299–300,
    306–307, 321, 351, 364–365, 409,
    415–421
Filmkomödie 92, 94, 138–139, 145, 149, 153,
    155, 176, 179, 184, 192, 202, 244, 251,
    254, 281, 298, 302, 326, 384. Siehe
    auch Screwball-Komödie
Filmkörper 75–77, 278
Filmphänomenologie 1, 7, 56, 71, 73,
    128, 276
Filmtheorie 9, 11, 71, 73, 128–129. Siehe
    auch Medientheorie
Flashback 231–233, 235–236, 247–248
Flow-Erlebnis. Siehe Immersion
Frauengefängnisfilm 257

Frühkindliche Lektüre 305, 323

gap 220, 429
Garten 140, 142, 160–161
Gedicht. Siehe Lyrik
Geltung 99, 394, 398–399
Gemälde. Siehe Ikonografie
Gemeinsames Lesen. Siehe Kollektives
    Lesen
Gender 1, 12, 47, 130, 146, 326. Siehe auch
    Feminismus, Homosexualität, Männlich-
    keit, Sexualität u. Weiblichkeit
Genre. Siehe Actionfilm, Antikriegsfilm, Fan-
    tasyfilm, Filmkomödie, Frauengefängnis-
    film, Gerichtsfilm, Horrorfilm,
    Kriminalfilm, Liebesfilm, Melodram,
    Rape-and-Revange-Film, Science-Fiction-
    Film, Schulfilm, Screwball-Komödie,
    Sexfilm, Thriller u. Western
Gerichtsfilm 158, 188–189, 209, 361
Geschichte des Lesens. Siehe Kulturge-
    schichte des Lesens
Geschlechtverkehr. Siehe Sexualität
Gestik 49–50, 67, 93, 132, 142–143, 150,
    185, 188, 220, 262, 264
Gewalt 60, 164, 257, 332, 346, 369, 375
Gratifikation 4, 7, 31, 34, 36–38, 44, 55, 99,
    131, 148, 172, 318, 392, 428, 430
Grimoire 386–392
Gutenachtgeschichte 311, 355, 377

Habitus 41, 43, 45, 97, 149, 169, 199, 217,
    226, 334, 380
Heimliche Lektüre. Siehe Verbotene Lektüre
histoire 284
Homosexualität 173, 175, 257, 260–261, 270
Horrorfilm 11, 22, 25, 90, 105, 166, 243, 311,
    377, 383–385, 387, 390, 392, 394–395,
    400–402, 408
Hyperrealistischer Sound 339, 418, 420, 426

Identifikation 4, 34, 145, 152, 154, 177, 190,
    201, 206, 216, 270, 287, 301, 306,
    376, 385
Identifizierung des Leseobjekts insbes. 91,
    94, 96, 104, 244

Identität 36, 38–40, 44–45, 51–52, 59, 110,
115, 119, 152, 235, 279, 304–306,
322–323, 328–330, 332, 335–336, 341,
352, 361–362, 368, 374–375, 381, 387,
400–401, 410, 421
Ideologiekritik 40, 128, 327, 337–338, 428
Ikonografie 8, 15, 32, 45, 76, 91–92, 99, 132,
134, 169–170, 174, 218, 224, 239–240,
266, 330, 351, 365, 405, 424. Siehe
auch Lesebilder
Immersion 4, 54, 57, 166, 226, 278,
285–288, 295, 306, 327, 356, 425,
432–433
Information 11, 29, 32, 35, 94, 96, 105,
111–113, 115, 117, 125, 130, 133–135, 138,
145, 151, 153, 156–157, 159, 185,
215–216, 220, 232, 237, 264, 267–268,
317, 351, 358, 361, 387–388, 393, 404,
407, 428. Siehe auch
Figurencharakterisierung
Informatorisches Lesen 35, 152, 233, 316,
326, 340, 423, 431
Insel 257, 379, 416
Intentionalität 75, 88, 138
Interdisziplinarität 13, 15, 21, 428
Interkorporalität 75
Intermedialität 3, 16, 18–20, 21, 24–25,
96–97, 117, 120–123, 125–126, 172, 231,
418, 420, 432
Interpiktorialität 416, 432
Intersubjektivität 75, 123
Intertextualität 6, 17, 24, 50, 52–54, 86,
92–93, 96, 108, 117, 120–121, 123–127,
150, 161, 165, 180, 183, 202, 215, 251,
261, 287, 334, 379, 391, 417, 430
Intradiegetisch 19, 186, 233, 235, 237,
250–251, 265, 367, 397
Inzidente Leseszene. Siehe Beiläufige
Leseszene
Isoliertes Lesen. Siehe Einsames Lesen

Jugend 53, 60, 90, 107, 138–139, 161, 165,
195–196, 241–242, 255, 288, 306–307,
313, 318, 320, 327–335, 347, 390, 393,
409, 421, 427
Justizdrama. Siehe Gerichtsfilm

Kaffee 89, 269
Kameraperspektive 7, 91, 96, 102–103, 111,
270, 345, 422, 429
Kannibalismus. Siehe Anthropophagie
Karte 23, 153, 298, 309, 314, 390
Kerze 224, 293, 334
Kindergarten. Siehe Frühkindliche Lektüre
Kindheit 31, 175, 305, 308, 313–314, 316,
328–329, 335, 345–347, 393, 425
Klischee. Siehe Stereotyp
Kollektives Lesen 164, 168, 240–241, 249,
251, 254, 275, 277, 310–311, 315, 322,
324, 365, 429. Siehe auch Vorlesen
Kommunikation. Siehe Lesekommunikation
u. Sprache
Komödie. Siehe Filmkomödie
Kompensation 4, 38, 43, 216, 233, 413
Körper 43, 49–50, 72–76, 90, 138, 142–143,
161, 178, 184, 190, 192, 220, 230,
234–235, 237–238, 253, 256–259,
261–262, 266–267, 270, 272–273, 292,
327, 339, 351, 363, 370, 379, 393, 401,
411, 414, 430. Siehe auch Buchkörper
u. Filmkörper
Körperflüssigkeiten 174
Körpersprache. Siehe Gestik u. Mimik
Krankheit 44, 54, 209, 230, 236, 249, 311,
320, 354, 368, 386, 424. Siehe auch
Lesesucht
Krieg. Siehe Erster Weltkrieg, Vietnamkrieg
u. Zweiter Weltkrieg
Kriminalfilm 110, 153, 189, 413
Kulturgeschichte des Lesens 9–10, 21, 41,
45–46, 51, 98, 132, 142, 216, 220, 241,
251, 266, 274–275, 316, 320, 334, 351,
407, 423
Kulturtechnik 21, 29–30, 50, 222, 229, 344,
431
Künstliche Intelligenz 351–352, 357–359,
362–363, 370. Siehe auch Roboter
Kunstzitat 119–120, 126, 172, 433
Kutsche 77, 289

Lampe 46, 49, 101, 169–170, 224, 253, 293,
306, 311, 367

Lautes Lesen 6, 17, 41–42, 44–45, 78, 83, 93, 114, 185–186, 192, 218, 220, 288, 346. Siehe auch Vorlesen
Leib 72, 74–76, 184, 240, 287, 376
Leibliche Erfahrung 1, 6–7, 9, 19, 57, 67, 71–79, 238, 242, 266, 275–276, 286–287, 295, 312, 327, 336, 346, 351, 368, 370, 382–383, 408–409, 420, 426–429, 433
Leihkörper 77
Lernen 58, 132, 151–153, 155, 159, 305, 308, 317, 363, 396. Siehe auch Lesen-Lernen, literarisches Lernen u. Wissen
Leseakt 2, 4–5, 9, 30, 34–35, 41, 43–45, 50, 53, 62, 76, 83, 90, 93–94, 100, 108, 110, 117, 138, 146, 160, 174, 185, 210, 215–216, 221, 225–227, 230, 233, 235, 237, 241, 243, 247, 252, 254, 263–264, 273–275, 277, 284, 301, 304, 307, 315, 322, 330, 336, 338, 340, 354, 363–364, 381, 383, 388, 401, 403–404, 406, 408, 410, 412, 418, 422, 426, 428
Leseanlass 3, 31, 34–36, 151, 156, 158, 196, 211, 264, 324
Leseatmosphäre. Siehe Atmosphäre
Lesebilder 19, 46, 91, 273. Siehe auch Ikonografie
Lesebiografie 37, 242, 306, 313
Lesebrille 139, 226, 231
Leseereignis. Siehe Ereignis
Leseerfahrung. Siehe ästhetische Erfahrung, Erfahrung u. leibliche Erfahrung
Leseerlebnis. Siehe Erlebnis
Lesefähigkeit 31–32, 43, 164, 304, 306, 311, 330, 362–363, 377, 423
Lesefertigkeit 31–32, 304–305, 308, 381
Lesefreude 14, 31, 33, 35, 144–145, 202, 207, 305–306, 308, 319, 321, 329, 394, 431
Lesegratifikation. Siehe Gratifikation
Lesehaltung. Siehe Leseposition
Lesekommunikation insbes. 6, 10, 24, 83, 86, 93, 95, 117, 125, 184–212, 221, 372. Siehe auch Dialog, Monolog u. Sprache
Lesekompetenz 14, 30–31, 32, 33, 42, 137, 148, 155, 308, 310, 316, 344, 347

Leselust. Siehe Lesefreude
Lesemodi 36
Lesemotiv 34, 36, 94, 221, 231, 264
Lesemotivation 31, 33–34, 48, 185, 262, 264, 312, 330, 393
Lesen insbes. 29–31. Siehe auch informatorisches Lesen u. literarisch-ästhetisches Lesen
Lesen-Lernen 35, 164, 308, 316, 343–345, 347, 368
Leseobjekt insbes. 22, 83–86, 96–131. Siehe auch Buch, Identifizierung des Leseobjekts, Intertextualität u. Text
Leseort 20, 46, 49–50, 54, 90–92, 98, 110–111, 138, 140, 142, 150–151, 159–166, 168–170, 172, 174, 200, 216, 225, 265–266, 272, 274, 293, 297, 310, 321, 325, 346, 356, 379, 427. Siehe auch Arbeitszimmer, Bett, Bibliothek, Boot, Buchladen, Bus, Garten, Insel, Kutsche, Lesesituation, Liegestuhl, Natur, Schlafzimmer, Sporthalle, Strand, Toilette u. Wohnzimmer
Leseposition 6, 19, 41–42, 48, 50, 98, 103, 110–111, 132, 142–144, 148–151, 169–170, 182, 210, 220, 265–266, 272–274, 319, 321, 325, 334, 403, 414, 429
Leseprozess 4–5, 6, 90, 143, 159, 168, 173, 175–178, 220–221, 225, 263–265, 270, 295, 361, 363, 404, 413, 417
Lesesituation 6, 10, 24, 45–47, 49, 54, 83, 86, 90–94, 98, 103, 110–111, 125, 202, 215, 233, 236, 316, 321, 325–326, 369, 410, 415, 429. Siehe auch Leseort
Lesesozialisation 13, 31, 45, 60, 65, 329, 389, 427
Lesesubjekt insbes. 87–90, 132–159. Siehe auch Figuren
Lesesucht 44, 54, 425. Siehe auch Krankheit
Leseszene insbes. 83–95. Siehe auch Beiläufiges Lesen, Einsames Lesen u. Literarisch-ästhetisches Lesen
Lesevorgang 31, 88, 91, 313, 326. Siehe auch Lesesituation

Leseweise 6, 22, 30–31, 42, 93, 141–143,
145–151, 163, 165, 176, 182–183, 195,
224, 233, 240, 274, 334, 354, 362, 404,
423, 426
Lexikon 98, 153, 217, 243, 361. Siehe auch
Informatorische Lektüre
Licht 46, 171, 234, 263, 267, 367
Liebe 25, 108, 147, 162, 166, 192–193,
195–196, 201, 203, 224, 234, 237,
239–243, 245–246, 250–251, 255,
265–267, 269, 276–277, 284, 290, 306,
311, 315, 362–363, 398, 416, 424,
428–429
Liebesfilm insbes. 106, 243, 272. Siehe auch
Melodram
Liegestuhl 161, 364
life lesson 155
Literarisch-ästhetisches Lesen insbes. 30,
34, 36–37. Siehe auch ästhetische
Erfahrung
Literarische Darstellungen des Lesens 14,
51–54, 240, 242, 307, 428
Literarische Sozialisation 31, 329
Literarisches Engagement 40, 99, 332
Literarisches Lernen 305, 308. Siehe auch
Literaturdidaktik u. Lernen
Literatur. Siehe Buch, Drama, Leseobjekt,
Lyrik, Roman u. Text
Literaturdidaktik 15, 36, 152, 192–193
Literaturverfilmung. Siehe Filmische
Adaption
Lyrik 3, 16–17, 24, 36, 42, 60, 78, 84–86,
103–104, 117, 140–141, 148, 180,
182–183, 185, 191, 193–199, 234–235,
237–238, 242, 249, 251–252, 262–272,
274–276, 296, 305, 319, 323–325, 327,
329, 356, 365, 369–370, 430, 433

MacGuffin 87, 390, 393
Magie 101, 143–144, 289, 291, 313, 317, 322,
370, 378, 383–384, 386, 388–392,
394–396, 402, 407, 415–416, 419, 432
Malerei. Siehe Ikonografie
Männlichkeit 3, 47, 49, 135–136, 146, 219,
228, 231, 253, 255–256, 258–261,
270–271, 273, 299, 326–327, 385, 414

Maschinelles Lesen 362, 368, 372, 418
Maschinen. Siehe Roboter
Medialität 74, 278–279, 284–285, 288,
295–296, 429, 433
Medientheorie 71, 73–79, 120–123,
279–280, 282, 284, 386. Siehe auch
Filmtheorie
Medienwechsel 120–121. Siehe auch Filmi-
sche Adaption
Melodram 161, 245, 247–248, 250, 252
Milieu 12, 19, 38–39, 133, 163, 189, 193,
216–217, 223, 228, 310, 336, 431
Mimik 29, 35, 49–50, 67, 93, 132, 142–145,
148, 150, 169, 182, 185, 195, 201, 205,
216, 220, 237, 262–263, 275–276, 339,
342, 369, 405–406, 412, 427
Möbel. Siehe Badewanne, Bett, Sessel, Sofa
u. Tisch
Moderne 37, 43, 45, 100, 229, 279–281
Monolog 93, 107, 183, 185, 222
Monster 115, 302, 311, 354, 377, 379, 381,
383, 385, 395–399, 401, 418. Siehe
auch Vampir In u. Zombie
Montage 7, 25, 89, 91, 107, 111, 160, 170,
172, 178–179, 183, 247, 270, 273, 275,
286, 293, 395, 429
Mordwaffe, Buch als 87
Motto 181, 207
Musik 7, 33, 79, 117–118, 120–122, 135, 150,
161, 174, 182, 235–238, 247–248,
265–266, 269, 275, 281, 331, 356, 367,
379, 381, 423, 426–427, 429
Mystifizierung des Leseobjekts 136, 383,
387–390, 393, 403
Mythologische Gestalten. Siehe Monster

Nacktheit 49–50, 141, 157, 161, 234–235,
237–238, 241–242, 253, 255, 257–259,
261, 371, 392, 411–412, 422, 424. Siehe
auch Sexualität
Nahrung. Siehe Essen
Narration 11–12, 78, 136, 179, 226, 231, 257,
279, 283, 371, 390
Nationalsozialismus 209, 212, 253,
260–261, 322, 340, 428

Natur 67, 90, 98, 157, 167, 169, 409, 419, 423–425
Negativität 59, 152
Neoformalismus 10–12, 22, 128–130, 427
Neorealismus, italienischer 8, 281, 431
Noema und Noesis 66, 75, 77
Nouvelle Vague 24, 281

Objektivität 66, 72, 205, 232
Öffentlichkeit 3, 19, 36, 85, 144, 188, 209, 229–230, 320

Paratext 106, 267, 297, 387, 390, 393, 405
Parodie 106, 123, 136, 396
Performativität 9, 74–75, 287, 304, 370, 383, 388, 390–391, 394–397, 399, 401, 407
Phänomenologie 9, 56–57, 63, 65–67, 71–73, 76, 178, 276, 287, 308, 397, 427. Siehe auch Filmphänomenologie
Phantastik 88, 97, 109, 158, 211, 282, 305, 307, 353, 356, 377, 384–385, 396–397, 430
Plotrelevantes Lesen 152–153, 159
Poesie. Siehe Lyrik
Politik 36, 38–40, 42–43, 45, 70, 99–101, 148, 152, 216, 220, 224, 301, 304–305, 319, 322, 332, 336, 338, 343–344, 353, 378, 383, 428, 431
Pornografie 35, 167, 239, 243, 253, 256–261, 275, 389. Siehe auch Sexfilm
Postkarte 45–46, 49, 169, 241, 364
Postkoloniale Theorie 336, 416, 419
Postmoderne 13, 52, 85, 106, 125
Poststrukturalismus 11, 68, 92, 124, 128, 191, 400, 430
Prägende Leseerfahrung 305–306, 312–313, 316
Prolepse 105, 115, 159, 163–164, 168, 191, 223, 227, 252, 265–266, 315, 363, 369, 391, 399, 424, 430
Prostitution 244, 254
props. Siehe Requisite, Buch als 86
Pseudointertextualität 97, 105–106, 114–115, 118, 126, 145, 245, 284, 302, 356, 360, 390, 430, 432

Rahmenerzählung 89, 208, 282, 297, 301–302, 409–410, 414
Rape-and-Revenge-Film 257
Rassismus 155, 163–164, 338, 340, 378, 389. Siehe auch Postkoloniale Theorie
Realität. Siehe außertextuelle Realität u. Textrealität
Regression 175, 308, 326
Reiseliteratur 76, 158, 179, 421, 425
Religion 38, 40, 42–43, 47, 49, 57, 67, 99, 101, 112, 199, 247, 336–337, 388, 428. Siehe auch Bibel
Requisite, Buch als 86–87, 93, 391, 397
Revolution 51, 62, 84–85, 141, 143, 153, 352
Rezeptionsästhetik 6, 10, 30, 51, 63, 76, 129, 396, 401
Roboter 3, 21, 85, 287, 351–378, 382
Roman 2, 4, 34, 52–53, 84, 92, 95, 98, 100, 105, 109, 124–125, 127, 143–145, 147, 149–150, 163, 173, 176–177, 179, 199, 201–203, 206–207, 219, 242–244, 253–255, 279, 283–284, 289, 291, 298–299, 301–302, 309–310, 330–331, 334, 345–346, 352, 359–361, 374, 404, 407, 410, 413, 430
Rückblende 231–232, 237, 247–248, 287, 311, 331, 410, 412, 414

Schachtelgeschichte. Siehe Rahmenerzählung
Schlaf 2, 106, 224, 226–227, 273, 283, 307–308, 319, 325, 327
Schlafzimmer 61, 98, 222, 226, 234, 262–263, 266, 272
Schule 24, 45, 104, 138, 165, 193, 196, 199, 201, 205, 242, 305, 308–309, 317, 330, 332, 334, 343–346, 356
Schulfilm 192
Science-Fiction-Film 3, 14, 21–22, 103, 147, 311, 321, 351–353, 357, 359, 385
Screwball-Komödie 184, 244, 298
Sekundäre Schriftfunktion 386
Selbsterkenntnis 47, 229, 375, 408
Selbstreflexion 1, 16, 21, 25, 51–52, 98, 106, 122, 143, 181, 183, 255, 261, 276–284, 286–288, 291, 295, 298, 300, 302–303,

306–307, 355–356, 397, 408–410,
415–420, 423–424, 428, 430, 432.
Siehe auch Automediale Lektüre u.
Autothematische Lektüre
Sessel 149, 160, 326
Sexfilm 256–257, 259, 262
Sexualität 47, 110, 229, 234, 239, 242–243,
254, 257, 261, 267, 367, 385, 402
Sexueller Missbrauch. Siehe Vergewaltigung
Simulationsfunktion von Literatur 39, 69,
159, 353, 423
Sofa 104, 160–161, 286, 310, 332–333, 411
Sporthalle 138, 142
Sprache 7, 25, 29–30, 61, 79, 93, 124, 134,
141, 166, 172, 183–184, 222, 226, 238,
245, 250, 269, 295, 311, 315, 326,
337–340, 342, 344–345, 347, 358, 375,
393–394, 396, 421–423, 425–428
Stadt 177, 309, 312, 332, 378, 388
Stellvertretererfahrung 154–155
Stereotyp 3, 19, 97, 101, 132–133, 139, 146,
216, 218, 221, 256, 326, 414, 425
Stiftung Lesen 32, 311, 320
Stilles Lesen 5, 42–45, 48, 83, 148, 186, 215,
218–220, 223, 228–230, 262, 264, 380,
410, 421
Störung 79, 215, 224, 226, 228, 230–231,
237, 288, 398
Strand 90, 161, 364–365
Stummfilm 3, 16, 96, 111–112, 117, 187, 245,
247, 281, 293
Subjektivität 24, 60, 65, 129, 205, 228–230,
259, 311–313, 331, 370
Subvokalisation 44, 104, 114, 264, 270, 421
Symbolische Bedeutung des Buchs 47, 50,
92, 96, 98–99, 101, 108, 110, 122,
131–132, 135, 137, 159, 261, 400
Symbolische Bedeutung von Figuren 88,
137–141, 144, 148, 327
Symptom, Figuren als 88, 135–137
Systemreferenz 121–123, 125, 139, 187,
215, 302

Tagebuch 87, 98, 153, 292, 360–361, 432
Temporalität des Lesens 83, 90, 160 Siehe
auch Leseakt u. Lesesituation

Text insbes. 83–84, 96, 102–105, 107,
109–110. Siehe auch Buch, Leseobjekt,
Literatur, Tagebuch, Wörterbuch u.
Zeitung
Textrealität 6–7, 9–10, 12, 22, 31, 49, 71,
78–79, 90–91, 296, 400, 409, 425–426,
429, 433
Theater 53, 84, 86, 121, 171, 232, 282, 289,
291, 299, 361, 415, 418
Thriller 20, 110, 136, 153, 192
Tiere 3, 88, 94, 135, 154, 211, 236, 324, 385,
411, 415, 425
Tisch 42, 44, 89, 143, 150, 168, 170, 259,
266, 316, 319, 321, 339
Titelsequenz. Siehe Vorspann
Tod des Autors 400–401
Toilette 91, 95, 108, 161, 173–175, 283,
345–346
Töten. Siehe Mordwaffe, Buch als
Trailer 298
Trinken 53–54, 138, 146, 246, 269, 356.
Siehe auch Essen
Typen von LeserInnen 46, 48, 50, 54, 128,
132, 205, 207, 218–219, 223
Typografische Gestaltung des Buchs 393.
Siehe auch Paratext

Universität 24, 114, 173, 175, 201
Unterrichtsgespräch 47, 185, 193,
196–198, 305, 307, 309, 345. Siehe
auch Schule
Utopie 40, 158, 233, 322, 352, 354, 415.
Siehe auch Dystopie

VampirIn 115, 383, 395, 405–406. Siehe
auch Monster
Veränderung 43, 45, 62, 100, 152, 154, 233,
267, 269, 338, 354, 375, 386, 426.
Siehe auch Ereignis
Verbotene Lektüre 100, 147, 242, 272, 387,
389, 398
Verdrängung 209, 212, 216, 225, 231, 274,
385, 397, 428, 431
Verführung 48, 52, 241–242, 248, 253, 256,
264, 272, 274, 330, 424, 431

Vergewaltigung 163–164, 209, 257, 259, 293, 375, 402, 411, 413

Vermittlung 9, 16, 43, 55, 62, 96, 111, 133, 151, 159, 184, 217–218, 256, 277, 315, 392, 428, 431. Siehe auch Literaturdidaktik

Verpflichtendes Lesen 33–34, 36–37, 168, 196, 322–323, 326, 372

Videospiele. Siehe Computerspiel

Vietnamkrieg 179–180, 183, 191

Vorausdeutung. Siehe Prolepse

Vorlesen 14, 17, 29, 53, 89, 93, 114, 167–168, 182–185, 189, 192, 197–198, 208, 243, 250, 254–256, 262, 264, 275, 289–292, 296, 301, 305, 308, 310–312, 314–316, 324–327, 342, 346, 354, 367–368, 372–373, 386, 393–394, 397. Siehe auch Lautes Lesen

Vorspann 89, 160, 283, 296–302

Weiblichkeit 2–3, 47, 50, 122, 138, 157, 241, 253, 255–257, 259, 261, 270–274, 277, 299, 310, 316, 326, 368–369, 371, 414

Western 2, 187, 212, 298

Wirkungsästhetik 6, 30, 51

Wissen 4, 8, 11, 35, 39, 42–43, 47–49, 57–58, 60, 62, 100, 105, 115, 125, 131–133, 137, 151–153, 155, 157, 159, 169, 221, 252, 261, 304, 317–318, 351, 386–387, 392, 399, 407, 423, 425–426, 432

Wohnzimmer 149, 225

Wörterbuch 337–341, 345, 428

Wutausbruch 290

Zauberspruch 383, 386, 432. Siehe auch Magie

Zeitreise 351, 356

Zeitung 4, 19, 23, 34, 46, 48, 84, 153, 162, 253, 432. Siehe auch Informatorische Lektüre

Zigarette 104, 112, 140, 162–163, 210–211, 234, 332–333, 336

Zitat. Siehe Intertextualität

Zombie 88, 319, 377–382, 395. Siehe auch Monster

Zuschauerschaft insbes. 127–131

Zwang. Siehe Verpflichtendes Lesen

Zweite Welt 5, 49, 307, 399–400, 429, 433. Siehe auch Textrealität

Zweiter Weltkrieg 51, 62, 224, 248, 307, 357

Zwischentafeln 114, 117, 184, 302

Personenregister

Abraham, Ulf 33–34, 36, 152
Adler, Jeremy 253
Adorno, Theodor W. 69
Albersmeier, Franz-Josef 16
Albrecht, Andrea 151
Anz, Thomas 35, 256, 277, 405, 423
Ariès, Philippe 328–329
Aristoteles 39, 117
Assel, Jutta 46, 91, 316
Assmann, Jan 374
Austin, John L. 394

Bachtin, Michael 123
Bäcker, Iris 6, 31, 399, 425
Badiou, Alain 62
Bär, Gerald 117
Barthes, Roland 384, 400–401, 420
Bass, Soul 297
Baumgarten, Alexander Gottlieb 63
Beck, Ulrich 228
Bensch, Georg 66
Bergson, Henri 8
Berliner, Todd 185
Bertram, Georg W. 67, 70, 288
Bertschi-Kaufmann, Andrea 32, 320
Bickenbach, Matthias 20
Blödorn, Andreas 20
Blumenberg, Hans 29
Boesken, Gesine 380
Böhn, Andreas 119, 122–123
Bollmann, Stefan 405, 433
Bonfadelli, Heinz 14
Booth, Wayne 129
Bordwell, David 10–11, 89, 91, 130, 172,
    220, 239
Bourdieu, Pierre 39, 41, 217
Brechtken, Magnus 260
Brophy, Philip 185
Bubner, Rüdiger 56
Bühler, Charlotte 329

Camus, Albert 331
Carroll, Noël 63, 67

Culler, Jonathan 396, 400
Cussans, John 382

D'Alessandro, Dario 265
Dauner, Dorea 126
de Beauvoir, Simone 331
de Bruyn, Günter 252
de La Rochefoucauld, François 396, 400
de La Salle, Jean-Baptiste 272
de Levita, David Joël 328
de Man, Paul 341
de Saussures, Ferdinand 294
de Vico, Giambattista 3–4, 427
Deines, Stefan 58
Deleuze, Gilles 8, 41, 223, 278, 281, 288
Derrida, Jacques 13, 40, 61, 191, 341–342,
    428
Dewey, John 67–69, 74, 76
Dickie, George 56
Dilthey, Wilhelm 60–61
Durst, Uwe 384

Ebert, Roger 202
Eco, Umberto 33, 101, 129, 144
Eder, Jens 87–88, 133–136, 327
Eggert, Hartmut 33, 321
Eilert, Heide 119–120
Eisenstein, Sergej 135, 172
Elias, Norbert 274
Elias, Sabine 311
Elsaesser, Thomas 281
Engelmann, Susanne 329
Erikson, Erik H. 328
Erpenbeck, John 57

Fahle, Oliver 8
Fanon, Frantz 338
Fechner, Gustav Theodor 63–65
Felix, Jürgen 243
Foucault, Michel 13, 257, 267–268, 279
Frederking, Volker 33, 328
Freud, Sigmund 413
Friedrich, Peter 5, 19, 323

https://doi.org/10.1515/9783110728590-019

Gadamer, Hans-Georg 59, 69, 152
Garbe, Christine 33, 321
Geiger, Moritz 66–67
Genette, Gérard 121, 231, 267
Gerhold, Hans 271
Gibson, James J. 87
Godard, Jean-Luc 1, 2, 5, 172, 286, 433
Goetsch, Paul 53–54
Goodman, Nelson 288
Graf, Werner 34, 36–37, 389
Grivel, Charles 267
Guattari, Félix 223
Gumbrecht, Hans Ulrich 5

Habermas, Jürgen 229–230, 328
Hagener, Malte 281
Haller, Reinhard 329
Haraway, Dona 365
Hartmann, Britta 130
Härvelid, Frederic 320
Hediger, Vinzenz 23, 127
Hegel, Georg Friedrich Wilhelm 57
Heidenreich, Elke 252
Herzog, Werner 347
Höge, Helmut 393
Holthuis, Susanne 127
Holzwart, Peter 311
Horaz 39, 117, 151
Hurrelmann, Bettina 31, 304
Husserl, Edmund 65–66, 72, 137

Imhof, Gottlieb 5
Ingarden, Roman 66
Iser, Wolfgang 6, 129

Jäger, Georg 46, 91, 316
Jahraus, Oliver 16, 282–283, 384
Jannidis, Fotis 133
Japp, Uwe 52–53
Jauß, Hans Robert 6, 67, 69, 233, 397
Jung, Fernand 357, 375–376

Kant, Immanuel 57, 63–64, 228
Kaplan, Cora 242, 277
Karasek, Hellmuth 99
Keller, Felix 377, 379

Kepser, Matthis 34, 36
Kerner, Ina 338
Keupp, Heiner 328
Kiefer, Bernd 231, 415
Koch, Gertrud 71, 257, 261
Koch, Peter 222
Koebner, Thomas 376
Korte, Hermann 194, 313, 341
Kozloff, Sarah 184
Kracauer, Siegfried 5, 73, 257, 383
Krajewski, Markus 389
Krämer, Sybille 9, 30, 71
Kreft, Jürgen 328
Kristeva, Julia 29, 123–124
Krützen, Michaela 281
Kulenkampff, Jens 56

Lacan, Jacques 13, 379
Laist, Randy 417–418
Latour, Bruno 41, 222
Launer, Christoph 152
Lehnert, Gertrud 274
Lem, Stanislaw 384
Lessing, Gotthold Ephraim 39
Limberg, Sebastian 377
Linda Williams 257
Lipps, Theodor 286
Liptow, Jasper 58
Lorenz, Konrad 313
Lotman, Juri M. 269
Luhmann, Niklas 76, 175
Lukács, Georg 66
Lux, Stefan 402

Mahne, Nicole 120
Manguel, Alberto 45, 272, 325–326, 330
Marks, Laura U. 78
Maye, Harun 351, 389
Mead, George Herbert 328
Meienberg, Martina 311
Merleau-Ponty, Maurice 73, 75
Messerli, Alfred 46, 50
Metten, Thomas 279, 420
Metz, Christian 10–11
Meyer, Hermann 118
Meyer, Michael 279

Meyns, Michael 179
Michotte van den Berck, Albert 73
Mielke, Christine 18–20
Morsch, Thomas 276, 408–409
Müller, Jürgen 121
Mulvey, Laura 261, 270, 273
Münsterberg, Hugo 232

Nagel, Jutta 312
Nelles, Jürgen 313
Neubauer, Martin 53
Neubert, Christoph 226–228
Neuhaus, Stefan 15, 375, 384
Nies, Fritz 46, 48, 91, 218, 240, 266,
    273, 310

O'Doherty, Brian 171
Oesterreicher, Wulf 222

Pabst, Walter 52, 242
Pache, Walter 415
Panofsky, Erwin 134
Peirce, Charles Sanders 135
Perec, Georges 142
Pfaller, Robert 399–400
Pfeffer, Susanne 298
Pfister, Manfred 124–125
Piaget, Jean 59
Pinkas-Thompson, Claudia 302
Platon 57
Plessner, Helmuth 72
Plett, Heinrich 118
Poppe, Sandra 16
Postman, Neil 319
Propp, Vladimir 23
Pulch, Harald 112

Rajewsky, Irina 120–121, 123, 125
Ranicki, Marcel-Reich 396
Rautenberg, Ursula 84
Reckwitz, Andreas 228–229
Reinhartz, Adele 208
Richter, Gerhard 61
Rölli, Marc 367
Rosenbaum, Ron 253

Sartre, Jean-Paul 40, 100, 257, 331–332
Schaffers, Uta 4, 76, 380, 392
Schenda, Rudolf 128
Schiller, Friedrich 322, 335
Schmitt, Carl 62
Schmitz-Emans, Monika 98
Schmücker, Reinold 38
Schneider, Jost 38
Schön, Erich 35, 44–45, 218, 220, 241,
    273–276, 334
Schulze, Gerhard 60–61
Schütz, Fritz 314
Schwarz, Sabine 47
Seel, Martin 59
Seeßlen, Georg 357, 375–376
Serres, Michel 228
Simmel, Georg 228
Sobchack, Vivian 7, 9, 56, 73–75, 77–78,
    128–129, 237, 276, 287, 327, 427
Spinner, Kaspar H. 193, 308, 311–312
Spitzer, Manfred 320
Staiger, Janet 11, 130, 239
Stiglegger, Marcus 180
Stocker, Günther 14–15, 51–54, 170, 218–219,
    240, 307–308, 321
Stocker, Peter 117
Strathausen, Carsten 15
Stratmann, Gerd 419
Suvin, Darko 353, 359, 384
Sweeney, Kevin W. 74

Terpoorten, Frank 5, 431
Theweleit, Klaus 136
Thompson, Kristin 11, 89, 91, 129–130,
    172, 239
Todorov, Tzvetan 384–385

Urbich, Jan 61

Vale, Eugen 184
Verdicchio, Dirk 20, 404
von Glaserfeld, Ernst 4
von Goethe, Johann Wolfgang 60
Voss, Christiane 77, 286–287, 295, 420
Vossen, Ursula 385

Watzlawick, Paul 4
Waugh, Patricia 285
Weber, Nicola Valeska 245
Weinrich, Harald 69
Welsch, Wolfgang 56
Westermann, Bianca 354, 364
Wiesing, Lambert 9, 398–399
Williams, Linda 257, 259
Wirth, Uwe 121
Withalm, Gloria 118

Wittgenstein, Ludwig 344
Wolf, Werner 284
Wolpers, Thomas 52
Wood, Robin 378
Wulff, Hans J. 130, 133, 252
Wünsch, Marianne 406

Zander, Horst 120
Zapf, Hans 342
Žižek, Slavoj 13, 111

Filmregister

10 Things I Hate About You 144, 149
2001: A Space Odyssey 353, 366
5 Card Stud 87

A Christmas Carol 228
A Life Less Ordinary 144–146, 187, 284–285, 430
A Serious Man 208, 323
A Single Man 91, 173–175, 201
Adams æbler 2, 209, 428
Agassi 166–168, 254
Äkta människor 3, 366, 368
Alien 357
All About Eve 282
Alphaville, une étrange aventure de Lemmy Caution 144, 147
American History X 155, 340
Ansiktet 288, 290, 430
Apocalypse Now 16, 179–183, 187, 191
Ash vs Evil Dead 101
Awakening 16

Babel 207
Babylon Berlin 254
Back to the Future Part II 87
Baisers volés 335
Barbed Wire Dolls 256–262, 270, 277
Barry Lyndon 171
Batman 384
Before Sunrise 244
Being John Malkovich 384
Bicentennial Man 88, 364–366, 368
Bigger Than Life 208
Billy Elliot 317–318
Birdman or (The Unexpected Virtue of Ignorance) 281
Blade Runner 84, 86, 353, 357
Blow Up 72
Bluffing it 343
Bonanza 187–191
Boy Meets Girl 298
Breaking Bad 86, 95
Breathe In 161–162, 166, 187
Buffy the Vampire Slayer 101

C'era una volta il West 212
Call Me by Your Name 250, 290, 326
Cape Fear 209
Captain Fantastic 198–201
Casablanca 134, 297
Chilling Adventures of Sabrina 143–146
Class of 1984 192
Cocktail 153
Conan the Barbarian 304–305, 327
Coneheads 208
Cosmopolis 139–140

Dangerous Minds 153
Das Cabinet des Dr. Caligari 113–115, 161, 187, 302
Das Leben der Anderen 35
Das Mädchen Rosemarie 254
Day of the Dead 20, 352, 377–383
Dead Poets Society 196–199, 201
Der Golem, wie er in die Welt kam 3
Der Himmel über Berlin 17
Der Student von Prag 384
Die andere Heimat 409, 421–427, 430
Die bleierne Zeit 330, 332
Django Unchained 86, 92
Domicile conjugal 335
Dracula 97–98, 102, 122, 161
DuckTales 3

Einmal bitte alles 84
E. T. the Extra-Terrestrial 377
El Chacal de Nahueltoro 343
El Topo 2
Elmer Gantry 299–300
Equilibrium 3
Escape from Alcatraz 340
Evan Almighty 208
Evil Dead II: Dead by Dawn 90

Fack ju Göhte 192
Fahrenheit 451 100
Fargo 331
Fast Times at Ridgemont High 138–140
Ferris Bueller's Day Off 432

https://doi.org/10.1515/9783110728590-020

Forever Amber 299
Frankenstein 302
Freaks 166–168, 187, 243
Funeral Blues in Four Weddings and a
    Funeral 2
Funny Face 3

Game of Thrones 220, 356, 385
Gemma Bovary 127, 283
Gösta Berlings Saga 3, 245–248, 251, 277
Gran Torino 208
Gruppo di famiglia in un interno 215–238,
    429

Hamlet 85
Hannah and her Sisters 62, 239, 262–277
Hannibal 136
Harry Potter and the Prisoner
    of Azkaban 385, 399
Heidi 15, 308, 315, 324, 431
Hell's Hinges 112–114, 187, 208
Helmut Schmidt – Lebensfragen 313
Her 362
Höstsonaten 2, 283

I Spit on Your Grave 257
I Walked with a Zombie 377
Il nome della rosa 2, 101, 153
Indiana Jones and the Last Crusade 87
Inherit the Wind 209
Interstellar 351

Jane Eyre 161
Jeder für sich und Gott gegen alle 344
John Carpenter's In the Mouth of
    Madness 398, 400–401, 420
John Carpenter's They Live 109–111, 122
John Wick: Chapter 3 – Parabellum 87
Jules et Jim 299

Kes 317–318
Kindergarten Cop 3, 88, 319,

L'Amour à vingt ans 335
L'Amour en fuite 335
L'Année dernière à Marienbad 287

L'Arrivée d'un train en gare de La Ciotat 280
L'Enfant sauvage 343
L'Odeur de la papaye verte 347
La Chinoise 87
La La Land 280
La Lectrice 2, 246, 254–256, 271, 277, 297,
    301–303, 326, 410, 429
La môme vert-de-gris 147
La Tête en friche 343
Le Mépris 282
Le Prénom 86, 94
Le Voyage dans la lune 352
Léon 343
Les Biches 94
Les Choristes 192
Les Quatre Cents Coups 2, 104–105,
    126–127, 161, 332–336
Liberal Arts 143, 403
Life Less Ordinary 145
Little Lord Fauntleroy 431
Little Miss Sunshine 96–97
Love Story 88, 245, 251

Mad Men 364
Mädchen in Uniform 192
Magnolia 207
Malcolm X 212, 336, 339–340, 428
Maniac 365, 368–370
Mary Poppins 228
Matilda 317, 319, 322, 335
Matrix 86
Men and Chicken 192
Messner 314, 316
Metropolis 353, 357
Mission: Impossible 209
Molly's Game 283
Monsieur Lazhar 144, 150
Moonrise Kingdom 96–97
Mother! 208
Mr. Deeds Goes to Town 3
Mr. Smith Goes to Washington 153
My Girl 318

Nattvardsgästerna 209
Night of the Living Dead 378
Noah 208

Nocturnal Animals 409–415
North and South 100
Nosferatu – Eine Symphonie des
    Grauens 383
Nosferatu – Phantom der Nacht 405–406
Notting Hill 14, 251, 321

O Brother, Where Art Thou? 208
Oblivion 103–104, 117, 126, 161, 187, 430
One Day 365
Otto – Der Film 154
Ouija 397
Out of Africa 78

Padre padrone 345–347
Pierrot le fou 162–163, 187
Pleasantville 109–110, 118, 122, 125, 138
Pope Joan 316
Princess Cyd 106–107
Prospero's Books 2, 409, 415–420, 432
Psycho 406
Pulp Fiction 87, 283

Rosemary's Baby 104–105, 383, 401–408
Rossini – oder die mörderische Frage, wer
    mit wem schlief 86, 92

Sabrina, the Teenage Witch 143
Se7en 20, 153, 167, 169–170, 208
Sherlock, Jr. 153
Shirley – Visions of Reality 167, 170–171
Short Circuit 355, 361
Shrek 106–107
Silver Linings Playbook 61, 290
Singin' in the Rain 280
Skyfall 3, 85–86
Sling Blade 208
Solaris 251
Sophie's Choice 246, 248–252, 269, 271,
    275, 277, 326, 429
Splendor in the Grass 189, 193–199, 201
Stalker 17
Stanley and Iris 343
Star Trek 354–355
Star Trek II: The Wrath of Khan 355
Star Trek: Deep Space Nine 354–356

Star Trek: The Next Generation 14, 144, 146–
    147, 321, 355, 360–361
Star Trek: Voyager 356
Star Wars 357
Star Wars: Return of the Jedi 205, 207
Star Wars: The Empire Strikes Back 204
Star Wars: The Last Jedi 356
Stranger than Fiction 284
Stranger Things 311

Tampopo 176–179, 187, 284
Teorema 139–142, 161
Terminator 327, 366
Terminator 2: Judgment Day 287
The Adventures of Jimmy Neutron: Boy
    Genius 359
The Apostle 87, 208
The Artist 280
The Babadook 311, 388, 392–393, 397–399,
    401, 405–406, 431
The Ballad of Buster Scruggs 89
The Belly of an Architect 171
The Big Bang Theory 154–155
The Big Swallow 280
The Book of Eli 208
The Book Thief 307
The Bride of Frankenstein 302
The Bridges of Madison County 245
The Browning Version 250
The Color Purple 162–164, 166, 347
The Cook, the Thief, His Wife & Her Lover 87
The Countryman and the Cinematograph 279
The Matrix 92
The Evil Dead 3, 90, 94, 101, 388, 390, 391,
    393, 396, 398, 399–401
The First Grader 343
The Ghost Writer 153
The Girl with the Dragon Tattoo 208
The Grapes of Wrath 298
The Greatest Story Ever Told 208
The Hours 291
The Indian in the Cupboard 322
The Jane Austen Book Club 3, 185,
    202–207, 430
The Jungle Book 296–299
The Last Temptation of Christ 208

The Last Wave 156–159
The Lonedale Operator 2
The Lord of the Rings 385
The Lords of Salem 397
The Machinist 2
The Magnificent Ambersons 300–301
The Man with the Golden Arm 297
The Matrix 86, 92, 384
The Mule 228
The Mummy (1932) 387, 395
The Mummy (1959) 395
The Mummy (1999) 387–391, 395
The NeverEnding Story 2, 307, 321, 432
The Ninth Gate 41, 388, 390, 392
The Pillow Book 20, 292–294
The Princess Bride 301
The Reader 2, 246, 252–254, 277, 343, 432
The Red Badge of Courage 298
The Royal Tenenbaums 302
The Shawhshank Redemption 340
The Silence of the Lambs 135–137, 165
The Sopranos 108–109, 126, 255
The Talented Mr. Ripley 109–111, 122
The Ten Commandments 113, 208

The Time Machine 351
The Tree of Life 107–108, 126, 209
Time Bandits 307, 319
Total Recall 327
True Grit 207
Tschelowek s kinoapparatom 280
Türkisch für Anfänger 289
Twin Peaks 153

Vampyr – Der Traum des Allan Gray 115–117, 405–406
Vertigo 74
Victoria 281
Vivre sa vie 2, 244

Westworld 352, 371–376
White Zombie 377

X2 162, 164–165, 187, 356

Yasemin 3, 155
You've Got Mail 14, 244, 321
Young Mr. Lincoln 167–169, 423

Gelesene Texte in Filmen

Aischylos: *Agamemnon*. In: *The Browning Version*.
Auden, W.H.: *Funeral Blues*. In: *Four Weddings and a Funeral*.
Auden, W.H.: *The Moment*. In: *Gruppo di un famiglia in un interno*.
Aurel, Marc: *Selbstbetrachtungen*. In: *Helmut Schmidt – Lebensfragen*.
Austen, Jane: *Emma*. In: *The Jane Austen Book Club*.
Austen, Jane: *Mansfield Park*. In: *The Jane Austen Book Club*.
Austen, Jane: *Northanger Abbey*. In: *The Jane Austen Book Club*.
Austen, Jane: *Persuasion*. In: *The Jane Austen Book Club*.
Austen, Jane: *Pride and Prejudice*. In: *The Jane Austen Book Club*; *You've Got Mail*.
Austen, Jane: *Sense and Sensibility*. In: *The Jane Austen Book Club*.
de Balzac, Honoré: *La recherche de l'absolu*. In: *Les Quatre Cents Coups*.
Barrie, James Matthew: *Peter Pan*. In: *E. T. – the Extra-Terrestrial*.
Baudrillard, Jean: *Simulacres et Simulation*. In: *Matrix*.
Bibel. In: *Adams æbler*; *Cape Fear*; *El Topo*; *Gösta Berlings Saga*; *Hell's Hinges*; *Inherit the Wind*; *Men and Chicken*; *Pope Joan*; *Se7en*; *The Apostle*; *The Girl with the Dragon Tattoo*; *The Ten Commandments*.
Blake, William: *America: A Prophecy*. In: *Blade Runner*.
Blake, William: *The Angel*. In: *Maniac*.
Book of the Dead. In: *The Mummy* (1999).
Brecht, Bertolt: *Erinnerung an die Marie A.* In: *Das Leben der Anderen*.
Brontë, Charlotte: *Jane Eyre*. In: *Breathe In*.
Camus, Albert: *Le mythe de Sisyphos*. In: *Fargo*.
Carroll, Lewis: *Alice in the Wonderland*. In: *Westworld*.
de Cervantes, Miguel: *Don Quichotte*. In: *Maniac*.
Chaucer, Geoffrey: *Canterbury Tales*. In: *Se7ven*.
Constant, Benjamin: *Adolphe*. In: *Le prénom*.
Cummings, E. E.: *dive for dreams*. In: *Dead Poets Society*.
Cummings, E. E.: *Somewhere I have never travelled*. In: *Hannah and her Sisters*.
Dante: *Divina Commedia*. In: *Mad Men*; *Se7ven*.
Dickens, Charles: *Oliver Twist*. In: *Bonanza*; *The Color Purple*.
Dickinson, Emily: *Ample make this bed*. In: *Sophie's Choice*.
Dickinson, Emily: *Because I could not stop for dead*. In: *Sophie's Choice*.
Dostojewski, Fjodor: *Idiot*. In: *The Machinist*.
Eliot, T.S.: *The hollow men*. In: *Apocalypse Now*.
Dylan, Thomas: *And Death shall have no Dominion*. In: *Sophie's Choice*.
Éluard, Paul: *Capitale de la douleur*. In: *Alphaville, une étrange aventure de Lemmy Caution*.
Fauve, Élie: *Histoire de l'art*. In: *Pierrot le fou*.
Fitzgerald, F. Scott: *The Beautiful and Damned*. In: *Einmal bitte alles*.
Flaubert, Gustave: *Madame Bovary*. In: *Gemma Bovary*.
Frost, Robert: *The Road Not Taken*. In: *Dead Poets Society*.
von Goethe, Johann Wolfgang: *Die Leiden des jungen Werthers*. In: *Türkisch für Anfänger*.
Grimm, Jakob u. Grimm, Wilhelm: *Rumpelstilzchen*. In: *Star Trek – Deep Space Nine*.
Hemingway, Ernest: *A Farewell to Arms*. In: *Silver Linings Playbook*.
Hemingway, Ernest: *Fiesta*. In: *10 Things I hate About You*.

https://doi.org/10.1515/9783110728590-021

Hergé: *Les aventures de Tin Tin*. In: *The Reader*.
Herrick, Robert: *To Virgins, to make Much of Time*. In: *Dead Poets Society*.
Homer: *Odyssee*. In: *The Reader*.
Housman, A. E.: *To an Athlete Dying Young*. In: *Out of Africa*.
Huxley, Aldous: *After Many A Summer*. In: *A Single Man*.
Jean, Raymond: *La Lectrice*. In: *La Lectrice*.
Jean, Raymond: *Un fantasme de Bella B*. In: *La Lectrice*.
Joyce, James: *Ulysses*. In: *Star Trek: The Next Generation*.
Lettres d'Abaelard et d'Héloïse. In: *The Sopranos*.
King, Stephen: *Salem's Lot*. In: *Day of the Dead*.
Kipling, Rudyard: *The Jungle Book*. In: *The Jungle Book*.
Laferrière, Dany: *L'énigme du retour*. In: *Monsieur Lazhar*.
Lawrence, D. H.: *Lady Chatterley's Lover*. In: *Pleasantville*; *The Reader*.
Lessing, Gotthold Ephraim: *Emilia Galotti*. In: *The Reader*.
Lewis, Sinclar: *Elmer Gantry*. In: *Elmer Gantry*.
Macaulay, Thomas Babington: *Lays of Ancient Rome*. In: *Oblivion*.
de Maupassant, Guy: *La chevelure*. In: *La Lectrice*.
Miller, Arthur: *The Crucible*. In: *Molly's Game*.
Milne, A. A.: *Spring Morning*. In: *Kindergarten Cop*.
Milton, John: *Paradise Lost*. In: *Se7ven*.
Montgomery, Lucy Maud: *Anne of Green Gables*. In: *Stranger Things*.
Nabokov, Vladimir: *Lolita*. In: *Captain Fantastic*.
von Navarra, Margarete: *Heptaméron*. In: *Call me by Your name*.
Necronomicon. In: *The Evil Dead*.
Nietzsche, Friedrich: *Also sprach Zarathustra*. In: *Little Miss Sunshine*.
Nordquist, Sven: *Pettersson und Findus*. In: *Real Humans*.
O'Donnel, Peter: *Modesty Blaise*. In: *Pulp Fiction*.
Plath, Sylvia: *The Bell Jar*. In: *10 Things I Hate About You*.
Poe, Edgar Allan: *The Oval Portrait*. In: *Vivre sa vie*.
Potter, Beatrice: *Peter Rabbit*. In: *The Tree of Life*.
Rilke, Rainer Maria: *Der Panther*. In: *Awakening*.
Rimbaud, Arthur. In: *Theorema*.
Roy, Arundhati: *The God of Small Things*. In: *Liberal Arts*.
Sartre, Jean-Paul: *La nausée*. In: *Die bleierne Zeit*.
Shakespeare, William: *The Tempest*. In: *Prospero's Books*.
Sei Shōnagon: *The Pillow Book*. In: *The Pillow Book*.
Speer, Albert: *Erinnerungen*. In: *Barbed Wire Dolls*.
de Spinoza, Baruch: *Ethica*. In: *Star Trek*.
Stowe, Harriet Beecher: *Uncle Tom's Cabin*. In: *North and South*.
Tarkowskij, Arseni. In: *Stalker*.
Tennyson, Alfred Lord: *Ulysses*. In: *Skyfall*.
Thoreau, Henry David: *Walden; or, Life in the Woods*. In: *Dead Poets Society*.
Thorland, Dionna: *The Turncoat*. In: *Chilling Adventures of Sabrina*.
Tjuttschew, Fjodor. In: *Stalker*.
Twain, Mark: *Huckleberry Finn*. In: *The Reader*.
Welles, H. G.: *The Invisible Man*. In: *The Book Thief*.
Whites, T. H.: *The Once and Future King*. In: *X2*.

Whitman, Walt: *Leaves of Grass*. In: *Breaking Bad*; *Dead Poets Society*.
Wolf, Thomas: *Look Homeward Angel*. In: *Sophie's Choice*.
Woolf, Virginia: *Mrs. Dalloway*. In: *The Hours*.
Wordsworth, William: *Ode Intimations of Immortality from Recollections of Early Childhood*. In: *Splendor in the Grass*.
Yates, W.B.: *Aedh Wishes for the Cloths of Heaven*. In: *Equilibrium*.

Eigentlich ist Lesen eine Arbeit wenig
attraktive Tätigkeit für das auf
Bewegung hinzeugende Filmbild.
Aktion, Verfolgungsjagden u.
Meldehele sind nicht zu erwarten,
wenn Lesende gezeigt werden.
Umso erstaunlicher ist es, wie
häufig dieses Motiv in Filmen
aufkaucht, u. es ist sicherlich
das große Verdienst dieser Arbeit.
auf die Fülle von all unterschiedlichen Filmen hinzuweisen,
in denen lese im Bild gezeigt
werden.
- Filmspezifisches nicht immer
berücksichtigt